二 1953年，桃园西尚里村党支部书记李志文代表互助组17户桃农，挑选了13个1市斤以上的桃，寄给国务院转交毛泽东主席，表达对党、对社会主义的深厚感情。不久，他收到周恩来总理的亲笔回信和50元钱。

桃花源
中国 肥城

三 肥桃从花到果甚至连桃木都成为不同的民俗文化载体，被称为爱情之花、长寿之果、辟邪之木，象征青春爱情，传递福寿吉祥，承载避邪养生，寄托理想感情，传承着厚重的历史文化。

肥城市地方史志编纂委员会

名誉主任：常绪扩

主　　　任：殷锡瑞

常务副主任：王勇强

副　主　任：李向东　杜尊春　张尽峰　荆文忠　尉茂路

成　　　员：马　新　王　涛　雷印国　张　坤　赵恒军
　　　　　　董　军　董庆焕　孙衍波　王小琳　傅　强
　　　　　　陈正一　鲍大庆　庄惠丽

《肥城年鉴（2019）》编审人员

主　　　审：王勇强

主　　　编：尉茂路

副　主　编：庄惠丽（执行）　李洪军　李庆红　王　鹏

编　　　辑：郝　航　陈东昌　孙　华　姬　霞　昌筱敏
　　　　　　魏　君　吴林英乐　潘庆晓　武洪凯

特邀编辑：裴　涛　张　坤　尹承运　江　汀　孙海鹏
　　　　　　胡建军　孙甲勇　李　英　孙甲臣　袁明金
　　　　　　滕兴哲　尹　静　宗桂华　吕吉功　张文芹
　　　　　　杨鸿义　王善玉　王启联　姚玉军　梁　华
　　　　　　王　娟　于　贞

数据审核：杜　坤

编 辑 说 明

一、《肥城年鉴》坚持以马克思列宁主义、毛泽东思想、邓小平理论、"三个代表"重要思想、科学发展观、习近平新时代中国特色社会主义思想为指导，坚持辩证唯物主义和历史唯物主义的立场、观点和方法。

二、《肥城年鉴》自 2017 年起每年编纂出版一卷。本年鉴文字资料时限为 2018 年 1 月 1 日至 12 月 31 日。为增强资料的实用性、时效性，部分资料的时限适当上溯或下延。

三、本年鉴全面系统地记载 2018 年度全市在经济建设、政治建设、文化建设、社会建设、生态文明建设等方面取得的重大成就，旨在为各级领导机关科学决策提供依据，为国内外各界人士了解、研究、认识肥城服务。同时，也为编修地方史志储备资料。

四、本年鉴设 30 个栏目，采用分类编辑法，除特载、专记、大事纪要、人物、附录外，其他内容由栏目、分目、条目 3 个层次组成，个别栏目增设子分目。

五、本年鉴突出时代特色和地方特色，强化工业经济、建筑安装、民营经济、招商引资、城市建设等内容的记载，创新开发利用环衬，以专题形式编排卷首彩页，对"镇街概况"栏目实行"模板＋条目"的形式组稿，增设"专记""记住乡愁""调研报告""执政思考"等内容，并增加随文照片，以增强资料性、可读性和观赏性。

六、本年鉴初稿由市直部门、各镇街及有关单位提供。综合统计数据主要采用市统计局 2018 年统计公报，个别数据采用部门、单位的统计数字。领导成员任职以任命文件为准，并按任职先后排序。

8月23日，市委副书记、市长殷锡瑞（左一）调研北部城区路网规划

重点建设项目

ZHONG DIAN JIAN SHE XIANG MU

2018 年，全市春季集中开工重点项目 43 个，总投资 378.8 亿元，年度计划投资 118.8 亿元，全年完成计划投资的 105.6%。铺开实施重点推进项目 63 个，总投资 303.2 亿元，当年计划投资 161.2 亿元，全年完成投资 168.9 亿元，42 个项目竣工投产。19 个项目列为泰安市级重点建设项目，15 个项目列入泰安市前期推进重点项目。

2 月 27 日，全市 2018 年春季重点项目建设集中开工仪式在高新区鲁泰新兴绿色建材产业园项目工地举行

阿斯德科技项目

2 万吨碳酸锂项目

汶阳田省级农业高新技术产业开发区创建

WEN YANG TIAN SHENG JI NONG YE GAO XIN JI SHU CHAN YE KAI FA
QU CHUANG JIAN

2018年，围绕省农高区主导产业，邀请省科技厅农村处、泰安市科技局及规划方青岛农业大学到肥商讨，最终形成以肥城桃为主导产业的一核两区三带四园的规划雏形，并先后编制规划方案10稿。先后带领农业局、肥桃研究所及相关企业赴中国农科院、中国农业大学、首农集团、山东省农科院、省果树研究所开展专题咨询交流，开拓省农高区创建和肥桃产业发展思路。邀请省科技信息报记者到肥实地采访报道农高区创建工作，并在《科技日报》刊发题为《科技特派员在行动——专家把脉，引入科技、人脉、市场，世界最大的桃园有了新活法》文章。同时借助山东省科技助推新旧动能转换成果转化对接会——高效生态农业专场，组织相关企业就肥城特色肥桃产业链进行实物展示和视频展板宣传。年内，肥城省级科技园以优异成绩通过省科技厅验收。

8月3日，赴淮安国家科技园参观考察

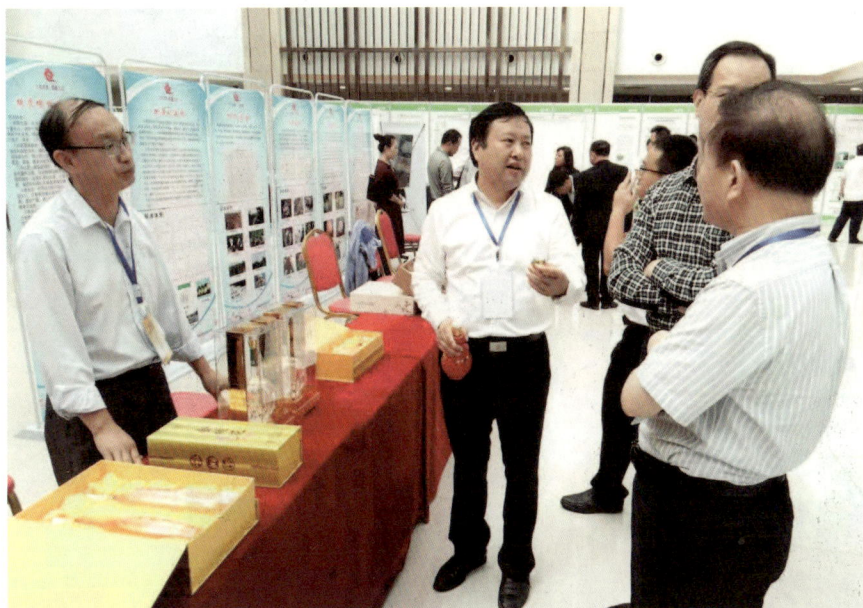

9月20日，在山东省科技支撑新旧动能转换高效生态农业专场进行肥城桃产业链展示

全省市县机关工委书记座谈会召开

QUAN SHENG SHI XIAN JI GUAN GONG WEI SHU JI ZUO TAN HUI ZHAO KAI

11月6—7日，全省市县机关工委书记座谈会在肥城召开。中央和国家机关工委《紫光阁》杂志社总编侯永峰，省委省直机关工委常务副书记张圣中，省委省直机关工委副书记赵森、赵文海，泰安市委副书记张涛，肥城市委书记常绪扩、市委副书记辛涛出席会议。会议以推介＋微电影的形式对泰安市、东营市、临沂市、肥城市、张店区、芝罘区、金乡县七个市县区的机关党建工作进行全面展示。与会人员实地观摩肥城市机关党组织标准化建设现场，听取市直机关党组织标准化建设、文广大厦党建示范带、市煤炭发展中心党建示范点经验介绍，并到陆房突围胜利纪念馆、瑞福锂业进行参观。

图为会议现场

参观瑞福锂业

参观市煤炭发展中心

举办警示教育图文展

JU BAN JING SHI JIAO YU TU WEN ZHAN

　　2月22日，肥城市举办警示教育图文展，为全市党员干部上好廉政教育开年第一课。图文展展示党的十八大以来，违反党的六大纪律和国家法律法规等典型案例116个，特别是近年间肥城市查处的案例，用身边事教育身边人，告诫和警醒广大党员干部深刻吸取教训，防微杜渐，警钟长鸣，引以为戒。此次警示教育图文展共持续一个月，党员干部全市共约20000名进行参观。

市大班子领导
参观警示教育图文展

市纪委、监委机关党员干部参观警示教育图文展

机关事业单位人员参观图警示文展

肥城第一个党支部纪念馆建成

FEI CHENG DI YI GE DANG ZHI BU JI NIAN GUAN JIAN CHENG

肥城第一个党支部纪念馆位于边院镇东向西村，由中共肥城市委组织部、中共肥城市委党史办、中共边院镇委联合中共东向西村支部建设。该纪念馆于2018年7月建成，总投资30余万元。展室为8间平房、140余平方米，分东向星火、燎原之势、砥砺前行、现实借鉴四个篇章，采用文字、图片及实物的形式，全面展示肥城第一个党支部创建、发展历程及其现实借鉴意义等。

学校师生参观纪念馆

7月19日，肥城第一个党支部纪念馆举行开馆仪式

全国文明城市创建

QUAN GUO WEN MING CHENG SHI CHUANG JIAN

2018年,肥城市全力推进全国文明城市创建,先后统筹协调、推动实施广告拆违、交通秩序经营秩序综合治理、小区"三有六化"达标创建、文明养犬、市民"四不"行为集中整治、三清三禁等工作。印制《肥城市民文明手册》10万份入户发放。在全市增设大型景观式公益广告7处,城区主次干道、公园广场等新增景观、立体、平面公益广告4560块,各小区新增公益广告4300余块。联合市场监管局开展评选文明诚信经营户166户,并进行公示;联合交运局开展新时代最美公交驾驶员活动。深入开展"身边好人"评选,结合鲜花送文明、肥城好故事、善行义举四德榜等评选表彰活动,共推荐上报中国好人线索33万余条,入选中国好人1人,山东好人9人,泰安好人12人。

4月16日,市桃都中学举行创建文明校园主题签名活动

机关党员干部志愿者助力文明创建

新时代文明实践中心建设

XIN SHI DAI WEN MING SHI JIAN ZHONG XIN JIAN SHE

2018年，肥城市相继被列入全国、全省新时代文明实践中心建设试点，为泰安市唯一的全国试点。立足于"传播思想、实践文明、成就梦想"的工作定位，围绕"谁主导、依托谁、为了谁、做什么、在哪做"五个方面深入破题，将中心建设与弘扬君子文化、创建全国文明城市、推动乡村振兴相结合，突出思想引领，注重活动实践，整合盘活资源，打通宣传群众、教育群众、关心群众、服务群众"最后一公里"，新时代文明实践中心试点工作稳步推进。10月26日，肥城市新时代文明实践中心揭牌成立。至年末，全市打造14个镇（街区）分中心、首批70个社区（村）示范站，构建起"5+X"活动体系。

12月1日，邀请安徽省政府参事钱念孙为全市领导干部作专题辅导报告

肥城经济开发区志愿服务队送戏下乡（张昭 摄）

市民间文艺家协会、书画家协会志愿服务队走进新城街道尚庄社区（孙慧敏 摄）

参加央视《魅力中国城》节目展演

8月9—14日，组织参加央视财经频道大型文旅综艺节目《魅力中国城》肥城竞演活动，267人赴京录制演出。肥城籍文化达人阚丽君、阴军、白客为家乡倾情助演，并邀请到中国孔子研究院院长、左丘明研究院顾问杨朝明深刻阐释"爱国、诚信、正直、奋进"的君子文化。演出分三个篇章集中展示肥城正气浩然的君子文化、吉祥如意的桃文化、厚德载物的汶阳田文化三张名片。9月2日，节目在央视财经频道播出，并通过央视多家新媒体进行全面推介。肥城市被评为"中国魅力城市"，入选"魅力中国城·城市联盟"会员单位，"肥城桃木雕刻"被评为年度魅力旅游文创产品。

节目现场推介肥城桃木制品

市委副书记王立军作城市推介演讲

8月9日，参加央视《魅力中国城》节目的肥城竞演战队整装出发

晒书城·大成书院落成

SHAI SHU CHENG · DA CHENG SHU YUAN LUO CHENG

6月3日，晒书城·大成书院落成启用仪式举行。中华环境保护基金会理事长曲格平、全国工商联环境商会副会长骆建华、中华环境保护基金会秘书长徐光、泰安市环保局局长乔建博，肥城市领导常绪扩、殷锡瑞、赵燕军、侯庆洋、王勇强、贾同国，石横特钢集团董事长张武宗出席仪式。市委书记常绪扩在仪式上致辞，市委副书记、市长殷锡瑞主持仪式，并宣布晒书城·大成书院正式启用。曲格平、张武宗为晒书城·大成书院揭牌。桃园镇机关干部、中小学校长、老师代表及周边村两委成员参加仪式，晒书城小学学生朗诵曲格平所写《复建晒书城·玉皇阁记》。

中华环境保护基金会理事长曲格平、石横特钢集团董事长张武宗为晒书城·大成书院揭牌

晒书城远景（王纪像 摄）

第45届世界技能大赛塑料模具工程项目山东省选拔赛举办

　　3月25日，第45届世界技能大赛塑料模具工程项目山东省选拔赛开幕式在肥城市高级技工学校举行。比赛项目裁判员、全省技工院校参赛选手、肥城市人社局、肥城市高级技工学校及合作企业的相关代表和工作人员100余人参加开幕式。第45届世界技能大赛将于2019年在俄罗斯喀山举行。山东省选拔赛由省人力资源社会保障厅会同省经济和信息化委、省财政厅等9部门联合举办，全省5个地市7所技工院校的参赛选手在肥城市高级技工学校参加塑料模具工程项目比赛。

开幕式

抽签现场

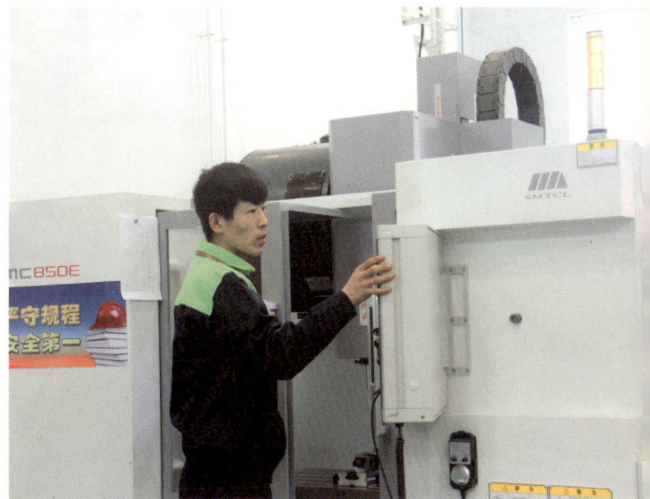

市高级技校参赛选手石成龙在比赛现场

中国青少年航天科普展（肥城站）举办

ZHONG GUO QING SHAO NIAN HANG TIAN KE PU ZHAN（FEI CHENG ZHAN）JU BAN

9月22日—10月22日，中国青少年航天科普展（肥城站）在肥城会展中心大厅举办。航天科普展主办方为中国下一代教育基金会、青少年德育关爱教育基金会法定运营单位中资基业投资（北京）有限公司、山东交运集团达科医疗科技有限公司，协办方为肥城市教育局、新城街道办事处，总冠名企业为省邮储银行。在为期一个月的展览中，全市共有6万余名中小学生观展。展览普及航天知识，宣传航天文化，弘扬航天精神，让肥城的孩子在家门口享受到航空航天的科学成果，激发全民尤其是青少年崇尚科学、探索未知、敢于创新的热情。

开幕式

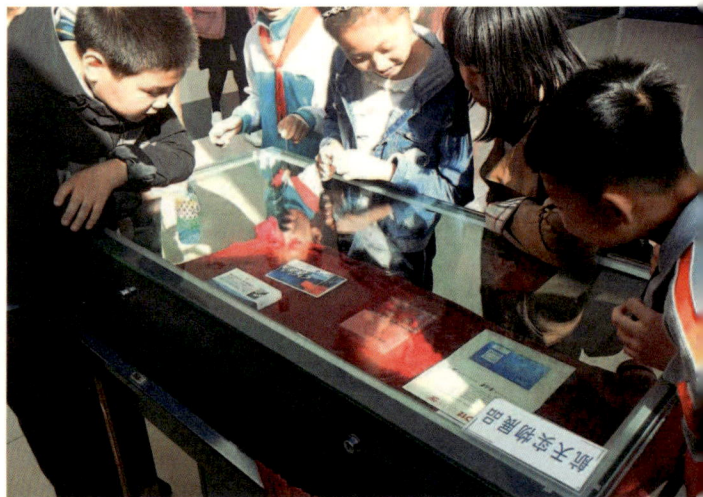

学生观看参展的航天实物

展览现场

观展人员进行体验

傲饰集团酒文化旅游项目建成

AO SHI JI TUAN JIU WEN HUA LV YOU XIANG MU JIAN CHENG

2018年，为庆祝建厂70周年，康王酒业与聊城大学合作筹划建设肥城首家酒道馆——康王酒文化展示区，讲述康王酒业70年发展故事，传承酿酒历史与文化。11月，成功举办康王酒业建厂70年封坛庆典暨酒文化旅游项目启动仪式，开启肥城市工业旅游新纪元。"康王河"品牌被山东省商务厅、老字号认证协会认定为"山东老字号"，"恒益成传统老五甑传统酿酒工艺"被评定为泰安市非物质文化遗产。

康王酒文化展示区

康王酒业酒窖

2018 全国桃木旅游商品创新设计大赛

2018 QUAN GUO TAO MU LV YOU SHANG PIN CHUANG XIN SHE JI DA SAI

　　2018 全国桃木旅游商品创新设计大赛暨全国桃文化旅游商品评展活动，从宣传发动、征集作品到大奖出炉，历时 4 个多月，取得圆满成功。4 月 4 日，2018 全国桃木旅游商品创新设计大赛暨全国桃文化旅游商品评展活动颁奖典礼举行。共有来自北京、天津、河北、山西、陕西、辽宁、江苏、浙江、广东等 20 多个省（自治区、直辖市）的 200 多家企业和个人参赛，6000 多件实物作品，200 余件设计作品参与展出和评奖。共评出特别大奖 1 个，金奖 11 个，银奖 16 个，铜奖 30 个，优秀奖 80 个。

特别大奖：心心相印提梁瓶香薰

金奖：金红琉璃福寿喜桃

金奖：福寿齐天如意

春秋古镇被评为国家 AAAA 级旅游景区

CHUN QIU GU ZHEN BEI PING WEI GUO JIA AAAA JI LV YOU JING QU

2018 年，春秋古镇被评为国家 AAAA 级旅游景区，成为肥城首家 AAAA 级旅游景区。景区分为春秋古镇核心区和春秋农耕庄园体验区两个园区。春秋古镇核心区项目以春秋文化园为核心，建有鲁园、齐园、秦园、晋园、宋园、楚园、吴园七大园区。春秋农耕庄园体验区以"春秋文化，农耕体验，乡村风情"为主题，集观光、娱乐、休闲为一体，与春秋古镇核心区相呼应。春秋古镇 AAAA 级景区的成功打造，是肥城市发展全域旅游的一项重要举措，对于肥城市打造旅游精品，提升旅游服务接待设施，提高旅游知名度，加快推进旅游业跨越发展具有重要意义。

春秋古镇夜景

春秋古镇景区

傲雪清风阁（王利群　摄）

城市夜景（孙启刚　摄）

肥城年鉴
FEICHENG YEARBOOK

目 录

中共肥城市委员会
CPC Feicheng Committee

肥城市人民代表大会
People's Congress of Feicheng

肥城市人民政府
People's Government of Feicheng

政协肥城市委员会
CPPCC Feicheng Committee

中共肥城市纪律检查委员会
CPC Disciplinary Inspection Commission of Feicheng

民主党派·人民团体
Democratic Parties and People's Organizations

法治·军事
Rule of Law and Military Affairs

经济管理
Economic Management

农业和农村工作
Agricultural and Rural Work

肥城桃
Feicheng Peach

建筑安装
Construction and Installation

金　融
Finance

基础设施建设
Infrastructure Construction

城乡建设与管理
Urban-Rural Construction and Management

国土资源·环境保护
Land Resources & Environmental Protection

教　育
Education

科学技术
Science and Technology

文化·旅游·体育
Culture, Tourism and Sports

卫生和计划生育
Health and Family Planning

社会生活
Social Life

镇街概况
Overview of Town and Street

人　物
Figures

附　录
Appendix

索　引
Index

肥城年鉴

FEICHENG YEARBOOK

FEICHENG YEARBOOK

2019

特载

- 市委十四届四次全会报告
- 市委十四届五次全会报告
- 政府工作报告

特　载

奋进新时代　践行新思想　实现新作为
加快构筑党建新高地法治新高地市场新高地

——在中共肥城市委十四届四次全体会议上的报告

常绪扩
（2018 年 1 月 12 日）

同志们：

这次市委全体会议的主要任务是：全面贯彻党的十九大精神，以习近平新时代中国特色社会主义思想为指引，认真落实中央、省委和泰安市委一系列部署要求，回顾总结去年工作，分析研判当前形势，安排部署今年任务，动员全市上下不忘初心、牢记使命，凝神聚力、务实作为，为决胜全面建成高水平小康社会，加快构筑"党建新高地、法治新高地、市场新高地"而努力奋斗。下面，我代表市委常委会向全会报告工作，请予审议。

一、站在新起点，回顾总结成绩，切实增强发展信心

去年以来，面对复杂严峻的宏观环境和艰巨繁重的发展任务，我们高举习近平新时代中国特色社会主义思想伟大旗帜，牢固树立"四个意识"，始终坚定"四个自信"，坚定不移维护习近平总书记的核心地位和领袖权威，坚定不移同以习近平同志为核心的党中央保持高度一致，在中共山东省委和泰安市委的坚强领导下，同心同向、协力共为，各项工作落子开局，任务目标圆满完成，经济社会发展迈上了新台阶、打开了新局面。

一年来，我们恪守实事求是，树立了引领发展的鲜明导向。把"实事求是地想、实事求是地谋、实事求是地干"作为根本遵循，从最初的酝酿提出、市委号召，到现在的上下认同、自觉践行，成为全市广大党员干部理念上的"定海神针"、方向上的"开关指南"。立足市情，把脉定向绘蓝图。在充分论证、科学分析的基础上，对肥城当前和今后一个时期的发展谋篇布局："全面建成高水平小康社会"的目标任务，"一二三四五"的工作思路，加快构筑"党建新高地、法治新高地、市场新高地"的价值取向，准确把握了肥城发展的阶段特征和现实需要，既导向清晰、指向鲜明，也看得见、摸得着、可操作。着眼长远，谋划争取抓大事。积极运筹、全力争取事关肥城长远发展的重大事项，被纳入国家独立工矿区新增范围、山水林田湖生态保护修复工程试点和全国矿山地质环境重点治理区，高新区加挂国家级园区牌子，省级经济技术开发区获批，争取省新旧动能转换综合试验联动区 40 平方公里。青兰、济微高速和泰肥一级路西延等交通项目加快推进，济微路东移、肥梁路改造取得实质性进展。所有这些，为肥城发展积蓄了后劲、积聚了能量，必将产生重大而深远的影响。

沉心静气，脚踏实地干实事。按照"准实长稳"工作要求，全力推进脱贫攻坚，全年脱贫7276户、13040人，31个省级贫困村、32个市级贫困村如期摘帽。铺开26个大班额和改薄教育项目，完成两家县级公立医院法人治理结构建设，社保基金结余37.7亿元。国家卫生城市顺利通过复审，全国文明城市创建、治理违法建设行动打包推进。这些发生在身边的民生实事，让群众看到了新的变化、得到了更多实惠。直面矛盾，迎头攻坚解难事。肥矿集团"三供一业"职能移交实现重大突破，在全省率先走出外地国有企业跨地区接收的路子，国电石横公司社会职能移交工作稳步推进，一些多年遗留、错综复杂的历史问题正逐步得到解决。市财政与省金控集团合作，设立金融风险化解专项基金；发挥公检法利剑作用，依法处置阿斯德等企业的担保圈、担保链风险问题。实践证明，迎着困难上，困难会越来越少；奔着问题去，问题会逐步解决；朝着矛盾走，矛盾会妥善化解，"实事求是地想、实事求是地谋、实事求是地干"的工作理念，必须一以贯之、认真坚持。

一年来，我们瞄准主攻方向，迈出了动能转换的稳健步伐。深入实施党建基石、创新引领、人才支撑、金融安全、品牌创塑"五大工程"，规划建设以城市核心区为引领，以新旧动能转换先行区、省级经济开发区、汶阳田农业高新技术产业开发区、世上桃源旅游经济开发区为骨干，协同发展、融合并进的"一核四区"发展布局。全面强化企业培植、招商引资、对上争取、新型城镇化"四大动能"，牢固树立"抓发展就要抓经济，抓经济就要抓企业"的鲜明导向，深入实施"三强"企业递进培植，税收过亿元企业达到7家，比上年新增4家。石横特钢入选"山东省百年品牌企业培育工程"，并与一滕新材料一道被工信部认定为首批"绿色工厂"。5家企业在"新三板"和齐鲁股交中心挂牌，新型地方融资多元化格局加快构筑，服务发展的能力显著增强。建筑业对全市的税收贡献率达到11.6%、提高了3.14个百分点，被评为全省建筑业10强县、列第2位。高举有机农业发展大旗，全市新增种植面积9500亩、合作社转型龙头企业6家、"三品认证"56件，肥城桃入选山东省知名农产品区域公用品牌，"肥城桃木雕刻"地理标志证明商标亮相世界地理标志大会"中国馆"，桃木雕刻工艺振兴发展荣获省政府文化创新奖。成立精准招商领导小组，组建招商谈判和项目落地"两支队伍"，开展京津冀、长三角系列招商活动，实施"签约、落地、投产"登报公示制度，全年引进过亿元项目120个。集中对接和平时争取相结合，442个项目列入上级扶持计划，到位资金19.8亿元，产业衰退地区作为全省首位备选申报到国家发改委。大力推进棚户区改造，探索了"以人为本、政府主导、城投融资、各方参与"的"肥城模式"，开工建设6760套，居泰安首位。实践证明，强化"四大动能"是加快新旧动能转换的有效抓手，必须一以贯之、认真坚持。

一年来，我们强化问题导向，建立了科学高效的推进机制。每项工作、每件事情都做到情况明、方法对、工作细、责任实，建立镇街部门"四定"工作汇报会制度，年初建账、年中查账、年底收账，定期召开市四大班子联席会议，集中交流、集中会办；实行重点工作项目责任化管理，签责任书、立军令状。实施"党建基石"工程，创建过硬支部，13个党支部被泰安市委评为"泰山先锋"红旗党支部，开展新一轮村居集体经济壮大行动，村集体经营性收入同比增长33.9%。纵深推进全面深化改革，完成33项市级重点改革事项，我市作为山东省唯一代表在全国农村集体产权制度改革试点工作会议上作了典型发言。实施政务服务"一窗通办、联审联办"和"最多跑一次"改革，启动综合行政执法体制改革，推行市委、市政府双聘法律顾问制度，依法行政、法治政府建设取得了新的成效。实践证明，科学工作方法是我们架桥过河的万能钥匙，必须一以贯之、认真坚持。

一年来，我们抓住决定因素，激发了干事创业的昂扬斗志。紧紧依靠党政干部、企业家、支部书记、专业技术人才、在外肥城人才"五支队伍"，支撑引领改革发展的中坚力量加速形成、加快锻造。落实全面从严治党主体责任，坚持"依法、选准、用好、配强、管到位"的干部工作方法，提升学习力、谋断力、执行力，推行"履职尽责、快准追责"和闭环式责任追究、容错纠错机制，加大对不适宜担任现职干部的调整力度，成立待岗培训中心，要求党员干部佩戴党徽，亮明身份、做好表率，努力锻造政治过硬、业务过硬、作风过硬、富有活力的党政干部队伍。成立市委巡察办和5个巡察组，针对扶贫领域开展两轮巡察。突出企业家在市场经济中的地位，组织企业家参加复旦金融班、浙大研修班等高层次学习教育，在全社会树立企业家有作为、有地位、受尊重的主流风尚。抓住"选育管用"四个环节，持续深化支部书记"递进培养工程"，实行农村支部书记待遇差异化管理，完善退休支部书记特殊贡献补贴办法，推行"两新"组织党组织书记党务岗位补贴，支部书记队伍的积极性和战斗力大幅提升。拓展招才引智广度和深度，推进人才与产业紧密对接、良性互动，引进中国科学院院士1名、国家"千人计划"专家2名、高级技能人才110人，专业技术人才队伍日益壮大。成立市对外人才联络中心，先后拜访在外肥城人才2800余人次，越来越多的在外肥城人才开始关心关注家乡，投资回馈家乡，宣传推介家乡，必将为肥城发展赢得更多点赞、集聚更多资源。今年以来，十九大安保维稳、国家卫生城市复审、治理违法建设行动、环保突出问题整改攻坚等等，人事要事特别多，苦事难事非常重，广大党员干部群众冲在前沿、干在一线，发挥了特别能吃苦、特别能战斗、特别能奉献的优良作风，"开放、包容、务实、敢当"的新时期肥城精神在全市上下充分演绎、激情绽放。实践证明，依靠"五支队伍"是肥城发展的现实需要，必须一以贯之、认真坚持。

一年来，我们坚持稳中求进，提升了持续向好的发展质态。预计完成地区生产总值773亿元，增长6.6%；实现境内税收总额50.29亿元、增长6.06%，公共财政预算收入40.38亿元，其中主体税收14.29亿元、增长16.6%；进出口总额4.6亿美元，增长5.5%；城镇居民和农村居民人均纯收入分别增长8%、8.2%。全国中小城市综合实力百强、中小城市投资潜力百强分列第42位、第14位，比上年前移3个和2个位次，在全省分列第8位和第1位，中国工业百强县列第76位。先后获得全国义务教育发展基本均衡市、群众体育先进单位和全省十九大安保维稳先进集体、生态文明乡村建设先进县、民间文化艺术之乡、购物旅游示范城市等荣誉称号。同时，市委积极支持人大、政协履行职能，认真听取人大代表、政协委员的意见建议，切实加强对工青妇等群团组织的领导，统战、党校、史志档案、老干部、工商联等各项工作均上了新的水平。一组组数字、一项项荣誉，是一年来全市工作成效的最佳注解，这使我们增添了无穷底气、砥砺了前行动力、坚定了必胜信心。实践证明，市委制定的发展思路、确定的任务目标、实施的措施办法，完全契合党的十九大精神、符合上级要求、切合肥城实际，必须一以贯之、认真坚持。

成绩来之不易，倾注了全市上下的心血和汗水，凝聚着方方面面的智慧和力量。一年来，市委总揽全局、科学决策，市政府集中力量、强力落实，市人大、市政协围绕大局、积极履职，全市各级各部门和广大干部群众团结拼搏、奋发有为，形成了同心同向同奔小康、齐心协力共圆梦想的整体合力和生动局面。在此，我谨代表中共肥城市委，向为全市改革发展作出重要贡献的离退休老领导、老同志、党员干部群众，向给予我们鼎力支持的各级领导和社会各界人士，表示衷心的感谢，致以崇高的敬意！

在充分肯定成绩的同时，也要清醒地看到，肥城发展仍然面临不少困难和问题：对照全面建成高水平小康社会的使命，发展不充分、不全面、不平衡的矛盾比较突出；对照先进地区的发展，带动产业发展的大项目、好项目比较少，投入力度还不大、转型步子还不快，新旧动能转换任务依然艰巨；对照人民群众的期盼，教育、医疗、环境等社会公共服务和保障体系还不够完善；对照全面从严治党的要求，领导班子和干部队伍建设仍存在薄弱环节，基层组织的创造力、凝聚力和战斗力需进一步提高，极少数干部不作为、慢作为以及不收敛、不收手现象仍然存在，等等。对此，务必高度重视，采取有效措施，切实加以解决。

二、置身新时代，坚持既定思路，一以贯之接续奋斗

进入中国特色社会主义新时代，谋划和推动肥城的新发展，是历史赋予我们的重要使命。党的十九大对我国未来发展的主要目标任务作出了战略性安排，为我们提供了强大的理论指南、照亮了光辉的前进方向、增添了强劲的实践动力。置身新时代，推进伟大工程，必须常管常严，抡锤打铁自身硬。党政军民学，东西南北中，党是领导一切的。我们必须准确把握新时代党的建设总要求，以永远在路上的决心推动全面从严治党向纵深发展，把严的要求、严的标准、严的措施落实到管党治党各方面，严明政治纪律、严抓干部管理、严格正风肃纪、严厉惩治腐败，提振党员干部精气神，凝聚干事创业正能量，让开放、包容、务实、敢当在肥城大地上蔚然成风，为经济社会发展提供坚强保障。置身新时代，传承历史使命，必须常态常在，撸起袖子加油干。即将开启的新征程，贯穿"两个百年"、承接全新梦想，我国经济发展新常态下速度换档、结构优化、动能转换、稳中向好的态势不断巩固，京津冀一体化、省会城市群经济圈、全省加快实施新旧动能转换重大工程等战略深入推进，市内大交通、大平台、大项目相继落地实施，为我们提供了有利环境和广阔空间。说一千道一万、两横一

竖就是干，我们必须真抓实干、埋头苦干，不做表面文章、不耍花拳绣腿、不搞形式主义，始终把心思放在谋发展上，把精力花在干实事上，再造一个激情燃烧、干事创业的火红年代，干出一番无愧于新时代、无愧于肥城人民的崭新事业。置身新时代，实现既定目标，必须常抓常谋，一张蓝图绘到底。常抓的是路线图，常谋的是好办法。蓝图绘就，坚守是最佳出路。不为一时的成绩沾沾自喜，不为一时的困难举棋不定，敢以时间换空间、以眼前换长远、舍小利换大得，按照市第十四次党代会确定的发展思路，一锤接着一锤敲、一年接着一年干，以功成不必在我、建功必须有我的境界胸怀，坚定信心、保持定力，持之以恒、义无反顾地走下去、干下去，只有这样，事业前景才能光明，发展道路才能平坦。

基于对形势的分析和把握，市委常委会确定今年工作的总体要求是：认真学习贯彻党的十九大和习近平总书记系列重要讲话精神，高举习近平新时代中国特色社会主义思想伟大旗帜，在以习近平同志为核心的党中央正确领导下，按照省委和泰安市委的部署要求，坚持"稳中求进、进中求好"总基调，坚持市第十四次党代会确定的"一二三四五"的工作思路不动摇，努力提升GDP质量、财政收入质量、生态环境质量、群众生活质量，推动高质量发展，决胜高水平小康，加快构筑"党建新高地、法治新高地、市场新高地"。

三、培育新经济，转变发展方式，深入推进动能转换

发展是解决所有问题的关键。牢牢扭住第一要务，以供给侧结构性改革为主线，全力打好新旧动能转换的攻坚战、主动仗，加快建设现代化经济体系。

1. 全面强化"四大动能"。坚定不移把强化企业培植、招商引资、对上争取、新型城镇化"四大动能"，作为加快发展的强引擎、经济

工作的总抓手，持续用力、久久为功。一是企业培植加力提级。坚持分类培育、一企一策，市级抓"三强"、分级抓骨干，组织开展"规模企业上台阶、小微企业上规模"行动，推动各类企业梯次培育、"三强"企业强而更强，纳税过亿元企业突破10家。提升政府服务力，落实扶持政策，强化要素保障，创优发展环境，全力为企业减负清障、雪中送炭，一切围绕企业转、一切帮着企业干。提升企业创新力，以主导产业和高新技术骨干企业为重点，布局建设一批工程技术研究中心、产业技术研究院等创新平台，"点供式"精准对接企业人才、技术需求，深化产学研合作，统筹推进产品品牌、企业品牌、地理标志品牌等品牌体系建设。提升地企协同力，按照"拓清底、算清账、敞开接、保稳定、谋发展"的原则，妥善处理好地企关系尤其是与肥矿集团及其改制企业的关系，最大限度地实现互利共赢。二是招商引资加码提效。抓紧项目生命线，以实实在在的项目推动实实在在的发展，年内招商引资到位资金增长10%以上。优化招商机制，以全市精准招商工作小组为统领，整合招商资源，扩大招商主体，层层分解任务，完善考核办法，形成自上而下、机动灵活的招商体制机制。优化招商方向，立足新旧动能转换，着眼产业转型升级，紧盯北京非首都功能疏解、省会城市群经济圈产业布局和长三角、珠三角产业转移等重大契机，把主要精力向招引优质产业项目上集中，把主要资源向大项目、好项目上倾斜。优化招商方式，园区招商、委托招商、企业招商、节会招商多措并举，用好用活异地商会和在外肥城人才队伍，深化加强与中节能等央企的联系对接，推动在谈意向、后续跟进项目尽快落地。各园区要扛起责任、挑起担子，当好招商引资和项目建设的主力军。三是对上争取加压提质。把对上争取作为"365"工程，密切关注"十九大"后以及岁末年初国家政策导向、投资方向，深入研究分析、及时掌握动态、全力对接争取，力争更多政策、资金和项目"榜上有名""花落肥城"。根据上级政策和投资重点，集中精力谋划筛选一批事关长远发展的优质项目，搞好策划包装，重点提报争取，提高针对性和成功率。特别是把独立工矿区、产业衰退地区、新旧动能转换、主体功能区划定等支撑带动作用大的重大政策、重大项目作为重点，落实前期手续，全力对接争取。四是新型城镇化加速提优。大力实施乡村振兴战略，市级统筹高水平完成各镇《总体规划》，明确发展定位，优化空间布局，稳步推进镇驻地开发建设，拉开发展框架，完善基础设施，强化功能配套，体现特色优势，开展环境整治，打造风格独具的城镇形象。紧紧抓住政策红利延期三年的重大机遇，全力推进棚户区改造，能改尽改、能快则快，年内开工建设棚户区改造住房项目51个、11494套。严格落实棚改项目包保领导终身负责制，确保算好账、管到位，干成事、不出事。

2. 强力打造"一核四区"。高起点、高标准、高强度推进"一核四区"建设，努力打造成项目高聚、产业高质、服务高效的新旧动能转换隆起带、重要经济增长极。城市核心区，围绕提高首位度，加快推进泰肥一级路西延、济微路东移、肥梁路改造，早日实现一级路绕城；实施路畅、灯亮、河清、园绿、治违"五大工程"，加快文化中心、电视塔等项目收尾启用，建设一批精品亮点，完善城市功能、扮靓城市颜值、抬升城市品位；重点培育现代金融、商贸物流、文化科技等高端服务业和新兴产业，打造肥城发展的"绿色心脏"。新旧动能转换先行区，按照"地企同心、产城融合、转型升级、振兴矿区"的方针，制定《发展规划》，拉大开发框架，力推传统产业转型、现代产业集聚。市高新区加快二次创业，全力突破大项目落地，高水平规划建设综合物流园区，争取保税物流中心获批，实现跨越崛起；老城节能环保产业园区抓好规划建设、项目充填，锂电新材料绿色环保产业园、循环经济产业园创建省级化工专业园区、打造"500亿级"园区。省级经济开发区，建立完善工作机构和运行机制，培植壮大盐化工、精细化工、特种材料等主导产业。石横、边院两镇按照开发区的规格标准规划建设小城市，打造"实力新区""肥城明珠"。汶阳田农业高新技术产业开发区，紧扣高端高效智慧"一条主线"，按照农业供给侧结构性改革和新旧动能转换"两个要求"，围绕肥城桃、有机菜、高产粮"三大产业"，突出精致化生产、高值化加工、链条化发展、品牌化运营"四个特色"，构筑区域现代农业创新创业资源集聚高地，打造国内一流的桃全产业链品牌园区、全国农耕文化传承发展示范园区、北方知名的高端蔬菜产业园区、省内重要的商品粮高效生产园区、鲁中地区特色鲜明的休闲农业园区。世上桃源旅游经济开发区，精心培育世上桃源景区，深入挖掘肥子古国、商圣范蠡、史圣左丘明、齐长城等历史文化资源，翦云山、牛山、陶山等山水生态资源，柳沟、栖幽寺、条水涧等乡村旅游资源，高起点整合规划、高水平开发建设、高标准传承保护，打造省会济南休闲旅游目的地、泰安全域旅游重要节点。

3. 深化改革"激发活力"。坚持市场导向、法治导向、问题导向、需求导向，抓住引领性强、撬动力大、实用性高的关键环节，疏解发展的堵点痛点难点，营造温暖如春的肥城"小气候"。一是深化"放管服"改革。企业院墙以内的事，放手让企业来办；院墙以外的事，政府来服务、市场来调节。深入开展削权减证、流程再造、精准监管、体制创新、规范用权"五大行动"，全面推行行政审批一窗受理、一网办理和建设项目区域化评估评审，大力推进网上审批，推动审批服务由"最多跑一次"向"零跑腿""不见面"转变。认真落实"双随机一公开"监管机制，切实加强金融活动、市场秩序、社会信用监管，营造守法诚信经营的良好秩序。二是深化金融体制改革。政、银、企是一个地方金融环境的三个支柱，要突出金融为实体经济服务的基本功能，鼓励金融行社降低融资门槛、创新金融产品，扩大信贷投放量，助推实体经济发展。加大直接融资力度，重点引导扶持泰鹏环保启动

上市程序，力争3家企业实现"新三板"挂牌。积极对接金融机构来我市规划布局，规范发展小贷、民资等地方金融机构，培育金融后备军。高度重视金融风险防控，优化金融环境，保障金融安全。企业作为市场主体要站稳脚跟、共渡难关，今后再出现类似阿斯德问题，将依法从严从重处理。三是深化农业农村改革。扎实推进全国农村集体产权制度改革试点工作，探索土地股份合作、发展物业经济等农企合作模式，创新特色化、个性化利益联结形式，保障农民财产权益。抓好农村土地制度改革，实施承包地"三权"分置，鼓励土地适度规模流转，开展农村土地承包经营权抵押贷款，逐步推开农村闲置集体建设用地整治利用。巩固一二三产业融合试点成果，不断提升现代农业发展水平。

四、共建新生活，厚植美好底色，着力提升民生福祉

牢固树立以人民为中心的思想，不与民争利、不与村争利、不与镇街争利、不与企业争利，努力让"美好肥城"彰显在桃都百万人民生活的方方面面，把改革发展成果变成群众写在脸上的获得感、乐在心里的幸福感。

1. 坚持绿色导向，在生态文明建设上持续用力。生态是最宝贵、最持久的财富。认真践行"两山"理论，像对待生命一样对待生态，像爱护眼睛一样爱护环境，下决心把生态文明建设进行到底，让广大人民群众在肥城这方土地上自由呼吸。一是筑牢生态屏障。坚持节约优先、保护优先、自然恢复为主的方针，严格落实生态红线管控要求，做到性质不转换、功能不降低、面积不减少。完善生态文明考评机制，建立自然资源资产产权管理制度，探索实施生态补偿办法。启动新一轮造林绿化，实施泰肥一级路、青兰高速和孙牛路、肥桃路沿线森林生态廊道建设工程，打造以干线公路为轴、覆盖全市的森林景观通道。二是发展生态经济。把生态环境承载能力作

为产业发展的首要考量因素，严守"产业导向、项目准入、节约集约、节能减排"四道关口，对重大污染、高能耗项目坚决"一票否决"。大力培育节能环保产业，加快推进垃圾焚烧发电、固废处置中心、畜禽养殖废弃物资源化利用试点等项目，尽快建成发挥效益，缓解环境容量瓶颈制约。继续高举有机农业发展大旗，培植壮大农业龙头企业。大力发展乡村旅游，推动农家乐、乡村民宿、农耕体验等绿色农旅项目蓬勃发展。三是优化生态环境。打好突出环境问题整改攻坚、空气质量保障、水环境质量提升和土壤污染防治"四大战役"，持续推进环境污染综合整治，对散乱污、小锅炉、山石开采、畜禽养殖等清理整顿开展"回头看"，促进环境质量不断改善。加大企业环境信息公开曝光力度，实行环境信用评价和"红黑榜"制度，让群众、企业、政府对环保情况心中有数、亮亮堂堂。稳步推进山水林田湖生态修复工程试点工作，扎实做好高标准农田建设、采煤塌陷地治理、破损山体植被恢复，全面落实河长制、河管员，促进河道管护工作规范化、长效化。

2. 坚定文化自信，在推进文化繁荣上持续用力。推进物质文明和精神文明协调发展，彰显文化优势，增强文化自信，凝聚文化力量，让城市散发文化温度，让文化成为城市灵魂。一是突出先进文化引领。坚持用党的最新理论、最新成果凝心聚魂，把党的十九大精神和习近平新时代中国特色社会主义思想作为贯穿全年的思想理论建设主线，用好理论中心组、理论宣讲团、大众示范点和桃都讲坛、网络宣讲等载体平台，推进党的理论成果大众化、本土化。加强意识形态工作，正确引导网络舆论，牢牢掌握意识形态工作领导权、管理权和话语权。积极培育和践行社会主义核心价值观，建设讲文明、树新风主题公园、景观廊道，大力弘扬新时期肥城精神，唱响主旋律，传播正能量。二是促进文化为民惠民。完善公共文化服务体系建设协调机制，抓好文化阵地标准化、规范化建设，开展基层公共文化服务"个十百千"工程，组织好群众性文体活动。成立文化产业协会，搭建投融资平台，推进文化产业招商和重点文化项目建设。加大文艺创作力度，推出一批以"学习贯彻十九大""庆祝改革开放40周年"等为题材，体现肥城特色的文艺精品力作。广泛开展全民健身活动，大力发展体育产业。三是深入开展文明创建。矢志不渝创建全国文明城市，制定出台城市文明指数测评办法，建立文明单位在线管理系统，扎实开展群众性创建活动。深化乡村文明行动，推动"三清两禁"农村环境整治和道路沿线"三清"行动常态化，完成城乡环卫一体化全托管。继续抓好思想道德阵地建设，深入推进移风易俗，倡树时代新风，让文明成为行动自觉、浸润肥城大地。

3. 立足共建共享，在增进民生福祉上持续用力。坚持民生优先不动摇，科学决策关注民生、加大投入改善民生、创新管理服务民生。一是全力推进脱贫攻坚。在基本完成脱贫攻坚任务基础上，聚焦精准、整改问题、规范提升。强化精准识别，对因病因残因灾等突发原因造成的支出型贫困人口，全年敞口，随时纳入，脱真贫、真脱贫，确保小康路上不让一人掉队。强化产业带动，统筹整合各级财政专项资金，健全完善资金使用管理办法，创新"富民农户贷"，构建"财政增效、农担增信、银行增贷、企业增利、农户增收"财金互动扶贫新机制；打破镇域界线整合包装扶贫项目，对接挂靠效益好、社会责任感强的企业，项目所有权归集体、经营权归经营者、收益权归贫困户，稳定脱贫后进行再分配。强化分类指导，统筹财政、社保、民政、卫生、残联等政策资源，做实"五张特困群体救助网络"，抓好扶贫特惠保险，开展"村企共建扶贫"工程，对无法通过既有保障政策实现脱贫的特困群体，全面落实兜底政策。二是加快富民增收步伐。实施就业优先战略，建设城乡统一的人力资源市场，完善城乡平等的就业创业制度，推进转移就业、灵活就业、自主创业和返乡创业，使劳动者劳有其岗、劳有多得。实施创业型城市（镇街、社区）创建、创业培训、创业助推"三大行动"，以技能促创业、以创业带就业，积极帮助就业困难群体、高校毕业生、返乡农民工等群体就业创业。城镇登记失业率控制在 3.5% 以内。三是提升公共服务水平。推进教育均衡发展，根据人口出生变化，论证规划学校、幼儿园布局，完成全面改薄和大班额工程建设项目收尾，铺开校长职级制改革，实施教师交流轮岗，加快发展民办教育，市高级技校创建省级示范校。牢固树立"卫计为民而计"理念，深化医药卫生体制改革，成立县级公立医院管理委员会，探索医疗服务共同体运行机制，推进基层医疗卫生机构标准化建设，推动国家慢性病综合防控示范区建设。加强社会保障和救助体系建设，扩大覆盖、提高标准，稳步提升保障水平和统筹层次。积极应对人口老龄化，推进医养结合，加快老龄事业和产业发展。

4. 突出和谐稳定，在提升治理能力上持续用力。完善"党委领导、政府主导、社会协同、公众参与、法治保障"的网格化社会治理联动体系，着力构建和谐、民主、法治的社会环境。一是全面推进依法治市。坚持依法执政、依法行政，深化综合行政执法体制改革，打造"信念坚定、行为规范、敢于担当、为民清廉"的肥城执法队伍品牌。扎实推进"七五普法"，深入开展一系列法治创建活动。优化提升公共法律服务水平，全面落实"一村（社区）一法律顾问"制度，引导广大干部群众自觉守法、遇事找法、解决问题靠法，让依法办事深入人心、成为常态。二是深化社会治理创新。完善落实领导干部包案、信访听证、打击非访、信访积案集中联席研判等制度，减少矛盾上行、人员外出。以实战型指挥中心建设为龙头，做强应急指挥体系，健全应急处置预案，提高应对突发事件的能力。坚持党政同责、一岗双责，严格落实安全生产企业主体责任、行业和属地监管责任，深入开展隐患排查整治，确保人民群众生命财产安全。建好用好社会组织孵化中心，积极培育发展城乡社区服务

类、公益慈善类等社会组织，发挥在社会治理上的补位作用。三是加强民主政治建设。坚持党的领导、人民当家作主、依法治国有机统一，充分发挥党委统揽全局、协调各方的作用，支持人大及其常委会依法行使权力，支持人民政协按章程履行职能，巩固和发展爱国统一战线，牢牢把握大团结大联合主题，支持各民主党派、党外知识分子、民族宗教人士等统战成员参政议政，扎实做好新形势下的对台侨务、人武双拥等工作，加快推动工青妇等群团组织改革发展，充分调动方方面面的积极性、主动性、创造性，凝聚起同心同向同奔小康、齐心协力共圆梦想的强大力量。

五、肩负新使命，全面从严治党，铸就坚强组织保障

始终把抓好党建作为最大政绩，突出主责主业，落实主体责任，不断把全面从严治党推向深入。

1. 强化思想引领，锻造忠诚政治本色。牢牢抓住思想建党这个关键，把党的十九大精神纳入推进"两学一做"学习教育常态化制度化的重要内容，发挥支部主体作用，采取集体学习、专题讲座、主题党日等多种形式，用好灯塔—党建在线、《党员学习参考》、智慧党务等有效载体，分期分批对全市领导干部开展集中轮训。严肃党内政治生活，严格遵守"三会一课"、民主生活会、组织生活会、民主评议党员、批评和自我批评等各项制度。全市党员干部要牢固树立政治意识、大局意识、核心意识、看齐意识，始终在政治立场、政治方向、政治原则、政治道路上同以习近平总书记为核心的党中央保持高度一致。

2. 强化选人用人，锤炼过硬干部队伍。干部硬则力量强，力量强则事业旺。坚持党管干部原则，突出政治标准和好干部标准，倡树实干实绩用人导向，真正打造一支政治过硬、业务过硬、作风过硬、富有活力的党政干部队伍。完善经常性考察机制，切实把干部情况掌握在平时。优化

领导班子结构，健全中层干部信息库，大力发现、储备、选拔经过实践考验的优秀年轻干部，注重在基层一线和困难艰苦的地方培养锻炼干部，着力提升执政能力和专业化水平。深化干部人事制度改革，有序推进相关镇街"职员制"人事改革工作，认真落实容错纠错机制和调整不适宜担任现职干部、待岗培训管理等办法，激励干部担当作为、奋发创业。

3. 强化基层基础，打造坚强战斗堡垒。以创建过硬支部为抓手，以提升组织力为重点，深入实施党建"基石工程"。在全市面上，抓好"不忘初心、牢记使命"主题教育，推进十九大精神和新修订的《党章》落地生根；突出基层党支部的政治功能，集中选树一批"桃都先锋"红旗党支部；打造党建文化广场，分领域建设"党建示范带"，放大过硬支部带动效应。在农村，持续推进新一轮高水平村居集体经济壮大行动，强化产业组团指导、项目资金帮扶，激发集体经济发展新动能，打造"强村固基"工程升级版。按照"严格程序、严肃纪律、严惩严打、公开透明"的要求，积极稳妥抓好村（社区）"两委"换届选举工作，大力实施"育苗升级"工程，增强农村党组织活力。开展大规模培训教育，打造农村党员干部教育培训基地，培育过硬带头人队伍。在城市，深化社区管理改革，探索建立社区"三位一体"基层治理体系，充分发挥社区党组织的核心作用，抓实机关事业单位党组织联系社区制度，完善街道"大工委制"和社区"大党委制"，推进街道、社区资源互联共享。扩大园区、商圈、市场党的组织和工作覆盖，推进社会组织党建"孵化引领"，积极开辟互联网党建工作新阵地。在机关，开展基层党组织"标准化建设年"活动，以"党建示范点"为抓手，强化党组织书记党建"第一责任人"职责，规范党内生活，狠

抓标准示范，始终保持机关党建"走在前、作表率"。在"两新"组织，调整理顺市"两新"组织党建工作领导体制，发挥好行业党组织、枢纽型党组织作用；全面落实层级管理办法，建立市级领导联系点制度，每年确定 10～20 个"两新"组织党建工作示范点，示范引领、整体提升；探索向基础薄弱、任务较重的"两新"组织选派"第一书记"，帮带提升党建工作水平。

4. 强化反腐倡廉，营造风清气正环境。抓紧抓实全面从严治党"两个责任"，把落实管党治党责任情况作为市委巡察和监督执纪的重点，健全主体责任约谈制度，落实廉政谈话制度，把压力触角延伸到农村，把责任落实细化到个人，推动全面从严治党向基层拓展。紧盯重点领域和重要节点，驰而不息改进作风，特别是加大对形式主义、官僚主义的查处力度，重点纠治"为官不为"的懒政怠政行为。运用好监督执纪"四种形态"，特别是第一种形态，严肃查处扶贫领域等群众身边的不正之风和腐败问题，保持惩治腐败高压态势。定期开展常规巡察和专项巡察，使巡察真正成为基层党内监督的"前哨"、发现问题的"尖兵"、从严治党的"利剑"。旗帜鲜明支持纪检监察机关开展工作，扎实推进监察体制改革，实现对所有行使公权力的公职人员监察全覆盖，全力营造干部清正、政府清廉、政治清明的良好生态。

同志们，置身新时代，奋斗正当时！让我们更加紧密地团结在以习近平总书记为核心的党中央周围，以习近平新时代中国特色社会主义思想为指引，在中共山东省委和泰安市委的坚强领导下，凝神聚力、开拓创新，务实敢当、加压奋进，为决胜全面建成高水平小康社会，加快构筑"党建新高地、法治新高地、市场新高地"而努力奋斗！

在中共肥城市委十四届五次全体会议上的讲话

常绪扩

（2018 年 7 月 7 日）

同志们：

刚才，锡瑞同志传达了习近平总书记视察山东重要讲话精神和省委十一届五次全会、泰安市委十一届六次全会精神，立军同志宣读了《中共肥城市委关于深入学习贯彻习近平总书记视察山东重要讲话精神的意见（讨论稿）》。下面，我讲三个方面的问题。

一、深刻领会习近平总书记视察山东重要讲话精神，坚定一张蓝图绘到底的信心决心

在进入新时代、迈入新征程的关键节点，习近平总书记再次视察山东并发表重要讲话，为山东发展把航定向，进一步提出了"在全面建成小康社会进程中走在前列，在社会主义现代化建设新征程中走在前列，全面开创新时代现代化强省建设新局面"的总要求，作出了"扎实推动高质量发展、扎实实施乡村振兴战略、扎实做好保障和改善民生工作、扎实抓好干部队伍建设"的重要指示，充分体现了习近平总书记对山东工作的深情厚爱和殷切期望，在山东发展历史上具有重要的里程碑意义。习近平总书记的重要讲话，总揽全局、思想深邃、情真意切、语重心长，具有很强的战略性、系统性、针对性和指导性。6月24日、7月1日，省委十一届五次全会、泰安市委十一届六次全会先后召开，刘家义书记、崔洪刚书记分别对深入学习贯彻习近平总书记视察山东重要讲话精神、推动各项工作再上新台阶作出了部署安排。全市各级要把思想统一到习近平总书记视察山东重要讲话精神和省委、泰安市委全会部署要求上来，凝聚共识、凝聚智慧、凝聚力量，把习近平总书记重要讲话精神转化为肥城大地的生动实践。

学习好、宣传好、落实好习近平总书记视察山东重要讲话精神，是当前和今后一个时期首要的政治任务。要把学习贯彻讲话精神与习近平新时代中国特色社会主义思想和党的十九大精神紧密结合起来，作为即将开展的"不忘初心、牢记使命"主题教育和正在开展的"大学习、大调研、大改进"的重要内容。各级党委（党组）理论学习中心组要细化学习任务、深入学习研讨、迅速兴起热潮、确保取得实效；广大党员干部要带着感情学习、带着使命出发、带着责任前行、带着追求领悟，切实把握思想内涵，吃透精神实质，真正做到学深悟透、学以致用，推动习近平总书记重要讲话精神在肥城落地生根、开花结果。

去年以来，面对复杂严峻的宏观环境和艰巨繁重的发展任务，我们牢固树立"实事求是地想、实事求是地谋、实事求是地干"的工作理念，坚定不移按照"一二三四五"的工作思路，一步一个脚印，一步一个台阶，"四大动能"全面起势，"一核四区"加快构筑，乡村振兴纵深实施，民生福祉明显改善，"政治过硬、业务过硬、作风过硬、富有活力"的党政干部队伍深入锻造，全市发展的基本面持续向好，步子越走越实、路子越趟越宽、底气越来越足，步入了天时、地利、人和的新阶段。实践证明，我们的发展理念、工作思路契合习总书记提出的"四个扎实"，符合中央和省市要求，切合肥城实际。坚定信心、义无反顾地走下去，就是我们贯彻习总书记讲话精神的

最好行动。当然，也必须清醒地看到，我们发展中面临的困难和问题还不少，产业结构还没有得到根本性改变，民生领域还存在一些短板和薄弱环节，党政干部"不作为、慢作为、乱作为"的现象仍然存在，等等。我们要认真研究解决好这些问题，努力把各项工作做得更好。

二、聚焦发力习近平总书记提出的"四个扎实"要求，向着高质量发展奋力前进

习近平总书记"四个扎实"的重要指示，切中工作要害，教给我们方法，是我们的工作指向和价值取向。要结合市情实际，完善思路举措，落实落深落细，努力推动各项工作再上新台阶。

（一）扎实推动高质量发展。牢牢把握高质量发展这个根本要求，认真践行新发展理念，培育发展新动能，增创发展新优势。一要咬定青山不放松，持续强化"四大动能"。"四大动能"是新旧动能转换的着力点、推动高质量发展的动力源。企业培植要突出精准服务。树牢市场和法治两种意识，持续抓好"三强企业"集中培植和重点企业梯次培育，逐步形成多个龙头企业拉动、一批骨干企业支撑、专精特新成长型企业齐头并进的发展格局。招商引资要注重效益优先。力戒浮躁心态，破除任务观念，引就引具有成长性、前沿性的好项目，落就落货真价实、没有水分的真项目。但绝不能以此为借口无所作为、消极怠工，招商引资依然是看实绩、论英雄的重要标尺。对上争取要坚持持续发力。对独立工矿区、山水林田湖草、保税物流园区、新旧动能转换等事关肥城长远发展的重大政策、重大项目要咬住不放、持续用力，不达目的不罢休。新型城镇化要做到提速提质。棚改工作虽然各种媒体上有这样那样的说法，但开弓没有回头箭，我们必须要心无旁骛、保持定力，在认识的高度、重视的程度、投入的力度上保持良好势头，能改尽改、能快则快，把好事办好。二要一锤接着一锤敲，高位打造"一核四区"。"一核四区"是优化产业布局、加速

产城融合的战略之举，是推进高质量发展的载体平台。城市核心区，加快推进一级路绕城，采取"拧螺丝"的方式，对全市社区逐步逐个理顺服务体制、完善配套设施，开展"剔骨式"拆违，实施精细化管理，打造精品化形象，全面提升城市功能品位。新旧动能转换先行区，按照"地企同心、产城融合、转型升级、振兴矿区"的方针，推动二次创业，实现凤凰涅槃。要把保税物流中心作为推进产业结构优化升级的重点工程，借助石横特钢、瑞福锂业和肥矿集团的优势，运用市场化手段稳步推进。省级经济开发区，市里已明确由立军同志兼任经济开发区党工委书记、管委会主任，与边院镇区镇合一，要加紧筹建机构，完善推进机制；石横镇要用好省级化工园区挂牌落户重大机遇，对申请入园的企业项目，由市政府统一把关、仔细甄别，打造全国知名的高端化工基地。汶阳田农高区、世上桃源旅游经济开发区要保持定力、稳住心神，加快培育市场主体，不冒进、不盲目，高起点、做精品。三要提纲挈领抓重点，大力强化要素驱动。实现高质量发展，抓住用好创新、人才、金融三个核心要素是关键之举。要用好创新第一动力。市级重点加强高新区科技孵化器等创新平台建设，更加突出企业主体地位，强化技术创新、成果转化。要用好人才第一资源。大力培植"蜂王式"企业，发挥好企业招才引智的主体作用；落实好招才引智的各项政策，积极推动企业与大专院校、职业技术学院对接联姻，吸引更多的蓝领人才、高级技工。要用好金融第一活水。政银企要强化共同体意识，认真履行各方职责义务。同时，要稳妥处置风险存量、坚决遏制风险增量，守住不发生系统性金融风险的底线，维护良好的金融生态。

（二）扎实实施乡村振兴战略。习总书记对山东实施乡村振兴战略寄予希望和重托，我们要以高度的责任意识、强烈的使命担当，努力走出一条具有肥城特色的乡村振兴道路。7月2日，我们收听收看了浙江大学中国农村发展研究院院长黄祖辉教授的乡村振兴战略专题报告；刚才，立

军同志宣读的《意见》中对乡村振兴已作了具体安排，黄教授的思想观点与我市的思路举措是完全吻合的，大家要坚定不移地走下去。一要推动农业现代化。紧紧扭住汶阳田农高区这个总抓手，高举有机农业大旗，打造"汶阳田"区域公用品牌。要依靠但不依赖外来工商资本，防止社会资本投机取巧，光要政策不干事。二要打造美丽新样板。深入实施农村人居环境整治三年行动，持续开展"三清三禁"集中整治，突出解决农村垃圾和污水处理问题，保质保量完成"七改"工程。三要强村富民促增收。深化新一轮高水平村居集体经济壮大行动，重点盯住经营性收入 10 万元以下的村，镇街要帮助他们策划论证增收项目，建设前"算好账"，建成后"算住账"，决不允许再出现"掉到地上连个响声都没有"的项目。要探索实施宅基地"三权分置"改革，扎实推进全国农村集体产权制度改革试点，全面加强新型职业农民培训，带动村民致富，推进乡村发展。

（三）扎实做好保障和改善民生工作。要牢固树立"以人民为中心"的思想，抓住群众最关心最直接最现实的利益问题，尽力而为，量力而行，不断提升人民群众的幸福感、获得感。一要坚决打赢脱贫攻坚战。严格按照"四心"工作理念、"准实长稳"工作要求，紧扣"两不愁三保障"，充分发挥集中力量办大事的制度优势，坚决做到"三个严惩不贷"，坚决攻下深度贫困堡垒，确保如期脱贫、全部脱贫。二要全力创建文明城市。统筹长远规划，拆、改、修、建综合提升，原则上不乱开工程、重在修补提升。大的工程、基础设施建设要与"三年拆违"结合，坚持拆到哪里建到哪里、绿到哪里、管到哪里，一块一块地改、一片一片地推，真正把城市建设好、提升好。要探索建立小区物业常态化管理机制，加快推动城市管理职能进社区、进小区、进单位，实现无死角、全覆盖。三要全面加强生态环境保护修复。过去人们"盼温饱""求生存"，现在"盼环保""求生态"。必须把解决损害群众健康的突出环境问题摆在重要位置，积极回应人

民群众关切，以中央环保督察反馈问题整改攻坚为抓手，严格落实"四减四增"要求，深入实施"蓝天、碧水、绿地"工程，保护好肥城的金山银山、绿水青山。同时，要紧紧扭住群众关心的就业、教育、社保、医疗、养老等问题，加大投入，补齐短板。

（四）扎实抓好干部队伍建设。要下大决心、下真功夫，着力锻造"三过硬一富有"的党政干部队伍，为推动发展奠定稳固基石、提供坚强保障。一要旗帜鲜明讲政治。树牢"四个意识"，坚定"四个自信"，做到"四个服从"，在思想上行动上坚决维护习总书记在党中央和全党的核心地位，坚决维护党中央权威和集中统一领导，认真执行党的政治路线，严格遵守党的政治纪律和政治规矩，在任何时候、任何情况下都绝对忠于核心、坚定拥护核心、时刻紧跟核心、坚决捍卫核心。二要真抓实干勇担当。要大力弘扬"开放、包容、务实、敢当"的新时期肥城精神，"自力更生、开拓进取、奋勇争先"的工作精神和"爱国、诚信、正直、奋进"的君子文化，持续提升学习力、谋断力、执行力，敢于拍板、善于决断。要研究落实中央、省市关于激励干部担当作为干事创业的具体措施，让敢担当善作为的干部有舞台、受褒奖，让不作为慢作为的干部让位子、受警醒。三要持之以恒强作风。严格落实"履职尽责、快准追责"闭环式责任追究机制，加大不适宜担任现职干部调整力度，让为官不为、懒政怠政、不敢担当的干部到待岗培训中心"回炉再造"。下一步，要将市直部门分为服务"四大动能"重点部门、一般服务经济部门、民生部门、综合协调部门四大类，深入开展"点穴式"纠风，纠慢治乱、正风肃纪。

三、切实用好改革关键一招，着力营造动力澎湃活力充盈的发展环境

习近平总书记反复强调："改革开放是决定当代中国命运的'关键一招'，改革到了新的历史

关头，因循守旧没有出路，畏缩不前错失良机"。我们一定要深刻领会总书记的谆谆教诲，努力在深化改革上迈出步子、趟出路子，以改革之先引领发展争先。

（一）深化认识，坚定改革信念。党的十九大把全面深化改革确立为新时代坚持和发展中国特色社会主义的基本方略，再次向全党传递了将改革进行到底的决心和魄力。从肥城实际看，加快新旧动能转换、保障改善民生、决胜高水平全面小康还有很多体制机制方面的堵点、难点、痛点，我们现在面临的不是想不想改革的问题，而是必须要改革，并且要快速改革的现实。只有改才有出路，惟有闯才有活路。全市各级对此要有清醒认识，在思想上来一场深刻的自我革命，只要有利于全市发展大局，有利于改进提升工作，有利于服务人民群众，就要敢于闯、敢于试、敢于改，我们允许宽容改革失误，但决不允许等待观望、裹足不前。

（二）对症施治，务求改革实效。对症下药，才能药到病除。必须强化问题导向、目标导向，不能为了改革而改革，改就改到位、改彻底，改出实实在在的成效。比如，在"放管服"改革上，"放"，不是我们的事，县级是最基层，关键是如何接好。"管"，主要是严格执法、依法管理的问题，我们的公检法和八支执法队伍，只要执法到位，就能管到位。"服"就是要让企业和群众少跑腿，能在网上办理的不要见面，能在社区办理的不要到镇街，能在镇街办理的不要到市政务服务中心，政务服务中心不能办的由市委、市政府或相关部门专门研究。当然，即使在社区、镇街能办理的事情，群众到了政务服务中心也必须承办，不能一推了之。

（三）担当作为，推动改革落实。习总书记指出，改革推进到今天，比认识更重要的是决心，比方法更关键的是担当。能不能推进改革，能不能动真碰硬，是对领导干部的现实考验。各级各部门单位主要负责同志要认真落实第一责任人责任，既要挂帅、挑最重的担子，当好改革促进派，又要出征、啃最硬的骨头，当好改革实干家，遇事不怕事、有事处理事、没事别惹事，形成"关键少数"带动"绝大多数"抓改革的良好局面。

同志们，时代呼唤担当，使命需要实干！让我们更加紧密地团结在以习近平同志为核心的党中央周围，深入学习贯彻习近平新时代中国特色社会主义思想、党的十九大精神和视察山东重要讲话精神，不忘初心、牢记使命，务实敢当、开拓进取，为决胜全面建成高水平小康社会，加快构筑"党建新高地、法治新高地、市场新高地"而努力奋斗！

政 府 工 作 报 告

——在肥城市第十八届人民代表大会第三次会议上

殷锡瑞

（2019 年 1 月 28 日）

各位代表：

现在，我代表市政府向大会报告工作，请予审议，并请政协委员和其他列席人员提出意见。

一、2018 年工作回顾

过去的一年，全市人民在市委的坚强领导

下，在市人大、市政协的监督支持下，深入学习贯彻习近平新时代中国特色社会主义思想和党的十九大精神，坚持"实事求是地想、实事求是地谋、实事求是地干"的工作理念，牢牢把握"一二三四五"的工作思路，解放思想、自力更生、开拓进取、奋勇争先，经济社会发展取得了显著成绩，开启了动能转换的新篇章，迈向了高质量发展的新天地，步入了天时地利人和的新阶段。

——GDP质量持续提升。面对经济下行压力加大的外部环境，千方百计稳增长调结构，实体经济根基更加坚实。预计完成市内生产总值853.93亿元，同比增长6.9%；人均GDP达到88090元，增长6.7%；万元GDP税收贡献706元，增长13.5%。

——财政收入质量显著提升。企业培植凸见成效，财政贡献能力明显增强，纳税过亿元企业增加5家、达到12家。实现境内收入67.02亿元、增长14.7%，境内税收60.25亿元、增长19.8%；公共财政预算收入40.42亿元，税收比重达到84.4%，主体税收21.3亿元、增长49.1%。

——生态环境质量全面提升。着力打好污染防治攻坚战，全面开展"蓝天碧水净地"行动，顺利迎接中央生态环保督察"回头看"；空气优良天数达到294天，空气质量优良率提高到80.5%；出境断面水质持续好转，达到四类水质标准；完成植树造林2.96万亩，城镇人均公共绿地面积17平方米。

——群众生活质量有效提升。全市民生支出46.89亿元，占公共财政预算支出的78.9%；预计城镇居民和农村居民人均可支配收入分别达到36930元、17729元，增长7.5%、7.8%；社会保险综合覆盖率达到95.2%；农村饮水集中供水率达到98.7%；社会消费品零售总额335.41亿元，增长9.1%；金融机构各项存贷款余额分别为560.49亿元、316.9亿元，比年初增加61.36亿元、7.31亿元。

——综合发展实力明显提升。在2018年度全国中小城市综合实力百强、绿色发展百强、投资潜力百强、科技创新百强中分列第44、第39、第14、第46位，全省分列第8、第7、第1、第10位。肥城作为泰安唯一的县市，入选"全国小康城市百强"。

一年来，我们按照市委的统一部署，贯彻高质量发展要求，紧扣新旧动能转换主线，着重抓了以下七个方面的工作：

（一）强力发展壮大产业，加快动能转换。立足产业实际，积极发展新动能，重点推进特种钢铁、装配式建安、新能源新材料、高端化工、现代制造、现代物流、文化旅游、有机农业"八大产业"，预计三次产业比例调整为7.1：47.8：45.1。工业发展潜力逐步显现，提质增效步伐加快，预计实现规模以上工业企业主营业务收入485.59亿元、利润63.62亿元。完成工业用电量35.36亿千瓦时，增长9.2%。完成重点技改项目13个，9个入选省技改项目导向计划，居泰安县市区之首。石横特钢泰安建筑用钢产业集群被列为全省四大钢铁产业集群，索力得入选国家绿色工厂，农大肥业被认定为国家企业技术中心、首批省技术创新示范企业、省两化融合管理体系贯标试点，新增省级企业技术中心2家、工业设计中心1家。战略性新兴产业和高新技术产业产值占规模以上工业产值比重预计分别达到29.9%、58%。中国石化设备安装产业服务平台投入使用，建筑业总产值达到279.76亿元、增长12.1%，被评为全省建筑业10强县、列第2位。城市经济逐步壮大，完成土地收储5298亩，春秋古镇成功创建首个AAAAA级景区，新增AAA级景区2个、AA级景区5个，桃木旅游商品城被评为全省首批电商小镇，被授予"全国桃木旅游商品之都"，实现服务业增加值385.12亿元，增长5.9%。有机农业标准化建设积极推进，新发展种植面积5800亩，"三品一标"认证面积9.8万亩，新增省级农业龙头企业2家、省级农业标准化生产基地7家、农民合作社省级示范社7家。建成高标准农田3.08万亩，新增和改善高效农田节水灌溉4.8万亩。全市规模饲养比重达到88%。农机化综合水平达到89.5%。入选国家小麦全成本保险试点县，被评为全省农业"新六产"示范县、生态循环农业示范县。

（二）强力推进"四大动能"，增强发展内力。加大企业培植力度，一对一精准服务，点对点解决困难，面对面化解风险，全年为企业降本减负16.77亿元、兑现扶持资金3.9亿元、解决个性问题46个。新增"四上"企业79家、小微企业2448家，规模以上工业企业达到265家。石横特钢入围中国企业500强、全省民营企业100强，金塔公司、农大肥业入选国家制造业单项冠军，瑞福锂业、一滕新材料被评为首批山东省瞪羚企业，索力得、联谊、瑞泰、瑞福锂业被评为省中小企业隐形冠军，17家中小企业被认定为省级"专精特新"企业，3家建筑企业晋升一级资质，2家企业入选全省建筑企业30强，均居泰安市第一位。突出园区招商，完善招商机制，发挥在外肥城人才作用，持续开展产业招商、亲情招商、以商招商，公示签约项目152个，招商引资到位资金140.02亿元。重点推进阿斯德科技、瑞福锂业3万吨锂盐等63个项目建设，完成投资169.22亿元。被纳入国家独立工矿区改造搬迁计划，6个项目列入省新旧动能转换项目库，到位无偿资金23.28亿元。棚户区改造开工建设14952套，基本建成5442套，居泰安县市区首位。

（三）强力构建"一核四区"，打造园区平台。树牢"大园区"思想，高标准推进"一核四区"建设，不断提升区域发展竞争力。城市核心区：青兰高速、一级路西延基本完工，济微路东移、肥梁路改造加快推进，核心作用和辐射带动力明显增强。北部城区暨新旧动能转换先行区：完成概念性规划编制，山水林田湖草生态保护修复工程扎实推进，综合物流产业园取得实质进展，"竹绿矿区"行动顺利实施，栽植竹林面积达5000余亩，成功签约美好装配式建筑、机器人关节减速器、港能投分布式能源等项目，成功

创建全省首批化工园区、全省智安化工园区，获批国家资源循环利用基地，高新区获批全国工业领域电力需求侧管理示范园区。省级经济开发区：顺利完成"区镇合一"管理体制、人事制度、绩效薪酬改革，构建起"大部制、扁平化"的管理模式；葛洲坝盐穴储能、山东巨能杆塔、济海特种设备检测等项目顺利签约。汶阳田农业高新技术产业开发区：加强与山东农业大学的合作，开展佛桃资源普查，调整优化肥城桃扶持政策，肥城桃特色农产品优势区入选首批省特色农产品优势区，泰安汶阳田现代农业产业园获批省农产品加工业示范园，省级农高区创建进入实质性阶段。世上桃源旅游经济开发区：泰山桃花源、左传文化园等项目顺利实施，世上桃源森林生态康养小镇入选首批国家森林小镇建设试点。

（四）强力促进城乡融合，改善环境面貌。全市户籍人口城镇化率达到53.6%，常住人口城镇化率达到63.1%。大力开展全国文明城市创建活动，社区管理改革不断深化，"三有六化"治理扎实推进，环境秩序和城市品质显著提升，年度测评综合成绩列全省21个创建县市第1名。完成肥桃路改造、文化路西延等工程建设，增加集中供热面积170万平方米，新建天然气管网88.3公里，新增城区绿化面积9.2万平方米，拆除违法建设175万平方米，顺利通过国家园林城市复审。深入实施乡村振兴战略，积极开展农村人居环境整治，扎实抓好"四好农村路"建设，顺利完成王边路改造、潮泉旅游路、410公里公路网化工程建设，实施潮汶路、仪过路亮化工程，实现镇街公交车全覆盖，基本完成农村厕所无害化改造任务。边院、潮泉、孙伯通过国家卫生乡镇技术评估，孙伯成功创建山东省美丽宜居小镇，汶阳、潮泉入选全省乡村振兴"十百千"工程示范镇，孙伯五埠、峨山被评为国家级传统村落，美丽乡村标准化覆盖率达到65%。康龙污水处理厂改造工程加快推进、二期工程正式运行，新建和疏通污水管网17公里，城市污水日处理能力达到12万吨。

（五）强力推动改革创新，激发后劲活力。农村集体产权制度改革国家试点工作基本完成，605 个行政村全部成立了股份经济合作社。加快推进国有企业剥离办社会职能，肥矿集团职工家属区"三供一业"、社区管理、市政设施和改制企业移交任务如期完成，国电石横公司历史遗留问题妥善解决。泰鹏环保启动上市程序，2 家企业在"新三板"挂牌，1 家企业在齐鲁股交中心挂牌。加快实施科技创新，新增高新技术企业 5 家、总数达到 27 家，新增院士工作站 1 家、省级孵化器 2 家、省级众创空间 1 家，征途科技等 36 家企业被评为国家科技型中小企业，全社会研发投入占 GDP 的 2.63%。出台人才政策"新十条"，引进高层次人才 120 余名，其中院士 4 名、"千人计划"专家 4 名。成立君子商学院，组织重点企业赴清华大学、复旦大学学习，企业家队伍建设不断加强。主持和参与制定国家标准 7 项、行业标准 4 项，注册马德里国际商标 5 件，新增地理标志证明商标 2 件、集体商标 1 件，"瑞泰及图"被认定为中国驰名商标。

（六）强力抓实民生事业，增进百姓福祉。城镇新增就业 9641 人，发放创业担保贷款 5775 万元，城镇登记失业率 1.7%。做好"兜底"保障，发放最低生活保障金 4166 万元、特困人员供养金 1253 万元、困难学生助学金 1031 万元、计生家庭扶助金 1843 万元、残疾人补贴 1312 万元，受益群众 6 万多人。积极化解"大班额"，"全面改薄"任务圆满完成，新建改造校舍 11.8 万平方米，顺利通过国家义务教育发展基本均衡县复验。初步完成校长职级制改革，新招聘教师 192 名。海亮外国语学校、慈明学校成功开办，高级技校新校区建成使用，顺利承办世界技能大赛塑料模具工程项目山东选拔赛。以人民医院、中医院为龙头，组建医共体，3 家卫生院被评为"全国群众满意乡镇卫生院"，381 家村卫生室完成标准化建设。被中央和省委确定为新时代文明实践中心试点，汶阳西徐被评为全国文明村。13 个镇街综合文化站达到国家三级以上标准，被评为

全省文化强省建设先进县、社科普及示范市、全民健身运动先进单位。全面抓好安全环境建设，"三大攻坚战"顺利推进，阿斯德等企业担保圈风险问题妥善化解，金融生态环境持续好转，完成高危行业和规模以上企业"双重预防体系"建设，安全生产形势保持平稳，农村"三资"清理集中行动逐步展开，扫黑除恶专项斗争、禁毒人民战争扎实开展，上合组织青岛峰会等系列安保任务圆满完成，打击网络犯罪取得重大突破，全省网安基层基础现场会在我市召开，"四维双向"执法管理工程被评为全省十大"规范警务"品牌；建档立卡贫困户脱贫任务基本完成；31 个中央生态环保督察交办案件全部销号，216 家"散乱污"企业实现整改提升。统计、审计、工会、气象、工商联、老年人、残疾人、妇女儿童、民族宗教、外事侨务、对台事务、双拥共建、民兵预备役、巫溪对口协作等工作都取得新的进步。

（七）强力抓好自身建设，提升工作效能。认真学习贯彻习近平新时代中国特色社会主义思想和党的十九大精神，深入开展"大学习、大调研、大改进"，扎实推进"两学一做"学习教育常态化制度化。坚决落实中央八项规定精神，着力解决发生在群众身边的不正之风和腐败问题，廉政建设进一步加强。严格执行市人大及其常委会决议决定，自觉把民主政治协商纳入决策程序，主动听取社会各界意见，办理人大代表建议 159 件、政协委员提案 172 件，办复率 100%。全面推进依法行政和政务公开，深入落实政府法律顾问制度，推行"双随机一公开"监管，法治政府建设取得新进展。精心打造政务环境，有序推进政务审批改革，组建行政审批服务局，完善镇街便民服务中心，建立重点项目全程代办、"一次办好"制度，调整市级行政权力事项 592 项，公布"贴心代办，一次办好"事项 1803 项。

各位代表，过去的一年，成绩令人鼓舞，形势催人奋进，发展势头强劲，我市的综合实力迈上了新的台阶。这些成绩的取得，得益于市委的正确领导、科学决策，得益于市人大、市政协的

倾力支持、有效监督，得益于全市人民的同心同德、砥砺奋进。在此，我代表市政府，向全市广大干部群众，向历届老领导、老干部，向驻肥单位干部职工和驻肥部队、武警官兵，向关心支持肥城发展的各界朋友，表示衷心的感谢并致以崇高的敬意！

在看到成绩的同时，我们也应该清醒地认识到还存在一些不足和问题。肥城仍处在爬坡上坎、转型升级的关键时期，经济的"春天"还没有到来，发展中仍然存在诸多问题需要解决。发展不充分、不平衡、低质效的矛盾仍然存在，经济总量不大、均量不高、质量不优的问题仍然比较突出；民生刚性支出有增无减，财政收支压力仍然较大；新兴产业、高新技术产业尚未形成规模支撑，产业结构总体处于中低端，双招双引成效不够高，"十强"产业项目偏少，新旧动能转换任务依然艰巨；金融生态仍存在风险隐患，个别企业生产经营困难，市场竞争力不强。新型城镇化有待加快，公共服务还存在许多短板，与百姓期待仍有差距；生态环境还有很大改善空间，环境保护任重道远；社会治理还有薄弱环节，部分领域的风险点不容忽视。政府职能转变还不到位，"放管服"改革需要继续深化；一些干部不敢为、不想为、不会为的现象仍然不同程度存在，有的同志在成绩面前还滋生了骄傲自满情绪，等等。对于这些问题，我们将直面矛盾挑战，认真分析研究，着力加以解决，让政府工作更加精准、更接地气、更富成效。

二、2019 年工作安排

2019 年，是新中国成立 70 周年，是决胜全面建成小康社会的冲刺之年，也是加快新旧动能转换、实现高质量发展的重要一年。站在新起点，面临新挑战，蕴含新机遇。放眼全球，贸易摩擦不断，不稳定、不确定因素依然较多，但经济全球化的潮流不可阻挡，世界经济延续复苏的态势没有改变。纵观国内，宏观形势复杂多变，

面临一些新问题新挑战，但经济长期向好的基本面没有改变，经济发展步入质量变革、效率变革、动力变革的全新阶段。审视我市，市委十四届七次全体会议刚刚召开，美好的蓝图已经绘就，加快发展的号角已经吹响，天时地利人和的局面已经形成，我们发展的步子越走越实、路子越趟越宽、底气越来越足，干事创业的激情空前高涨，凝聚起了前所未有的共识与合力。我们必须倍加珍惜来之不易的大好局面，倍加珍惜业已打下的良好基础，撸起袖子加油干，迈开步子向前冲，奋力谱写新时代肥城发展的新篇章。

今年政府工作的总体思路是：高举习近平新时代中国特色社会主义思想伟大旗帜，全面贯彻党的十九大和十九届二中、三中全会精神，认真落实习近平总书记系列重要讲话精神和视察山东重要讲话、重要指示批示要求，坚定不移按照"一二三四五"的工作思路，以新发展理念为统领，全面对标张家港，进一步夯实党建"基石工程"、进一步加快新旧动能转换、进一步深化体制机制改革、进一步优化营商环境、进一步增进民生福祉、进一步提升落实能力，着力抓好"四大动能""八大产业""一核四区"等重点工作，持续推动高质量发展，决胜全面高水平小康，以优异成绩庆祝中华人民共和国成立 70 周年。

工作中，全面贯彻落实中央经济工作会提出的"巩固、增强、提升、畅通"八字方针，守住"稳"的大局，提供"进"的动力，培育"新"的优势，打造"好"的环境，全力以赴促进经济社会发展稳中有进、进中向好。今年的主要预期目标是：市内生产总值增长 6% 左右；一般公共预算收入增长 4.8% 左右；全社会固定资产投资增长 6.5% 以上；社会消费品零售总额增长 8% 以上；城镇居民和农村居民人均可支配收入分别增长 7.5% 左右、7.8% 左右；城镇登记失业率控制在 3.5% 以内；完成安全生产、环境保护、节能减排等约束性指标。

2019 年重点抓好七个方面的工作：

（一）坚持在企业培植上持续发力，更高质

量做强实体经济。坚定不移发挥企业的市场主体作用，强化政府与企业同频共振，全力支持企业做大做强，加快推动实体经济向高质量发展迈进。

激发更足活力。大力培育企业梯队，发展壮大行业骨干企业、单项冠军企业、"专精特新"企业，培育扶持创新型初创企业和小微企业，形成"大企业顶天立地、小企业铺天盖地"的生动局面。全年新增"四上"企业 45 家、规模以上工业企业 10 家。以纳入泰安市级领军企业、创新企业"双 50 强"为重点，培植旗舰型企业，打造地方经济的"台柱子"。鼓励规模企业规范化公司制改制，提升企业管理水平；鼓励本土企业开展协作配套，通过兼并重组、控股参股加快发展；鼓励企业深耕主业，用坚守和专注打造竞争优势，争创更多的行业"单项冠军"。大力弘扬企业家精神，用好企业联合会、君子商学院等平台，加快培育新生代企业家，切实让企业家成为引领经济发展的"主角"。

提供更实保障。贯彻中央和省、市民营企业座谈会精神，研究推出新举措，掀起发展新热潮。深入实施供给侧结构性改革，优化存量资源配置，落实降本减负政策，降低实体经济成本。贯彻执行泰安市"双 50 强"《实施意见》，坚决兑现我市的企业培植、人才引进培养、成果转化等扶持政策，促进企业快速发展。重点破解制约发展的资金难题，完善"财政＋基金＋金融"运作模式，研究制定基金管理办法，发挥产业引导基金的作用，组建生产链条、成长周期全覆盖的投资体系。推行工业用地"先租后让、租让结合"及土地入股、联营联建等多种形式，降低企业前期投入。积极抓好企业用工、用气、用电等方面的保障工作，减少或消除影响企业发展的不利因素。

注入更新动能。坚持需求导向和产业化方向，鼓励企业加大研发投入，深化与高校院所合作，引进嫁接高新技术成果，实施产学研合作项目 20 项，新增高新技术企业 6 家、泰安市级以上创业创新平台 40 个，高新技术产业产值占比提高 2 个百分点。加强培育引导，支持企业借力资本市场融资发展，积极推进泰鹏环保上市，加快麦丰新材料"新三板"挂牌。弘扬"工匠精神"，引导企业强化质量意识、标准意识、品牌意识，新增中国驰名商标 1 件，参与制定、修订国家或行业标准 3 件以上。

（二）坚持在"八大产业"上持续发力，更高层次推动转型升级。加快以"四新"促"四化"、实现"四提"，聚焦"八大产业"，聚力攻坚突破，推动产业迈向中高端。

加快发展工业经济。坚定不移走工业强市之路，在"盘活存量、做优增量"中培育新动能，促进工业经济转型升级、稳中提质。以特钢集团为重点，抓住列入全省先进钢铁制造产业基地发展规划的契机，全力盯靠协调服务，加快建设泰安特种建筑用钢产业集群，新增钢铁产能 210 万吨，总规模达到 465 万吨，打造国内最具竞争力的特种用钢产业基地。以瑞福锂业为重点，深化与知名企业的技术合作，推动产品向前沿材料延伸，培育发展老城锂电产业园，打造二百亿级锂电产业基地；以葛洲坝中科储能公司为重点，利用盐穴优势，发展储能产业。以阿斯德科技、一滕、聚发生物等企业为重点，扩大产能规模，打造国内知名的甲酸、纤维素醚、高端医药生产基地；加快推进鲁岳、瑞泰等企业"进区入园"；争取农大肥业、瑞福锂业列入省级化工重点监控点。以泰鹏、联谊、昌盛、金塔、云宇等企业为重点，提升产品档次，增强行业竞争力，加快推进建设全国石墨制品生产基地。

提升发展城市经济。加强与肥矿集团、枣矿物产合作，积极引进大型投资运营企业，加快建设综合物流产业园和保税物流中心。深入挖掘君子文化，深度整合旅游资源，加强市场主体培育，促进文旅融合发展；高水平策划举办"两节一赛"，实施桃木商品、乡村旅游精品工程，争创 AAAA 级景区 1 个、AAA 级景区 1 个、AA 级景区 2 个。积极开展国家"绿色商场"创建活动，推动智慧便利店进社区，构建商贸流通新格局。深化电商村建设，争创淘宝村，完善"互联网＋农户"网上销售模式，让肥城农产品摆上全国人民的餐桌，促进农业增效、农民增收。支持发展工业设计、现代金融、总部经济、服务外包等现代服务业。强化经营城市理念，提升城投公司、水务集团市场化水平，完成土地收储6000亩。

优化发展特色经济。发挥"建安之乡"的品牌效应，鼓励兴润、军辉、显通、益通、信邦、宇兴等企业拓展高端市场，延伸上下游产业链条，加快"走出去"步伐，融入"一带一路"建设，实现建筑业总产值300亿元。开展产业升级行动，支持建安企业资质提升、品牌创建，晋升一级资质企业1家、二级资质企业3家。以美好建筑、华艺集团等企业为重点，大力发展装配式建筑，城市规划区内新供地房屋开发建设项目，装配式建筑面积比例达到20%以上。擦亮"有机蔬菜第一县"的金字招牌，强化福宽生物、正大果业、弘海食品等龙头企业带动，以标准化、品牌化、产业化为重点，建立健全生产标准体系，全面提升有机农业发展水平。年内发展有机农业6000亩，新增有机农业功能园区10个、"三品一标"认证50个，合作社企业化转型60家。鼓励有机蔬菜精深加工，开展农超对接活动，在大中城市设立直营店、在大型超市设立专柜，实现有机农产品"进超市、进社区、进住户"。

（三）坚持在双招双引上持续发力，更高效率扩大有效投入。牢固树立"项目为王"的理念，积极主动开展招商引资、招才引智活动，矢志不移加快项目建设，持续不断做优增量、带动存量、提高质量。

深化精准招引。主攻产业招商，围绕"四新""四化"，聚焦主导产业、关联产业，延伸产业链，制定"招商地图"跟踪招商，重点引进拥有核心技术、产业关联度高的优质项目。聚焦区域招商，瞄准京津冀、济南、江浙等重点地区，加强与中国500强、央企国企、上市公司、军工企业的战略合作，着力招大引强、招高引新。注

重企业招商，深化与中节能、首农、中材等央企的合作，利用上下游合作渠道及商务资源，吸引国内外大公司关联项目落户。强化借力招商，用好招商谈判、项目落地"两支专业队伍"，发挥节会平台和在外肥城人才的作用，委托招商、资本招商、大数据招商，提升招商专业化、精准化、市场化水平。全年引进过亿元项目75个以上。创新人才招引机制，推动招商与引才并举、人才与产业对接、智力与资本融合，力争引进一个团队带动一个产业。年内引进高层次人才120名以上、创新团队7个以上，实施人才创新项目40个。

深化项目攻坚。围绕项目签约、开工、投产"三个环节"，细化严实责任，强化过程管理，每个项目都明确时间表、作战图、责任状，落实到每个环节，精确到每个月份，形成在谈项目抓签约、签约项目抓开工、开工项目抓投产、投产项目抓服务的快速推进机制。强化重点工作项目责任化管理，完善问题直报、分层办理、会商解决机制，畅通项目快速落地"绿色通道"，着力解决问题短板和制约因素，保障项目建设提速提效。突出抓好60个重点新建续建项目，确保竣工投产40个以上，策划储备过亿元项目50个以上。

深化跟踪争取。密切关注国家政策导向、投资方向、发展走向，积极沟通对接，及时研判甄别，始终把握对上争取工作的新趋势、新变化，早介入、快反应，锲而不舍。突出专业水平，高质量策划编制方案，储备一批规模大、层次高、手续全的好项目，提高对上争取的针对性和成功率。积极推进泰聊铁路、济微高速等重大项目争取工作，盯紧落实独立工矿区、新旧动能转换、棚户区改造等重大政策，抓好后续资金到账和项目监管，争取实现更大突破。对上争取到位资金增长10%以上。

（四）坚持在"一核四区"上持续发力，更高水平打造发展平台。按照"政府主导、市场参与"的原则，高点定位、突出主业，实现园区差异化、主体多元化、运营专业化、产业集聚化建

设，打造区域发展增长极。

提高项目集聚力。城市核心区：围绕提高城市要素聚集度，着力抓好建筑企业总部、供销集团华东配送中心等项目建设，加快推进要地净空防御系统、碳纤维产业园等项目落地。北部城区暨新旧动能转换先行区：加快建设综合物流产业园、中韩绿色园区、国家资源循环利用基地，推进美好装配式建筑、有价资源再生利用、格润环保高分子材料等项目。省级经济开发区：统筹考虑产业、区位、土地、资源等多种因素，高起点规划，高标准建设，着力构建经开区改革发展新格局；坚持项目立区、企业强区，加快推进葛洲坝盐穴储能、100万吨六效真空制盐、山东好邦食品等项目落地，建设改革开放先行区、产城融合示范区、肥城南部次中心。汶阳田农业高新技术产业开发区：深化与山东农业大学的合作，重点建设山农大科技创新基地、肥桃产业融合示范园、有机蔬菜现代农业产业园，打造"汶阳田"区域公用品牌，积极争创省级农高区。世上桃源旅游经济开发区：围绕大景区、大旅游、大项目定位，着力抓好泰山桃花源等项目建设，打造省会济南休闲旅游目的地、泰安全域旅游重要节点。

提高园区承载力。加快构建"大交通"，完成青兰高速、泰肥一级路西延工程建设，推进实施济微路东移、肥梁路改造，抓好潮泉至汶阳国防公路、肥梁路至特钢路段、特钢路至薛馆路段等公路建设，提高道路的通达性，打造内部循环、互联互通的新格局。积极推进"五横四纵"水系建设，实施"1030"干渠特钢段改造、砖舍坝恢复重建、大汶河防洪治理等工程。加强和改善电网结构，实施石横特钢、瑞福锂业电网升级工程。深入推进山水林田湖草生态保护修复工程，抓好康汇河、月庄河生态修复保护项目，大力实施"竹绿矿区"行动，新增竹林栽植面积1万亩。着力完善省级经济开发区、省级化工园区功能配套，加强基础设施建设，拉开框架、打开通道、突破瓶颈，提升园区带动力和辐射力。

提高发展引领力。巩固高新区、省级经济开发区体制改革成果，完善"人员能进能出、职位能上能下、收入能高能低"机制，以机制创新促进发展提速，更好地释放园区发展活力。围绕接得住、管得好，有序向高新区、省级经济开发区下放、委托行政权力事项，赋予园区更多审批和经济管理权限，提高园区服务能力和办事效率。积极推动园区"腾笼换鸟"，用市场化、法治化手段倒逼落后产能退出，将优质资源向优质企业集中，年内盘活利用闲置低效用地600亩以上。稳步发展"飞地经济"，引导企业和项目向园区集中。坚持市场化方向，尝试合作发展的路子，积极探索多元化投入机制，广渠道吸引社会资金投向园区开发。

（五）坚持在环境建设上持续发力，更高要求打造区域品牌。强化"环境也是生产力"的理念，着力构建山青天蓝水绿的生态环境、优质高效快捷的发展环境，不断增强区域发展的吸引力和竞争力。

打造精品城市环境。完成新一轮城市总体规划编制，进一步优化城市设计，推动空间形态、文化元素与城市风格和谐统一，建设精品城市，让城市更有深度、更有内涵、更有魅力。加快城市基础设施建设，科学布局停车场、便民市场、公厕和垃圾收集站等公共设施，从源头上提高城市宜居度；铺开龙山路东延、凤山大街北延、工业一路东段等道路建设，实施污水管网、供热管网改造，推动园林绿化、路面维修、城市亮化工程；深化市容秩序管理服务外包，全面开展小区环境、沿街门店、交通秩序、城郊接合部整治活动，以"绣花功夫"促进城市管理标准化精细化。持续深化全国文明城市创建，巩固城市社区改革成果，完善"三有六化"治理机制，推进城市管理职能下沉，推动城市管理向更深层次、更广范围、更高水平迈进。深入开展违法建设治理行动，确保"增量坚决控制、存量全面治理"。

打造绿色生态环境。践行"绿水青山就是金山银山"理念，持续打好污染防治攻坚战，推动环境质量由局部提升向全面改善转变。认真落实中央、省环保督察"回头看"反馈意见，跟上后续整改，防止反弹、杜绝反复。全面实施大气污染防治、土壤污染防治行动计划，加强饮用水水源地保护，开展城镇污水处理"提质增效"三年行动，加快垃圾焚烧发电、泰安固废处置中心等项目建设，不断提高空气质量优良率，确保出境断面水质稳定达标。严格落实"河长制""湖长制"，完善排污许可制度，加大严惩重罚力度，夯实行业网格化监管机制，实现全域环境无缝隙监管。深入开展"四减四增"三年行动，大力发展绿色低碳循环产业，加快淘汰落后产能，支持重点园区实施低碳化、循环化、生态化改造，全面推进绿色制造体系建设。大力开展"桃乡增绿"行动，纵深推进"四绿工程"，全年新增造林面积1.5万亩。

打造一流营商环境。树牢法治理念，进一步深化"放管服"改革，全面实施"贴心代办""一次办好"改革，以机构改革、组建行政审批服务局为契机，整合优化审批职能，积极推行"互联网＋政务服务"模式，加快政务数据联网共享，真正实现"一网通"办理、"不见面"审批，打造"市场你来闯，服务我来办"营商品牌。按照"马上就办、办就办好"的要求，实行个人网上办、社区帮着办、镇街分级办、中心直接办四级服务模式，为群众办事提供更多便利。当好"店小二"，企业需要的时候无处不在、不需要的时候无声无息，用政府的真心换企业的真情，构建"亲""清"新型政商关系。建设诚信肥城，健全社会信用评价体系，完善信用承诺、失信惩戒制度，让守信者一路绿灯、失信者寸步难行。

（六）坚持在乡村振兴上持续发力，更高品质促进城乡融合。按照"产业兴旺、生态宜居、乡风文明、治理有效、生活富裕"的总要求，发挥乡村振兴基金的引领作用，促进新型城镇化和乡村振兴战略深度结合，一体化推进农业农村振兴发展。

推进新型城镇化。科学编制小城镇发展规划，统筹开展北部城区、一级路绕城周边、建安业总部园区的规划设计，充分发挥各镇街在乡村振兴战略中的重要节点作用，突出功能提升、产业培育和因地制宜，推进实施硬化、绿化、亮化、美化工程，全面开展环境综合整治，重点加强经济开发区、石横小城市规划建设，加快项目充填、基础设施提升，推进产业集聚化、基础设施集约化、公共服务集成化。坚持以群众需求为导向，继续用好棚户区改造政策，探索制定加快旧村改造的实施意见，积极推动269个有搬迁改造计划的村向镇驻地集中，没有搬迁意愿的村特别是分村向中心村集中，土地向大户集中，进一步拓宽农村发展空间。

推进乡村宜居化。突出资源禀赋、产业发展和村民需求，持续抓好美丽乡村建设，标准化覆盖率达到72%以上。深入实施农村人居环境整治三年行动，统筹抓好农村"七改""三清三禁"，完善农村卫生厕所、生活垃圾处理、污水处理管护机制，加快实施农村饮水安全两年攻坚行动，巩固提升农村治理成果。大力开展"四好农村路"建设，实施"村村通""户户通"工程，完成路网提档升级96公里、自然村通达工程76公里，汶阳、潮泉按照省级美丽乡村示范镇创建标准，先行一步、走在前列，年底全市50%以上的村实现"全域三通"。农村危房应改尽改，实施农村取暖工程，推行"煤改气""电改气"，鼓励优先使用集中供暖。扎实开展乡村文明行动，推进新时代文明实践中心、县级融媒体中心建设，深入实施"四德工程"，大力倡导移风易俗，形成崇尚文明、勤俭节约的良好风尚。

推进农业现代化。巩固农村集体产权制度改革成果，深化农村土地"三权分置"，落实土地流转奖补政策，推动资源变资产、资金变股金、农民变股东，壮大村级集体经济，促进农民持续增收。新增土地流转面积2万亩以上。分类制订社会化统一服务模式，深入抓好佛桃培优，划定45万亩粮食生产功能区，促进肥城桃、有机蔬菜、"两菜一粮"等主导产业加快发展。做好"农业+"文章，重点推进农旅融合、种养循环、智慧农业，积极发展农业"新六产"，提高农业全产业链收益。巩固改善农业生产条件，完成12座小型水库除险加固。完善金融支农和农业农村保险体系，鼓励银行批量授信，扩大"鲁担惠农贷"规模，支持农户开展多种经营，提高农民财产性、经营性收入。大力培训一批新型职业农民，培育一支懂农业、爱农村、爱农民的"三农"工作队伍。

（七）坚持在民生改善上持续发力，更高标准加快全面小康。以满足人民对美好生活的向往为目标，紧盯群众最关心、最直接、最现实的利益问题，推进公共服务标准化、均等化，不断提升人民群众的获得感、幸福感、安全感。

强化社会保障让群众放心。把保障和改善民生放在更加突出位置，重点在兜底线、保基本、扩覆盖上下功夫，民生支出占财政支出比重保持在78%以上。以创建创业型城市（镇街、社区）为抓手，促进就业困难群体、高校毕业生、返乡农民工等就业创业，新增就业8000人。深入实施"全民参保计划"，新增参保人员3500人以上。加快养老服务业转型升级，稳妥实施敬老院社会化改革，规范城乡低保、临时救助和特困人员救助供养，推进残疾人康复和托养中心建设，新建社区日间照料中心1处、农村幸福院6处。深化双拥共建，做好退役军人工作，推动军民融合深度发展。坚决打赢精准脱贫攻坚战，围绕"两不愁、三保障"标准，加强跟踪监测，建立即时帮扶机制，加大涉农资金整合和精准帮扶力度，全面巩固提升贫困人口稳定脱贫质量。扎实抓好国有企业剥离办社会职能和解决历史遗留问题工作，实现移交事项无缝衔接、平稳过渡。

强化公共服务让群众舒心。推进消除"大班额"，开展学前教育三年行动计划，积极创建全国义务教育优质均衡发展市，完成中小学、幼儿园建设项目12个，新增建筑面积10万平方米。支持海亮外国语学校、慈明学校建设，推进高级技校创建省级示范校、技师学院。深化医药卫生体制改革，完善医共体运行机制，规范药品购销秩序，推行家庭医生签约服务，加强基层医疗卫生机构标准化建设，积极创建省级健康促进示范市，加快建设健康肥城。加强图书馆配套完善，推进档案馆、博物馆规划建设，开展文体广场标准化试点，扶持发展文艺团队，构建农村"一公里文化圈"。加强文化遗产传承保护，跟进抓好国家级、省级文化遗产项目申报工作。积极承办体育赛事，广泛开展全民健身活动。

强化风险防控让群众安心。围绕防范化解重大风险攻坚战，加强社会稳定风险评估，开展社会矛盾常态化排查，健全矛盾纠纷化解机制，妥善解决各类社会矛盾。实施金融安全工程，高度关注企业担保圈，加快处置不良贷款，严厉打击违法违规金融活动，坚决防止系统性、区域性金融风险发生。深化农村"三资"清理集中行动，深入开展扫黑除恶专项斗争，大力实施"雪亮工程"，加强电信网络犯罪综合整治，全面推进平安肥城建设。严格落实安全生产责任制，提高突发事件应急救援能力，加强安全生产隐患治理和重点行业领域专项整治，坚决遏制较大以上安全事故。持续开展"守护舌尖安全"等系列行动，保障人民群众饮食用药安全。

三、全面加强政府自身建设

打铁还需自身硬。新时代、新任务、新征程，对政府自身建设也提出了新要求。新的一年里，我们必须不忘初心、牢记使命，振奋精神、鼓舞斗志、真抓实干、攻坚克难，全面增强政府的公信力和执行力，建设人民满意的服务型政府。

坚持从严治政，强化政治担当。树牢"四个意识"，坚定"四个自信"，做到"四个服从"，践行"两个维护"，始终在政治立场、政治方向、政治原则、政治道路上同以习近平同志为核心的党中央保持高度一致。自觉履行管党治党责任，严格执行意识形态、党风廉政建设工作责任制，切实加强政府系统党的建设。深入推进"两学一做"学习教育常态化制度化，扎实开展"不忘初心、牢记使命"主题教育，锻造忠诚干净担当的政治品格。坚决服从市委领导，带头执行市委决定，牢牢守住安全、环保、稳定、廉政"四条底线"，以如履薄冰的心态、负重拼搏的干劲，努力争取最好的结果，为发展赢得新的先机。

坚持依法行政，按照法治办事。把政府活动纳入法治轨道，依照法定权限和程序行使权力、履行职责，法无授权不可为、法定职责必须为。深入落实政府法律顾问制度，完善重大行政决策体系和合法性审查机制，提高依法决策、民主决策、科学决策能力。践行法治理念，运用法治方式解决矛盾问题，形成办事依法、遇事找法、解决问题用法、化解矛盾靠法的行动自觉。推行权力清单、责任清单动态管理，深化综合行政执法体制改革，促进规范公正文明执法。落实"谁执法谁普法"责任制，深入开展"七五"普法。依法接受人大法律监督、政协民主监督，高质量办好人大代表议案建议和政协委员提案。全面深化信息公开、政务公开，让权力在阳光下运行。

坚持务实勤政，以实干求实绩。对标学习张家港，坚决摒弃骄傲自满、沾沾自喜心态，加强机制、制度和方法创新，不断提高学习力、谋断力、执行力，以更高境界和水平推动发展。突出问题导向，注重精准精细，静下心研究问题，沉下去解决难题，切实做到情况明、方法对、工作细、责任实。大力弘扬新时代泰山"挑山工"精神，勇于攻坚克难，敢于动真碰硬，一张蓝图干到底，一门心思抓落实。坚持严管和厚爱结合、激励和约束并重，旗帜鲜明地为敢于担当、踏实做事的干部撑腰鼓劲。落实重点工作推进和督查机制，强化台账管理，严格跟踪问效，确保各项工作件件有回音、事事有成效。

坚持廉洁从政，树立良好形象。始终把纪律规矩挺在前面，深入落实中央八项规定精神，聚焦"四风"突出问题特别是形式主义、官僚主义新表现，持之以恒正风肃纪。认真听取群众意见，积极回应群众诉求、社会关切、舆论关注，严肃查处侵害群众利益的不正之风和腐败问题。持续扎紧织密权力"围栏"，用制度管权管事管人，加大对重点部门、重点岗位、重点项目的审计监督，进一步规范行政权力运行，实现干部清正、政府清廉、政治清明。

各位代表，时代赋予重任，人民寄予厚望。让我们紧密团结在以习近平同志为核心的党中央周围，高举习近平新时代中国特色社会主义思想伟大旗帜，在中共肥城市委的坚强领导下，紧紧依靠全市人民，大力弘扬新时期肥城精神，推动经济社会发展向更高质量、更高水平、更高层次迈进，为决胜全面建成高水平小康社会、加快构筑"党建新高地、法治新高地、市场新高地"而努力奋斗！

肥城年鉴

FEICHENG
YEARBOOK

FEICHENG
YEARBOOK
2019

专 记

■ 肥城市山水林田湖草生态
保护修复工程

专记

肥城市山水林田湖草生态保护修复工程

肥城市始终把生态保护摆在工作的重要位置，不断强化领导、加大投入、创新实践，通过实施采煤塌陷地治理、高标准基本农田建设、损毁山体修复等工程，生态保护工作取得显著成效。山水林田湖草生态保护修复工程试点启动以来，市委、市政府高度重视，把其作为改善生态环境的重要抓手和加快新旧动能转换的重大机遇，树牢"山水林田湖草是一个生命共同体"的理念，积极对接谋划，精心组织推动，顺利完成项目筛选上报、实施方案制定等各项工作，项目建设稳步启动、有序实施。

一、项目实施

为高标准、高质量、高起点的推动工作，在工程项目建设布局上，按照"集中连片、分类施治"的工作思路，对纳入山水林田湖草生态保护修复试点工程的项目精心策划，合理布局，分类施治，稳步推进，严格监管，提升质量，改善环境。肥城市山水林田湖草生态保护修复工程，共规划地质环境、土地整治、水环境、监管能力建设4大类、13个项目，计划总投资15.86亿元。截至2018年末，大汶河支流——康汇河流域采煤塌陷地治理等7个国土类项目已

全面开工，计划整治面积18.36万亩，预算投资7.36亿元，占国土类项目总投资（11.48亿元）的64.1%；大汶河支流——康汇河生态保护修复等6个水环境类项目稳步推进中，完成投资8781万元，占水环境项目总投资（4.38亿元）的20%。

1. 大汶河支流——康汇河流域采煤塌陷地治理项目。项目总投资4.1亿元，整治采煤塌陷地8.47万亩。实施子项目5个，投资1.978亿元，整治采煤塌陷地4.338万亩。其中，王瓜店街道十里铺村采煤塌陷地治理项目治理面积1550亩，投资1400万元，已竣工验收；老城罗窑片区采煤塌陷地综合治理项目治理面积2475亩，投资1000万元，已完成建设，于2018年12月16日通过泰安市国土资源局组织的专家验收；涉及马

石横镇"山水林田湖"项目施工（于学山　摄）

坊、鑫国等煤矿的采煤塌陷地治理项目治理面积1.8万亩，投资5980万元，已完成工程建设。治理面积1.51万亩、投资1.02亿元的肥城市石横镇、湖屯镇采煤塌陷地综合治理项目到位资金3000万元，已完成设计工程量的40%。大封煤矿、陶阳煤矿采煤塌陷地治理项目一期工程投资1400万元，治理面积6355亩，已完成招投标工作。

2. 大汶河支流——康汇河流域矿山生态修复。项目总投资1.15亿元，修复矿山生态4530亩。实施子项目4个，投资7192万元，整治破损山体5186亩。其中桃园西里片区、仪阳石东—沙沟峪等矿山生态修复项目，治理面积3656亩，投资3967万元，已竣工验收；安临站凤凰山、桃园顾庄矿山生态修复项目治理面积63亩，投资290万元，已完成建设，于2018年11月17日通过专家验收。涉及的关停矿山自行治理项目，投资1935万元，整治破损山体855亩，4家关停矿山完成自行治理义务，通过验收，其他矿山在治理中。投资1000万元，治理面积612亩的肥城市仪阳等4街镇矿山治理项目已开工建设。

3. 肥城市康汇河流域地质灾害治理。项目总投资1100万元，实施地质灾害防治工程1个。投资150万元，治理面积257.55亩的潮泉镇孤山地裂缝治理项目已完成验收，消除地质灾害1处。

4. 泰安市省级地质公园地质遗迹保护进展。项目总投资600万元，实施地质公园及地质遗迹保护1处。投资500万元的肥城市牛山省级地质公园地质遗迹保护工程已完工并通过省级验收。同牛山林场对接完善公园基础配套设施的二期工程方案。

5. 大汶河流域肥城片区农用地整治。项目总投资5.44亿元，整治土地15.13万亩。实施子项目18个，建设总规模12.2万亩，预算投资4.11亿元。其中，石横—安驾庄—边院3个高标准农田建设项目，建设总规模3.08万亩，预算投资3321万元，已竣工验收；桃园—老城—边院3个丘陵山区土地整治项目，建设总规模2.43万亩，预算投资12651万元，已竣工验收；仪阳—安临站—王庄4个丘陵山区土地整治项目，建设总规模5.53万亩，投资19938万元，已竣工验收；仪阳—桃园—安驾庄3个残次林整治项目，建设总规模0.48万亩，预算投资2772万元，已竣工验收；汶阳—王庄—孙伯3个残次林整治项目，建设总规模0.31万亩，预算投资1367万元，已竣工验收；边院1个残次林整治项目，建设规模0.091万亩，预算投资339万元，已竣工验收；孙伯高标准农田建设项目，建设规模0.28万亩，预算投资740万元，已完成立项批复，待实施。

6. 肥城市工矿废弃地复垦利用。项目总投资4600万元，实施工矿废弃地复垦利用1276.35亩。实施子项目2个，建设总规模1125亩，预算

康汇河生态保护修复项目

投资3890万元。其中，规模410亩、投资1500万，涉及仪阳、安临站、潮泉、桃园、王庄、边院6个街镇的项目，已完成验收；规模715亩，投资2390万，涉及安驾庄、桃园、王庄、王瓜店、潮泉、边院、仪阳7个街镇的项目，正在实施。

7. 肥城市国土资源信息化建设（智慧国土）提升项目。项目总投资1600万元。投资1040万元的一期项目已完成，二期项目有序推进中。

8. 康汇河生态保护修复项目。计划总投资2.88亿元，对康王河进行生态修复。已投资600万元，该项目已确定由肥城市水务集团实施，可行性研究报告编制已完成。

9. 月庄河生态修复保护项目。项目计划投资4000多万元，对康王河上游和支流月庄河河道进行生态修复，建设表流人工湿地300亩。已投资7万元，该项目已确定由肥城市城市建设投资有限公司实施，可行性研究报告已编制完成。

10. 肥城市饮用水源地规范化建设项目。计划总投资1000万元，对肥城市饮用水源地进行规范化建设，规范保护区标识设置，对取水口及保护区采取硬化地面、设置护栏等管护设施。该项目已开工建设，现已投资80万元，编制完成《肥城市集中式饮用水源地规范化建设实施方案》，并经市政府批准实施。已完成30眼水井保护工作。

11. 肥城市畜禽污染物治理及综合利用项目。计划总投资8540.5万元，由肥城十方生物能源有限公司实施。该项目已完成投资7300万元，主体工程已经完工，进入试运行阶段。首批59个养殖场（户）与项目公司签订粪污委托处置协议，购置收运车辆7辆，收集网络基本形成；流转土地260亩发展生态农业，温室大棚，水肥一体化等设施已开始建设，露天果树区已种植完成。

12. 肥城市环境监测能力提升项目。计划投资600万元，对实验室进行升级改造，改造监控中心，达到《全国环境监测站建设标准》三级站标准。该项目已开工建设，已投资634万元，已

完成2个空气站老旧设备的更换工作，水质监测设备ICP-MS等已进货到位，企业端在线监控已安装完成，化验室装修改造中。

13. 肥城市沿大汶河乡镇污水处理厂项目。计划总投资915.41万元，建设4出污水处理设施，总处理能力为1300吨／日。已投资160万元，汶阳董庙污水处理项目已开始地下基础施工，安驾庄、孙伯污水处理项目已进行招标。

二、工作开展

在山水林田湖草生态保护修复工程项目建设上，精心策划，合理布局，分类施治，稳步推进大项目中各个小项目的建设。

1. 高度重视。肥城市委、市政府高度重视山水林田湖草整治工作，贯彻落实国家、省市的工作部署要求，把山水林田湖草生态修复工作作为一项重点民生工程来抓，专门成立由市委书记任第一组长、市长担任组长，宣传、人大、政协以及分工财政、国土、环保的3位副市长担任副组长，政府办、财政、国土、环保、规划等部门和14个镇街区主要领导为成员的工作领导小组，健全完善山水林田湖草生态保护修复工程责任体系，领导小组办公室每两周进行一次工作调度，及时汇总调度各类项目建设进展，分类督导，积极推进。督导情况作为市长例会的工作安排事项进行重点汇报，层层传导压力，全力抓好项目推进工作。

2. 规划先行。对纳入山水林田湖草生态保护修复试点工程的项目进行认真布局、合理规划，按照集中连片、分类施治的工作思路，编制以"水生态"恢复工程为主的康汇河流域塌陷地治理规划、以农田环境改善为主的大汶河流域土地整治规划等，打造"山青、水净、林丰、田良、矿绿"的生态环境。并精心制定3年实施计划，建立项目形象进度台账，将工作任务细化分解，明确项目完成时限，进一步压实责任，确保项目有序实施。特别是在采煤塌陷地的整治上，2017

年初，市委、市政府将北部塌陷地全部纳入北部城区规划范围，并作为肥城市新旧动能转换先行区予以实施。通过"生态修复＋新旧动能转换＋城市空间修复整合"的策略，综合治理，打造结构清晰、分区明确、布局合理的新旧动能转换山水产业新城。同时，同国际竹藤组织合作，选取合适种类，在适宜的采煤塌陷地进行栽植，并延长配套产业服务设施，建设特色竹林小镇，改善矿区生态环境。

3. 部门配合。为加快项目建设进度，结合工作实际，落实部门工作职责，细化工作目标，建立健全推进工程实施的共同责任机制，全力支持配合做好山水林田湖草项目建设。财政、国土、环保等部门强化责任意识和大局意识，按照各自承担的任务，团结协作，履职尽责，采取有效措施将工程目标落实到位；各镇街作为辖区内工程实施的承担主体，主动调动和整合各方力量，全力做好工程实施过程中的清障、农事关系的协调等工作，为项目顺利建设奠定坚实基础。

4. 把好"四关"。一是资金筹集关。在用好上级资金的同时，通过整合财政资金、城投公司融资、吸引社会资本等方式，拓宽渠道，多方筹措，全方位做好项目资金保障。在土地整治上，以市场化为杠杆，按照"谁投资、谁受益"的原则，吸引社会化投资 1.5 亿元，推动项目建设进度。二是技术服务关。为提高各类子项目的设计水平，建立国土类中介服务库，选定水平高、专业精的技术服务单位，全程参与项目建设，落实项目管理制度，保障项目方案编制质量。三是工程质量建设关。建立"一级监理、三级监督"立体质量监督体系。"一级监理"即聘请专业监理公司对项目区内所有工程进行全程监理。"三级监督"即项目单位派懂技术、会管理的技术人员包项目、包标段、盯现场的现场监督；监察、财政、审计等部门对项目的定期监督；项目区所在街镇、村老党员和群众代表的社会监督。同时，把好原材料进场关、隐蔽工程质量关、工程量验收关"三个关口"，确保工程建设成效。四是资

金使用关。严格财经制度，落实县级报账提款制、国库集中支付制等相关制度。在工程款支付上，按照技术服务、工程施工等合同约定的工程款数额、项目建设进度、约定支付开户行及账号予以支付，不断强化资金监管，实现专款专用，确保资金安全有效使用。

5. 整合项目。按照美丽生态国土的建设要求，将高标准基本农田建设、占补平衡、工矿废弃地复垦调整利用等项目纳入并整合到肥城市山水林田湖草生态修复保护试点工程的范围，统一规划和部署，及时调整工作思路，将生态保护修复纳入项目预期管理目标中，将单纯地追求新增耕地向全面提升生态保护水平转变，注重生态保护设施的建设和生态防护水平的提升。如在工矿废弃地复垦调整利用项目的实施中，开展熟土层剥离和再利用工作。为提高复垦耕地质量，将建设项目占用耕地的耕作层熟土剥离，回填到项目区，使宝贵的熟土资源得到充分利用，提高复垦耕地质量和农田环境，打造生态农田、景观农田，实现农田生态系统服务功能的可持续性。

三、存在问题

1. 采煤塌陷地治理难度较大。由于肥城煤田采取的是掏空回采式采煤且无充填措施，每个采面撤除支撑顶柱后即开始自然沉陷，全市采矿区范围共计 16.33 万亩，已形成 8.98 万亩的塌陷地，涉及 4 个镇街、71 个行政村、10 万余人。开采区造成的大面积土地塌陷，往往形成深坑，变得高低不平；在地下水位浅的地方，形成常年积水洼地，积水深度约为 1.50～8.16 米，致使原先的耕地无法耕种。1999 年以来，肥城市先后争取上级资金实施采煤塌陷地的治理，煤矿区塌陷地的治理取得一定成效，但由于受政策、资金等要素条件的限制，塌陷地的治理改造现状还停留在一般性的恢复生产上。按照打造以"水生态"修复工程为主的治理目标任务仍有很大差距。

2. 矿山生态修复和地质灾害治理项目资金筹

集困难。肥城市还存在着部分原矿权已注销、治理义务人灭失、未治理的历史遗留废弃矿山，如桃园桑杭新庆采石场、王庄永和采石场等。在2017年中央环保督察中，也被列为一个问题要求整改。但由于受当时政策、管理的局限，收缴的地环恢复治理保证金难以满足废弃矿山生态修复所需费用，仅靠当地财政投入很难解决。

3. 受政策影响，部分土地整治项目无法实施。为提高耕地的集中连片程度，完善道路林网，改善区域内群众的生产、生活条件和生态环境。肥城市拟对原高标准基本农田建设项目扣除的及周边，实地大部分为耕地的残次林地、废弃果园进行综合整治。因部分地块列入林业保护范围，无法同林业部门达成一致意见，造成项目无法实施。同时，在策划丘陵山区土地整治项目时，通过现场实地踏勘，发现部分区域种植林木较多，导致无法进行整治。

4. 康汇河及月庄河生态保护修复项目。建设地点均位于国家级康王河湿地公园内，按照要求需委托中介机构编制报告逐级报至国家林业和草原局审批，审批级次高，时间最快半年以上。该工程为生态保护工程，建议林业部门免于审批。康汇河生态修复项目中水厂需要报批土地审批手

孙牛路桥修复前

孙牛路桥修复后

康汇河生态保护修复项目

续，时间也比较长。

5. 肥城市畜禽废弃物综合治理与资源化利用项目。天然气和有机肥经营审批手续办理难度大。

肥城年鉴

FEICHENG
YEARBOOK

FEICHENG
YEARBOOK
2019

■ 大事纪略
■ 大事记

大事纪要

大事纪要

大事纪略

【市监察委员会挂牌成立】 1月19日，肥城市监察委员会正式挂牌成立，标志着肥城市深化国家监察体制改革试点工作迈出重要一步。挂牌仪式结束后，市监察委员会第一次全体干部会召开。12月15日，肥城市监委14个派出镇（街、区）监察室集中挂牌成立，标志着肥城市推动监察工作向镇（街、区）延伸进入实质性阶段，实现对全市所有行使公权力的公职人员监察全覆盖。

【晒书城·大成书院落成】 6月3日，晒书城·大成书院落成启用仪式举行。中华环境保护基金会理事长曲格平，全国工商联环境商会副会长骆建华，中华环境保护基金会秘书长徐光，泰安市环保局局长乔建博，肥城市领导常绪扩、殷锡瑞、赵燕军、侯庆洋、王勇强、贾同国，石横特钢集团董事长张武宗出席仪式。市委书记常绪扩在仪式上致辞，市委副书记、市长殷锡瑞主持仪式，并宣布晒书城·大成书院正式启用。曲格平、张武宗为晒书城·大成书院揭牌。桃园镇机关干部、中小学校长、老师代表及周边村两委成员参加仪式，晒书城小学学生朗诵曲格平所写《复建晒书城·玉皇阁记》。

【肥城第一个党支部纪念馆建成】 7月19日，肥城第一个党支部纪念馆建成并投入使用。纪念馆位于边院镇东向西村，展室为8间平房、140余平方米，分东向星火、燎原之势、砥砺前行、现实借鉴四个篇章，采用文字、图片及实物的形式，全面展示肥城第一个党支部创建、发展历程及其现实借鉴意义等。1927年7月，肥城早期共产党员武冠英、李鹤年、张克明建立现肥城境内第一个党支部——中共东向支部，为教育引导全市广大党员干部铭记党的光辉历史，传承红色基因，加强党性锤炼，中共肥城市委党史办、肥城市史志办联合有关部门建设该纪念馆，为开展青少年爱国主义教育提供场所，为普及肥城党史知识、推动地方党史宣教工作提供平台。

【市高级技校新校区建成使用】 市高级技校新校区建设项目为全市重点民生工程，学校搬迁也成为全市教育资源配置、布局规划中的一件大事，市委、市政府高度重视、密切关注，召开协调会组织住建、交通、财政等相关部门积极配合，做好搬迁保障工作。学校党委周密部署，上下动员，协力攻坚，整体搬迁从8月初开始，历时近2个月，全面完成各项搬迁任务。新校全部启用，占

1月19日，肥城市监察委员会正式挂牌成立

地 350 亩，投资 5 亿余元，设计规模为学历教育 1 万人、年均短训 2 万人，学校发展开启新时代。

【全市 605 个村均成立股份经济合作社】 自 2012 年起，肥城市在实施农村土地承包经营权、农村集体建设用地和宅基地、农村房屋确权颁证的基础上，探索实施农村集体产权制度改革，构建农村产权交易融资平台，开启农村综合改革序幕。2017 年，肥城作为山东省唯一代表，在全国农村集体产权制度改革试点工作会议上作典型发言。至 2018 年末，肥城市 605 个村全部开展农村集体产权制度改革，成立村级股份经济合作社，共量化资产 30.9 亿元，量化资源 15.1 万亩，确认成员 72.67 万人，设置总股数 259 万股，其中集体股 104.4 万股，成员股 154.6 万股。

【肥城被列入全国新时代文明实践中心试点】 年内，肥城市被确定为泰安市唯一的全国 50 个县级新时代文明实践中心建设试点，试点工作从 9 月开始，为期一年。试点以全县域为整体，以市、镇、村三级为单元，以志愿服务为基本形式，发挥党员先锋模范作用，整合社会各方面力量，建设一支群众身边的志愿者队伍，因地制宜地开展经常性、面对面、群众喜闻乐见的学理论、解政策、讲道德、兴文化、树新风等文明实践活动。10 月 26 日，肥城市新时代文明实践中心揭牌成立，并召开动员会议，部署启动全市新时代文明实践中心建设工作。同月底，肥城市新时代文明实践中心、分中心、站三级体系全部搭建完成，并在全市范围内组建完成三个层面的志愿服务队伍。

大事记

1 月

3—4 日 国家卫计委调研组到肥城开展"以加强农村基层党建推进农村医疗卫生事业改革发展"课题调研。调研组一行先后到安临站镇卫生院、安临站镇站北头社区卫生室、市第二人民医院、边院镇济河村卫生室现场调研，就卫生院建设运营及党建工作开展情况、村卫生室建设和业务开展情况及签约服务进展情况进行深入调研。市委书记常绪扩，市委常委、组织部部长乔磊陪同活动。

3 日 山东农业大学与肥城市久久香蔬菜种植有限公司联合建立的教学科研实践育人基地在石横镇揭牌成立。

12 日 中共肥城市委十四届四次全体会议在市人民会堂召开。会议的主要任务是全面贯彻党的十九大精神，以习近平新时代中国特色社会主义思想为指引，落实中央、省委和泰安市委一系列部署要求，回顾总结 2017 年工作，分析研判当前形势，安排部署 2018 年任务。全委会由市委常委会主持。市委书记常绪扩代表市委常委会作了题为《奋进新时代 践行新思想 实现新作为 加快构筑党建新高地法治新高地市场新高地》的报告。全委会对常绪扩代表市委常委会所作的报告和《中国共产党肥城市第十四届委员会第四次全体会议公报（草案）》进行分组讨论，审议通过《中国共产党肥城市第十四届委员会第四次全体会议公报》。市委书记常绪扩，市委副书记、市长殷锡瑞，市委副书记王立军，市委常委辛涛、乔磊、戴先锋、名树伟、王勇强、王志勇、付玲、李朝亮出席会议。

16—18 日 中国人民政治协商会议第九届肥城市委员会第二次会议在市人民会堂召开。市委书记常绪扩参加会议并讲话。市政协主席侯庆洋代表九届市政协常委会向大会做《政协第九届肥城市委员会常务委员会工作报告》。会议对优秀政协委员、优秀提案、提案办理先进单位和提案工作先进个人进行表彰，审议并通过本次会议的政治决议。

17—19 日 肥城市第十八届人民代表大会第二次会议在市人民会堂召开。市委副书记、市长殷锡瑞代表市政府向大会作《政府工作报告》。大会选举戴先锋为肥城市监察委员会主任，选举尹丽为肥城市第十八届人民代表大会常务委员会委员。会议审议通过《市十八届人大二次会议关于肥城市政府工作报告的决议》《关于肥城市2017年国民经济和社会发展计划执行情况与2018年计划的决议》《关于肥城市2017年财政预算执行情况与2018年预算的决议》《关于肥城市人民代表大会常务委员会工作报告的决议》《关于肥城市人民法院工作报告的决议》《关于肥城市人民检察院工作报告的决议》。

19日　市监察委员会挂牌成立暨第一次全体干部会召开。常绪扩、殷锡瑞、王立军、赵燕军、侯庆洋等市大班子领导出席挂牌仪式。市委书记、市深化国家监察体制改革试点工作小组组长常绪扩参加全体干部会并讲话，市委常委、市纪委书记、市监察委员会主任戴先锋主持会议。

20日　市政府与山东永平资源公司资源循环利用产业园项目签约仪式举行。市委副书记、市长殷锡瑞，山东永平再生资源股份有限公司董事长孙学萍等出席签约仪式。

22日　全市党的十九大安保维稳工作总结会议召开，会上通报表彰全市党的十九大安保维稳工作先进集体和先进个人。市委书记常绪扩参加会议并讲话，市委副书记、市长殷

锡瑞主持会议。市领导王立军、赵燕军、侯庆洋等出席会议。

25—26日　以肥城籍专家教授为主的山东科技大学、齐鲁工业大学的33名专家教授到肥城参加高等院校专家教授肥城行暨校企对接洽谈活动。与会专家教授参观考察十里画廊、桃文化博物馆、春秋古城、依诺威强磁、农大肥业、石墨电极、一滕新材料、聚发生物科技、阿斯德科技等地，听取相关介绍，并围绕校企合作等事项召开座谈会。56家企业与专家教授分组进行对接，30多家企业达成合作意向。

26日　"工匠梦·和谐情"首届桃都工匠、和谐家庭颁奖典礼在文广大厦举行。活动评选出首届"桃都工匠"10名、"和谐家庭"9户。市领导王立军、刘益、孙琪、邹家强出席活动并为获奖者颁奖。

29日　全市2017年度镇街区党（工）委书记履行全面从严治党主体责任和抓基层党建工作述职评议会议召开。各镇街党（工）委书记，高新区管委会主任，市直机关工委，市经信局、住建局、农业局党委书记，市商务局党组副书记在会上作述职汇报。与会人员对述职镇街区和部门单位履职情况进行评议。

2月

3日　市委理论学习中心组举行集体学习研讨，集体学习习近平总书记在中央政治局民主生活会上的重要讲话精神以及《县以上党和国家机关党员领导干部民主生活会若干规定》，传达学习省人大、政协"两会"精神。市大班子领导常绪扩、殷锡瑞、王立军、赵燕军、侯庆洋、辛涛、乔磊、戴先锋、名树伟、王勇强、付玲

1月26日，"工匠梦·和谐情"首届桃都工匠、和谐家庭颁奖典礼举行

出席会议。

3—4日 省工程咨询院专家到肥城验收循环经济园区和现代盐化工产业园区创建省级化工园区工作。验收组一行在市人民会堂召开肥城循环经济和现代盐化工产业园区评审会。市委副书记、市长殷锡瑞介绍肥城市经济社会发展情况。石横镇、边院镇主要负责同志分别汇报园区建设发展情况。专家组审查园区相关资料，并对循环经济园区和现代盐化工产业园区进行现场验收。

8日 全市安全生产工作会议召开。市领导常绪扩、殷锡瑞与市政府副市长、党组成员，部分镇街区和市直部门代表签订《2018年度安全生产目标管理责任书》。会议对2017年度安全生产工作先进集体和先进个人进行通报表彰。

△ 全市经济工作会议召开。主要是认真贯彻中央、省和泰安市经济工作会议精神，总结工作，表彰先进，部署任务，动员全市各级进一步统一思想、坚定信心，凝神聚力、加压奋进，努力推动高质量发展、决胜高水平小康，加快构筑"党建新高地、法治新高地、市场新高地"。市领导常绪扩、殷锡瑞、王立军、赵燕军、侯庆洋、乔磊、戴先锋、名树伟、王勇强、王志勇、付玲、李朝亮，功勋企业家张武宗、桑红星、张大岭、李传颖、李云岱、李允柱出席会议并在主席台

就座。

△ 市委召开常委班子2017年度民主生活会。会议以"认真学习领会习近平新时代中国特色社会主义思想，坚定维护以习近平同志为核心的党中央权威和集中统一领导，全面贯彻落实党的十九大各项决策部署"为主题，对照党章和《关于加强和维护党中央集中统一领导的若干规定》《贯彻落实中央八项规定实施细则》，联系思想和工作实际，进行党性分析，深入查找问题，开展批评与自我批评。

10日 市政府全体成员（扩大）会议召开。主要是贯彻落实泰安市政府全体成员（扩大）会议、市委十四届四次全体会议、人大政协"两会"、全市经济工作会会议精神，对2018年政府工作进行再安排、再部署，确保完成全年目标任务。市委副书记、市长殷锡瑞参加会议并讲话，市领导王志勇、宁洪法、赵兴广、鄂宏超、贾同国、孙琪、杜尊春出席会议。

11日 市委政法工作会议暨全市扫黑除恶专项斗争会议召开。市委常委、政法委书记辛涛，副市长、公安局局长鄂宏超分别提出要求，市法院院长石军主持会议并就会议的贯彻落实提出要求。市纪委、市委组织部负责同志对扫黑除恶专项斗争工作提出要求。

27日 全市2018年春季重

点项目建设集中开工仪式在市高新区鲁泰新兴绿色建材产业园项目工地举行，同时也是泰安市2018年春季重点项目建设集中开工仪式肥城分会场。肥城市集中开工项目43个，总投资378.8亿元，项目种类涵盖工业结构升级、战略性新兴产业，现代服务业等。泰安市政协主席周桂萍，市委常委、宣传部部长王永征，副市长、安监局局长袁久党，肥城市大班子领导常绪扩、殷锡瑞、王立军、赵燕军、侯庆洋等以及各镇街区、市直有关部门单位主要负责同志出席开工仪式。

3月

5日 泰安市春季造林绿化现场推进会在肥城召开。与会人员先后实地查看仪阳三兴农林科技发展公司特色经济林基地、青兰高速安临站镇东虎段绿色生态廊道项目、安驾庄镇农田林网项目、王边路安临站镇下庄村通道绿化项目、大董村特色经济林基地、桃园镇正大果业田园综合体项目等春季造林绿化现场，听取有关工作情况汇报。肥城市委副书记、市长殷锡瑞在会上作典型发言。泰安市委副书记张涛参加会议并提要求，泰安市委农村工作领导小组副组长陈湘安主持会议。

2月23日—3月5日 市大班子领导常绪扩、殷锡瑞、王立军、赵燕军、侯庆洋、辛

涛、乔磊、戴先锋、名树伟、王勇强、王志勇、付玲、李朝亮等集中听取各镇街区和市直各部门单位"四定"情况汇报。会上，各镇街区和市直各部门单位的主要负责同志汇报2017年"四定"落实完成情况及2018年"四定"计划，分工和联系包保的市级领导作补充，并进行点评，与会的其他领导同志分别发言，对做好下一步工作提出意见建议。

7日 省委改革办调研组到肥城调研全面深化改革工作。调研组一行先后到特钢动力产业园、阿斯德科技项目、新城街道古店社区、伊家沟社区等现场实地调研，听取情况汇报，详细了解肥城市全面深化改革工作。市委副书记、市长殷锡瑞，市委常委、办公室主任王勇强陪同活动。

15日 泰肥一级路西延、肥梁路改建、济微路东移项目征地拆迁协调推进会召开。副市长鄂宏超出席会议并讲话，市公路事业发展中心、市国土资源局及有关镇街汇报三项工程总体进展、征地拆迁等工作情况。

17日 全市创建全国文明城市动员大会召开。会议对全国文明城市创建工作进行安排部署，制定印发《肥城市2018年创建全国文明城市工作方案》，力争用三年的时间争创成功。市委书记常绪扩参加会议并讲话，市委副书记、市长殷

锡瑞主持会议，市领导赵燕军、侯庆洋、辛涛等出席会议。

△ 全市新旧动能转换重大工程推进会召开。对全市新旧动能转换工作进行再动员、再推进，号召全市各级树牢新发展理念、推动高质量发展，在全省新旧动能转换重大工程的大潮中争创先行区、勇做排头兵。市委书记常绪扩参加会议并讲话，市委副书记、市长殷锡瑞主持会议，市领导赵燕军、侯庆洋、辛涛等出席会议。

20—22日 市妇联、市文明办、市委党校联合举办全市妇女干部培训班，对150余名学员进行妇联基础业务、妇女维权、新媒体应用等方面的培训。

24日 全市开展"大学习、大调研、大改进"工作会议召开。市委书记常绪扩出席会议并讲话，要求全市广大党员领导干部要大力弘扬"自力更生、开拓进取、奋勇争先"的工作精神，以冲锋在前的干劲做好肥城的工作。市委副书记、市长殷锡瑞，市委副书记王立军，市委常委、宣传部部长名树伟出席会议。

△ 全市扶贫开发工作会议召开。主要是全面落实全国、全省、泰安市扶贫开发工作会议要求，总结2017年的工作，安排部署2018年的任务。会上通报表彰2017年度全市脱贫攻坚先进单位和先进个人。市委书记常绪扩参加会议并讲话，市委副书记、市长殷锡瑞

主持会议，市领导王立军、赵燕军、侯庆洋、王勇强、孙琪出席会议。

△ 全市农村工作会议召开。贯彻落实党的十九大和中央、省、泰安市农村工作会议精神，部署实施乡村振兴战略。市委书记常绪扩出席会议并提要求，市委副书记、市长殷锡瑞主持会议，市委副书记王立军传达泰安市农村工作会议精神，副市长赵兴广宣读《关于2017年度重点农业龙头企业和标准化生产基地创建情况的通报》。

25日 第四十五届世界技能大赛塑料模具工程项目山东省选拔赛开幕式在肥城市高级技工学校举行。比赛项目裁判员、全省技工院校参赛选手，肥城市人社局，肥城市高级技工学校及合作企业的相关代表和工作人员100余人参加开幕式。第45届世界技能大赛将于2019年在俄罗斯喀山举行。山东省选拔赛由省人力资源社会保障厅会同省经济和信息化委、省财政厅等9部门联合举办，全省5个地市7所技工院校的参赛选手在肥城市高级技工学校参加塑料模具工程项目比赛。

31日 "农商银行杯"十里桃花健步走大会在仪阳刘台桃花源景区举行。2000多名健步走爱好者从刘台桃花源景区接待中心出发，绕景区主干道一周，返回出发点，全程约6.28公里。此次健步走为第17届桃花节的一项主题活动。

4月

4日 2018全国桃木旅游商品创新设计大赛暨全国桃文化旅游商品评展活动颁奖典礼举行。共有来自北京、天津、河北、山西、陕西、辽宁、江苏、浙江、广东等20多个省（自治区、直辖市）的200多家企业和个人参赛，6000多件实物作品，200余件设计作品参与展出和评奖。共评出特别大奖1个，金奖11个，银奖16个，铜奖30个，优秀奖80个。颁奖典礼上，原国家旅游局规划财务司产业处调研员张浩和全国桃文化旅游商品联盟理事长程银贵共同为"全国桃文化旅游商品联盟"揭牌。同时，肥城市被中国特色旅游商品大赛评审委员会和中国旅游协会旅游商品与装备分会授予"中国桃木旅游商品之都"称号。

△ 2018中国肥城第17届桃花节"招商引资·招才引智"合作洽谈会举行。省贸促会党组书记宿华，省农科院副院长刘兆辉，肥城市领导殷锡瑞、王立军、赵燕军、侯庆洋等出席会议。中油金鸿控股集团、葛洲坝中科储能集团等集团公司企业家，同济大学、国防科技大学、中船重工703所、山东大学、山东农业大学等高校和科研院所的专家教授，在外肥城人才代表，国内外商会代表出席会议。本次洽谈会共签约招商引资项目40个，签约人才科技项目11个。

△ 中国肥城第17届桃花节暨2018全国桃木旅游商品创新设计大赛开幕式举行。开幕式上，举行军辉建设之春大型文艺演出。演出以"桃都花开新时代"为主题，内容丰富多彩，形式特色多样，新华社客户端现场云、肥城电视台综合频道、肥城手机台现场直播，并联合山东手机台与全国上百家手机台进行全程直播。

△ 在外肥城籍企业家"家乡行"暨企业合作座谈会召开。市委常委、统战部部长付玲出席会议并讲话，十余位在外肥城籍企业家和十余家肥城本地企业进行交流沟通。

6日 信发集团董事局主席张学信到肥城参观考察现代盐化工产业园区建设工作。张学信一行实地查看边院镇盐化工园区、胜利化工、光明岩盐等项目建设现场，听取有关情况汇报。市委书记常绪扩，市委副书记、市长殷锡瑞，市委常委、副市长王志勇陪同活动。

19日 2018年山东农业科技服务（扶贫）月启动暨产业振兴战略合作框架协议签订仪式在肥城举行。此次活动以"聚焦科技精准扶贫，助推乡村产业振兴，服务三农强美富建设"为主旨，在全省17地市40多个县市区举办较大规模的现场观摩、技术培训等活动约50场次。启动仪式结束后，与会人员到兴润生态绿园公司、肥城桃研究所西尚村基地进行现场参观，现场观摩肥城桃提质增效综合技术和设施蔬菜天敌治虫与熊蜂授粉绿色生态技术。山东省农科院与肥城市政府签订产业振兴战略合作框架协议。

5月

3日 "领航新时代，青春勇担当"全市庆祝五四青年节暨第九届"肥城十大杰出青年"颁奖仪式举行。该活动由市委组织部、市委宣传部、市委统战部和团市委联合主办，经过推报、审查、公示和组委会投票等环节，评选出第九届"肥城十大杰出青年"10名，第九届"肥城优秀青年"10名。

5日 市委书记常绪扩为服务"四大动能"部门的全体党员干部上主题为"服务'四大动能'、服务肥城未来发展"的党课。党课开始前，组织镇街对相关市直部门的工作作风进行现场评议。市大班子领导殷锡瑞、王立军、赵燕军、侯庆洋以及市委常委、市政府副市长参加活动。

11日 肥城市组织收听收看第一期泰山大讲堂。活动邀请清华大学国情研究院院长胡鞍钢作题为《创新驱动发展与新旧动能转换》的专题报告。市领导殷锡瑞、王立军、赵燕军、侯庆洋等在肥城分会场参加活动。

14—16日 肥城市文明城市创建与城市管理专题培训班在张家港市举办。市委副书记王立军带领市大班子分工领导，有关部门单位主要负责同志、分工负责同志，包保社区部门主要负责同志，街道党工委书记，城市社区党组织书记等一行88人参加培训。培训采取课堂教学和现场教学的方式，听取《张家港精神与张家港发展》《张家港文明城市创建的探索与经验》《张家港城市管理经验与做法》专题授课。现场教学参观张家港市文化中心、梁丰社区、文明交通体验馆、少儿图书馆、城市e管家、保税区、24小时图书馆驿站、塘市小学、金塘社区等15个教学点，听取相关工作经验介绍。市委常委、组织部部长乔磊出席仪式，市委常委、宣传部部长名树伟主持开班和结业仪式并就做好创城工作提出意见。

16日　全市法律服务工作座谈会召开。市委书记常绪扩出席会议并讲话，市委常委、政法委书记辛涛主持会议。律师、法律工作者代表围绕加快构筑"法治新高地"畅所欲言、出谋划策。

17日　山东农业大学校长张宪省带领考察团到肥城参观考察汶阳田农业高新技术产业开发区规划建设情况。考察组一行实地参观边院万亩有机蔬菜示范区、原肥城二中校区、10万亩粮食绿色高质高效创建平台、一滕集团田园美农林科技公司、现代农业示范区等现场，详细了解肥城市汶阳田农业高新技术产业开发区创建情况，并召开座谈会，就农高区建设相关合作事宜进行协商洽谈。泰安市副市长赵德健，肥城市委副书记、市长殷锡瑞，副市长赵兴广陪同活动。

19日　全国老年人太极拳健身推广展示大联动活动（肥城站）暨全民健身月启动仪式在肥城全民健身活动中心举行。活动在各镇街设立分会场，共有4000多名太极拳爱好者参与。全民健身月期间，全市将组织开展全民健身展示、交流、比赛等活动，并开办多期社会体育指导员培训班。

22日　北部城区暨新旧动能转换先行区管委会第一次会议召开。主要是听取管委会各成员单位工作开展的计划打算，征求意见建议，对推进各项工作进行安排部署。市委副书记、市长，党工委书记、管委会主任殷锡瑞主持会议并讲话，市委常委、副市长，管委会常务副主任王志勇出席会议。

23日　山东省集善工程——（爱心温暖）拉夏贝尔服装捐赠项目启动仪式在肥城市特殊教育学校举行。中国残疾人福利基金会副秘书长朱晓峰、上海拉夏贝尔服饰股份有限公司销售经理林凯、省残疾人福利基金会理事长杨忠民、泰安市残联理事长刘学永、肥城市委副书记王立军出席仪式。仪式上，林凯向泰安市残联捐赠价值35万元的服装，王立军为市特殊教育学校发放助残慰问金，与会领导为市特殊教育学校学生赠送服装。此次活动中拉夏贝尔公司向山东省捐赠价值171.5万元的服装5万件，用于帮扶残疾人和贫困残疾人家庭。

26日　市直机关工委组织机关党员在安临站镇开展"桃乡增绿"行动。此次活动以"增绿荒山、服务桃乡"为主题，是全市活力机关建设的重要内容，也是深化党建"基石工程"、创建过硬支部的主题党日活动，市直党群、综合、住建、商务系统和市林业局、安临站镇机关党员共约800人参加活动。市大班子领导常绪扩、赵燕军、王勇强等和机关党员一起参加义务植树活动。

30日　全市文化社团工作座谈会召开。会议专题调度全市文化社团建设和文艺发展工作，梳理总结近年工作情况，研究探讨下步思路举措，动员全市文艺社团和文艺工作者，围绕推进乡村文化振兴战略和全市文化繁荣兴盛，把握新机遇，担负新使命，强化新举措，务求新作为，为全市经济社会发展提供强大精神动力和文化支撑。市委书记常绪扩出席会议并讲话。

6月

5日　泰安市委副书记、市长李希信，副市长赵德建带领泰安市总河长会议暨河长制湖长制现场推进会议与会人员到肥城检查指导工作。李希信一行实地参观肥城市龙山河生态治理工程、百尺河管护现场，听取相关工作情况汇报。肥城市领导常绪扩、殷锡瑞等陪同活动。

7日 服务乡村振兴战略暨新旧动能转换全面合作框架协议签约仪式举行。省农信泰安办事处党委书记、主任辛士勇，肥城市领导殷锡瑞等出席仪式。

9日 全市总河长会议暨防汛工作会议召开。市委书记常绪扩出席会议并讲话，市委副书记、市长殷锡瑞与部分镇街签订防汛责任书。市委副书记王立军主持会议并就会议精神的贯彻落实讲意见。副市长赵兴广传达泰安市总河长会议暨河长制湖长制工作现场推进会议精神。

△ 全市生态环境保护大会召开。会议传达学习习近平生态文明思想及全国、省和泰安市生态环境保护大会精神，分析全市生态建设面临的新形势、新任务、新要求，对全面加强生态环境保护、打好污染防治攻坚战进行全面部署，并对中央、省环保督察反馈问题整改工作进行再动员、再部署。市委书记常绪扩出席会议并讲话，市领导殷锡瑞、王立军、赵燕军、侯庆洋等出席会议。

11日 中央环保督察组转办案件办理专题会议召开。会议听取转办案件办理工作进展情况，分析存在的困难问题，研究制定整改推进措施。市委副书记、市长殷锡瑞出席会议并讲话。

13日 巫溪县委副书记、

县长龚钧带领考察团到肥城参观考察。考察团一行实地考察一滕开元名都酒店、十里画廊风景区、春秋古镇桃文化博物馆、北京首农集团玉米科技产业园区、王瓜店街道穆庄社区、农大肥业科技公司等现场，听取相关工作情况介绍并召开座谈会。市委副书记、市长殷锡瑞等陪同活动。

15日 山东肥城宇希食品产业园签约暨奠基仪式在桃园镇举行。市委副书记、市长殷锡瑞宣布山东肥城宇希食品产业园奠基。副市长贾同国主持仪式。仪式上，宇希食品产业园负责同志分别与10家入驻企业代表签约，并与齐鲁工业大学食品科学与工程学院签署战略合作协议。

20日 海尔"美好教育+"全国公益活动首场启动暨边院镇海尔希望小学竣工仪式在边院镇济河海尔希望小学举行。

22日 省政府办公厅政务信息系统整合共享督查组到肥城督查政务信息系统整合共享和政务服务管理工作开展情况。泰安市政府秘书长张轫参加活动并主持座谈会，肥城市委副书记、市长殷锡瑞，市委常委、副市长王志勇参加会议并汇报有关情况。

28日 市政府与肥矿集团、枣矿集团物产公司战略合作协议签约仪式举行。枣矿集团党委书记、董事长满慎刚，肥矿集团党委书记、董事长朱立新，

市领导常绪扩、殷锡瑞等参加签约仪式。

30日 全市庆祝建党97周年大会在市人民会堂召开。市委书记常绪扩出席会议并讲话，市委副书记、市长殷锡瑞主持会议。市大班子领导王立军、赵燕军、侯庆洋、辛涛、乔磊等出席会议。大会对全市党建工作先进单位、先进基层党组织、优秀党组织书记和优秀共产党员代表进行表彰。

7月

4日 全市扫黑除恶专项斗争推进会召开。市委书记常绪扩，市委副书记、市长殷锡瑞分别就做好扫黑除恶专项斗争作出批示。市领导辛涛、戴先锋、鄂宏超参加会议。

7日 中共肥城市委十四届五次全体会议在市人民会堂召开。会议主要任务为坚持以习近平新时代中国特色社会主义思想为指导，深入学习贯彻习近平总书记视察山东重要讲话精神和省委十一届五次全会、泰安市委十一届六次全会精神，动员全市各级以总书记此次视察为强大动力，进一步坚定信心、鼓足干劲、加压奋进，加快构筑"党建新高地、法治新高地、市场新高地"，在新一轮改革发展中争先进位、走在前列。市委书记常绪扩，市委副书记、市长殷锡瑞，市委副书记王立军，市委常委辛涛、乔磊、戴先锋、徐传柏、王勇强、

王志勇、付玲、李朝亮、陈业荣出席会议。全会由市委常委会主持。市委书记常绪扩讲话。会议审议通过《中共肥城市委关于深入学习贯彻习近平总书记视察山东重要讲话精神的意见》《中共肥城市委十四届五次全体会议公报》。

10日　庆祝建党97周年暨肥城市老年书画研究会成立20周年大会在市老干部活动中心举行。会后，与会人员一同参观以庆祝建党97周年，宣传党的十九大精神和习近平新时代中国特色社会主义思想为主题的书画展。

15日　农业农村部生态环境部考核工作组到肥城检查畜禽养殖废弃物资源化利用工作。考核组先后实地检查高新区忠利奶牛场、张吉友养猪场、湖屯镇李西峰养鸡场、鑫海养猪场、王建民养猪场，并召开座谈会，听取肥城市畜禽养殖废弃物资源化利用工作汇报，并与市直相关部门负责同志进行座谈交流。肥城市领导殷锡瑞、赵兴广等陪同活动。

19—20日　全省乡村学校少年宫建设骨干人员培训班在肥城举办。培训班全体学员实地观摩老城街道初级中学、仪阳街道中心小学、潮泉镇中心小学、王瓜店街道蒋庄社区学校乡村学校少年宫建设情况。市委常委、宣传部部长名树伟代表肥城作题为《坚持立德树人突出四化建设　全力构筑未

成年人思想道德建设新高地》的典型发言。

25日　老城街道重点项目集中签约仪式举行。老城街道负责同志先后与投资客商签署瑞福锂业矿石精选项目、再生资源循环利用无害化处理项目、警务装备产业园项目、建筑垃圾及煤矸石综合利用项目、年产65万吨超微锂渣粉项目5个合作协议，总投资额21.66亿元。市委书记常绪扩出席签约仪式并讲话。

30日　市委全面深化改革领导小组全体成员（扩大）会议召开。市委书记常绪扩主持会议并要求各级各部门要认清形势、找准症结，坚持以人民为中心，解放思想、转变思维、创新方式，持续推进政务服务及"一次办好"改革，倾力打造优良政务环境、营商环境和发展环境，增创肥城发展体制机制新优势。市大班子领导王立军、赵燕军、侯庆洋等出席会议。

是月　十四届市委第四轮巡察进驻被巡察单位开展巡察。此轮巡察采取"一托三"方式，用三个月时间分别对水利局、卫计局、畜牧局、教育局、林业局、农机局、经管办、一中、二中、六中、泰西中学、人民医院、中医院、疾控中心、妇幼保健服务中心15个单位开展巡察，并延伸巡察新城街道社区卫生服务中心、仪阳街道卫生院、安驾庄镇卫生院、第二人民医院、汶阳镇卫生院5个单位。巡察期间，为方便干部群众反映情况，市委巡察组开通专门邮政信箱、联系电话并在被巡察单位设置巡察组信箱。

8月

1日　全市乡村振兴战略规划编制启动座谈会召开。对乡村振兴战略规划（2018—2022年）和"五个振兴"工作方案编制工作进行安排部署。

3日　肥城市首届"立德树

8月3日，肥城市首届"立德树人，慈爱天下"中华优秀传统文化公益论坛举行（刘杰　摄）

人，慈爱天下"中华优秀传统文化公益论坛举行。该论坛由市教育局主办，慈明学校、孝亲驿站承办，邀请中华炎黄文化研究会文明传承委员会理事长、中国老龄事业发展基金会孝文化传播委员会副主任、北京孝行天下文化传播中心主任吕明晰，作题为"实现中国梦，教育是关键"的主题报告。

6日　全市生态环境保护重点工作调度推进会议召开。会议主要是贯彻落实省、泰安市生态环境保护大会和生态环境保护重点工作调度会精神，加快推进中央和省环保督察反馈意见整改等任务落实，打好污染防治攻坚战。市委书记常绪扩主持会议并讲话，市委副书记、市长殷锡瑞就做好生态环境保护重点工作提出要求，王立军、赵燕军、侯庆洋等市大班子领导出席会议。

△　全市招商引资招才引智暨提高行政效能优化营商环境大会在市人民会堂召开。市委书记常绪扩出席会议并讲话，市委副书记、市长殷锡瑞通报上半年"四定"工作和招商引资、优化营商环境情况。市大班子领导王立军、赵燕军、侯庆洋等出席会议。

7日　全国水生态文明城市建设评估组到肥城检查评估龙山河生态水系提升工程建设情况。在泰安市和肥城市领导的陪同下，评估组一行实地查看龙山河生态景观带，听取有

关情况汇报。市委副书记、市长殷锡瑞，副市长赵兴广陪同活动。

△　市委副书记、经济开发区党工委书记、管委会主任王立军，主持召开开发区党政联席会，研究部署重点工作。会议听取开发区基层组织建设、廉政建设、安全生产、生态环保、信访维稳、脱贫攻坚等工作情况汇报，研究讨论开发区党工委、管委会工作规则、领导成员分工、职员制改革等工作。

△　肥城经济开发区领导干部会议在边院镇召开。市领导王立军、乔磊，开发区党工委、管委会领导班子成员，边院镇、盐化工产业园区副科级以上干部参加会议。市委常委、组织部部长乔磊宣布市委关于肥城经济开发区党工委、管委会领导班子配备决定，开发区党工委副书记、常务副主任桑逢智代表班子成员作表态发言。

13—14日　市政协举办九届市政协委员培训班暨市政协委员"争做公益事情•争当履职模范"事迹报告会。市政协主席侯庆洋参加并作动员讲话。

14日　山东农业大学校长张宪省带领科技处、农学院、植保学院、林学院、园艺学院、生科学院负责同志和园区建设班子成员到边院镇查看泰安汶阳田现代农业产业园核心区选址情况。市领导常绪扩等陪同活动。

15日　市委副书记、经济开发区党工委书记、管委会主任王立军，主持召开经济开发区党工委第二次会议。会议研究经开区各部局人员职责分工、合作发展局人员选聘、规划编制等事宜，部署推进经开区当前重点工作。

18日　党外人士"品味书香•同心向党"读书会暨"不忘合作初心，继续携手前进"主题座谈会召开。各民主党派基层组织主委、工商联界代表、无党派人士代表和新的社会阶层人士代表，就读书感悟、参政履职等情况进行交流发言。市委常委、统战部部长付玲出席会议。

20日　市委书记常绪扩现场检查度汛安全。在市直有关部门和镇街负责同志的陪同下，常绪扩先后查看潮泉镇潮泉水库、张庄村箱子庄水库、大王水库、老城街道双峪水库、八里庙水库、汶阳镇砖舍拦河坝、孙伯镇琵琶山拦河坝等现场，听取有关情况汇报，详细了解防汛工作情况，对安全度汛提出要求。

△　全市创建全国文明城市推进会议召开。市委书记常绪扩出席会议并讲话，市委副书记、市长殷锡瑞主持会议。市大班子领导赵燕军、侯庆洋、辛涛等出席会议。

22日　市委副书记、市长殷锡瑞现场调研全市扫黑除恶专项斗争活动。殷锡瑞先后实

地察看高新区穆庄社区、高新区综治中心、石横镇派出所等扫黑除恶工作现场，并在石横镇政府召开座谈会，听取市扫黑办、高新区、湖屯镇、石横镇负责同志工作汇报，对下一步的扫黑除恶工作提出要求。

23日　肥矿集团社会职能移交和解决历史遗留问题协议签订仪式举行。市领导常绪扩、殷锡瑞、赵燕军、侯庆洋、王志勇，肥矿集团董事长姚峰出席仪式。

28日　泰安市传承红色基因教育活动暨关心下一代教育基地建设经验交流会在肥城召开。与会人员实地查看边院镇东向党史馆、陆房突围胜利纪念馆、桃文化博物馆、慈明学校等关心下一代教育基地现场，听取有关情况汇报，并在市人民会堂召开会议。市领导常绪扩、王立军等出席会议。

31日　中国有色金属工业协会锂业分会第二届第三次理事会暨锂产业市场报告会在肥城市召开。与会人员实地查看山东瑞福锂业项目建设现场，并听取有关情况汇报。中国有色金属工业协会副会长、锂业分会会长赵家生，肥城市委书记常绪扩，市委常委、副市长王志勇出席开幕式。

9月

6日　肥城市6个项目在第三十二届泰山国际登山节暨2018中国泰安投资合作洽谈会开幕式上签约。

10日　全市庆祝第三十四个教师节颁奖典礼在实验中学西校区举行。市委书记常绪扩出席颁奖典礼并致辞，市领导殷锡瑞、王立军、赵燕军、侯庆洋等出席活动。典礼上分别为捐资助教特别奖获奖企业、个人，尊师重教先进镇街、部门，"十佳校长"，优秀班主任颁奖。

11日　农业农村部调研组到肥城调研农机化工作暨农机合作社建设、三秋机械化收获工作。调研组实地观摩安驾庄镇蔡家颜子村地龙农机合作社三秋机械化收获作业，查看玉米全株青贮饲料收获、土地深松整地、无人机植保、农机合作社运营情况及粮食烘干基地，听取相关工作情况汇报。市委书记常绪扩，市委常委、办公室主任王勇强陪同活动。

18日　山东省冶金企业生产安全事故实战化应急救援演练在石横特钢集团公司举行。市委副书记、市长殷锡瑞观摩演练，副市长贾同国担任现场救援总指挥，参加现场演练。

19日　全市组织工作会议召开。会议主要是学习贯彻习近平总书记关于党的建设和组织工作重要思想，根据落实全国、全省和泰安市组织工作会议精神，对当前和今后一个时期全市党的建设和组织工作进行安排部署。市委书记常绪扩出席会议并讲话。

21日　市政协在肥城书画艺术馆举办庆祝改革开放40周年书画作品展。此次书画展共征集到书画作品260余幅，展出作品116幅，展期20天。

22日　2018中国青少年航天科普展（肥城站）开幕。中国下一代教育基金会青少年德育关爱教育基金副主任张安澜，肥城市领导常绪扩等出席开幕式。

26日　2018年泰安市职业院校技能大赛开幕式在肥城市举行。此次大赛设学生组和教师组。学生组设农林牧渔等共15个专业42个项目，参赛代表队13支，共798人，为历年参赛人数之最。肥城市职业中专作为主赛场，将承办现代制造技术、机电技术应用、计算机应用、财经商贸等9个大类、23个项目的比赛任务，涉及参赛人数422名。市委副书记、市长殷锡瑞，市政协主席侯庆洋出席开幕式。

28—29日　国家园林城市复查组对肥城进行实地复查。专家组实地查看十里画廊、白云山公园、康汇大街垃圾压缩站、古店社区等现场，听取相关情况介绍，并查阅档案资料，详细检查园林绿化工作情况。市委副书记、市长殷锡瑞，副市长贾同国陪同活动。

10月

11日　一滕开元名都文化旅游综合体启用。一滕开元名

一滕开元名都酒店（赵尉　摄）

都文化旅游综合体项目为山东一滕集团和浙江开元集团联合建设的精品项目、肥城市重点推进的文化旅游项目。项目秉承"智能、环保、绿色、生态"的理念和特色，将儒释道等中华文化精髓和肥城桃都本地文化融合到建筑、环境和服务之中，打造集餐饮住宿、康体娱乐、会议展览、教育培训、休闲旅游等多种功能于一体的泰安市首家中式文化园林度假综合体。市领导常绪扩、殷锡瑞、赵燕军、侯庆洋出席启用仪式。

16—17日　全市乡村振兴暨脱贫攻坚现场会议召开。主要是贯彻落实全省和泰安市乡村振兴暨脱贫攻坚现场会议精神，总结分析情况，挖掘亮点特色，查找问题不足，推进提升工作，通过现场看、现场比、现场学，激励全市各级以更大干劲、更高标准、更实举措，深入推动乡村振兴和脱贫攻坚工作扎实开展。市委书记常绪扩参加会议并讲话，市委副书记、市长殷锡瑞主持会议。市大班子领导辛涛、赵燕军、侯庆洋等出席会议。

26日　肥城市在市委党校举行新时代文明实践中心揭牌仪式，并召开动员会议，部署启动全市新时代文明实践中心建设工作。市委书记、市新时代文明实践中心第一主任、市新时代文明实践志愿服务总队队长常绪扩，市委副书记、市长、市新时代文明实践中心主任殷锡瑞为肥城市新时代文明实践中心揭牌。常绪扩为10支新时代文明实践骨干志愿服务队授旗。市大班子领导赵燕军、侯庆洋、乔磊等出席活动。

29日　肥城市举行市行政审批服务局、市政务服务管理办公室揭牌仪式，并召开全市推进相对集中行政许可权改革暨市行政审批服务局组建工作会议。市领导常绪扩、殷锡瑞、辛涛、赵燕军、侯庆洋等参加活动。

11 月

2日　省委宣传部副部长、省文明办主任刘宝莅带领调研组到肥城调研新时代文明实践中心建设工作。调研组实地察看肥城市新时代文明实践中心、高新区新时代文明实践分中心、高新区穆庄社区新时代文明实践站、老城街道栾庄村新时代文明实践站等现场，听取相关汇报，查看档案资料，与现场人员进行交流。肥城市领导常绪扩、名树伟、王勇强陪同调研。

3日　全市迎接中央生态环境保护督察"回头看"工作动员会召开。市委书记常绪扩出席会议并就做好迎接中央生态环境保护督察"回头看"工作提出要求，市委副书记、市长殷锡瑞主持会议。辛涛、侯庆洋等市大班子领导出席会议。

6日　傲饰集团康王酒业七十周年庆典暨酒文化旅游项目启动仪式举行。

7日　全省公安机关网安基层基础攻坚战现场推进会暨打击网络违法犯罪"四快"一体化机制建设部署会在肥城召开。与会人员观看泰安市公安局网络安全专题片并实地观摩肥城市公安局网安大队、龙山派出所网安基层基础工作现场。市领导殷锡瑞、鄂宏超出席会议。

8日　省委第二巡视组巡视肥城市工作动员会召开。该轮巡视将在按照"六个围绕、一个加强"的要求开展全面政治体检的基础上，突出加强对学习贯彻习近平新时代中国特色社会主义思想和党的十九大精神情况、党中央重大决策部署落实情况、政治生态情况、维护群众利益情况、集中整治形式主义、官僚主义情况和巡视整改情况等六个方面的监督检查。省委第二巡视组副组长刘天海就巡视工作作动员讲话，泰安市委常委、组织部部长高尚山就配合做好巡视工作提出要求。肥城市委书记常绪扩主持会议并作表态发言。

29—30日 省委组织部副部长、省委非公有制经济组织和社会组织工委书记刘炳国到肥城调研村级集体经济发展工作。29日，刘炳国一行先后到边院镇营盘村、济河堂村、韩庄头村、小王村、北仇村土地合作社、大海子村文化广场等现场，详细了解各村"三资"清理、有机蔬菜发展、食品加工特色产业、乡村旅游、村集体领办土地合作社等工作情况，并在市经济开发区召开座谈会。30日，在宝盛大酒店召开村级集体经济发展工作座谈会。常绪扩在会上汇报肥城市经济社会发展和村级集体经济发展情况。泰安市委常委、组织部部

长高尚山，肥城市领导常绪扩、乔磊等陪同调研。

12月

6日 省督导检查组到肥城开展妇女儿童发展"十三五"规划中期监测评估。督导组听取全市妇女儿童发展"十三五"规划实施情况汇报，并先后到白云山小学、湖屯镇前兴隆村实地调研、查看相关资料，详细了解相关工作。市委副书记、市长殷锡瑞等陪同活动。

7日 中宣部调研组到肥城就农家书屋服务新时代文明实践中心和县级融媒体中心建设、县级图书馆总分馆体系、新华书店农村发行网点建设等有关工作进行调研。调研组实地查看龙山小学、沙窝社区、赵庄社区、孙庄社区、老城街道初级中学、新华印刷厂等现场，听取新时代文明实践中心、农家书屋和新华书店发行网点建设等工作情况汇报。市委副书记、市长殷锡瑞等陪同活动。

8日 新时代文明实践优秀廉政剧《官箴碑》专场演出在肥城市开展巡演。

19日 全市扶贫开发领导小组成员（扩大）会议召开。主要是学习贯彻泰安市扶贫开发领导小组成员（扩大）会议

精神，分析当前形势任务，安排部署下一步工作措施，确保如期完成脱贫攻坚工作任务目标。市委书记常绪扩出席会议并讲话，市领导辛涛、王勇强、孙琪出席会议。

29日 全市庆祝改革开放四十周年座谈会召开。座谈会上，老城街道党工委书记孙栋，潮泉镇柳沟村党支部书记、村委会主任刘兴泉，湖屯镇前兴隆村党支部书记、村委会主任贾爱云，山东瑞福锂业有限公司董事长王明悦，山东泰鹏集团有限公司总经理范明，泰西中学级部主任赵红梅，市人民医院病理科主任雷复华，民盟肥城支部主委、市文化馆副馆长展芳先后发言，结合自身经历，从不同角度、不同侧面畅谈改革开放40年间肥城市在各个领域发生的巨大变化和取得的辉煌成就。市委书记常绪扩出席会议并讲话。市领导殷锡瑞、辛涛、赵燕军、侯庆洋等出席会议。

是月 肥城市举办领导干部学习弘扬红旗渠、焦裕禄精神专题培训班。培训班依托红旗渠、焦裕禄干部学院，分两期对部分市级领导干部、市直单位及各镇街主要负责人120人进行理想信念教育专题培训。

肥城年鉴

FEICHENG
YEARBOOK

FEICHENG
YEARBOOK
2019

市情概况

建置区划

环境资源

人口民族

国民经济和社会发展

全面深化改革

乡村振兴

社会主义精神文明综述

组织机构及领导成员

市情概况

建置区划

【位置面积】 肥城市位于山东省中部偏西，泰山西麓，汶河北岸。地理坐标为北纬35°53′～36°19′，东经116°28′～116°59′。北与济南市长清区以黄巢寨、泰山窟、小泰山为界；东与泰安市岱岳区朱家庄、西张家庄、边县、二起楼、玄家楼、下官庄、杜家岗、韩家大坡、小河涯、武家庄、西张等村庄接壤；南与宁阳县大孙家滩、北落星、堽城坝、刘家庄、开元寺、解家村等隔汶河相望；西与济南市平阴县双井庄、段天井、后岭、陈屯、柳滩、白庄、展家洼、东平县杨庄、东王、蒜园子、后郑庄、前郑庄、肖庄、麻子峪、山神庙、牛山庄、苍邱、障城等村庄为邻。西南与汶上县的杨庄、云尾、东曹以汶河为界。全境南北最长48公里，东西最宽37.5公里，总面积1277.3平方公里，占泰安市总面积的16.45%。

老县城始建于西汉，位于市境东北部，中华人民共和国建立后，县城进行改建和扩建。至1976年底，建筑用地扩展到1.23平方公里。因地下埋煤待采，1975年经国家计委批准，县城迁至老县城南7公里处刘家庄。1982年县城搬迁基本结束。新城区位于市境北部偏东，处省级干线公路济（南）微（山）、薛（家岛）馆（陶）交叉点，北有泰（安）肥（城）铁路，18条市（县）乡公路在此汇合。北距省会济南75公里；东距泰安市区31公里；南距宁阳县城51公里；西南距东平县城54公里，西距平阴县城45公里。至2018年，城市建成区面积45.58平方公里，已成为全市政治、经济、文化中心。

【建置沿革】 肥城置县前，商（殷）时期，属青州、徐州之域。西周时属兖州之域。春秋时期属齐、鲁两国所辖。战国时期归齐国所辖。秦代属齐郡所辖。

西汉初年（前206）始置肥城县，属兖州刺史部泰山郡所辖。

东汉末年（87—88）撤销肥城县，境地属济北郡卢县、蛇邱县和东平国富城县分辖。

三国魏（220—265）至东晋（317年前），归属同东汉。晋成帝咸和二年（327）后，境地属后赵、前燕、前秦、后燕、南燕的济北郡、东平郡分辖。

南北朝宋（420—479），在肥城县故城设济北郡，境地分属卢县、蛇邱县和富城县，隶属兖州。

南北朝北魏，孝昌三年（527），复置肥城县，并设东济北郡于肥城县城。

南北朝北齐（550—577），撤东济北郡，并于茌平县的济北郡，县境属之。

南北朝北周，建德六年（577），于肥城县城置肥城郡。

隋开皇九年（589），废肥城郡，保留肥城县，属济州所辖，隶属兖州。隋末，废肥城县，境地属济北郡所辖。

唐武德五年（622），复置肥城县，属东泰州所辖，隶属河南道兖州。贞观元年（627），撤肥城县，境地并入博城县。乾封元年（666），改博城县为乾封县。总章元年（668），复改称博城县。神龙元年（705），再次改称乾封县。

五代（907—960），境地仍称乾封县，隶属兖州。

宋代（960—1279），初为乾封县，后属奉符县、平阴县分辖，隶属京东西路郓州。1115—1234年，在旧肥城设辛寨镇，境地属平阴县、奉符县分辖，隶属山东西路东平府。

元至元十二年（1275），复

置肥城县，隶属山东东西道济宁路。

明洪武二年（1369），属济南府，隶属山东布政使司。

清初，沿明制。雍正十二年（1734），改属泰安州，隶属山东布政使司泰武道。雍正十三年（1735）泰安州升为泰安府，肥城县仍属之。

民国二年（1913），属岱北道。民国三年（1914），属济南道。1938年，属第六行政督察区。1945年2月，属鲁西（第二办事处）第六行政督察专员公署。1947年，属第十五行政督察区。

1939年10月，县抗日民主政府成立，初属泰西行政委员会，后属泰西专员公署。1942年10月，属晋冀鲁豫边区政府冀鲁豫第六专员公署。1949年9月，隶属泰西专员公署。

1950年5月，肥城县归属泰安专区。1958年10月，划归聊城地区。1959年7月，改属济南市。1961年5月，复归泰安地区。1985年3月，隶属泰安市。1992年8月，撤销肥城县，改设肥城市（县级），由省直辖、泰安市代管。2018年，肥城市仍由省直辖、泰安市代管。

【行政区划】 2018年，全市区划为4个街道、10个镇、1个高新技术产业开发区、1个经济开发区，605个村（居）委员会。其中新城街道23个行政村，3

个村改居委会；老城街道26个行政村，7个村改居委会；潮泉镇11个行政村；王瓜店街道33个行政村；湖屯镇44个行政村，4个村改居委会；石横镇37个行政村，6个村改居委会；桃园镇40个行政村；王庄镇53个行政村；仪阳街道49个行政村；安临站镇48个行政村；孙伯镇17个行政村；安驾庄镇71个行政村；边院镇80个行政村；汶阳镇53个行政村。

环境资源

【土地资源】 截至年末，肥城市土地总面积1277.3平方千米，其中农用地97037.47公顷（耕地63902.44公顷、基本农田56739.68公顷）占总面积75.96%；建设用地21136.62公顷，占总面积16.55%；未利用地9571.04公顷，占总面积7.49%。境内地势东高西低，北高南低，由东北向西南倾斜。东北部潮泉镇境内的鼎云山主峰海拔600米，为全市最高点，西南部王庄镇太平屯海拔57.7米，为最低点。中部隆起，北部形成以肥城盆地为特征的康汇平原，南部形成以汶河为特征的汶阳平原。全市较大的山头96座，山山相接，脉脉相连，沟壑纵横，自然形成山地、丘陵、平原、涝洼等多种地形。山地面积42917.3公顷，占总面积的33.6%。海拔高度在150米以上，地面坡度小

于25°。青石山、砂石山约各占一半。湖屯镇关王殿以西北部山区，以及济（南）微（山）公路以西的大部低山为青石山，基岩主要由石灰岩构成；湖屯镇关王殿以东、市境北部、东部和边院、安驾庄镇以北低山为砂石山，基岩由花岗岩、花岗片麻岩构成。土壤多属褐土性土，土层厚度大都在30厘米左右。丘陵面积25418.3公顷，占总面积的19.9%，海拔高度在100～150米。分布于除汶阳镇以外的各镇街低山周围。基岩主要由石灰岩、花岗岩组成，多为褐土性土，褐土和淋溶褐土，质地为壤质和沙壤质。地貌多属沟谷梯田、坡麓梯田，由坡积、洪积物形成。土层较厚，适于花生、地瓜、果树生长，有利于发展农业生产。平原面积59394.4公顷，占总面积的46.5%。主要分布于康王河、汇河、汶河、漕浊河流域，以及各镇街近山阶地以下。土壤多为洪水冲积物形成，属褐土和潮褐土，土层厚，较肥沃。市境北部有康汇平原，南部有"汶阳田"，为全市主要粮食产区。

【气候特征】 境内属暖温带大陆性半湿润季风气候区，四季分明。春季干旱少雨，夏季炎热多雨，秋季凉爽干燥，冬季寒冷少雪。年平均气温14.4℃，比常年（13.6℃，1981—2010年统计值，下同）高0.8℃，

属气温偏高年份；日均最高气温20.5℃，比常年（19.3℃）偏高1.2℃；日均最低气温9.4℃，比常年（8.6℃）偏高0.8℃；极端最高气温37.6℃，出现在7月25日；极端最低气温-15.6℃，出现在1月29日；日最高气温≥35.0℃有29天，日最低气温≤-10℃有20天。年降水量781.1毫米，比常年（645.7毫米）多21%，属降水偏多年份；日降水量≥50毫米的暴雨天气过程3日分别出现在：4月22日，降水量78.4毫米；5月1日，降水量70.3毫米；8月19日，降水量115.6毫米。年日照时数2152.8小时，比常年（2281.3小时）少128.5小时，属日照时数偏少年份。年均风速1.1米/秒；年最多风向为东南。积雪4天，无霜期202天，大雾22天，霾41天。

（张叶春）

【水源特征】　全市多年平均降水量为645.7毫米，其中汛期6—9月降水量占全年的74.2%。多年平均水面年蒸发量1224.5毫米，多年平均水资源总量2.6亿立方米，其中地表水资源量为1.5亿立方米，地下水资源总量为？1亿立方米，重复计算量为1.0亿立方米。全市人均占有水资源量271立方米，仅为全国人均占有量的12.9%、全省的81.1%、泰安市的87.1%，属极度缺水区。境内大小河流共43条，多为行洪河道，流域面积在200平方千米以上的河道有大汶河、康王河、汇河、漕河、浊河、小汇河、上金线河7条，总长度196千米，均为季节性河流。

（曹宝伟）

【矿产资源】　境内矿产资源丰富，已发现矿产种类29种，占全省已发现矿产总数的47.6%，其中能源矿产2种，金属矿产3种，非金属矿产22种，水矿产2种；已发现矿产地124处，探明（包括地方掌握）储量矿种17种，占已发现矿种的57%。已探明储量矿产地91处，矿点33处。大型矿床15处，中型9处，小型67处。资源分布以康王河和安驾庄至过村一线为界。康王河以北为煤、钾长石、花岗石及矿泉水分布区；康王河以南至安驾庄至过村一线以北为石灰岩、白云岩、紫色页岩、水泥配料黏土分布区，另外有萤石、铁矿、花岗石分布；安驾庄至过村一线以南为岩盐、石膏、钾盐、地热分布区，另外有建筑用砂分布。其中岩盐52.2亿吨，储量居全省第1位。

【生物资源】　全市现有野生陆生脊椎动物约199种，其中鸟类166种，两栖类7种，爬行类10种，兽类16种。其中国家重点保护21种，省重点保护31种。人工养殖野生动物6种。全市境内植物种类较多，常见的有300余种，其中木本植物共有45个科87个属，190个种和变种，代表性植被类型有油松林、赤松林、侧柏林、刺槐林等。果树有30多种，观赏树种有30余种，乔木树种主要有泡桐、油松、赤松、刺槐、国槐、苦楝、臭椿、杨类、苹果、桃、杏、桑等，主要草本植物有白草、羊胡子草、结缕草、狗尾草等。

（江永恒）

人口民族

【人口状况】　2018年末，全市常住人口96.81万人，同比下降0.04%。其中城镇人口59.31万人，同比增长2.36%，农村人口37.50万人，同比下降4.17%。全年出生人口10422人，出生率10.45‰，自然增长率4.47‰。

【民族概况】　肥城市为全省24个民族工作重点县（市、区）之一，有26个少数民族，总人口1.17万人，其中回族占99%，分布在边院、安驾庄、王庄、汶阳、城区及矿区。少数民族1000人以上的街镇有边院镇、安驾庄镇、新城街道；少数民族村21个，其中人口超过50%的民族村有9个（含前黄、后黄、升庄3个纯民族村）；有边院镇民族小学、安驾庄镇民族小学2所民族小学；龙祥纺织1家民品企业。全市有佛教、道教、伊斯兰教、天主教、基督教五大宗教，有基督教三自爱国运动委员会1个宗教团体，政府批准开放的宗教活动场所47处，其中佛教4处，道教3处，伊斯兰教10处，天主教5处，基督教25处，认定备案的宗教教职人员42人，信教群众约3万。

（李元元）

国民经济和社会发展

【概况】 2018年，面对错综复杂的经济形势和艰巨繁重的改革任务，全市上下在中共肥城市委的正确领导下，在市人大、市政协的监督支持下，坚持"实事求是地想、实事求是地谋、实事求是地干"的工作理念，践行"一二三四五"的工作思路，牢牢把握稳中求进总基调，落实高质量发展要求，围绕稳增长、促改革、调结构、惠民生、防风险等重点任务，创造性地开展工作，全市经济运行呈现总体平稳、稳中有进、进中向好的态势，市十八届人大二次会议审议批准的国民经济和社会发展计划顺利完成。

经济保持平稳增长，综合实力迈上新台阶。完成地区生产总值823.54亿元，增长6.88%；完成一般公共预算收入40.42亿元；完成税收收入34.1亿元，主体税收占税收收入比重达到62.5%，提高18.7个百分点；社会消费品零售总额320.5亿元；金融机构各项

存款余额567.7亿元；城镇居民人均可支配收入36999元、农村居民人均可支配收入17811元。节能环保等约束性指标顺利完成。

动能转换加快推进，产业转调迈出新步伐。农业发展持续向好。加快培育农业龙头企业，全市规模以上农业龙头企业发展到185家。发展有机农业，有机蔬菜种植面积达到5.6万亩，建成有机农业功能园区12个。实施农业品牌化发展战略，新增"三品一标"认证面积9.8万亩，"肥城土豆"荣获国家地理标志证明商标，"泰山君子茶""兴润农之源蔬菜水果"被认定为泰安市知名农产品企业产品品牌，"边院蔬菜"被认定为区域公用品牌。肥城市成功争创全省生态循环农业示范县、全省农业"新六产"示范县。潮泉、汶阳2个镇及14个村居纳入全省乡村振兴"十百千"工程示范创建名单。泰安春秋农耕庄园、泰山牡丹文化产业园入选第一批泰安农业公园。工业经济提质增效。实施工业强市战略，实施重点技改项目25个，13个项目竣工投产，29个项目入选省技术创新项目计划。石横特钢入围中国企业500强，金塔酒精化工、农大肥业入选国家级制造业单项冠军，索力得焊材入选国家级"绿色工厂"。联谊工程塑料被认定为省级工业设计中心，金塔机械、依诺威强

磁被认定为省级企业技术中心。全市规模以上工业企业达到265家，完成主营业务收入483.3亿元、利润60.24亿元。服务业创新发展。实现服务业增加值385.12亿元，增长5.9%。实施服务业载体建设工程，星美城市广场列为省服务业载体项目，4个特色小镇、1个集聚区、3家企业、5个项目列为泰安市服务业发展载体，春秋古镇获评全省服务业特色小镇。泰鹏环保启动上市程序，泰鹏智能家居、鲁变电工实现"新三板"挂牌，领创传媒在齐鲁股交中心挂牌。发展电子商务，实现电商交易额80亿元，同比增长30.1%。成功举办"两节一赛"节庆活动，春秋古镇创建国家AAAA级景区，新增AAA级景区2家、AA级景区4家，桃木旅游商品城被评为首批山东省电商小镇，肥城市被评为"中国魅力城市""中国桃木旅游商品之都"。

项目投资拉动有力，实体经济实现新发展。项目建设加快推进。春季集中开工重点项目43个，总投资378.8亿元。铺开实施63个重点推进项目，总投资303.2亿元，实行"月调度、月通报"制度，年内完成投资169.21亿元。19个项目列入泰安市级重点项目，15个项目列入泰安市前期重点推进项目。招商引资质效双提。以"四新""四化"为主攻方向，聚焦重点区域、产业、企业，

发挥招商谈判和项目落地"两支专业队伍"作用,充分调动在外肥城人才和企业两大招商主力积极性,实施精准专业招商,推动高质量项目落地。招商引资到位资金140.02亿元。对上争取成效显著。全年到位无偿资金23.28亿元。重大事项、重大项目争取取得突破性进展,泰安特种建筑用钢产业集群列入山东先进钢铁制造产业基地发展规划,成为全省四大钢铁生产集群之一,为肥城市新旧动能转换,加快高质量发展提供了难得机遇和载体;肥城市被纳入国家独立工矿区试点范围;农大肥业企业技术中心获批国家企业技术中心;成功争取国家级资源循环利用基地。加快推进泰聊铁路、青兰高速肥城段、泰肥一级路西延等重大交通项目。

区域经济协调发展,城乡面貌得到新改善。城市环境更加优美。提升道路通畅度,完成肥桃路改造、文化路西延等道路工程,城区累计维修路面2.98万平方米、人行道板2.86万平方米,新安装路灯近400盏。实施供热管网改造工程,新建换热站19个,铺设主次管网6公里,新增供热面积170万平方米,铺设天然气管网88.3公里。完善城区绿化,补植花灌木4万株、地被植物2.4万平方米,顺利通过国家园林城市复审。改善雨污水排放系统,新建和疏通污水管网17公

里,康龙污水处理厂二期工程正式运行。全力推进棚户区改造,开工项目66个、14952套,基本建成5442套,居泰安县市区首位。村镇建设亮点纷呈。完成1.5万户农村厕所无害化改造,基本实现农村卫生厕所全覆盖。完成670户农村危房改造。高质量推进16个省市级美丽乡村示范村建设,全市美丽乡村标准化建设覆盖率达到65%。孙伯五埠村、峪山村获批国家级第五批传统村落,孙伯镇、汶阳西徐村分别获批省级第五批宜居小镇、宜居村庄,孙伯五埠村获批全省第一批美丽村居。

改革创新持续深化,发展活力得到新提升。行政审批、医药卫生、公车改革等各项重点改革稳步推进。推进相对集中行政许可权改革,组建行政审批服务局,全面铺开重点项目代办服务。完成11家涉及综合行政执法改革的部门权力事项划转工作。两家公立医院实施法人治理结构建设,组建2个紧密型医共体。促进基本公共卫生服务均等化,全面落实14大类国家基本公共卫生服务项目和重大公共卫生服务项目。全面实施国家基本药物制度,取消药品加成,实行"零差率"销售。事业单位、市属企业公务用车制度改革稳步推进。完成23家行业协会商会与行政机关脱钩工作。农村集体产权制度改革、全国农房抵押贷款试

点改革扎实推进。实施创新驱动发展战略,新增高新技术企业5家、院士工作站1家、省级孵化器2家、省级众创空间1家。8家企业获批省级"一企一技术"研发中心,17家企业获批省级"专精特新"企业,2家单位获批省级小微企业创业创新示范基地。实施品牌创塑工程,"瑞泰及图"被认定为中国驰名商标,新增山东名牌产品8个、山东省服务名牌1个,新增地理标志证明商标2件、集体商标1件,14家企业新主导或参与制订、修订国家、行业和省地方标准18项,"肥城标准"影响力显著增强。市场活力得到进一步释放,全市新增各类市场主体10139户,其中企业2657户、个体工商户7441户、农民专业合作社41户,实现"个转企"360家。

人民生活不断改善,社会事业取得新进步。全市民生支出达到46.89亿元,占公共财政预算支出的78.9%。推动教育优质均衡发展,实施农村中小学全面改薄、解决中小学大班额、教育装备提升等工程,初步完成校长职级制改革,完成镇街教办"瘦身",镇街学校实行学区制管理。英才中学、慈明学校、海亮外国语学校步入良性发展轨道。特殊教育学校被评为全省十大康教实验学校。实施就业优先战略,全市实现城镇新增就业9641人,城镇登记失业率控制在1.7%以内。鼓

励创业带动就业，发放创业担保贷款5775万元，人力资源市场正式启用，成立泰安市首家创业者协会，创业创新的氛围更加浓厚。全市社会保险综合覆盖率达到95.2%，社会保障普惠面不断扩大。推进脱贫攻坚，建档立卡贫困户脱贫任务基本完成。

（张文荣）

全面深化改革

【概况】 中共肥城市委全面深化改革领导小组办公室（简称市委改革办），为常设性工作机构，设在市委研究室，一个机构、两块牌子。2018年，紧跟中央、省委和泰安市委决策部署，对标聚焦，完善机制，加强协调，狠抓落实，全面深化改革取得显著成效。新承接建设新时代文明实践中心等国家级试点6项、农村宅基地三权分置等省级试点7项。至年末，已完成创建卫生计生综合监督示范区、全省粮改饲示范县2项，共运行省级以上改革试点23项，其中国家级试点11项、省级试点12项。

【经济体制改革】 把推动新旧动能转换作为统筹经济发展的"一号工程"，编制《新旧动能转换重大工程实施方案》，重点培育特种钢铁、现代建安、新能源新材料、高端化工、高端装备等"八强"重点产业，拓

展发展新空间，增创发展新优势。探索简政放权、信用监管、提升服务的新举措，实施行政审批效率、营商环境优化等7项提升工程，明确"一次办好"改革28项目标任务，全力打造肥城市"放管服"改革升级版。成立市行政审批服务局，建立行政审批服务联席会议制度，积极稳妥推进相对集中行政许可权改革。印发《肥城市重点项目全程代办实施办法》《关于完善镇街便民服务中心建设的实施意见》，为推进"一次办好"改革打下坚实基础。

【农业农村改革】 出台《关于实施乡村振兴战略的意见》，理清总体思路，协同实施农村党建和集体增收、棚户区改造、美丽乡村、特色产业、人居环境和乡风文明、公共服务保障等六大专项行动，全面铺开乡村振兴战略。出台《关于扶持发展有机农业的意见》，围绕有机蔬菜、有机果茶、有机粮食"三大重点"发展有机农业，全市有机农业种植面积增加到5.6万亩。

【民主法制和文化体制改革】 ①民主法治改革。完善《肥城市人大常委会规范性文件备案审查办法（试行）》，制定关于健全人大讨论决定重大事项和政府重大决策出台前向人大报告制度，建立市政府向人大常委会报告国有资产管理情

况的制度。②文化体制改革。推进县级广播电视台标准化建设，市广电台在全省首轮考核中达到一级台标准。实施面向基层、面向农村的文化惠民工程，开展好"文化惠民、服务群众"办实事活动。

【司法体制和社会治理体制改革】 完善失信被执行人信用监督警示惩戒机制，实现"一处失信，处处受限"。推进安全生产风险分级管控和隐患排查治理双重预防机制建设，督促企业辨识风险点、薄弱点，落实防控措施，实现企业隐患排查治理的自查自纠自报。全力建设食品生产企业追溯体系，全市规模以上重点食品生产企业全部建立信息化的食品安全追溯体系。

【社会事业体制改革】 基础教育改革方面，出台《全面改薄规划调整报告》，推进消除大班额项目。医疗卫生改革方面，制定《医疗联合体建设推进工作方案》，组建市人民医院、市中医医院2个县域医共体。全面落实公立医疗卫生机构药品采购"两票制"，两家公立医院药占比均控制在目标值35%以内。养老服务业供给侧改革方面，推进敬老院向综合性、区域性养老服务中心转型升级。

【生态文明体制改革】 完成由征收排污费向征收环境税改革。

推进以环评为核心的环境监管模式向以排污许可为核心转变。出台《肥城市在湖泊实施湖长制实施方案》《肥城市清河行动回头看实施方案》《肥城市总河长令河长令实施办法》，完成全市河湖划界招投标工作，摸排全市实施湖长制的湖泊（水库、塘坝、湿地）名录，以河（湖）长制统领水生态建设，统筹规划、系统治理，水环境得到有效改善，水安全得到强力保障，水生态系统实现良性循环，"秀美河湖、生态桃都"的格局正逐步形成。

【党建制度改革】　制定《关于推进基层党组织标准化建设的实施意见》，为农村、城市社区、机关、国企、"两新"组织等领域党组织明确基本标准、规范标准和创新标准等三级建设标准。通过整体实施基层党组织标准化建设，各领域基层党组织政治功能得到提升，实现领导班子更坚强、党内生活更规范、党员队伍更有力、基础保障更充分、服务功能更突出的目标。

【纪律检查体制改革】　以"党性铸铁军、直行匡正道"党建品牌创建为抓手，开展专项培训和各项活动，促进人员思想和业务的双向融合。开展"点穴式"纠风，精准纠治形式主义官僚主义问题。完善各项制度规定，深化纪法衔接、法法衔接。围绕提升全面从严治党温度，对受处分人员开展谈心谈话。强化多种形式的职能业务培训，提升工作人员专业化能力。出台党员干部日常监督暂行规定等规章制度，强化自我监督，确保权力规范运行。推进监察工作向镇街、高新区延伸，蹄疾步稳完成方案制定、人员提名考察、监察室挂牌运行，打通监察工作向基层延伸"最后一公里"。

【改革试点推进】　建立改革试点动态调整和退出机制，定期清理、规范试点项目，完成一项销号一项。党的十八届三中全会至2017年底，全市共承担省级以上改革试点28项，其中国家级试点10项、省级试点18项，完成国家级试点7项、省级试点9项。被中央和省委分别确定为建设新时代文明实践中心改革试点以来，迅速召开动员会议，制定实施方案，统筹整合宣传、文化、科技、体育、法律、卫生等各类阵地资源，用讲、评、帮、乐、庆等方式，开展理论宣讲、文化下乡等多种形式的文明实践活动。全国农村集体产权制度改革试点，全市605个村全部开展改革，成立村级股份经济合作社，量化资产30.87亿元，量化资源15.1万亩；确认成员72.67万人，设置总股数259万股，其中集体股104.4万股、成员股154.6万股。农村宅基地三权分置试点，因地施策、分类施治，探索形成因村制宜盘活存量、旧村改造盘活新量等"六种模式"，为腾退宅基地的再利用提供宝贵经验。另外，山东省农业对外开放合作试验区建设试点、农业水价综合改革、基层政务公开标准化规范化等试点工作也取得较好成效。

（马春斌）

乡村振兴

【概况】　中共肥城市委农村工作办公室，为正科级单位，隶属市委办公室管理，主要负责贯彻落实市委关于建设新农村的决定，制定农业农村工作年度计划、工作目标；抓好美丽乡村建设工作，做好农村综合改革、农业园区建设等重点工作协调推进；研究提出农业农村工作的政策措施、意见建议，协调解决农业农村工作中遇到的有关问题。2018年，贯彻落实中央、省和泰安市关于实施乡村振兴战略的决策部署，紧扣"三农"工作中心，加压奋进，赶超争先，全市农业农村保持平稳健康发展的良好势头。全年实现农业增加值59.9亿元，同比增长3.1%；农业龙头企业销售收入183亿元，同比增长6.4%；农村居民人均可支配收入17811元，同比增长8.3%，被确定为国家小麦全成本保险试点县、省生态循环农业示范县、省农业"新六产"

示范县、省首批农业对外开放合作试验区、省第三届文化强省建设先进市。

【乡村振兴思路谋划】 制定出台《关于实施乡村振兴战略的意见（2018—2020年）》，明确全市乡村振兴工作的思路措施。3月24日，组织召开全市农村工作会议进行具体安排。为推进乡村振兴目标措施落地生根，制定出台《关于深入开展乡村振兴战略"六大专项行动"的实施方案》，2018年重点实施农村党建和集体增收、棚户区改造、美丽乡村、特色产业发展、人居环境和乡风文明、公共服务保障等六大专项行动，市级分工领导牵头，明确责任单位，突出目标引领，找准工作抓手，加快乡村振兴。从全市实际出发，对村庄进行科学分类，区分棚改村和计划保留村，坚持新型城镇化和美丽乡村建设"双轮驱动"的振兴路径。聘请山东省社科院启动编制《肥城市乡村振兴规划（2018—2022）》。

【美丽乡村建设】 坚持抓重点、补短板、强弱项，以美丽乡村标准化创建为抓手，开展农村环境集中整治，整体提升农村人居环境。统筹考虑发展水平、村庄实际、群众需求等因素，构建"两带四轴六大片区"的美丽乡村建设整体布局，分步梯次推进实施，每年确定一

处片区，整合项目资金，集中建设。2018年，重点将潮泉镇作为省级美丽乡村示范镇来建设打造，建立联席会议工作机制，定期督促调度。坚持抓两头、带中间，前端抓示范村引领，中间抓巩固村提升，后端抓贫困村薄弱村攻坚转化。全市美丽乡村标准化建设覆盖率达到65%。重点抓好5个省级美丽乡村示范村和11个市级美丽乡村示范村创建，争取省和泰安市奖补资金840万，肥城市配套500万元用于支持15个村按照泰安市级美丽乡村示范村标准进行建设。

【现代农业发展】 以创建汶阳田农业高新技术产业开发区和培植特色产业园为抓手，以规模化、有机化、功能化、品牌化、融合化为方向，加快构筑现代农业产业体系、生产体系、经营体系，加快由农业大市向农业强市转变。①汶阳田农高区建设加快推进。确立"一核两区三带四园"空间布局，集中精力抓好园区项目填充。围绕乡村振兴战略中人才、科技振兴，多次与省农科院和山农大对接洽谈，加快推进泰安汶阳田现代农业产业园核心区项目建设。②特色主导产业规模凸显。高举有机农业的大旗，以培育农业龙头企业为引领，集中优势资源，瞄准高端市场，发展有机农业，推动有机农产品扩规模、提档次、打品牌，

对连片认证150亩以上的给予50%的认证补贴，擦亮叫响"有机蔬菜第一县"的牌子。新增有机农业种植面积1.5万亩，"三品一标"认证面积9.6万亩。③新型经营主体不断壮大。新增规模以上农业龙头企业8家、专业合作社240家、家庭农场75家，合作社转型龙头企业23家。筛选指导26家农业龙头企业申报泰安市级农业龙头企业。肥城桃荣获省知名农产品区域公用品牌，国家级出口食品农产品质量安全示范区顺利通过年审验收。3月份获评全国主要农作物生产全程机械化示范县。

【乡村服务普惠共享】 ①基础设施协同共建。实施农村"七改"▲工程，改厕实现全覆盖；全力推进2018年小康电示范县项目；实施环卫全域托管模式，13个镇街与中节能签订合同。加快农村教育、医疗、养老救助等社会保障体系建设，形成农村15分钟医疗卫生服务圈。鼓励企业积极用工，新增就业9300余人；全面推进养老服务业转型升级，确定2处敬老院进行社会化改革试点，打造农村区域性养老中心。②农民文化生活日益丰富。县级以上文明村达到90%以上。加强公共文化服务体系建设，建成文化服务中心582个，形成农村"一公里文化圈"；精心组织开展广场舞大赛、"六进"文化

惠民活动等,举办第七届广场舞大赛34场,7000余名群众、300多支队伍参赛;"文化扶贫"送戏下乡巡演活动入选全省冬春文化惠民品牌活动,文化志愿者夕阳红艺术团被评为全省文化志愿服务典型优秀团队;全面启动全市村(居)、企业、机关、学校"四德工程"建设,着力推进99个示范点建设。③村集体农民持续增收。配合市委组织部实施新一轮高水平村居集体经济壮大行动,整合各类涉农资金集中帮扶薄弱村,增强"造血"功能。全市集体经营性收入10万元以上的村达到90%以上,三产融合村达320个,工商资本累计注入农业23.2亿元,拉动产业基地268个。

▲ "七改"即改路、改电、改校、改房、改厕、改水、改暖。

【农村改革】 以完善产权制度和要素市场化配置为重点,坚持还权赋能,激活主体、激活要素、激活市场。①集体产权制度改革试点。制定出台《关于加强村级股份经济合作社运营管理的意见(试行)》和《关于农村集体产权制度改革后新增资产处置和收益分配的指导意见》,以规避资产运营风险、维护集体经济组织成员权益为目的,以激活集体经营性资产效益为重点,加强村级股份经济合作社规范化建设,鼓励有条件的村级股份经济合作社建立现代企业制度,促进集体资产保值增值。②农村土地改革。实施"三权"分置,用好流转服务平台,鼓励适度规模流转;引导农民以土地经营权入股组建土地股份合作社,引进资本,发展现代农业,新增流转面积3万亩。③全国农房抵押贷款试点。完善试点配套机制,加大贷款投放规模,7家银行推出农民住房财产权抵押贷款产品,金融机构业务开办覆盖面达到54%,农民住房财产权抵押贷款余额达到4.2亿元。

(孙辉)

社会主义精神文明综述

2018年,全市精神文明建设聚焦学习宣传贯彻习近平新时代中国特色社会主义思想和党的十九大精神这条主线,深入推进社会主义核心价值观建设,深化群众性精神文明创建活动,抓好创建全国文明城市、深化乡村文明行动、市民素质提升工程、未成年人思想道德建设等重点工作,公民素养和社会文明程度不断提升。

公民思想道德建设不断强化。深入开展"身边好人"评选,结合鲜花送文明、肥城好故事、善行义举四德榜等评选表彰活动,共推荐上报中国好人线索33万余条,入选中国好人1人,山东好人9人,泰安好人12人。制定最新肥城市民公约,围绕践行市民公约,开展"马路不乱穿"交通秩序专项行动和"垃圾不落地"环境卫生专项行动,组织各学校发布"文明作业"。加强未成年人思想道德建设,承办全国校园文化建设现场会、全省乡村学校少年宫建设现场会,在全省社会主义核心价值观进校园现场会上作经验交流。组织开展"扣好人生第一粒扣子"主题活动,深入开展新时代好少年评选活动,5人获得泰安市新时代好少年称号。

精神文明创建活动深入开展。全力推进全国文明城市创建,先后统筹协调、推动实施广告拆违、交通秩序经营秩序综合治理、小区"三有六化"达标创建、文明养犬、市民"四不"行为集中整治、"三清三禁"等工作。印制《肥城市民文明手册》10万份入户发放。在全市增设大型景观式公益广告7处,城区主次干道、公园广场等新增景观、立体、平面公益广告4560块,各小区新增公益广告4300余块。加强各级文明单位管理,对2017年度市直省、泰安市、肥城市级文明村镇、文明单位、文明社区、文明校园进行全面复查,对2018年新申报单位进行检查。推进行业精神文明创建,联合市场监管局评选文明诚信经营户166户,联合交运局开展新时代最美公交驾驶员评选活动。

社区管理改革持续推进。

全力推进小区、家属院"三有六化"建设，截至 2018 年 12 月，城区 378 个小区，按照"先易后难，事业单位先行，商企小区随后"的原则，"三有"达标小区 114 个；有业主委员会、物业公司的小区、家属院达到 136 个，有业主委员会的小区、家属院达到 213 个。全力做好河西社区包保和创城样板打造，对河西社区各小区、家属院、主次干道、主要交通路口、公园广场、宾馆饭店等创城实测点位进行全面细致的普查摸底，印发《河西社区创城工作方案》，进行样板打造，为其他社区工作开展探索经验。

乡村文明行动深入实施。深化环境卫生整治，对泰东路沿线环境秩序进行集中整治，在全市开展"三清三禁"农村环境集中整治行动。加强红白理事会建设，推进移风易俗。

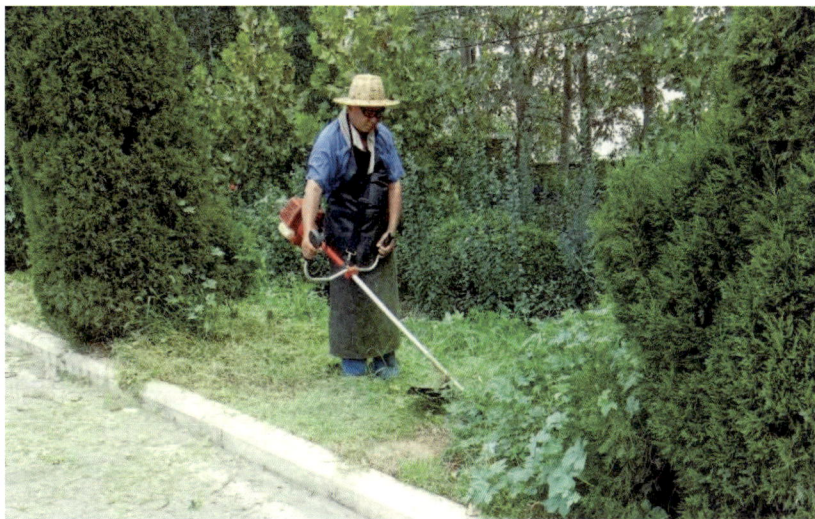

9 月 17 日，高新区车庙村开展"三清三禁"工作（李文斌　摄）

申报潮泉镇白窑村、老城街道月庄村为 2018 年全省乡村文明家园"百镇千村"建设示范村。2018 年下半年，城乡环卫一体化、移风易俗和村风民风民调综合成绩，列全省县市区第 11 位、泰安市第 2 位。深化赡养扶贫，助力脱贫攻坚，成立村级赡养基金理事会 133 个，设立赡养基金 127 个，2018 年将全市 1287 名贫困老人纳入孝赡养老基金，发放养老金 84.86 万元。弘扬学雷锋志愿服务精神，组织志愿者 1.3 万人，开展公益巡回演出、守护留守儿童等扶贫志愿服务活动 280 余场次，筹集帮扶物资 140 余万元。

（刘凤惠）

组织机构及领导成员

中共肥城市委员会及工作部门

书　记　常绪扩

副书记　王立军（9月止）　殷锡瑞
　　　　辛　涛（9月起）

常　委　常绪扩　辛　涛　乔　磊
　　　　王立军（9月止）
　　　　苏伟丽（女，挂职，3月止）
　　　　殷锡瑞　戴先锋　王勇强　王志勇
　　　　付　玲（女）　名树伟
　　　　李朝亮（挂职，12月止）
　　　　徐传柏（6月起）
　　　　陈业荣（挂职，6月起，时间二年）
　　　　贾同国（9月起）

市委办公室

主　　　任　王勇强

常务副主任　马　新

副　主　任　梁乙广　张阴明　有保龙
　　　　　　朱　国（副科级）
　　　　　　杜春蕾（女，挂职，7月起，
　　　　　　时间一年）

市委研究室

主　　　任　梁乙广

副主任　杨宪坤　郭庆付

市委机要保密局

局　长　马　勇

副局长　刘　涛　雷印强

市接待处

主　　　任　李　晋

副　主　任　陈　鹏　罗　珉

党支部书记　陈　鹏

副　书　记　李　晋

市委农村工作办公室

主　任　刘传忠

副主任　刘福新（2月止）　宋　强

市委维护稳定工作办公室

主　任　李　利

市委全面深化改革领导小组办公室

主　任　王勇强

副主任　梁乙广　赵衍水　杜兆旭（副科级）

市扶贫开发领导小组办公室

主　任　张阴明

副主任　刘传忠（正科级）　辛海庆　庞祥锋

项目管理组

组　长　王庆明（副科级）

社会扶贫组

组　长　张　芹（女，副科级）

统计考核组

组　长　张富营（副科级）

市委组织部

部　　　长　乔　磊

常务副部长　高纪河

副　部　长　王　涛　赵衍军　雍彦明
　　　　　　赵勤勇　张淑萍（女）
　　　　　　孔庆亮

副主任科员　董　超

市委组织员办公室

主　任　杨仁峰（9月起，正科级）

市委党员干部现代远程教育中心

副　主　任　王蓓蓓（女）　李　伟

市人才工作办公室

副主任　赵海丽（女）

市委非公有制经济组织和社会组织工作委员会

书　　　记　赵勤勇

副　书　记　齐　勇（2月止）　孙　强

市委宣传部

部　　　长　名树伟
常务副部长　王小琳
副　部　长　陈桂岭　楚红霞（女）
　　　　　　马　勇　胡子杰
副主任科员　郝纪刚

市精神文明建设委员会办公室
主　　　任　陈桂岭
副 主 任　王秀民　刘　正
主任科员　李恒军

市爱国卫生运动委员会办公室
主　　　任　张　坤（1月止）王　强（1月起）
副 主 任　王　浩　张　磊

市新闻中心
主　　　任　宋　杰
副 主 任　张一民　李海峰

市互联网新闻宣传管理办公室
主　　　任　孙甲勇

市委统战部

部　　　长　付　玲（女）
常务副部长　张云丽（女）
副　部　长　安学勇　韩荣富　杨同喜
主 任 科 员　赵光勇　王云飞
副主任科员　李　莹（女）

市委对台工作办公室
（市政府台湾工作办公室）
主　　　任　韩荣富
副 主 任　姜玉国

市民族与宗教事务局
局　　　长　张云丽（女）
副局长　王　潼　武　明

市委市直机关工委
书　　　记　雷印国

副 书 记　裴　涛　刘冬梅（女）
　　　　　　刘庆来
工 委 主 任　郭启江（正科级）
主 任 科 员　王长水
副主任科员　张　丽（女）

机关武装部
部　　　长　刘庆来（副科级）

市委政法委员会

书　　　记　辛　涛（9月止）
　　　　　　贾同国（9月起）
常务副书记　孙衍波
副 书 记　滕永军　刘圣利（正科级）
　　　　　　冯殿峰　胡建军
主 任 科 员　马　奔　滕永军
副主任科员　王瑞丰（9月止）王　勇
　　　　　　杨红梅（女）

市社会治安综合治理办公室
主　　　任　冯殿峰
副 主 任　张　亮　张　华

市委党校

校　　　长　常绪扩
常务副校长（校委会主任）
　　　　　　李福杰
副 校 长（校委会副主任）
　　　　　　乔宏伟　袁春刚
　　　　　　王　兵　侯衍强

办公室
主　　　任　张胜泉

教务处
主　　　任　段绪恒

进修处
主　　　任　刘　慧（女）

对外培训处
主　　　任　赵　慧（女）

总务处
主　　　任　秦紫微（女）

市委老干部局

局　　长　王　涛
副局长　谭　健　毕宏伟　楚师平
主任科员　吕仕华　王艾林（女）
市委离退休干部工作委员会
副书记　刘传新
市老年大学
校　长　谭　健
市老干部活动中心
主　任　毕宏伟
副主任　苏本正　武东华（女）

市委党史征集研究办公室
（市地方史志办公室）
主　　　任　尉茂路
副 主 任　项荣坤（11月止）　贾安东
　　　　　庄惠丽（女）
副主任科员　郝　航（女）

市委、市政府信访局
局　　长　有保龙
副局长　宿晓鹏　王明星　郝　伟
　　　　赵海丽（女，挂职，6月起，
　　　　　时间一年）
　　　　方永楷（挂职，6月起，时间
　　　　　一年）
　　　　索传利（挂职，6月起，时间
　　　　　一年）
　　　　宿　琳（挂职，6月起，时间
　　　　　一年）
　　　　李　波（挂职，6月起，时间
　　　　　一年）
副主任科员　肖传奎　魏秀莲（女）
　　　　　庞　刚
市信访复查办公室
主　任　王明星
副主任　陈明利

市档案局（馆）
局（馆）长　刘文东
副局（馆）长　李庆红（女）　李洪军
　　　　　王　鹏（女）
党支部书记　李洪军
副 书 记　刘文东

市督查局
（市工作目标责任制考核委员会办公室）
局长（主任）　赵衍军
副 局 长　郭庆斌　刘春雷
副 主 任　尉　建

市机构编制委员会办公室
主　　任　张淑萍（女）
副 主 任　赵金生　石金山　曹　涛
主任科员　吴荣成
市事业单位监督管理局
局　长　赵金生
市机构编制实名制管理中心
主　任　刘传琨

中共肥城市纪律检查委员会
书　记　戴先锋
副书记　赵平江　李庆利
常　委　李庆利　赵平江　刘　东　戴先锋
　　　　刘　净（女）　汪　涛　李开海
　　　　曲伟杰（挂职，7月起，时间一年）

市监察委员会
（1月成立）
主　任　戴先锋（1月起）
副主任　赵平江（1月起）　李庆利（1月起）
委　员　刘　东（1月起）
　　　　李大军（1月起）
　　　　汪　涛（1月起）

李向东（1月起）

正科级纪检监察员

张文亮　李东明　雷志勇

于建广（1月起）

副科级纪检监察员

李　震　石德东（1月起）

徐金胜（1月起）

梁建新（1月起）

办公室

主　任　魏庆辉

组织部

部　长　冯　强

宣传部

部　长　刘　净（女）

党风政风监督室

（市政府纠正行业不正之风办公室）

主　任　陈志伟（正科级）

副主任　于梁萍（女，1月止）　蒋元宏

聂金凤（女，1月起）

正科级纪检监察员

聂金凤（女，1月起）

信访室

（国家行政机关工作人员违法违纪举报中心）

主　任　梁　炜

案件监督管理室

主　任　李　斌

第一纪检监察室

主　任　李开海（1月起）

第二纪检监察室

主　任　尹　伟

第三纪检监察室

主　任　单光启

第四纪检监察室

主　任　侯根田

第五纪检监察室（1月成立）

副主任　徐　军（1月起）

于梁萍（女，1月起）

正科级纪检监察员

徐　军（1月起）

第六纪检监察室（1月成立）

副主任　张　伟（1月起）　赵　云（1月起）

正科级纪检监察员

张　伟（1月起）　赵　云（1月起）

第七纪检监察室（1月成立）

主　任　武红卫（1月起）

正科级纪检监察员

武红卫（1月起）

第八纪检监察室（1月成立）

主　任　孙海庆（1月起）

正科级纪检监察员

孙海庆（1月起）

案件审理室（案件申诉复查室）

主　任　王　兵

正科级纪检监察员

王　兵

市廉政教育中心

主　任　魏庆辉

纪检监察干部监督室（1月成立）

主　任　蒋元宏（副科级，1月起）

派驻第一纪工委（监察分局）

书　记（局　长）　刘林波

副书记（副局长）　张　明　宋成国

派驻第二纪工委（监察分局）

书　记（局　长）　武　亢

副书记（副局长）　高　亮　李友琴（女）

派驻第三纪工委（监察分局）

书　记（局　长）　王德凯

副书记（副局长）　李　明

正科级纪检监察员　刘传峰

派驻第四纪工委（监察分局）

书　记（局　长）　付振文

副书记（副局长）　江　新

正科级纪检监察员　刘传军

派驻第五纪工委（监察分局）

书　记（局　长）　陈兆民

副书记（副局长）　赵　轶
　　　　　　　　　张秀芬（女，1月止）

派驻第六纪工委（监察分局）

书　记（局　长）　王　忠

副书记（副局长）　郝高明

正科级纪检监察员　王宽坦　高桓军

派驻第七纪工委（监察分局）

书　记（局　长）　赵春晖

副书记（副局长）　李达坤

正科级纪检监察员　张德军

派驻第八纪工委（监察分局）

书　记（局　长）　王立柱

副书记（副局长）　赵　斌

正科级纪检监察员　赵传柱

市委巡察机构

市委巡察工作领导小组办公室

主　任　马玉波

副主任　段志强

市委第一巡察组

组　长　朱传忠

副组长　陈　峥

市委第二巡察组

组　长　张　林

副组长　张大松

市委第三巡察组

组　长　刘奎东

副组长　周忠宁

市委第四巡察组

组　长　李明国

副组长　杜宪芳

市委第五巡察组

组　长　张钦富

副组长　孙素青（女）

肥城市人大常委会及办事机构

主　任　赵燕军

副主任　宁洪法　王同华（女，不驻会）
　　　　刘　益　张　伟　李向东

党组书记　赵燕军

副书记　宁洪法　张　伟

法制（内务司法）委员会

主任委员　杜宪侃

副主任委员　高振军　索元胜

财政经济委员会

主任委员　陈　方

副主任委员　张纪营　陈自才

教育科学文化卫生委员会

主任委员　夏崇河

副主任委员　郭泗东

农业与农村委员会

主任委员　刘忠军

副主任委员　张元富　田　涛

城乡建设与环境资源保护委员会

主任委员　谢元亮

副主任委员　胡怀庭

办公室

主　任　雷明广

副主任　魏传伟

副主任科员　杜　坤　刘　翠（女）

人事选举代表工作室

主　任　唐爱云（女）

副主任　路　辉（女）

法制工作委员会

主　任　李大志

副主任　韩立勇

财政经济工作委员会

主　任　袁志强

主任科员　刘向辉

教育科学文化卫生工作委员会

主　任　于树军

主任科员　杨　忠

农村经济工作委员会

主　任　魏战鹰

副主任　周　强

城乡建设环境保护工作委员会
主 任 吕尚民
预算工作委员会
主 任 张文秀

市政府及工作部门

市 长 殷锡瑞
副 市 长 名树伟 赵兴广（回族） 王志勇
苏伟丽（女，挂职，3月止）
范 亮（挂职，3月止）
鄂宏超（满族） 孙 琪（女）
贾同国（9月止）
贾春林（科技，挂职，9月止）
李朝亮（挂职，12月止）
艾志刚（挂职，4月起，时间一年）
陈业荣（挂职，6月起，时间二年）
桑逢智（9月起）
姚玉新（科技，挂职，9月起，
时间一年）
党组书记 殷锡瑞

市政府办公室

主 任 步 文
副 主 任 张 坤 时向东
李建宏 伊宪林
程传杰（挂职，7月起，时间一年）
党组书记 步 文

市政府法制办公室
（市人民政府行政执法监督局）

主任（局长） 步 文
副 主 任 王 勇
刘俊丽（女）
市政府行政复议办公室
主 任 王开民（副科级）
市政府研究室
副主任 金连震 赵 海

市电子政务中心（市智慧城市建设管理办公室）
主 任 李建宏
副主任 姜瑞华
市政府应急管理办公室
副主任 田 峰
市政府民生服务管理办公室
主 任 时向东
副主任 吕华明

市金融服务中心

主 任 孙 建
副 主 任 王 斌 张晓菲（女）
党组书记 孙 建
副 书 记 王 斌

市经济合作局

局 长 董 军
副 局 长 李 勇
邹 辉（8月起，巫溪县挂职）
母晓华（女）
党组书记 董 军
中国国际贸易促进委员会肥城市委员会
副会长 王万里

市政务服务中心管理办公室
（10月撤销）

主 任 尹 丽（女，10月止）
副 主 任 邱士远（10月止）
赵 刚（10月止）
马立斌（10月止）
副主任科员 荣 兵（10月止）
党委书记 尹 丽（女，10月止）

市行政审批服务局
（市政务服务管理办公室）

【10月成立，同月成立中共肥城市行政审批服务局（市政务服务管理办公室）党组】
局长（主任） 尹 丽（女，10月起）

副局长（副主任）

邱士远（10月起）

赵　刚（10月起）

马立斌（10月起）

副主任科员　荣　兵（10月起）

党组书记　桑逢智（10月起）

副书记　尹丽（女，10月起）

泰安市公共资源交易中心肥城分中心

主　　任　尹小军

副主任　王　祥

李英伟

党支部书记　段绪昌

副书记　尹小军

市机关事务管理局

（1月，市机关行政事务管理局更名为市机关事务管理局。5月，成立中共肥城市机关事务管理局党组，撤销中共肥城市机关行政事务管理局党组）

局　　长　赵洪武

副局长　车　涛　高　峰　王　东

党组书记　赵洪武

副书记　张宪军

市直机关物业管理服务中心

主　　任　刘琼（女）

党支部书记　薛　宪

市泰西宾馆

（市机关招待所）

经理（所长）张吉东

副经理（副所长）刘　静（女）

路　红（女）车传洞

党支部书记　张吉东

工会主席　丁庆林

市人力资源和社会保障局

（市外国专家局）

局　　长　雍彦明

副局长　武益军　于茂平

主任科员　姚怀玉　尹燕国

副主任科员　杨联兴　乔善军

曹桂萍（女）　王敬强

赵　猛

党委书记　雍彦明

副书记　王　文

市人才交流服务中心

主　　任　李　腾

党支部书记　王　平

市劳动人事争议仲裁院

院　　长　李海庆

副院长　邓兆伟

副主任科员　武建增

市人力资源社会保障行政执法大队

大队长　张道毅

市社会保险事业处

主　　任　卞秀凤（女）

副主任　张培新　孙　刚

张　霞（女，7月止）

刘同侠

党总支书记　刘同侠

副书记　卞秀凤（女）

市医疗保险中心

主　　任　翟志刚

党支部书记　尹爱军

市新型农村合作医疗管理办公室

主　　任　武　东

党支部书记　张　强

市劳动就业办公室

主　　任　王　文

副主任　吕翠英（女，8月止）

曹会霞（女）

祝建新

副科级干部　石振东　赵曙光

辛显祥（6月止）

党支部书记　李文平

副 书 记　王 文

市发展和改革局

局　　长　赵衍水

副 局 长　周脉昌

张泗伟（女）

刘　忠（挂职，10月止）

贺芝平（挂职，6月起，时间一年）

孙慧慧（女，挂职，7月起，时间一年）

主任科员　陈 强

副主任科员　雷明水　韩 栋

党组书记　赵衍水

市重点建设项目办公室

主　　任　吴立华

副 主 任　孙殿军　杜 伟　宿晓栋

党支部书记　宿晓栋

市服务业办公室

主　　任　赵恒泉

市经济协作办公室

主　　任　陈 兵（副科级）

市物价局

局　　长　张家勇

副 局 长　陈硕东　刘 宾

主任科员　赵其训　白树波

党组书记　张家勇

副 书 记　赵其训

市科学技术局

（市生产力促进中心）

局长（主任）　张 鹏

副局长（副主任）　秦 勇　张翠玲（女）

主 任 科 员　高玉亭　陈 健

曹瑞才　于巧玲（女）

副主任科员　董 勇

党 组 书 记　张 鹏

副 书 记　曹瑞才

市地震局

局　　长　张翠玲（女）

市知识产权局

局　　长　张衍海

市审计局

局　　长　项荣国

副 局 长　武文军　李华东

石 晶（女）

主任科员　武文军　吕心镜

赵志强

副主任科员　李大峰

总审计师　夏为民

党组书记　项荣国

副 书 记　吕心镜

市经济责任审计办公室

主　　任　张立新（女）

市政府投资审计中心

主　　任　杨瑞波

市统计局

局　　长　鲍大庆

副 局 长　郭柏林　何 斌　王开平

乔 莹（女，挂职，7月起，时间一年）

主任科员　郭建云（女，4月止）

副主任科员　胡圣峰　李蓓蓓（女）

党组书记　鲍大庆

市城市经济调查队

队　　长　尹立新（女）

市社情民意调查中心

主　　任　潘晓东

市民政局

局　　长　王宜峰

副 局 长　朱圣军　陈乃笋　王家才

主任科员　尹效杰　孟 强

肖　云（女）

副主任科员　梁运法

党组书记　王宜峰

市军队离退休干部休养所

（11月，撤销市军队离退休干部休养所，成立市退役军人服务中心，隶属关系调整至市退役军人事务局管理）

所　　长　王　利

副　所　长　解庆兰（女，副科级，1月止）

党支部书记　董　民

市社会组织管理局

（2017年12月，肥城市民间组织管理局更名为肥城市社会组织管理局）

局　长　梁明兴（11月止）

副局长　解庆兰（女，1月至11月）

市城乡最低生活保障办公室

（市居民经济状况核对中心）

主　任　吴新华

市民政局婚姻登记处

主　任　刘　明

市火化一场

场　长　郭　力

市火化二场

场　长　王建祥

市拥军优属拥政爱民工作领导小组办公室

（11月，划转市退役军人事务局）

主　任　徐衍磊（副科级）

市环境保护局

局　　长　杨仁勇

副局长　李瑞军　魏学军　段文华

主任科员　宿广毅　干宗河

党组书记　杨仁勇

副书记　宿广毅

市污染物排放总量控制办公室

主　　任　李永军

党支部书记　李　强

市环境监测站

站　　长　安玉峰

党支部书记　徐复忠

市环境监察大队

大　队　长　李开强

副主任科员　高善东

市国土资源局

局　　长　于为韬

副　局　长　宋绪永　孟凡生　陈宪明

总 工 程 师　刘　涛

主 任 科 员　王宜忠　宋绪永

副主任科员　王　峰

党组书记　于为韬

副　书　记　王宜忠

纪检组长　姜庆军

市土地收购储备中心

主　　　任　王民芝

副　主　任　董　锦（女）

党支部书记　刘英军（女）

市土地资产监管中心

主　　　任　刘长瑜

党支部书记　石爱红（女）

执法监察大队

队　长　丁　军

市城乡建设用地增减挂钩管理办公室

主　　　任　魏　萍（女）

党支部书记　杜善宏

市不动产登记中心

主　任　管恩东

市国土资源勘察测绘站

站　长　李兆强

市矿区农村搬迁办公室

主　　任　盛连波

副　主　任　马培超　杨国利

党组书记　杨国利

副　书　记　盛连波

市监察局

（1 月撤销）

局　　　长	赵平江（1 月止）
副 局 长	李庆利（1 月止）
	王　强（1 月止）
	刘　东（1 月止）
正科级监察员	王　强（1 月止）

市老龄工作委员会办公室

主　　　任　鹿　森
副 主 任　王同华（女）
主 任 科 员　孙远海　李西峰
副主任科员　卫荣梅（女）
党 组 书 记　鹿　森

市检验检测中心

主　　　任　雷　浩
副 主 任　辛爱民
党组副书记　雷　浩

市退役军人事务局

（11 月成立，为市政府组成部门，机构规格正科级；同月成立中共肥城市退役军人事务局党组）

局　　　长　有保龙（11 月起）
副 局 长　项荣坤（11 月起）
　　　　　梁明兴（11 月起）
党 组 书 记　有保龙（11 月起）

市公安局

局　　　长　鄂宏超（满族）
副 局 长　杨立明　杨庆国
　　　　　韩　颖（女，挂职，4 月起，
　　　　　　　　　时间二年）
政　　　委　邱士刚
副 调 研 员　邱士刚
主 任 科 员　杨　毅　石　杰　陈　军
　　　　　杨立明　汪顺才　施怀章
　　　　　张绪泉　王泽生　张尔厚
　　　　　庞　民　尹承生　刘茂圣
　　　　　刘建民　梁义明　曹德贵
　　　　　张永军　庞根明　徐利国
　　　　　张　震　邹大鹏　杨　强
　　　　　高　平（女）　贾启祥
　　　　　罗宏军
副主任科员　解　斌　聂德成（3 月止）
　　　　　罗　军　张林银　何洪玉
　　　　　李纪水（9 月止）　张树军
　　　　　孙远忠　张兴旺　王　新
　　　　　尹诚忠　解培平（10 月止）
　　　　　马慎民　张国泽　刘宪伦
　　　　　李　铖　李　涛　郭　彬
　　　　　赵　峰　李　艳（女）　陈文清
　　　　　荆立忠　冯忠刚　马俊东
　　　　　殷庆明　董　倩（女）
　　　　　孟建新　阴冬梅（女）
　　　　　邢伟忠　刘云玲（女）
党 委 书 记　鄂宏超（满族）
副 书 记　邱士刚　杨　毅（3 月止）
　　　　　石　杰　陈　军　尹承民
纪 委 书 记　汪顺才

110 指挥中心

主　　　任　徐利国
教 导 员　张宾堂

刑事侦查大队

大 队 长　王　军
教 导 员　吕　征

治安警察大队

大 队 长　邹大鹏
教 导 员　袁明志

经济犯罪侦察大队

大 队 长　孙　勇
教 导 员　李　刚

警务督查大队

大 队 长　宿　斌
教 导 员　尹晓奇

国内安全保卫大队

教导员　冉双庆

交通警察大队

大 队 长　刘传同（回族）

副大队长　付振岱　聂 伟　胡 波

教 导 员　明 涛

副教导员　赵环中

主任科员　付振岱　梁建俊　聂 伟

　　　　　张纪斌　赵方华　李卫东

　　　　　刘士良

副主任科员　张忠林　张卫东

　　　　　郑宗鑫（5月止）　张建忠

　　　　　李明生　徐戈辉　李福军

　　　　　董光华　王明林　石海滨

　　　　　武 健　聂升军　李 刚

　　　　　王 庆

党委书记　尹承民

副 书 记　明 涛　赵方华

　　　　　刘传同（回族）　李卫东

纪委书记　武保东

特警大队

大队长　杨 强

教导员　汪顺银

桃花源派出所

所 长　张海泉

教导员　闫云华

龙山派出所

所 长　车 辉

教导员　徐 新

王瓜店（高新区）派出所

所 长　刘 波

教导员　尹东毅

石横派出所

所 长　崔克新

教导员　梁海军

老城派出所

所 长　刘培玉

教导员　孟 建

汶阳派出所

所 长　梁新胜

教导员　李 坤

湖屯派出所

所 长　马衍华

教导员　张伟东

边院派出所

所 长　杨 健

教导员　于庆伟

安临站派出所

所 长　姜吉山

教导员　马朋兴

安驾庄派出所

所 长　朱朝阳

教导员　张金华

潮泉派出所（股级行政机构）

所 长　司 军（副科级）

桃园派出所（股级行政机构）

所 长　梁昌录（副科级）

教导员　张 兵（副科级）

王庄派出所（股级行政机构）

所 长　张庆阔（副科级）

教导员　宋立波（副科级）

仪阳派出所（股级行政机构）

所 长　杜海东（副科级）

教导员　石 勇（副科级）

孙伯派出所（股级行政机构）

所 长　辛 剑（副科级）

教导员　刘太强（副科级）

市司法局

局 长　刘 舜

副 局 长　曹文东　李大文（女）

　　　　　刘松森

　　　　　张秀芬（女，1月起）

主任科员　李邦杰

副主任科员　姜 奎　张 军

政治处主任　许 良（副科级）

党 组 书 记　刘　舜

市公证处

主　任　徐　林

市经济和信息化局

局　　长　赵恒军

副 局 长　武俊涛（女）

　　　　　石长英（女）

　　　　　隗翠香（女，挂职，7 月起，

　　　　　　时间一年）

主 任 科 员　王德乾　王公泉

副主任科员　孙学科

党 委 书 记　赵恒军

副 书 记　尹承运

市化学工业办公室

主　　任　朱玉山

副 主 任　张衍申　尹承运

党支部书记　尹承运

副 书 记　朱玉山

市政府节约能源办公室（市节能监察大队）

主　任　苑　敏

市安全生产监督管理局

局　　长　闫文明

副 局 长　辛显涛　付　鹏

主 任 科 员　张圣先　李洪军

副主任科员　杨克存

党 组 书 记　闫文明

市安全生产行政执法大队

大 队 长　夏广勇

市安全生产应急救援指挥中心

主　任　张光中

市煤炭发展中心

主　　任　魏世忠

副 主 任　刘洪波　赵孝堂

副主任科员　王安刚　范昌城

党 组 书 记　魏世忠

市煤矿安全监测监控中心

主　任　杜　刚

市交通运输局

局　　长　艾　东

副 局 长　杜宪华　王　斌

主 任 科 员　辛培昂　孙国庆

党 委 书 记　艾　东

纪 委 书 记　赵衍成

市市乡公路管理办公室

副主任　王　健

市交通运输管理所

所　　长　张　健

党支部书记　方永楷

市交通运输行政执法大队

大 队 长　单立冬

党支部书记　张兴亮

市出租车管理办公室

主　　任　孙东方

副科级干部　薛冬云（女）

市超限检测站

站　长　陈　东

市公路事业发展中心

主　　任　刘　岑

副 主 任　王光伟　王　东　白恩田

　　　　　张　亮

党 委 书 记　刘　岑

副 书 记　王　敏

市公路应急救援中心

主　　任　李家伦

党支部书记　陈　光

市民营经济发展局

局　　长　孟庆国

副 局 长　刘文宏

主 任 科 员　张界兆

副主任科员　汪　岩

党委书记　孟庆国

市乡镇企业职工中等专业学校

校　　　长　尹逊峰

党支部书记　尹逊峰

市商务局

局　　　长　刘相伟

副 局 长　杨　波

主 任 科 员　李建刚　张　勇
　　　　　　李正勇

副主任科员　刘　佳（女）

党组书记　刘相伟

副 书 记　冀金秀　张　勇

市商贸局

局　　　长　冀金秀

副 局 长　晁　明　于建昌　张军伟

党委书记　于建昌

副 书 记　冀金秀

市电子商务服务中心

主　任　辛培富

市出口食品农产品质量安全示范区管理办公室

主　　　任　杨泽辉

副主任　雷明香（女）　李华利

市外派劳务服务中心

主　　　任　刘　鹏（6月止）

党支部书记　李志刚

市财政局

局　　　长　陈正一

副 局 长　张新利
　　　　　　韩　旭（挂职，10月止）
　　　　　　杨泽春

主 任 科 员　张衍明　张继勇
　　　　　　宫　华（女，9月止）

副主任科员　张传海　姜秀红（女）

党组书记　陈正一

市非税收入管理中心

主　任　乔洪晓

市乡镇财政管理局

局　　　长　梁新玲

副局长　王怀杰　尹承鑫

市政府采购管理办公室

副主任　尹逊东　王　宏（女）

市财政监督局

局　　　长　彭诗存

市国库管理中心

主　　　任　姚　勇

市政府投融资管理中心

副主任　张兴铭

市财政投资评审中心

主　　　任　张兆伟

市经济开发投资公司

经　　　理　张新利

副 经 理　韩　雷

党支部书记　张新利

市国有资产管理局

局　　　长　刘太盟

副 局 长　张风辉　武　进

党支部书记　刘太盟

副 书 记　张风辉

市城市建设投资有限公司

总 经 理　姜世文

常务副总经理　付　强

市农业综合开发办公室

主　　　任　陈位生

副 主 任　聂洪军　张中华（正科级）

副科级干部　刘德瑞

党支部书记　尚林生

副 书 记　陈位生

市市场监督管理局

局　　　长　辛培祥

副 局 长　李振涛　杜宪勇　孟庆利
　　　　　　马　杰（挂职，7月起，

时间一年）

主任科员　张培东

副主任科员　管　华（6月止）
　　　　　　王业军

党委书记　郑凤宝

副书记　辛培祥　张培东

纪委书记　王　涛

市特种设备安全监察局

局　长　宿　斌

市市场监督管理局企业注册局

局　长　冯伟力

市市场监督行政执法大队

大队长　王　兵

市物资流通发展中心
（市物资集团总公司）

主　任（总经理）
　　　　孔祥申

副主任（副总经理）
　　　　高红伟　闫云辉

党委书记　孔凡涛

副书记　孔祥申

市商业发展中心
（市商业贸易集团总公司）

主　任（总经理）
　　　　李伟成

副主任（副总经理）
　　　　尹兰香（女）　赵衍国

党委书记　尹兰香（女）

副书记　李伟成

市粮食发展中心

主　任　付振杰

副主任　杨栋　汪斌　项晓昕（女）

党委书记　项晓昕（女）

副书记　付振杰

市住房和城乡建设局

局　长　董庆焕

副局长　赵震

主任科员　李东风　许代军　桑桂亮
　　　　　魏光军

党委书记　董庆焕

副书记　魏光军

市公用事业管理局

局　长　陈西义

副局长　武保华　张新军

党支部书记　陈西义

副书记　武保华

市城市房屋征收管理办公室

主　任　刘德强

市排水管理处

主　任　侯兆坤

市园林绿化管理局

局　长　董军

党支部书记　董军

市水务集团有限公司

副董事长（副总经理）
　　　　于　东

党委副书记　于　东

市规划局

局　长　周建中

副局长　潘庆荣（女）

副科级干部　何跃进

党组书记　周建中

市人防发展中心

主　任　项茂军（正科级）

党支部书记　李　泳

市建筑安装工程管理局
（市建筑安装工程总公司）

局　长（总经理）

赵传兴

副局长（副总经理）

　　　　魏绪明　白树宝　刘爱红（女）

党组书记　刘爱红（女）

副书记　赵传兴

市装饰装修管理处

主　任　索传利

市房产管理局

局　长　王利

副局长　韩光　刘劲

　　　　纪玉堂　王磊

党委书记　纪玉堂

副书记　王利

市物业管理办公室

主　任　宿林

市综合行政执法局

（市城市管理局）

局　长　聂继佩

副局长　张建

市综合行政执法局

副局长　解培臣　王海龙

　　　　侯绪军（正科级）

主任科员　张田泽

党组书记　解培臣

副书记　聂继佩　张田泽

市综合行政执法大队

副大队长　王海龙　曹斌

　　　　李传刚　贾同龙

　　　　张新军（挂职,6月起,时间一年）

　　　　李英伟（挂职,6月起,时间一年）

　　　　孙甲勇（挂职,6月起,时间一年）

　　　　赵学伟（挂职,6月起,时间一年）

市综合行政执法大队直属执法中队

中队长　张永杰（副科级）

市环境卫生管理处

主　任　张海滨

副主任　陈涛（副科级）

党支部书记　张海滨

市农业局

局　长　傅强

副局长　赵胜文

主任科员　高云侠（女）　王振斌

副主任科员　刘敏（女）

党委书记　傅强

副书记　吴培栋

市农业技术推广中心

党支部书记　杨秀华（女）

省农业广播电视学校肥城分校

校　长　李建平

党支部书记　邱士芬（女）

市良种示范繁殖农场

场　长　张爱国

党支部书记　孙绪柱

市海泰实业开发公司

经　理　吴培栋

党支部书记　吴培栋

市有机农业发展办公室

主　任　陈传义

副主任　武忠民

党支部书记　尹逊民

副书记　陈传义

市农业行政执法大队

大队长　武家斌

市林业局

局　长　孙庆良

副局长　肖明泉　张敬华

　　　　刘士勇

正科级干部　黄旭

副主任科员　张琳琳（女）

党委书记　孙庆良

市森林公安局（市森林警察大队）

局　长　王忠军

教导员　刘　英
市森林公安局牛山林区派出所
所　长　陈玉军
教导员　孟　国
市苗圃
主　　任　李自强
党支部书记　李自强
肥城桃产业发展办公室
主　　任　赵德三
党支部书记　杨雪梅（女）
市康王河国家湿地公园发展促进中心
主　　任　张绪明

市牛山林场

场　　长　范传栋
副 场 长　陈　波　张　海　李　军
党支部书记　李　军
副 书 记　范传栋
工 会 主 席　马存台

市园艺场

场　　长　宋红日
副 场 长　宿茂恒　陈文玉　李明图
党支部书记　宋红日

肥城桃开发总公司

经　　理　乔善晶
副 经 理　徐　景
党支部书记　乔善晶

市水利局

局　　长　田希庚
副 局 长　司晨辉　尚随刚　高　春
副主任科员　闫建华　路敦翔
党组书记　田希庚
市打井队
队　　长　赵启新
党支部书记　赵启新

省防汛抗旱机动总队第十支队
（市防汛抗旱服务队）
队　　长　罗　勇
市农村公共供水管理中心
主　　任　司晨辉
副主任　闫陆云（女）　梁惠芬（女）
市水利移民服务中心
主　　任　于吉祥
市尚庄炉水库管理所
所　　长　陈文明
党支部书记　陈文明
市水利开发总公司
副科级干部　王　锋

市河道管理局

局　　长　李庆锋
党支部书记　周汝标
副 书 记　李庆锋　邹大鹏

市水资源办公室

主　　任　荆学忠
副 主 任　孔　亮　张吉圣
副科级干部　韩　强
党总支书记　李　东
副 书 记　荆学忠
工 会 主 席　李　忠
市矿坑水综合利用管理处
主　　任　陶瑞卿

市农业机械管理局

局　　长　孙刚荣
副 局 长　张现才　刘士奎（6月止）
主 任 科 员　张鼎信
副主任科员　刘　勇
党组书记　孙刚荣

市畜牧兽医局

局　　长　赵　伟

副　局　长　张洪军

主任科员　王开斌

副主任科员　马海滨

党组书记　赵　伟

总兽医师　杨庆武

市动物疫病预防控制中心

主　　　任　杨吉华

党支部书记　荆忠良

市农村经营管理办公室

主　　　任　赵　波

副　主　任　张向东　管振波　刘　辉

党组书记　刘　辉

副　书　记　赵　波

市农村土地承包管理服务中心

主　　　任　辛爱美（女）

党支部书记　张安营（副科级）

市减轻农民负担工作办公室

副主任　吴风伟（女）

市供销合作社联合社

理事会

主　　　任　张继胜

副　主　任　王传合

　　　　　　郑　玲（女，4月止）

　　　　　　尹逊栋

主任科员　宋绍敬

副主任科员　董建丽（女，7月止）

　　　　　　李炳兆

党委书记　张继胜

副　书　记　尹逊栋

纪委书记　孙衍东

监事会

副　主　任　孙　勇

市文化传媒局（市文物局）

局　　　长　高　冰

副　局　长　杨淑贞（女）

　　　　　　姜正涛　赵　慧（女）

主任科员　苏继民

副主任科员　张明珍（女）

党组书记　高　冰

市文化产业发展中心

主　　　任　张　剑

市电影公司

副科级干部　李仁胜

市广播电视台

台　　　长　石　勇

副　台　长　张爱民　肖　东（女）　阴全胜

总　编　辑　郭允华（女）

副总编辑　张　修

党委书记　石　勇

副　书　记　郭允华（女）

广播中心

主　　　任　刘建民

副　主　任　李　庆　赵学伟

电视中心

主　　　任　张言伟

副　主　任　张绪东　李会香（女）

市旅游发展中心

主　　　任　刘任力

副　主　任　孟　华　刘建军

副主任科员　张　勇

党组书记　刘任力

市世上桃源旅游度假区管委会

副　主　任　李　琦（女）

党支部书记　刘　勇

市教育局

局　　　长　赵永军

副　局　长　庞运涛　杜建国　解培强

主任科员　张衍峰　杜先锋　温胜光

副主任科员　张秀东

党委书记　赵永军

副 书 记　庞运涛　张衍峰　杜先锋

市政府教育督导室

主　　　任　庞运涛

副 主 任　李大鹏　左现刚

正科级督学　武心军

副科级督学　李怀强　李 波

党总支书记　杜宪阳

副 书 记　庞运涛

市教学研究室

主　　　任　周春生

副 主 任　冯 彬　李玉民　邓兆彬

党总支书记　周春生

市招生考试中心

主　　　任　张文华

党支部书记　鹿 芝（女）

市体育发展中心

主　　　任　肖 勇

副 主 任　鹿焕勇　陶瑞生

党组书记　肖 勇

副 书 记　李正中（正科级）

市第一高级中学

校　　　长　王卫东

副 校 长　刘万祥　张明星　尚庆亮
　　　　　　景志远　陈忠新　荣启耀

党委书记　王卫东

市第二高级中学

校　　　长　高志国

副 校 长　李 涛　穆西成
　　　　　　周海广　宋 磊

党委书记　王克东

副 书 记　高志国

工会主席　王克东

市第三高级中学

校　　　长　周长华

副 校 长　王 勇　付生宝
　　　　　　程宪奉　刘士超

党委书记　滕兴凯

副 书 记　周长华　程宪奉

市第六高级中学

校　　　长　赵元成

副 校 长　朱丰德　荣洪文　鹿焕东
　　　　　　赵海军　李加亮

副科级干部　李 东

党委书记　赵元成

副 书 记　聂保社

市泰西中学

校　　　长　宿文传

副 校 长　李英方　周 伟
　　　　　　郭 良　张淑彬

党委书记　宿文传

副 书 记　房广年

市实验初级中学

校　　　长　姜传波

副 校 长　田仲河　马玉国　李建峰

党委书记　姜传波

副 书 记　田仲河　胡连红（2月止）

纪委书记　房照祥

市龙山中学

校　　　长　李志杰

副 校 长　石仁昌　刘培范　张爱芬（女）
　　　　　　顾修超

党委书记　赵法常

副 书 记　李志杰

市桃都中学

校　　　长　臧传勇

副 校 长　张 欣　杨宪梓　李振兴

党委书记　臧传勇

副 书 记　张　欣　王淑宝
纪委书记　李开锋

市丘明中学

校　　　长　刘庆健
副 校 长　白少坤　陈　勇　范洪栋
　　　　　　王庆海
党委副书记　刘庆健

市教师进修学校

校　　　长　赵西美
副 校 长　石仁田　宿玉华　梁　虹（女）
　　　　　　严铁军（正科级）
党委书记　赵西美
副 书 记　郭庆哲

市高级技工学校

（市职业中等专业学校）

校　　　长　杜君河
副 校 长　温令自（正科级）
　　　　　　王玉彬（副科级）
　　　　　　赵　峰（副科级）
　　　　　　耿立迎（副科级）
副科级干部　张广法（3月止）
党委书记　李建民
副 书 记　李庆群　温令自
工 会 主 席　卢光春
团委书记　王　强
办公室（人事处）
主 任（处长）　邱伟生
教务处
处　长　郭长青
学工处
处　长　钱玉法
后勤处
处　长　吕雪峰
教育综合部
主　　　任　康吉安

党支部书记　李建民
社会培训部
主　任　尹逊鸣
机械工程系
主　　　任　武文虎
党支部书记　张兴刚
经济贸易系
主　任　刘合军
信息中心（图书馆）
主　　　任　郝建明
党支部书记　周建华

市卫生和计划生育局

（市中医药管理局）

局　　　长　吴瑞华
副 局 长　车崇华　范成军
　　　　　　崔　平（女）
主任科员　周生田
副主任科员　郭庆芝（女）
党委书记　吴瑞华
市中医药管理局
副局长　王庆梅（女，副科级）
市人口宣传教育中心
主　任　栾绪剑
市妇幼保健院（市计划生育服务中心）
院长（主任）　许　明
副院长（副主任）
　　　　　林　静（女）　巩香莲（女）
　　　　　刘青峰
党支部副书记　许　明
市卫生计生行政执法大队
大队长　王　斌

市人民医院

理事长（院长）　刘光西
执 行 理 事　张曙明　宋秀玲（女）
　　　　　　辛培乾
副 院 长　辛培乾

王桂霞（女，7月止）

王　伟

理　　　　事　秦　琴（女）

监 事 会 主 任　尹承勇

党 委 书 记　刘光西

副 　书 　记　张曙明

市中医医院

理 　　事 　长　李秀勇

执行理事（院长）　张　斌

执 行 理 事　侯文涛

副 　院 　长　尚海峰　张　强

监 事 会 主 任　李钦明

党 委 书 记　李秀勇

副 　书 　记　张　斌　侯文涛

市疾病预防控制中心

（市卫生和计划生育局卫生监督所）

主 任 （ 所 长）　杜振华

副主任（副所长）

　　　　韩来春　张　军　曹会欣

党 总 支 书 记　曹会欣

副 　书 　记　杜振华

市第二人民医院

院 　　　长　郭瑞生

党 支 部 书 记　郭瑞生

市精神卫生中心

主 　任　陈西勇

市食品药品监督管理局

（市食品安全委员会办公室）

局长（主任）　马兴国

副局长（副主任）

　　　　赵国梁　刘　艳（女）

　　　　亓　航（挂职，7月起，时间一年）

主任科员　楚红梅（女）

党组书记　马兴国

市食品药品行政执法大队

大 队 长　王庆涛

党支部书记　名金峰

中国人民政治协商会议肥城市委员会及办事机构

主 　席　侯庆洋

副 主 席　杨淑贞（女，不驻会）

　　　　杜尊春　邹家强

　　　　付振江（不驻会）

　　　　李红伟（女，不驻会）

　　　　刘　琴（女，不驻会）

秘 书 长　武心国

副秘书长　孔祥申　李庆东（正科级）

党组书记　侯庆洋

副 书 记　杜尊春

办公室

主 　任　刘衍军

副主任　梁永安　李金钢

提案委员会工作室

主 　任　杨秋黎

副主任　王　栋

学习宣传和文史资料委员会工作室

主 　任　邓凡玉

主任科员　冯　伟

经济委员会工作室

主 　任　廉兴军

主任科员　李光金

社会法制和民族宗教委员会工作室

主 　任　李　光

副 主 任　李凤英（女，11月止）

副主任科员　董　丽（女）

科技教育文化卫生体育委员会工作室

主 　任　石振东

副 主 任　孟兆平（正科级）

主任科员　李长明

机关信息与事务管理中心

主　任　郭　庆（副科级）

肥城市人民法院

院　　长　石　军
副 院 长　周　东　秦开忠　曲　明
政治处处长　张　兵
正 科 级
审 判 员　周　东　许　文　秦开忠
　　　　　曲　明　孙　挚
　　　　　段　涛（6月止）　杨晓光
　　　　　武　军　李云灿　张　兵
　　　　　钱　华　刘　琴（女）
　　　　　曹延林（4月止）　陈维学
　　　　　翟春峰　曾庆利　赵怀锐
　　　　　母海龙　刘宗武　张永卫
　　　　　乔善贵　李克新　孙健梅（女）
副 科 级
审 判 员　武　卉（女）　司书祥
　　　　　王金峰　李　新（女）
　　　　　马　涛　杨泽祥　张　兴
　　　　　鹿　军　石海峰　刘玉坤
　　　　　刁　剑　阴东升　韩　新（女）
　　　　　孙青霞（女）　张昊旭
主任科员　李　博
副主任科员　赵　伟
副科级干部　张传科
党组书记　石　军
副 书 记　周　东　许　文
纪检组长　孙　挚

市人民法院执行局

局　　长　刘　琴（女）
副 局 长　李云灿

市人民法院法警训练基地

主　任　李红兵

新城法庭

庭　　长　翟春峰
副 庭 长　孙青霞（副科级，挂职，6月起，
　　　　　　时间一年）

肥城市人民检察院

检 察 长　杨希沧
副 检 察 长　吴明磊　纪　湛　张海强
　　　　　马　骏（挂职，7月止）
正 科 级
检 察 员　石恩利　吴明磊　纪　湛
　　　　　张海强　梁兴青（9月止）
　　　　　于建广（1月止）
　　　　　赵桂杰（女）　孙建军
　　　　　徐　军（1月止）
　　　　　张　伟（1月止）
　　　　　武红卫（1月止）
　　　　　苏树锦　周广阔　吴瑞水
　　　　　赵　云（1月止）
　　　　　孙海庆（1月止）　卫家滨
　　　　　聂金凤（女，1月止）
　　　　　张　奇（女）　王世刚
　　　　　李　木　赵洪军　付友声
副 科 级
检 察 员　王启莎（女）　秦　伟
　　　　　石德东（1月止）　姜士恩
　　　　　仇广磊　赵伯军
党组书记　杨希沧
副 书 记　吴明磊　纪　湛
　　　　　赵桂杰（女）
纪检组长　吴瑞水
政治处处长　周广阔
主任科员　王培森
副主任科员　张　涛　徐金胜（1月止）
　　　　　梁建新（1月止）

市人民检察院反贪污贿赂工作局

局　　长　李大军（1月止）

副局长　徐　军（1月止）
　　　　张　伟（1月止）

市人民检察院反渎职侵权局

局　长　李向东（1月止）
副局长　武红卫（1月止）
　　　　孙海庆（1月止）

派驻王瓜店检察室

主　任　房爱华

派驻石横检察室

主　任　李　忠

派驻安驾庄检察室

主　任　冯绪建

派驻汶阳检察室

主　任　穆　平

人民团体

市总工会

主　　席　宋淑荣（女）
副 主 席　于建亮　杨　曦（女）
　　　　　武文更
副主任科员　班　奎
党组书记　宋淑荣（女）

共青团肥城市委员会

书　记　李　娟（女）
副书记　国　伟　张晓菲（女）
　　　　张忠峰（兼职）
　　　　马泽云（女，挂职）董　刚
　　　　吕孟辕（女，兼职）
党组书记　李　娟（女）

市妇女联合会

主　　席　张玉霞（女）
副 主 席　高爱莲（女）李　莉（女）
　　　　　王　新（女）
主任科员　刘青春（女）
党组书记　张玉霞（女）

市妇女儿童工作委员会办公室

主　任　卢莹莹（女）

市科学技术协会

主　　席　孔祥山
副 主 席　荣启璋　姜凤莲（女）
　　　　　李　芸（女）
主任科员　赵景伟
党组书记　孔祥山

市老年科学技术工作者协会

会　长　刘长香（女）
副会长　王绪峰　杨　涛
秘书长　李　芸（女）

市工商业联合会
（市总商会）

会长（主席）　付振江
常务副会长（副主席）
　　　　　安学勇
副会长（副主席）
　　　　　王　萍（女）
　　　　　阴武刚
副主任科员　孟　涛
党组书记　安学勇

市计划生育协会

副会长　刘　君（女）
　　　　姜甲东
秘书长　宋　勇

市残疾人联合会

理 事 长　孙衍义
副理事长　杨勇军　翟光胜　辛显民
主任科员　梁　毅　马玉圣
副主任科员　杜新雪（女）
党组书记　孙衍义
副书记　翟光胜

市文学艺术界联合会
（市社会科学界联合会）

主　　席	胡子杰
秘 书 长	郭庆勇
主任科员	刘家山
副主任科员	梁　旭（女）
	张　芳（女）
党组书记	胡子杰

市老年人体育协会

主　　席	张茂珍
副 主 席	武　伟　袁　杰
秘 书 长	赵来印

中国人民解放军
山东省肥城市人民武装部

党委第一书记	常绪扩
党 委 书 记	徐传柏
副 书 记	王来友（8月止）
	张尽峰（8月起）
部　　长	王来友（8月止）
	张尽峰（8月起）
副 部 长	刘海波

驻肥单位

市国家税务局
（7月撤销）

局　　长	王明光（7月止）
副 局 长	邹　伟（7月止）
	杨　军（7月止）
党组书记	王明光（7月止）
纪检组长	王　霖（7月止）
副主任科员	张玉霞（7月止）
	孙成业（7月止）
	闫胜利（7月止）
	郭晓光（7月止）

	张敬成（7月止）
稽查局局长	王联合（7月止）

监察室
主　　任	辛　涛（7月止）

城区税务分局
局　　长	安学庆（7月止）

开发区税务分局
局　　长	郭延勇（7月止）

桃园税务分局
局　　长	张龙天（7月止）

安驾庄税务分局
局　　长	房　云（7月止）

汶阳税务分局
局　　长	公海鹏（女，7月止）

市地方税务局
（7月撤销）

局　　长	李京丰（7月止）
副 局 长	栾绪杰（7月止）
	孙新国（7月止）
	韩　健（7月止）
	陈绪华（7月止）
主任科员	霍　莹（7月止）
	刘福胜（7月止）
副主任科员	马宏儒（7月止）
	李　冰（7月止）
党组书记	李京丰（7月止）
纪检组长	陈绪华（7月止）

国家税务总局肥城市税务局

（7月，根据国税地税征管体制改革工作部署，国家税务总局肥城市税务局挂牌成立。原肥城市国家税务局、肥城市地方税务局合并为"国家税务总局肥城市税务局"，规范化简称为"肥城市税务局"。7月，设立国税地税部门联合党委。10月，成立中共国家税务总局肥城市税务局委员会。）

局　　长	王明光（7月起）

副 局 长	栾绪杰（7月起）		

　　　　　　邹　伟（7月起）
　　　　　　王　霖（7月起）
　　　　　　杨　军（7月起）
　　　　　　孙新国（7月起）
　　　　　　韩　健（7月起）
联合党委书记　王明光（7月至10月）
联合党委副书记　栾绪杰（7月至10月）
党委书记　王明光（10月起）
党委副书记　栾绪杰（10月起）
纪检组长　陈绪华（7月起）
主任科员　霍　莹（7月起）
　　　　　　刘福胜（7月起）
副主任科员　董耿天（7月起）
　　　　　　董吉雷（7月起）
　　　　　　张兆会（7月起）
　　　　　　梁　明（7月起）
　　　　　　闫胜利（7月起）
　　　　　　郭晓光（7月起）
　　　　　　马宏儒（7月起）
　　　　　　辛　涛（7月起）
　　　　　　张玉霞（7月起）
　　　　　　张敬成（7月起）
　　　　　　孙成业（7月起）
　　　　　　李　冰（7月起）
　　　　　　高令奎（10月起）
　　　　　　安学庆（10月起）
　　　　　　齐立海（10月起）

第一税务分局
局　长　公海鹏（女，10月起）
第二税务分局
局　长　王爱国（10月起）
新城税务分局
局　长　张龙天（10月起）
老城税务分局
局　长　郭延勇（10月起）
王瓜店税务分局
局　长　朱圣金（10月起）

石横税务分局
局　长　王洪序（10月起）
桃园税务分局
局　长　房　云（10月起）
安驾庄税务分局
局　长　王联合（10月起）
汶阳税务分局
局　长　徐　强（10月起）
高新技术开发区税务分局
局　长　晁永泉（10月起）

市邮政局

局　长　翟宗波
副局长　刘元河　王传圣
　　　　　郭丰林（9月起）
党委书记　翟宗波
纪委书记　王传圣

市盐务局
（市盐业公司）

局长（经理）　刘洪伟
副局长（副经理）　孙玉霞

肥城正源丝绸有限公司

总经理　李瑞泉

山东泰山石油股份有限公司肥城石油公司

经　理　汪顺奎

山东泰安烟草有限公司肥城营销部
（肥城市烟草专卖局）

局　　长　刘博
副局长　陶　杰（正科级）　宋　猛
经　　理　刘博
副经理　陶杰
副主任科员　阴法刚（9月止）　宋凯军
党支部书记　刘博
副书记　陶　杰（正科级）

市气象局

局　　　长	刘　云（女）
副 局 长	贾玉强（5月止）
	吴则金（5月起）
气象台台长	张建成（1月起）
党支部书记	刘　云（女）

市供电公司

经　　　理	冯承伟（12月止）
	安英豪（12月起）
副 经 理	陈兆鹏　曲乐斌（4月止）
	李延祥　张新忠（4月起）
党委书记	李圣龙
纪委书记	张　忠（12月止）
	田希民（12月起）
工会主席	孙　伟

中国移动通信集团山东有限公司肥城分公司

经　　　理	耿大庆（3月止）
	程　军（4月起）
副经理	程　军（4月止）　张志刚
	郭洪健（8月起）
	郭　锐（8月起）

中国联合网络通信有限公司肥城市分公司

总 经 理	尹　广
副总经理	孙秀芝（女）　邱　强
	米　强（2月止）
党委书记	尹　广
纪委书记	孙秀芝（女）

中国人民银行肥城市支行

行　　　长	张　民（5月止）
	赵尊振（5月起）
副 行 长	冷　静（女）
主任科员	牛兰季
副主任科员	梁兴建

党组书记	张　民（5月止）
	赵尊振（5月起）
纪检组长	尹燕忠

中国银行肥城支行

行　　　长	曹　峰
副 行 长	董红霞（女）　陈德胜
党支部书记	曹　峰

中国农业银行肥城市支行

行　　　长	亚　军
副 行 长	孙建华　张素云（女）
	朱　国（政府挂职，3月起）
行长助理	唐文栋
	李　明（政府挂职，3月止）
	刘晋东（8月起）

中国农业发展银行肥城市支行

行　长	张　晖
副行长	刘宏伟　姚继刚

中国工商银行肥城支行

行　　　长	张历波（7月止）
	张永刚（7月起）
副行长	夏东生　朱兆宁　鞠　伟（1月止）
	李秀华（女）　尹　凯
	雷　丽（女，8月起）
	胡允毅（10月起）

中国建设银行肥城市支行

行　长	赵夫明
副行长	孙国庆　武　鹏　李滨图

中国邮政储蓄银行肥城支行

行　　　长	赵祥东（10月止）
副 行 长	李振杰　高　扬
	刘　兵（8月止）
党支部书记	刘　娟（女，10月起）

山东肥城市农村商业银行

董 事 长　李传颖（8月止）
　　　　　刘贺磊（12月起）
行　　　长　刘玉岳
监 事 长　王延防
副 行 长　胡家迎　邱岳强　王　铮
党委书记　李传颖（9月止）
　　　　　刘贺磊（9月起）
副 书 记　刘玉岳
　　　　　李振涛（挂职，3月止）
　　　　　李志刚（挂职，3月起，
　　　　　　　　时间一年）
纪委书记　张瑞民

兴业银行泰安肥城支行

行　　　长　周　勇
副 行 长　尹　帅（6月止）　杨国庆
　　　　　陈煜炎（9月起）

交通银行泰安肥城支行

行　　　长　吴光强（1月止）
　　　　　王树峻（1月起）
副 行 长　崔丙奎　柴树幸（6月止）
　　　　　张　明　和西云（女，6月起）

山东肥城民丰村镇银行有限责任公司

董 事 长　徐小强
行　　　长　张　辉
财务总监　单丽思（女）
副 行 长　李代洋
行长助理　王朋波

泰安银行股份有限公司肥城支行

行　　　长　田力男
副 行 长　赵　飞

莱商银行

行　　　长　孙式柱（11月止）
　　　　　王伟庆（11月起）
副 行 长　刘　佳（女，挂职，3月止）
　　　　　张　丽（女，挂职，3月起）
　　　　　李　伟（4月起）

济宁银行股份有限公司泰安肥城支行

行　　　长　王　东
副 行 长　王　涛

齐鲁银行泰安肥城支行
（3月成立）

行　　　长　杨瑞平（3月起）
行长助理　阴祖涛（3月起）

中国银行业监督管理委员会泰安监管分局
肥城办事处

主　　　任　陈秀清
副主任科员　许振炼

中国人民财产保险股份有限公司肥城支公司

经　　　理　王开阳
副总经理　马延军　肖　波（10月止）
　　　　　武同亮
经理助理　孔宪伟（4月起）

中国人寿保险股份有限公司肥城市支公司

经　　　理　董军建（4月止）
　　　　　田新广（5月起）
副 经 理　王兆华（4月止）　冉　明

镇街区

高新技术产业开发区

中共肥城高新技术产业开发区工作委员会
党工委书记　韩立新

副 书 记　张德奇
　　　　　　肖海霞（女）
党工委委员　陈　刚　王玉超
　　　　　　张德奇　杜　辉
　　　　　　吕　勇　肖海霞（女）

中共肥城高新技术产业开发区纪律工作委员会

书　记　陈　刚
副书记　李秀辉　颜　辉
　　　　董宜镯（聘）
　　　　邹　磊（聘）

高新技术产业开发区监察室

主　任　陈　刚（12月起）

高新技术产业开发区管理委员会

主　　任　张德奇
副 主 任　杜　辉　王玉超　吕　勇
主任科员　孔庆东　尹鲁逊
工会副主席　魏绪生

党政办公室

主　任　吕　勇（聘）
副主任　董宜镯　邓兆峰　颜　辉（聘）
　　　　马琳琳（女，聘）
　　　　刘　慧（女，挂职）

经济建设局

局　长　王宜强（聘）
副局长　李秀辉（聘）　陶志刚（聘）

社会事务管理局

局　长　李　伟（聘，9月止）
副局长　李永亮　冯　锐（聘）
　　　　于延芳（聘）

投资促进一局

局　长　李　超（聘）
副局长　张明泉（聘）
　　　　陈冬冬（聘）

投资促进二局

局　长　孙　健（聘）
副局长　邓兆峰（聘）　吕　晋（女，聘）
　　　　杜　坤（挂职，6月起，时间一年）

投资促进三局

局　长　杜　辉（聘）
副局长　陈云库（聘）　聂汝庆（聘）
　　　　李明轩（挂职，6月起，时间一年）
　　　　郭　庆（挂职，6月起，时间一年）

市国土资源局高新区分局

局　　长　孟凡生
副 局 长　王甲志
副主任科员　李冬梅（女）

财政局

局　长　王玉超
副局长　李　鹏　张明泉

市综合行政执法大队高新区执法中队

中队长　魏庆刚（副科级）

肥城经济开发区
（7月成立）

中共肥城经济开发区工作委员会

党工委书记　王立军（7月至9月）
　　　　　　桑逢智（9月起）
副 书 记　桑逢智（8月至9月）
党工委委员　韩　鹏（8月起）
　　　　　　许兴斌（8月起）
　　　　　　李晓磊（8月至10月）
　　　　　　杨宪坤（8月起）
　　　　　　顾　磊（女，8月起）
　　　　　　孟凡生（挂职，8月起，
　　　　　　　　　　时间一年）
　　　　　　潘庆荣（挂职，8月起，
　　　　　　　　　　时间一年）
　　　　　　姜伟建（10月起）

中共肥城经济开发区纪律工作委员会

书　记　顾　磊（女，8月起）

肥城经济开发区管理委员会

主　　任　王立军（7月至9月）
　　　　　桑逢智（9月起）
常务副主任　桑逢智（8月至9月）
副 主 任　韩　鹏（8月起）

许兴斌（8 月起）

李晓磊（8 月至 10 月）

孟凡生（挂职，8 月起，
　　　时间一年）

潘庆荣（挂职，8 月起，
　　　时间一年）

党群工作部（党政办公室）

部长（主任）　杨宪坤（8 月起）

新城街道

中共新城街道工作委员会

党工委书记　李宝军（12 月止）
　　　　　　崔绪昌（12 月起）

副 书 记　许兴斌　孟宪栋

党工委委员　马国兴　许兴斌　高德广
　　　　　　辛成勇　杨启国（回族）
　　　　　　魏　真（女）辛成勇
　　　　　　武文涛　孟宪栋

中共新城街道纪律检查工作委员会

书 记　杨启国（回族）

新城街道监察室

主 任　杨启国（回族，12 月起）

新城街道人大工作委员会

主 任　郭瑞伟

副主任　杨鲁平

新城街道办事处

主 任　孟宪栋

副主任　马国兴　李　青（女）
　　　　钱吉成　王宗敏（女）
　　　　李　宁（挂职，11 月止）
　　　　王蓓蓓（女，挂职，6 月起，
　　　　　　时间一年）
　　　　任东升（挂职，6 月起，时间一年）

新城街道政协委员联络室

主 任　许兴斌

新城街道人民武装部

部 长　武文涛

市城市社区建设促进中心

（市城区卫生计生办公室）

主 任　邓凡岭

副主任　孔令西　何道刚　孙莉芸（女）

新城街道安全生产监督管理办公室

副主任　赵振广

市综合行政执法大队新城执法中队

中队长　吕凯文（副科级）

市现代农业高新技术产业示范区管委会

主 任　纪成杰

副 主 任　朱传春　师承禄

党委副书记　纪成杰

党 委 委 员　朱传春　师承禄　刘华伟

纪 委 书 记　刘华伟

老城街道

中共老城街道工作委员会

党工委书记　孙　栋

副 书 记　冉祥银　朱　刚

党工委委员　冉祥银　李恒广
　　　　　　朱　刚　武文波　武　斌
　　　　　　聂潇雯（女）张荣国
　　　　　　李　杭　冉双庆（挂职）

中共老城街道纪律检查工作委员会

书 记　武文波

老城街道监察室

主 任　武文波（12 月起）

老城街道人大工作委员会

副主任　赵吉柱　李　民

老城街道办事处

主 任　冉祥银

副主任　李恒广　张　伟　杨东锋
　　　　高　楠（女）冉双庆（挂职）
　　　　牛学锋（挂职，12 月止）

老城街道政协委员联络室

主 任　朱　刚

老城街道人民武装部

部 长　张荣国

老城街道安全生产监督管理办公室

副主任　汪迎波（副科级）

井楼小区管委会

主　　任　尉爱平（女）

党总支书记　展爱华（女）

潮泉镇

中共潮泉镇委员会

党委书记　于　芳（女）

副 书 记　朱建国　张建东

党委委员　李　敏（女）　朱建国　张大鹏
　　　　　张建东　韩　勇　白恩禄

中共潮泉镇纪律检查委员会

书　记　韩　勇

潮泉镇监察室

主　任　韩　勇（12月起）

潮泉镇人民代表大会

主　席　张衍余

副主席　曹　国

潮泉镇人民政府

镇　长　朱建国

副镇长　张大鹏　刘东华　于加兵
　　　　　王　静（女）

潮泉镇政协委员联络室

主　任　张建东

潮泉镇人民武装部

部　长　张大鹏

潮泉镇安全生产监督管理办公室

副主任　田磊磊（副科级）

王瓜店街道

中共王瓜店街道工作委员会

党工委书记　肖海霞（女）

副 书 记　杜　辉

党工委委员　张艳贞（女）　杜　辉
　　　　　邹　磊　马琳琳（女）
　　　　　于延芳　冯　锐
　　　　　孙栋栋（挂职，2月起，

时间二年）

中共王瓜店街道纪律检查工作委员会

书　记　邹　磊

王瓜店街道人大工作委员会

主　任　王立刚

王瓜店街道办事处

主　任　杜　辉

副主任　于延芳　李　超
　　　　　吕　晋（女）
　　　　　孙栋栋（挂职，2月起，时间二年）

王瓜店街道人民武装部

部　长　冯　锐

王瓜店街道安全生产监督管理办公室

副主任　李光才（副科级）

湖屯镇

中共湖屯镇委员会

党委书记　于　辉

副 书 记　卢　军　迟晓妮（女）
　　　　　曾　戈（挂职）

党委委员　王朋刚　赵明辉　卢　军
　　　　　迟晓妮（女）　薛　利　杨洪波
　　　　　李开锋　孙衍振
　　　　　曾　戈（挂职）
　　　　　乔　莹（女，挂职，8月止）

中共湖屯镇纪律检查委员会

书　记　薛　利

湖屯镇监察室

主　任　薛　利（12月起）

湖屯镇人民代表大会

主　席　蒋建华

副主席　董广强　张吉阳

湖屯镇人民政府

镇　　长　卢　军

副 镇 长　赵明辉　田军花（女）
　　　　　刘大龙　尹逊波

副主任科员　李法保

湖屯镇政协委员联络室

主 任 迟晓妮（女）

湖屯镇人民武装部

部 长 孙衍振

湖屯镇安全生产监督管理办公室

副主任 王 峥（副科级）

石横镇

中共石横镇委员会

党委书记 孙衍辉（副县级，12月止）

李宝军（副县级，12月起）

副 书 记 李开磊 王 峰

党委委员 李开磊 姜和强 李文新

王 峰 宋洪洞 王法国

鲍明洋 王倩倩 张 亮（挂职）

马 杰（挂职，8月止）

中共石横镇纪律检查委员会

书 记 姜和强

石横镇监察室

主 任 姜和强（12月起）

石横镇人民代表大会

主 席 李向云

副主席 张爱军

石横镇人民政府

镇 长 李开磊

副镇长 王倩倩 牛 敏 杨 焕（女）

肖云江 张 亮（挂职）

邱岳强（挂职，6月起，时间一年）

石横镇政协委员联络室

主 任 王 峰

石横镇人民武装部

部 长 鲍明洋

石横镇安全生产监督管理办公室

副主任 王启勇（副科级）

市化工产业园区管委会

（3月，市循环经济产业园区管委会更名为市化工产业园区管委会。5月，成立中共肥城市化工产业园区委员会，撤销中共肥城市循环经济产业园区委员会）

副主任 赵夫红（女）

党委委员 赵夫红（女）

化工产业园区安全监察大队

（3月，循环经济产业园区安全监察大队更名为化工产业园区安全监察大队）

大队长 陈玉同

桃园镇

中共桃园镇委员会

党委书记 王 涛

副 书 记 邵 波 赵 健

范维铂（挂职）

党委委员 黄 超 邵 波

赵 健 赵 静（女）

张 磊 王 强

范维铂（挂职）

杜春蕾（女，挂职，8月止）

中共桃园镇纪律检查委员会

书 记 王 强

桃园镇监察室

主 任 王 强（12月起）

桃园镇人民代表大会

副主席 张秀丽（女）

桃园镇人民政府

镇 长 赵 健

副镇长 赵 静（女） 苏 立

孙明辉 陈玉红（女）

桃园镇政协委员联络室

主 任 邵 波

桃园镇人民武装部

部 长 张 磊

桃园镇安全生产监督管理办公室

副主任 桑圣旺（副科级）

王庄镇

中共王庄镇委员会

党委书记 和 强（9月止）

　　　　李　军（9月起）

副书记 李　军（9月止）　梁永东

　　　　孟庆军（挂职）

　　　　宋洪国（挂职，2月起，时间二年）

　　　　李晓磊（10月起）

党委委员 梁永东　阴　才　冉　峰

　　　　李　军　李正勇　王焕英（女）

　　　　孟庆军（挂职）

　　　　隗翠香（女，挂职，8月止）

　　　　宋洪国（挂职，2月起，时间二年）

　　　　李晓磊（10月起）

中共王庄镇纪律检查委员会

书　记 李正勇

王庄镇监察室

主　任 李正勇（12月起）

王庄镇人民代表大会

主　席 张仲银

王庄镇人民政府

镇　长 李　军（10月止）

　　　　李晓磊（10月起）

副镇长 阴　才　张荣华（女）

　　　　冉祥燕　尹玲玲（女）

王庄镇政协委员联络室

主　任 梁永东

王庄镇人民武装部

部　长 阴　才

王庄镇安全生产监督管理办公室

副主任 李光银（副科级，1月起）

仪阳街道

中共仪阳街道工作委员会

党工委书记 崔绪昌（12月止）

　　　　韩　宁（12月起）

副书记 欧阳光兵　王继荣

党工委委员 张　伟　欧阳光兵

　　　　王继荣　李　波　董　民

　　　　汪　杰　赵　峰

　　　　辛爱美（女，挂职）

　　　　刘福新（2月起）

中共仪阳街道纪律检查工作委员会

书　记 李　波

仪阳街道监察室

主　任 李　波（12月起）

仪阳街道人大工作委员会

主　任 冀玉金

副主任 刘学华

仪阳街道办事处

主　任 王继荣

副主任 张　伟　吴西军　尹季青（女）

　　　　王春芳（女）　辛爱美（女，挂职）

　　　　王　楠（挂职，6月起，时间一年）

主任科员 明春华（女）

仪阳街道政协委员联络室

主　任 欧阳光兵

仪阳街道人民武装部

部　长 董　民

仪阳街道安全生产监督管理办公室

副主任 李言忠（副科级）

市新兴产业园区管委会

主　任 桑　刚（9月止）

副主任 王　丽（女）　张延福

党委书记 崔绪昌

副书记 桑　刚（9月止）

党委委员 王　丽（女）　李　清　张延福

纪委书记 李　清

安临站镇

中共安临站镇委员会

党委书记 王开军

副书记 梁乙胜　王　健

党委委员 韩建国　鹿传国　倪冬梅（女）

　　　　梁乙胜　王　健　孟　峰

　　　　车明伟　胡　瑞　武建增（挂职）

　　　　曲伟杰（挂职，8月止）

中共安临站镇纪律检查委员会

书　记 孟　峰

安临站镇监察室

主　任　孟　峰（12月起）

安临站镇人民代表大会

主　席　张德顺

副主席　唐兴伟

安临站镇人民政府

镇　长　梁乙胜

副镇长　韩建国　刘广金　李　辉（女）
　　　　　马泽云（女）　武建增（挂职）

安临站镇政协委员联络室

主　任　王　健

安临站镇人民武装部

部　长　胡　瑞

安临站镇安全生产监督管理办公室

副主任　徐衍丁（副科级）

孙伯镇

中共孙伯镇委员会

党委书记　韩　宁（12月止）

副书记　董　振　郝庆功

党委委员　张　坤　石　魁　夏　辉（女）
　　　　　　董　振　郝庆功
　　　　　　欧阳丰梅（女）　王永昌
　　　　　　薛　宪（挂职，8月止）

中共孙伯镇纪律检查委员会

书　记　欧阳丰梅（女）

孙伯镇监察室

主　任　欧阳丰梅（女，12月起）

孙伯镇人民代表大会

主　席　夏　辉（女）

副主席　徐玉山

孙伯镇人民政府

镇　长　董　振

副镇长　石　魁　王　红（女）
　　　　　张树正　王　坤

孙伯镇政协委员联络室

主　任　郝庆功

孙伯镇人民武装部

部　长　石　魁

孙伯镇安全生产监督管理办公室

副主任　马富勇（副科级）

安驾庄镇

中共安驾庄镇委员会

党委书记　荆文忠

副书记　刘文涛　吴元胜

党委委员　李　晓　刘文涛　赵志国
　　　　　　吴元胜　赵　刚　刘传刚
　　　　　　张同强　杜　立　李海峰（挂职）
　　　　　　亓　航（挂职，8月止）

中共安驾庄镇纪律检查委员会

书　记　赵　刚

安驾庄镇监察室

主　任　赵　刚（12月起）

安驾庄镇人民代表大会

主　席　赵光阔

副主席　赵　萍（女）　刘太钢

安驾庄镇人民政府

镇　长　刘文涛

副镇长　李　晓　武　利　石　磊（女）
　　　　　刘海峰（回族）　李海峰（挂职）

安驾庄镇政协委员联络室

主　任　吴元胜

安驾庄镇人民武装部

部　长　杜　立

安驾庄镇安全生产监督管理办公室

副主任　袁　洋（副科级）

边院镇

中共边院镇委员会

党委书记　桑逢智（12月止）
　　　　　　韩　鹏（12月起）

副书记　韩　鹏（12月止）
　　　　　李晓磊（10月止）
　　　　　姜伟建（10月起）

党委委员　李晓磊（10 月止）

马　伟　韩　鹏　武　超

顾　磊（女）　张海岗

马士峰　刘　勇

宿晓栋（挂职）

孙慧慧（女，挂职，8 月止）

中共边院镇纪律检查委员会

书　记　顾　磊（女）

边院镇监察室

书　记　顾　磊（女，12 月起）

边院镇人民代表大会

主　席　张海涛

副主席　马正辉　于宪章

边院镇人民政府

镇　长　韩　鹏

副镇长　武　超　贾延青　高业勇　张清华

宿晓栋（挂职）

杨　恒（挂职，6 月起，时间一年）

边院镇政协委员联络室

主　任　李晓磊（10 月止）

边院镇人民武装部

部　长　刘　勇

边院镇安全生产监督管理办公室

副主任　李金宗（副科级）

市现代盐化工产业园区管委会

主　　任　常　军

副 主 任　陈光强　刘　军

党委副书记　常　军　吕中华

党 委 委 员　吕中华　刘　军　陈光强

纪委书记　施建国

汶阳镇

中共汶阳镇委员会

党委书记　宋玉革（副县级）

副 书 记　刘玉明　姬建芳（女）

党委委员　刘玉明　钱基进　姬建芳（女）

王　强　乔　石　崔国鑫

裴　涛（挂职）

杜　刚（挂职，8 月止）

程传杰（挂职，8 月止）

中共汶阳镇纪律检查委员会

书　记　王　强

汶阳镇监察室

主　任　王　强（12 月起）

汶阳镇人民代表大会

主　席　刘灿军

副主席　张红伟　聂志锋

汶阳镇人民政府

镇　长　姬建芳（女）

副镇长　钱基进　邸　涛　王文静（女）

丁法兵　裴　涛（挂职）

汶阳镇政协委员联络室

主　任　刘玉明

汶阳镇人民武装部

部　长　乔　石

汶阳镇安全生产监督管理办公室

副主任　李西芝（副科级）

（市委组织部供稿）

肥城年鉴

FEICHENG YEARBOOK

FEICHENG
YEARBOOK
2019

中共肥城市委员会

■ 重要会议决策
■ 市委办公室
■ 督查考核
■ 组织工作
■ 宣传工作
■ 统一战线
■ 机构编制

■ 台湾事务
■ 机关党建
■ 党校工作
■ 党史资料征编与研究
■ 老干部工作

中共肥城市委员会

重要会议决策

【中共肥城市委十四届四次全体会议】 1月12日，中共肥城市委十四届四次全体会议在市人民会堂召开。会议全面贯彻党的十九大精神，以习近平新时代中国特色社会主义思想为指引，落实中央、省委和泰安市委一系列部署要求，回顾总结2017年工作，分析研判当前形势，安排部署2018年任务，动员全市上下不忘初心、牢记使命，凝神聚力、务实作为，为决胜全面建成高水平小康社会，加快构筑"党建新高地、法治新高地、市场新高地"而努力奋斗。市委书记常绪扩代表市委常委会作题为《奋进新时代 践行新思想 实现新作为 加快构筑党建新高地法治新高地市场新高地》的报告。报告共分五个部分：一、站在新起点，回顾总结成绩，切实增强发展信心；二、置身新时代，坚持既定思路，一以贯之接续奋斗；三、培育新经济，转变发展方式，深入推进动能转换；四、共建新生活，厚植美好底色，着力提升民生福祉；五、肩负新使命，全面从严治党，铸就坚强组织保障。

【中共肥城市委十四届五次全体会议】 7月7日，中共肥城市委十四届五次全体会议在市人民会堂召开。会议深入学习贯彻习近平总书记视察山东重要讲话精神和省委十一届五次全会、泰安市委十一届六次全会精神，动员全市各级以总书记视察为强大动力，进一步坚定信心、鼓足干劲、加压奋进，加快构筑"党建新高地、法治新高地、市场新高地"，在新一轮改革发展中争先进位、走在前列。市委书记常绪扩作重要讲话，讲三个方面的问题。一、深刻领会习近平总书记视察山东重要讲话精神，坚定一张蓝图绘到底的信心决心。二、聚焦发力习近平总书记提出的"四个扎实"要求，向着高质量发展奋力前进。三、切实用好改革关键一招，着力营造动力澎湃活力充盈的发展环境。会议分组讨论并审议通过《中共肥城市委关于深入学习贯彻习近平总书记视察山东重要讲话精神的意见》和《中共肥城市委十四届五次全体会议公报》。

【重要决策】 中国共产党肥城市委员会发挥领导核心作用，组织协调各方面的力量，同心协力，围绕经济建设开展工作，按照科学发展观，实行民主、科学决策，制定、执行路线、方针、政策。2018年，市委共制定发布涉及《通知》《意见》《方案》等重要决策文件20件。

2018年，先后制定印发《2018年度经济社会发展考核意见》《关于实施乡村振兴战略的意见（2018—2020年）》《中共肥城市委常委会贯彻落实中央八项规定精神实施细则的通知》《关于深入学习宣传贯彻实施宪法的通知》《肥城市扫黑除恶专项斗争实施方案》《关于命名表扬肥城市党建工作先进单位和先进基层组织　优秀共产党员的决定》《肥城市贯彻落实中央环境保护督察组督察反馈意见整改落实实施方案》《关于深入学习贯彻习近平总书记视察山东重要讲话精神的意见》《关于推进基层党组织标准化规范化建设的实施意见》《关于做好中央巡视组巡视山东省反馈意见整改落实工作的通知》《关于进一步加强市委常委会自身建设的意见》《中国共产党肥城市委员会工作规定》《关于中央扫黑除恶第五督导组通报问题的整改方案》《关于激励干部担当工作为干事创业若干规定（试行）》《关于深入推进安全生产领域改革发展的实施意见》《关于印发刘天海同志在省委第二巡视组对肥城市巡视工作动员会议上的讲话提纲 高尚山同志表态讲话和常绪扩同志表态发言的通知》《肥城市关于推动监察工作向镇（街区）延伸的实施方案》《关于打赢脱贫攻坚战三年行动的实施意见》《关于推进新旧动能转换重大工程的实施意见》《关于做好人才引领新旧动能转换工作助推新时期肥城发展的政策措施》。

【全市庆祝改革开放四十周年座谈会】 12月29日，全市召开庆祝改革开放四十周年座谈会，会议全面贯彻落实习近平总书记在庆祝改革开放40周年大会上的重要讲话精神，交流经验、鼓舞士气，动员全市人民在新的历史起点上，高举新时代改革开放伟大旗帜，凝心聚力、接续奋斗，不断开创肥城改革开放的新局面。市委书记常绪扩出席会议并讲话，就贯彻落实习近平总书记重要讲话精神，将改革开放进行到底，提出改革开放的思想要再解放、改革开放的境界要再提升、改革开放的力度要再加大、改革开放的环境要再优化四点要求。座谈会上，老城街道党工委书记孙栋，潮泉镇柳沟村党支部书记、村委会主任刘兴泉，湖屯镇前兴隆村党支部书记、村委会主任贾爱云，山东瑞福锂业有限公司董事长王明悦，山东泰鹏集团有限公司总经理范

明，泰西中学级部主任赵红梅，市人民医院病理科主任雷复华，民盟肥城支部主委、市文化馆副馆长展芳等8名同志结合自身经历，从不同角度、不同侧面畅谈了改革开放40年来肥城市在各个领域发生的巨大变化和取得的辉煌成就。

市委办公室

【概况】 市委办公室内设行政秘书、督查、文档3个科室，辖市委研究室、市机要保密局2个一级行政单位，市委农村工作办公室1个一级事业单位，市委维护社会稳定办公室1个二级行政单位。市委研究室内设综合一、综合二、信息3个科室；市委全面深化改革领导小组办公室，设在市委研究室，一个机构、两块牌子，内设秘书、协调联络、督促指导3个科室；市机要保密局内设机要、保密2个科室。2018年，市委办公室围绕市委中心工作和全市发展大局，树立"实事求是地想、实事求是地谋、实事求是地干"的工作理念，落实市委书记常绪扩提出的打造最过硬的党支部、最讲政治的机关、最严谨细致的队伍、最顺畅的中枢机构"四个最"的指示要求，强化规范、严谨、高效、顺畅"四种意识"，紧抓综合协调、调研参谋、办文办会、督导督查、深化改革"五个重点"，全面提升服务领导、服务

机关、服务基层的能力和水平，较好地发挥"综合参谋部、统筹协调部、后勤保障部"的作用。2018年，市委办公室先后荣获"山东省党委系统信息工作先进单位""省委优秀调研成果奖"等荣誉称号。

（刘征）

【办文办会】 树立"一盘棋"思想，围绕市委中心工作，找准结合点和着力点，加强对上对下的联络沟通，谋划协调全市会议和活动。全年共协调承办各类重要活动、重要接待、重要事项156次，办理上级来文来电1574件，做到衔接紧密、运转流畅、不疏不漏。审核制发市委和市委办公室文件347件，组织承办综合性会议91个。全力做好省委巡视、泰安市委巡察综合协调、服务保障工作。

【调研参谋】 注重"高、新、短、实"，把上级精神、领导意图、肥城实际有机结合，起草每篇文稿均精雕细琢、反复推敲、严格审核，做到与市委同频共振、与工作合拍合辙。起草领导讲话、汇报发言等各类文稿300余篇、逾百万字；围绕新旧动能转换、村级集体经济增收、"放管服"改革等重点课题深入调研，形成一批有价值的调研成果，在泰安市级以上重要刊物刊发文稿10篇，3篇调研文章在《山东通讯》《调

查与研究》刊发。

【机要保密】　市机要保密局（加挂密码管理局牌子）为一级行政单位，内设机要、保密2个科室。2018年，市机要保密局围绕保密知识宣传教育和保密自查自评专项督查两条主线，摸排违规情况，找准整改方法，压实主体责任，保证保密工作开展横到边、纵到底，进一步夯实全市保密工作基础，机要保密工作迈上新台阶。

（张健强）

【接待工作】　接待处为正科级全额事业单位，隶属市委办公室、市政府办公室管理，以市委办公室管理为主，编制5人。主要负责市大班子重要来客、重要会议和重大活动的生活接待、服务工作；管理泰西宾馆。2018年，全市共接待到肥重要客人456次6400余人。圆满完成中央社会主义学院党组书记潘岳等中央部委领导，省委副书记杨东奇、省纪委书记陈辐宽等省级领导，泰安市委书记崔洪刚等泰安市级领导的到肥视察参观活动；参与市领导带队外出参观打前站2次；先后接待外商和外地参观团57次4700余人，成功参与组织省市县机关工委书记座谈会、全市乡村振兴暨脱贫攻坚现场会、中国肥城第十七届桃花旅游节等大型会议、庆典活动12次、近3000余人。①业务建设。规范接待制度，建立健全《党政机关国内公务接待管理办法》《接待人员岗位职责》《接待登记制度》、泰西宾馆《接待规定细则》等规章制度，确保接待工作不因人的变化而影响工作质量。通过标准化、模块化和制度化管理，做到人人有责任、事事有标准、件件能考核，实现用制度管事，用制度管人。②协调机制。对上及时汇报情况，对外按照"对口接待、分工负责"的原则，与接待单位沟通、配合，对内及时召开协调会，搞好分工、部署工作，调度和统筹接待资源。在全市范围内初步形成配置合理、各司其职，通力协作、运转高效的接待工作机制。健全信息报告制度。填写《接待任务报告单》，涉及来肥领导和宾客的姓名、性别、民族、年龄、职务、抵离时间及方式、来肥目的、行程安排及要求、联络员姓名及联系电话、客人生活习惯等一系列信息。完善接待措施。坚持"硬件不足软件补"，大型会议、重要活动提前制定接待方案、设计服务手册、宴会领导名单、宴会菜单以及简洁实用的参观手提袋。③队伍建设。加强学习教育，加强接待理论、礼仪知识的学习培训和肥城市情、人文历史、景点简介等的专题学习，提高接待人员的综合素质。开展业务培训，坚持"走出去、请进来"，组织接待人员不定期到兄弟县市考察取经，取长补短、博采众长、为我所用。加强与上级业务部门的联系，做到资源共享、共同提高。紧抓廉政建设，对接待人员时刻不忘加强党风廉政警示教育，时刻牢记"两个务必"，树立正确的地位观、权力观、利益观，规范办事程序，加强制度建设，遵守廉政纪律，增强廉政意识，做到"清正廉洁、干净干事"。

（李勇君）

【泰西宾馆】　泰西宾馆（市机关招待所），为集吃、住、行、

泰西宾馆（张博　摄）

游、娱乐、商务一体的多功能、现代化宾馆。宾馆整体园林式布局，庭院内的山水花园，建筑造型别致、华丽高雅、环境幽静，为理想的居住、休闲场所，有肥城"国宾馆"之誉。宾馆配有现代化的酒店管理系统，拥有豪华套房、标准房间196间，大、中、小会议室7个，高级餐厅及风格各异的包厢36个，大、中型宴会厅3个，可同时容纳400人住宿和1300人就餐。泰西宾馆始终把产品质量视为生命线，致力于饭菜及服务质量提升，不断丰富品牌内涵，成功开发并注册"桃乡宴""肥桃宴"等独具地方特色餐饮品牌。获得"全国旅游星级饭店银叶级饭店""全国商业服务业巾帼文明岗""山东省名厨会所团体金奖""泰安市烹饪先进企业""肥城地方名吃金牌酒店"等荣誉。连续多年承办中国肥城桃花节等大型活动的餐饮、住宿。2018年8月，泰西宾馆独家研发创新的"肥桃宴"参加中央电视台"魅力中国城"现场竞演活动。6位大厨倾力打造的"肥桃宴"精益求精、美轮美奂，获评委"得孔孟礼仪之精髓，既有传承，更有创新"的高度评价，为全国观众呈上一场精彩纷呈的丰盛大餐和视觉盛宴。"肥桃宴"以肥城传统的"四大件"宴席为框架，以地方特产为原料，融入肥桃文化、君子文化、汶阳田文化及肥城先贤典故、俚俗人情。经大厨们匠心制作的48道肥桃宴菜品，成为可观可赏的饕餮盛宴。2018年荣获泰安市旅游协会最具影响力旅游品牌，总经理张吉东同时荣获年度最佳总经理称号。

（王静）

督查考核

【概况】 市委、市政府督查局为正科级单位，经费实行财政全额拨款，隶属市委办公室和市政府办公室管理，以市委办公室管理为主，主要职责为负责对全市党务、政务等方面工作的督促检查，推动工作开展，促进计划落实。工作目标责任制考核委员会由市长任主任，下设办公室，与督查局合署办公，负责对工作目标责任制考核管理，核定事业编制11人（含督查局编制6人）。

【重点督查工作】 2018年，督查工作按照市委十四届四次全体会议、人大政协"两会"、全市经济工作会议确定的中心工作，围绕企业培植、招商引资、对上争取、新型城镇化建设"四大动能"，紧盯全市"四定"工作、重点工作项目等加力持续调度，同时对市委市政府主要领导交办事项，泰安市委督查室转办事项，拆违、环保督察，泰安市大班子项目观摩等重要工作全力督导。督查过程中坚持依法督查、领导负责、分级办理、求真务实、讲求时效"五个原则"，采取书面督查、电话督查、现场督查、联合督查、会办督查、评议督查、网络督查、调研督查"八种方式"，确保市委、市政府重要工作部署落实到位。具体工作中，实行台账管理，压实责任。建立重点工作台账，实行月自查、季调度、年终考核，层层压实责任、层层传导压力。改进方式，集中用力。重点盯住进度慢、推进差的单位和环节，聚焦难点、抓住症结、紧盯不放、持续加压。实行督考合一，健全机制。把督查和考核紧密结合，贯穿于工作落实的全过程，日常督查的过程也是动态考核的过程，目标定到哪里，任务就分解到哪里，督查考核就深入到哪里。

（陈倩倩）

【泰安市经济社会发展综合考核】 6月，泰安市委组织部对2017年度经济社会发展综合考核结果进行反馈，肥城市列第二位，获得一等奖。根据考核结果，对得分和位次情况进行分析研究，对薄弱指标建立整改台账，并对照各项指标完成情况，对所有责任单位履行职责情况作出评价鉴定，严格兑现奖惩。2018年度泰安市经济社会发展综合考核办法和指标标准下发后，进行任务分解，明确各项考核指标的责任部门和参与部门，压实工作担子。

10月，与相关责任部门、镇街区签订《目标责任书》，逐项指标确定目标位次，明确考核责任。严格落实"月自评、季调度"督查制度，对泰安市经济社会发展综合考核工作进行全程督促调度，确保每项指标都能争先进位。

（蒋一）

【全市经济社会发展考核】 2018年考核办法保持2017年的大框架不变，分为重点工作和基础工作两部分，重点工作继续突出"四大动能"，基础工作采取考评结合的方式，年底根据平时掌握的情况进行评议。考核内容更加简化，程序更加简捷。①镇街区考核。分A、B两组进行考核，实行百分制。A组包括高新区、新城、老城、石横、仪阳、边院、汶阳；B组包括潮泉、湖屯、桃园、王庄、安临站、孙伯、安驾庄。考核内容包括重点工作，主要考核企业培植、招商引资、对上争取、新型城镇化"四大动能"；基础工作评议，分副县级以上领导干部、承担泰安市经济社会发展考核重点指标任务的市直部门、其他市直部门三个层面；加减分事项，包括争优、重点督查事项、群众满意度工作推进、统计工作、行政败诉案件扣分五个方面。每组分值比重不同，各有侧重。A组高新区，B组湖屯、安临站、安驾庄重点工作按实际考核得分的80%折算，计入总成绩。②市直部门考核。分五组进行考核，实行百分制。考核内容为重点工作，包括招商引资、对上争取、争优、个性指标；基础工作评议，分副县级以上领导干部、镇街区两个层面；加减分事项，包括入驻政务服务大厅政务服务工作、重点督查事项、群众满意度工作推进、行政败诉案件扣分四个方面。各组分值比重不同，各有侧重。③企业、金融机构考核。由市经信局、金融服务中心牵头，按照市委、市政府《关于加快推进企业培植的实施意见》和《肥城市企业培植"双十"工程评选方案》的相关规定进行考核，并兑现奖励。④市城投公司考核。由市财政局根据市政府《关于印发肥城市城市建设投资有限公司责任人经营业绩考核与薪酬管理暂行办法的通知》文件精神，对城投公司经营业绩进行考核。

（宋盈）

组织工作

【概况】 至年末，市委组织部内设10个科室，辖1个一级行政单位，1个二级行政单位，2个一级事业单位（其中1个参照管理单位），1个二级事业单位，实有干部职工31人。①围绕中心、服务大局，统筹推进各项重点任务。积极稳妥推进村（社区）"两委"换届。严格落实"三方印证、两级研判"，将61名不符合条件人员坚决挡在门外。市纪检、公安等8部门联合发布《通告》，市公安局进一步明确15种破坏选举的具体情形，对借换届之机蓄意滋事、扰乱秩序的，一律严厉打击、顶格处理，全市605个行政村、12个城市社区"两委"圆满完成换届。以打造实践教育基地为依托谋划主题教育。发掘陆房突围胜利纪念馆、泰西武装起义纪念碑、肥城市老城革命纪念馆和肥城第一个党支部纪念馆等本土红色资源，列入各级党组织党员干部培训的精品实践课程，利用好肥城电视台、"灯塔—党建在线""党建基石"微信公众号等主要新闻媒体，引导党员不忘初心、牢记使命。开展"大学习、大调研、大改进"。开展"3+3"专题学习，各级党委（党组）理论学习中心组均开展至少2次集体学习研讨。市大班子领导成员开展领题调研，全市各级各部门累计开展调研180余次，形成高质量调研报告89篇。全市共梳理共性问题5项，突出问题20项。②坚持高素质、专业化，打造又红又专干部队伍。举办5期党的十九大精神专题培训班，培训科级领导干部1260名；举办各类主体班次、新旧动能转换、乡村振兴等专题培训班69期，培训干部6951人次；分2期赴红旗渠和焦裕禄干部学院举

9月14—20日，市委理论学习中心组读书班在市委党校举办

办党性教育培训班。选派第二批14名领导干部到金融机构挂职锻炼。深化落实《经常性考察工作暂行办法》，结合中央巡视反馈问题整改工作，开展好人主人、圈子文化、码头文化等问题专项治理。落实关爱干部"两告知三提醒"制度、干部监督信息沟通办法，组织开展信访隐患排查，做好提醒函询诫勉处理工作。围绕正向激励、考核评价、容错纠错、澄清保护机制建设四个方面，研究制定出台《激励干部担当作为干事创业若干规定》，已对21名不适宜继续担任现职的干部提出职务调整建议。完成省委巡视组巡视、省委组织部选人用人专项检查等工作。③抓基层基础、强政治功能，深入实施党建"基石工程"。以提升基层党组织的组织力为重点，以创建过硬支部为抓手，推动基层党建工作全面进步、整体提升。坚持"抓党建就要抓支部，

抓支部就要抓书记"，出台《关于推进基层党组织标准化规范化建设的实施意见》，分领域制定标准，与支部评星定级结合，评定结果与各级评先树优、待遇兑现、党费扶持等挂钩，推动支部晋位升级。实行农村支部书记待遇差异化管理，完善退休支部书记特殊贡献补贴办法，推行"两新"组织党组织层级管理办法，落实党组织书记岗位补贴。持续开展新一轮高水平村居集体经济壮大行动，借助"扫黑除恶"大势，在全市开展扫黑除恶专项斗争农村"三资"清理集中行动，省委组织部副部长刘炳国到肥城调研发展村级集体经济工作，给予充分肯定。④政策牵引、凝聚合力，推进新时代人才强市建设。把人才政策的着力点放在支撑新旧动能转换和产业转型升级上，研究制定《关于做好人才支撑新旧动能转换助推新时期肥城发展的政策措施》，引

进各类高层次人才110人，其中院士4名、国家"千人计划"专家4名。农大肥业有限公司技术中心被认定为国家级企业技术中心，为泰安市近五年来首次入选，新增院士工作站1家、省级企业技术中心2家、省级孵化器2家，泰安市级以上各类科技创新平台29个，较上年增加6个，累计培训企业家1000余人次，新培养高技能人才414人，列各县市区首位；高新技术、科技型企业数量明显增加，人才科技创新对企业和经济社会发展贡献度显著增强。组织开展弘扬爱国奋斗精神专题研修、专家知识分子基层行等活动，先后组织200余名各类人才开展服务基层活动，引导知识分子发挥专业技术优势助力全市经济社会发展。⑤内提素质、外树形象，不断加强组织部门自身建设。坚持周六集中学习制度，定期交流思想，组织开展"思想见面会"、务虚会、组工业务大家谈、科室互访日和"不忘初心、寻访党史、重温入党誓词"等活动，联合市人社局举办全市组织人事业务培训班，实行部机关调研督导全员考察责任制，提高综合素质能力。部领导班子带头，严格执行中央八项规定和省、市有关规定，落实组织部门"十要十不十严禁"规范和纪律，严格落实《肥城市组工干部不规范行为处理暂行办法》，划出言行"红线"。落

实党风廉政建设责任制，按照"一岗双责"要求，层层签订党风廉政责任书。实行部机关工作人员平时考核，采取"日记录、周检查、月评鉴、季小结、年考核"的办法，全面客观地体现机关干部德才表现和工作实绩，促进作风改进，提升工作水平。

（王晓磊　尚崇政）

【领导班子建设】　①至年末，全市共有市直独立考核单位111个，其中副县级单位2个，正科级单位98个，副科级单位9个，国有企业2个；市委工作机关9个、政府组成部门25个；行政单位42个，参照公务员管理单位11个，事业单位56个，国有企业2个。街道4个，镇10个，高新区1个。全市共有科级以上领导干部1437人，其中县级干部45人，科级干部1392人；女干部182人，少数民族干部9人，党外干部13人。县级干部中正县级干部4人，副县级干部41人；科级干部中正科级干部474人，副科级干部918人。

（李伟　马庆宗）

【干部队伍建设】　①机构改革干部调整。通盘考虑，顺利完成党政工作机构调整工作，涉及单位57个、调整干部337人。筹备召开集体谈话会，起草讲稿、宣布辞，严肃改革纪律，推进无缝衔接。②干部考核。

坚持以平时考核为基础，以年度考核为重点，相互补充，相互印证，不断增强干部考核完整性和系统性。优化升级领导干部综合管理信息系统，实现测评数据批量录入，加强分层分类分析，强化结果运用，"大数据"辅助决策功能初步实现。坚持把功夫下在平时，规范完善领导干部工作实绩月报告制度，重申实绩报告发布及测评相关要求，将"四定"工作集中纳入实绩报告内容，同频部署、同步调度，进一步压实工作责任，加强部门联动，促进信息共享。③开展"履职情况"测评，进行任职"后评估"。首次对不实行试用期的114名新提拔重用干部开展"履职情况"测评，掌握干部提拔重用一年间的主要表现，检验其是否能适应角色转变尽快融入工作，督促干部加压鼓劲、争创一流。④激励干部担当作为干事创业。旗帜鲜明"为担当者担当、让实干者实惠"，研究制定出台《激励干部担当作为干事创业若干规定》，调动和激发各级干部干事创业的积极性。深化"职员制"改革，做好经开区面向全市公开竞聘工作，98名优秀干部经过公开竞聘担任中层以上职务。⑤多措并举提高干部专业素养。结合全市"大学习、大调研、大改进"活动，围绕加强领导干部专业能力和专业精神培养设计发放调查问卷，进行广泛调查。推动科室"走

出去"调研，先后到77个单位、2个镇街座谈了解情况，掌握单位专业素养需求。⑥健全干部工作规范。突出问题导向，对照泰安市选人用人专项检查反馈问题的5方面10类问题，对照反馈深入查摆梳理，分类建立问题台账，将整改工作与推动各项业务工作有机结合，确保整改到位。高标准、高规格、全力做好省委第二巡视组、省委组织部选人用人专项检查工作组到肥迎检工作，审核整理文书档案400余卷，做到材料真实、准确、完整、规范。⑦统筹推进服务中心工作。精心组织、高标准做好省委组织部选派干部上下交流任职和泰安市委组织部到肥推荐考察干部工作，先后迎接推荐考察4次，调整市党政领导班子成员4人次、镇街党（工）委书记8人次、镇长4人次。

（李伟　马庆宗）

【干部教育管理工作】　制定下发《市委党校2018年度培训计划》和《市直单位2018年度专题培训（研讨）班计划》，举办科级干部进修班、中青年骨干培训班等主体班次，把学习贯彻习近平新时代中国特色社会主义思想和党的十九大精神作为重大政治任务和干部教育培训重中之重，纳入市委党校主体班次和重点班次的教学重要内容，分级分类抓好学习培训。围绕全市工作大局需要开展领

导干部培训，先后举办文明城市创建与城市管理（张家港）、放管服改革及新旧动能转换、乡村振兴战略、市委理论学习中心组读书班和学习弘扬红旗渠、焦裕禄精神专题培训班，累计培训干部1800余人次，提升领导干部专业精神、专业能力和党性修养。深化教学基地建设，推进教育培训资源整合，进一步完善"党校＋基地（现场教学）"模式，以市委党校为培训主阵地，以特色村级教学点为依托，打造农村党员干部教育培训基地，增强培训实效，提升党员干部素质能力，解决能力不足、本领不够问题。做好黄叶"三同"党性教育基地、肥城烈士陵园党性教育基地备案工作。做好上级培训机构学员调训工作，先后为泰安市级以上培训机构选派学员85人次，其中中央级1人次、省级14人、泰安市级70人次。会同市委党校与市级领导、部门单位负责人对接，协调12名领导干部上讲台授课，累计培训干部3280多人次。做好"灯塔—党建在线"干部学习网单位树创建和县级干部信息导入，组织干部按要求参加网络培训。会同市财政局、人社局联合下发《肥城市市直机关培训费管理办法》。先后办理干部借用和临时抽调54人、市内外调配17人、辞退2人、审批退休79人，审核、审批年度晋级增资、调整工资标准3000余人次。办理

16名村官转选调生及14名新考录选调生录用审批手续、党群系统新录用9名公务员和9名事业编人员录用手续。会同人社局做好20名承担行政职能事业单位改革人员过渡考试登记材料上报审核等工作。为65名公务员（参公）办理登记手续提供相应支持依据资料。组织开展镇街公务员、选调生借调情况自查、整改。制定下发《关于进一步明确公务员职级晋升工作程序的通知》。根据省市《关于进一步加强干部因私出国境证件集中管理工作的通知》，开展全市干部自查清理工作。下发《关于进一步规范我市管理干部因私出国（境）审批（备案）材料报送工作的通知》，审批因公临时出国（境）备案4批9人次，因私出国（境）审批备案40余人次。对全市领导干部企业和社团兼职情况进行排查统计，配合做好违规兼职问题整改。扎实推进干部挂职（援派）。完善泰安市年轻干部成长记实系统和35岁以下年轻干部数据库。搭建干部成长成才平台，继续选派第二批14名科级干部到金融机构挂职。部署20名新提拔副科级干部及5名农商行干部到基层一线岗位挂职锻炼，锤炼作风、增长才干。轮换5名年轻干部到泰安市直部门挂职，做好上年度4名挂职干部的期满考核工作。做好8名泰安市优选计划选调生试用期满考核及第二

年到市直部门挂职及职务安排。全力做好湖南、重庆巫溪、省及泰安市26名到肥挂职干部的职务安排、期满考核及挂职期间协调服务工作。选派1名干部到重庆巫溪开展东西部扶贫协作挂职。做好3名援疆专业技术人才轮换等工作，做好后方服务网络建设、走访慰问等工作。做好公安机关执法勤务警员和警务技术职务职务序列改革，警务技术任职资格转换、确认以及副高级专业考试申报资格审核上报等通知要求，推进工作落实。

【干部档案管理工作】 集中开展档案审核自查整改工作，按照省干部档案工作专题会议精神和泰安市《关于开展干部档案专项审核自查工作的通知》精神，明确自查范围，对照七个方面自查指标逐一核对梳理，对发现的未查清查实疑难问题，及时进行深入调查核实、作出处理。重点梳理2013年以来提拔重用人员档案问题，对存在问题的立即整改到位。推进档案信息日常管理服务，配合做好离退休干部信息核实统计、退伍军人登记等事项，先后提供1500余人次档案查借阅服务。收集、审核、归档各类干部档案散材料5000余份，转递干部档案11册。更新维护领导干部管理综合信息系统、公务员信息系统、数字化档案管理系统。根据省市部署安排，组

织全市各部门单位开展公务员信息采集和干部统计工作，以及事业单位领导班子、地方党政领导班子统计工作，实现直统数据逐级上报。

（刘传龙）

【"两学一做"学习教育常态化制度化】　推进"两学一做"学习教育常态化制度化，开展好学习教育，营造浓厚氛围。学习宣传贯彻党的十九大精神，推进习近平新时代中国特色社会主义思想和党的十九大精神进企业、进农村、进机关、进校园、进社区。推进"两学一做"学习教育常态化制度化，坚持抓在经常、融入日常，用好"灯塔—党建在线""党建基石"微信公众号等平台，每周印发《党员学习参考》，推进基层党支部学习标准化，已印至第104期；机关事业单位党组织每周六集中学习，其他领域党组织每月固定1天集中学习。通过强化学习，不断提高党员思想作风建设水平。

（吴楠）

【过硬支部建设】　推进支部标准化规范化建设，使每个基层党组织定有标尺、干有方向。①制定标准体系。出台《关于推进基层党组织标准化规范化的实施意见》，分机关事业单位、农村、城市社区、"两新"组织等领域制定标准，按照基本标准、规范标准、创新标准

三个层次，推动基层党组织依据标准"照单履职"、梯次晋位提升。②突出示范引领。坚持"抓两头促中间"，一方面树立区域化党建思路，培树"泰山先锋"红旗党支部13个、"桃都先锋"红旗党支部50个、泰安市优秀共产党员14名。按照区域化党建思路，创新实施组织联建、人才联育、产业联盟"三联"模式，抓实红旗党支部"1+5"帮带，以基础较好、党建工作特色鲜明、活动场所建设规范、典型带动作用明显、党员群众普遍认可的红旗党支部为中心，建立党建示范点147个，串点成线，打造党建示范带25条，辐射带动162个后进支部转化提升。另一方面全力突破软弱涣散村党组织，聚焦班子缺职、"三资"管理混乱、基本制度不落实等问题，挖根源补短板，建机制防反弹。③强化结果运用。将标准化规范化建设与评星定级结合，达到

基本标准的一般定为三星级，达到基本标准和规范标准的一般定为四星级，三个标准全部达到的一般定为五星级，基本标准和规范标准未达标的，创新工作不予认定。支部评星定级结果作为各级红旗党支部评选、"文明单位"创建等评先树优的重要依据，并与党组织党费扶持挂钩。

（吴楠）

【基层组织建设】　坚持抓党建从支部抓起，实施党建"基石工程"，引导基层党组织创新求实、提质增效，推动各领域基层党建全面进步全面过硬。①农村突出抓"提质扩面"。持续深化新一轮高水平村居集体经济壮大行动，设立专项资金，培植村集体增收项目，2018年1—10月村集体经营性收入达2.04亿元，10万元以上的村占59.5%。借助扫黑除恶有利契机，开展"三资"清理集中

新城街道伊家沟社区打造党建主题广场（刘杰　摄）

盛源社区干净整洁的党员活动室（陈元 摄）

行动，彻底解决集体资产资源私自占用、低价承包、无偿使用、承包合同不规范、承包费长期拖欠等问题，为集体经济发展正本清源，截至年末，共清理不合理不到位合同284件，土地4649亩，集体增加收入94.69万元。鼓励村集体通过土地流转增收，对集体经营性收入10万元以下的村，市级按照集体取得土地流转收益1∶1的比例进行奖补，10～20万元的村，奖补50%。在扶持土地流转增收的基础上，组织镇街采取"打包、捆绑"等方式，对收入10万元以下的村统一策划增收项目，整合利用资金资源，确保资金规范使用、发挥最大效益。②城市社区突出抓服务。以党建统领城市基层治理，深化"以村为核、村社融合"社区管理改革，以城市"六化"为重点，加快推进为民服务职能下沉社区。按照"群众有需求—党组织搞设计—党员带头—群众参与"工作法，开展服务活动，不断提升城市治理质效。在泰安市城市基层党建共同体建设座谈会上，新城街道作为代表做典型发言。③机关突出抓示范。推进机关党组织标准化规范化建设，组织党员开展志愿服务，建设机关党建示范点48个，党建示范带2条，始终保持机关党建走在前、作表率。2018年11月5—7日，全省市县机关工委书记座谈会在肥城召开。④"两新"组织突出抓规范。优化组织设置，划小组建单元，提高覆盖质量；统一设计党群服务中心外观标识，突出党建元素，增强政治功能；推行党组织层级管理，落实经费支持102.3万元，制定《"两新"组织党组织党建经费管理使用暂行办法》，打造12个"两新"组织党建工作示范点。

（吴楠）

【党组织书记队伍建设】 坚持抓支部就要抓书记，不断加强基层党组织带头人队伍建设。①选优配强班子。圆满完成村、社区"两委"换届选举，遴选5名街道中层正职到社区担任党组织书记，选派24名35周岁以下优秀机关党员到社区党组织挂职。开展换届"回头看"，与纪委监委机关、政法机关及相关执纪执法部门建立信息对接机制，对现任村"两委"成员进行"二次体检"，发现有问题的，依规依纪依法坚决调整、及时处理，并进行问题倒查。坚持"育苗升级"与"能人回请"并举，建立社区工作者—社区"两委"干部—社区党组织书记递进培养链，27名社工人员新进"两委"班子，5名能力突出的"两委"干部走上主职干部岗位。建立返乡大学生、在外务工人员和乡村能人"人才库"，吸引本土大学生返乡创业318人，其中担任村"两委"成员23人、支部书记4人。②实施"提能转型"行动。坚持"远学天边、近学身边"，在市外，组织50个经济强村支部书记到成都村政学院等地"深造"，组织部分返乡大学生、新任村主职干部赴威海荣成、广东顺德等地参加培训；在市内，分城中村、平原村、山区村等类型，按照"三统六有"标准，集中打造农村党员干部教育培训基地，开展经常性教育培训，分层分类举办农村党组织书记培训班4期、村"两委"干部骨干培训班2期，着力提升抓党建促乡村振兴的素质能力。③强化激励保障。在政治上和经济上给待遇，年内公务员和事业单位招录村支部书记2名、社区书记4名；印发《关于进一步规范农村主职干部补贴待遇标准的通知》，将支部评星定级与支部书记业绩考核奖励报酬挂钩，被评为五星级、四星级、三星级党支部的，分别奖励村支部书记每人每月500元、400元、300元，同时奖励五星级党支部工作经费1万元。

（吴楠）

【党员队伍建设】　严格落实"三会一课"、主题党日等基本组织生活制度，开好副科级领导干部2017年度民主生活会，指导各级党组织开好2017年度组织生活会和民主评议党员活动。严把"入口"，严格落实《肥城市发展党员违规行为责任追究办法》，对发展党员实行全程纪实，制定落实"发展党员重大事项报告"、党员发展对象"县乡联审"等制度，征求公安、检察、卫计、信访等部门意见，取消7名党员发展对象资格，堵住人为操作漏洞，提高发展党员质量，2018年发展党员588名，完成上级安排任务。针对历年发展党员存在的问题，对镇街组织干事、市直部门政工科长进行专题培训；针对2018年度基层党建重点

工作重点任务，组织镇街组织委员、组织干事、市直五大党委政工科长参加组织员示范培训班；分领域、分层次对全市所有村支部书记、"两委"干部及党务工作者进行全覆盖轮训。在人社局、民政局设置专门窗口，做好退役军人党员组织关系转接工作。

（吴楠）

【干部监督管理工作】　①干部选任监督。组织开展领导干部任职回避自查自纠，组织泰安市管干部和肥城市管干部填报《执行领导干部任职回避规定情况报告表》，共涉及125个单位、53名泰安市管干部、1420名肥城市管干部，对自查发现的2例回避关系，均按照政策规定立即进行整改。牵头做好巡视巡察发现问题整改工作，牵头做好泰安市选人用人专项检查反馈问题整改、省委巡视发现涉及组织工作突出问题专项治理、中央巡视组巡视山东反馈问题整改等各项整改工作，研究制定整改方案，细化分解任务，加强督促调度，确保整改到位，并汇总形成整改报告。配合做好巡察工作，每轮巡察工作启动前，及时向巡察办提供被巡察单位信访举报等情况，同时，牵头做好巡察发现涉及组织工作问题整改工作。统筹做好相关自查自纠工作，结合中央巡视反馈问题整改，开展好人主义、圈子文化、码头文

化等问题专项治理，同时对执行领导干部任职回避自查自纠情况及"裙带关系"、家族势力问题专项治理工作进行"回头看"。对领导干部不担当不作为问题和违规用人问题责任追究等情况进行自查梳理，对副科级及以上领导干部配偶移居人员任职岗位管理工作进行全面梳理，均未发现存在相关问题。开展2017年干部"带病提拔"自查工作，对3名受到撤销党内职务或行政职务以上处分的干部有关情况进行梳理，未发现"带病提拔"情况。②干部日常管理监督。加大经济责任审计力度，结合工作实际及机构改革工作需要，共委托市审计局对28名领导干部进行经济责任审计，同时对1名领导干部履行自然资源资产管理和生态环境保护责任情况进行审计，对总体评价为一般及以下等次的12名领导干部进行谈话提醒。做好领导干部报告个人有关事项工作，组织县级以上领导干部学习"两项法规"及填报要求，做好政策解释和审核把关等工作，完成填报任务。同时，结合干部调整，做好考察对象个人有关事项填报服务工作。对上级抽查反馈的问题，组织有关领导干部做好补报及情况说明工作。加强对干部的关爱提醒，深入落实关爱干部"两告知三提醒"制度，强化组织及时告知提醒作用，向干部发送提拔纪念日提醒短信1229人

次，向 37 名试用期满干部发送提醒短信。坚持从严要求，开展提醒函询诫勉工作，全年累计开展提醒 24 人次、函询 6 人次、诫勉 16 人次。围绕年初确定的重点工作任务，结合相关文件精神，制定《关于对领导干部进行提醒 函询和诫勉工作规范》，进一步明确适用范围，细化操作程序，强化跟踪管理，把工作做细、做实、做到位。做好干部监督信息沟通工作，落实《干部监督信息沟通办法》，加强与纪委监委、公安、法院、环保等部门沟通，及时全面掌握干部问题线索。全年共收集干部监督信息 40 条。③信访工作。加强动态管理，信访举报数量大幅下降。定期组织开展信访隐患排查，督促各镇街积极制定措施化解，全年共排查信访隐患 107 件次，化解 91 件次。加强对信访隐患排查工作的分析，对思想重视不够、排查情况长期无变化、化解措施长期无进展的 4 名镇街组织委员进行提醒。做好信访举报受理查核工作，全年共受理信访举报 33 件，其中上级转办 7 件，本级受理 26 件，同比下降 46.8%。加强对重点信访问题的研究，反复研判、积极论证，做好矛盾化解工作，对中央巡视组转办的 1 件信访事项历时十个多月成功化解矛盾。加强组织信访动态分析管理，及时开展风险点提醒、提出业务建议等，充分发挥服务作用。

配合做好村"两委"换届信访接访值班、信访举报转办处理等工作，做好 12380 举报网站运行维护等工作。④迎接省委巡视。对 2013 年以来科室相关工作开展情况进行全面梳理，高标准、严要求做好科室承担的迎检材料准备工作。做好巡视组交办信访问题调查处理工作。对省委巡视组交办的信访问题以及需要配合调查的信访事项，会同相关部门快速查核办理，并根据巡视要求做好对相关人员的责任追究工作。做好迎接省委巡视及省委组织部选人用人专项检查牵头组织及联络服务工作。巡视检查前，重点组织做好相关迎检准备任务分解、准备情况调度督促等工作，巡视检查期间，全时盯靠，配合做好联络协调、服务保障等工作。

（赵海丽）

【人才队伍建设】 2018 年，市人才办坚持把人才作为支撑发展的第一资源，聚焦加快新旧动能转换和产业转型升级，创新机制，优化环境，引才育才并重，用才留才齐抓，为推进高质量发展提供有力的人才智力支撑。①人才发展体制机制改革。抓实人才重点项目，明确用力方向。全年召开两次全市人才及科技创新工作领导小组成员单位会议，紧跟省市关于新旧动能转换重大部署精神，聚焦发挥人才新政杠杆作用，

全市部署实施人才重点项目 47 个，严格落实月调度、季度汇报、年终考核制度，所有项目顺利完成。完善政策体系，不断优化人才创新创业环境。发挥省市人才新政牵引作用，配套出台《关于做好人才引领新旧动能转换工作助推新时期肥城建设的政策措施》，实现政策提档升级。强化政治引领，增强人才凝聚力。全力推进党委联系服务专家工作，全年共开展调研 36 次，听取意见建议 156 条，解决技能人才培养、人才配偶就业等问题 39 个；开展"弘扬爱国奋斗精神、建功立业新时代"活动，开展服务基层活动 1500 余人次，相关经验做法在《中国人才》等媒体宣传推介。②引才用才。坚持"不求所有，但求所用"的引才理念，全年共引进院士 4 名、"千人计划"专家 4 名等各类高层次人才 120 余人。发挥政府资源优势，各类引才平台更加完善。借助"桃花节"品牌吸引力，举办"招商引资·招才引智"合作洽谈会，邀请各类高层次人才与肥城市企业面对面谈合作落项目，共吸引 80 余家企业、30 余家高校科研院所专家到肥城洽谈，签订人才项目合作协议 11 项。高频率开展"专家教授肥城行""企业校园行"等校企双向对接，促进校企"联姻"和人才项目合作。加大对企引才扶持，"主动寻才"成企业常态。开展人才及

科技创新工作调研，发放省市人才新政学习材料1500余册，走访企业150余家，建立企业人才需求库，帮助企业引才。补助企业引才工作经费，根据人才实际发挥作用，给予企业项目支持资金，激发企业引才热情。实施"引凤还巢"行动，引导在外人才回报桑梓。完善在外肥城人才智库，建立市级领导与在外人才沟通联络制度，全年拜访3名肥城籍院士等在外肥城人才600余次，开展"在外人才家乡行"活动10余场。③人才培育体系。推进"桃都"系列人才工程，坚持"挖潜、储备、引领"的培养方针，完善全市9个人才、团队培养工程体系，策划实施好优秀科技创新团队、乡村之星、专业技术拔尖人才等系列人才工程评选，共评选表彰5个优秀科技创新团队、20名桃都乡村之星。稳步提升泰安市级以上人才工程入选规模，多次入企调研，完善丰富全市人才信息库，摸清人才家底，挖掘自身优势资源，组织参加泰安市级以上各类人才工程推选，全年培养泰安市级以上人才工程人选15名。重点突破企业家和高技能人才队伍建设，加强企业家队伍建设，依托企业家联合会、青年企业家协会、肥城君子商学院等培训阵地，组织理论讲座、外出参观等丰富多彩活动，累计培训企业家1000余人次。培养产业急需的技能人才，通过校企合作、订单培养、研修学习等方式，全年培养高技能人才909人，列各县市区首位，肥城市技能人才培养相关做法被评选为全省人才工作创新案例。④成果转化。整合资源实现孵化器扩量增效提质，在完善高新区高创中心孵化功能基础上，2018年蔚蓝科技孵化器、现代农高区升级为省级科技孵化器，华盛绿能公司升级为省众创空间。全市孵化器投入使用面积达9万平方米。持续做优创业创新平台，按照"深入挖掘、全程服务、财政奖补"的创建模式，共创建包括省级企业技术中心2家的泰安市级以上各类科技创新平台34家，农大肥业有限公司技术中心被认定为国家级企业技术中心，为泰安市5年来首家。整合资金资源打造多元投入平台，设立10亿元的创新创业人才项目基金，对到肥创新创业的人才项目，给予最高1亿元的风险投资，探索精准式引才、社会化引才，对招才引智工作做出贡献的中介机构和个人给予最高50万元的奖励。⑤服务保障。营造敬才爱才社会环境，综合利用多种媒体，推送各级人才政策，宣传人才强市、人才强企先进典型和优秀人才事迹，在《大众日报》《人才山东》等省级媒体刊发新闻稿件43篇，营造尊重人才、重视科技、关心人才、支持创新的良好社会环境。营造舒心生活环境，实施人才安居工程，为高层次人才和企业高管提供子女入学和配偶就业服务，配偶属在编人员的，在编制限额内最大限度解决两地分居问题。营造创新创业环境，建立高层次人才服务专员制度，为各类高层次人才提供专人负责、跟踪服务、专会协调、绿色通道、办结反馈、督查通报"六位一体"服务，为创新创业提供无忧服务。

（张仓）

【远程教育】 2018年，肥城市党员教育管理工作贯彻落实中央、省市各级组织工作会议精神，顺应新时代党员教育管理的新形势、新要求、新特点，紧贴基层党员干部群众需求，抓常规促规范、严落实求创新，与时俱进、转型提升，推动全市党建工作管理精细化、服务便捷化和运作规范化。①深化"互联网+"理念，点亮党建"灯塔"，提高组织工作科学化和智能化水平。发挥"灯塔—党建在线""灯塔—泰山网"综合管理服务平台管理、教育、服务功能，推进党建工作与互联网平台深度融合、互促共进。强化组织保障，提升各级"互联网+党建"意识。宣传全方位。开展"学灯塔、用灯塔"集中宣传月活动，市级层面借助灯塔智慧党务、党建电视栏目、《今日肥城》报纸和"灯塔党建基石"微信公众号对平台进行全方位宣传、多角度解读；基层党组织利用门户网站、微信、信息公开栏等媒介，灵活方式、精准宣传，进一步扩大平台在党员群众中的关注度、知晓度和影响力。培训全覆盖，举办全市"灯塔—党建在线""灯塔—泰山网"平台培训班及组织关系接转、山东e支部使用等专题培训班，分层级对全市"灯塔"平台管理员进行集中轮训。抓住领导干部学习贯彻十九大精神培训班、全市政工人事干部培训班等机遇，对平台进行详细讲解与重点演示。编写《党员用户注册指南》《山东e支部操作指南》等7个简明教程，帮助基层管理员快速掌握、熟练应用工作流程和要点。2018年，全市各级累计开展业务培训34场2000余人次，基本实现组织人事干部培训全覆盖。督导全过程，将平台管理应用纳入基层党建工作考核，实行月通报制度，每月对基层党（工）委山东e支部上传、党员教育网学时等重点工作开展情况进行通报，全年下发专题通报12期。强化部内科室联动，借助基层党建工作排查、市直单位党建督导等契机对各级党组织平台管理使用情况进行调度，2018年召开专题部署会议4次，组织联合督导2次。②精准维护数据，夯实党组织党员管理。将数据库维护作为一项重要的基础性工作来抓，确保数据准确、完整、规范，为领导决策

和科学开展工作提供可靠依据。定期开展数据库"体检"，对不规范信息数据进行整改，对确实无法消除的"警告""提醒"数据，尊重事实，分类建立台账，对肥矿集团改制企业党组织信息进行重点校验。全年开展集中排查8次，整改设置不合理党组织52个，整改错误党员信息2.1万余条，统计"警告""提醒"类数据763条。实施季抽测制度，每季度最后一周对信息维护情况进行电话抽测，督促基层党组织落实维护制度、及时更新数据。2018年，共抽测党员1300人次，核实信息8300余项。完成新发展党员录入，指导各基层党（工）委采集2018年新发展党员信息，仔细查阅党员档案，完整上传证明材料，严格落实审核机制，集中录入党员信息管理系统。2018年共录入新发展党员634名，其中肥城市587名，肥矿集团划转企业47名，完成信息采集工作。③挖掘系统功能，深化党组织党员服务。发掘平台功能，更好服务各级党员党组织，推动党建工作更好落实。2018年山东e支部组织生活上传数量、党员教育网学时、内容发布系统信息采用量均居泰安各县市区第一位。发挥山东e支部作用，将用好山东e支部管理系统作为严肃组织生活的重要抓手，督促各级党组织按规定开展组织生活，活动结束3天以内及时上传活动记录。

线下动起来、线上晒出来，倒逼党内组织生活常态化制度化。2018年累计上传组织生活信息3.7万余条。用好党员教育网管理系统，依托"灯塔"平台资源优势，打造党员教育新阵地。组织党员通过"灯塔"平台学习党的十九大精神、党章党规等，把浏览时事新闻、观看主题教育片、阅读红色书籍等在线学习常态化。通过党员教育网在线督导学习教育，实行党员学习积分制管理，要求普通党员全年不少于32学时，党组织书记及班子成员不少于56学时。2018年全市参学党员2.2万人，累计98.6万学时。统筹开展十九大精神学习竞赛活动，自2017年12月至2018年6月每月组织一期"灯塔—党建在线"党的十九大精神学习竞赛线上活动，定期向基层党（工）委通报所属党组织学习竞赛参与情况。组织推荐优秀党员到泰安参加面试选拔，最终1名党员入选，代表泰安市参加全省党的十九大精神学习竞赛现场总决赛。做好信息上传工作，发挥"灯塔"平台权威性高、覆盖面广的优势，强化精品意识，积极网上宣传。严格落实信息审核制度、完善文稿发布机制，宣传推广各领域最新党建动态、创新经验和先进典型。全市设立骨干信息员28名，基础信息员1100多名。2018年在"灯塔"平台供稿221条，省级采用49条。在

9月7日召开的泰安市"灯塔—泰山网"管理运行暨"互联网+党建"工作推进会上，肥城市作为各县市区代表作典型发言。丰富载体手段，加强内容建设，多措并举抓实党员教育。坚持需求导向，深入发掘资源，加强统筹协调，不断丰富党员教育的载体与内容，持续提升党员党性观念和素质能力。定期编印《党员学习参考》，规定动作与自选动作相结合，将党的基本知识、习近平新时代中国特色社会主义思想和党的十九大精神作为党员必学内容，持续丰富学习资源，紧跟党中央步伐，围绕组织工作中心任务，加入经济、哲学、法治等多方面知识，突出党员教育的时效性和针对性，全面提升党员干部素养。自主学习与集中督导相结合，每周编印一期《党员学习参考》，下发到全市所有基层党支部，要求各支部组织党员认真学习。把《党员学习参考》的学习情况作为检验各级党组织抓党员教育成效的重要手段，纳入基层党建工作日常督导考核。借助"灯塔"平台开展在线考试，以考促学、以考验学，考学结合，推动党员教育工作真落实、见成效。2018年累计编印《党员学习参考》54期，设计100期参考汇编，拟向大班子领导及全市各部门单位赠阅。抓好党员教育宣传片制作，优化党建电视平台。将《桃都先锋》改版

升级为《桃都党建》，细化丰富栏目设置，围绕全市中心工作和组织工作大局，抓好时间节点，先后策划"支书讲坛""讲党员故事、学身边典型""走进新时代、夕阳展风采""第一书记"等栏目。2018年共播出52期，时长700多分钟。积极向《泰安党建》栏目供稿，截至年末发稿82篇，居泰安各县市区第二位。完成系列专题片制作，按照上级要求，先后组织制作《美村三十六计》系列纪录片、"山东乡村振兴实例"系列电视片，较好推介湖屯镇前兴隆村发展模式。强化党建微视频制作，完成27个"泰山先锋"红旗党支部和优秀共产党员的微视频制作。参加全省党员教育电视片评比，征集上报优秀作品8部。用好微信公众平台，发挥微信公众平台发布便捷、传播迅速、简单实用的优势，围绕党的建设和组织工作重要部署，先后策划"大学习、大调研、大改进""支书论坛""讲党员故事、学身边典型"等专题，发挥榜样的力量，营造比学赶超浓厚氛围。开展对上宣传工作，挖掘各级党组织过硬支部建设、党员教育管理、发展集体经济等方面的先进典型和经验做法。2018年，"灯塔党建基石"公众号共发布内容92期，向"灯塔泰山先锋"微信公众号供稿采用102篇。强化资源整合，夯实专科学历教育质量，提高村和社区

"两委"干部综合素质和履职能力。组织开展好2016级、2017级村"两委"成员专科学历教育集中面授和网络培训等日常学习教育工作。强化师资队伍建设，为解决师资力量薄弱的问题，按照村"两委"成员专科学历教育课程安排，协调财政局、税务局、农业局、文化传媒局、律师事务所等部门，选聘部分实践经验丰富、专业知识功底深厚的讲师为学员授课，保障教学计划的顺利开展。创新教学模式，坚持"严细实恒抓管理，学思践悟重实效"的工作理念，实施"选、讲、看、解、谈、评"六步工作法，提升学员的"实战"能力。创新面授形式，组织学员到湖屯镇前兴隆村、高新区南仪仙村开展现场教学活动。截至年末，2016级、2017级共开展集中面授5次、累计培训16天。通过系统的学习教育，进一步提升学员的工作能力和服务水平。2018年"两委"换届后共有14名学员担任村党组织书记或村主任，其中8人成功连任，6人新当选。做好招生工作，组织开展2018级农村"两委"成员专科学历教育招生工作，严格人选推荐、审核、公示、培训、考试等各个环节。结合历年考试内容，开展考前培训，保证学历教育招生质量。2018级招生共录取农村"两委"成员55名和社区"两委"成员12名，录取总人数、录取率均

居泰安市第一位。

(范军)

宣传工作

【概况】 至年末，市委宣传部内设办公室（挂人秘科牌子）、宣传科、理论科、教育科、新闻出版科、企业宣传科6个职能科室，下属市精神文明建设委员会办公室1个正科级行政单位，市新闻中心1个正科级全额事业单位，市文化体制改革和文化产业发展办公室、市互联网新闻宣传管理办公室2个副科级全额事业单位。2018年，市委宣传部围绕中心、服务大局，按照党代会和"四定"工作要求，全力创建全国文明城市，推进新一轮创城起步年工作，2018年度测评综合成绩列全省21个创建县市第1名。推进新时代文明实践中心建设，被中央、省委确定为试点，打造14个镇（街区）分中心、首批70个社区（村）示范站，构建起"5+X"活动体系。市委书记常绪扩参加中宣部常务副部长王晓晖到曲阜调研座谈会并作交流发言，肥城市先后迎接省委宣传部、中宣部调研指导。全面加强意识形态工作，组织做好中央、省委和市委巡视（巡察）反馈、自查和发现问题的整改落实。服务市委中心组学习22次，举办桃都讲坛4期，市委中心组被评为全省2017—2018年度先进党委中心组。在《泰安日报》刊发头版头条15篇，居泰安县市区第1位。做好网络舆情监测处置，化解负面舆情129起。参演央视《魅力中国城》节目，肥城市被评为"中国魅力城市"，入选"魅力中国城·城市联盟"会员单位，"肥城桃木雕刻"被评为年度魅力旅游文创产品。推进乡村文化振兴，连续三届荣膺文化强省建设先进县，承办全省乡村学校少年宫建设现场会；文化产业考核成绩列泰安市第1位；城乡环卫一体化、移风易俗和村风民风民调综合成绩，列全省县市区第11位、泰安市第1位。推出中国好人1名、山东好人9名、泰安好人12名、肥城好故事典型18期，隆重为12名道德模范举行颁奖典礼。牵头抓好春节、元宵节、桃花节、建安业颁奖典礼等系列文化活动。

(董晓)

【全国文明城市创建】 推进新一轮创城起步年工作，以社区长效治理为抓手，坚持问题导向，着眼常态长效，做好实地测评、网上申报、电话调查、部门评价，2018年度测评综合成绩列全省21个创建县市第1名。①优化整合工作力量。将文明办、爱卫办合署办公，健全工作制度机制、问题处理流程，举办张家港专题培训班、2次指标培训会、7次社区培训会，人人争当创城明白人。大班子领导和文明单位联系包保，城管巡管下沉社区，驻区单位协同共建，职能部门各负其责，社区人员和志愿者全面参与，凝聚创城强大合力。②社区"六化"治理。统筹协调、推动实施广告拆违、交通秩序和经营秩序综合治理、小区"三有六化"达标创建、文明养犬、巡管进社区、消防进社区、市民"四不"行为集中整治、学生家长每周一次文明作业等工

印发10万册《市民文明手册》（孔燕　摄）

作。推进河西社区样板打造，全面整治18类491个实测点位，为面上工作创造积累经验。③文明城市创建宣传。营造浓厚宣传氛围，发布新版《肥城市民公约》《肥城市民文明手册》，组织各镇街区开展市民意见建议巡访。策划增设大型景观式公益广告21处，其他类型公益广告19660处，沿街门店全部播放核心价值观24字、公益广告内容。④工作督导考核。与文明奖结合，制定社区、部门考核办法。对24个社区进行月度文明指数测评，聘请第三方对职能部门进行两次模拟测评，重点难点问题交办督办247项。

（胡成）

【新时代文明实践中心建设】 新时代文明实践中心建设被列入全国试点，参加中宣部常务副部长王晓晖到曲阜调研座谈会并作交流发言，相继迎接中宣部、省委宣传部的调研指导。搭建三级组织架构，建成市新时代文明实践中心，铺开建设14个镇街区分中心，打造南北2条示范线、70个村级示范站。发挥中心统筹领导、指导培训、日常管理、督导检查作用，组织各类专题会议、业务培训、现场督导32次。整合盘活资源力量，挖掘梳理市镇村部门社团"五个层面"阵地、队伍、项目资源，整合市委党校、综合文化站、党群服务中心（文化服务中心），搭建

中心、分中心和站活动阵地，在广场公园、文化场馆、示范园区、科普基地、乡村学校少年宫，因地制宜建设文明实践广场和基地。坚持"把方向设底线""三多一少"，在市级层面组建市直机关、社团组织志愿服务队34支，镇村层面服务队700余支，全市登记志愿者达到12.8万人。构筑"5+X"活动体系，采取"讲评帮乐庆"五种方式，广泛开展理论宣讲、文化下乡、法律法规、送温暖献爱心等各类文明实践志愿服务164场次。推出"情暖夕阳红""家长幸福课堂""墙上拉面""爱心黄手环""益杖助老""与爱同行为你而歌"公益巡演、"金辉助老"青春扶贫等一批公益品牌项目。

（孙甲勇）

【新闻宣传】 围绕三个新高地、新旧动能转换、文明城市创建、乡村振兴等中心工作，在泰安以上主流媒体发稿1260篇，其中在《泰安日报》刊发头版头条15篇，居泰安县市区第1位。统筹市内媒体，开设"四大动能巡礼""创建全国文明城市、新时代文明实践在行动""壮阔东方潮、奋进新时代、庆祝改革开放40年""乡村振兴进行时"等重点专栏专题，做好重要会议、重点工作和重大典型的宣传报道。加快融媒体中心建设，实现新闻资源出口初步融合，政治新闻统一出自电视

新闻部，全市性重大活动统一策划、集中采访、多元报道。

（李胜男）

【意识形态】 迎接省委意识形态专项巡视，做好中央巡视山东反馈问题的整改落实，对全市4所高中进行专项巡察。严格落实责任制，成立市委意识形态和宣传思想工作、网络安全和信息化"两个领导小组"，出台《责任清单》《负面清单》"两个清单"，把意识形态纳入党建考核、民主生活会、述职述廉和市委巡察。召开3次常委会、1次专题会议，研究推进工作开展。抓实抓紧理论学习，围绕学习习近平新时代中国特色社会主义思想、各级重要会议精神和《习近平谈治国理政第二卷》《习近平新时代中国特色社会主义思想三十讲》，服务市委中心组学习研讨22次，办好桃都讲坛4期。市委中心组被推荐为全省2017—2018年度先进党委中心组。省级舆情信息直报点全年上报信息2000余篇，居泰安县市区之首。

（董晓）

【网络管理】 制定《网络意识形态责任制实施细则》《网站公众号微信群管理办法》和网络舆情《监测管理办法》《应急预案》，改造升级互联网监测系统，加强对全市115家网站、320家微信公众号和党政机关微信群的日常监管。开展网

络巡查 8 次，整改问题 1000 余条，做好重要节点的舆情监测，协助处理舆情 129 条，跟帖评论 4000 余条，编报《网络舆情信息专报》12 期、《舆情专报》5 期。

（王秀民）

【乡村文明行动】 推进乡风文明提升专项行动，承办全省乡村学校少年宫建设现场会。上半年环卫一体化、移风易俗、村风民风电话调查综合成绩列 129 个县市区第 11 位、15 个县级全国文明城市提名城市第 3 位、泰安市第 1 位。泰东路环境综合整治、"三清三禁"环境整治和移风易俗、村风民风工作成效显著。成立村级赡养基金理事会 133 个，设立赡养基金 127 个，为 1287 名贫困老人发放养老金 84.8 万元。刊播好故事典型 18 期，播出"鲜花送文明"节目 48 期，上报中国好人线索 33 万余条，推出中国好人 1 名、山东好人 9 名、泰安好人 12 名、肥城四德"榜上有名"先模人物 20 名。开展道德模范评选，对 12 名道德模范进行表彰。

（刘风惠）

【文化建设】 促进乡村文化繁荣振兴，连续三届荣膺文化强省建设先进县。"爱国、诚信、正直、奋进"为核心的肥城君子文化深入人心。牵头办好春节、元宵节、建安业颁奖典礼、

桃花节、消夏广场等重大文化活动，36 个文化社团进社区开展活动 260 场次。开展"肥城歌曲大家唱"，首批改编传唱 10 首经典歌曲。推进新华书店进校园进社区。成立文化产业协会，泰鹏智能家居、慈明学校等 9 家新纳入文化产业统计口径，总数达到 34 家。

（武连伟　赵腾腾）

统一战线

【概况】 至年末，市委统战部内设秘书科、党外人士工作科、宣传调研科、经济联络科 4 个职能科室，下属市对外人才联络中心 1 个股级事业单位。实有行政编制 13 人，工勤 3 人，事业编制 4 人。2018 年，市委统战部贯彻落实党的十九大精神以及各级统战部长会议精神，把握大团结大联合主题，围绕"服务经济发展、维护社会稳定"两条主线，坚持"扩大共识、民主协商、联谊交友"三个途径，发挥"在外肥城人才、党外知识分子、非公有制经济代表人士、新的社会阶层人士"四类人才优势作用，履职尽责、开拓创新，各领域工作取得显著成效。"在外肥城人才"队伍建设工作经验得到上级统战部门广泛宣传、推广，在泰安市统战部长会议上，肥城市委常委、统战部部长付玲作题为《发挥统战优势 汇聚发展合力 打造"在外肥城人才"

之家》典型发言。市委统战部先后荣获 2018 年度《中国统一战线》宣传工作先进单位，肥城市"桃都先锋"红旗党支部，肥城市 2017 年度党建工作先进单位一等奖等荣誉称号。

【党外代表人士队伍建设】 学习贯彻党的十九大精神、习近平总书记系列重要讲话和各级统战部长会议精神，举办统战成员学习教育活动 6 次，不断凝聚思想共识。拓展监督平台，在检察院、监察局、审计局等 7 个部门聘请 14 名特约监督员的基础上，推动市行政审批服务局聘请 10 名党外代表人士担任特约监督员。做好党外干部人才储备和推荐使用工作，12 月 19—23 日，在市委党校组织 30 名优秀党外干部、12 名民主党派骨干成员参加为期 5 天的培训。强化党员领导干部与党外代表人士联谊交友，全市 25 名副县级以上党员领导干部联系 50 名党外人士。支持引导新的社会阶层人士积极回馈社会，开展新阶层助力美丽清洁捐赠、大汶河环保等公益活动 12 次，并于 12 月 18 日成立肥城市新的社会阶层人士联谊会。

【多党合作工作】 按照年度政党协商计划，组织召开民主协商会、征求意见会、专题座谈会、情况通报会等，其中市委、市政府主要领导参加 6 次。组织民主党派、无党派人士参加

各类检查监督活动11次。加强民主党派基层组织建设，支持民主党派和无党派人士有针对性地考察调研，并召开重点课题交流座谈会。支持引导民主党派开展公益活动，农工党、九三学社举办义诊活动14次。

【非公有制经济领域统战工作】 12月7日，召开全市民营企业座谈会，市委书记常绪扩出席会议并讲话。每半年召开1次工商联主席会议，广泛听取意见建议。市委统战部、市工商联、市司法局、市文化传媒局联合开展"三联三送"主题实践活动，联同党政部门促环境、联合社会力量促发展、联合会员企业促亲清。围绕推动"非公十条"落实，在全市范围内开展企业需求调研活动，召开企业座谈会29场次、走访企业家500余人次，收集问题5类90多条，并逐项推进解决。发挥桥梁纽带作用助力企业发展，帮助山东农大肥业科技有限公司通过知识产权抵押贷款2000万元，山东富士康工贸有限公司通过商标品牌质押借贷500万元。

【民族宗教工作】 9月6日，桃都讲坛邀请省民委主任、宗教局局长马传凯做宗教政策法规主题讲座，全市800余名副科级以上干部参加学习。组织开展宗教政策法规宣讲活动14场，覆盖各级党组织负责人、机关

9月，市委宣传部、市委统战部、市民宗局联合在边院镇凤凰村文体广场举办"砥砺奋进40年、民族工作创辉煌"民族团结进步事业成就展

干部2700余人。11月6日，中央社会主义学院党组书记潘岳带领中央统战工作领导小组第五调研组到肥城调研宗教工作，省委副书记杨东奇、泰安市委书记崔洪刚陪同活动，对肥城市宗教工作给予高度评价，为下一步工作指明方向。推进民族团结进步事业发展，对上争取资金497.91万元，打造安驾庄镇升庄村、边院镇凤凰村等美丽民族村，以"交往交流交融、共同团结发展"为主题开展肥城市第18个民族团结进步宣传月活动。

【海外统战工作】 搭建对台交往交流平台，构筑起以海峡两岸（肥城）有机农业示范基地为主体，春秋古城和台湾城市广场2个山东省海峡两岸交流示范点为两翼的对台交流"大舞台"。2月1日，成立泰安市台商协会肥城分会。组织赴台考察14批29人次，邀请台湾各类协会及台商到肥城参观考察8批136人次，对台经贸交流持续深化。至年末，全市共有台资企业12家，在谈台资项目5个，在建及扩规扩能项目3个，全年完成台资企业实现增资扩股、技改投入3250万元，引进利用外资100万美元。

【在外肥城人才工作】 围绕提升联络质效，聚焦与肥城市产业结合度高、关联度高的在外肥城人才精准对接、靶向发力。年内，市委统战部牵头拜访16个省30多个地市的在外肥城人才，特别拜访2名肥城籍中国工程院院士、1名肥城籍中国科学院院士。举办校企对接、企企对接、产学研讨等"家乡行"系列活动12次，100余位专家教授、企业家回乡参观考察。

帮助在外老乡协调解决医疗、就业、上学、退伍安置等各类问题 100 余件，经在外肥城人才介绍或直接投资项目 40 个。在外肥城人才以多种形式为家乡捐赠款物约 5000 余万元。

【统战理论调研和宣传信息工作】 指导各镇街区、统战各部门结合"大学习、大调研、大改进"系列活动开展深入调研。肥城统一战线微信公众号发布信息 106 条，上报省市工作信息 60 余条。《中国统一战线》《山东统一战线》杂志各发表文章 1 篇，2 篇改革开放四十周年征文在山东统一战线公众号发布。人民网、齐鲁网等发布肥城市统战工作新闻 5 篇。录制播出《追梦他乡肥城人》专题栏目 20 期。

【成立肥城市新的社会阶层人士联谊会】 12 月 18 日，肥城市新的社会阶层人士联谊会成立，吸纳 100 名政治素质高、学历层次高、有较大社会影响力、能积极发挥作用的年轻优秀代表人士为新的社会阶层人士联谊会会员，其中民营企业和外资企业管理技术人员 58 人，占比 58%；中介组织和社会组织从业人员 26 人，占比 26%；新媒体从业人员 7 人，占比 7%；自由从业人员 9 人，占比 9%。选举产生第一届领导班子，山东兴润园林生态股份有限公司董事长、总经理张忠峰当选会长，确立"建组织、育新人，举旗

帜、聚人心，搭平台、助发展"的工作思路，为全市经济社会发展汇聚起一股新的统战力量。

【党外干部培训班】 把党外代表人士培训班列入市直单位 2018 年度专题培训（研讨）班计划，12 月 19—23 日，市委统战部与市委组织部联合选调 30 名优秀党外干部、12 名民主党派骨干成员，在市委党校举办为期五天的培训。培训采取党校理论教学、市内参观、西柏坡异地教学相结合的形式进行，通过培训，党外干部理论素养、自主融入肥城发展的能动性得到提升，坚定与党同心同向、同心共筑中国梦的理想信念。

【开展"不忘初心·继续携手前进"主题教育系列活动】 4 月，开展"风雨同舟七十载——纪念中共中央发布'五一口号'70 周年"征文活动，通过亲历回眸、所见所闻、感想感悟等形式，展现各民主党派、无党派人士与中国共产党风雨同舟、患难与共的光辉历程，多角度展示统战成员、统战干部的时代风采和精神风貌。4 月 28 日，举办"同心颂·风雨情"全市统一战线纪念"五一"口号发布 70 周年文艺演出，全市统一战线齐聚一堂，以音乐、舞蹈、朗诵等艺术形式，展现各民主党派、无党派人士与中国共产党风雨同舟、同心同德、同心同向、同心同行的光辉历程、生动实践和美好未

来。8 月 18 日，召开"品味书香·同心向党"读书会暨"不忘初心·继续携手前进"主题座谈会。组织和引导党外人士营造"读好书、好读书、读书好"的良好氛围，不断增强党外人士的政治把握能力、参政议政能力、组织领导能力和合作共事能力。12 月 28 日，肥城统一战线组织开展"讴歌新时代·携手创未来"书画摄影展，展现肥城市改革开放 40 周年以来的发展成就、崭新市容市貌以及统一战线工作成果，进一步深化广大统战成员的政治共识，为加快构筑"党建新高地、市场新高地、法治新高地"凝聚人心、汇聚力量。

（李莹 谢晓婵）

机构编制

【概况】 市委机构编制委员会办公室承担市机构编制委员会的日常工作，负责全市行政管理体制改革、放管服改革、机构改革、事业单位改革和机构编制管理等工作。内设综合科、机构编制管理科、监督检查科、调研信息科 4 个职能科室及事业单位监督管理局（正科级）、市政府审改办（副科级），下设市机构编制实名制管理中心（副科级）和市机构编制电子政务中心（副科级）。至年末，在编人员 20 人。

【机构编制管理】 ①机构编制资源配置。2018 年，全市新设

副县级机构1个，正科级机构1个，副科级机构3个。招录（聘）用编367名，其中招录公务员64名，参公人员3名，招聘事业人员300名；政策性安置用编33名，录用2018年新招录大学生到基层任职选调生用编14名，技校人才引进用编1名。②机构编制监督管理。开展全市机关事业单位内设机构和中层职数配备情况全面督查，组织全市党政群机关及所属事业单位对内设机构设置、中层职数配备情况、岗位责任清单编制以及机构编制管理的其他工作事项开展全面自查。组织举办全市机构编制监督检查工作专题培训班，对各镇街、市直各部门单位负责政工人事工作人员、市编办全体干部共计100余人进行机构编制业务及政策法规宣传培训。开展群团组织机构编制评估，根据省市编办要求，选定7个群团组织纳入评估范围，严格程序、精心实施、开展群团组织机构编制执行情况评估工作。③机构编制信息化建设。探索开展"互联网＋机构编制管理"新模式，推进机构编制业务网上办理，及时完善机构编制实名制管理信息系统信息，做好年度编制统计和机构编制实名制月报及公示工作，强化统计数据分析利用。

【"放管服"改革】 ①权力清单动态调整。分两批调整市级行政权力事项592项。同时，梳理出划转至审批局的181项行政许可。完成涉及综合行政执法改革的部门权力事项划转工作。将原市粮食局、旅游局等11个单位的行政处罚和行政强制1274项向综合行政执法局划转756项、市场监管局划转518项。公布市级政务服务事项中介服务项目清单。印发《肥城市人民政府关于公布市级政务服务事项中介服务项目清单的通知》，将保留的50项政务服务事项中介服务项目对外公布。②"一次办好"改革。实施行政审批效率提升、营商环境优化提升、监管能力提升、满意度提升、"互联网＋政务服务"提升、诚信体系建设提升"六大工程"，公布全市"贴心代办，一次办好"事项1826项，并逐项编制业务手册和服务指南。③镇街便民服务中心标准化建设。向镇街区下放政务服务事项55项，其中行政许可4项，行政处罚41项，行政确认2项，行政监督1项，其他行政权力2项，公共服务5项。将进驻中心事项整合成民生、公安、税务、不动产登记、注册登记、许可经营、投资建设、农业事务等大类，设置综合窗口，推行一个窗口综合受理业务。在市镇两级建立重点项目代办中心，组建专（兼）职代办队伍，上下联动、分工协作，开展全程代办服务；在有条件的村居、社区建立便民服务点，发挥村级代办员作用，开展代缴代办代理等便民服务。

【机构改革】 ①市级机构改革和乡镇行政管理体制改革。按照省和泰安市部署要求，开展调研，摸清全市机构编制底数。成立深化机构改革协调小组，并下设办公室。组建综合组、机构编制组、人员划转组、资产划转组、档案划转组5个工作组，并明确工作规则和相关纪律要求。11月5日，召开市委常委会议研究机构改革有关问题；11月6日，召集工作专班相关人员及镇街组织委员，召开全市县乡机构改革推进会，对改革工作进行安排部署。12月24日，向市委常委会汇报党政机构改革的有关情况和全市机构改革方案，会后上报《关于〈肥城市机构改革方案〉的请示》。12月30日，上报《关于〈肥城市深入推进镇（街道）行政管理体制改革方案〉的请示》，12月31日，泰安市批复批准肥城市的改革方案。②相对集中行政许可权改革。印发《肥城市推进相对集中行政许可权改革组建市行政审批服务局实施方案》和《关于组建肥城市行政审批服务局的通知》，组建市行政审批服务局。10月29日，市行政审批服务局挂牌成立。③承担行政职能事业单位改革后续工作。印发《关于正式下达承担行政职能事业单位改革试点行政机构限额和行政编制的通知》，正式下达行政机构限额和行政编制，理顺涉及改革部门单位机构设置和编制配备，保障正常运行。石横镇成功申报经济发达镇行政管理体制改革镇。7月21日，召开市委常委会议，确定推荐石横镇申报经济发达镇行政管理体制改革单位。7月31日，泰安市同意并上报石横镇开展经济发达镇行政管理体制改革的请示。11月19日，省委编办印发《关于新增经济发达镇行政管理体制改革镇的通知》，石横镇被省委编办确定为向中央编办备案的10个经济发达镇行政管理体制改革镇之一，综合得分与青岛泊里镇并列第一。

【事业单位监管】 ①事业单位改革。按照上级要求，印发《2018年肥城市加快推进事业单位改革重点任务分工》，6月1日，组织召开全市加快推进事业单位改革动员会议，安排部署全市事业单位改革工作，动员全市上下进一步统一思想、提高认识、精心组织、扎实推进，确保圆满完成改革任务。②公立医院法人治理结构建设。根据上级文件精神，出台《肥城市实行法人治理结构公立医院外部监事履职评价实施办法（试行）》《肥城市实行法人治理结构公立医院保障监事会（监事）履行职责工作规定（试行）》《肥城市实行法人治理结构公立医院监事会（监事）发

现问题处理办法（试行）》，安排部署编制公立医院权责清单和检查评估工作，联合市卫计局组成检查评估小组，先后到2家公立医院开展实地检查。③事业单位日常监管。完成全市所登记的419个事业单位的年度报告公开工作。全年共办理设立登记11起，变更登记36起，注销登记3起，重新申领证书2起。按时完成2017年度事业单位绩效考核实地考核工作，公布考核结果，落实考核结果使用，并根据考核结果进行反馈意见。开展事业单位"双随机、一公开"抽查，随机抽取市老干部活动中心、市金融服务中心、市图书馆等10个事业单位，开展实地抽查工作。结合2017年度事业单位年度报告公开工作，开展印章清理，共收缴26个单位的公章、财务章34枚。④事业单位业务范围清单动态调整。印发《关于动态调整事业单位业务范围清单的通知》，对27个事业单位业务范围按照相关规定调整。其中新增业务条目共计11项，删减业务条目共计13项，更改表述的业务条目共计45项。

（刘传琨）

~~~~~~~~~~~~~~

台湾事务

~~~~~~~~~~~~~~

【概况】 2018年，市台办贯彻落实中央省市对台工作的方针政策及决策部署，按照"抓重点项目、培植龙头企业、强化

服务、促进合作"的工作思路，重点做好对台交往交流、对台经贸合作、台资企业培植创新和台企台胞台属服务等方面的工作，取得新的成绩，促进对台工作的全面发展。年内，组织赴台考察活动14次29人次。邀请台湾客商到肥城参观考察、洽谈项目8批次136人次。

【对台经贸工作】 在不断扩大对台交往交流的基础上，进一步健全服务机制，促进台资企业和项目的发展。通过明确专人盯靠服务，及时解决台资项目推进中存在的困难和问题，确保现有项目快发展、在谈项目早落地、在建项目早投产，对台经贸合作取得显著成效，被泰安市台办评为"全市对台经贸工作先进集体"。截至年末，全市共有台资企业12家，总投资1.9亿美元，实际到位台资1.04亿美元，提供就业岗位2000多个，其中山东省百强台资企业2家。台资企业个数、投资规模、实际到位资金在泰安市均列第一位。在谈台资项目5个，总投资2.5亿元，分别为台湾特色精品商务酒店项目、台湾精致农业发展协会拟与泰山玫瑰园合作的玫瑰种植基地暨玫瑰精油加工项目、台湾鹰鹏控股集团拟与安驾庄镇合作建设的光伏休闲观光农业项目、台湾宝锯投资公司拟投资建设的休闲观光旅游农业项目以及台湾邱氏宗亲会拟投资

建设的左丘明文化旅游产业园项目。在建及扩规扩能项目3个，分别为台湾城市广场二期项目、泰安弘海食品有限公司加工及冷库技改项目和嘉安远隆脱水生产线项目，总投资5亿元。

【对台交往交流】 年内，先后组织市商务局、民发局、林业局、教育局及泰安恒昌农业科技发展有限公司、富兴商贸有限公司、一滕新材料有限公司等相关部门单位及企业组团或随团赴台开展经贸、乡村旅游、科技交流等考察活动14批次29人次，比上年同期增加2批9人次。其中以现代农业实体公司、专业合作社及新科技、新材料为主体的企业单位赴台考察、交往交流活动较以往明显增加。2018年，借助"鲁台经贸洽谈会""台湾工商精英泰山行""桃花节""中国首届进口贸易博览会"等活动积极地请进来，共邀请台湾文化产经交流促进会、台湾中华卓越青工台中市总会、台湾精致农业发展协会等台湾商业协会及台商8批次136人次到肥城参观考察，洽谈交流，寻求合作。台商到肥的人次和层次较往年均显著提高。

【三台服务】 2018年，市台办贯彻落实省、泰安市和肥城市委、市政府部署要求，先后开展"台资企业走访季""法律服务进台企"、台资企业"提质增效、转型升级"行动、"大学习、大走访、大调研"等活动，共走访调研5次，走访范围覆盖全部台资企业，走访慰问台胞台属3次。运用电话、微信、邮件等多种渠道，做好与台资企业联络沟通工作，对台服务能力不断提升，取得积极效果。对全市台港澳和海外侨胞的信息情况进行统计、调查摸底，形成《肥城台港澳侨人员统计情况表》，为更加广泛地联络台港澳同胞和侨胞奠定基础。相继协调解决泰安诚意智能家居内部管理问题、元溢农业生物公司环保督查化工企业检查、嘉安食品公司供气不足问题和肥城市常来常住台商《居住证》办理、肥城籍台胞胡真伯回乡定居、新城街道张正阳赴台求学等事宜，第一时间帮助台企台胞台属解决各类难题。

【对台宣传】 利用网络、微信、杂志等各种媒介加大对台宣传力度，及时推送中央、山东省、泰安市各项重大决策部署、重要对台政策和肥城市委市政府新闻动态、城市建设、便民服务事项等内容。2018年，利用微信"台商朋友圈""台商投资服务平台公众号"有针对性的推送中央"惠台31条"、山东"惠台56条"、泰安人才新政"金十条"以及肥城市委、市政府各项政策措施等各类信息200余条，扩大"两岸一家亲"的思想共识，有力地宣传推介肥城。在"山东省台办官网""中国山东网"、《海峡时空》杂志等媒体积极投稿，发表各类信息14篇，宣传肥城市对台工作开展情况，取得良好效果，被泰安市台办评为"涉台宣传报道先进单位"。

【对台工作座谈会】 7月19日，市委对台工作座谈会召开。市委常委、统战部部长付玲出席会议并讲话，副市长孙琪主持会议。市委对台工作领导小组成员单位相关负责人、各镇街统战委员参加会议。会议传达省、泰安市对台工作会议精神，总结2017年以来全市对台工作开展情况，对下步工作进行安排部署，为下一步全市对台工作的开展打基础。

【台湾农业专家工作室成立】 12月18日，市农业局与台湾农业专家张丰德、杨俊智举行签约仪式，标志着肥城市"台湾农业专家工作室"正式成立。市农业局与两位专家签订聘请协议，颁发聘请证书，双方就台湾农业专家到肥城开展农业技术培训和指导、依托山东省海峡两岸（肥城）有机农业合作交流示范基地设立合作实验田等具体的合作内容进行座谈交流，制定长期合作规划。"台湾农业专家工作室"的成立，对于推动肥台两地农业合作，丰富山东省海峡两岸（肥城）有机农业交流示范基地的内涵、加快基地建设具有重要意义。

【图说"一体两翼"对台交流示范平台建设】 "一体两翼"指以山东省海峡两岸（肥城）有机农业示范基地为主体，春秋古城和台湾城市广场两个山东省海峡两岸交流示范点为两翼的交流示范平台。近年来，"一体两翼"交流示范平台品牌知名度逐步提高，作用更加凸显。2018年，平台共接待台湾各类团体和客商6批112人次，促成有机玫瑰产品深加工项目、有机休闲观光农业项目、海峡两岸青年就业创业示范基地项目等各类合作意向5个。6月7日，潍坊市寒亭区、寿光市台办考察交流团一行8人到肥城考察交流示范基地建设情况。10月17日，省台办副厅级老干部冯心俭一行4人到肥城考察春秋古城、台湾城市广场等海峡两岸交流示范点建设情

况，对交流示范点建设给予高度认可。

（孟泉成）

机关党建

【概况】 至年末，市直机关工委设行政编制7人，工勤编制1人。管理党委24个，党总支22个，党支部310个，党员7000余名。11月6—7日，全省市县机关工委书记座谈会在肥城召开，现场学习观摩肥城市推进机关党组织标准化建设的经验做法。工作经验在省委组织部主办的《内部参阅》进行刊发，新华社《山东要情动态》和省直机关工委《机关党建》分别刊发市委书记常绪扩的署名文章。2018年，先后荣获"山东省机关党建宣传报道工作先进单位""山东省机关党建调查研究与实践创新先进单位""省直机关工委党建优秀成果二等奖""泰安市文明单位""泰安

市五星级党组织""泰安市机关党建工作先进单位""泰安市机关党建课题调研优秀成果一等奖""肥城市桃都先锋红旗党支部"等多项荣誉称号。

【机关党员思想教育】 开展教育培训，提升党务干部综合素质。举办支部书记培训班，邀请省委市直机关工委、泰安市直机关工委专家领导，对市直300余名党组织书记进行集中培训。组织支部书记赴省内先进区县学习考察机关党建工作，到泰安市主题党日活动中心开展"强党性、铸党魂、敢担当、有作为"主题党日活动。举办6期党务知识大讲堂，培训党务工作者1200余人次。举办入党积极分子培训班、党员发展对象培训班，分类打造政治过硬、业务过硬的党建队伍。创新评先树优，提高党务干部工作积极性。开展"优秀支部工作法"评选，"党员好故事"宣讲比赛，"先进基层党组织、优秀党组织书记、优秀共产党员"评选，用身边人身边事教育广大党员，同时对推选出的"优秀机关支部书记""优秀党务工作者"做好典型宣传。

（张丽）

【组织与制度建设】 ①参与制定市直机关基层党组织标准化体系。参与制定基层党组织星级评价标准。做好《党章》及党中央规定的基础性工作的，

山东省海峡两岸交流示范点——台湾城市广场

定为三星级党组织；在此基础上，做好省委和泰安、肥城两级市委部署的重点工作的，定为四星级党组织；同时，围绕工作落实，有创新性做法、抓党建促发展成效显著的，定为五星级党组织。梳理形成市直机关"三、六、十二"标准化建设体系创建标准。设置基本标准、规范标准、创新标准三个争先层次，突出政治建设、班子建设等六项重点内容，细化十二项具体规范，编制《支部标准化建设工作规范》，推动党建责任落细落实。严格落实《中共肥城市委关于推进基层党组织标准化规范化建设的实施意见》要求，在工作中，严格评、当真抓，把标准变成"硬杠杠"、硬约束，将党建工作考核与星级评定结果相统一，强化标准结果运用，督促各基层党组织高标准完成各项党建工作任务。②优先培植标准化建设示范点。按照市委常委会要求，市委各常委所在的党支部率先成为示范党支部，以上率下，形成良好政治生态；发改、人社、公安、卫计等部门的党组织打造为示范党组织；有一定基础的党委、党总支所属的骨干业务支部，争创示范党支部。2018年，共建设市直机关党建示范点48个，党建品牌48个。市煤炭发展中心培树的"党建保安"品牌，实现党建覆盖面由机关向监管企业、监管现场延伸，成

为全省煤炭系统的典范。市审计局、水利局党建示范点临时党小组等创新做法，较好地实现党建与业务的深度融合。市行政审批服务局党建示范点探索打造的"支部建在窗口"党建项目被国家机关工委确定为全国百优案例。③建设机关区域党建示范带。创建党建示范带，深化示范点建设，探索区域机关党建。遵循由点到线、由线带面的工作思路，以党建资源为载体，以主题活动为纽带，以争先创优为手段，把其相邻近或相关联的党组织，组合成既相互独立、各具特色，又紧密联系、同频共振的党建有机统一体。至年末，已建设文广大厦党建示范带和公安系统2条党建示范带。

（刘冬梅　张丽）

【机关作风建设】　①科学谋划，健全责任传导机制。制定出台党组织书记责任清单、任务清单和问题清单，细化党建工作任务，层层签订《党风廉政建设责任书》。年初即确定基层党组织标准化建设、党建示范点及示范带建设和严肃党的组织生活三大重点，主抓48个示范点和文广大厦、公安系统示范带建设。制定《市直机关党建考核方案》，并严格考核，机关党建水平较往年有较大提高。②严格程序，确保从严治党不变形不走样。在编印《机关党的建设制度文件选编》的基础

上，严格把好机关支部换届和发展党员两个关口，对机关支部换届严格换届请示、候选人推荐批复、党员选举、上报审批等流程，确保换届"零事故"；在发展党员方面，针对省委巡视组反馈问题，制定发展党员操作规范，严格入党申请、入党积极分子确定培养、发展对象确定考察、预备党员接收及转正等各环节，党委委员全程参与。确保党员发展工作严肃性。年内有1名党员发展对象因入党积极分子培养过程存在纰漏被取消党员发展对象资格。③强化督导，严肃规范组织生活。实行党委委员包保责任制，建立联络督导、季度通报制度，全年印发通报1200余份，将通报结果纳入年度考核。施行工委委员分片包保制度。工委委员负责包保系统各单位党内组织生活等党建工作的指导督导。

（刘冬梅　张丽　刘庆来　裴涛）

【机关精神文明建设】　以主题活动为载体，打造"活力机关"建设新样板。围绕中心任务开展内容丰富、形式多样的"主题党日"活动。年内，市直机关工委先后组织党组织书记在泰安市主题党日活动中心开展主题党日活动、组织党员开展认领荒山义务植树"桃乡增绿"主题党日活动、组织党员开展"衣旧暖心"暖冬捐赠活动等一系列主题党日活动。每月开展

2月23日，市委市直机关工委、市体育局联合举办市直机关2018年迎新春拔河比赛（刘冬梅 摄）

主题突出、丰富多彩的文体活动，激发广大机关干部职工活力。2018年，先后开展市直机关篮球比赛、拔河比赛、乒乓球比赛、活力机关青年行登山比赛、迎七一书画展、红色经典诵读、健步走等多种形式的文体活动，深受广大机关干部好评。组织党员进社区开展志愿服务。至年末，全市近3000名党员进社区报到，主动认领服务岗位，参与举办社区志愿活动上百次。履行党群系统牵头职责，系统各单位在精准扶贫、社会治安综合治理、保密工作、文化建设、精神文明建设、未成年人思想道德建设、计划生育、信访稳定、统一战线等工作中均取得良好成绩。

（刘冬梅 刘庆来 张丽）

党校工作

【概况】 至年末，市委党校有教职工27人，其中参照公务员管理6人、专业技术人员21人；教师17人，其中高级讲师4人、讲师8人；辅助系列3人，均为中级职称；离退休干部职工33人。设党总支，下辖2个党支部，共有党员21人。市委党校实行校委会负责制，校委会成员7人，下设办公室、教务处、总务处、对外培训处、教研处、进修处6个处室，均为副科级单位。为泰安市级文明单位，2018年荣获"肥城市党建工作先进单位""先进基层党组织"等称号，成功申报国家级节约型公共机构示范单位和山东省绿色建筑。

【干部培训】 共举办各类主体班次70期，培训7051人次。其中科级干部进修班1期，培训44人次；中青年骨干培训班1期，培训53人次；农村党组织书记和两委干部骨干培训班6期，培训859人；推进放管服改革和新旧动能转换专题培训班1期，培训118人次；乡村振兴专题培训班1期，培训230人次；联合培训班31期，培训3570人次；对外培训班29期，培训2177人次。发挥党校阵地优势，立足党校特点，办好农村干部大专班。开展党课订单服务活动，深入到市直各系统、各镇街、高新区宣讲习近平新时代中国特色社会主义思想和党的十九大精神50余场次，培训党员干部群众12000余人次。推出微型党课，组织教师录制习近平新时代中国特色社会主义思想微党课专题29个，并上传至"桃都微型党课"公众号。

【教学工作】 深化"党校＋基地"教育培训模式。以党校为培训主阵地，以特色村级教学点为依托，发挥党校的理论教学优势，挖掘肥城市典型村经验做法，与市委组织部联合打造全市农村党员干部教育培训基地。确定新城街道古店社区、王瓜店街道黄叶村、仪阳街道石北村等64个班子硬、队伍强、发展好的典型村，分为集体增收、美丽乡村、党性教育、基层治理四大专题。9月8日，市委书记、党校校长常绪扩现场调研指导教学基地建设情况，要求结合肥城实际，整合现有资源，建设具有肥城特色的教育基地。党员干

4月18日，全市主体班次在市外党性教育基地——嘉兴南湖纪念馆重温入党誓词

部教育培训基地教学特色品牌进一步完善。

【科研工作】　坚持科研工作"为教学改革创新服务、为领导决策咨询服务"的原则开展调查研究。省委党校十九大精神专项研究课题立项11项并结项，泰安市社科联课题立项2项并结项，其中《农村一二三产业融合发展研究》被评定为优秀等级。参加泰安市社科工作调研座谈会并作典型发言；参加山东省暨泰安市第十五届社会科学普及周活动启动仪式，介绍党性教育基地陆房烈士陵园的相关情况；参加山东社科论坛——乡村振兴战略学术研讨会，提交的1篇论文成功入选论文集产业振兴卷。1名教师被续聘为泰安市社科专家。着眼肥城市经济社会发展重点、难点、热点问题，确定校内课题15项并结项。

【队伍建设】　①机关党建。打造党建示范点，高标准建设完成市委党校党总支、教学党支部及行政后勤党支部3个党员活动室。打造形成"党旗飘飘"党建品牌，教学党支部着力突出"党员打头阵，教学当先锋"理念，行政后勤党支部着力突出"党在我心中，服务创一流"理念，形成各具特色的支部党建工作体系。将教学与行政后勤党支部划分为6个党小组，严格"三会一课"制度，规范组织生活。②业务能力。组织实施"名师工程"和青年教师素质能力提升工程，以学术带头人为主体，集中优势资源，着力培养知名教师、重点学科带头人。组织开展教学大练兵活动，完成2期25个专题新课试讲。组织23名教师到中央党校、中国人民大学、复旦大学、红旗渠干部学院、焦裕禄干部学院、成都村政干部学院、浙江生态文明干部学院、山东省委党校、河北正定县委党校、江苏张家港市委党校学习，素质能力得到全面提升。

【服务中心工作】　①文明城市创建。将每周六作为创建活动日，按处室划片分区，组织党员干部到包保街路打扫卫生，维持秩序，为全国文明城市创建增砖添瓦。推进理论宣讲下基层，选派7名骨干教师参加全市十九大精神宣讲团，深入到市直各系统、各镇街区进行宣讲，授课60余场次，培训党员干部群众10000余人次。实行党课订单服务活动，根据各镇街、市直各部门需求上门宣讲，全年共宣讲30余场次，培训党员干部5000余人次。②驻村帮扶。按照市委和高新区党工委的要求，驻王瓜店街道曹杭村"第一书记"配合村党支部书记，从加强班子建设入手，增强村"两委"班子凝聚力、战斗力。争取"一事一议"项目资金25万元，美化亮化村容村貌。在村庄主干道两旁栽种海棠521株、石楠6000余棵，修缮文体广场、文化大院地面，重新安装村内路灯，维修监控设备，村容村貌焕然一新。狠抓环境卫生，集中清理村内道路两侧"小菜园、小树林"，并由中节能公司统一管理环境卫生。投资120万元硬化道路2.6公里，投资3万余元硬化广场路面，新装6件体育器材，旧的器材重新粉刷，安装6米广场中央照明灯一盏，重塑百姓广场。开展端午节走访活动，为11户80岁以上老人送去节日慰问品。为曹杭村无偿捐赠空调3台。

【管理服务保障】 建立规范制度体系。立足教学、科研、市内外培训、学员管理、后勤保障等工作实际，明晰岗位职责，明确责任分工。在学习借鉴先进党校经验的基础上，多次召开校委扩大会议，逐条研究各项规章制度，形成《市委党校工作制度汇编》，做到以制度管人管事，按流程运作业务，管理更加科学规范。实行目标绩效考核。根据年度工作目标和任务，进一步修订完善考核标准和办法。对工作业绩突出的教职工，在年终评先树优、职称评聘等方面予以倾斜，充分调动教职工的工作积极性。提升后勤服务水平。深化后勤服务改革创新，实现后勤管理的专业化、标准化、科学化。对餐厅、住宿、物业、保卫及水、电、暖、气等严格管理，打造周到便捷、和谐温馨的学习生活环境。

党史资料征编与研究

【概况】 至年末，市委党史征集研究办公室（市地方史志办公室）内设秘书科、党史征研科、史志编纂科3个职能科室；

有参公编制11名，实有人员10人，退休干部8人。年内，围绕市委、市政府中心工作，充分发挥部门职能，努力在"做新、做精、做活"党史工作上下功夫、出成果。

【建国前老党员口述史资料征集活动】 为多渠道、多角度、多层面深入挖掘党史资源，抢救党史史料，联合市委组织部、市委老干部局、市广播电视台组织开展建国前老党员口述史资料征集活动。截至2018年2月底，共健在建国前老党员121人，最大101岁，最小84岁；农村51人，城镇70人。经过前期调查摸底，制定下发工作方案，召开全市动员会，分期跟进督促协助调查，共征集到78名老党员的相关资料。

【《泰安改革开放实录·肥城卷》出版发行】 为纪念改革开放40周年，根据山东省委党史研究室及泰安市委党史办的统一要求，在前期广泛征集形成的初稿基础上，经过反复修改完善，挑选上报专题文章33篇，共计37万余字，收录改革开放以来肥城具有代表性的重大历史事件，作为对改革开放40周年的献礼之书。该书于2018年10月出版发行。

【《中共肥城简明史》征编】 为向广大党员干部普及肥城党史，系统梳理总结自1919年五四运

动以来中共肥城历史发展概况，启动征编《中共肥城简明史》。全书分为早期党组织建立发展时期、抗战时期、解放战争时期、新民主主义革命时期及改革开放时期五个部分，以图文并茂的形式、通俗易懂的语言，为广大党员干部群众尤其是青少年学习了解中共肥城历史提供便捷途径。

【党史教育场馆建设】 ①建成肥城第一个党支部纪念馆。市委党史办联合市委组织部、边院镇党委、边院镇东向西村党支部联合建成肥城第一个党支部纪念馆，于7月19日正式开馆。该纪念馆位于肥城市边院镇东向西村，展室为8间平房、140余平方米，采用文字、图片及实物的形式，分东向星火、燎原之势、砥砺前行、现实借鉴四个篇章，全面展示肥城第一个党支部创建、发展历程及其现实借鉴意义等。②协助肥城市老城革命纪念馆展陈设计。分别从文稿架构、革命史起源和发展脉络、历史背景交代、各时期革命活动、历史节点、重大事件和人物选择、语言文字等角度对纪念馆文案提出修改意见和建议。该馆于10月3日正式开馆，展厅面积500平方米，分古城沿革、革命萌芽、抗日烽火、翻身解放、英名永存、砥砺前行等六大篇章。通过120余幅历史珍贵图片和612件（套）实物、书籍、烈士遗

物等，真实再现老城革命发展的光辉历程。

【党史教育基地申报】 为充分发挥党史基地资政育人的重要作用，进一步做好对党史教育基地的保护、管理和开发工作，按照上级要求，年内成功助力泰安抗日武装起义革命遗址申报为山东省党史教育基地、泰安市党史教育基地，肥城市老城革命纪念馆、肥城第一个党支部纪念馆申报为泰安市党史教育基地。

【党史宣教工作】 抓住重要节点开展党史宣教。在庆祝中国共产党建党97周年之际，联合泰安市旅发委、泰安电视台录制《红色之旅——肥城》特别栏目，重点介绍肥城市布金山、陆房等重要革命遗址遗迹，红色文化、革命纪念馆，成为肥城地方历史宣传教育的又一亮点。为配合做好新形势下党史史志工作，开通"肥城党史方志"微信公众号，以单位视觉形象标志为头像，分时政要闻、工作动态、历史故事、人物春秋、红色印记、成果展示等栏目。

【刘上供稿与资料查询】 ①完成《红色齐鲁365》供稿任务。以讲述红色故事的形式，图文并茂地记录肥城在抗战时期的重要事件，暨泰西抗日武装起义、袭肥城战界首、陆房突围

和泰安抗日武装根据地，共上报文字资料7500余字，图片22幅。②协助开展《山东省离休干部名录》征集工作。配合肥城市委组织部、市老干部局联合开展肥城地区的征集工作，提供必要的党史资料查询。③开展资料查询工作。对"肥城第一任抗日民主政府县长"的疑问进行考证，对存疑之处做出回复；为相关单位以及部分老党员、抗战烈士的后代提供资料查询。

（魏君）

老干部工作

【概况】 市委老干部局坚持党建聚力、创新驱动，践行"忠诚、敢当、务实、严谨、高效"的作风，创新作为，拼搏实干，在离退休干部党建、老年教育、关工委等重点工作均取得明显成绩。至年末，全市离休干部165人，其中机关事业单位100人，企业65人，享受正县级待遇3人，副县级待遇37人，科级待遇11人。

【老干部党组织建设】 联合市委组织部、市财政局等部门制定印发《关于健全完善离退休干部党组织工作经费保障机制的实施意见（试行）》和《关于做好离退休干部党组织书记工作补助发放工作的通知（试行）》，按离退休干部党组织工作经费每年不低于2000元的标

准和党组织书记工作补助每月300元的标准执行。建立离退休干部党建工作专项督导制度，明确离退休干部党建工作百分制评分标准，涵盖支部书记履职情况、支部工作开展情况、上级离退休干部党工委工作任务落实情况、所在单位党委（党组）交办任务落实情况等4大类、14项评分内容。通过完善经费保障，建立督导制度，着力推动支部工作落地落实。

【老干部政治和生活待遇落实】 2018年起，离休干部护理费标准调整到每人每月2500元。落实离退休干部阅读文件、情况通报、参观视察、参加重要会议和走访慰问老干部制度，使老干部了解经济发展，参与出谋划策；坚持文件发放和定期学习制度，组织各有关单位订阅《老干部之家》等刊物资料。

【老年大学】 新建1处老年大学文化馆艺术分校，促进城市东西区老年教育均衡发展，共开设10个艺术专业，招收学员200余名。按照省规范化示范老年大学建设标准，加强市老年大学的学校管理、提高教学质量，荣获第一批"省级规范化示范老年大学"称号。2018年扩大专业班次13个，招收学员300余名。推进"老年教育进社区"工作，打造新城、老城、潮泉、高新区、石横7处镇街

老年学校、教学点的建设，扩大老年教育的覆盖面。

【老干部活动中心】 承担全市老干部艺术团、老年书画研究会、老体协等"老字号"协会的办公、会务、学习和活动，承担老干部社团组织和兴趣组织的文化养老和志愿服务工作。成立"桃都夕阳红"老干部志愿者舞动心炫服务分队、舞动心飞服务分队、祥鹤台球服务分队、童鹤乒乓球服务分队、书画服务分队、戏曲服务分队6支老干部志愿者服务队伍，先后开展文明劝导、扶贫帮困、政策宣讲、文化培训等志愿服务活动60余场次。

【关工委工作】 围绕"基因涵化、文明修养、关爱帮扶、组织拓展"四大创新工程，在市老年大学成立关工委，新吸纳"五老"志愿者81名，整合组建革命传统教育宣讲、思想道德教育宣讲、法治教育宣讲和文艺表演4支"五老"▲志愿服务队伍，利用老县城教育陈列馆、东向党史馆、白云书院等泰安市级关心下一代教育基地，组织青少年开展情景式、体验式红色教育30场次；开办儒学文化大讲堂，进村居、进学校、进企业作党史、孝道、家风、感恩四大主题报告50场次，推动红色基因教育和关工委工作经常性系统化发展。

▲ "五老"即老干部、老战士、老专家、老教师、老模范。

【老干部发挥作用】 围绕"十九大胜利召开""建党97周年""改革开放四十周年"等重大事件和重要节点，组织广大离退休干部开展"庆祝建党97周年·不忘初心跟党走"书画展、红色经典诵读、文艺汇演等主题展示活动。同时，结合"我亲历的改革"主题征文活动，在《今日肥城》报刊推出"离退休干部话改革"专栏，通过广大离退休干部的经历和感悟，展现四十年来中国改革开放的艰辛和辉煌。同时，通过在肥城电视台开办"走进新时代，夕阳展风采"电视专栏，广泛宣传老干部先进个人和先进集体的事迹，增强离退休干部向先进看齐的意识，激发更多老同志参与到服务中心工作中，不断释放传播正能量。推树老干部先进典型，参与市直机关纪念建党97周年暨"党员好故事"宣讲，发挥优秀老干部党员对在职党员的政治引领、思想引导的作用。

【打造"星耀桃都"党建品牌】 年初，以锻造过硬党组织书记和支部班子为重点，制定下发《关于实施离退休干部党建"群星点亮"工程的意见》，打造"星耀桃都"品牌，有效破解"引领作用不突出，组织生活不规范，阵地建设不完善，发挥作用不经常"的问题，增强离退休干部党支部的组织力和战斗力。实施"恒星带动"计划，打造更多支部书记"领头雁"。在全市率先推行"1+N"党建工作新模式，将65个单建离退休干部党组织划分成10个支部中心组，打造3处"共享党支部"，让中心组"安家落户"，通过经验分享、组织活动，以强带弱，提升支部书记

8月28日，泰安市传承红色基因教育活动暨关心下一代教育基地建设经验交流会在肥城召开

打造"星耀桃都"党建品牌

队伍整体水平。自8月份支部中心组模式运行以来，先后开展学习交流活动35场次，举办主题展示活动20场次，实现支部工作共促共建。实施"行星提升"计划，培育更多班子成员和骨干力量。通过明确培养范围、建立培养机制、强化实践锻炼、选育支部班子，进一步壮大骨干队伍。年内，先后举办支部书记培训班、支部委员骨干培训班，组织支部成员先后赴潍坊市奎文区、台儿庄大战纪念馆等地，学习老干部党建工作经验，开展主题党性教育。至年末，共有23名支部委员在志愿服务队伍中兼任负责人，4名支部委员在换届中担任支部书记，支部成员的执行力和带动力得到明显提升。实施"卫星凝聚"计划，让全体党员更具组织归属感。围绕"不忘初心、牢记使命"主题教育，通过开展红色基因教育、举办文化展演活动、开办风采展示专栏、推行"班子成员+支部党员"联系制度、建立"菜单式"老干部志愿服务平台等方式，将党性教育与红色教育资源、文化养老活动、先进事迹宣传、党内关爱、发挥作用相结合，建立起党员"本色之家""亲情之家""乐为之家"。借助泰安市主题党日活动中心、市离退休干部共享党支部等阵地，组织开展以重温入党誓词、重忆入党经历、重问入党初心"三个一"为内容的主题党日活动20场次，1000余位离退休干部党员积极参与各类志愿服务活动，离退休干部党组织支部向心力和凝聚力显著增强。党建创新经验得到省、泰安市委老干部局的充分肯定，被山东省委老干部局刊发在《情况反映》《山东老干部工作》上，泰安市委组织部、泰安市委老干部局分别刊发在《灯塔泰山先锋》和《老干部工作信息》上。

【承办泰安市传承红色基因教育活动暨关心下一代教育基地建设经验交流会】 8月28日，泰安市传承红色基因教育活动暨关心下一代教育基地建设经验交流会在肥城召开。泰安市委常委、组织部部长高尚山，泰安市关工委副主任孙运飞出席会议并讲话。高尚山对全市各级关工委组织传承红色基因教育活动、建设关心下一代教育基地等方面做的工作给予充分肯定，并要求各级各部门单位要深入学习领会习近平总书记重要指示精神，进一步统一思想、形成共识，切实增强开展传承红色基因教育活动的责任感、主动性。加大工作力度，利用好本地红色资源，因地制宜开展教育活动；统筹学校教育、家庭教育和社会教育资源，不断扩大教育覆盖面；创新教育方式方法，不断提升教育效果。加强组织领导，形成上下联动、左右协调、步调一致的工作格局，凝聚工作合力。交流会上，对第四批"泰安市关心下一代教育基地"进行授牌，其中肥城入选10个。

(王楠楠)

肥城年鉴

FEICHENG
YEARBOOK

春子之邑

FEICHENG
YEARBOOK
2019

肥城市人民代表大会

■ 重要会议
■ 常委会主要工作

肥城市人民代表大会

重要会议

【市十八届人民代表大会第二次会议】 2018年1月17—19日，在市人民会堂召开。市委书记常绪扩作重要讲话。会议听取审议政府工作报告和市人大常委会、市人民法院、市人民检察院工作报告，审查批准肥城市2017年国民经济和社会发展计划执行情况与2018年计划草案的报告、肥城市2017年预算执行情况和2018年预算草案的报告，并作出相关决议。大会选举戴先锋为肥城市监察委员会主任；选举尹丽为肥城市第十八届人民代表大会常务委员会委员。

1月17—19日，肥城市十八届人民代表大会第二次会议召开。图为会议现场（刘金辉　摄）

常委会主要工作

【概况】 2018年，常委会坚持党的领导、人民当家作主、依法治国有机统一，围绕全市工作大局，抓重点工作、重大事项和关键问题，服务发展、创新工作、开拓进取、依法履职。共召开常委会会议12次，听取审议专项工作报告28项，开展视察、调研和执法检查24次，作出决议决定和审议意见35项，为全市经济社会持续健康发展作出积极贡献。坚持党管干部原则和人大依法任免的有机统一，任免国家机关工作人员51名，备案员额法官3名，为国家机关有效运转提供强有力的组织保障。宪法和法律赋予的各项职权有效履行，市十八届人大二次会议确定的各项目标任务顺利完成。

【决议决定】 从人大职能和特点出发，找准人大工作与市委中心工作的最佳结合点，做到工作思路与市委同步，工作目标与政府同向，出发点和落脚点与群众同心，实现人大工作的新突破。依法作出决议决定，市十八届人大二次会议审议通过《关于肥城市人民政府工作报告的决议》《关于肥城市2017年国民经济和社会发展计划执行情况与2018年计划的决议》《关于肥城市2017年财政预算执行情况与2018年预算的决议》《关于肥城市人民代表大会常务委员会工作报告的决议》《关于肥城市人民法院工作报告的决议》《关于肥城市人民检察院工作报告的决议》。市十八届人大常委会第十三次会议审议通过《关于肥城市2017年市级财政决算的决议》《关于肥城市2017年度市级财政预算执行和其他财政收支情况的审计工作报告的决议》《关于肥城市2018年全市新增政府债务限额及市级预算调整方案的决议》。另外，常委会还作出其他相关决定。

【监督】 树立"市委的工作重心就是人大监督工作重点"的理念，立足全市发展大局，坚持把市委重点部署、群众迫切需求、社会普遍关注的重大事项确定为监督议题，注重创新监督形式，提升监督实效。围绕2018年市委、市政府确定的新旧动能转换、企业培植、招商引资、棚户区改造、北部城区开发、一级路绕城大交通建设、环保、扶贫、拆违、扫黑除恶等重点工作，人大常委会有计划地将其列入监督、参谋和推进的年度工作重点，运用视察、调研、执法检查，审议报告提出意见建议、作出决议决定等监督方式，深入现场，了解情况，及时跟进督导解决问题，促进相关工作有序推进和健康开展。另外，专题听取审议市法院关于深化司法改革工作、市检察院关于深化司法改革工作情况的报告。

【视察调研和执法检查】 年内，市人大常委会共听取审议"一府两院"专项工作报告28项，开展视察、调研和执法检查24次，为全市经济社会持续健康发展作贡献。围绕强化"四大动能"，分别开展对新旧动能转换、企业培植和招商引资工作的视察，提出的意见建议，对助推全市经济高质量发展起到积极作用。围绕乡村振兴战略

4月24日，市人大常委会主任赵燕军（前）带领部分人大代表视察全市城市管理行政执法和治理违法建设工作

实施，先后听取审议设施农业与汶阳田农高区建设、河长制落实、造林绿化等专项报告，促进农业农村工作的开展。围绕城市建设与管理进行监督，视察创城和城市社区治理、住房和城乡建设、综合行政执法和拆违、棚户区改造和物业管理等现场，提出具有针对性、可行性的意见建议，为改善城市面貌、提升群众满意度作出贡献。察看环保现场，听取工作汇报，督促市政府重点围绕提高水环境、大气环境、土壤环境质量，全面实施"蓝天工程""碧水工程""净土工程"，合力营造良好生态。关注教育、卫生、交通、电力等民生事业发展，通过视察调研、代表建议督办等方式，增进民生福祉。组织税收工作视察，聚焦建筑、旅游两大产业开展监督活动，针对全市高新技术产业占比仍不够高的问题，提出合理化建

议，为促进产业调整与优化升级起到一定的推动作用。开展《中华人民共和国安全生产法》和《中华人民共和国公共文化服务保障法》执法监督，为全市安全生产形势持续稳定、公共文化体系建设和文化产业发展作贡献。

【人事任免】 贯彻"好干部"标准，坚持党管干部与人大依法任免有机统一。规范任免程序，落实无记名投票表决、到会接受任命、颁发任命书和宪法宣誓等制度，增强被任命人员的法律意识、公仆意识和履职意识。及时加开人大常委会会议，通过人事任免事项，确保相关工作的依法有序开展。2018年，任免国家机关工作人员51名，备案员额法官3名，确定人民陪审员200名。

【代表工作】 落实"双联"制

度，将34名常委会组成人员分成6个组，由常委会领导成员带队，集中联系镇街区和市直系统的360多名市级以上代表，沟通情况、解决问题、汇集智慧，确保代表知情知政。代表按照地域就近、行业相近原则自主联系本选区选民，收集民情、反映民意，切实发挥桥梁纽带作用，筑牢人大工作的群众基础。根据议题情况，每次常委会会议邀请10名相关代表列席。开展视察、调研和执法检查时，邀请相关行业代表参加，每名市级以上代表在一届任期内可至少参加一次常委会会议或活动，最大限度保障代表知情权、参与权、表达权。邀请全国人大代表张武宗为近3000名党政干部、企业家和各级人大代表作题为《关于十三届全国人大一次会议的理解与体会》的专题报告。组织40名市县两级代表开展"贴心代办、一次办好"改革事项调查，在不动产登记、社保办理等方面形成调查报告20项，提出改进建议74件，在优化营商环境工作中发挥人大代表的关键作用。组织驻肥省、泰安市代表参与"发挥代表模范作用、助力生态文明建设"主题实践活动，提出环保方面的建议21件。同时，组织代表积极参与政风行风评议、"两院"开放日等活动。通过组织活动，广大代表主体作用得到充分发挥，履职议事能力得到进一步提高。

【建议办理】 市委、市政府高度重视代表建议办理工作，要求代表建议做到100%面复。2018年，人大代表建议承办单位明确专班专人，负责建议办理、落实、答复等工作，各项建议得到较好办理，市十八届人大二次会议代表提出的159件建议中，158件反馈意见满意、1件基本满意。

【宣传工作】 发挥报刊、广播电视和网站的舆论主渠道作用，宣传监督和代表等重点工作，宣传人大依法履职的过程和成效，增强人民群众对人大制度的了解、认同和自信，为市人大及其常委会依法履职营造良好的社会舆论氛围。2018年，在《人民权利报》《山东人大》杂志、山东人大网等省级及以上媒体发表稿件和理论文章30余篇。肥城市人大常委会被省人大常委会评为宣传工作先进单位。

【基层人大工作】 贯彻中央和省市委关于加强县乡人大工作的意见，统筹市镇两级人大与时俱进、创新发展。加强对镇街区人大的工作指导，通过组织镇街区人大负责同志参与监督工作、列席常委会议、外出培训等形式，提升业务能力和履职水平，促使基层人大工作不断迈上新台阶。

（雷明广　杜坤）

肥城年鉴

FEICHENG YEARBOOK

FEICHENG
YEARBOOK
2019

肥城市人民政府

肥城市人民政府

综　述

【概况】　至年末，肥城市政府设置市政府办公室（挂市人民政府法制办公室牌子，市人民政府法制办公室挂市人民政府行政执法监督局牌子）、发展和改革局、经济和信息化局、教育局（市委教育工委）、科学技术局、公安局、民政局、司法局（挂市社区矫正管理局牌子）、财政局、人力资源和社会保障局（挂市外国专家局牌子）、国土资源局（挂市测绘地理信息局、市不动产登记局牌子）、住房和城乡建设局、交通运输局、水利局、农业局、商务局、卫生和计划生育局（挂市中医药管理局牌子）、审计局、统计局、环境保护局、林业局、安全生产监督管理局、食品药品监督管理局（市食品安全委员会办公室）、市场监督管理局、文化传媒局（挂市文物局牌子）、行政审批服务局（挂市政务服务管理办公室牌子）、退役军人事务局27个工作部门。

2018年，全市经济社会发展取得显著成绩，开启动能转换的新篇章，迈向高质量发展的新天地，步入天时地利人和的新阶段。①GDP质量持续提升。面对经济下行压力加大的外部环境，千方百计稳增长调结构，实体经济根基更加坚实。完成市内生产总值823.54亿元，同比增长6.9%；人均GDP达到85033元，增长6.9%；万元GDP税收贡献732元，增长17.7%。②财政收入质量显著提升。企业培植凸见成效，财政贡献能力明显增强，纳税过亿元企业增加5家，达到12家。实现境内收入67.02亿元、增长14.7%，境内税收60.25亿元、增长19.8%；公共财政预算收入40.42亿元，税收比重达到84.4%，主体税收21.3亿元、增长49.1%。③生态环境质量全面提升。着力打好污染防治攻坚战，全面开展"蓝天碧水净地"行动，顺利迎接中央生态环保督察"回头看"；空气优良天数达到294天，空气质量优良率提高到80.5%；出境断面水质持续好转，达到四类水质标准；完成植树造林2.96万亩，城镇人均公共绿地面积17平方米。④群众生活质量有效提升。全市民生支出46.89亿元，占公共财政预算支出的78.9%；城镇居民和农村居民人均可支配收入分别达到36999元、17811元，增长7.7%、8.3%；社会保险综合覆盖率达到95.2%；农村饮水集中供水率达到98.7%；社会消费品零售总额320.53亿元，增长9.8%；金融机构各项存贷款余额分别为560.49亿元、316.9亿元，比年初增加61.36亿元、7.31亿元。⑤综

城市建设（董敏　摄）

合发展实力明显提升。在2018年度全国中小城市综合实力百强、绿色发展百强、投资潜力百强、科技创新百强中分列第44、第39、第14、第46位，全省分列第8、第7、第1、第10位。肥城成为泰安唯一入选"全国小康城市百强"的县市。

【经济工作会】 2018年2月8日，全市经济工作会议在市人民会堂召开，主要内容为贯彻中央、省和泰安市经济工作会议精神，总结工作，表彰先进，部署任务，动员全市各级进一步统一思想、坚定信心、凝神聚力、加压奋进，努力推动高质量发展、决胜高水平小康，加快构筑"党建新高地、法治新高地、市场新高地"。市委书记常绪扩主持会议并讲话，市委副书记、市长殷锡瑞在会上讲话，对2018年的经济工作进行全面安排。市委副书记王立军宣读《关于表彰2017年度经济社会发展先进单位和个人的通报》。会议对先进单位和先进个人进行表彰奖励。

【重要决策】 2018年，以市政府和政府办公室名义制定印发涉及意见、通知、通报、报告、请示、批复、议案、函等文件共184件。2月，制定《关于印发肥城市城镇其他居民独生子女父母奖励扶持政策实施方案的通知》。3月，制定《关于印发肥城市政务信息资源共享管理暂行办法的通知》。5月，制定印发《关于进一步深化预算管理制度改革的实施意见》。6月，制定《关于印发肥城市生活垃圾分类工作实施方案的通知》。7月，制定《关于印发肥城市第三期学期教育三年行动计划（2018—2020年）的通知》。8月，制定《关于推进装配式建筑发展的实施意见》《关于印发肥城市医疗联合体建设推进工作方案的通知》。10月，制定《关于印发肥城市推进相对集中行政许可权改革组建行政审批服务局实施方案的通知》。11月，制定《关于进一步优化营商环境的实施意见》。12月，制定《关于印发肥城市新旧动能转换重大工程实施规划的通知》。

（刘辉）

综合协调服务

【概况】 市人民政府办公室为协助市政府领导处理市政府日常工作的机构，加挂市政府法制办公室牌子。市人民政府法制办公室加挂市人民政府行政执法监督局牌子。2018年，围绕全市中心工作和"四定"任务，增强政治意识、大局意识、实干意识和创新意识，提高办公室整体工作水平，圆满完成各项工作任务，保障政府工作高效运转。市政府办公室先后获得"山东省政务信息报送工作成绩突出单位""泰安市政府系统办公室综合评价先进单位""党的十九大安保维稳工作先进集体"、全市安全生产工作"履职尽责先进单位"等荣誉称号。6月，市政府办公室党支部被被泰安市委授予"泰山先锋红旗党支部"荣誉称号，被肥城市委授予"党建工作先进单位"荣誉称号。

【办文办会】 ①文稿起草。高质量完成领导讲话、汇报、致辞、主持词等各类文字材料300余篇。②公文办理。全年共制发市政府文件103件、市政府办公室文件73件，审核市委、市政府联合行文89件，合计265件。处理其他"红头性"文件以及传真电报62件。③公务协调。坚持"一事一方案"制度，超前谋划，主动对接，迅速形成方案，有效保证各类会议和政务活动的顺利开展，做好上级领导来肥巡查、检查、督导、调研等活动的组织工作。先后组织全市经济工作会议、市政府全体成员（扩大）会议、市政府廉政工作会议等450余次。同时，配合组织市领导调研指导镇街区、企业、包保社区、北部城区及重点项目建设、棚户区改造等活动50余次。突出常态化联系，尤其是加强与上下级政府办公室系统及大班子办公室的联系对接，主动与各部门单位对接沟通，及时掌握信息动态，促进工作的互动交流，为工作开展争取主动。

【调研信息】　贯彻"大学习、大调研、大改进"的部署要求，先后围绕棚户区改造、乡村振兴、锂电产业发展、桃木商品等工作主题，开展数次调研活动，形成调研报告11篇。2018年，编发《肥城政务信息》26期，报送政务信息420篇，其中国务院办公厅采用7篇，省政府办公厅采用62篇，泰安市政府办公室采用16篇。反映桃木旅游商品的信息获副省长任爱荣批示，在全省优秀政务信息评选中获一等奖。

【政务督查】　政务督查工作坚持"实事求是地想、实事求是地谋、实事求是地干"的工作理念，围绕市委、市政府的重大部署，以肥城市年初"两会"及经济工作会确定的目标为统领，真督实查促落实，确保市委、市政府决策部署落地生根。①决策落实。2018年，共办理市长批示件156件、信访呈阅件50件。分解市长例会重点安排事项18次，涉及175项，对批示、安排事项不定期调度办理进度，实行"月调度、季督查"制度，对办理情况进行汇总整理，并及时向市政府主要领导报送办理结果，确保市委、市政府领导决策能够落到实处，取得实效。全年开展专项督查7次，发布禁烧通报14期、督查专报7期，解决秸秆禁烧、民兵调整改革工作检查等涉及群众切身利益的、市领导高度重视的问题。②上级督查。高标准迎接泰安市级及以上督查84次，其中调度督查68次、现场督查16次。在泰安市发布的8期督查通报中，肥城市有6期被点名表扬。从早、从快、从实筹备迎接国务院第五次大督查及环保督查活动。③提案建议办理。承办单位实行主要领导负责制，由专人全程负责提案建议办理工作。政府办公室确定专人负责提案建议督促办理工作，以周调度、月通报确保建议议案落实到位。2018年，提案建议已全部办理完毕，办复率为100%。

【政务公开】　政务公开办公室按照《国务院办公厅关于印发2018年政务公开要点的通知》和《山东省人民政府办公厅关于进一步做好政务公开工作的通知》等文件要求，围绕市委、市政府中心工作，加强组织领导、细化工作部署、全面推进"五公开"、深化重点领域信息公开、完善政务公开平台建设、强化监督保障等工作，各项任务均有序推进，政务公开工作逐步走向标准化、规范化。加强组织领导建设，出台系列重要文件。强化学习培训，不断提升政务公开业务水平。常抓督导考核，提升工作落实实效。实施督导调研工作机制，推动和部门之间的协调交流互动，同时加强督导调研，通过电话督导和现场督导相结合的方式，推动部门单位政务信息发布的数量和质量，共同推进政务公开工作的有序开展，共开展督导调研2次，并撰写调研报告。完善政务信息季度发布情况通报机制，一季度全市共发布信息1016条，二季度发布1084条，三季度发布1199条，四季度发布1099条。精细化服务，做好依申请公开答复工作。全年共收到政府信息公开申请9件，其中信函申请6件，网上申请3件，协助调查1件，按时办结率100%。坚持以"公开为常态，不公开为例外"的原则，坚持发布、解读、回应并重，及时发布回应群众反映的政务热点问题，依法依规做好政府信息依申请公开办理答复工作。严格办理流程，确保在法定时限内及时答复，使政务舆情应对更加完善，政民互动更加畅通。

【政府法制】　围绕落实省、市《法治政府建设实施纲要（2016—2020年）》，全面履行政府职能，法治政府建设不断取得新成效。①依法行政。对全年依法行政重点工作周密安排部署，加强公共法律知识培训学习，选树依法行政工作典型，加大宣传力度，浓厚工作氛围。锐意改革创新，提升政府履职水平。持续深入开展"减证便民"行动，全面梳理各类无谓证明、奇葩证明、循环证明、重复证明和繁琐环节手续。强化制度建设，不断完善规范性文件制定程序。审查出台《政务信息资源共享管理暂行办法》等规范性文件；对现行有效的51件规范性文件进行再梳理，加大公平竞争审查力度；对拟修改的7件规范性文件进行合法性审查，制定《肥城市人民政府关于修改部分规范性文件的通知》，将修改内容予以公布。加强合法性审查，提高重大决策水平。严格按照《肥城市政府重大事项决策制度》，推进落实党政一体法律顾问制度，法律顾问列席市委、市政府重要会议，服务党政机关依法履职、依法决策、依法办事。2018年，法律顾问共提供法律论证意见165次，审查重大经济合同33份，代理行政诉讼案件12件，参与处理重大事项、历史遗留问题等47件，切实发挥参谋助手和智囊作用。②文明执法。出台《2018年度行政执法监督计划》，深入推进行政执法三项制度，加强执法监督；推动行政处罚（强制）权力事项网上运行，搭建行政执法公示平台，推进行政执法阳光运行；组织开展执法证件年审工作，严格执行执法人员退出机制，不断加强执法队伍建设。改进加强行政复议和行政应诉工作。加强复议应诉规范化建设，依托山东省行政复议应诉管理平台，实现网上立案、审阅、签批。加强行政机关负责人出庭应诉、行政应诉案件

报告等制度建设，履行行政机关负责人出庭应诉的有关规定。2018年，共立案受理行政复议申请57件，不予受理1件，审结50件。审理结果维持35件，调解终止10件，驳回复议申请3件，撤销2件。

【信息中心】 2018年，市电子政务中心落实《肥城市政务信息系统整合共享实施方案》和《肥城市政务信息资源共享管理办法》，组织市直有关部门单位多次开展政务信息资源目录修改规范工作，推动数据资源在共享平台落地，开放率列泰安各县市区第二位。制定全市政务外网优化提升及互联网出口整合方案，通过政府购买服务的方式，建设全市政务外网、互联网一体化出口平台，进一步扩大政务外网覆盖范围和承载能力。邀请山东大学先进信

息技术研究院常务副院长袁东风到肥城作《新一代信息技术与智能化革命》专题辅导报告，市大班子领导、各单位副科级以上干部、全市信息化企业等共计800余人参加会议。按时启动全省统一的公务邮系统，为全市机关事业单位人员配备互联网公务邮箱。先后为全市经济工作会议、市政府全体成员（扩大）会议、全市新旧动能转换重大工程推进会等14个重要会议，以及中央、省、泰安市召开的近百次视频会议，提供网络信号保障。

【应急管理】 进一步加强应急管理机制建设，梳理健全市政府应急管理工作机制，完善应急管理办公室人员、设备配置，明确人员职责，强化工作措施，狠抓落实，发挥组织协调、统筹管理、宏观指导、应

9月12日，肥城市应急办、人防发展中心联合组织开展肥城市重点企业防空防灾疏散演练，市安监局、高新区等单位配合参加，傲饰集团员工500余人参与演练

急值守、信息汇总报送等职能作用，做好各类突发事件的处置工作。①应急体制建设。通过完善全市应急体制建设，增强应对各种突发公共事件的综合管理能力和抗风险能力，最大限度地避免和减轻突发事件可能带来的危害。②应急救援队伍建设。按照"立足现实、充实加强、细化职责、重在建设"的方针和"一专多能、一队多用、一岗多职"的要求，以公安、武警、部门业务骨干队伍为主体，以基层民兵、企业、社区综合应急队伍为基础，整合现有专业救援力量，加强应急救援演练，强化应急处置能力培训，形成适合经济社会发展、符合肥城市实际的应急救援队伍格局。③应急知识宣传。应急知识宣传不断深入，民众应急意识和应急能力不断增强。各镇街区、相关部门单位结合"5·12防灾减灾日""安全生产月""消防日""法制宣传日""科技宣传周""人防安全日"等各种主题活动进社区、进学校、进企业开展应急科普宣教活动，发放宣传资料、普及专项应急知识。④应急能力建设。强化保障措施，推进应急能力建设。加强事前预防，针对不同时期、不同特点，应急办及时下发《关于贯彻落实市领导批示做好溺水事故防范工作的紧急通知》《关于做好强降雨应对工作的紧急通知》等有关文件，对相关工作进行安排部署。⑤应急值守机制。做好日常值守应急和信息汇总工作，提高信息报告的效率和质量，严格执行重大事项报告制度和值班登记、交接班制度。2018年，上报应急信息12期。完善和修订各类专项应急预案，加强应急预案演练。2018年全市组织开展各级各类应急演练380余次，其中防火演练40次、防汛演练35次、地震救灾演练65次、公共卫生事件处置演练42次、危化品应急演练141次、道路运输应急演练40次。

【民生服务】　2018年，民生办按照督查局要求，制定《群众满意度日常工作推进与民生诉求办理专项考核方案》。全年共受理群众诉求31745件，比上年同期增加3958件，同比增长14.24%，其中泰安12345工单办结25231件，比上年同期增加11095件，同比增长78.49%，按时办结率100%，回复满意率95.39%。全年开展电话催办督办769次，现场督办、联合办督502次；制发工作简报12期，上报月度、季度分析16期，及时为各级领导提供民情决策参考。受理群众网站投诉997件，确保"事事有回音，件件有着落"。办好行风热线、民生365等专题栏目，全年民生365栏目已制作播出52期。行风热线栏目，组织上线单位71个，制作播出156期，其中特别节目16期。

（刘辉）

招商引资

【概况】　市经济合作局（中国国际贸易促进委员会肥城市委员会）内设综合部、招商一部、招商二部、招商三部、政策服务部、考核部6个部室，共有干部职工18人。2018年，市经合局围绕新旧动能转换重大工程，聚焦"招商、服务、考核"主职主业，严格招商主体责任落实，统筹全市镇街区、部门力量，创新招商体制，改善招商机制，转变招商方式，实施精准专业招商，招商引资持续健康快速发展。

【精准专业招商】　年初，对14个镇街区和86个市直部门下达招商引资指导性计划，共下达107.54亿元。2月，修改完善招商引资考核办法，考核评分实行百分制，镇街区考核设年度任务完成情况、重大招商项目、重大项目迎检及登山节签约项目；市直部门引进落户镇街区的项目，只计入市直部门，项目到位资金市直部门按100%、镇街区按50%计入任务，部门设会展加分项。明确招商重点，结合山东省新旧动能转换重大工程确定的"十强产业"，梳理明确以锂电产业、高端装备制造、绿色化工、建筑安装、现代物流以及新能源新材料、节能环保、现代农业等符合肥城实际的产业为招引的重点方向。完善对外招商项目库，策划调整重点推介项目 100 个。坚持签约项目公示制度。全年在 54 期《今日肥城》刊登签约项目 152 个，落地开工项目 104 个，竣工投产项目 67 个。年末，山东省、泰安市相继出台《2018 年度县市区和市级功能区招商引资招才引智考核办法》，对上招商引资考核改为由商务局、发改局、交运局、经信局、人才办等部门牵头，经合局作为配合协作部门参与。至年末，全市招商引资考核认定项目 385 个（其中新建项目 259 个，续建项目 126 个），到位资金 140.02 亿元，完成任务 153.56 亿元，占全年目标计划的 130.21%。

【重点招商】 ①领导招商。年内，市大班子领导先后在北京、上海、深圳、成都、武汉、济南组织外出专题招商活动 10 次，洽谈推进泰山·桃花源、美好建筑绿色装配式建筑基地、葛洲坝集团盐穴储能、华讯方舟要地净空防御系统等项目。其中，10 月，市委书记常绪扩带队赴武汉、成都开展活动；同月，市委副书记、市长殷锡瑞带队开展承接济南产业转移专题招商活动。同月开始，经合局组织湖屯、桃园、王庄、经开区等单位在济南开展为期 2 个月的专题蹲点招商活动。②委托招商。与北京国科汇金政商对接平台、深圳华盈城市集团、上海东方龙商务公司等中介机构合作，开展委托招商工作。

【重点招商活动】 4 月 4 日，2018 中国肥城第 17 届桃花节"招商引资·招才引智"合作洽谈会在宝盛大酒店举行。山东省贸促会党组书记宿华，省农科院副院长刘兆辉，泰安市经合局局长王志翔，肥城市领导殷锡瑞、王立军、赵燕军、侯庆洋、乔磊、付玲、贾同国、孙琪、付振江出席会议。中油金鸿控股、葛洲坝中科储能等 80 多家集团公司的客商，同济大学、国防科技大学、中船重工 703 所、山东大学、山东农业大学等 10 多家高校和科研院所的专家教授以及部分在外肥城人才代表，国内外商会代表出席会议。会上共签约招商引资项目 40 个，人才科技项目 11 个，计划总投资 145.06 亿元。

8 月 30 日至 9 月 2 日，2018 第四届中国（泰山）国际矿业装备与技术展览会在泰山国际会展中心举行。肥城市共组织安信机械制造有限公司、科创矿山设备有限公司、金城重工科技有限公司、九洲金城机械有限公司等 26 家企业参加国际矿业装备与技术展览会，并搭建展馆，重点宣传"一核四区"发展布局。9 月 6 日，第三十二届泰山国际登山节暨 2018 中国泰安投资合作洽谈会开幕，市委书记常绪扩、副市长贾同国出席开幕式，肥城市有 6 个项目在开幕式上成功签约。11 月 6—8 日，泰安市在深圳组织召开 2018（深圳）泰安经济合作洽谈会，副市长桑逢智带队参会。华讯方舟计划投资建设的要地近距离净空防御系统项目在会上签订框架合作协议。11 月 9—10 日，泰安市在上海组织召开 2018（上海）泰安经济

9 月 6 日，在 2018 中国泰安投资合作洽谈会上，肥城市与中国葛洲坝集团装备工业有限公司签约盐穴压气新能源综合开发项目

合作洽谈会。副市长桑逢智带队参加活动，上海满航资产管理有限公司计划投资的国家科技成果转化服务示范基地暨新能源及新材料产业园项目在会上签约。

（江汀　王振）

审批服务

【概况】 2018年，围绕全市中心工作，坚持实事求是，奋力攻坚克难，履行服务职能、发挥平台作用，工作取得显著成效。①代办服务。服务"四大动能"，创优工作机制，全程代办重点项目45个、手续189项。②流程优化。强力推进审管分离、告知承诺、容缺办理，组织窗口减少材料94项、精简环节75个、推新举措32条。全市226项许可事项，采取书面形式审查130项，实行告知承诺26项。在泰安市首次营商环境试评价中，肥城市不动产登记、施工许可、企业开办跑腿次数均居首位，施工许可材料件数、办理时长分居第1、第2位。③大厅管理。面对各级层层明察暗访高压态势，集中精力抓排查、紧盯问题促整改，有效解决企业群众多头跑、多地跑、多次跑的95个突出问题，全力打造"不复印、不排队、不跑腿、不见面"审批。行政审批服务局揭牌运行以来，在各进驻部门支持配合下，顺利完成三个月过渡期工作任务。全年累计办结各类行政审批服务事项133.5万件，征缴各类规费3.93亿元；公共资源成交项目393个，成交总额53.08亿元，实现政府采购节支6596.72万元，土地出让溢价2.45亿元。先后荣获山东省"幸福进家"活动先进单位、"泰山先锋"红旗党支部等荣誉称号。

【市行政审批服务局组建成立】 10月29日，肥城市举行市行政审批服务局、市政务服务管理办公室揭牌仪式，并召开全市推进相对集中行政许可权改革暨市行政审批服务局组建工作会议。泰安市行政审批服务局局长宋鸿鹏，市编办副主任王万福，肥城市领导常绪扩、殷锡瑞、辛涛、赵燕军、侯庆洋、乔磊、王勇强、桑逢智参加活动。在揭牌仪式上，泰安市行政审批服务局局长宋鸿鹏和市委书记常绪扩为市行政审批服务局揭牌；泰安市编办副主任王万福和市委副书记、市长殷锡瑞为市政务服务管理办公室揭牌。肥城市调整组建市行政审批服务局，标志着政务服务工作步入更加规范有序、更加便民利企的新阶段。

【推行"四不"审批服务模式】 围绕破解企业和群众办事的难点、堵点、痛点问题，坚持问题导向、目标引领，多措并举、多点突破，实现"不复印、不排队、不跑腿、不见面"审批服务。①减材料、增设备推进办事"不复印"。全面推行"不再复印"行动，组织部门窗口逐一梳理申报材料复印件，能取消的立即取消，确需复印的一律由部门买单为群众复印，形成倒逼机制，促使各部门不断减材料简审批，持续推进"减证便民"，推行一

10月29日，全市推进相对集中行政许可权改革暨市行政审批服务局组建工作会议召开。图为会议现场

次告知、一表申请,做到让群众少跑快办、立等可办。至年末,通过为窗口配备扫描、高拍、复印等设备,进驻政务大厅办理的261项政务服务事项中,仅剩12项需群众提供复印件,有效降低办事成本,受到群众普遍好评。②简流程、增设施确保群众"不排队"。针对不动产、社保等涉及群众个人、面广量大的特点,不断优化调整窗口设置,整合相同相近业务流程,严格执行"一次办好"事项清单,公开接受社会各界监督,做到环节最少、流程最简,减少企业和群众现场办理等候时间。健全完善便民服务设施,增加墙面地面指引标识,增设等候区、休息座椅和排队叫号、自助缴费等设备,设立党员志愿服务岗,为群众提供咨询、导引、帮办等服务。在群众办事高峰时段、密集区域,不动产、社保等窗口增设流动服务岗,主动开展分流疏导,

及时回应解决群众诉求,改善群众进厅办事的现场体验,解决群众办事排长队、反复排队等问题。③一窗办、一次办实现厅内"不跑腿"。围绕解决群众在厅内多个窗口来回跑、多次跑的问题,按照"前台统一受理、后台分类审批、统一窗口出件"模式,整合国土、房管、税务等窗口业务,实行不动产登记"一窗受理、集成服务",实现让群众只跑一个综合窗口、半小时内完成申报,推动业务办理向"分钟计时"迈进。深化商事登记改革,市场监管局窗口将原企业登记"一审一核"制升级为"审核合一、一人通办",试行个体工商户"口述办照",按照就近能办、多点可办要求,对个体工商户、农民专业合作社登记实行"市镇通办"。社保处窗口大力推行"综合柜员制"服务,变群众跑"多窗分别办"为"一窗通办"。住建局窗口建立"一套材料、

市国土局开启"一窗通办"服务模式(吴敏 摄)

一窗受理、一人代办、一次办好"服务模式,将施工许可与8个前置事项由"一事一流程"整合为"多事一流程",办事效率大幅提升。按照国务院大督查要求,以"只进一扇门、最多跑一次"为标准,组织部门窗口全面排查进厅事项环节、人员、授权以及关联业务等方面存在的问题,集中督查整改问题89个,调岗调换不适宜窗口工作人员32名,有效解决一批让群众多头跑、多次跑的突出问题,实现事项进驻大厅到位、审批授权到位、监督管理到位。民政、经信、安监、综合执法、畜牧等部门根据"一厅办理、一站服务"要求,研究调整进驻有关审批事项,理顺办事流程,对窗口充分授权。国土、规划部门结合自身业务实际,将涉及项目审批的科室人员全链条、整建制进驻大厅。按照"同一事项、同一标准、同一编码"规范,全面推行办事要件标准化,简化环节、条件、时限和程序,优化更新服务指南。建立健全过程控制和问效制度,开通手机客户端线上评价系统,倒逼服务窗口落实承诺、提速提效。大厅前台专门设立一次办不好投诉代办窗口,做到群众跑一次办不好的事有人管、有人帮,窗口服务不到位的地方有监督、有问责,及时化解矛盾纠纷。④线上走、代理办推动审批"不见面"。利用山东省政务服务网上

平台和部门专业系统，开展网上咨询、网上申报、网上审批、快递送件等服务，实现"不见面"审批。市场监管局窗口推出APP线上注册登记，社保处窗口对退休人员养老金待遇资格实行APP认证，食药监局窗口推行微信、QQ咨询指导服务，公共资源交易实行网上下载、快递寄送招标文件，土地出让和工程招标全流程电子化，群众不跑大厅也能办成事。实行重点项目全程代办服务，建立代办网络，推行"不见面"审批，让投资者心无旁骛抓建设，全面践行"政府负责阳光雨露、企业负责茁壮成长"的承诺。

【**实行"三化"重点工作推进机制**】 围绕实现"支部建设规范化、管理架构扁平化、党建业务一体化"目标，为全面、高效、精准推进"放管服"各项改革任务，3月出台《关于调整完善重点工作推进机制的工作方案》。新工作机制将大厅窗口划分为项目审批、企业经营和民生保障三个片区，组建三个管理工作组，变原来的科室负责制为工作组负责制，全面负责组内党建、业务、人员、文明创建、信息宣传等工作职责；将机关业务分为综合事务管理和公共资源交易服务两个工作组分工负责，对全局性整体性工作组建政策研究和信息技术两个专项工作小组分工负责。通过调整管理架构、明确职责

任务、强化保障措施，形成分类管理、分组负责、上下联动、比学赶超、整体推进的良好工作局面。

【**国务院大督查和省"一次办好"督查**】 全局高度重视，全员积极参与。从6月初到9月底，面对国务院大督查、省"一次办好"▲督查和各级明察暗访的严峻形势，政务办及时召开动员会，统一思想，安排部署。全体机关干部白天盯靠大厅，晚上研究业务，始终保持高压态势、机动状态。在大厅现场管理中，及时发现并解决处理企业和群众遇到的各种问题，化解矛盾，全力满足企业和群众合理需求。坚持问题导向，全面查漏补缺。围绕十省百家8个方面33个问题，层层签订责任书，进行全面排查整改。整改情况一天一调度、每天有进度、一周一反馈。从7月26日起，已梳理出95个应整改问题，先后与19个部门主要或分管负责人开展对接，向派出部门反馈问题整改情况，同时，提高政治站位，扛起管理责任，严抓大厅人员规范服务，对苗头性问题以及因窗口人员思想惰性而重复出现的服务顽疾，坚决落实"严抓、严管、严改"的"三严"措施，露头就打，不留情面，严肃处理。发挥纪工委的震慑作用，对明察暗访中发现的问题，及时开会通报，并逐一反馈给部

门和窗口工作人员，进行批评教育，落实整改。共发出督办函15件，点名道姓通报批评9人，调整32人，其中调离大厅8人、部门调换9人、窗口内部调整岗位10人，谈话提醒5人。借助舆论监督，征求意见建议。通过上门走访、电话回访、现场问卷等方式，向78家企业的负责人、手续经办人以及外地客商征求意见，半数以上企业反映办事顺利、服务良好，改观明显；部分企业提出意见建议28条，均向部门反馈，推动落实整改。加强大厅管理，提升服务水平。建立"支部建设规范化、管理架构扁平化、党建业务一体化"的管理新模式，全体机关干部下沉一线，在群众办事高峰时段、密集区域，主动开展分流疏导、咨询引导、代办帮办等服务，及时回应和解决群众诉求。增设等待休息区、排队叫号、自助缴费设备，增加墙面、地面张贴标识，所有收费窗口、银行全部实现POS机、微信支付、支付宝等快捷支付，协调银行将收费时限延长至与大厅上下班时间一致。所有进驻窗口服务指南全部更新。推行"不再复印"行动，倒逼部门减材料简审批，降低群众办事成本。在大厅前台设立"一次办不好"投诉代办窗口，及时解决群众诉求。开通"政务服务评价"微信程序，群众可随时对窗口工作人员的服务进行评价，对评价为"不满

意"的立即核实情况，并作出相应处理。推进审批改革，深化流程再造。按照"六个一律取消"和"一个不再重复提交"的要求，取消不必要的前置审批、证明、盖章和复印，从源头上优化流程、精简材料，特别是对与企业生产、群众生活密切相关的高频事项，达到"一次办好"目标。围绕"一窗通办"要求，突出部门主体责任。督促住建局、市场监管局、国土局做好建设项目、商事登记、不动产登记"一窗通办"牵总作用，全力实现"3545"的目标。完善重点项目代办服务。出台《肥城市重点项目全程代办实施办法》，对于市委、市政府确定的重点建设项目、重大招商引资项目以及全市"三强"企业投资项目，自签约公示之日起，统一实行全程代办服务，做到"院墙内的事企业负责、院墙外的事政府来做"。通过全员努力，多措并举，在国务院大督查和省"一次办好"督查过程中，政务大厅未出现任何被通报等情况。

▲"一次办好"改革，"一次办好"即"一次办结、群众满意"，主要是以企业和群众办好"一件事"为标准，以"应办即办"为原则、"说办就办"为承诺、"一次办结"为目标、"办就办好"为理念，倒逼各级各部门各单位更新观念、转变作风、优化服务、提升效能。企业和群众办"一件事"，

在申请材料符合法定受理条件的情况下，从提交申请到获取办理结果，政府要提供"店小二""保姆式"服务，实行"马上办、网上办、就近办、一次办"，不论"见面不见面""跑腿不跑腿""线上线下"都要实现"一次办好"。

【重点项目全程代办】 依托市、镇（街道）两级服务大厅建立重点项目代办中心，配强代办人员队伍，按照"一个重点项目、一名市级领导、一套最优流程、一人专业代办、限期办结交证"工作模式，统一实行审批手续全程代办，形成分工协作、接力联动的服务网络；全面推行"不见面"审批，以大厅窗口为前台，部门围着窗口转，窗口对接代办员，限时办结审批手续。强化人员培训，工作重心下沉，上门一线服务，全力打造"市场你来闯、服务我来办"营商品牌。先后组织代办服务专题培训6场，组织有关部门窗口上门服务32次，代办重点项目45个，完成代办手续189项。

【党建工作】 作为党和政府服务人民群众的窗口平台，上连党心，下接民心，始终坚持政治上高站位、严要求，工作中有担当、有作为，持续开展"大道至简、服务至善"党建品牌打造和市级党建示范点创建，开展基层党组织"标准化建设

年"活动，推进支部建设规范化、管理架构扁平化和党建业务一体化；组织开展"主题党日"活动，持续开展"政务服务大讲堂""政务服务创新进步奖"和"用心服务"案例评选、"政务服务进社区、便民服务零距离""进企业进园区换位体验"等主题教育以及每月争创红旗窗口、先进个人，每季度开展争创党员先锋岗、服务标兵活动，推行党员亮身份、践承诺，充分发挥模范带头作用；抓好党员干部集体学习和"三会一课"，组织党员干部现场参观廉政案例教育，编制《警示教育案例汇编》，加强制度建设，强化日常监督，全面落实从严治党主体责任，推进党风廉政建设。7个党支部全部达到五星级党支部标准，机关党支部被评为"泰山先锋红旗党支部"，代表肥城市参加第二届泰山支书论坛。

（王祥）

机关行政事务管理

【概况】 1月18日，市机关行政事务管理局更名为市机关事务管理局。年内，市机关事务管理局围绕全市中心工作和"四定"工作目标，学习贯彻习近平新时代中国特色社会主义思想和党的十九大精神，各项工作取得新进展、新成效。先后荣获国家级公共机构能效领跑者、省级文明单位、肥城市

安全生产工作先进集体、肥城市2017年度党建工作三等奖、肥城市五四红旗团支部等荣誉。

【办公用房管理】 贯彻落实中央、省《党政机关办公用房管理办法》，制定出台并组织实施《肥城市党政机关办公用房管理办法》，为全市党政机关办公用房"规划建设、权属管理、配置调剂、维修管理、处置管理、物业规范、出租管理"七统一提供制度基础和重要遵循。把办公用房专项整治与落实《办公用房管理办法》紧密结合，以接管三农、文广大厦集中办公区为契机，继续深化办公用房清理整改成果，在完成全市党政机关办公用房调研基础上，完成办公用房调查摸底工作，完成18个无图纸单位测绘制图工作。制定出台并严格实施《肥城市市直机关周转住房管理办法》，为易地交流任职挂职干部住房保障提供政策依据，规范周转住房使用和管理。

【公务用车管理】 严格贯彻落实中央、省《党政机关公务用车管理办法》，结合肥城实际，制定出台并组织实施《肥城市党政机关公务用车管理办法》，印发《关于加强全市公务用车定点服务工作的通知》，强化全市行政事业单位公务用车加油、维修、保险和车辆租赁定点服务制度执行，进一步规范公务用车和租赁车辆的定点管理。

对党政机关车改后411辆保留车辆"一车一档"信息认真梳理，针对发现的问题逐一对接解决。作为市车改办成员单位，积极稳妥推进事业单位公务用车制度改革，梳理全市事业单位车辆信息，提前推演车辆处置程序，推进拟取消车辆的处置工作。事业单位公车制度改革参改单位512个，参改车辆343辆，保留业务用车和特种技术用车260辆；处置87辆，含党政机关车改遗留车辆4辆，其中市级机构改革公车保障预留5辆，拍卖62辆，评估价33.58万元，拍卖价68.75万元，溢价率104.73%；报废20辆。

【财资管理】 细化部门预算编制，强化预算执行监督，依据相关规定和要求，以总额控制、从严从紧为原则，在标准、手续、程序上从严把关，协助做好38个部门单位预算申报和开

支安排等工作，提升资金使用效益。在肥城市政务网站及时公开部门预算、决算和"三公"经费支出情况，回应社会关切。加强内控内审，提升财务工作管理水平，经费报销进一步规范。筑牢国有资产管理基础，完成所辖部门单位国有资产年度报表审核和产权登记年检，逐笔核实资产变动、损失和资产挂账情况，摸清资产存量。抓好资产数据统计分析，完善资产管理信息平台，改善资产监管方式，推进国有资产年度配置计划管理，优化完善资产处置审批流程，健全资产配置、使用、处置等全流程管理机制，不断提升国有资产管理工作的规范化水平。

【公共机构节能管理】 落实生态文明建设战略部署，发挥公共机构示范引领作用，开展节约型公共机构示范单位创建，在获得"省级公共机构能效领

市机关事务管理局开展建设节约型机关宣传活动

跑者"称号的基础上，作为全省唯一一个被评为国家级"公共机构能效领跑者"的县级机关单位，实现"对标定位、走在前列"的目标，指导市委党校、市人民医院分别成功创建国家级、省级节约型公共机构示范单位。推广应用新技术、新产品，探索应用合同能源管理模式，三农文广大厦节能改造顺利完工。圆满完成国管局对肥城市垃圾分类考核和国家级公共机构能效领跑者验收；及时统计、汇总和报送全市公共机构 2017 年度能耗数据，顺利完成泰安市局对肥城公共机构能源资源消费数据抽查。组织实施的市纪委监委办公用房节能改造工程顺利完工，该工程顺利通过 2018 年泰安市级节能专项资金项目审查。加强生态文明建设宣传教育，广泛开展节能宣传进机关、进校园、进医院主题宣传活动。节能宣传周期间，组织在市机关大院、三农大厦和文广大厦三个集中办公区开展废旧电池及废旧电子产品回收活动，营造浓厚的节约能源资源氛围。

【物业服务及社会化工作】 在完善监管制度、落实监管措施、创新监管手段上求突破，以制度强管理，用考核促服务，督促物业公司精心服务、精细服务、精致服务，提升物业服务保障质量和水平。根据创建全国文明城市的标准，采取划车

市机关事务管理局推进物业社会化改革

位、标箭头、强巡查、贴提示等措施，对市机关办公区、三农文广办公区和宿舍区停车秩序进行规范，对市机关宿舍区创城氛围精心打造，在全市起到示范带头作用。根据中央和省市关于机关后勤服务体制改革的部署要求，制定出台《关于加快推进市直机关事业单位职工住宅物业服务社会化改革的意见》，市机关五个宿舍区的物业服务社会化改革工作率先完成，摸索出物业改革推进措施，为全市机关事业单位物业改革提供样本和参考，全市市直机关事业单位职工住宅物业服务社会化改革工作已基本完成。

【会务服务】 加大市机关办公区和市人民会堂会议室的管理力度，坚持高标准、高质量做优会务保障，重大会议和重点活动分管领导全程蹲点跟班，理顺会务流程、注重仪表仪容、

规范行为举止，完善突发应急应对措施，提高会议服务规范化、标准化和精细化，全年共服务保障各类会议 1303 场，其中 100 人以上的 181 场次，800 人以上的 33 场次，各类视频会议 179 次，圆满完成人大、政协"两会"等重大会议的保障工作。用良好的硬件设施、优质的会务服务把人民会堂打造成展示形象的窗口名片，会务管理科被泰安团市委授予"青年文明号"称号。

（孙绪征）

外事侨务

【概况】 根据 2018 年市领导出访计划安排，市外事办积极开展出访所需的材料汇总、上报审批、签证办理等业务，全年共办理完成 7 个批次，计 12 人次的因公出国事项，占 2018 年度出访计划人次的 60%。其中随省团 1 个批次，随泰安团 4 个

批次，自组团2个批次；开展经贸项目洽谈、推进商务合作4批次，占总批次的60%，参加省委组织部关于农业供给侧结构性改革1个批次，占总批次的15%，开展教育项目洽谈合作2个批次，占总批次的25%；共前往欧洲国家11个，中东国家1个。全年共协助肥城市8家企业办理邀请14名外国企业人士开展商务合作、经贸洽谈事宜。其中协助博新篷布邀请尼日利亚籍客商1次；协助一滕新材料邀请利比亚籍客商1次；协助九洲金城机械邀请尼日利亚籍客商1次；协助金威机械邀请哈萨克斯坦籍客商1次；协助金塔机械邀请尼日利亚籍客商1次；协助泰安路通桥箱科技邀请哈萨克斯坦籍客商2次；协助鲁泰建材邀请尼日利亚籍客商1次；协助华利进口邀请黎巴嫩籍客商1次。邀请客商涉及国家主要为尼日利亚、哈萨克斯坦、利比亚、黎巴嫩。

信访工作

【概况】　至年末，市委、市政府信访局在编在岗12人，局机关内设秘书科、接访科、办信科、督查督办科4个科室，市人民政府信访复查办公室与信访局合署办公。2018年，遵循"情况明了、责任明晰、依法处置、宽严相济"工作原则，坚持问题导向、法治思维，聚焦源头预防、事要解决、依法治

访和业务规范四个重点，推动诉求解决、减少信访上行、规范信访秩序，开展"无进京访镇街（单位）创建活动"，构筑阳光信访、责任信访、法治信访，成效显著，信访工作保持平稳发展向好态势。各级"两会"、中央巡视组和中央督导组驻鲁期间、省委巡视组驻肥期间等敏感时期，均未发生问题。自2016年10月起，连续27个月无进京非正常上访。信访局相继获得2017年度五星级党支部、党建工作三等奖、省级文明单位等荣誉称号。

【源头预防工作】　完善顶层设计，凡是制定出台涉及民生利益的重大决策和政策，信访部门均有参与，提出建议意见，将年度内农村集体产权制度改革、泰安特种用钢产业集群项目推进、肥矿集团社会职能移交等重点工作引发矛盾的可能性和风险点降到最低。发挥村居信访信息员作用，第一时间发现邻里纠纷等矛盾，及时介入，第一地点调处化解，定纷息争，就地吸纳，防止形成信访问题。村级信访案件数量同比下降29.8%。常年开展矛盾纠纷排查化解活动，对各类矛盾纠纷及不稳定因素，坚持市镇村定期排查化解制度，将矛盾吸纳在当地、问题解决在市内。年内开展排查化解活动6次，排查不稳定因素215起，化解率78.3%。

【问题就地解决】　常态化开展市、镇、市直部门"两级三层"党政领导干部公开接访活动，重点敏感时期，市、镇领导班子成员全天候接待群众来访。接访领导现场办公，签批办理意见，明确责任单位，确定工作时限，分级包案解决。市委书记常绪扩接待电影公司、市人民医院职工来访，群众反映不动产证办理问题得以有效解决。年内，市委、市政府班子成员轮流公开接访87起，办结73起，办结率83.9%；镇街区党政领导干部公开接访143起，办结118起，办结率83.1%。压实初信初访受理办理责任，信访干部谁接访、谁签字、谁督办，及时将新发生信访事项交办责任单位，采取管用有效措施办法，电话督办，微信督促，直至问题办结，年内新发生信访事项办结率87.3%，有效减少矛盾积累。建立推行党政领导干部联系重点信访人员制度，镇（街区）部门（单位）领导干部按照职务高低排序，分别包保相应重点信访事项，定期与包保信访群众见面交流，拉近干群感情、疏导思想情绪、解决实际困难，用足政策、用足情面、用足人脉，联系群众真情化解。年内31件"老大难"问题得到顺利解决。

【难点问题攻坚】　对超出镇街区部门工作职责权限或问题涉及多部门的信访事项，坚持提

级研判，分析原因，厘清责任，因案施策，分类施治，应当采取听证办理的及时公开听证，应当进入复查程序的及时列入工作计划，问题已经化解的销号处理。年内，市信访联席会议召开重点信访事项集中研判会议45次，举办公开听证会7次（含市级层面听证会4次）。对难以解决的"骨头案、钉子案"，提报市领导集中研判，案发单位、有关部门及政府法律顾问等共同研究，坚持法定途径优先，穷尽政策，依法分类处理、公正公平办理。年内，至尊国际延期交房问题，丰园小区居民不动产证办理问题，鑫苑小区、君悦国际和万联国际小区供热供暖问题得到有效解决。年内转（交）办信访积案等疑难问题91起，化解74起，化解率83.1%，信访存量稳步减少。通过社会参与听证化解，根据案情层次，实行村内"小听证"、镇街区"简易听证"和市级"大听证"，运用社情、舆情力量，理性探讨、讲法释理，推进息诉罢访；通过律师参与依法化解，诉讼、仲裁、行政复议、行政执法等多管齐下，分类推进，20多起信访积案得到有效化解。对城乡建设、房地产、"三农"及扶贫脱贫等重点领域，涉军、涉教（师）、涉农八大员等重点群体，重复信访、涉法涉诉类信访重点人员，信访积案、疑难复杂案件等重点问题进行全面排查

梳理，以事要解决为目标，加强协调督办，聚力打好"四个重点"攻坚战。年内研判重点事项128件，化解54起，法定途径导出35件，稳定36件。

【信访业务规范化】 年内，加强业务学习培训，举办全市信访干部专题培训班2批次。巡回督导就地指导，坚持"刀口向内"促改进，标准化管理促规范，组织局机关业务科室奔赴镇街区，随机抽查，现场指导，案例教学解剖"麻雀"，增强信访干部实战经验。实地教学提升技能，镇街区信访干部轮流到信访局工作锻炼，业务科室手把手帮带，镇街区信访事项办理规范化标准化水平进一步提高。年内，信访总量同比基本持平，赴省上访量同比下降73.7%，信访事项及时受理率、按期办理率为100%，群众参评率80%、群众满意率95%以上，业务考核指标均达到或已经超过目标要求，在泰安市名列前茅。

【依法治访】 浓厚接访场所依法治访氛围，投入1.5万元，制作悬挂法治信访宣传图版，强化信访人依法走访意识；建立突发事项应急处置联动机制，强化协调联动，及时引导信访人到指定接待场所反映诉求，确保市委办公楼、市政府办公楼前秩序井然；严格落实"三到位一处理"▲要求，依法依规解决群众诉求，注重收集固定

违法信访行为相关证据，及时移交公安机关，年内，行政拘留6人次、刑事拘留1人、训诫5人次，保持依法处置违法信访行为高压态势，教育和震慑效果明显。

▲"三到位一处理"指诉求合理的解决问题到位、诉求无理的思想教育到位、生活困难的帮扶救助到位、行为违法的依法处理。

（宿晓鹏　段衍金）

退役军人事务

【概况】 2018年，整合市民政局的退役军人优抚安置、市拥军优属拥政爱民工作领导小组办公室职责及市人力资源社会保障局的军队转业干部安置等有关职责，组建市退役军人事务局。负责全市军队转业干部、复员干部、退休干部、退役士兵的移交安置和自主择业退役军人服务管理、待遇保障工作，组织开展退役军人教育培训、优待抚恤等，组织指导全市拥军优属工作，负责烈士及退役军人荣誉奖励、军人公墓管理维护以及纪念活动等。11月24日，市退役军人事务局正式组建，为市政府工作部门，机构规格正科级，核定行政编制10名，设局长1名，副局长2名。11月14日，撤销市军队离休退休干部休养所，组建市退役军人服务中心，由市退役军人事务局管理，核定事业编制10名，

12月27日，全市退役军人走访工作会议召开。图为会议现场

原人员编制整建制划转至市退役军人服务中心。以原军休所办公楼为基础改造为事务局临时办公地点，设置3个接谈室、1个等候室，布设影音同步监控系统，搭建微信公众号等宣传平台，健全业务流转和服务管理机制，初步形成接谈办公一体化服务场所。

【优抚安置】　开展退役军人信息采集工作，完成采集信息3.5万余人。启动"光荣之家"光荣牌悬挂工作。春节期间为现役及退役军人、优抚对象家庭"挂灯笼""送春联""送慰问信"，传递党委政府温暖。全年接收退役士兵353人，符合政府安排工作的20人，自主就业333人；自主择业军转干部4人。

【拥军优属】　市大班子领导先后走访慰问泰安预备役高炮团和各驻肥部队、市消防大队、肥城武警中队等8支部队，走访慰问烈属、在乡老复员军人等重点优抚对象代表69人次。为全市118名荣立二、三等功现役军人家庭发放慰问金，为272名退役士兵专项公益性岗位在岗人员发放专项社会保险补贴及专项岗位补贴。组织开展"固我长城关爱功臣"和双拥政策法规宣传月活动。

【权益维护】　成立退役士兵权益保障工作协调领导小组，市委副书记任组长，政法委书记任常务副组长，副市长任副组长，21个部门单位负责同志为成员，办公室设在市退役军人事务局。成立专班，集中办公，开展退役士兵权益保障工作"百日攻坚行动"，全力维护退役军人合法权益。

（项荣坤　段国栋）

FEICHENG
YEARBOOK
2019

政协肥城市委员会

■ 重要会议
■ 主要工作

政协肥城市委员会

重要会议

【政协九届二次全体会议】 2018年1月16—18日，中国人民政治协商会议第九届肥城市委员会第二次会议召开。市委书记常绪扩代表中共肥城市委祝贺大会召开，并作重要讲话。侯庆洋作《政协第九届肥城市委员会常务委员会工作报告》、邹家强作《政协第九届肥城市委员会常务委员会提案工作报告》。出席市政协九届二次会议的政协委员，分组讨论常绪扩在市政协九届二次会议上的重要讲话、市政协常委会工作报告和提案工作报告；列席十八届人大二次会议；分组讨论市政府工作报告和其它报告；听取李同仲等8位委员的大会发言，书面印发20位委员的发言材料。在听取政协委员的发言后，市委副书记、市长殷锡瑞作重要讲话。会议表彰优秀政协委员、优秀提案、提案办理先进单位和提案工作先进个人，审议通过市政协九届二次会议提案审查情况的报告，审议通过本次会议的政治决议。市政协主席侯庆洋作闭幕讲话。

【政协常委会议】 2018年，市政协共召开常委会议5次。1月3日，召开市政协九届四次常委会议，听取关于政协第九届肥城市委员会第二次会议筹备工作情况的说明。审议通过关于召开政协第九届肥城市委员会第二次会议的决定（草案），决定于2018年1月16—18日召开政协第九届肥城市委员会第二次会议。审议通过政协第九届肥城市委员会第二次会议议程（草案）和日程（草案）。审议通过政协第九届肥城市委员会第二次会议秘书长、副秘书长名单（草案），各组召集人、秘书名单（草案），常委会组成人员轮值名单（草案）。审议通过政协第九届肥城市委员会常务委员会工作报告（讨论稿），并推定报告人。审议通过政协第九届肥城市委员会常务委员会提案工作报告（讨论稿），并推定报告人。审议通过《关于表彰优秀政协委员的决定（草案）》《关于表彰优秀提案提案办理工作先进单位和提案工作先进个人的决定（草案）》。审议通过关于部分同志辞去九届市政协常委或委员职务的决定（草案）。审议通过政协第九届肥城市委员会增补委员协商名单（草案）。市政协主席侯庆洋作重要讲话。

1月17日，召开市政协九届五次常委会议，会议审议通过市政协九届二次会议政治决议（草案），市政协秘书长武心国宣读政治决议（草案）。

3月23日，召开市政协九届六次常委会议，杜尊春传达全国两会精神，邹家强传达省、泰安和肥城市全面展开新旧动能转换重大工程相关会议精神。会议审议通过《市政协2018年工作要点》，审议通过镇街政协联络室有关规章制度；武心国就《工作要点（草案）》和规章制度（草案）作说明。市政协主席侯庆洋作重要讲话。

7月6日，召开市政协九届七次常委会议，会议传达学习习近平总书记视察山东重要讲话精神，观看中央新闻媒体的相关报道；听取市委常委、副市长王志勇代表市政府所作的关于全市上半年经济社会发展和政协提案办理情况的通报，进行分组讨论。市政协主席侯庆洋作重要讲话。

11月6日，召开市政协九届八次常委会议，围绕2018年以来市政协对学习贯彻习近平新时代中国特色社会主义思想和党的十九大精神的部署安排，石勇、刘文东、苗明浩、韩文娟、李园、吴芳芳6位常委结合自身学习情况作交流发言。会议传达学习省政协系统党的建设工作座谈会精神和中共中央办公厅《关于加强新时代人民政协党的建设工作的若干意见》。市政协主席侯庆洋作重要讲话。

【主席会议】 2018年，市政协共召开主席会议5次。1月2日，召开市政协九届六次主席会议，会议审议通过市政协九届四次常委会议议程（草案）；听取关于市政协九届二次会议筹备工作情况的说明；审议通过关于召开政协第九届肥城市委员会第二次会议的决定、政协第九届肥城市委员会第二次会议议程（草案）和日程（草案）；审议通过政协第九届肥城市委员会第二次会议秘书长、副秘书长名单（草案），各组召集人、秘书名单（草案），常委会组成人员轮值名单（草案）；审议通过政协第九届肥城市委员会常务委员会工作报告（讨论稿），并推定报告人；审议通过政协第九届肥城市委员会常务委员会提案工作报告（讨论稿），并推定报告人；会议研究大会发言有关事宜；审议通过《关于表彰优秀政协委员的决定（草案）》《关于表彰优秀提案 提案办理工作先进单位和提案工作先进个人的决定（草案）》；审议通过关于部分同志辞去九届市政协常委或委员职务的决定（草案）；审议通过政协第九届

肥城市委员会增补委员协商名单（草案），会议决定将上述有关草案提请市政协九届四次常委会议审议。

3月22日，召开市政协九届七次主席会议，会议传达学习全国两会精神，省、泰安和肥城市全面展开新旧动能转换重大工程相关会议精神；审议市政协九届六次常委会议议程（草案）、《政协第九届肥城市委员会2018年工作要点（草案）》《政协第九届肥城市委员会2018年协商工作计划（草案）》；审议镇街政协联络室有关规章制度；研究确定市政协九届二次会议重点提案；市政协主席侯庆洋作重要讲话。

7月5日，召开市政协九届八次主席会议，会议传达学习习近平总书记视察山东重要讲话精神，观看中央新闻媒体的有关报道；审议通过市政协九届七次常委会议议程；市政协主席侯庆洋作重要讲话。

8月9日，召开市政协九届九次主席会议，研究举办九届市政协委员培训班暨"争做公益事情·争当履职模范"事迹报告会的有关事宜，市政协主席侯庆洋作讲话。

11月5日，召开市政协九届十次主席会议，会议传达学习《习近平谈治国理政》第二卷关于意识形态、国家安全的篇目，传达学习省政协系统党的建设工作座谈会精神及中共中央办公厅《关于加强新时代

人民政协党的建设工作的若干意见》，审议通过召开市政协九届八次常委会议的有关事项，市政协主席侯庆洋作重要讲话。

（李金钢 董远波）

主要工作

【提案工作】 2018年，政协委员、政协各参加单位共提交提案192件，经审查立案172件。经过33个部门的办理，截至2018年11月底，全部办理完毕。提案面复率、委员满意率均迈上新水平。围绕推进智慧城市建设、培育产业新动能、拓宽中小企业融资、企业人才队伍建设等，提出提案37件，占立案总数的22%。不少意见和建议被采纳落实。"全方位加快新旧动能转换的建议"被市发改局等部门积极吸纳，按照市委市政府的要求培植"四大动能"，聚焦"一核四区"发展战略稳步推进。"关于加快企业上市的建议"被市金融办等部门强力推动，提供专业化服务。围绕精准扶贫、加快特色小镇建设、加强农村环境执法等，共提出提案32件，占立案总数的18%。有关部门认真研究，积极落实。"关于推广联合项目，巩固扶贫实效的建议"被市扶贫办等部门在积极推进实施"五大振兴""六大专项行动"中予以吸收采纳。围绕城市建设和管理水平的提升以及全国文明城市创建，提出提案

39件，占立案总数的23%。有关部门结合创城活动，打造精细化城市建设管理模式，铺下身子深入研究，开展贴心服务，惠民、便民理念逐步显现。围绕食品安全、垃圾收集处理、社区养老教育、加强电动车管理等，提出提案35件，占立案总数的20%，得到有关方面的重视落实，提升人民群众的获得感、幸福感。市卫计局创造条件，推进"关于家庭医生签约服务的建议"，已签约16万多户。围绕思想道德建设、农村文化建设、中小学生心理健康、桃文化产业发展等，提出提案29件，占立案总数的17%，得到广泛采纳，为文化繁荣发展发挥推动作用。"关于大力倡导开展公益活动的建议"被市委宣传部等部门采纳，通过强化措施，创新载体，共建立各级各类志愿服务队伍700余支，登记志愿者12.8万人。

（杨秋黎　赵传兴）

【调研视察】　4月18日，泰安市政协副主席王昌元带领调研组到肥城市调研出口食品企业内外销"同线同标同质"工作，调研组先后到泰山亚细亚食品有限公司、山东银宝食品有限公司等地实地察看，并召开座谈会，听取有关情况汇报。同月19日，泰安市政协副主席程明带领调研组到肥城市调研生态畜牧业发展情况，程明一行先后到新百利奶牛养殖专业合作社、畜禽污染物治理与综合利用项目等现场实地察看，并召开座谈会，听取有关情况汇报。同月25日，市政协组织部分委员视察全国文明城市创建暨城市社区管理改革工作，视察组实地察看河西社区、桃都社区、古店社区、伊家沟社区等现场，随后召开座谈会，听取有关负责同志的情况汇报，围绕更好地推进全国文明城市创建和城市社区管理改革提出一些好的意见和建议。

5月9日，市政协特邀界三组委员开展界别活动，视察全市电子商务发展情况，委员们深入到中国肥城桃木旅游商品城、泰安市龙藏深泉商贸有限公司、肥城圆通快递公司、山东富世康工贸有限公司、山东润超休闲用品有限公司等地，通过实地查看、听取汇报、交流探讨等方式，全面了解肥城市电子商务发展情况，随后召开座谈会，听取市商务局负责同志关于全市电子商务工作开展情况的汇报；委员们围绕推动电子商务工作更好更快发展，从做好电商与家庭需求精细化对接、把控电商产品质量、提高物流配送效率、加大推广宣传力度等方面提出意见建议。

6月5日，市政协组织部分委员视察全市中医药事业发展情况，视察组先后深入到王瓜店街道卫生院国医堂、洪德堂皮肤病研究所、市中医医院，通过听取汇报、实地察看、与医务工作者交流等方式，详细了解中医药事业发展现状、存在困难等情况，并召开座谈会，听取市卫计局主要负责同志的情况汇报；委员们提出加强中医药人才引进和培养、加大中医医疗机构基础设施建设、提升农村和社区的中医药服务能力等意见和建议。同月14日，泰安市政协主席周桂萍陪同泰

4月25日，市政协主席侯庆洋（前左二）带领部分委员视察全国文明城市创建暨城市社区管理改革工作

安市政协离退休干部到肥城市参观视察经济社会发展情况，周桂萍一行听取"一核四区"规划介绍，并先后到湖屯泰盛光伏农业产业园、阿斯德科技项目实地视察，听取相关工作情况汇报以及市委书记常绪扩对肥城市经济社会发展情况的简要介绍，对肥城发展取得的成绩给予高度评价。同月15日，市政协组织部分委员视察全市科技创新工作，委员们实地察看联谊工程塑料、东益机械、一滕田园美等现场，随后召开座谈会，听取市科技局主要负责同志的情况汇报，围绕推进科技创新，助力新旧动能转换提出意见和建议。

7月5日，市政协组织经济界一组委员开展"企业大数据建设与应用"界别协商活动，先后深入山东征途信息科技有限公司、泰安智慧能源科技有限公司、石横特钢信息化研发和企业大数据平台建设等现场，了解企业信息化和大数据建设应用情况，随后召开座谈会，听取市电子政务中心、经信局负责同志就全市大数据发展和企业大数据建设的情况介绍；委员们围绕企业大数据体系建设等方面提出意见建议。同月12日，市政协主席侯庆洋到仪阳街道调研指导工作，先后深入到盛源社区党群服务中心、东部名城小区、张袁村荒山开发、东鲍村土地整治项目、农村路网建设以及王家庄、马堂

村棚改项目现场调研，与镇村、社区干部群众深入交谈，了解城市社区管理改革、美丽乡村建设、棚户区改造、脱贫攻坚等方面工作情况，侯庆洋对仪阳街道各项工作给予充分肯定。同月13日，市政协召开"发挥招商引资项目建设在新旧动能转换中的积极作用"专题协商会，委员们实地察看模板脚手架产业园、锂电产业园、中节能环保能源等招商项目，随后召开座谈会，听取市经合局主要负责同志对全市招商引资工作情况的介绍；10位委员在会上发言，从改进完善招商方式、浓厚全民招商氛围、统筹规划产业布局、强化文旅产业招商、推进招才引智工作、优化营商环境等方面提出意见和建议。同月17日，市政协组织部分委员视察全市教育资源优化配置情况，实地察看慈明中学、海亮外国语学校、龙山小学凤山校区等现场，召开座谈会，听取市教育局主要负责同志汇报全市教育工作情况；委员们围绕教育热点问题提出意见和建议。同月26日，市政协组织经济界委员举办"推进企业家队伍建设"界别协商活动，先后到山东农大肥业有限公司、山东鲁泰科技集团公司等企业实地参观，了解企业家队伍建设情况，并召开座谈会议，听取市经信局负责同志的情况汇报，围绕优化企业家成长环境、建立激励机制、构建培训体系等

方面提出意见和建议。

9月13日，泰安市政协副主席徐恩虎带领视察组到肥城市视察学前教育发展情况，实地察看小博士华诗幼儿园、王瓜店街道中心幼儿园、实验幼儿园等现场，并召开座谈会，听取有关情况汇报。同月27日，市政协主席侯庆洋到联系"三强"企业山东农大肥业科技有限公司调研指导工作，先后参观企业的生产车间、新建项目和研发实验室，深入了解公司的生产过程、工艺流程和技术研发情况，并与企业负责人进行座谈，详细听取公司生产经营、资金运行、人才引进、推广销售等方面情况汇报，共同探讨解决存在的问题。10月24日，省政协文史资料委主任马啸带领调研组到肥城市调研保护和促进老字号发展情况，泰安市政协副主席徐恩虎，市政协主席侯庆洋等陪同活动，调研组先后深入到康王酒业有限公司、富世康制粉有限公司、肥城鸿熹桃文化用品有限公司、山东泰之源食品有限公司等四家老字号企业，了解产品技艺、文化遗产传承和保护、知识产权保护、经营模式等方面情况。11月9日，泰安市政协副主席张庆明带领调研组到肥城调研工业文化遗产保护工作，实地考察隆源煤矿集团有限公司煤矿工业遗产项目、康王酒业有限公司等现场，并听取相关情况汇报。12月21日，市政协视察养老服务体系建设工作，侯庆洋一行实地察看肥城市

12349万家便民服务中心、仪阳敬老院、山医集团康养中心等现场，听取养老服务体系建设情况汇报。

（李金钢　董远波）

【文史工作】 ①文史资料征集。广泛动员、组织开展庆祝改革开放四十周年征文活动，从政协委员和社会各界人员中先后收到征文150余篇，从中筛选出符合要求且质量较高征文46篇，共16万字，逐篇修改后，及时上报泰安市政协。征集、调度庆祝人民政协成立70周年《风雨同舟 共铸辉煌》图书资料。按照泰安市政协部署要求，细化征集方案，与肥城市委统战部协作，协调工商联和各民主党派进行安排部署，并及时调度。完成《肥城年鉴（2018）》所需资料搜集整理任务。由文史委牵头，协调各委室积极撰写、提供稿件，由文史委系统整理后，及时报送史志部门。②传承弘扬左丘明"君子文化"。围绕市委、市政府工作大局，把挖掘历史文化资源、传承君子风尚作为弘扬社会主义核心价值观与塑造肥城时代精神的结合点，深入发掘整理、传承弘扬左丘明"君子文化"，出版学术研究论文集。系统整理2017年9月由肥城市委、市政府联合中国先秦史学会和清华大学等单位主办、肥城市政协承办的全国首届左丘明文化学术研讨会研究成果，

结集后，于2018年9月由线装书局正式出版。共收入论文25篇，其他相关资料14篇，共计25.1万字。进一步推进《左丘明志》修订出版工作。该志书于2015年启动编纂，并成功列入《山东省志·诸子名家志》系列丛书出版计划，邀请山东师范大学教授、肥城市左丘明文化研究顾问耿天勤担任主编，具体负责资料收集和编写工作。2016年6月省史志办在肥城市召开《左丘明志》志稿评审会。2018年，修改后的《左丘明志》报送省史志办，并提交人民出版社编辑姜虹、山师大硕士生导师王克奇、山东大学文学院博士生导师杜泽逊审议认可。另外，配合做好有关社科工作。2018年3月，左丘明文化研究院被评为2017年度泰安市社会科学工作先进单位。③传播普及肥城历史文化。5月，为省畜牧局到肥城开展"大学习、大调研、大改进"教育实践活动的干部职工作专题讲座，讲述"肥城故事"，宣传"君子之邑的君子文化"。为肥城市直机关青年论坛和市热力公司干部职工举办2场专题讲座，讲述肥城五千年的文明史，重点解读肥城"君子之邑"的来历和"君子之风"的传承，引导大家深入理解"开放、包容、务实、敢当"的新时期肥城精神，用"肥城故事"激励肥城人了解家乡、热爱家乡、建设家乡、奉献家乡。在《今日肥城》报纸

上长年定期开设"肥城历史文化"专栏，2018年共开办32期，累计开办108期。④助力肥城参与央视"魅力中国城"节目。突出肥城亮点特色，注重肥城元素，重点推介肥城的君子文化、肥桃文化和汶阳田文化，9月节目在央视播出后，反响热烈。

（李文平　冯伟）

【学习交流】 3月30日，邹平县政协党组成员、副主席潘晓霞率领考察组，到肥城市就棚户区改造工作考察学习。4月13日，湖南省岳阳市政协副主席孔福建带领考察组到肥城市考察学习推进产业扶贫，助力脱贫攻坚工作情况。同月20日，吉林省通化县政协副主席唐福波一行到肥城市学习考察农民专业合作社管理工作。同月22日，台安县政协主席杨砚秋一行到肥城市学习考察现代农业发展情。10月17日，张北县政协副主席刘芬带领考察组到肥城市学习考察学前教育工作。同月23日，首届全国"百强"县（市）政协书画作品邀请展暨助推县域经济发展研讨会在湖北省大冶市隆重举行，市政协秘书长武心国带队参加活动。武心国向与会人员全面介绍肥城市经济社会发展情况，并以《扎实履行政协职能 助推经济社会高质量发展》为题作政协工作经验交流。

（李金钢　董远波）

FEICHENG
YEARBOOK
2019

中共肥城市纪律检查委员会

■ 综　述

■ 纪检监察

中共肥城市纪律检查委员会

综　述

【概况】　2018年1月19日，肥城市监察委员会正式挂牌成立。至年末，肥城市纪委监委共有办公室、组织部、宣传部、党风政风监督室（市政府纠正行业不正之风办公室、正科级）、信访室（市国家行政机关工作人员违法违纪举报中心）、案件监督管理室、第一至第八纪检监察室、案件审理室（案件申诉复查室）、纪检监察干部监督室16个部室。设肥城市廉政教育中心，正科级事业单位，隶属市纪委监委管理。设8个派驻机构，对市委工作部门、直属单位以及市委工作部门所属设立独立党组织的下属机构，

市政府组成部门、直属单位以及政府组成部门所属设立独立党组的单位，人大机关、政协机关、群团组织，实行"监督检查"；对市人武部、市法院、市检察院以及驻肥垂直管理、双重管理部门单位，实行"联系指导"。设市委巡察工作领导小组办公室，列入党委工作部门序列。巡察办主要承担本地巡查工作的统筹协调、组织指导、联络督查、政策研究、制度建设、监督管理、服务保障等工作。5个市委巡察组，在市委巡察工作领导小组领导下承担巡察任务，主要针对巡察对象执行《中国共产党章程》和其他党内法规，遵守党的纪律，落实党风廉政建设和监督责任等情况进行监督。

12月15日，肥城市监委派出镇街区监察室集中挂牌

【政治建设】　年内，学习贯彻习近平新时代中国特色社会主义思想和党的十九大精神，坚守政治机关定位。坚持读原文、学原著、悟原理，深入学思践悟，通过集体学习、交流研讨、宣传解读等多种方式，持续跟进学习习近平总书记重要讲话和重要指示精神以及泰安市委和市纪委重要部署，用党的创新理论武装头脑、指导实践，推进党的十九大全面从严治党决策部署落细落实。不断提高政治站位，坚持把纪检监察工作放在"五位一体"总体布局和"四个全面"战略布局中思考谋划，围绕中心、服务大局，加强对习近平总书记重要指示批示精神贯彻落实情况，以及环境保护、精准脱贫、乡村振兴、新旧动能转换等重点工作推进情况的监督检查。当好政治生态"护林员"，加强对党内政治生活状况、开展批评与自我批评、民主集中制等各项制度执行情况的监督检查。严把政治关、品行关、作风关、廉洁关，市纪委回复党风廉政意见1141人次。旗帜鲜明为担当者担当，为1名干部澄清不实举报。严格落实请示报告制度，主动及时向泰安市纪委、市委请示报告工作，把握正确政治方向。

纪检监察

【监察体制改革】 推进纪检监察体制改革，初步建立集中统一、权威高效的监察体系。市委扛起主体责任，市委书记当好"施工队长"，多次召开常委会、工作小组会专题研究推进改革工作；市纪委履行专责，周密组织、精心实施，按时全面完成市监委组建挂牌、人员转隶、内设机构优化调整和融合培训等任务，全市共划转编制28个，转隶人员23人。落实省纪委"1+10"纪检监察业务工作制度和"1+7"与政法单位工作衔接制度，制定监督执纪规程和相关配套制度，细化调查措施，规范使用程序。推动监察工作向基层延伸，完成镇（街、区）派出监察室组建挂牌，打通监察"最后一公里"，实现监察工作全覆盖。

【中央八项规定精神深化落实】 持续纠正"四风"，巩固拓展落实中央八项规定精神成果。坚持监督检查常态化，关注隐形变异新动向，持续开展突出问题专项整治。在全市开展工作纪律、办公用房以及公务用车、津贴补贴、公款吃喝、收送礼品礼金专项整治。2018年，查处违反中央八项规定精神问题23起49人，处分26人，通报曝光8起12人。聚焦形式主义、官僚主义12类突出问题，市委出台实施意见，开展集中整治，查处形式主义、官僚主义问题63起111人，处分67人，通报曝光21起36人。成立3个监督检查组，针对不担当、不作为问题，开展6轮专项监督检查，发现问题22个，通报曝光11起16人。

【监督首责】 坚持全党动手一起抓，提升监督效能。①巡察监督。市委强化对巡察工作的组织领导，建立集中研判制度，市委五人领导小组逐一听取巡察汇报，提出具体落实意见。至年末，已进行四轮巡察，巡察镇街、部门单位31个，前三轮发现重点问题233个，完成整改224个；移交问题线索86件，立案25起，处分30人。结合省委巡视，完成对93个村居的联动巡察。抓好上级巡视巡察问题的整改。中巡组交办信访件40件次已全部办结，立案12起，处分30人，移送公安机关1人，组织处理5人。省委巡视转交信访件71件次均在全力办理中。②专责监督。市纪委履行"协助"职能，把监督作为首要职责，全力做实政治监督。开展廉政谈话334人次，组织镇（街、区）和市直部门主要负责同志向市纪委全会述责述廉。建立党员干部、公职人员廉政档案，动态管理、重点监督。重点关注苗头性倾向性问题，督促各级用好谈话提醒、专项检查等日常监督方式，及时了解党员干部思想、作风和生活状况，把全面从严治党政治责任传导到每个党支部。强化派驻监督。综合派驻和重点派驻相结合，着力提升派驻监督针对性和实效性，派驻机构处置问题线索94件，立案26件，处分28人。③纪律监督。运用监督执纪"四种形态"处理736人次，其中第一种形态415人次、第二种形态218人次、第三种形态35人次、第四种形态68人次，分别占56.4%、29.6%、4.8%、9.2%。畅通信访渠道，开展"提质增效"和解决农村信访举报专项行动，加强分析研判，把好监督"第一道关口"。2018年，受理信访举报467件725件次。④问责制度。问责党组织73个、党员干部38人，处分23人。

【惩治腐败】 坚持无禁区、全覆盖、零容忍，坚持重遏制、强高压、长震慑，紧盯重点对象、重点领域和关键岗位、关键环节，严惩腐败问题。全年处置问题线索509件，立案276件，处分317人（科级干部23人），分别同比增长54.7%、75.8%、83.2%；留置2人，移送司法机关4人。将思想政治工作贯穿始终，开展受处分人员谈心谈话400余人次，努力教育人、转化人、挽救人。下发纪律检查建议书、监察建议书44份，督促有关单位建章立制、堵塞漏洞。强化纪律教育针对性和实效性。市纪委书记为农村党组织书记、科级干部培训班以及税务、食药监等部门上廉政党课10场次，廉政宣讲团宣讲38场次。举办"警示教育图文展"，1.8万名党员干部参观学习受教育。发挥案件警示作用，将上级通报案例及时印发各部门、镇街，编发典型案例选编12期，以查处的肥城市党员干部典型案例为素材编发警示教育录3700余册，组织观看警示教育片10余部。编发《落实中央八项规定精神和实施细则制度汇编》、新修订《中国共产党纪律处分条例》解读等系列读本4700余册，组织德廉知识测试，用好廉政提醒短信、网站、微信公众号等平台，普及党纪党规，统一思想、形成共识，筑牢思想防线。

【整治群众身边腐败和作风问题】 牢固树立以人民为中心的发展思想，对群众身边的腐败和作风问题实行领导包案，彻查严惩。2018年，查处侵害群众利益问题195起303人，处分162人；其中扶贫领域90起145人，处分65人。履行"监督再监督"职责，对扶贫、民生领域等突出问题，督促相关职能部门开展监督检查，移交问题线索12条，立案9件，处分12人。坚决查处脱贫攻坚领域形式主义、官僚主义问题45起71人，处分39人。严查涉黑涉恶腐败以及"保护伞"问题。召开全市层面会议6次，专题部署推动，深入镇街、村居和重点行业、领域开展调研，聚焦10类问题，做好"两个结合"。建立健全对上沟通联系、对下督促指导、对外协同配合、对内协调联动制度机制，形成工作合力。对2016年以来涉黑涉恶案件线索大起底大排查，共过筛案卷334件，处置涉黑涉恶腐败及"保护伞"问题线索18件，立案6件，处分7人。

【纪检监察队伍建设】 把政治建设摆在首位，把"两个维护"落实到纪检监察工作各环节。市纪委常委会以身作则，严格执行民主集中制。推进"两学一做"学习教育常态化制度化，开展"大学习、大调研、大改进"，创建"党性铸铁军、直行匡正道"党建品牌，突出政治功能健全党组织，优化党组织设置，建设过硬党支部。严肃党内生活，严格落实领导干部讲党课、双重组织生活等制度，开展主题党日等活动22次。坚持周六上午集体学习，举办"桃都清风"论坛12期，组织知识测试4次，集中培训241人次，举办案件交流会、"一线学经济"等活动14次，强化实践锻炼，提升专业素养。分层分类建立工作评估机制，提升规范化水平，制定完善机关运行、干部监督管理等日常管理制度15项，完善审查调查全流程监督管理制度26项。强化内部监督，建立纪检干部廉政档案，深入学习纪检干部违纪典型案例，组织观看警示教育片。强化8小时之外监督，开展家访、谈心谈话314人次。严格落实审查调查纪律，高标准设立"走读式"谈话场所15处，建立健全安全机制，开展监督检查6轮次，督促整改问题90个，严守安全底线。

【市监察委员会挂牌成立】 2018年1月19日，肥城市监察委员会正式挂牌成立，标志着肥城市深化国家监察体制改革试点工作迈出重要一步。挂牌仪式结束后，市监察委员会第一次全体干部会召开。12月15日，肥城市监委14个派出镇（街、区）监察室集中挂牌成立，标志着肥城市推动监察工作向镇（街、区）延伸进入实质性阶段，实现对全市所有行使公权力的公职人员监察全覆盖。肥城市监委向辖区内镇（街、区）派出监察室，与镇（街、区）纪（工）委合署办公，履行纪检、监察两项职能，镇（街、区）纪检监察机构在市纪委监委领导下开展监督执纪监察工作。每个派出监察室配备3～5名监察干部。镇（街、区）纪（工）委书记兼任派出监察室主任。挂牌成立后，镇（街、区）纪检监察机构根据市纪委监委授权，按照管理权限对管辖范围内党组织、党员和公职人员实施党内监督和国家监察，对涉嫌违纪问题进行执纪问责，对公职人员涉嫌职务违法问题进行调查、处置。市纪委监委统一对镇（街、区）纪检监察机构问题线索处置、执纪审查（调查）、追责问责等情况进行定期检查考核，向基层传导压力。

（冯强　彭建）

FEICHENG
YEARBOOK
2019

民主党派·人民团体

- 民主党派
- 人民团体

民主党派·人民团体

民主党派

【概况】 至年末，肥城市有民盟肥城支部、九三学社肥城支社、致公党泰安市委直属肥城支部、民建泰安市委直属肥城支部4个民主党派基层组织。各民主党派成员共有77人，民盟盟员25人，农工党党员11人，九三学社社员17人，致公党党员12人，民革党员3人，民建会员8人，民进会员1人。2018年，各民主党派围绕中心、服务大局，把思想政治建设放在首位，加强学习，重点学习习近平新时代中国特色社会主义思想以及社会主义核心价值观、基本国情和形势任务、统一战线和多党合作理论政策、民主党派章程和历史等，以科学的理论武装头脑、统一思想、增进共识，不断夯实多党合作的思想政治基础。民主党派成员来自各行各业，发挥人才荟萃、联系广泛的优势，履行参政议政、民主监督等职能，为推动全市经济社会和各项事业发展发挥重要作用。

【政党协商】 各民主党派按照市委制定的《2018年度政党协商计划》，有序参政议政。参加市委协商会3次，分别就九届政协委员第二次会议增补人选、"两会"议程及人事安排事项、拟提交市十八届人大二次会议的《政府工作报告》进行民主协商。各民主党派听取市委十四届四次、五次全体会议、全市党风廉政建设和反腐败工作等情况通报，列席市政府全体成员（扩大）会议、山东省学习贯彻习近平总书记庆祝改革开放40周年重要讲话精神大会视频会；参加座谈会4次，分别在市委常委民主生活会征求意见座谈会、各界人士迎春座谈会、重点课题交流座谈会、庆祝改革开放四十周年座谈会上提出意见和建议，得到市领导的重视和肯定。2018年，各民主党派先后就传统产业转型升级、新旧动能转换、扶残助困等课题进行调查研究，累计参加调研活动10余次，撰写高质量调研报告4篇，提交社情民意和议案40条。

【民主监督】 加强领导，凝聚监督共识。指导有关部门规范特约人员聘任程序及履职程序，拓展特约人员监督平台。在检察院、监察局、审计局等7个部门聘请14名特约监督员的基础上，市行政审批服务局聘请10名党外代表人士担任特约监督员，并积极邀请特约人员参与监督活动。组织民主党派、党外代表人士参加党委有关政策、重大决策部署执行和实施情况检查、廉政建设检查、执法监督等活动11次，民盟肥城支部、民建泰安市委直属肥城支部分别就新旧动能转换和扶残助困开展专项监督。

【服务社会】 各民主党派立足各自行业优势，投身公益事业服务社会。农工党、九三学社举办义诊活动14次，免费赠送药品、医疗器械2万元，受益群众300余人。致公党泰安市委直属肥城支部向省级贫困村桃园镇拔头村捐赠财物4000余元，7人参加市委会征集的中央定点扶贫工作，各承担2000元扶贫任务，委员孟攀东与石横、边院、王瓜店10名贫困学生结对帮扶，年资助3万元；民建泰安市委直属肥城支部先后到湖屯镇、桃园镇、王庄镇、孙伯镇走访慰问困难群众15户，为每户送去慰问金和礼品。

（石君楠　谢晓婵）

人民团体

·工商联·

【概况】 至年末，市工商联定

编 6 人，在编在岗 6 人。贯彻落实党的十九大精神和习近平新时代中国特色社会主义思想，在参政议政、扶贫攻坚、对外交流、非公有制经济组织党的建设等方面取得显著成绩。年内，市工商联被表彰为全省"五好县级工商联"；市餐饮商会被表彰为全省"四好商会"；"三联三送"活动表彰为全国工商联"创新中国"最佳案例，其活动信息分别被中央统战部、全联采用。

【扶贫攻坚】 按照就地就近原则，采取"一企帮一村""一企帮多村"的结对帮扶方式，引导工商联执委企业，特别是担任各级人大代表、政协委员和工商联副主席（总商会副会长）的 16 家企业率先与 16 个贫困村签订村企结对帮扶协议书，建立帮扶关系。全市民营企业建立扶贫基地（车间）近 50 个，总建筑面积 26182 平方米，投资总额 5500 余万元，主导产业包含特色种养加、就业、光伏、电商、旅游等各类产业，年产值达 5100 余万元，带动建档立卡贫困人口 486 人，人均年增收 1000 元以上。2018 年 1 月，组织部分民营企业家自愿捐款 12000 余元及部分物资，到纪家洼村走访慰问困难户。

【对外交流】 加大与异地商会交流力度。带领部分企业到山西、河北拜访山西省山东商会、大同市山东商会、河北山东商会、石家庄市部分合作企业；到北京、河北、上海、湖北武汉等地拜访山东商会企业和老乡；带领部分商会会长学习考察东平县工商联特产商会产品会展工作的经验；接待重庆市和部分区县工商联到肥城市参观考察，接待浙江义乌商会到肥城就农业产业开发进行考察交流；带领部分会员企业家到龙口市参观考察，并与该市签订友好县市工商联。

【非公有制经济组织党的建设】 履行党建工作职责，落实全面从严治党要求，立足职能优势，突出党建引领，服务企业发展，实现非公企业党建工作与生产经营的同步提升。工商联党总支下属 6 个支部于 2018 年 11 月前完成换届，配强配齐新一届支部书记、支部班子。创新实施"三联三送"活动，即联同党政部门促环境、联合社会力量促发展、联系会员企业促亲清，面向非公企业送党建、送文化、送法律，编印赠送《新时代非公经济政策汇》1000 册，深受企业欢迎。广泛听取意见建议、反映诉求，围绕新旧动能转换，在全市开展企业需求调研活动，召开座谈会 29 场次，座谈 500 余人次，收集归纳问题 5 类 90 多条。

（阴武刚）

·总工会·

【概况】 2018 年，市总工会秉承"激情、荣耀、极致"工作理念，坚持服务大局、服务职工、服务企业、自身建设四项重点任务不动摇，先后荣获全国第六届"书香三八"读书活动优秀组织奖、全省"安康杯"知识竞赛优秀组织单位、全省职工维权法律服务单位、泰安市文明单位等荣誉称号。市总工会机关支部被评为"桃都先锋红旗党支部"，代表泰安迎接省总工会"担当作为、干事创业"专题调研。

【素质提升工程】 推进职业精神素养提升、岗位职业技能提升、文化艺术水平提升、女职工素质魅力提升、工会干部业务能力提升五大职工素质提升工程。开展职工讲堂、EAP、流动服务"三进"企业活动，举办"工匠梦·和谐情"首届桃都工匠、和谐家庭颁奖典礼，"筑梦桃都·建功有我"庆祝五一劳动节颁奖典礼，弘扬劳动精神、工匠精神。11 月，肥城正港木业程银贵被山东省总工会评为"齐鲁工匠"。加大职工培训力度，与市高级技工学校合作，开展数控、CAD 等热门技能提升培训。推动企业文化和职工文化建设，山东鲁泰科技集团有限公司、山东傲饰集团、山东众成饲料有限公司企业文化被《山东工人报》头版或头条宣传报道，开展庆"七·一"职工乒乓球比赛、迎"国庆"职工演讲比赛、篮球比赛、象棋比赛、元宵节灯车展、"中国梦·职工梦"基层文艺演出、庆祝改革开放40周年职工书画展、中华优秀传统文化诵讲传等职工喜闻乐见的文体活动，肥城市总工会被山东省总工会评为"齐鲁文化大道品牌创建先进县（市）"、职工体育工作先进单位。开展"书香三八"活动，2018年获全国表彰。以建设学习型、服务型、创新型工会组织为目标，组织全市各级工会干部进行专题培训。

【困难职工解困脱困】 探索开展"五四三"工程推进困难职工精准帮扶，推进资金"救"，大力进行生活帮扶、助学帮扶、大病救助；就业"助"，组织电工、焊工、电子商务、月嫂、育婴师等专业技能培训，对接企业、园区安排再就业；创业"扶"，推广达润兴工贸有限公司"车库经济"模式，让困难职工自己当老板；共同"帮"，大病救助、职工互助、自主救助、法律援助同步开展；多位"联"，与人社、民政等部门联合开展招聘会、金融贷等脱困活动，形成合力为内容的"五大举措"。明确调查程序重细致，严格准入、剔除、新增标准，及时更新数据库；工作责任重明确，明确基层工会主席为第一责任人，把每项工作、每个环节都落到具体部室、具

体人员，坚持谁负责谁担责；制度建设重规范，建立帮扶救助工作机制，制定帮扶资金管理办法，实现困难职工帮扶救助工作精准化、程序化；档案整理重齐整，将救助程序、救助资料全部分类归档，确保救助对象准确、救助程序规范、救助资金公开"四项规范"。构建"三级网格"，完善"市、镇、点"三级服务网格和相关工作机制，切实做到分工明确、衔接顺畅、末端落实。"不舍家"精准服务就业模式让更多职工特别是女职工实现家门口就业。档案库在档困难职工从年初的202户减少为83户，在全省工会困难职工解困脱困工作推进会议上作典型发言，被山东省总工会评为"困难职工解困脱困先进集体"。

【职工普惠服务】 建设职工之家，打造职工书屋、职工服务中心、职工活动中心、职工培训

中心等服务阵地，构建服务职工新格局。深化春送岗位、夏送清凉、金秋助学、冬送温暖活动，实现"四季服务"活动常态化、长效化发展。开展EAP职工服务，打造心理关爱小屋，开展"职工心理健康服务进企业"活动，利用各级现有职工服务中心资源，在全市打造5家职工心理健康服务站。不断完善职工互助模式，解决患病职工因病致贫、因病返贫问题；推出"错峰服务、需求服务、流动服务、应急服务"综合服务套餐，开展送电影进社区企业、送文化进班组车间、送法律进广场村居等活动，把服务阵地向基层延伸，服务时间向职工8小时之外延伸。深化"女职工心灵关爱行动"，推进"妈妈小屋"建设，开展"幸福种子"培养计划，培训三级心理咨询师，开展现场咨询、心理解答等服务活动50余次，帮助女职工解决实际问题60余件。以"品质女人、品质生活"为主题

市总工会开展心理健康知识进企业活动

开展女职工系列沙龙活动 56 期，开展心理咨询活动 238 次。在户外职工特别是农民工较为集中的场所建设 5 家职工户外服务站（点），逐步实现服务职工"零距离"、常态化发展。

【维护职工合法权益】 坚持常态维权，签约卓知律师事务所，开展法律宣传、咨询、工资集体协商等服务，组织志愿者队伍开展普法活动 10 次。探索开展舆情监测，在线上设计舆情监测上报系统，线下设立舆情监测站，编发《舆情专报》4 期。深入开展"查保促"，保障职工生命健康权益，分组包保、月询季查、《简报》交流，在泰安市总培训班上作典型发言。推进"三谈三增"厂务公开民主管理工作法，确保工资集体协商扎实开展。

【职工之家建设】 以基层工会组织普查和"百日建会"行动为抓手，持续推进工会组建和会员发展。至年末，全市共建立基层工会组织 635 家，发展会员 12 万人，全年非公企业工会组建率和职工入会率动态保持在 90% 以上。抓好产业工会组建，新建外经贸企业工会联合会、石化医药产业工会 2 家；抓好社会组织建设，爱泽人公益事业发展中心工会成为泰安市首家公益性社会组织工会；推进农民工集中入会，加强社会化工会工作者的管理，落实社会化工会工作者轮岗制度。

开展"四分类四升级"活动，严格落实"八有"标准，全面提升基层工会职工之家建设规范化、功能化。

【党建工作】 打造"党建引领、情暖职工"党建品牌，重点依托"党建+"开展工作，构建党建新机制、读书新风尚、职工新风貌、机关新风气、工作新业绩的"五新"机关。党建+思想引领，抓好习近平新时代中国特色社会主义思想和党的十九大精神的学习宣传贯彻，举办泰安市知识竞赛选拔赛和微信知识竞赛；党建+权益维护，签约律师事务所，实施舆情监测，编发《舆情专报》，探索维权新路径，泰安市企业工会与行政沟通协商机制现场观摩培训班在肥城市举办；党建+助力企业，深化"五比一创"劳动竞赛，举办职工技能大赛，7 个工种 10 个单位 1000 余名职工积极参与，《扬起创新的

风帆》专题片在全省会议上播放交流；党建+职工服务，错峰服务、延时服务、"暖心菜单式"流动服务成为常态，服务职工最后一公里问题有效解决，EAP 项目成功落地并举办多次走基层活动，泰安市职工服务体系建设现场会在肥城市召开。党建+舆论导航，多种媒体综合发力，《今日肥城》、肥城手机台工会事、肥城电视台《劳动者》合作共赢，市总工会网站、职工之家微信公众号、职工电子书屋、职工电子借阅系统陆续建立，智慧工会初步打造。品牌在《山东工人报》头版头条报道。构建党建 6.0 体系，即联系职工零距离、服务职工零公里、作风问题零容忍、干部执行零失误、党员教育零盲区、干群关系零隔阂，全新全心打造职工心目中的"馨家"。

【干部队伍建设】 在机关干部中践行十种学习方式，增强干

5 月 9 日，"书香工会·悦读越美"中华优秀传统文化诵讲传走进泰山新合作活动举行（侯立群 摄）

部整体素质。个人主动学。要求每名党员干部制定自学计划，每天拿出上班前、下班后两个"半小时"进行学习。讲堂辅导学。分别在傲饰集团、税务局、供电公司等单位举办职工心理健康、构建和谐家庭等专题讲座5期。集体研讨学。每周五上午组织集体学习研讨，对习近平新时代中国特色社会主义思想、省市重要会议精神、省市工会工作动态进行研讨交流。借助载体学。利用"灯塔—党建在线"学习平台，组织党员干部参与十九大精神知识答题活动，并学习平台其他内容。打造阵地学。购买电子借阅机、打造电子阅览室、完善职工书屋，坚持每月1期"悦·读书"活动。营造氛围学。打造走廊文化，让墙壁说话，将党建文化、廉政文化、"四德"文化、工会"家"文化等渗透在日常点滴中，逐步入心入脑。基层延伸学。举办"书香工会·悦读越美"——中华优秀传统文化诵讲传走进泰山新合作活动，让工会的大学习拓展延伸。外出调研学。组织中层以上干部赴天津滨海新区总工会学习先进、查摆不足；组织行政事业人员分两批参加泰安市工会干部浙江培训班；组织机关干部参加"跟着孔子去游学"活动，接受传统文化熏陶；组织镇街和市直系统工会干部赴青岛学习，听报告、观现场、学经验。红色教育学。先后组织党员干部到浙江嘉兴南湖革命纪念馆、延安革命教育基地进行党性教育，锤炼党性、提升作风，并举办总工会机关"践初心·庆七一"征文活动，肥城广播电台播发部分征文。举办竞赛学。与全民竞赛网联合举办学习习近平新时代中国特色社会主义思想及党的十九大精神微信知识竞赛，评出一二三等奖表彰，推动职工以赛促学、学以致用。

（陈超）

· 共青团 ·

【概况】　至年末，共青团肥城市委（以下简称团市委）行政编制6个，机关工勤编制1个。全市43个基层团（工）委，37个团总支，1244个团支部，团员3.04万余名，专兼职团干部1319名。2018年，团市委围绕中心、服务大局，重点打造肥城市青年企业家协会、桃都青少年牵手基金、肥城市直机关青年论坛三个平台，各项工作取得明显成效，相继荣获全国第十四届"青少年走进科学世界·科学实验嘉年华"活动优秀组织奖、全省第七届地科杯"珍惜资源爱我国土"征文活动优秀组织单位、山东省团员青年网络答题竞赛优秀组织奖、泰安市级文明单位、泰安市五四红旗团委、肥城市脱贫攻坚先进单位等荣誉称号。

【开展"争做肥城十大杰出青年"主题活动】　3—12月，联合市委组织部、市委宣传部、市委统战部在全市开展"领航新时代、青春勇担当——争做肥城十大杰出青年"主题活动，从党政干部、企业家、支部书记、专业技术人才和在外肥城人才"五支队伍"中推选第九届"肥城十大杰出青年"，树立和宣传在全市经济社会建设中

5月3日，团市委在市广播电视台演播大厅表彰"肥城十大杰出青年"

实干担当、贡献突出的优秀青年。5月3日，在市广播电视台演播大厅举行"领航新时代、青春勇担当"全市庆祝五四青年节暨第九届"肥城十大杰出青年"颁奖仪式。经过前期推报、审查、公示和组委会投票等环节，20位青年代表脱颖而出，李利、辛锋、汪大庆、张勇、张福伟、武祎、赵庆波、胡维庆、宫燕（女）、董宗宝荣获第九届"肥城十大杰出青年"称号，于晓、王征、邓淑珍（女）、李士凯、张伟、张倩（女）、陈士更、梁栋、雷明超、滕鲲荣获第九届"肥城优秀青年"称号。

【肥城市直机关青年论坛启动】 按照市委锻造"政治过硬、业务过硬、素质过硬、富有活力"的党政干部队伍要求，联合市委组织部、市直机关工委启动"肥城机关青年论坛"。组织90名机关青年开展跨界式学习、体验式观摩、研讨式提升活动，全年开展全体性活动5期，开展读书交流、小组讨论、社会实践等分组活动56期，论坛黏性不断增强。

【完成肥城市青年企业家协会注册登记】 2月9日，肥城市青年企业家协会完成注册登记。协会实行副会长轮值制度，在高新区孵化器建立活动阵地，于2018年4月召开理事会二届二次会议，全年组织参观学习2期、专题讲座2期，实现资源对接、跨界合作。开展"青春扶贫益暖桃都"公益活动，为100名贫困儿童发放助学物资5万元。开展"不忘初心、追梦前行"2018肥城市青企协主题年会，吸纳新会员14名，通过公益竞拍募集10万元青企协专项爱心基金，用于救助贫困青少年和大学生。

【青少年思想引领】 开展革命传统文化教育，清明节前后在陆房烈士陵园举行全市青少年"传承红色基因"主题教育活动，全市各级学校团队组织累计开展50余场次。五四期间，进一步继承和发扬"五四"精神，各镇街、高新区团组织开展丰富多彩的主题活动。推荐青年典型，蒋庄社区学校尹超然获第二届"山东好少年"提名奖，王庄镇"燕子手工坊"宫燕作为泰安市唯一青年当选2018年"齐鲁最美青年"。评选2018年"桃都美德少年"29名，其中17名被评为"泰安美德少年"。

【少先队工作】 4月起，在全市各级少先队中持续开展"争做新时代好队员"主题活动，全市115个大队、1706个中队积极参与，六一前后，组织各中队开展"争做新时代好队员——你好新时代"主题队会暨新队员入队仪式，建队节期间

6月1日，参加市直机关青年论坛的90名青年到翦云山景区开展破冰行动

开展全市纪念建队69周年"争做新时代好队员——集结在星星火炬旗帜下"主题队日活动，增强少先队员的组织荣誉感和归属感。11月15日，召开规范共青团和少先队标志标识工作会议，传达省、市规范共青团和少先队标志标识使用专题会议精神，组织各镇街、学校在辖区内进行全面排查整改。全面推进中学共青团改革和少先队改革，规范少先队辅导员聘任管理，组织首届辅导员技能大赛，提升辅导员队伍专业化水平。培养选树少先队工作先进个人和先进集体，4名少先队辅导员获第八届"泰安市优秀少先队辅导员"，市实验小学卜千一获第十八届"山东省优秀少先队员"，市白云山学校三（7）中队获第五届"山东省优秀少先队集体"，市实验小学少先队大队辅导员罗金龙获第十届"山东省优秀少先队辅导员"。

【青春扶贫行动】 做大桃都青少年牵手基金规模，通过对上争取、企业捐赠、"手拉手"捐助等方式，保持资金注入常态化。联合兴润园林发起"青年公益林"项目，项目区域内绿化苗木收益的20%捐入基金；泰山新合作将停车场部分收益注入基金，基金总额达到87万余元；累计完成微心愿在线认领19期240人次。做亮希望工程品牌，开展2018希望工程圆

梦行动，为37名贫困高考生发放助学金7.4万元；开展"心手相牵感悟城市"活动三期，帮助贫困弱势青少年130人次；对上争取20万元建设边院镇济河海尔希望小学；争取15万元援建安临站镇东陆房小学高标准足篮两用式球场。做实青年志愿服务，成立新时代文明实践志愿服务队，深化"亲青·爱满桃都"系列公益项目，创新"村级设点＋大学生支教＋团组织运行"模式，实施"暑期关爱·真情陪伴"志愿服务项目；推进"金晖助老"青春志愿扶贫行动，160名青年志愿者与80名贫困老人结对，集中走访4次、送去生活物资2.4万元；深化"牵手关爱"行动，为190名贫困青少年招募380名青年志愿者结对帮扶，联合市慈善总会开展慈善救助"牵手关爱"行动，为100名建档立卡贫困留守儿童发放救助金5万元，联合市青年企业家协会开展"青春扶贫、益暖桃都"公益行活动，为100名建档立卡贫困青少年发放助学金4万元，赠送寒假礼包100个价值1万元；开展"志愿青春·衣旧暖心"集中募捐活动两期，募集衣物4300余件。"志愿青春·衣旧暖心"公益志愿服务项目被评为肥城市"最佳志愿服务项目"，市青年志愿者协会被评为肥城市"最佳志愿服务组织"。

【青年创新创业】 推荐山东一

滕新材料股份有限公司总经理滕鲲、山东兴润园林生态股份有限公司董事长张忠峰、山东征途信息科技股份有限公司董事长王征3名企业家入选省青企协会员，其中滕鲲入选中青企协会员。4家企业获批2017年度青年创业贴息资金6.5万余元。抓好岗位创先争优，深化"青创先锋"系列活动，新认定泰安市青年安全生产示范岗3处、泰安市青年安全生产标兵3名，肥城市4家青年集体获评2017年度泰安市青年文明号。

【团的基层组织建设】 ①镇街区。以青工委建设为载体，推进青工委组成人员调整和效用发挥。桃园镇"青桃成长计划"、高新区"新动青春"工作室被评为泰安市优秀青工委创新项目。高新区"新动青春"工作室被命名为第二批省级示范性"青年之家"综合服务平台，并被团中央列为2018年全国"青年之家"主题活动季优秀项目。高新区、湖屯、安临站、边院试点开展"暑期关爱·真情陪伴"志愿项目。全面开展"村村都有好青年"选培计划，选树村级"好青年"664名、市级"好青年"60名，为夯实农村基层基础注入青春力量。②市直机关。与市委组织部联合下发《加强市直机关事业单位团组织班子建设的意见》《在全市市直机关组建

青年工作委员会的通知》，召开市直机关团组织建设部署暨政府办公室青年工作委员会成立观摩会，理顺市直八大系统团工委班子，在13个市直部门组建青工委。参与全市"活力机关"建设，联合市体育发展中心、市直机关工委开展"活力青年行"活动，组织200余名青年干部职工参与登山竞赛。联合市直机关工委开展"党员微公益"活动，认领并完成100个微心愿。举办2018"亲青"交友活动，60余名机关企事业单位青年参与。严格团员发展管理，严控团学比，全年新发展团员2500名。五四期间集中举行入团仪式，深化团员意识教育。组织团青干部分层分类培训班2期，提升团干部服务大局、服务青年能力。

（马泽云）

·妇女联合会·

【概况】　至年末，市妇联编制7人，下设市妇女儿童工作委员会办公室（简称市妇儿办）编制3人。辖14个镇街区妇联、605个村妇联、24个城市社区妇联、62个机关事业单位妇委会、89个"两新"妇女组织、850个女职工委员会。年内，市妇联贯彻落实中央和省市《关于加强和改进群团工作的意见》，以保持和增强政治性、先进性、群众性为目标，真抓实干，开拓创新，妇女工作实现新发展。先后荣获省幸福进家活动先进单位、泰安市城乡妇女岗位建功先进集体、肥城市妇女儿童工作先进集体等荣誉称号。

【思想引领】　开展党的十九大精神和习近平新时代中国特色社会主义思想学习宣传教育，引导妇女"巾帼心向党，建功新桃都"。开展"百千万巾帼大宣讲"活动，组织"三八红旗手""巾帼建功标兵""最美家庭"等优秀典型以及巾帼志愿者组成宣传小分队，利用妇女之家、桃都女性微信公众号、妇女儿童家园等阵地，宣传习近平新时代中国特色社会主义思想和党的十九大精神，活动线上线下覆盖2.3万人次，其中安驾庄镇马埠村巾帼大宣讲视频入选全国妇联"百千万巾帼大宣讲"优秀视频。

【巾帼创业就业】　注重培树典型，选派省级贫困村安驾庄镇安庄村梁翠梅、安临站镇牛家庄村王玲玲等6名创业女性参加全省巾帼脱贫行动致富带头人培训班，选派普娜斯经理杨铭参加省巾帼返乡下乡创业联盟，选派10名女企业家参加省巾帼双创企业资本运作能力提升班，提高女企业家创业能力和水平。加强技能培训，做实做细"万名妇女技术技能培训"工程，累计培训妇女1.5万余人，其中贫困妇女1244人。组织特色村女村支书、妇联主席、种植大户等137人加泰安市"乡村振兴巾帼行动"技术技能培训班。以"桃都大姐"品牌为引领，加大妇女培训力度，共举办育婴师、月嫂、催乳师、营养师及养老护理等培训5期420人，230名妇女灵活就业。争取政策扶持，深入实施妇女小额担保贷款贴息政策，为泰安圣锦服装有限公司等三家"妇字号"企业和49名创业妇女争取巾帼创业贴息贷款。联合举办"就业帮扶、真情相助"集中招聘活动，提供妇女就业岗位1000余个。深化"双学双比""巾帼建功"活动，激发城乡妇女在经济社会发展中建功立业。年内共培育泰安市巾帼居家创业就业脱贫示范基地1处、泰安市"大姐工坊"4处，带动460余名妇女增收致富。联合开展技能比武、岗位练兵等活动，提高女职工综合素质，涌现一批先进集体和个人，7个单位荣获泰安市城乡妇女岗位建功先进集体、巾帼文明岗，9人获泰安市先进工作者、巾帼增收带头人称号。

【巾帼脱贫行动】　制定《2018年扶贫工作实施方案》，明确任务，细化目标，扎实推进。调研老城华峪土元养殖场、王庄宫艺手工坊等巾帼脱贫示范基地，详细了解基地运行、发挥帮带作用和妇女增收致富情况。为恒昌农业争取2万元省巾帼脱贫示范基地扶持资金，为张花峪村种植基地争取5万元扶持资金。深化"关爱女性、精准扶贫"女性安康工程，38名妇女取得政保服务专员从业资格，1.4万名妇女得到女性安康保险保障。实施"贫困母亲救助"行动，100位贫困母亲获得资助。采取多种形式，借机借力，帮扶重点困难妇女儿童，促进精准脱贫。开展技能扶贫，联合清华电脑培训学校、"桃都大姐"等机构，免费培训贫困妇女300余人，安置就业100余人。推进爱心扶贫，春节期间，组织"爱心妈妈"深入镇街、村居为210户家庭送年历、亲情卡等，以家人的叮咛送去爱的祝福。深化"春蕾计划"，开展"牵手春蕾、呵护成长"暑期关爱活动，"六一"期间71名"春蕾女童"每人获得助学金4万元。发动机关干部捐书，4000册图书全部送往留守儿童活动站。开展包村帮扶，帮助"第一书记"帮扶村理思路，出点子，促进村集体增收。重阳节为帮扶村60岁以上老人购买羊绒围巾、面粉、牛奶、糕点等生活用品，支援村里党员活动室电脑2台。实行项目扶贫，实施新一轮全国农村妇女"两癌"试点项目，免费检查2000名，扩面检查1.34万名，2千余名妇女及时得到健康指导，争取专项基金救助贫困患"两癌"妇女27名。

【引领妇女共创和谐】 围绕培育践行社会主义核心价值观，开展妇女思想引领工作，筑牢妇女思想道德根基。①宣传工作。培树典型，"三八"节评选表彰各类妇女典型150人，在电视、报纸、桃都女性微信公众号上宣传各类妇女典型60余人。举办"墨韵芳菲、闪耀兴业"书画展，展示女书画家书画精品32幅。六一期间，肥城市3名幼儿园园长分获泰安市"十佳女园长""优秀女园长"。举办"新农村·新生活"培训班，设置电子商务、十九大精神、妇女维权、好家风等课程四期，培训农村妇女820余人。弘扬志愿服务精神，组织巾帼志愿者参与创卫、创城、义务植树、爱心帮扶和新时代文明实践活动1200场次。组织开展走过"40年——齐鲁家庭印记"活动，各级共上报家庭印记62个，择优上报5个，400个各级"最美家庭""美丽庭院"统一悬挂牌匾，形成争创最美的良好风气。②家庭文明创建。落实习近平总书记"三个注重"重要指示，为肥城市打造全国新时代文明实践中心试点贡献巾帼力量。注重家庭，年初制定《市妇联家庭文明建设方案》，评选各级最美家庭1.0万户，好媳妇、好婆婆2万人次，从中推选出肥城市最美家庭45户、五好文明家庭30户、美丽庭院24户，泰安市级6户、省级2户、全国文明家庭1户。

注重家教，开设"母亲素质提升工程"暨"智慧母亲"公益讲堂，举办大型公益讲堂6场，培训母亲0.8万人；举办"书香伴成长"亲子阅读活动15次，500余名家长和儿童受益。注重家风，征集好家风家训，在桃都女性公众号晒优秀家规家训200余条；举办家风家训主题巡展、家风家教专题讲座4场，参与妇女1200余人；印发家风手册、"争做最美家庭"倡议4000余册份，线上展播最美家庭事迹20余个，最美家庭代表肖秀敏在泰安市进行巡讲。

【维护妇女儿童权益】 推进实施妇女、儿童发展"十三五"规划，履行维护妇女权益职责。召开庆"三八"暨妇女儿童工作会议，教育局等25个集体和个人受到表彰。组织妇儿规划成员单位和镇街开展经常性自查和监测统计工作，确保"两个规划"目标如期实现。成功迎接山东省妇女儿童发展"十三五"规划中期监测评估，评估组对肥城市妇女儿童工作，特别是儿童安全示范项目实施情况给予肯定。保障农村妇女产权权益，宣传有关法律政策，提高妇女群众对农村产权制度改革的知晓率。泰安市妇儿办对肥城市土地确权证妇女共有人插页工作和在保护妇女农村集体产权制度改革中的合法权益工作进行调研并给予高度评价。联合民政部门，建成高标准婚姻家辅导中心，离婚辅导率和劝和率分别达到14.8%、30.2%，为建立和维护婚姻家庭关系、化解婚姻危机提供有效服务。加强普法宣传，落实七五普法规划，以"普法赶大集""法制进社区"、悬挂横幅、编排节目、发放资料等形式，上下联动开展宣传活动6次，发放资料3000余份，营造妇女学法用法懂法的浓厚氛围。提升维权干部素质，组织镇街村妇联干部收看全国妇联婚姻家庭矛盾纠纷多元化解能力提升培训专题讲座、司法部人民调解大讲堂，参加泰安市妇联维权干部、婚姻家庭辅导志愿者培训班，提升纠纷调解的"望闻问切"工作技巧。联合民政部门建立反家暴庇护所1处。配合检察院陪审未成年人保护案件1起。积极协调，全年推动解决妇女信访案件62件，维护妇女儿童合法权益。

【妇联组织自身建设】 把握妇联改革方向，进一步转变工作作风、创新工作方法，提升服务水平。推进妇联改革工作，制定下发《肥城市妇联改革方案》，严格落实方案中6个大项10条具体措施，市妇联机关内部改革完成。举办基层妇联干部素质提升培训班4期，培训妇联干部765人，妇联干部素质不断提升；带领镇村妇联主席、女支部书记60余人参加上级妇联业务培训，组织6708

名兼职副主席和执委进行年度述职考核，提高妇联干部综合素质和业务能力。打造特色妇女之家示范点，规范建设妇女之家，下发创建标准，强化服务功能，统一挂牌实现全覆盖。深入社区，打造"心理咨询室""社区家长学校"等功能活动室，提供妇女儿童权益维护、留守儿童关爱等服务。实施妇联上网工程，强化用网、占网工作，发挥妇联系统干部微信群、桃都女性公众号的作用，发布当下时政要闻、妇联动态、核心价值观宣传、家风家教普及等内容，让妇女群众在网上网下均能随时找到组织、参加活动、得到服务。落实全面从严治党要求，推进"两学一做"学习教育常态化制度化。组织妇联机关干部赴兰考和延安开展党性教育，锤炼党性。加强作风建设，坚持开展"下基层，访妇情，办实事""第一书记"驻村帮扶等工作，千方百计为妇女群众办实事，树立妇联组织和干部良好形象。

（卢莹莹）

·肥城市社会科学联合会·

【健全机制】 年内，根据工作需要，把各镇街党委宣传室、市委党校、教育局教研室、司法局、档案局、党史办、左丘明文化研究院、陆房突围纪念馆、毛公山红色文化博物馆、白云书院、肥城书画艺术馆、

中国桃文化博物馆、肥城德园、肥城市桃乡艺术馆等单位列为社科工作重点联系单位，新成立肥城市诗词学会、旗袍文化艺术研究会、孝文化研究中心、肥城市民间文艺家协会古玩艺术品研究会、肥城戏曲研究院、肥城传统武术研究会、肥城家庭教育学会7个社科组织。根据市委考核意见，制定《社科工作考核细则》，做到工作部署、调研指导、检查考核"三个到位"。坚持典型引路，奖优罚劣，抓点带面。年底，评选表彰社科工作先进镇街4个，社科工作先进协会组织、基地4个，社科普及示范村37个，社科工作先进个人18名。并将先进单位经验做法和个人典型事迹，通过电视、广播、报纸、微信公众号等媒体进行大张旗鼓的宣传，效果良好。

【社科普及】 2018年5月17日，在春秋古镇东门广场举办山东省暨泰安市第十五届社会科学普及周启动仪式，承办山东省暨泰安市第十五届社会科学普及周活动，泰安市、各县市区以及肥城市部分干部群众共300余人参加活动。举办"东岳大讲坛——乡村振兴战略解读讲座"，迎接省和泰安市社科工作调研；参加全国社科工作会议，1人被评为全国社科工作先进个人。贯彻《山东省社科普及条例》，开展新时代文明实践社科志愿服务活动，采取举办展览、

5月17日，山东省暨泰安市第十五届社会科学普及周启动仪式在肥城举行

公益讲座、赶大集、媒体宣传等灵活多样的形式，广泛开展富有特色、贴近群众、贴近生活的系列社科普及活动。培育打造社科教育普及基地、示范村建设，加大典型培植力度，以点带面，把社会普及工作不断推向深入。2018年，肥城市被评为省社会科学普及示范市，肥城市社科联被省社科联评为先进单位，新城街道被评为省社会科学普及示范镇、仪阳街道北辛村被评为省社会科学普及示范村，陆房突围胜利纪念馆被评为省社会科学普及教育基地，肥城市桃乡艺术馆、肥城德园被评为泰安市社会科学普及教育基地。

【社科成果】　建立社科专家联系制度，整合市内外专家力量，精心重点选题，集体研究攻关，完成一批有分量、有影响的社科成果。其中孙其昌所著论文《吉祥桃文化初探》在《中国民族博览》2018年3月期刊中发表，为肥城市桃文化的研究成果首次在国家级刊物上发表。李武刚著作《泰山宗谱叙录》被评为泰安市第三十二次社会科学著作类三等奖，李海军课题《释疑·收获·质疑：念好创新课堂"活"字诀》被评为泰安市第三十二次社会科学类课题类三等奖，市收藏家协会应邀参加"第四届全国区域文化研究会年会暨泰山文化学术研讨会"。完成泰安市社科立项课题6个；申报省、泰安市优秀社科成果奖，获奖3项；2人评为泰安市社科专家。

（蒋海燕）

FEICHENG
YEARBOOK
2019

法治综述
法治政府建设
公安
检察
法院
司法行政
人民武装
人民防空

法治·军事

法治·军事

法治综述

【概况】 2018年，市委政法委围绕中心、服务大局，推进平安肥城、法治肥城建设，加强过硬队伍建设，深化智能化建设，各项工作不断取得新进展、新突破，为全市经济社会发展提供坚强有力的服务和保障。①平安肥城建设。坚持总体国家安全观，坚定不移开展反渗透、反恐怖、反邪教斗争，完成上合组织青岛峰会、改革开放40周年庆祝活动、退役军人维稳等安保维稳任务，维护社会大局持续稳定；推进扫黑除恶专项斗争，坚持有黑扫黑、无黑除恶、无恶治乱，依法精准打击，严惩黑恶势力及背后保护伞；开展"铁拳行动"等专项行动，依法严厉打击盗抢骗、黑拐枪、非法集资、电信诈骗和严重暴力犯罪；抓好企业周边、学校周边、铁路沿线等重点部位、重点地区整治，强化交通、消防、寄递物流等重点行业防范，加强严重精神障碍患者等重点人群管理。②法治肥城建设。加大"七五"普法工作力度，营造遇事找法、办事依法、解决问题靠法的良好法治环境；深化司法体制改革，全面落实司法责任制，推进阳光执法、阳光司法，开展执法司法规范化建设，提高执法司法公信力；加强政法队伍建设，以正规化、专业化、职业化为方向，坚持思想教育与管理监督并重，打造信念坚定、执法为民、敢于担当、清正廉洁的政法队伍。③社会治理。加强城乡社区网格化管理，推动综治中心建设，夯实基层基础，形成治理合力；完善社会治安防控体系建设，推进"雪亮工程""巡防工程""民防工程"；健全完善一元主导多元化解机制，及时将矛盾纠纷化解在村、组和网格；推进四类风险排查整治行动常态化、长效化，确保各类风险隐患第一时间发现、处置；做好涉法涉诉信访积案化解工作，综合运用律师代理、司法救助、困难帮扶等多种方式提高化解实效。

（高冬青）

【社会治安综合治理】 市综治办坚持问题导向，整合资源，凝聚力量，提高社会治理效能，增强人民群众获得感、幸福感、安全感。①治安防控体系。重点织密视频监控网、群防群治网、综合管控网"三张网"，抓好企业周边、学校周边、铁路沿线"三项整治"，不断强化道路交通、消防安全、重点人员管理服务，以各个行业区域的"小平安"，辐射带动全市的"大平安"。2018年，全市可防性案件比上年下降12.64%。②矛盾多元化解。落实一元主导多元化解矛盾纠纷工作机制，建立完善重大矛盾纠纷动态预警制度，对可能引发重大治安问题、群体性事件、个人极端事件的苗头隐患、疑难纠纷，进行跟踪解决；坚持发展"枫桥经验"，对一般性矛盾纠纷，基层调解组织先行调解；对复杂矛盾、疑难纠纷，逐级上报、联合调处。③基层基础工作。注重高标定位，强化顶层设计，整合综治维稳资源，严格按照国家标准，强力推进市、镇、村三级综治中心标准化、规范化、实体化建设。以综治中心为依托，建成村居社区网格管理工作站，配备警务助理和法律顾问，搞好便民服务，加强日常巡查，化解矛盾纠纷，实现"管理形成网、责任落到格、服务精细化"。④综治责任制。市委常委会坚持定期研究政法综治工作，协调解决相关问题。市综治委组织开展专题调研8次、各类督导11次，抓强促弱，整体推进。严格执行社会治安综合治理领导责任制，年内已对 5 个单位给予黄牌警告，保持鞭策后进、抓点带面的工作力度。

【扫黑除恶专项斗争】 2 月 11 日，组织召开市委政法工作会议暨全市扫黑除恶专项斗争会议，在全市部署开展扫黑除恶专项斗争。提高政治站位，精心组织推进。成立市委书记任组长、政法委书记任常务副组长、26 个部门负责同志为成员的领导小组，抽调 6 名业务骨干到市扫黑办集中办公，市财政列支专项经费。先后组织召开动员会、推进会、惩治"保护伞"问题工作会、问题整改调度会、"攻坚战"动员会等会议，进行全面动员、部署推进。依法精准打击，严惩黑恶犯罪。坚持有黑扫黑、无黑除恶、无恶治乱，组织开展线索摸排集中行动，分层次、分系统、分领域全面排查涉黑涉恶线索，依法严厉打击涉黑涉恶犯罪。坚持深挖彻查，坚决破网打伞。严格落实"两个一律"要求，坚持把扫黑除恶与反腐败斗争、基层"拍蝇"结合起来，坚决打掉黑恶势力背后"关系网""保护伞"。筑牢基层基础，铲除滋生土壤。开展村"两委"换届"回头看"，坚决杜绝黑恶势力侵蚀基层政权。在扫黑除恶专项斗争中部署开展农村"三资"清理集中行动，14 个镇街区的启动村扎实推进，成效明显。加强综合治理，形成整体合力。坚持标本兼治、源头治理，把专项斗争和加强社会治理结合起来，既解决涉黑涉恶突出问题，又建立健全长效机制。狠抓建章立制，强化组织保障。建立会商研判、线索移送和结果反馈、督导调度等工作机制，提高各级扫黑除恶专项斗争领导小组及其办公室统筹协调、推动落实的能力水平。坚持问题导向，全面整改落实。市委、市政府研究制定《关于对中央扫黑除恶第 5 督导组通报问题的整改方案》，对照反馈的 6 个方面 17 项问题，逐一落实责任单位，明确整改工作措施和整改时限，全面推进整改工作。

（张亮）

【执法监督】 坚持开展案件评查工作，全年共评查案件 40 件，评出优秀案件 8 件，加强执法办案管理，促进执法监督工作深入开展。同时，要求政法各部门结合各自实际，创新执法监督形式，提高执法办案质效。市法院通过回访当事人（律师）、公开裁判文书来接受社会监督、促进执法规范。市检察院通过公开案件信息增强执法办案透明度，并自觉接受人大监督、民主监督和社会监督。市公安局全面推动网上执法监督工作实时化、常态化，建立定期向人大和特邀监督员报告执法情况制度和定期与检、法交流研究执法问题制度，通过公安微信公众号实时发布公安机关执法、管理、服务信息，接受网民监督。落实牵头责任，完善产权保护工作。建立以市委常委、政法委书记为召集人，以市发改局主要负责同志和市委政法委分工负责同志为副召集人，以各成员单位分工负责同志为成员的肥城市完善产权

9 月 4 日，市委书记常绪扩到市公安局龙山派出所调研指导扫黑除恶专项斗争工作（刘洋　摄）

保护制度依法保护产权工作联席会议制度，印发《关于建立肥城市完善产权保护制度依法保护产权工作联席会议的通知》和《肥城市完善产权保护制度依法保护产权工作联席会议工作意见》文件，将保护产权工作职责分工具化细化，确保依法公平公正有效保护产权，促进全市经济社会持续健康发展。

（徐琳）

【政法队伍建设】　始终坚持党对政法工作的绝对领导，把旗帜鲜明讲政治放在政法队伍建设的首要位置，组织政法部门通过学习交流、专题研讨、集中培训等形式，学习贯彻习近平新时代中国特色社会主义思想和党的十九大精神，推进全面从严治党，严格落实党内政治生活制度，进一步坚定理想信念，提升政治站位。加强对政法干部队伍的管理，加大对政法部门中层干部的协管力度，2018年提拔调整政法中层正职干部5人；强化政法干警履职能力建设，指导政法各部门开展分级分类培训活动，全市政法机关先后举办各类执法能力培训50余场次。强化政法机关纪律作风建设，对政法队伍纪律作风定期进行分析研判和督查巡查，年内政法委组成专题调研督导组，对政法部门落实全面从严治党、党风廉政建设工作开展专题调研督导，并对发现的问题逐一进行督促整改。

加强对政法干警的廉政教育，定期组织政法干警开展党规党纪学习、警示教育、廉政谈话，持之以恒正风肃纪，促进干警清正、队伍清廉、司法清明。

（杨红梅）

法治政府建设

【概况】　2018年，肥城市围绕落实省、市《法治政府建设实施纲要（2016—2020年）》，全面履行政府职能，法治政府建设不断取得新成效。①依法行政。对全年依法行政重点工作周密安排部署，加强公共法律知识培训学习，选树依法行政工作典型，加大宣传力度，浓厚工作氛围。②改革创新。持续深入开展"减证便民"行动，全面梳理各类无谓证明、奇葩证明、循环证明、重复证明和繁琐环节手续，全市共梳理出340项证明事项，建议取消20项，并对省地方性法规设定的在肥城市实施的证明事项进行公示。③制度建设。审查出台《政务信息资源共享管理暂行办法》等规范性文件。对现行有效的51件规范性文件进行再梳理，加大公平竞争审查力度，对拟修改的7件规范性文件进行合法性审查，并将修改内容予以公布。④合法性审查。依托肥城政务网，主动公布重大事项，广泛征集意见，拓宽人民群众参政议政的渠道。严格按照《肥城市政府

重大事项决策制度》，把公众参与、专家论证、风险评估、合法性审查和集体讨论决定作为重大决策的必经程序。推进落实党政一体法律顾问制度，法律顾问列席市委、市政府重要会议，服务党政机关依法履职、依法决策、依法办事。2018年，全市法律顾问共提供法律论证意见165次，审查重大经济合同33份，代理行政诉讼案件12件，参与处理重大事项、历史遗留问题等47件。⑤执法监督。出台《2018年度行政执法监督计划》，深入推进行政执法"三项制度"；推动行政处罚（强制）权力事项网上运行，搭建行政执法公示平台，推进行政执法信息化、规范化、标准化运行；组织行政执法证件年审工作，严格执行行政执法人员退出机制，不断加强行政执法队伍建设。⑥行政复议和行政应诉。加强复议应诉规范化建设，依托山东省行政复议应诉管理平台，实现网上立案、审阅、签批。加强行政机关负责人出庭应诉、行政应诉案件报告等制度建设，履行行政机关负责人出庭应诉的有关规定。全年共立案受理行政复议申请59件，不予受理1件。审理结果维持41件，调解终止13件，驳回复议申请3件，撤销2件。

【依法行政组织协调和督促指导】　制定全市2018年政府法

制工作要点，细化责任分工，做到有计划、有部署、有督导、有落实，保证全面推进依法行政工作的有序开展。发挥考核的导向作用，对 2018 年度依法行政绩效评估标准进行修改，新增行政诉讼败诉率一项指标，使依法行政考核的目标更明确，思路更清晰，覆盖更广泛。先后组织开展行政复议诉讼、仲裁知识学习和依法拆违业务知识等法制培训，提高执法人员业务能力。发挥典型带动作用，组织重点执法部门到示范点现场交流学习执法流程、案卷整理规范等，推动全市依法行政面上工作开展。加强依法行政宣传，做好省、市法制信息报送。

【制度建设】 坚持将规范性文件的合法性、合理性和程序的规范性审查作为重点，在加强调研和充分征求意见的基础上提出审查意见。2018 年，审查出台《政务信息资源共享管理暂行办法》，严格执行统一登记、统一编号、统一公布制度，并标注有效期。对现行有效的 51 件规范性文件进行再梳理，加大公平竞争审查力度，梳理涉及"四新经济"▲、知识产权、民营企业发展的政策文件，使政府工作更好适应和引领经济发展新常态，进一步提升政府治理能力；对拟修改的 7 件规范性文件进行合法性审查，在多次研究论证后制定《肥城

市人民政府关于修改部分规范性文件的通知》，对修改的内容予以公布。

▲ "四新经济"指"新技术、新产业、新业态、新模式"的经济形态，是在新一代信息技术革命、新工业革命以及制造业与服务业融合发展的背景下，以现代信息技术广泛嵌入和深化应用为基础，以市场需求为根本导向，以技术创新、应用创新、模式创新为内核并相互融合的新型经济形态。

【决策服务】 ①法律顾问作用发挥。推进落实党政一体法律顾问制度，法律顾问列席市委、市政府重要会议，服务党政机关依法履职、依法决策、依法办事。完善服务费用支付办法，2018 年法律顾问共提供法律论证意见 165 次，审查重大经济合同 33 份，代理行政诉讼案件 12 件，参与处理重大事项、历史遗留问题等 47 件，发挥参谋助手和智囊作用。②重大行政决策程序落实。严格按照《肥城市政府重大事项决策制度》，把公众参与、专家论证、风险评估、合法性审查和集体讨论决定作为重大决策的必经程序。坚持政府法制机构负责人列席市政府常务会、市长例会，参加专项问题会及各类协调会，未经法制部门合法性审查的规范性文件、重大行政决策事项、重大合同、协议等，不上会、不研究、不通过、不发布，保

证政府重大决策合法合规。

【行政执法监督协调】 ①行政执法监督。出台《2018 年度行政执法监督计划》，对全年执法监督工作进行部署；定期开展执法案卷评查，对发现的问题进行通报，并督促整改；推动行政处罚（强制）权力事项网上运行，经过前期全面梳理上网信息要素、网上运行培训、数据报送等阶段，全市 26 个有关部门已完成行政处罚与行政强制权力事项清单、网络运行流程及要素梳理，26 个部门完成权力事项清单导入，18 个部门完成要素信息的录入，为实现行政执法信息网上公开、执法全过程网上记录和网上跟踪监督，推动行政执法工作信息化、规范化、标准化奠定基础。②推进"三项制度"。按照行政执法监督网络平台运行要求，配合县级部门网站整合，将原法制办网站已有的行政处罚裁量基准、政府规范性文件目录等统一接入肥城市行政执法信息平台。按照执法公示要求，在各执法部门目录下，设立 10 项执法清单及流程图，置所有执法行为于全方位监督之下。③行政执法队伍建设。严格落实准入标准，加大培训力度，全年组织相关培训 6 次，提升行政执法人员的依法行政意识和理论水平。组织执法证件年审工作，组织全市 76 名四年审执法人员参加法律知识培训及

考试，对全市1024名两年审执法人员审核，76名四年审执法人员考试通过率76.3%。严格执行执法人员退出机制，借助行政执法人员证件年审，清理不在岗、不在编、调离执法岗位人员223人。④"减证便民"行动。全面梳理各类无谓证明、奇葩证明、循环证明、重复证明和繁琐环节手续，全市共梳理出340项证明事项，建议取消20项，并对省地方性法规设定的在肥城市实施的证明事项进行公示。

【行政复议应诉调解】 ①行政复议。严格履行办案程序，对收件、受理、审理、决定等流程进行全面细化，确保当事人的权利得以保障。依托山东省行政复议应诉管理平台，实现网上立案、审阅、签批。2018年所有复议案件，均在收到申请或答复材料当天，将材料扫描上传系统平台，案审人员通过手机终端了解案情，讨论形成意见。全年共立案受理行政复议申请59件，不予受理1件。审理结果维持41件，调解终止13件，驳回复议申请3件，撤销2件。②行政应诉。加强行政机关负责人出庭应诉、行政应诉案件报告等制度建设，认真履行行政机关负责人出庭应诉的有关规定。强化行政应诉指导，与法院行政庭沟通并建立有效的信息通报制度，及时掌握各部门单位行政应诉进展

情况。2018年，全市行政应诉一审案件共有43件，驳回诉讼请求或起诉的30件，市政府为被告的案件17件。③矛盾纠纷化解。参加市党政领导接访常态化，发挥法制参谋助手作用，为领导依法处理各类信访事项，提供法律政策咨询意见；针对肥城市历史遗留问题、重大疑难信访投诉事项等，逐案审核研判，共提出法律意见60余次；指导督促仲裁分会精细化规范案件办理环节，推动运用法治思维和法治方式化解行政争议。

（李国芳）

公　安

【概况】 2018年，市公安局以"创建最平安地区、打造最满意环境、提供最优质服务"为目标，实事求是地想、实事求是地谋、实事求是地干，公安工作和队伍建设开创新局面、

实现新突破。健全完善全市52家反恐重点目标单位基础信息，全市公安机关国保专案工作现场会在肥城市局召开。进一步完善8大类12项突发事件处置预案，组建常态应急备勤力量、攻坚突击队伍，圆满完成上合组织青岛峰会跨区域增援任务。全年共破获刑事案件3585起、刑拘885人、逮捕196人、打掉犯罪团伙117个，分别同比上升3.9%、45.6%、75%、89%，可防性案件同比下降12.6%。全省公安机关网安基层基础建设攻坚战现场推进会暨打击网络违法犯罪"四快"一体化建设部署会议在肥城市召开。全年共打掉恶势力犯罪集团3个、恶势力团伙11个、涉恶共同犯罪团伙8个，刑拘143人，逮捕50人，起诉158人。共破获黄赌案件32起，打击处理105人，查处非法经营娱乐场所6家。创新实

11月7日，全省公安机关网安基层基础建设攻坚战现场推进会暨打击网络违法犯罪"四快"一体化建设部署会在肥城市召开（刘洋　摄）

行"特警+X"大巡防机制，将全市431辆出租车、380名环卫工人、1026名物业人员纳入巡防队伍，打造巡防工作"升级版"。全市公安特巡警基层基础建设三年攻坚战现场推进会在肥城市局召开。严查道路交通违法，依法严惩各类"车虫子""带路黄牛"，共查处交通违法行为42.06万起，同比增长25.6%。创新推出"五聚五提"一村一警务助理、"四+"推进"1+2+N"城区社区警务工作做法，被省厅、泰安市局肯定推广。升级改造实战型指挥中心，创新研发非警务求助事项分流"指尖通"系统，确保分流到位，减轻派出所负担。全面开展基层警务工作门户应用，基层派出所门户应用率已达到100%，移动警务终端配备率已达到100%。落实"管办分离""四个统一"制度，实现接报案登记、受立案工作的"一窗式管理"，对"警情、案件、场所、财物、案卷"等要素进行全流程监督管控，全节点把控执法质量。全市公安机关案管中心（室）建设现场推进会在肥城市局召开。创新实施"四维双向"执法主体管理工程，从能力、质量、效率、效果四个维度对执法主体进行动态管理、综合评价，根据评价结果实行正向激励或反向问责。《人民公安报》《山东法制报》等媒体刊发推广，被评为全省公安机关十大"规范

警务"品牌。落实《泰安市公安局服务新旧动能转换重大工程实施意见》，制定出台《服务新旧动能转换重大工程包保企业实施方案》，实行"三级联包"企业制度，该做法列入全省政法机关服务保障新旧动能转换重大工程亮点经验。坚持党对公安工作的绝对领导、全面领导，发挥党建工作举旗铸魂、固本培元、聚气凝神的作用，实现党建队建"融合式"发展，增强队伍建设的感召力、渗透力、凝聚力，打造忠诚干净担当的铁军队伍。全年共有20个（次）集体、38人次受到市委、市政府以上表彰。

（张宾堂　苗振涛）

【扫黑除恶专项斗争】 扫黑除恶专项斗争开展以来，市公安局高度重视、迅速行动，周密部署、扎实推进，严厉打击黑恶势力犯罪，取得阶段性成

效。开展"铁拳""金剑"和山东战役等专项行动，成功打掉延某等强迫交易控制国电石横发电厂运煤秩序恶势力犯罪集团、李某等寻衅滋事恶势力犯罪集团、江西籍王某峰等人通过网上"裸贷"敲诈勒索恶势力犯罪集团；将专项斗争与打击电信网络诈骗、黄赌毒等违法犯罪有机结合，先后破获"2·11"特大侵犯公民个人信息案、"6·14"重大电信网络诈骗案等案件125起，中央电视台等主流媒体多次关注报道，受到副省长、公安厅厅长孙立成的批示肯定。按照市委、市政府部署要求，开展扫黑除恶专项斗争农村"三资"清理工作，进一步规范农村"三资"管理，严厉打击垄断农村资源、侵吞集体资产的黑恶霸痞势力等工作，受到市委书记常绪扩批示肯定。全年共打掉恶势力犯罪集团3个、恶势力团伙11个、涉恶共同犯罪团伙8个，

老城街道开展扫黑除恶宣传活动（王秀秀　摄）

刑拘145人，逮捕50人，起诉158人。

（张宾堂　孟凯）

【队伍建设】　市公安局以"对党忠诚、服务人民、执法公正、纪律严明"为总要求，全面推进队伍的正规化、专业化、规范化，不断增强队伍的感召力、渗透力、凝聚力，为圆满完成各级两会、上合组织青岛峰会等安保任务，确保全市社会治安持续平稳、服务全市经济发展、推动公安工作转型升级提供强大精神动力和坚强组织保证。①政治建警。叫响"党在心中、民安至公"的党建品牌，以市委确定市公安局为"党建工作示范带"为契机，创新建立"党委书记、党委委员、支部书记、支部委员、党员"党建工作责任清单，实现党建主体责任"全覆盖"。开展"大学习、大调研、大改进"，规范运行"网上党支部"，推行党员政治生日卡，建成"肥城公安党建在线"新网站，对"三会一课""主题党日"活动等工作，实行"事前网上申报、过程网上公示、效果网上评议"。肥城市市直机关党组织示范点（带）建设工作现场推进会在市公安局召开。肥城市公安局被省公安厅确定为党建工作调研联系点。在全市庆祝建党97周年大会上，5个基层党组织和8名党员受到市委表彰，市公安局被表彰为先进基层党组织和党

建工作先进单位。②实战实训。建成由战训中心馆、室外综合训练场、宿舍餐厅配楼、多功能报告厅四部分组成，总建筑面积8600余平方米的"全省领先、全国一流、布局科学、功能齐全"的民警训练基地，内设全省县级公安机关最大、最先进的3D室内影像模拟射击馆。依托影像型射击训练系统对40名骨干民警进行专项训练。选派1名民警赴新疆阿克苏地区柯坪县公安局参加鲁新警务交流合作，1名民警赴新疆跟班交流。组织8名科所队长参加省厅大轮训，6名领导干部、英才代表在厦门大学参加市局领导干部素质能力提升培训，22名科所队副职领导干部参加市局"强执行、铸铁军"培训班，18名民警参加公安院校和非公安院校新警培训。法制、刑警、治安、国保等警种，通过教官授课或邀请专家讲座等形式先后开展培训8期300余人次。组建一支涵盖政治理论、规范执法、刑侦、网安、警务实战、群众工作等专业的33人教官队伍。③从优待警。严格落实各项津补贴政策，及时跟进上级执法勤务警员和警务技术职务序列套改和"5+3+2"津贴补贴政策进度，确保政策落实落地。强化民警身心健康保护，严格执行《民警带薪年休假规定》，组织民警健康查体，为每名民警办理人身意外伤害和疾病保险，增强职业保障水平。按照

精简、优化、高效的原则，严格规范考核考评。对各派出所的考核严格控制在20项以内，减轻基层负担，肥城市公安局综合成绩始终位列泰安市各县市区局第一。发挥先进典型的示范引领作用，引导广大民警学先进、争先进、当先进。年内，被省文明委表彰为"省级文明单位"，被省委办公厅表彰为"全国'两会'安保维稳工作先进集体"，被省公安厅表彰为"全省公安机关三年禁毒人民战争成绩突出集体"，被泰安市公安局表彰为"泰山公安英才工作成绩突出集体"，被肥城市委表彰为"先进基层党组织""党建工作先进单位"，被肥城市委、市政府记集体三等功。该局龙山派出所被省公安厅记集体二等功，6个集体荣立集体三等功，1名民警荣立二等功，18名民警荣立三等功，另有20个集体、38名（次）个人受到肥城市委市政府和泰安市公安局以上表彰。④问题导向。深化民生警务平台应用，为群众解决问题、回应诉求，9600110平台共办理群众诉求776件，群众满意率达到100%；警务访评系统访评群众64338人，满意率99.8%。对全市公安机关窗口单位服务不规范问题开展专项整治，督导各窗口单位落实便民利民各项措施，解决窗口单位在日常管理、执法服务、纪律作风、办事效率、落实便民利民措施等方面存在

的突出问题，提升窗口单位服务质量和群众满意度。落实上级"放管服"工作各项改革要求，创新管理服务措施、创优经济发展环境，确保各项政策扎实推进、惠及群众。肥城市群众对社会治安的满意度继续位列泰安各县市区第一。

【党建工作】 市公安局坚持"党建统领一切公安工作"，实现党建队建融合发展。实行党建和业务工作"双百分、同权重"考核，创新实施"党委书记、党委委员、支部书记、支部委员、党员"党建工作"五张清单"，实现党建工作主体责任"全覆盖"。局党委每月一次理论中心学习，各支部落实集中学习制度，创新建立"肥城公安党建在线"一体化平台，教育党员民警始终旗帜鲜明讲政治、绝对忠诚听指挥。建立《党支部 党员工作手册》，完善升级"网上党支部"，实现网上网下双向印证、全面监督。聚焦"围绕主业抓党建，抓好党建促主业"，发挥党组织、党员的战斗堡垒和先锋模范作用，把党旗插到安保维稳的第一线，引导党员在打击犯罪、服务发展、"放管服"改革等重点任务中发挥示范作用。全省网安基层基础建设现场会等7个现场会在肥城市公安局召开，整体工作始终位居泰安第一、全省前列。

【创新实施"四维双向"执法主体管理工程】 年内，创新实施"四维双向"执法主体管理工程，从能力、质量、效率、效果四个维度对执法主体进行动态管理、综合评价，根据评价结果实行正向激励或反向问责。《人民公安报》《山东法制报》等媒体刊发推广，被评为全省公安机关十大"规范警务"品牌。

（张宾堂）

【实行"三级联包"企业制度】 制定出台《服务新旧动能转换重大工程包保企业实施方案》，实行"三级联包"企业制度，将公安工作与企业发展和重点项目建设有机融合，创新实施护企促商局领导、科所队长、社区民警"三级联包"。该做法列入全省政法机关服务保障新旧动能转换重大工程亮点经验。

（张宾堂）

【刑事侦查】 全年共抓获各类犯罪嫌疑人469人，其中刑拘429人，取保40人，逮捕172人，起诉301人。①保持命案等重大有影响案件的快侦快破。年内发生的5起命案现案，全部在第一时间破获，有力消除不良的社会影响。②开展扫黑除恶专项行动。自扫黑除恶专项斗争开展以来，主动担当、主动作为，全力攻坚，共打掉恶势力犯罪集团3个、恶势力团伙11个、涉恶共同犯罪团伙8个，刑拘139人，逮捕44人，起诉133人。查办上级转办线索131条，其中7条省部级线索已全部办结。破获的"8·02"裸贷案和"2012.4.22"寻衅滋事案，在中央电视台等多个电视栏目进行集中深度宣传报道，取得良好社会反响。③打击电信网络诈骗案件成效突出。深化"网警+X"四快一体化作战模式，成功破获公安部督办"2·11"侵犯公

3月31日，市公安局成功破获"2017·12·11"特大电信网络诈骗案，将犯罪嫌疑人抓获归案。图为专案抓捕组凯旋归来（刘洋 摄）

民个人信息案;破获省厅督办"2017.12.11""2018.6.14"特大网络电信诈骗案,共计抓获嫌疑人248人,破获案件326起,冻结629万元。工作成绩突出,获得上级贺电表彰3次。④精准打击传统盗抢骗案件。全力推进"作战单元"模式提档升级、提质增效。抓侵财类犯罪嫌疑人468人,抓侵财类逃犯142人,逮捕68人,打掉侵财类团伙27个,破获侵财类案件1316起。⑤精准追逃。严格落实"五定一包""一逃一档"的工作要求,实行全警、精准追逃。抓获各类逃犯333人,其中省厅督捕逃犯6人,通缉令逃犯13人。⑥戒毒工作。破获公安部目标案件1起,省厅毒品目标案件2起,打掉制毒窝点一处,起诉制贩毒人员27人,查获新增吸毒人员11人,强制隔离戒毒7人,在全省县级公安机关扫毒大比武中位于第二序列第1名,全市三年禁毒人民战争中获得第一名,被泰安市列为全市唯一"全省禁毒示范县(市县)"创建单位。对辖区内所有易制毒化学品单位实行动态监管、严格管控。年内,无一起易制毒化学品流失事件发生。基层基础硬件设施得到全面提升。通过刑事技术机构资质认定,完成一级刑事科学技术室、食药环快检实验室、四级尸体解剖室、规范化物证保管室、禁毒实验室等建设任务和目标。⑧

现场勘查服务。全年全市现场勘察率达100%,各类现场474起,其中217起案件提取到DNA,129起案件检出DNA有效分型,在服务实战中发挥突出作用。通过现场提取的生物物证,成功妥善处置多起疑难案事件,表现突出。⑨Y-STR数据库建设。自全市公安机关开展"Y-STR"数据库信息采集工作以来,积极准备,高标定位,狠抓落实,已经完成村居调查,家系图谱绘制,血样采集完成率99%,高质量完成Y-STR数据库建设,列全市前列。⑩警犬技术。因人因犬因地科学训练,服务实战水平不断提高。全年携犬武装巡逻152天,出动325人次、325犬次,协助参加案件侦破、嫌疑人抓捕及警情处理50余次。

(刘娇)

【经济犯罪侦查】 2018年,经侦大队共侦破各类经济犯罪案件19起,抓获并处理犯罪嫌疑人38人,挽回经济损失600余万元。工作中树立"打击是第一要务"工作理念,强化信息化应用、数据化实战,准确打击犯罪,不断提升效能。年内共发起全国集群战役16起,比2017年增加7起。①严打涉税犯罪。树立集群作战意识,破大案、发集群,先后成功发起泰安某机械有限公司虚开增值税专用发票案集群战役、肥城某车辆有限公司虚开增值税专

用发票案集群战役等5起集群战役,各地共打击处理犯罪嫌疑人40余人;强化参战意识,通过外省集群线索共打击处理犯罪嫌疑人14人。②严打假冒侵权犯罪。通过对在侦的王某华销售假冒注册商标的商品案深层次研判,扩展出一条涉及全国20个省市、涉案价值高达1000余万元的微信销售假烟犯罪链条并发起集群战役3起,各涉案省份共抓获犯罪嫌疑人20余人。③严打非法集资犯罪。常态化开展类金融风险企业摸排工作,及时消除非法集资风险隐患,年内共破获非法吸收公众存款案3起,打击处理犯罪嫌疑人3人,为群众追损200余万元。④严打土地犯罪。对国土资源部门移交的案件线索快速甄别、快速打击,先后破获某村村委非法转让土地使用权案、赵某某等人非法占用农用地案,打击处理犯罪嫌疑人4人。⑤强化精准追逃。明确追逃责任,细化逃犯档案,通过精准研判成功抓获泰安市通缉令逃犯马某某、历年逃犯李某。

(赵文静)

【社会治安管理】 ①打击违法犯罪。共破获各类案件2249起,其中行政案件2226起,刑事案件23起。依法处理违法犯罪嫌疑人2022人,其中行政拘留1501人,刑事拘留12人,直接取保候审6人,移送起诉3人,有效净化社会环境,维

护社会治安秩序稳定。②治安领域公共安全监管。强化旅馆业治安管控，采取强有力措施，处罚不按规定登记住宿人员信息旅馆业4家。开展缉枪治爆专项行动，开展各项检查60次，出动警力320余人次，检查各类危化品使用、销售、储存等场所160余家次，下发整改通知书32份，整改隐患18处。排查整治涉枪单位20家（次）、涉爆单位57家（次）、剧毒危险化学品单位12家（次），发现隐患10条，全部责令限期整改，有效地消除安全隐患。开展烟花爆竹管控工作，发放宣传材料3万余份，检查销售烟花爆竹商铺摊点260余处，发现整改隐患5处。全力维护输油管道安全，联合鲁宁、鲁皖、港枣输油管理处召开联席会议12次，实现全年"零打孔"工作目标。强化内部安全保卫工作，检查水、电、油、气、热、通讯等涉及国计民生的重点单位150家（次），检查重要部位120个（次），落实安全防范措施66条，落实部署值班守护力量350名，整改各类隐患13条。强化护校安园工作，召开校园安保联席会议8次，下发校园安保通知12份，排查校园内部安全隐患10处，全部整改；排查校园周边乱点3处，开展治安、交警、消防、禁毒等法制宣传进校园活动30余场次。加强物流寄递业安全监管，全市在册物流寄递业已全部实现"收寄验视、寄递实名、X光机安检"三个100%制度。③派出所基层基础工作。按照"因地制宜、方便群众、分步推进、务求实效"的思路，根据《关于进一步加强警务室规范化建设工作的通知》《泰安市公安局社区和农村警务室建设规范》等文件要求，从外观标示、房屋设置、内务管理、信息化建设等方面对全市17个社区警务室进行全面规范，为开展社区警务提供重要平台支撑；按照《肥城市公安局基层基础建设三年攻坚战实施方案》全面推行社区民警专职化的要求，全市共配备警务助理606名，配备率达100%。④社会面治安管控。排查化解矛盾纠纷，实行矛盾纠纷滚动排查化解长效机制，及时落实化解稳控措施，把问题解决在基层、解决在萌芽状态，严防发生大规模群体性事件。主动调研，开拓创新，把医患纠纷处置纳入法制化、规范化轨道，严厉打击"医闹"，最大限度地减少由医患纠纷引发的群体性事件对社会公共秩序的危害，保障医患双方合法权益。年内，先后妥善处置各类医患纠纷7起。加强肇事肇祸精神病人和扬言报复社会极端人员各项稳控工作，严格落实管控措施，实时掌握动态情况。年内，配合相关部门收治肇事肇祸精神病人195名，全部纳入治安管控并录入重性精神病管理系统。⑤反恐工作。推动市委、市政府出台《肥城市反恐怖主义工作责任制实施细则》，指导反恐重点目标单位成立反恐怖防范领导小组，签订反恐怖防范责任书，明确反恐怖防范职能职责，建立起一把手负总责、分管领导各负其责、职能部门抓落实的防范责任体系。

（宿亚琴）

【交通管理】 2018年，市公安局交警大队以"压事故、保畅通、保平安"为目标，树立"少死亡是硬道理""交警工作在路上"的理念，坚持把防事故作为第一要务，强化责任担当，实施精细管理，加强基础建设，推动全市公安交通管理工作提档升级。全体民警、辅警牢牢把握"对党忠诚、服务人民、执法公正、纪律严明"的总要求，围绕中心，服务大局，全面实施主责主业、素质提升、智慧交通、基层基础攻坚四大工程，精准发力，全面突破，各项工作取得令人满意的成绩。①道路交通秩序持续优化。以道路交通"平安畅通"工程为抓手，保持全市交通安全形势持续稳定。强化交通违法整治，严查重处各类重点交通违法行为。开展严重交通违法集中整治、"两客一危和大货车"重点违法专项治理、城区交通秩序综合整治等各项活动。完成"两节两会""五一""桃花节""上合组织青岛峰会"重点大安保任务，始终保持对大货车超载、涉牌涉证、非法改装改型、酒后驾驶等严重交通违法行为的高压态势。对道路交通安全隐患开展滚动排查整治；分批次、有重点地完善交通安全设施，道路交通秩序明显好转。年内，共查处各类交通违法行为68万起，行政拘留319人，刑事拘留298人，逮捕14人，起诉273人，业务指标全部实现增长。没有发生一次死亡3人以上重大交通事故。②强化基础源头管理。以交通安全隐患排查治理工作为主线，整改道路交通安全隐患33处，向有关部门提出交通隐患整改意见报告9份，向7家专业运输企业、较大有车单位下达《安全隐患整改通知书》。重点车辆检验率、重点驾驶人审验率达到100%。进一步加强农村交通安全"两站两员"建设，15个镇街交通管理服务站、46名交通安全管理员以及605名交通安全协管员在农村交通安全管理中的积极作用日益凸显。强化全民交通安全教育，以道路交通安全宣传"五进"和"五个一"活动为抓手，建立农村宣传教育阵地，开展"大手拉小手、文明交通齐学习""交通安全体验""守护上学路""守护平安幸福童年""一让二守十不"文明交通等主题宣传和文明交通劝导活动25次。发动2万余人次驾校学员、在校学生、学生家长、

企事业单位工作人员、文明交通志愿者走上街头，宣传交通安全知识、劝阻不文明交通行为。③基层基础攻坚实现新突破。以基层基础建设攻坚为契机，着力打造一流服务平台和执法保障。交警大队严格按照省厅、泰安、肥城市局、交警支队基层基础建设攻坚战的部署要求，抢抓机遇，精准发力，聚焦实战实效，突出重点建设，采取"四个突出"措施，推动攻坚措施落地落实，为公安交通管理整体工作提档升级提供强力支撑。以做大做强做好基层交警中队建设为突破口，二中队"站队合一"建设如期完工并迁入新址启动工作；完成六中队、机动中队办公区和办公用房修缮、指挥中心办整体改造；对大队智能化办案中心、三、四、五中队办案区进行升级改造。为保障推进执法规范化，新增巡逻警车、摩托车13台，执法记录仪60台，移动采

集终端30部。开展农村道路智能交通建设，新增县乡镇级公路交通前端电子监控设备40处，覆盖农村道路450余公里。完成辅警队伍体制改革，150余名协管员纳入辅警管理体制。2018年9月20日的全省公安交警系统基层基础建设攻坚观摩点评活动，10月10日的泰安市公安交通管理基层基础攻坚工作观摩推进会对"站队合一"建设项目进行实地观摩，推广经验作法。④科技应用水平不断提高。以智能交通建设为突破口，强力推进交通管理科技支撑。规划安装道路交通电子监控前端设备56处，修缮各类交通监控设备214处，规范交通管理查缉布控工作机制，强化交通管理指挥中心指挥调度、服务实战能力。坚持打造智慧交通，不断提高科技应用水平，对全部291处电警、卡口进行摸底调查、更新完善，对所有信号灯设置、规格、配时进行

交警对市民进行安全交通劝导（张汶宁　摄）

系统性规划升级，对指挥调度系统、查缉布控系统等进行整合集成，实现指挥调度的精准高效，工作质效得到提高。⑤队伍面貌焕然一新。以全警素质提升工程为保障，深入推进公安铁军建设。抓教育培训，组织开展学习十九大精神、习近平总书记系列讲话、《党章》政治理论教育和执法服务业务培训各项活动，坚定队伍理想信念、政治立场，提升队伍执法办案能力、执法服务水平。抓作风整顿，开展窗口单位群众不满意问题集中整顿、"重效率、勇担当、作表率"等活动，加大政务公开力度，自觉接受群众监督，突出解决为警不廉、执法不规范、执行力不强、服务不到位等群众不满意问题。强化纪律约束，促进责任担当，队伍纪律作风明显转变，整体战斗力全面加强。抓窗口服务，在车管所深入开展"服务群众、惠及民生"窗口单位创先争优活动，创新实施"三式服务"赢民心、"三位一体"得民意、"三大工程"惠民生服务质量提升措施，群众满意度大幅提升。通过强化班子带动、示范引导、警示教育等多种形式，教育引导全体民警、辅警自觉遵规守纪。在上合组织青岛峰会、改革开放四十周年系列庆祝活动、各级两会安保、创城迎审等重要任务、重大考验面前，出色完成任务，展示肥城公安、肥城交警的良好精神风貌，受到

一致好评。事故处理、法制、宣传、交管、救助基金、违法处理等工作均取得令人满意的成绩。全年先后有 41 名民警、2 个中队受到市级以上表彰，大队被泰安市局记集体三等功。

（李华伟）

【110 报警服务】 2018 年，110 报警服务台以指挥调度"零差错"、服务群众"零距离"为目标，坚持实战导向，强机制、砺本领、提效能，有力确保全市 110 警情科学规范接警处置，服务台被肥城市总工会评为 2018 年度女职工建功立业标兵岗。①科学指挥。2018 年，共受理各类报警 96952 起，有效报警 19392 起。其中刑事类警情 400 起、治安类警情 2642 起、纠纷类警情 1708 起、交通事故警情 8315 起、火灾事故警情 331 起、群众求助 863 起、群众举报违法犯罪线索 5 起、其他警情 5128 起，可防性警情同比

下降 50%，没有发生因接警处置不及时引发的投诉等问题。②健全机制。坚持警情每日审查、专人审查，按照程序逐步审核把关，从源头上把好可防性警情的定性关。坚持警情"点对点"推送，每日警情、每周警情综合研判，为领导决策及时提供有力支撑，被泰安市局推广为实战警务机制建设示范点。③警情分流。坚持社会秩序系统治理、源头治理、综合治理，纵深推进非警务求助事项处置工作，创新研发以"指尖通"系统为抓手，以"部门融通、信息互通、问题疏通、民意相通"为支撑的"1+4"非警务分流处置模式，有效构建起"政府主导、部门联动、责权清晰、规范高效"的非警务分流架构体系，非警务警情分流率达98.6%，处置成功率达 97.3%。

（张彤）

【看守工作】 2018 年，看守所

全市公安机关开展"110 宣传日"活动（刘金辉　摄）

共收押各类犯罪嫌疑人和罪犯942人，释放860人，其中投送监狱84人，刑满释放72人。看守所实现连续23年无脱逃越狱、无牢头狱霸、无自杀自残、无群众投诉、队伍无违法违纪的"五无"工作目标，连续七年被公安部评为"二级看守所"。看守所围绕公安中心工作，坚持"以人为本、安全第一"的监管理念，全面推进监管工作和队伍建设健康发展，确保监所安全稳定。①健全安全管控机制。分别从加强重点在押人员管控、开展监区安全大检查、监室秩序整治、"先进监室"争创活动、安全隐患排查整改等工作进行重点部署和任务分解，狠抓安全制度落实、严厉打击"牢头狱霸"。②优化奖惩机制创新。结合实际，继续按照《肥城市看守所"一事一议"即时奖惩办法》完善工作奖惩机制，激发民警工作积极性，强化监管队伍建设，实现"打造肥城公安监管铁军"的目标。③安全隐患动态清零。强力推进实施"监室悬挂点整治活动"，规范伙房整改，确保问题整改到位、隐患彻底清零，形成常态化、长效化的隐患排查整改机制。严格落实曹庄矿医院派驻医生24小时值班、巡诊治疗、医疗档案、紧急救治等制度，与肥城市中医医院开通"绿色就医通道"，保障在押人员合法权益。④服务扫黑除恶斗争。突出监管场所实战作用，将监管工作与扫黑除恶、打击整治、精准追逃等工作相结合，加大对重点在押人员的教育引导，物色建立在押人员耳目，全力摸排线索、深挖违法犯罪、服务打击破案。年内，共挖掘案件线索122条，破获案件118起，抓获违法犯罪嫌疑人126名，努力发挥监所作为打击犯罪"第二战场"的职能作用。

（张梦颖）

【拘留工作】 2018年，拘留所共收拘各类行政拘留1041人，实现连续22年安全无事故、队伍无违法违纪的工作目标。顺利完成拘留所等级评定工作，在公安部等级评定中被评为"一级所"。完善基层基础设施建设，全面提升拘留所基础设施水平，完成伙房整改专项工作。狠抓制度落实，贯彻上级通知要求，全力开展并完成"消除悬挂点专项工作"。推进智慧监管工作，不断提升执法规范化管理水平，完成全市公安监管部门重点工作现场推进会和安保维稳任务。持续开展协助破案深挖犯罪工作，获得深挖犯罪线索20条。组织专门力量与社会力量共同开展矛盾化解工作，优化解社会矛盾180起。稳步推进社会志愿监督员工作，组织社会志愿监督员活动10次，提出问题和建议10处，累计整改问题10处，问题整改完成10处。全年共组织安全检查65次，消除隐患15处，全力确保监所安全。

（周璐）

【食药环侦】 全年共侦破各类涉食品、药品、环境刑事案件43起，抓获犯罪嫌疑人93人。①严厉打击食品领域违法犯罪。查获张某销售有毒、有害食品案，王某芳销售有毒、有害食品案，张某莲销售有毒、有害食品案，赵某等人销售有毒、有害食品案等一系列在社会上有影响的案件。②严厉打击药品领域违法犯罪。先后破获郭某超销售假药案、三圣堂药业有限公司销售假药案、瑞泽堂医药有限公司销售假药案、刘某涉嫌销售假药案，全力维护肥城药品市场的安全。③严厉打击环境领域违法犯罪。侦办刘某华等人污染环境案、"12·27"污染环境案、老城双峪砂厂污染环境案、王瓜店车庙村非法占用农用地案等一系列关系民生的重大案件。

（曲青峰）

【网安工作】 ①案件侦查。深化"网警+X"四快一体化打处机制，开展打击侵犯公民个人隐私、网络贩枪、网络赌博、网络诈骗等网络犯罪案件，先后破获"2018.2.11"重大侵犯公民个人信息案和"8·02"敲诈勒索案等网络犯罪案件125起，抓获涉案人员246人，不断取得网上作战的重大战果。

②网络安全基础管控。建设重点场所无线管控设备 400 余套，采集录入互联网上网服务营业场所、重点网站管理单位等基础信息 3428 条。督促指导全市党政机关、国有企事业单位等重点保卫对象落实网络安全等保责任，完善网络与信息安全信息通报机制，对全市 142 家网站进行检测，对检测出的网络安全漏洞和系统缺陷，下发整改通知 17 份，全市重点网站和重要信息系统未发生被入侵、篡改等网络安全事件。③电子数据检验室。参与办理案件 170 余起，采集手机信息 690 余万条，出具《电子证物检查笔录》《检验鉴定报告》等法律文书 150 份，实现对案件现场及各警种电子数据取证服务的实时推送和情报汇聚。④互联网信息监控。24 小时不间断开展互联网网络信息公开巡查执法活动，密切关注舆论动态，发现并处置互联网有害信息 1350 条，上报政治谣言 480 余条。2018 年 11 月 7 日，全省公安机关网安基层基础建设攻坚战现场推进会在肥城召开。

（赵丽芳）

检 察

【概况】 2018 年，市检察院服从监察体制改革，反贪污贿赂局、反渎职侵权局和职务犯罪预防局年内转隶监察委员会，至年末，内设科、处、室 16 个，派驻检察室 5 个，在职检察干警 90 人。年内，市检察院围绕全市工作大局，履行法律监督职能，持续深化司法改革，加强队伍建设，各项工作均取得新进展。围绕"三大攻坚战"的目标要求，开展打击金融领域犯罪专项监督活动，起诉集资诈骗、非法吸收公众存款等犯罪案件 52 人次，涉案金额 4000 余万元。开展生态环境保护专项行动，起诉破坏环境资源犯罪 11 人。服务新旧动能转换，制定《关于充分发挥检察职能依法服务和保障全市"一核四区"建设、促进新旧动能转换重大工程顺利实施的意见》，推出服务举措 12 项。完善涉企案件办理机制，建立健全专案报备制度，提供法律咨询 67 件次，帮助企业解决涉法涉诉问题。主动回应民生关切，起诉生产销售有害有毒食品犯罪案件 10 人。挂牌成立 12309 检察服务中心，对涉检信访一站式受理、一条龙服务、一揽子解决，全年共办理各类信访案件 271 件。完善司法救助体系，发放救助金 11 万元。深入乡村社区走访 200 余次。定期接访、带案下访 65 次，调处矛盾 50 余件。依法严惩黑恶势力犯罪，批捕 16 人，起诉 8 人，移交线索 16 条。深化改革，构建起检察权运行的新机制。检察长列席人民法院审判委员会的规范化格局初步形成，设定压实入额院领导办案的数量和质量要求，全年入额院领导共办理重大疑难案件 40 件，充分发挥履职示范作用。探索实施"捕诉合一"的办案新机制，办案周期平均缩短 5 天，退回补充侦查率降低 20%，成效明显。从严治党、从严治检，用心用力打造忠诚干净担当的检察队伍，持之以恒学习贯彻习近平新时代中国特色社会主义思想，

9 月 29 日，市检察院组织全体干警前往孟良崮红色革命教育基地参观学习

增强"四个意识"，坚定"四个自信"，做到"两个维护"。严格落实意识形态工作责任制，从严落实党建责任和"三会一课"制度，加强机关党组织建设，提升党支部的战斗力，市检察院党建工作被市委评为三等奖，老干部党支部被泰安市老干部局评为"红旗党支部"。9个集体和个人获省级以上表彰奖励，连续保持"省级文明单位"称号，检察工作人民群众满意率持续提高。

【侦查监督检察】 全面履行审查批捕职能。年内共受理公安机关提请批捕案件131件267人，经审查批捕97件193人，不批准逮捕43件74人（其中刑事和解不捕6件6人，无社会危险性其他情形不捕13件37人，事实不清、证据不足不捕19件24人，其他不捕5件7人），办理提请批准延长羁押期限案件14件，发出书面《纠正违法通知书》21份，发出检察建议书1份，发出适用监视居住建议书1份，监督公安机关立案3件4人，撤案8件，建议行政机关移送涉嫌犯罪案件2件，纠正漏捕3件7人。作为省院试点单位，探索审查逮捕案件繁简分流机制，实现简单案件快速办理，提高办案效率。《省院简报》转发肥城市检察院开展试点工作的经验材料，年度工作获得泰安市院集体三等功。

【诉讼监督检察】 共受理移送

审查起诉的各类刑事案件579件954人，经审查提起公诉563件889人，法院判决550件678人，有罪判决率为100%。刑事和解不起诉2件2人，改变管辖5件5人，建议自侦部门撤案1件1人，同意移送单位撤回51件85人，抗诉5件，纠正遗漏同案犯27人。办理的韩某某等人国有公司滥用职权案，被评为全省优秀服务经济社会发展暨参与社会治理案件；办理的张某某危险驾驶案，被评为全省优秀不起诉案件。

【刑事执行检察】 纠正监管场所违法行为15件，纠正社区矫正违法行为20件。开展刑罚交付执行专项监督，监督收监执行罪犯2人。开展财产刑执行专项监督，清理纠正违法问题11个。强化羁押必要性审查，建议变更强制措施28人。开展监管场所安全检察24次，督促整改安全隐患。保障在押人员合法权益，定期开展检察官约见约谈，妥善解决在押人员诉求。办理审查逮捕案件4件9人，办理审查起诉案件4件20人。依法提起公诉3件14人。年度工作获得泰安市院集体三等功。

【民事行政检察】 全面加强对民事行政诉讼、执行活动的法律监督，构建多元化民事行政检察监督新格局。年内共受理审查民事行政监督案件52件，

开展调查核实130次，提出抗诉和再审检察建议7件，办理民事行政执行监督案件7件，提出检察建议7份，法院全部采纳。高度重视公益诉讼工作，成功办理泰安市首例行政公益诉讼案件，督促追回贴息资金42万元，追缴罚款9.6万元。选取人民群众反映的生态环境和资源保护、食品药品安全、国有财产保护、国有土地使用权出让领域的案件线索，实地走访摸排，严格办案程序，及时向有关部门发出行政诉前检察建议25份，督促追回国有资产1300余万元，取得良好的法律效果和社会效果。

【控告申诉检察】 年内，共受理来信20件，接待群众来访181件236人。其中初访151件198人，重复访30件38人。协办市院刑事申诉案件1件，省院审核批准司法救助案件1件，办结中央巡视组转来信访案件1件，审查民事监督案件17件，审查立案监督案件4件。

【未成年人刑事检察】 共办理各类案件22件38人，其中审查逮捕未成年人犯罪案件2件8人，侵犯未成年人权益案件7件7人；审查起诉案件13件23人，其中未成年人犯罪案件6件15人，侵犯未成年人权益案件7件。建议公安机关撤回1件1人，附条件不起诉1件2人。向公安机关发出纠正违法通知书3份，为4

名未成年嫌疑人申请法律援助，对做出不起诉决定的1人进行跟踪回访帮教，对2名涉罪未成年人开展社会调查。

【检察技术工作】 共办理法医技术性证据审查案件3件，参与法医学案件研究40余次，发现漏犯1人。武可撰写的论文《张某死亡原因探析》，被最高检《检察机关法医技术性证据审查论文集》收录。

【队伍建设】 设置网上学习教育专栏，下发学习方案、学习计划安排50余件，组织干警专题讨论交流5次，组织干警参加法治宣传月、知识竞赛、主题征文和书画摄影活动等。加强机关党建，部署开展"过硬党支部建设""党建工作标准化建设"，落实基层组织"三会一课"。组织开展"主题党日"活动12次，推选优秀党员10人，预备党员转正1人，发展预备党员2人，被肥城市委表彰为年度党建工作先进单位。组织开展党组中心组学习13次，研讨交流6次，召开民主生活会2次。党组书记在市委常委会做履行全面从严治党责任述职报告。组织领导干部签订"一岗双责"责任书，层层签订"一严四无"责任书，强化干部人事考核管理，选拔任命中层干部4人。全面落实检察官、检察官助理、司法行政人员、司法警察等各类人员工资待遇。

2018年1月10日，反贪污贿赂局、反渎职侵权局和职务犯罪预防局23名同志转隶到市监察委工作。加强教育培训工作，组织95人次参加高检院、省市院组织的业务培训，12人参加市委党校培训，全员参与各级视频培训15期。检察宣传工作在中央级媒体发稿12篇，省级媒体发稿12篇，官方微信300余条，被省市院转发10条。加强先进典型培养，获省级荣誉10项，市级荣誉32项。成立"检·爱"团队，帮扶对象爱心捐赠，共捐款2300元，物资30余件。开展"助力脱贫攻坚，救助困难群众，支持抢险救灾"为主题的"慈善月"募捐活动，89名干警累计捐款11800元。

【派驻基层检察室】 做好信访接待工作，及时化解社会矛盾。2018年，共受理来信来访案件13件15人，全部直接答复办结。开展法制宣传，参与社会综合治理。共开展法制宣传2次，解答法律问题11人次。召开"两所一庭"联席会议5次，走访座谈10次，查阅各类台账、卷宗材料500余册。开展社区矫正法律监督工作15次，查阅社区矫正人员档案200余册，约谈社区矫正人员180次，走访社区矫正人员单位50次。开展"五进两服务"，下访巡访122次。

【办公室工作】 先后撰写各类

文字材料13篇5万余字。编发各类工作信息69条，《检察情况反映》20期，做好各类通知、文件传达工作，接收、转办各类会务通知110余件，转办上级院及市委文件并抓好落实14件，肥城市政府协同办公系统收文35件。整理保密检查考核材料90余份，对100余台涉密、非涉密计算机进行清查，接收上级院机要文件110份，收发邮局机要信件40余份，收发密件传真19份，筹办全院及部门各类会务接待39次。

【行政装备工作】 突出检务保障重点，通过积极沟通协调完成预算批复款1503万元。服务监察体制改革，顺利完成检察人员转隶工作的交接，办理清查、统计、登记，办理交接手续，共调拨给监察委侦查装备933340元，办案车辆5部。按照上级要求，积极调整办公用房。推进干警家属院的物业化改革步伐，完成检察院北家属院的物业化管理工作。先后迎接省委巡视组和泰安市院巡视组对财务工作的检查。修改制定《关于财务管理相关问题的补充规定》和《机关集体宿舍管理规定》。

【检察信息化建设】 加强硬件建设，采购电脑57台，及时更新干警个人终端。完成专线网升级改造，实现双线互备，提高系统的安全性。加强软件建设，提高应用水平，确保系统运行顺畅。牛卫涛受高检院指派，于2018年5—11月，赴新疆建设兵团人民检察院，开展技术援疆工作，圆满完成各项工作任务。新疆建设兵团检察院向该院发来感谢信，高检院政治部、检察技术信息研究中心给予该同志通报表扬。

【案管中心工作】　做好案件、文书受理、电子卷宗制作工作，录入审查逮捕案件136件，审查起诉案件586件，民事行政监督案件47件。接受移交法律文书750份。加强流程监控工作，共监控案件515件，发出监控提示78次。公开案件程序性信息1790条，公开法律文书624份，发布重要案件信息3条。做好统计报表工作，按时完成工作任务。年内共接待辩护人、诉讼代理人235次。推进全市智慧检务系统应用工作的落实，促进司法规范。至2018年8月1日，围绕工程建设、政府采购等领域共受理行贿犯罪档案查询申请2436次。

【专题工作】　坚决打好扫黑除恶攻坚战。以高度的政治站位，依法严惩恶势力犯罪，共批捕16人、起诉8人。开展线索摸排、宣传发动、综合治理，移交线索16条。加大源头治理力度，对两家国有企业管理运营中存在的突出问题发出检察建议，持续强化跟踪问效，帮助

企业建章立制，从源头上防范和遏制恶势力滋生蔓延，此做法被省检察院转发推广。

（张有源）

法　院

【概况】　至年末，市人民法院共有干警150名，其中员额制法官54名。内设办公室、政治处（含组织人事科、教育培训科）、立案庭、刑事审判庭、民事审判一庭、民事审判二庭、行政审判庭、审判监督庭、执行局（含执行局办公室、执行一庭、执行二庭、执行三庭）、研究室（审判管理办公室）、技术室（司法鉴定中心）、法警大队、行政装备管理科、未成年人案件综合审判庭和新城法庭、王瓜店法庭、石横法庭、安驾庄法庭、边院法庭5个派出法庭。2018年，市人民法院围绕"努力让人民群众在每一个司法

案件中感受到公平正义"的目标，把握"稳中求进，进中求优"总基调，围绕"聚焦新时代，谋求新发展"工作主题，统筹抓好服务大局、司法为民、公正司法、司法改革、队伍建设五项工作，忠实履行宪法和法律赋予的职责，职能作用发挥更加充分，司法为民机制更加完善，队伍整体素质明显增强，司法公信力不断提高，为经济社会持续健康发展营造良好法治环境。全年共受理案件12210件，办结11610件，分别同比上升31.46%和29.91%，结案率达95.09%。审执结案件突破1万件，员额法官人均结案228件，均创历年新高。共有9个集体、15名个人获省、泰安及肥城市级以上表彰。

【刑事审判】　年内，审结各类刑事案件574件，判处犯罪分子698人。审结故意杀人、抢

12月4日，市法院开展国家宪法日活动，组织员额法官进行宪法宣誓

劫、绑架、制毒贩毒等严重刑事犯罪案件14件，25人；审结交通肇事、危险驾驶等案件340件，340人；审结集资诈骗、非法吸收公众存款等涉众型经济犯罪案件17件；审结生产销售假冒伪劣商品、危害食品安全犯罪9件，12人；审结贪污、贿赂、渎职等职务犯罪案件15件，21人。深入开展扫黑除恶专项斗争，成立领导小组、涉黑涉恶案件专业合议庭，深化宣传发动和线索摸排，对2016年以来审理的涉众型犯罪、侵犯公民人身财产犯罪、职务犯罪以及建筑工程施工合同、人身损害赔偿、买卖合同纠纷等民商事案件逐一梳理摸排，查找涉黑涉恶线索及是否存在"保护伞"问题，排查出1条可能涉及恶势力的案件线索。加强与市扫黑办、公安、检察、纪委监委等部门的协调配合，形成扫黑除恶工作合力。审结强迫交易恶势力团伙犯罪案件1件。对判处缓刑、管制以及免予刑罚人员进行2次集中帮教。组织法官入校园授课12次，选派3名优秀法官担任中小学校法制副校长，邀请500余名师生走进法院参观学习，编辑印发《桃都少年审判报》2000余份，营造未成年人遵法学法守法用法氛围。

【**民商事审判**】　年内，审结民商事案件5766件。审理婚姻家庭、继承、劳动争议等民事案

件3372件，调撤率50.5%，服判息诉率90.1%。参与矛盾纠纷一元主导、多元化解工作，完善诉调对接工作机制，实现人民调解、行政调解、行业调解与司法调解的有序衔接。制定服务保障新旧动能转换、民营经济发展的实施意见，审执结各类涉企纠纷1236件，为企业盘活资金3.6亿元，为经济高质量发展注入司法新动能。加大"僵尸企业"处置力度，受理破产清算案件3件，通过破产程序清理"僵尸企业"、淘汰落后产能，促进新旧动能转换。积极防范金融风险，注重保护金融债权与促进实体经济发展相统一，审结金融借款、保险合同纠纷等金融案件585件，审结民间借贷纠纷954件。

【**行政审判**】　年内，审结行政案件48件，审查行政非诉案件46件。落实行政诉讼案件跨行政区划管辖制度，保障当事人诉权和救济渠道畅通，推动落实行政机关负责人出庭应诉制度，加强与行政机关良性互动，采取深入行政机关座谈交流、邀请行政执法人员旁听庭审等方式，促进依法行政。

【**基本解决执行难**】　年内，共执结案件5176件，同比上升69.65%，执行到位金额11.02亿元。有财产可供执行案件在法定期限内实际执结率94.45%，无财产可供执行案件终结本次

执行程序合格率100%，执行信访案件办结率100%，完成各项执行攻坚任务。建立院长执行指挥中心定期调度、研判制度，共召开调度会议32次，研判解决执行疑难复杂案件85件。加强各镇街、市直相关部门的联动配合，进一步解决"查人找物"难题。开展"涉金融案件""涉民生案件""百日执行攻坚"等集中执行专项行动32次，执结案件1837件，执行到位金额3.64亿元。健全失信被执行人惩戒机制，发布失信被执行人信息1634人次。成立打击拒执犯罪自诉团队，审结拒执犯罪案件6件，有力震慑失信被执行人。加强执行信息化建设，通过网络查控系统查控财产信息6.5万余次，通过网拍平台拍卖标的物163件，成交价1551.23万元，溢价率为9.25%。

【**司法改革**】　年内，完成第二批法官入额遴选工作，增补遴选3名员额法官，为26名员额法官晋升法官等级。以扁平化与专业化相结合为原则，优化审判团队运行，健全以办案数为基准，综合考量案件发改率、审限内结案率、裁判文书上网公布率等指标的绩效考核机制。明晰院庭长权力清单、责任清单，坚持审判管理周通报、月分析、季考核制度。推进案件繁简分流，简易程序适用率达80.8%。落实院庭长办案刚性约

束机制，院庭长办案数占全院办案总数的72.84%。

【基层基础工作】　拓展诉讼服务体系，建立健全"线上""线下"诉讼服务渠道。实行网上立案制度，自2018年6月1日启用网上立案平台，实现立案申请、材料提交、网上缴费等环节网上办理。共网上立案2732件，网上立案率79.74%。推进智慧法院建设，启用一体化办案平台、"智审"、文书纠错等智能辅助办案系统。深化"四大公开平台"建设，完善"五进送法"、法院开放日、新闻发布会等制度，开展送法活动26次，举办法院开放日2次，举行新闻发布会1次，发布微博、微信信息2000余条。加强队伍建设，坚持"抓党建、带队建、促审判"，深入开展"大学习、大调研、大改进"，推进"两学一做"学习教育常态化

制度化，推出"党建领航、天平聚力"支部党建品牌，推行"四个常态""三联"工作法。组织35岁以下年轻干警成立青年干警学习小组，组织开展、参加各类培训班44次，58名干警接受培训。开展廉政教育和作风建设，强化责任追究，实行责任倒查、一案双查，进一步提升司法公信力。

（王士民　苏咸清）

司法行政

【概况】　至年末，市司法局设基层工作科、社区矫正工作科（挂安置帮教科牌子）、律师公证管理科、法制宣传科、法规教育科、秘书科（分设办公室、研究室）、政治处等7个职能科室，以及市法律援助中心、市公证处、市公共法律服务中心等工作机构，下辖14个基层司法所，共有在职工作人员56

人。2018年，坚持实事求是的工作理念，围绕全市中心工作，以公共法律服务体系建设为抓手，全面推进矛盾纠纷化解、"七五"普法、社区矫正、律师、公证、法律援助、基层法律服务、司法鉴定等各项业务；坚持抓党建、促提升、重自律、强队伍，落实法治扶贫、扫黑除恶专项斗争各项任务，推动司法行政工作取得新成绩。肥城市顺利通过省市"七五"普法中期验收，被评为"山东省'七五'普法中期先进市"；市司法局在全市2018年度经济社会发展考核中荣获三等奖，被评为"全国人民调解宣传工作先进单位"；市法律援助中心被评为"山东省敬老文明号"；仪阳司法所被评为"全国先进司法所"；安驾庄司法所所长马勇被评为"全国模范司法所长"。

【公共法律服务】　推进镇街公共法律服务站标准化建设，仪阳司法所、老城司法所规范化建设成果入选"全省司法所公共法律服务建设图集"。年内，司法行政工作室建成率达到90%以上，打造"社区法律服务之家"示范点6个。"一村（社区）一法律顾问"制度深入落实，村法律顾问在农村法治宣传、法律咨询、矛盾纠纷化解方面发挥更多作用。线上公共法律服务进一步加强，全市140余名律师、70余名法律工作者在"中国法律服务网""山东法律服务网"注册服

3月26日，实验小学80余名师生走进市人民法院，近距离了解法院工作

务信息。加强市公共法律服务中心建设，年内累计接待群众来电来访 1840 余人次。健全完善法律援助制度，全年审批办理各类法律援助案件 875 件，同比增长 91%。7 月，法律援助工作在泰安市政府 2018 年度民生事项督查中获得较好评价。

【普法宣传】 ①普法活动。年内，先后开展"新宪法辅导""法治宣传月""法律进乡村、进校园、进企业、进军营""扫黑除恶专题普法""12·4 国家宪法宣传周""新时代文明实践法律法规志愿服务"等普法活动；先后邀请山东师范大学法学院教授夏泽祥、浙江泽大律师事务所主任王小军到肥城举行法治讲座。组织全市干部群众 4 万余人参加全省"良法"APP 网上法律知识竞赛。全面落实"谁执法、谁普法"责任制，深入贯彻《山东省法治宣传教育条例》，制定印发《肥城市国家机关"谁执法谁普法"工作考核办法》，推动各级普法工作责任落实。②普法阵地建设。汶阳中心小学被评为"山东省法治宣传教育示范基地"；分别打造泰安市法治宣传教育示范基地 4 个、泰安市法治文化示范基地 4 个。深化基层法治创建，年内，新城街道沙窝社区被评为"全国民主法治示范社区"，全市 30 个村（社区）被评为"泰安市民主法治示范村（社区）"，105

个村（社区）被评为"肥城市民主法治示范村（社区）"。

【新时代文明实践法律法规志愿服务】 12 月 4 日，全市新时代文明实践法律法规志愿服务活动启动仪式举行。此次活动由市委宣传部、市司法局、市普法办联合主办，以"文明实践·法润桃都"为主题，以"进乡村、进企业、进学校"为重点，开展多种形式的法律法规志愿服务活动。全市 46 个市直部门及 18 个法律服务单位的 200 余名普法志愿者参加启动仪式。肥城市委常委、政法委书记贾同国出席启动仪式并视察"12·4"国家宪法日集中活动现场。志愿者代表向全市法律法规志愿服务队员发出积极参与"三进"活动的倡议。

【人民调解】 以人民调解为基础，推动市镇村三级健全一元主导多元化解机制，建立矛盾纠纷多元化解联席会议制度。《法治泰安》栏目先后三次到肥城采访拍摄，宣传推介矛盾纠纷多元化解工作。充实完善换届后的村级调解组织，605 个村均成立调委会；加强行业调解，促进工作联动、多调对接，进一步建立健全道路交通事故赔偿调解中心、医疗纠纷调解中心、婚姻家庭调委会，法庭、派出所、仲裁调解工作室等 10 个行业性调解组织。开展专业调解，组织律师、公证员、法律工作者等参与违建拆除、招

商引资、项目建设、新旧动能转换等领域的矛盾纠纷化解。以预防为主，狠抓重要敏感时期和关键环节的矛盾纠纷排查调处。年内，全市各级调处各类矛盾纠纷 2021 件，调解成功 1985 件，调解成功率为 98.2%。

【社区矫正】 贯彻落实社区矫正治本安全观，加强社区矫正执法规范化建设，严格执行社区服刑人员入矫首次集中训诫、日常报到、请假外出、教育学习、社区服务等各项制度。完善档案管理，制定下发《肥城市社区服刑人员档案管理补充规定》。3 月，完成社区矫正监管指挥平台建设工作，从报到、入矫、监管、解矫各个阶段加强对社区服刑人员的监督管理，开展社区服刑人员 24 小时手机定位监管。强化执法监督，定期开展专项检查活动，围绕"青岛上合峰会""进博会"等重要节点，开展安全隐患排查整治专项行动，保障监管安全。结合扫黑除恶专项斗争，开展走访摸排、谈话教育、训诫警示工作，重点人员全部列入严管，有效预防和减少重新违法犯罪。年内，共进行社会调查评估 422 起，对 69 名社区服刑人员给予警告处分，对 3 名社区服刑人员给予治安处罚，对 2 名社区服刑人员收监执行。

【社区矫正案例首次入选司法部案例库】 4 月，司法部《12348

中国法网》司法行政（法律服务）社区矫正案例版面刊发入选司法部案例库的24篇社区矫正案例，由肥城市司法局撰写的社区矫正案例——《对社区服刑人员某某依法实施教育矫正》入选司法部案例库，为泰安市司法行政系统社区矫正案例首次入选司法部案例库。

【法律服务与法律援助】 至年末，全市共有执业律师142人，律师事务所增至12家，其中新增山东魁信律师事务所；共有基层法律服务工作者78人、基层法律服务所19家；司法鉴定所1个，司法鉴定员8人。深化法律援助制度改革，加强援助站点建设，新增设市法院、看守所、武装部、劳动仲裁委等法律援助工作站；开展法律援助扶贫行动，向7923户贫困群众发放法律援助惠民卡。优化便民服务措施，市法律援助中心被评为"山东省敬老文明号"。年内，审批办理各类法律援助案件875件，办案数量同比上年增长91%。深化公证领域"放管服"改革，推进减证便民服务工作，拓展公证业务领域，截至年末办理各类公证事项5187件。推动法律服务转型升级，引导律师、基层法律工作者为全市企业培植、招商引资、项目建设、新旧动能转换等提供法律服务，助力法治新高地建设，推荐5名律师担任市委、市政府法律顾问，4名律师参加泰安市人大代表履职服务律师顾问团，抽调8名专业律师组建全市农村"三资"清理法律顾问工作专班。

【律师事务所】 2018年，山东德然律师事务所变更执业地点，迁入肥城市君威国际商务写字楼1#；10月，山东省律师协会第四调研组到肥城调研律师工作，该所基层党建、规范化管理等工作受到省律协副会长孙瑞玺肯定。山东德然律师事务所党支部持续深化党建示范点和标准化规范化建设，6月，肥城市委市直机关工委政法、经信系统党组织标准化建设观摩推进会在山东德然律师事务所召开，全市各单位党务工作者22人参会，学习德然律所党建标准化建设经验做法。12月，泰安市委组织部编撰《新时代泰山"挑山工"精神——泰安基层实践》，收录山东德然律师事务所党支部典型事迹。年内，山东德然律师事务所被山东省律师行业党委授予"山东省律师行业先进党组织"，被肥城市委评定为"五星级"党支部。山东卓知律师事务所、山东秉真律师事务所、山东平云律师事务所被市司法局评为"优秀律师事务所"；山东信望律师事务所、山东桃都律师事务所、山东鸿祥律师事务所、山东名硕律师事务所、山东大仟律师事务所被评为"全市法律援助工作先进单位"。

【"宪法宣传周"律师集体宣誓活动】 12月4日，根据司法部、省司法厅部署，在第五个国家宪法日及第一个"宪法宣传周"，市司法局在局三楼会议室举行"宪法宣传周"律师集体宣誓活动。律师宣誓仪式由肥城市司法局党组成员、副局长曹文东主持，律管科科长郝

12月4日，肥城市司法局举行全国第一个"宪法宣传周"律师集体宣誓活动

昭监誓,山东卓知律师事务所主任张兴东领誓。全市51名执业律师参加集体宣誓活动。

【基层法律服务】 2018年,全市法律服务工作者发挥贴近基层、贴近农村的专业优势,为基层党委政府提供便捷高效的法律服务,配合司法部门开展矛盾纠纷调处化解,主动参与公共法律服务体系建设,服务乡村振兴战略实施,助推"一村一法律顾问"工作。5月,市司法局举办全市基层法律服务工作者培训班,专题学习培训司法部新修订的《基层法律服务所管理办法》和《基层法律服务工作者管理办法》。6月,肥城市6名基层法律工作者代表参加泰安市法律工作者协会第五届代表大会,其中张衍明代表当选泰安市法律工作者协会监事长。10月,肥城市基层法律服务工作者协会承办泰安市基层法律服务所主任培训班。年内,老城法律服务所、金长城法律服务所、康正法律服务所、汶阳法律服务所、万信法律服务所、博远法律服务所被市司法局评为"优秀基层法律服务所";湖屯法律服务所、老城法律服务所、桃园法律服务所、王瓜店法律服务所被评为"全市法律援助工作先进单位"。

【司法鉴定】 2018年,泰安正合鉴定所上报的《泰安正合司法鉴定所对交通事故受害人伤残等级等相关治疗事项进行法医临床鉴定案例》,经泰安市司法局推荐,入选中国法律服务网司法行政(法律服务)案例库;至年末,共聘用鉴定人员8人,专职鉴定人员5名,兼职鉴定人3名。

(王予栋)

【公证事业】 至年末,市公证处有工作人员12名,在编人员4人,其中在编公证员3人,聘任制公证员1人,公证辅助人员7人。下设办公室、民事科、经济科、涉外科、收费室、技术室、档案管理科等科室。2018年,公证处办理各类公证事项5187件,其中国内经济、民事3615件,涉外1565件,涉港澳台7件。①常规公证业务。巩固做好常规公证业务,主要办理财产继承、委托、签名、印鉴、经济合同、证据保全等常规公证业务。②公证行业信息化、规范化建设。2018年,在公证处部分位置安装摄像头6个,购置可穿戴手环摄像机1部、照相机3部、录音笔3支。3月,根据山东省公证协会要求,公证处安装对接公证综合业务系统,使公证业务的办理更加规范化,进一步提高公证处软件办证水平。③服务企业发展。公证处主动走进企业,探索建立适合企业发展的服务模式,为企业发展提供优质高效的公证法律服务。年初,经山东省显通安装公司申请,公证处指派公证员参与公司的内部承包经营会议,对公司的依法治理提出法律意见,现场监督《内部承包经营合同》的签订,为企业发展保驾护航。5月,山东泰鹏集团公司的子公司准备申请挂牌新三板,公证处指派公证员现场监督律师对股东出资情况的尽职调查,历时35天,监督访谈调查513人次,确保访谈调查的合法性和有效性。④公证法律服务。4月,根据市政府工作安排,市农业局牵头确定肥城市马铃薯承保机构。经市农业局申请,公证处对确定肥城市马铃薯承保机构的评定过程进行现场监督,协助市农业局制订《评定程序》《评定纪律》《综合评分项目及细则》,公证员对评定过程进行现场监督,按程序评定出符合条件的承保机构。5月,为推进市机关宿舍物业管理改革,公证处介入市机关宿舍招聘物业服务企业工作,增强招聘工作的公平公正性。⑤参与公益活动。上半年,市公证处继续参与由肥城市财政局、国税局、地税局、广播电视台联合主办的"开票有喜"活动。指派公证员对抽奖环节和现场活动进行现场监督,确保活动符合预定规则,中奖结果真实有效。

(高峰)

人民武装

【思想政治建设】 增强核心意

识、看齐意识，加强部队思想政治建设。用习近平主席系列重要讲话精神统领思想、指导工作，不断增强践行"四个意识""三个维护"的自觉性坚定性。毫不放松抓好理论武装。采取全面学、重点学与系统学相结合的方法，狠抓党委中心组学习，严格落实"1+3"理论学习模式，深入抓好习近平新时代中国特色社会主义思想和党的十九大精神学习，用习近平主席新理念新思想新战略和上级文件精神武装头脑。走出军地联学的路子，把国防知识列入领导干部学习培训的基本内容，依托市委党校为市管干部举办国防教育专题讲座。扎实组织各项教育活动。开展"传承红色基因、担当强军重任"主题教育活动，党委正副书记、纪委书记带头上党课，强化"四个意识"、自觉践行"三个维护"，始终保持教育活动与上级机关同步，与自身实际同频，使大家接受到全方位的教育元素，深化教育活动成果转换。落实每月2天的政治教育，坚持教育前有计划、教育中有教案、教育后有讨论，引导干部职工主动思考问题、答疑释惑，夯实大家立足岗位做贡献的思想基础。靠结合融合提高学习教育质效。针对教育力量薄弱、教育内容较多的实际，通过整合方案计划、融合教育内容，利用开展体会交流、重温誓词、参观见学等形式，不断优化教育资源，提升学习质量，掀起学习热潮，干部职工维护核心、看齐追随的思想根基更加坚定。年内配合主题教育活动，组织人武部全员到肥城市烈士陵园、泰西武装起义纪念碑进行参观见学，感悟先辈遗志，锤炼思想作风。

【练兵备战工作】　聚焦备战打仗，推进应急应战各项准备。围绕中心抓建促备，聚焦主线精武强能，战备训练水平不断巩固和提升。①主业主抓，把准练兵备战方向。严格落实党委议训制度，先后3次召开专题会议，围绕民兵调整改革、民兵队伍组训等问题，分析形势任务，查摆矛盾问题，研究解决措施，促进备战工作规范落实。②强基固本，提高练兵备战质量。严格落实现役干部和文职人员训练标准，组织基础体能、实弹射击和图上作业等科目练习，并参加分区军事普考，进一步打牢军事素质基础，提高业务指挥能力。抓好基层专武干部和教练员队伍培养，完成32名基层专武干部资格认证训练考核；组织优秀退伍军人集训，选好配好34名教练员，完成预定新兵役前教育训练任务；完成全市专业队伍、基干民兵训练任务，有效提高组训指挥水平和专业技术能力。③常态准备，打牢应急应战基础。严格落实战备值班制度，结合重大节日和时节，组织战备教育，严格落实战备值班执勤制度，合理调配值班分队，周密组织针对性演练。组织民兵进行以抢险救灾、反恐维稳、应对东北亚局势为背景的应急动员演练，达到熟悉演练组织程序、提高战备意识的训练目的。④任务牵引，发挥支援保障作用。有针对性地分区域组织应急科目训练，熟悉应急备战程序，掌握处突维稳方法，提高快速反应能力，为遂行多

肥城市民兵应急连集合点验大会

样化任务打牢基础、做足准备。7月、10月，先后出动民兵完成日遗化武弹药路线勘测和运输沿途保障作业；8月份出动民兵专业分队实装参加全市防汛演练，进一步锻炼队伍。

【兵役征集】 落实兵役登记，对全市适龄青年进行全民登记，兵役登记率达到100%；开展动员发动，向全市适龄青年及家长发送征兵宣传短信13万余条，悬挂横幅400余条。在电视台、驻肥高中、大型社区和重要路段开设国防教育宣传栏，做好高中生报考军校和定向培养士官政治考核工作。坚决从严把关，配强队伍，从卫生、教育、公安等部门抽调政治思想好、业务技术精、工作责任心强的人员，确保严格按照标准实施体检政考。严密组织预征青年役前教育训练，高度模拟部队生活训练环境，在心理与生理上提前做好准备。

【依法从严治军】 坚守安全底线纪律红线，不断加大依法治军从严治军力度。以"学习贯彻新条令、塑造军人好样子"活动为重要抓手，组织开展条令法规学习，坚持依法从严治军这个根本，不断增强单位安全管理水平。①安全制度落实。年内，学习贯彻上级安全工作会议精神和下发的文件，本着"人员管住、车辆管严、枪弹管死、文电管牢"的思想，开展"学法规、用法规、守法规""百日安全竞赛""严纪律、正秩序、除隐患、保安全"等专题安全教育，严格落实廉洁征兵各项规定，使大家明事理、守法纪、懂戒惧。②安全活动开展。定期开展安全大检查活动，逐项逐条对照《安全工作检查考评细则》，查漏洞、抓整改，把安全隐患消灭在萌芽状态；推进新条令学习，开展"学法规、正秩序、守规矩"作风纪律整顿活动，切实用条令条例规范单位"四个秩序"，增强干部职工遵章守纪意识。③安全人防技防。坚持人防技防并重，升级完善营区及库室重要部位监控系统；加强集中文印室建设，规范文件流通管理；定期维护保养水电设施，确保正常运转。不断加强保密室正规化建设，确保全年无失泄密事件发生。

【综合保障】 严格落实资金管理、报销审核、票据管理、国有资产管理、家底经费管理等财务管理制度。物品购买、发放严格把关，统管统供。在日常管理中，不断完善水电、车辆、接待、临时工和预备役管理等规定，在部机关开展节水、节电、节油、节气、节纸活动，严格落实中央八项规定，杜绝外出接待，建立厉行节约、杜绝奢侈浪费的长效机制。提高民兵预备役部队武器建设水平，督促基层武装部抓好民兵队伍"部室家"硬件设施建设和训练器材配备，配备配齐民兵应急分队训练服装和防暴器具。年内，市政府拨付67万元专项经费用于国防动员准备应急器材购置。全市民兵装备完好率、配套率明显提高，为遂行国防动员准备提供有力支撑。

【军民融合和国防教育】 坚持聚力专司主营，开展国防动员和后备力量建设。围绕人武部担负的职能使命，坚持抓精力聚焦、抓方法创新、抓融合推动，提升国防动员和后备力量建设水平。①夯实动员基础。加强国防动员潜力建设，重点从重要物资装备、信息网络安全、特殊专业人才等6个领域进行潜力核查统计，健全完善动员准备精准数据库；列支67万元，为市民兵应急连配齐装备器材，民兵队伍组织动员能力、快速反应能力、支援保障能力进一步提升。4月，代表军分区参加省军区民兵调整改革静态资料抽查，获得全省第三名。②双拥共建和国防教育。重点抓好贫困村帮扶项目建设，先后共出资15万元协助汶阳镇范武村建设村级卫生室、西高淤村建立净化水站和安临站镇明新村养护道路，有效改善村居环境；赠送办公电脑、桌椅和打印机等物品，较好改善和提升村班子办公条件。积极参与创建"文明城市"和"卫生城市"活动，对负责包保街区进行卫生清理和秩序维护。协助民政部门对全市退役军人进行摸底登记，协调地方有关单位处理3起涉军纠纷。在《今日肥城》刊登肥城籍官兵2017年立功榜单，宣扬先进代表事迹；组织252名应届高中毕业生进军营、烈士陵园实地开展国防教育，浓厚全市关心国防支持国防的社会氛围。

（孟财旺）

人民防空

【概况】 2018年，人民防空工作遵循"长期准备、重点建设、平战结合"的方针，严格贯彻防空地下室"应建尽建、应收尽收、以建为主、以收促建"的原则，围绕全市工作重心，把市委确定的"实事求是地想、实事求是地谋、实事求是地干"作为根本遵循，注重人防军事斗争应急准备，参与城市建设管理，融合服务民生，各项任务圆满完成。开展"3·1"国际民防日、"5·12"防灾减灾日、"9·18"警报试鸣日等宣传活动；组织城区5所初级中学二年级学生参加人防知识教育理论考试；完成"9·18"警报试鸣活动，组织开展首次肥城市重点企业防空防灾疏散演练；参加大汶河防汛抢险演习；人防工程建设有序推进，全面

7月28日，肥城市人防机动指挥所参加大汶河防汛抢险演习

抓好人防工程质量及安全监管，没有出现问题。

【防护工程体系建设】 开展人防工程安全监管工作，对全市人防工程进行安全排查，重点对单建人防工程开展检查。开展人防工程质量监督工作，对在建人防地下工程开展20余次安全检查及质量监督；结合肥城市工作实际，将人防工程质量监督工作并入住建局行政审批窗口，依托住建局专业力量做好人防工程质量监督工作，确保人防工程建设质量。

【人防宣传教育】 3月1日国际民防日期间，利用肥城手机报等媒体开展相关宣传。开展"5·12"防灾减灾日宣传活动，宣传活动主题为"关注民防、防灾减灾"。通过悬挂宣传标语、设立咨询台、发放宣传资料等形式，与群众进行面对面地宣传交流。同时出动人防应急指挥通信车，进一步提升宣传效果。活动共发放肥城人防发展中心编印的《人防知识百问》宣传册300余本，解答群众问题50人余次，受到社区群众的好评，人民群众的防灾减灾意识进一步提高。组织市区白云山学校、龙山中学、实验中学、桃都中学、仪阳中学初二年级学生共3597人参加人防知识教育理论考试，参考率达到100%，优秀率达到96%。配合"9·18"警报试鸣活动，人防发展中心联合市应急办、安监局、高新区等单位，在肥城傲饰集团组织开展首次肥城市重点企业防空防灾疏散演练，傲饰集团员工500余人参与演练。

（王帅）

FEICHENG
YEARBOOK
2019

经济管理

- 发展和改革
- 市场监督管理
- 食品药品监督
- 物价管理
- 审　计
- 统　计
- 安全生产监督管理
- 检验检测

经济管理

发展和改革

【概况】 至年末，市发改局设局长1人、副局长3人，设党组，成员9人（挂职2人）；内设秘书科、综合科、工业科、农经科、体改科等业务科室，其中包括经济协作办公室1个副科级单位，下设项目办、服务业办2个一级事业单位。2018年，面对严峻复杂的经济形势和异常繁重的发展改革工作任务，市发改局围绕"抓班子带队伍，对上争取抓项目"工作主线，高质量践行市委、市政府提出的"一二三四五"工作思路，担当尽责、创新实干，注重把握工作方式、方法和节奏，在重大项目建设、新旧动能转换、产业转型升级、对上争取、深化重点领域改革、保障改善民生方面开展富有成效的工作，为全市经济社会发展做贡献，被评为省级文明单位。

【发展规划编制与实施】 ①年度计划。提出2018年国民经济和社会发展计划，通过市人代会审议。2018年经济社会发展的主要预期目标为市内生产总值增长7%左右；一般公共预算收入增长3%左右；全社会固定资产投资增长8%以上；社会消费品零售总额增长10%以上；城镇居民和农村居民人均可支配收入分别增长8%和8.5%；城镇登记失业率控制在3.5%以内；完成安全生产、环境保护、节能减排等约束性指标。②长期计划。组织实施《肥城市国民经济和社会发展第十三个五年规划纲要》，对规划实施情况进行评估。

【对上争取】 编印《2018年对上争取政策信息汇编》，组织开展2次进京"双对接"活动，全年到位对上争取无偿资金23.38亿元。重大事项争取取得重大突破，泰安特种建筑用钢产业集群列入山东先进钢铁制造产业基地发展规划，成为全省四大钢铁生产集群之一，为肥城市新旧动能转换，加快高质量发展提供难得机遇和载体；肥城市被纳入国家独立工矿区改造搬迁工程试点范围；农大肥业企业技术中心获批国家企业技术中心；成功争取国家级资源循环利用基地；整合国家产教融合示范基地、保障性安居工程等政策，为高级技校、特殊教育学校及7处普通学校争取扶持资金8630万元。

【新旧动能转换】 编制印发肥城市新旧动能重大工程实施规划，明确新旧动能转换的产业支撑，重点攻坚特种钢铁、现代建安、新能源新材料、高端化工、现代制造、现代物流、

10月24日，石横特钢被确定为"泰安特种建筑用钢产业集群"

文化旅游、有机农业"八大产业";明确新旧动能转换的主要路径,攻坚企业培植、招商引资、对上争取、新型城镇化"四大动能",集中培育"一核四区"。配套制定实施意见,梳理重大政策 19 项、重大试点示范 12 项、重大专项规划 8 个、重大建设项目 11 个,将省、市规划中的重大事项进行细化分解,明确责任部门、配合部门、工作进度和目标。建立市级新旧动能转换重大项目库,入库项目 66 个,总投资 677.3 亿元。对接省、市重大项目库,6 个项目列入省新旧动能转换重大项目库、42 个项目列入泰安市首批重大项目库。

【重点项目建设】 2018 年,春季集中开工市级重点项目 43 个,总投资 378.8 亿元,年度计划投资 118.8 亿元,全年完成计划投资的 105.6%。铺开实施 63 个重点推进项目,总投资 303.2 亿元,当年计划投资 161.2 亿元,全年完成投资 168.9 亿元,42 个项目竣工投产。19 个项目列为泰安市级重点建设项目,全年完成计划投资的 108.9%。15 个项目列入泰安市前期推进重点项目。

【服务业发展】 实施服务业载体建设工程,星美城市广场列为省服务业载体项目,4 个特色小镇、1 个集聚区、3 家企业、5 个项目列为泰安市服务业发展载体,春秋古镇获评省服务业特色小镇。铺开建设华盛田园风情农场、农旅养复合小镇等服务业项目 13 个,计划总投资 82.7 亿元,2018 年计划投资 20.78 亿元,已完成投资 18.9 亿元。

【经济体制改革】 落实"放管服"改革要求,年内完成各类项目立项 965 件,总投资 259.27 亿元,推出 14 个"一次办好"事项,一个"零跑腿"事项。牵头经济体制改革重点任务落实,研究制定经济体制改革领导小组年度工作要点,确定并协调推进 29 个成员单位的重点改革事项。行业协会商会与行政机关脱钩工作全部完成。事业单位、市属企业公务用车改革全面展开,涉及肥城市事业单位 512 家、市属企业 19 家。事业单位车改方案已经批复,取消车辆收缴拍卖,车补发放陆续进行。加快社会信用体系建设,向"泰安信用网"报送行政许可和行政处罚信息数据 5484 条。推进肥城信用平台建设,已完成招投标。完成 6 家政府机构失信问题专项治理和 10 家涉金融失信企业专项治理。

(张文荣)

市场监督管理

【概况】 2018 年,市市场监管局贯彻落实市委、市政府各项决策部署,围绕服务"四大动能"和"一核四区"建设,发挥市场监管综合职能优势,做实做优服务发展文章,为持续深化"放管服"改革,推进全市新旧动能转换重大工程,维护公平、竞争健康有序的市场环境做贡献。

【"瑞泰 RUITAI 及图"商标被认定为中国驰名商标】 2 月,泰安瑞泰纤维素有限公司的"瑞泰 RUITAI 及图"商标被国家工商行政管理总局商标局新认定为中国驰名商标,成为肥城市第十五件行政认定的中国驰名商标。市市场监管局把实施"品牌创塑工程"作为加快新旧动能转换、促进经济高质量发展和助力村级增收的一项重要工作来抓,不断加大组织领导和扶持力度,引导企业加大自主品牌建设,统筹推进中国驰名商标、地理标志证明商标、商标国际注册、山东名牌创建和标准化引领,培育知名品牌群体,实施"走出去"战略,推进品牌自主化、高端化、集聚化和国际化,构筑立体式品牌发展新格局。市市场监管局在镇街区各市场监管所建立"品牌指导站",指导站工作人员在帮助企业申报注册商标,推荐指导企业申报中国驰名商标、地理标志证明商标和山东名牌产品(服务名牌)的同时,重点指导辖区企业加大知识产权保护,完善知识产权体系,提高企业保护自主知识产权的意识和抵御风险的能力。引导企业运用商标权等进行投资入股、质押融资、许可使用、转让等，提升品牌无形价值，激发企业的内生动力。

【"边院"集体商标获批】 7月28日，边院镇民营经济服务中心申请的"边院"（工业用盐；岩盐）集体商标获国家知识产权局批准，成为肥城市继"肥城市有机蔬菜协会"之后的第2件集体商标。集体商标以团体、协会或者其他组织名义注册，以表明使用者在该组织中的成员资格，能够向用户表明使用该商标的企业具有共同特点，可壮大集体优势，在市场竞争中弥补企业规模较小的不足，提高其市场竞争力。市市场监管局发挥职能作用，立足辖区产业集群特色，把实施品牌创塑工程作为带动发展现代农业、助力农民增收的重要抓手和突破口，扶持农业企业和农产品行业协会争创集体商标、地理标志证明商标，全面推动品牌自主化、特色化、产业化、高端化发展，取得良好成效。截至2018年末，全市共有注册商标5862件，其中中国驰名商标15件，山东省著名商标46件，马德里国际注册商标16件，地理标志证明商标9件，集体商标2件，肥城市被评为"山东省商标战略实施示范市"。

【全面服务"四大动能"】 为全

5月11日，市场监管局服务新旧动能转换动员大会召开

方位服务企业培植、招商引资、对上争取、新型城镇化"四大动能"和"一核四区"建设，5月5日，市市场监管局研究出台《关于发挥市场监管职能服务新旧动能转换的实施方案》，推出16条举措，从加快释放政策红利、营造一流营商环境，支持传统产业转型升级、培育壮大新动能，实施品牌创塑工程、助推发展质量变革，创新市场监管模式、全力护航企业发展等四个方面入手，持续深化"放管服"改革，全力服务全市新旧动能转换，助推经济高质量发展。加强与各镇街区党委、政府的联系，将招商引资和对上争取工作纳入重要日程，对市里确定的大项目和重点项目，安排专人盯紧靠上，确保项目早落地、早投产、早见效。持续开展股权质押、动产抵押和"守合同重信用"企业推荐工作，提升企业发展质量。2018年，共办理股权出质

登记19件，质押股权18354万元，被担保贷款45881万元；办理动产抵押登记35件，协助企业融资19.3亿元；推荐山东鲁泰建材科技有限公司等31家企业申报并公示为山东省级"守合同重信用"企业，有力支持企业的健康发展。

【消费者权益保护】 围绕"品质消费、美好生活"年主题，开展3.15国际消费者权益日纪念活动。泰安市工商局党组成员、副调研员李军府，肥城副市长、市公安局局长鄂宏超出席活动。活动现场对2017年消费维权工作情况进行通报，对2018年"品质消费、美好生活"年主题进行解读，授予泰山新合作商贸有限公司"消费维权直通车单位"称号，市场监管局执法人员现场受理消费者的咨询和投诉。推进"12315"进商场、进超市、进市场、进企业、进景区工作，不断建立健

全覆盖城乡的消费投诉举报网络。发挥 12315 平台的作用，强化 12315 数据的分析利用，加强对重点领域侵害消费者权益行为的打击力度。开展"放心消费、幸福肥城"创建工作，印发《肥城市开展"放心消费在肥城"创建工作实施方案》，围绕强化责任意识、加大宣传力度、提升创建质量、全力迎接测评、完善体系制度等五个方面，进一步提高全社会对放心消费创建活动的关注度、参与度和认同度，不断增强生产者和经营者的自律意识，拓展"放心消费"覆盖范围。深化合同格式条款整治，指导经营者完善维权机制，督促经营者依法诚信经营，主动预防和及时化解消费纠纷。加强消费教育引导，积极回应群众关切问题，年内共受理企业和消费者投诉 935 件，调解成功 907 件，回应、解答各类咨询 1280 件，

为企业和消费者挽回经济损失82.6 万元。

【整顿和规范市场秩序】 落实市场监管领域大气污染防治工作职责，组织开展成品油质量监督检测 3 次，抽检加油站 62 座，抽检样品 182 批次，车用柴油商品均符合国家标准，完成对流通领域成品油经营企业、加油站在售油品种类、加油站在售柴油商品质量监督检测的 100% 全覆盖。强化重要商品监管，组织开展农资质量监督检测两次，检查农资经营户 70 余户，抽检样品 103 个，其中化肥样品 94 个，合格 79 个，农膜样品 9 个，合格 2 个，对生产、销售不合格产品的依法进行处罚。开展政企联合打假维权行动，建立《知名企业 品牌知识产权保护档案》。严厉打击网络侵权仿冒行为，从严治理虚假宣传及广告违法行为。密

切关注群众投诉热点，科学研判，对于房地产、汽车销售、投资理财三个重点领域开展多方位立体式监管，覆盖对经营场所的实地检查、印刷品广告的监督，以及对企业官网、第三方平台、微信、广播电视等媒介的监管。对微信公众号宣扬风水等封建迷信的某房地产开发商等进行处罚。针对理财类企业盲目夸大收益率、群众投资收益无法保障的乱象，开展专项行动，对两家 P2P 公司发布违法广告均作出 10 万元以上的行政处罚，并将情况及时向市金融办和公安部门进行通报。开展打击传销工作，进一步增强广大群众防范传销意识。落实市委、市政府关于开展电动代步车整治的部署要求，检查电动代步车经销户 364 家，对 173 户电动三轮、四轮车经销户下达责令改正通知书，下架不符合规定的电动三轮、四轮车 703 辆，完成职责范围内的工作任务。开展扫黑除恶专项斗争，对在集贸市场、批发市场等场所欺行霸市、强买强卖、收保护费的市霸、行霸等黑恶势力线索进行逐户排查；对 2016 年以来涉及强买强卖、欺行霸市、消费欺诈等方面的行政处罚案卷进行全面摸排梳理。年内共办理各类一般程序案件 141 件。

【企业登记注册管理】 把握商事制度改革的总体部署，市

围绕 2018 年中消协确定的"品质消费，美好生活"年主题，开展大型宣传活动，市场监管局工作人员现场接受消费者咨询和投诉

场主体登记便利化改革迈出新步伐。在继续落实好"先照后证""放宽住所登记条件""多证合一"等各项便利化措施的同时，将市人社局、房管局等3个部门的四项涉企事项整合，实现"四十六证合一、一照一码"，各类市场主体登记均为"零收费"。登记过程中，做到凡是法律法规未禁止的行业和领域，均允许各类市场主体进入。全面压缩企业开办时间，实行"一套材料、一表登记、一窗受理"工作模式，落实并联审批、整链条办理和快速办结。推进"一次办好"，在全市范围内推广个体工商户"口述办照"和企业注册"容缺登记"，企业开办登记时间由法定的5个工作日压缩至1个工作日。推进"证照分离"改革，牵头召开由26个市直部门参加的证照分离改革工作推进会，明确各部门职责任务，为加快实现企业"一照一码走天下"奠定坚实基础。行政审批局成立后，市市场监管局进厅事项由8项增至15项，其中行政许可事项11项，关联事项4项，按照既定职责顺利完成全部事项的划转，涵盖整个市场监管行政许可领域。2018年，全市新增各类市场主体10139户，其中企业2657户（私营企业2569户），个体工商户7441户，农民专业合作社41户，实现"个转企"360家。截至2018年12月31日，全市实有各类市场主体53369户，其中内资企业499户，私营企业总量达到10251户，个体工商户总量达到41088户，农民专业合作社总量达到1531户。

【事中事后监管】 做好放管结合文章，提升市场主体依法经营意识。坚持"宽进"和"严管"同步推进，清理长期停业未经营的"僵尸企业"，减少资源占用，腾出市场空间，共吊销"僵尸企业"146户。加大对市场主体年报公示的宣传指导力度，截至2018年6月30日，全市企业、个体工商户、农民专业合作社年报公示率分别为93.62%、98.67%、97.55%，市场主体主动年报公示的意识显著增强。对未开业企业和无债权债务企业实行简易注销登记程序，构建便捷有序的市场退出机制，共办理简易注销登记114户。推进"双随机一公开"监管，2018年5月，通过国家企业信用信息公示系统（山东）将国家市场监督管理总局定向抽查的3户企业与所在地市场监管所执法员进行随机匹配。检查企业涉及金融、教育培训、医疗美容、环保、知识产权代理等民众关注度极高的行业。检查内容对应《山东省工商局随机抽查事项清单（第二版）》中"登记事项检查"和"公示信息检查"两个类别共10个抽查事项。3户企业均已检查完毕，并已将抽查结果录入并公示。9月，对省工商局通过"双随机"抽取的1533户市场主体进行逐一检查。2018年，共有672户市场主体被列入（标记）经营异常名录（状态）。

【品牌创塑工程】 把品牌创塑作为转变经济发展方式、推动产业转型升级的重要手段，发挥职能优势，推进品牌建设，取得显著成效。2月，泰安瑞泰纤维素有限公司的"瑞泰RUITAI"商标被国家工商总局商标局认定为中国驰名商标，肥城市的中国驰名商标总数达到15件，稳居泰安各县市区第一位（泰安市共50件）。在5月份举办的山东省推进新旧动能转换重大工程商标品牌战略高端研讨会上，肥城市的肥城桃开发总公司被认定为全省地理标志商标运用示范单位，泰安市仅此1家。围绕肥城市优质粮食、有机蔬菜、健康养殖、生态林果、特色加工等产业，引导现代农业产品申请注册商标、地理标志证明商标。年内，肥城市新增肥城土豆、肥城绞瓜地理标志证明商标2件，"边院"岩盐集体商标1件，新申请注册商标811件。围绕肥城市建筑业品牌，引导建筑行业申请注册集体商标，宣传推广肥城"建安之乡"品牌，"安庄建安AZ"集体商标等待评审中。围绕产品出口渠道，引导企业注册国际商标，泰安瑞泰达机械有限公司、山东瑞福锂业有限公司、肥城金塔机械有限公司、肥城市泰山涂塑帆布有限公司、山东肥城精制盐厂共申请马德里国际商标注册6件。

【质量强市战略】 2018年，围绕市委、市政府中心工作，全面推进"质量强市"建设，按照"创新驱动、质量为先、绿色发展、结构优化"的方针，不断提高企业质量管理水平。年内，多次组织肥城市多家企业参加质量管理提升培训、首席质量官培训，全力提升企业质量创新能力，打造质量标杆企业，支持成长性强、有发展潜力和前景的中小微企业加强质量品牌建设，推动企业管理水平和核心竞争力不断提高，培育和发展一批质量卓越、效益显著、体现肥城综合实力、具有较强竞争力的品牌企业和品牌产业。做好山东名牌推荐申报工作，山东名牌创建工作创历史新高。2018年，全市新增山东名牌9个，其中山东名牌产品8个、山东省服务品牌1个，有效期内的"山东名牌"总数达到36个。

2018年肥城市荣获"山东名牌产品"称号企业一览表

序号	企业名称	山东名牌产品名称
1	肥城金塔酒精化工设备有限公司	"金"字牌　三效溶剂回收节能蒸馏装置
2	鲁变电工股份有限公司	鲁变牌　非晶和金配电变压器
3	山东一滕新材料股份有限公司	一滕牌　纤维素醚
4	石横特钢集团有限公司	石特牌　预应力混凝土用螺纹钢筋
5	山东鲁泰建材科技集团有限公司	鲁泰牌　无石棉硅酸钙板
6	山东傲饰服饰有限公司	傲饰牌　高端服装定制
7	泰安瑞泰纤维素有限公司	瑞泰牌　羟丙基甲基纤维素
8	山东瑞福锂业有限公司	瑞福牌　碳酸锂

2018年肥城市荣获"山东省服务名牌"称号企业一览表

序号	企业名称	服务品牌名称
1	山东隆源矿业工程有限公司	"LYKY"牌　技术推广服务

【计量监督与管理】 组织开展安全防护类计量器具和能效标识专项执法检查，对辖区内的环境监测机构和机动车安检机构在用计量器具检定、校准情况开展专项执法检查，共检查2家环境监测机构、7家机动车安检机构在用计量器具400余台件，经查全部符合要求。对辖区内的定量包装企业——山东富世康制粉有限公司的5千克袋装面粉、500克原味挂面进行现场商品量净含量抽样计量监督检查，均符合要求。对全市56家眼镜配制单位进行专项计量监督检查，共检查眼镜配制计量器具108台（件）。做好日常计量检定工作，共检定、校准计量器7188台件，合格率97.6%，其中贸易结算用计量器具1520台件，医疗卫生用计量器具200台件，安全防护用计量器具3969台件，环境监测用计量器具102台件。推进计量便民工作，开展集贸市场在用计量器具专项检定，累计抽调

检测人员50余人次，先后对城区内6个主要的集贸市场开展衡器免费检定活动，共检定各类衡器1171台件；初检不合格衡器23台，不合格衡器由业主送衡器经销维修点调修后，全部检定合格，检定合格的衡器全部加贴合格标识。根据《中华人民共和国计量法》《法定计量检定机构考核规范》《计量标准考核规范》等法律法规，做好计量检定人员持证上岗工作。2018年，共8名检定人员参加泰安市质监局组织的培训考核，其中6名检定人员新取证，2名检定人员证件复核，成绩均为优良。

【标准化工作】　宣传贯彻新修订的《中华人民共和国标准化法》，将新修订的《中华人民共和国标准化法》转发给石横特钢、胜利化工等50余家企业，督促企业按照要求及时将产品标准在网上自主公开声明。2018年，有43家企业累计上报122项标准，涵盖210种产品，比上年同期新增加产品标准122项。引导企业主持或参与标准制修订工作，多次到相关镇街、企业进行标准化方面的指导和宣传，讲解市委、市政府对企业制修订标准方面的考核奖励政策，引导企业积极参与标准化建设。2018年，全市共有16家企业或单位参与制修订各类标准20项，其中主持制定国家标准1项，参与制定国家标准3项，参与修订国家标准3项；主持制定行业标准2项，参与修订行业标准2项；主持制定山东省地方标准1项，参与制定地方标准8项，"肥城标准"的影响力显著增强。

【特种设备安全监察】　加强监管队伍建设，举办特种设备安全监察员培训班，全局89名干部职工参加培训考核，有效提高特种设备安全监察人员的能力和水平。以成立的特种设备安全生产专业委员会为依托，组织开展特种设备安全隐患排查，持续深入开展特种设备隐患大、快、严集中行动，重点检查人员密集场所电梯、冬季采暖锅炉、危化品相关特种设备、"煤改气"相关特种设备等，强化红线意识、风险意识和责任担当，严防特种设备重特大事故和重大社会影响事件发生。2018年，共对260家特种设备使用、制造、安装单位进行检查，检查各类特种设备3800余台（套），发现问题和隐患168条，全部整改完成，立案查处特种设备安全违法案件19起。做好设备使用登记等基础性服务工作，年内共办理各类特种设备使用登记1611台件，其中锅炉38台，压力容器906台，电梯371台，起重机械147台，厂内机动车149台。对肥城市重点建设项目主动服务、提前介入，帮扶指导企业准备办理使用登记所需资料，加班加点，压缩办理时限，做到急事急办、特事特办，保证新上项目如期进行安全综合验收，受到企业的好评。

市市场监督管理局开展安全生产月宣传活动，普及特种设备安全知识，提升广大市民的安全意识

【工业产品质量监督】　完善产品质量动态监管体系，相继组织开展工业许可生产企业专项执法检查，生产环节油品质量监督，因淘汰落后产能开展钢

铁、水泥行业专项检查，电动自行车消防安全生产领域专项治理等多项监督检查。全面加强对工业产品生产许可证获证产品的证后监管工作，组织50多家工业产品生产许可证获证企业开展年度自查，提交年度自查报告。在生产领域开展对危险化学品和危险化学品包装物及容器、防水建材、防爆电器、电线电缆产品的专项整治行动，对生产领域配电箱、低压开关柜、橡胶软管、橡胶制品、饲料加工机械、玻璃纤维、学生服、商品煤等53个批次的产品开展抽查，其中不合格批次1个，产品抽样合格率98.1%。推进认证认可工作开展，组织30多家企业召开"认证认可——传递市场信任，服务市场监管"的专题座谈会，邀请省认证中心的专家解读《中华人民共和国认证认可条例》等法律法规，深入企业做现场咨询指导，引导全社会广泛关注和重视认证认可工作。

(段峥)

食品药品监督

【概况】 至年末，市食品药品监督管理局（挂市食品安全委员会办公室牌子）内设秘书科、政策法规科（挂行政服务科牌子）、综合协调科（挂应急管理科牌子）、食品生产监管科、食品流通监管科、餐饮服务食品监管科、保健食品化妆品监管科、药品市场监管科（挂药品不良反应监测中心牌子）、医疗器械监管科9个职能科室；下设食品药品行政执法大队，为局属事业单位；在14个镇街分别设立14个食品药品监督管理所（食品药品行政执法中队），为局派出机构。共有行政编制91名、工勤编制2名、事业编制22名，实有行政人员83名、工勤人员2名、事业人员22名。

【日常监督检查】 2018年，共检查四品一械生产经营单位20000余家次，组织开展"守护舌尖安全""食安护佳节"等系列活动，坚持问题导向，对食品生产企业开展飞行检查，开展校园及周边"五毛食品"整治，提升敬老院食堂安全水平，规范网络订餐行为，会同畜牧、城管等部门开展严厉打击肉品质量安全违法行为、全面防控非洲猪瘟，开展农村及城乡接合部诊所等诊疗机构药械专项整治，推进食品保健食品欺诈和虚假宣传整治工作。全年未发生食品安全事故和药品安全事件，至年末，查处食品、药品、医疗器械违法一般程序案件365件，简易案件143件，罚没346万元，移送司法机关案件9件。

【监督抽检】 围绕重点食品、重点指标和重点场所，通过招投标购买第三方检测服务，完成监督抽检5127批次，合格率97.6%，完成上级评价性抽检177批次，合格率位居泰安之首。开展药品和医疗器械抽检，完成药品、医疗器械及化妆品监督抽检132批次、评价抽检35批次。严格不合格食品和药械核查处置，及时通过市政务网全部公开处置结果。

【应急处置】 针对食品药品生产经营存在的风险点及非洲猪瘟等网络舆情事件，迅速组织

市食品药品监督管理局进行端午节食品市场检查

开展风险排查，及时回应群众关切，全面做好两会、中高考等重大活动食品安全保障工作。畅通投诉举报渠道，已受理各类投诉举报406起，组织食品药品执法大队加大投诉案件办理力度，注重向上游市场追溯，深挖问题根源，做到办理一起案件，打击一片，影响一批。至年末，所有投诉举报问题均做到按时办结、满意答复。

【示范创建工作】　开展各环节示范创建，发挥品牌的辐射带动作用。至年末，全市创建"食安山东""食安泰安"食品生产加工示范企业6家，食品流通示范单位（店）36个，餐饮示范街2条，示范餐饮单位39家，示范学校食堂8家，群众满意餐饮店64个。餐饮提升工程年度目标全部完成，流通环节放心肉菜示范超市创建和农贸市场规范化建设工作取得阶段性成绩。

【全国文明城市创建】　按照市委宣传部、市文明办部署安排，采取有力措施深入推进文明城市创建工作，采取"地毯式"排查等方式，压实网格责任，对迎检区域内的607户市场摊点、1532家餐饮单位、2622家食品店逐户逐项进行检查，对照迎检标准，全面规范。9—10月，分两次集中开展系统内创建工作督导自查行动，为创城工作自我打分、自我画像，72

名执法人员对24个社区随机检查，走进950家经营单位，互相查找问题，深入发现问题，即查即改，不留盲点，确保所有经营单位全部达到迎检标准。

【审批服务优化】　立足实际，更新监管理念，增强服务意识，深化"贴心代办、一次办好"改革。梳理审批服务清单，将食品经营许可、药品经营质量管理规范认证等6类行政审批服务的法定条件、程序、时限、申报资料和审批结果，在市政务网上公示，向社会全面公开。进行流程再造，压缩受理、现场核查、审核、决定等各环节的审批时限，食品经营许可时限由原来的20个工作日缩短为10个工作日，食品小作坊小餐饮登记7个工作日即能办结。畅通省食药监局网上申请平台，提升审批服务效能。增加审批服务力量，政务大厅工作人员增至5人，高效受理代办经营

者申请；安排当地食药监所受理代办市区之外的办事群众的申请，全面提供贴心代办服务。提升网络服务水平，全面推行"互联网＋政务服务"的审批模式，建立健全网上咨询、网上受理、网上传递、网上审批的审批服务流程，实行"线上申请和线下申报"并行，允许容缺受理。至年末，受理食品经营许可业务1874份、小作坊和小餐饮登记653份、药品医疗器械许可备案613份，审批效能进一步提升。

【成功创建省级食品安全先进市】　自2017年肥城市评为省级食品安全先进市创建单位以来，全局上下勠力同心，担当作为，做好各项创建工作。在工作摆布上围绕中期评估、现场观摩和冲刺验收三个阶段展开，成立各项工作组，坚持高标准、高质量、高要求，细化分工，落实责任，扎实推进；

扎实推进"食安肥城"创建工作

在工作重点上突出群众反映集中的问题，突出短板和薄弱环节，突出14个重点业态，采取过硬措施，力求实际效果；在工作推进中市食安办及时召开部门联席会议，加强督导调度。2018年7月，肥城市被省食安委正式授予"山东省食品安全先进市"荣誉称号。

（付昊民　王铭丽　楚红梅）

物价管理

【概况】　至年末，市物价局在职人员19人，下设秘书科、价格和收费管理科、农产品调查和成本监审科、目标价格保险科4个科室和物价检查所1个股级行政机构、价格认证中心1个股级事业单位。2018年，秉承"开放、包容、务实、敢当"的新时期肥城精神，坚持"实事求是地想、实事求是地谋、实事求是地干"的工作理念，立足物价工作职能，围绕全市经济社会发展大局，自我加压、克难奋进，较好地完成全年工作任务，为全市加快构筑"党建新高地、法治新高地、市场新高地"作贡献。

【价格调控】　2018年，上报价格监测周报100期，旬报36期，月报24期，国家畜禽及饲料价格监测52期，与群众生活密切相关的农副产品价格监测250期；上报的《山东肥城：生猪价格涨势猛》《山东肥城：主要农副产品价格运行平稳》等12篇分析报告被中国经济导报网、中国发展网等多个国家级网站刊用；通过对密切关系民生的商品价格进行实时跟踪监测，对价格运行中的苗头性、趋势性问题进行预警，为市场商品流通提供参考，为上级物价部门决策提供依据。进一步发挥蔬菜目标价格保险保价惠民作用，在上级相关部门大幅调整目标价格保险政策的情况下，保持参保面积基本稳定。2018年，马铃薯保险投保亩数共计9.83万亩，保险金额1.18亿元，保费总额825.7万元，其中农户自缴330.28万元，省级补贴保费330.28万元，泰安、肥城市政府各补贴保费82.57万元，投保农户获赔393.19万元；大白菜保险投保亩数共计10.62万亩，同比增加0.94万亩，保险金额9561万元，保费总额669.25万元，其中农户自缴267.69万元，省级补贴保费267.69万元，泰安、肥城市政府各补贴保费66.92万元。依托蔬菜目标价格保险工作，2016—2018年共引进省、市保费补贴资金5525.25万元，到位资金5190.63万元；肥城市菜农共获得保险赔付5344.91万元，有效规避市场价格风险，保障菜农基本收益，稳定市民的菜篮子。12月18日，全省蔬菜目标价格保险座谈会在肥城市召开，肥城市物价局在会上作典型发言。

【价费管理】　①全面做好省政府令317号《山东省物业服务收费管理办法》贯彻落实。6月，会同市房管局学习研讨省政府令317号相关条款内容，结合肥城实际及时破解存在的问题和困难，出台《关于贯彻落实〈山东省物业服务收费管理办法〉的通知》，明确有关问题的衔接和实施办法，该文件明确规定与省政府令317号同步于2018年7月1日执行。②全面完成城镇非居民用水超定额加价制度落实。经过细致缜密的前期调研，8月会同市住建局、市水利局联合转发《关于泰安市城镇非居民用水执行超定额（计划）累进加价制度的通知》，文件明确规定肥城市非居民用水超定额（计划）累进加价执行泰安市规定的统一标准。③全面完成农业综合水价改革工作。自年初开始对全市各镇街农业灌溉用水情况进行充分调查，并形成客观翔实的调查报告。在此基础上，11月会同市水利局出台《关于肥城市农业用水终端指导价格的通知》。该文件规定肥城市农业用水终端指导价格按照粮食作物和其它农业经济产业分类执行，同时结合用水定额标准分档计算。肥城市农业综合水价改革，在不增加用水单位（个人）总体负担的原则下，提高农业用水使用效率，增强节约用水意识。

④清理规范涉企收费项目。贯彻落实肥城市放管服改革会议精神，牵头开展全面清理规范涉企行政事业性和经营服务性收费项目相关工作，停征排污费、取消水资源费等行政事业性收费项目，出台《关于发布2018年肥城市涉企行政事业性收费和涉企经营服务性收费目录清单的公告》，进一步提高涉企收费政策透明度，加强社会监督，规范部门收费行为。⑤开展涉农乱收费乱摊派专项整治行动。根据全市开展涉农乱收费乱摊派专项整治行动部署，制作800份《肥城市涉农价格和收费公示栏》，公示在各镇街村居显著位置，明确涉农收费项目、收费标准、监督电话等内容，使涉农收费信息清清楚楚、明明白白。在做好公示的基础上，严格督查落实，推进涉农乱收费专项整治行动，维护农村群众合法利益。

【价格服务】　①支持公用事业发展。先后批准或调整有线电视基本收视维护费，户外广告资源有偿使用收费标准，牛山、陶山、云蒙山3家景区门票价格，部分儿童医疗服务价格等八项公用事业收费标准，研究通过"取消药品加成理顺部分医疗服务价格"试用期满继续执行的相关事宜。通过明确公用事业收费标准，为公用事业创造可持续发展条件。②为政府决策提供依据。严格按照成本监审规定，对泰燃、泰西、港华三家燃气公司配气成本进行监审；严格按照成本调查要求，对农业灌溉用水、农村自来水价格进行成本调查，为政府定价提供可靠依据。严格按照农产品成本调查要求对特色农产品（秋葵）、主要农产品（小麦、玉米）及农户存售粮和农资购买情况进行调查，编制2018年度《肥城市特色农产品调查报告》，引导农民合理调整农业生产结构，增加农民收入。③价格认定工作。严格按照《价格认定规定》做好涉案涉税财物价格认定工作。全年共办结各类价格认定案件200件，同比提高47%，涉案金额142.4万元。其中行政案件154件，刑事案件46件，办结率100%。在认定的200件案件中，没出现一起复议案件，达到"价格认定行为客观公正、价格认定过程程序公正、价格认定结论实体公正"的规定要求。

【物价检查】　①落实公平竞争审查制度。根据《肥城市人民政府关于落实公平竞争审查制度的意见》，建立联席会议制度，牵头对市属政策制定机关在制定市场准入、产业发展、招商引资、招标投标、政府采购、经营行为规范、资质标准等涉及市场主体经济活动的规章、规范性文件和其他政策措施，进行公平竞争审查。牵头清理存量政策，并对新出台的政策规定和规范性文件进行监督。通过落实公平竞争审查制度，有效消除妨碍公平竞争的政策措施，提高政策制定机关维护统一市场和公平竞争的责任意识，规范约束政府行为，营造公平有序的市场竞争环境。②维护公平价格秩序。采用检查与宣传并重的办法，保障市场价格秩序良性运行。年内开展旅游市场价格环境专项治理、涉企收费专项检查等10个专项检查行动，对存在问题的20家单位提出限期整改要求；开展价格普法宣传和知识培训，详细解读价格法律法规，多次组

3月8日，市物价局志愿服务队到安临站镇山区开展义务植树活动（张忠海　摄）

织召开提醒告诫会，提高经营者的价格自律意识。年内，共出动检查人员 136 人次，检查各类市场主体 70 余家，发放价格宣传材料 4000 余份，开展价格宣传活动 5 次，有力维护公平的市场价格环境。③价格举报和价格咨询工作。把"群众呼声作为第一信号，群众满意作为第一目标"，尽职尽责处理好群众反映的各类价格问题。2018 年，参加行风热线节目 2 次，接收办理"民生热线"和"12358 热线"转办的各类价格举报、咨询问题 300 余件，退还群众价款 3 万余元，保障群众的合法权益，维护社会公平正义，树立政府为民形象。

（刘宾　张忠海）

审　计

【概况】　至年末，市审计局设秘书科、法规科、行政事业审计科、财政审计科、社保审计科、经贸审计科、农资审计科 7 个职能科室，下辖市经济责任审计办公室和市政府投资审计中心 2 个副科级事业单位，有公务员 15 名，事业人员 14 名。2018 年，市审计局履行审计监督职责，创新审计方式方法，提升审计效率，较好地完成各项工作任务。年内，共完成审计项目 50 个，查出问题金额 275188 万元，促进增收节支 1376 万元，提出审计建议 64 条，被采纳审计建议 52 条。市

审计局获得全省审计机关"干事创业好团队""全市创城工作先进集体""肥城市先进基层党组织""经济社会发展先进单位""尊师重教先进单位"等称号，继续保持"省级文明单位"称号，成功创建肥城市基层党组织标准化建设示范点。

【政策落实跟踪审计】　2018 年，市审计局贯彻落实市委、市政府和上级审计机关的决策部署，做好规范政府举债融资防控政府债务风险审计。同时，参与泰安市审计局对肥城市保障性住房的跟踪审计。审计中紧扣国家政策要求，严格审计，为党委政府把好关、提建议、促整改、防风险，得到领导的肯定。

【财政预算执行审计】　年内，安排对财政、地税等 14 个部门单位进行审计，包括省厅统一组织的编办、人社、食品药品监督、扶贫等 4 个行业系统审计和调查。工作中坚持全局一盘棋，实现预算执行审计与政策落实审计、经济责任审计和自然资源资产审计结合进行，"一花多果"提高审计效能。对审计查出的问题，按照《中华人民共和国预算法》《中华人民共和国审计法》等有关法律、法规的规定，分别出具审计报告和审计决定。对存在问题单位，分别做出限期整改、纠正、调整账务、缴纳等处理，对个

别问题进行审计处罚，对预算管理方面存在的问题，提出完善提高的建议。审计结束后，向市政府报送审计结果报告并代表市政府向市人大常委会作审计工作报告，同时按照市政府要求及时督促有关部门单位对发现的问题进行整改，确保审计效果。

【经济责任审计】　贯彻落实《党政主要领导干部和国有企业领导人员经济责任审计规定实施细则》的文件要求，完成住建局、水利局等 31 个部门单位的领导干部经济责任审计。在开展经济责任审计工作时，加强对中央"八项规定"落实情况的审计监督，重点关注"三公经费"支出情况，围绕财政资金的主线，检查是否遵守廉洁从政和厉行勤俭节约反对铺张浪费的要求，揭露财政资金损失、国有资产流失等问题，促进厉行勤俭节约，反对铺张浪费，促进管好用好财政资金，发挥审计监督在推动政策落实和反腐倡廉中的作用。通过审计查处违规问题，严肃财经纪律，增强领导干部执行财经纪律和各项廉政规定的自觉性。经济责任审计工作在促进领导干部廉洁自律，提高领导干部自我约束能力和依法行政能力，正确评价和使用干部等方面发挥积极作用。

【自然资源资产审计】　2018 年，

首次实施市水利局自然资源资产任中审计试点工作，取得初步经验，为全面开展自然资源资产审计打下良好的基础。审计过程中，根据审计确定的重点对照相关政策法规，将被审计单位在自然资源管理方面的职责任务细化，确定审计方法，逐项审计核实，与相关的政策法规进行全面的梳理、分析、比对，查找问题线索，确定违规问题疑点并进行现场实地调查、核实。针对审计查出的问题，分析问题产生的原因、合理评价，重点界定好政府及相关主管部门履行资源管理和环境保护等方面的责任。通过审计有效促进领导干部树立绿色发展理念，保护好绿水青山。

【政府投资审计】　2018年，履行投资审计监督职责，共完成投资审计结（决）算审计项目8项，累计送审金额5500余万元，审定金额近5000万元，核减金额600余万元，核减率11%。为进一步规范和加强政府投资审计工作，经市委、市政府同意，采用公开招标购买社会服务方式组建政府投资审计社会中介备选库，制定配套管理规定，对备选库内机构实行动态管理。

【党建工作】　坚持"围绕中心抓党建，抓好党建促发展"的理念，以"过硬党支部"建设为重点，以机关党组织标准化建设为抓手，着力加强阵地建设，规范组织生活，强化党建工作对各项工作的引领，打造"铁军向党、诚审为民"的党建品牌，成功创建肥城市基层党组织标准化建设示范点。省直机关工委和泰安市直机关工委相关领导多次到肥城市审计局调研党建情况，并给予高度评价，部分市直部门单位也多次观摩学习，年内被肥城市委评为"先进基层党组织"。

【精神文明建设】　结合办公楼改造，建设规范化的党员活动室、道德讲堂、阅览室、活动室和审计书屋。以"长廊文化"为切入点，重点打造审计业务长廊、党建文化长廊和审计文化长廊，教育和激励广大审计人员敢于担当，奋发有为，发挥"小走廊大文明"的"文化育审"功能。开展"我们的节日"活动。在清明、端午、中秋、春节等传统节日前后，以凭吊先烈、"送温暖、献爱心"志愿服务活动、"红红火火过大年"等形式丰富的活动，弘扬民族精神，传承民族文化。由市审计局工作人员创作并由全体审计人员合唱的《肥城审计之歌》在泰安市审计系统庆祝改革开放40周年文艺演出中获得一致好评，进一步提升全体干部职工干事创业精气神。根据全市创城工作安排，包保高新区南军寨社区，取得较好排名。

【包村帮扶工作】　选派一名政治素质高、工作能力强的审计干部担任高新区潘台村"第一书记"。年内局党组领导班子实地调研8次，协调水利、河道、交通、执法等部门解决"村村通"路网建设过程中遇到的问题，帮助村委开展修路清障工作。争取农开办农田沟渠管护资金10万元，扶贫专项资金15万元，"一事一议"资金3万元，村级运转经费4万元，水土保持项目资金5万元。组织审计局全体干部职工开展"帮扶手牵手，干群心连心"活动，捐助资金4000余元，购买食用油、面粉、大米、月饼等慰问品，到贫困户家中进行走访，为困难群众送去党和政府的温暖和关怀，帮助困难群众解决实际问题。

（吕心镜　李雪）

统　计

【概况】　市统计局为市政府主管全市统计工作的部门，正科级行政单位。至年末，辖市城市经济调查队、市社情民意调查中心2个副科级事业单位，内设人秘科、综合科、农业统计科、工业统计科、服务业统计科、社会科6个职能科室，机关行政编制14人，事业编制14人，配备局长1名，副局长3名，在职职工21人。2018年，市统计局较好地完成各项工作任务，在连续8年被省统计局表彰为"全省统计系统文明单位"，连续10年被泰安市文明委表彰为"泰安市文明机关"的基础上，连续 5 年被评为"山东省省级文明单位"，被山东省统计局评为"2018 年度全省统计宣传工作先进单位"，被泰安市统计局表彰为"2018 年度先进县市区统计局"。

【经济普查】 印发《肥城市人民政府关于开展全市第四次经济普查的通知》，召开全市第四次经济普查动员会，各镇街签订《肥城市第四次经济普查责任书》，成立市第四次经济普查领导小组，由市长殷锡瑞任组长，明确 14 个成员单位和具体职责。成立领导小组办公室，办公室设在统计局。编制市级经济普查经费预算报告。全市 630 个普查区，共选聘普查员 1000 名。全市已悬挂标语 190 余幅，做到经济普查家喻户晓。全市共清查单位 13921 家，个体户 59499 家。

【统计改革】 2018 年，市统计局稳步推进重点领域统计改革，按照上级部署要求，抓好劳动就业统计改革、能源统计改革、服务业统计改革、固定资产投资统计制度改革，加快做好电子商务平台统计，全面实现联网直报，保证数据真实反映企业发展。

【统计服务】 2018 年，市统计局接待来自单位、个人的数据咨询，定期发布全市重要经济社会发展数据；编辑出版《肥城市统计年鉴（2017）》，每月编印 1 期《肥城统计月报》，及时将各主要经济指标通报市主要领导和镇街区主要负责人。肥城局在各级报刊网站发表统计分析 118 篇，统计信息 223 篇。受市委组织部、编办、宣传部、教育局、公安局、住建局、文广新局、卫生局等部门的委托，先后开展干群连心走访入户情况抽测调查、事业单位群众满意度、教育群众满意度、镇街环境卫生、社会治安整治、群众看病就医、居住环境等调查。立足统计职能，参与规划目标研究制定，为创建全国卫生城市、全国文明城市等提供相关统计资料，为推动创建工作顺利开展做贡献。

【统计基层基础建设】 下发《肥城市统计基层基础建设年实施方案》，进一步明确目标任务和工作重点。投入 40 余万元，为所有镇街区统计站配备部分办公设备。组织开展一系列农业、农村住户、工业、贸易、服务业、投资、建筑房地产业培训，先后对市局业务人员、镇街统计站统计人员、特别是对新增四上企业人员进行专题业务培训，全年共举办 8 期培训，培训 1000 余人次。新城街道和石横镇代表肥城市参加 2018 年泰安市组织的基层基础观摩。

（杜坤）

安全生产监督管理

【概况】 至年末，市安全生产监督管理局内设办公室、综合监督管理科、矿山安全监督管理科、危险化学品安全监督管理科、规划科技科、工商贸安全监督管理科、职业安全健康监督管理科等 7 个科室，下属安全生产行政执法大队、安全生产应急救援指挥中心 2 个二级单位，共有在职人员 31 人。

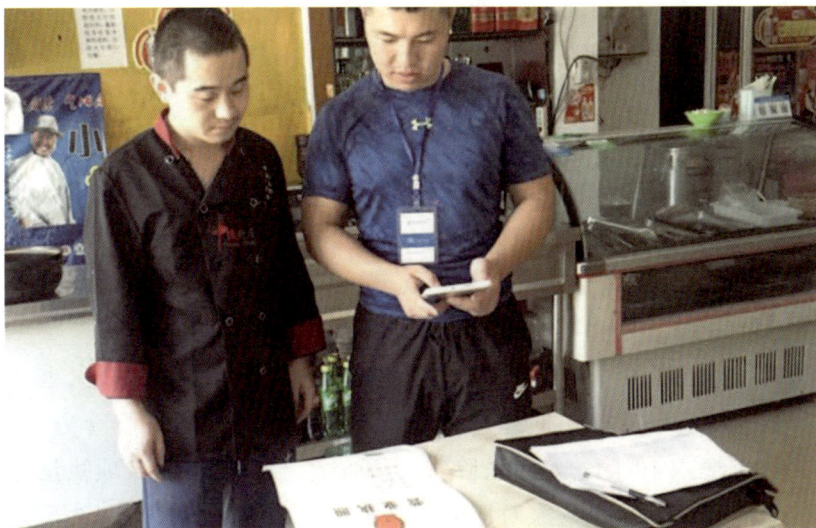

开展第四次全国经济普查。图为经济普查员信息录入（李文斌　摄）

2018年，市安监局着力于牢牢守住安全生产基本盘，专注于减少一般事故，坚决杜绝较大及以上事故，全力提升全市安全生产治理和应急处置能力，确保全市安全稳定。逐步开展隐患排查治理、双重预防体系建设▲和重点行业领域专项整治等重点工作，把教育培训、宣传等工作穿插其中，工作力度不断加大，监管方式不断创新，科学理论基础不断夯实。年内，肥城市未发生生产安全事故，安全生产形势总体平稳。市安监局被泰安市委、市政府评为2017年度泰安市级文明单位，被泰安市安委会评为安全生产工作先进单位、2018年全市"安全生产月"活动先进单位，被肥城市委市政府评为尊师重教先进单位，被肥城市政府评为全市安全生产工作"履职尽责先进单位"。

▲"双重预防体系建设"是指安全风险分级管控和事故隐患排查治理两个体系建设。

【安全生产责任落实】　严格按照市委、市政府部署要求，深化贯彻落实《地方党政领导干部安全生产责任制规定》等文件精神，按照"实事求是的想、实事求是的谋、实事求是的干"的总体思路，秉承"责任实、问题实、措施实"，立足抓重点、破难点、补短板，全力确保全市安全生产形势稳定。将市政府安委会升格为市委、市政府安委会，市委书记和市长共同担任主任，调整13个专委会和4个指挥部，全面提升安全生产主体责任落实；实行一把手负总责和领导班子成员"一岗双责"的安全生产领导责任制，市政府与14个镇街区和各安委会成员单位签订安全生产目标管理责任书，各镇街区和安委会成员单位与辖区（辖属）生产经营单位签订安全生产目标管理责任书；运行网格化实名制管理，对全市3181名网格员，及时调整明确职责，形成齐抓共管的良好局面，得到省市的充分肯定；全力推进生产企业双重预防体系建设运行，实现安全生产工作纵深防御、关口前移、源头治理。截至年末，肥城市辖区内规模以上146家企业全部完成双重预防体系建设。

【重点行业领域安全监管和专项整治】　市安监局通过聘请专家等方式，针对重点行业领域企业开展联合执法及专项整治。①危化品。在全市危化品企业开展安全生产大检查，分时段开展夏季汛期"五防"▲、汛期应急预案和冬季"四防"▲专项整治，强化隐患排查。②工贸。对工贸企业不间断开展隐患排查治理和"回头看"，重点对前期发现的隐患问题进行专项检查，确保隐患及时消除。③非煤矿山。聘请专家对肥城市两家石膏矿采空区治理工程进行验收，提前完成任务目标；以防硫化氢中毒、防冒顶为重点开展地下非煤矿山安全专项整治，督促指导2家石膏矿整改隐患。④烟花爆竹。制定印发《关于进一步加强烟花爆竹安全监管工作的通知》，对肥城市烟花爆竹经营点规划、现场经营条件和经营零售许可等工作进行部署安排，结合主城区人员密集、人流物流集中的实际，明确划定烟花爆竹禁售区，不设立零售网点。⑤职业卫生。开展"职业健康执法年"活动，在重点行业领域"双随机"▲抽取执法检查企业，全年度共检查企业325家次，发现违法行为589条，其中限期整改257条、立即整改332条，下达整改指令141份。2018年，全市检查生产经营单位9900余家（次），排查整改隐患2.5万余处。

▲汛期"五防"指：汛期防高温、防雷电、防火灾、防泄漏、防暴雨。

▲冬季"四防"指：设备防冻，生产区防火，人员防滑、防中毒。

▲"双随机"指：随机抽取检查对象，随机选派执法检查人员。

【"零点"夜查常态化】　2018年，市安监局创新监管方式，开展"零点"夜查专项执法行动。"零点"夜查，针对夜间时段，突出危化品、矿山、冶金工贸等重点行业领域企业，采取不发通知、不打招呼、不听汇报、不用陪同和接待，直奔基层、直达现场的"四不两直"方式，注重查企业领导干部带班值班情况，查关键岗位、重点部位人员在岗情况，查重大危险源监控监测情况，查应急救援装备储备情况，查现场应急处置情况"五查"。对夜查中发现的违法违规行为，坚持依法予以惩处。并严格实行挂号销号制度，对存在的问题，发现一个，备案一个，整改一个，销号一个，切实消除安全隐患。"零点"夜查专项执法行动开展以来，执法成效不断显著，企业安全管理水平稳步提升。

【双重预防体系建设】 为把握安全生产主动权，提升企业本质安全水平，市安监局坚持关口前移，重心下移，全力推进安全生产双重预防体系建设。先后制定印发《双重预防体系建设推进工作方案》《全市重点企业单位双重预防体系建设任务分工清单》，定期召开双重预防体系建设专题会，对工作推进中存在问题进行分析研究，制定具体推进措施。通过摸底排查和网格化实名制监管，进一步摸清146家高危及规模以上企业的底数和安全生产现状，并按照属地管理和"三个必须"的原则，实行包保责任制，对摸底排查出的企业逐一确定包保单位和包保责任人，明确工

作目标和任务时间节点，确保工作有序开展；实行"严执法重处罚"，把双重预防体系内容纳入集中执法检查之中，实施精准化执法。对走形式、走过场的坚决实行逢查必罚、顶格处罚；通过宣传引导、"政府购买服务"的方式，对标杆企业开展验收评估，并将双重预防体系建设情况纳入年度安全生产目标考核，对组织不力、工作落实不到位的予以通报批评，对企业实行"一票否决"。全年共开展专题培训13期，培训学员700余人。146家企业均已开展双重预防体系创建，69家企业已完成评估验收。

【安全生产宣传教育培训】 以"企业安全生产主体责任落实全面提升年"为主线，开展全年培训工作，2018年，共举办非煤矿山、危化品、工商贸、烟花爆竹等重点行业领域培训班

14期，培训企业主要负责人、安全管理人员1600余人。组织开展第十七个"安全生产月"宣传咨询活动，设宣传咨询展台40余处，悬挂横幅60余幅，展出展板100余块，发放宣传材料1万余份，取得较好的宣传效果。开展进社区、进企业、进学校、进农村、进机关、进家庭、进公共场所"七进"宣教活动，进入冬季后，为加强防范一氧化碳中毒宣传，共组织悬挂横幅50余幅，宣传滚动播放安全警示1000余条，发放宣传材料2万余份。宣传报道频次逐步加大，在各级媒体刊发安全生产宣传报道777篇。

（赵现民）

检验检测

【概况】 至年末，市检验检测中心为肥城市人民政府投资，经山东省质量技术监督局批准

2月8日，市委常委、副市长王志勇视察市安全生产管理局安全生产月宣传活动（张昌进 摄）

成立的山东省首家有机农产品质量检验中心，市政府直属财政拨款事业单位，内设综合科、业务科、食品农业产品检验科、工业产品检验科、药品检验科和财务科6个职能科室，挂山东省有机农产品质量检验中心牌子。共有事业编制18名，实有事业人员15名，其中高级职称1名，中级职称5名，配备主任1名、副主任1名。有检验检测仪器设备134台（套），设备总值473万元，主要仪器设备全部进口，包括日本岛津气质联用仪、美国安捷伦液相和气相色谱仪、美国戴安离子色谱仪、CEM高压微波消解仪、热电全自动酶标仪、维康黄曲霉毒素分析系统，瑞士梅特勒十万分之一精度电子天平，澳大利亚GBC原子吸收分光光度计等，设备精度均达到国际先进水平。

【检验检测工作】 2018年，市检验检测中心狠抓实验室管理，全力抓好人员培训工作，多种方式提高检验检测人员技术水平，在山东省质量技术监督局组织开展的2018年度复混肥和水质能力验证活动中，全部取得满意的成绩。接受政府部门、企事业单位、社会团体和个人委托检验申请，全年共完成食品、农产品、生活饮用水等产品委托检验320批次，为部门执法、企业生产、社会消费提供科学准确的检验检测数据，促进企业健康发展，保障广大消费者的合法权益。

（李静）

肥城年鉴

FEICHENG
YEARBOOK

FEICHENG
YEARBOOK
2019

农业和农村工作

综述

农村经营管理

农业综合开发

有机农业发展

种植业

林果业

水利

畜牧业

农业机械

扶贫开发

农业和农村工作

综 述

【概况】 肥城是传统的农业大县，国家商品粮基地县，国内重要的有机、无公害蔬菜生产基地，传统的农业特产——肥城桃（又名佛桃）的发源地和生产基地。

2018年，全市农作物总播种面积9.95万公顷，其中粮食作物播种面积7.33万公顷，占农作物总播种面积的73.67%，粮食作物以小麦、玉米为主，2018年生产粮食49.18万吨。主要经济作物有蔬菜、花生、棉花等。2018年蔬菜播种面积2.26万公顷，总产量130.02万吨；油料作物播种面积0.25万公顷，总产量0.89万吨，其主要作物是花生；棉花播种面积899.3公顷，总产量0.11万吨。

全市完成造林面积29562亩，其中新发展经济林10962亩、荒山造林9100亩，用材林9500亩，新建完善农田林网15000亩，"三边"绿化56公里。加快建设以肥城桃、大樱桃、薄壳核桃为主的三大名优经济林基地建设，示范带动全市经济林发展，建成桃园镇2000亩肥城桃、仪阳街道1500亩樱桃、安临站镇1000亩樱桃、安驾庄镇500亩碧桃、老城街道500亩樱桃等多处经济林规模发展基地。

畜牧业围绕生猪、奶牛、家禽、肉羊四大优势产业，项目带动、政策推动，促进标准化规模饲养发展。截至年末，全市生猪存栏18.6万头、奶牛存栏1.7万头、家禽存栏710万只，肉羊存栏6.9万只，肉蛋奶产量20万吨，畜禽规模饲养比重达89%。新发展畜牧业合作社2家。2家合作社被评为市级示范社。

组织实施总投资2200万元的2018年度农田水利项目县项目建设，为安驾庄、安临站两镇16个村发展高效节水灌溉面积1.69万亩；扶持实施新型经营主体发展高效节水灌溉项目，总投资154.5万元，补贴3家新型农业经营公司开展高效节水灌溉工程，扩大灌溉面积900多亩；实施完成2018年度中央和省级农田水利维护项目，总投资140万元，为潮泉、仪阳、老城3个镇街7个村维修机井、塘坝、排水沟。同时，探索开展农业水价综合改革，争取资金434万元，在边院、湖屯、石横等13个镇街安装智能远传计量设施1000多个，惠及高效节水灌溉面积18.31万亩。

全市拖拉机拥有量20247台，其中大中型拖拉机6782台；电动机275712千瓦，柴油机694526千瓦，汽油机8389千瓦。

粮食绿色高产示范方

【农业结构优化调整】 ①种

植业结构调整。2018 年，全市农作物总播种面积 9.95 万公顷，其中粮食作物播种面积 7.33 万公顷，油料作物播种面积 0.25 万公顷，棉花播种面积 0.01 万公顷，蔬菜瓜果类播种面积 2.27 万公顷。各种作物播种面积占农作物总播种面积的比例为 73.67%、2.51%、0.9%、22.81%。粮食作物播种面积相对稳定，粮食生产大县的地位更加巩固；瓜菜类播种基本稳定，没有出现大起大落的局面。②林业结构调整。全市完成造林面积 29562 亩，其中新发展经济林 10962 亩、荒山造林 9100 亩，用材林 9500 亩，新建完善农田林网 15000 亩，"三边"绿化 56 公里。③畜牧业结构调整。截至年末，全市生猪存栏 18.6 万头、奶牛存栏 1.7 万头、家禽存栏 710 万只，肉羊存栏 6.9 万只，肉蛋奶产量 20 万吨，畜禽规模饲养比重达 89%。

【农业产业化经营】 至年末，全市规模以上农产品加工流通企业达到 186 家，比 2017 年增加 10 家。17 家企业升级为泰安市级农业产业化重点龙头企业，2 家企业升级为省级农业产业化重点龙头企业，国家、省、泰安市级农业产业化重点龙头企业分别达到 1 家、9 家、84 家，省级以上龙头企业列泰安各县市区之首，实现销售收入 183 亿元，比 2017 年增长 6.4%。新

申报"三品一标"认证 145 个，在山东省公布的 2018 年第一批无公害农产品中泰安市共 69 个，其中肥城市占 50 个。肥城土豆、肥城绞瓜先后荣获国家农产品地理标志证明商标，总数达到 11 个。肥城桃特色农产品优势区被确定为首批山东省特色农产品优势区。富世康获评山东省农业"新六产"示范主体，在第十九届中国绿色食品博览会上荣获金奖。弘海食品获评山东省农产品加工业示范企业。"泰山君子茶""兴润蔬菜水果"获评泰安市知名农产品企业产品品牌。"边院蔬菜"获评泰安市知名农产品区域公用品牌。泰安春秋农耕庄园、泰山牡丹文化产业园获评泰安农业公园。桃都农贸城、鲁中桃源物流园被认定为农业农村部定点市场。山东品牌农产品综合服务平台·肥城运营中心在三农大厦挂牌运营。争取省级财政项目资金及泰安产业化扶持资金 2800 多万元。2018 年，金融机构对全市农业龙头企业发放贷款近 9 亿元。

【农业科技推广】 2018 年，组建农业专家团 11 名，遴选县、乡两级技术指导员 66 名，科技示范主体 528 名，建设农业科技示范基地 3 处。推广泰山 27 号、济麦 22 等作物主导品种 32 个，推广冬小麦宽幅精播高产栽培技术、水肥一体化技术等 25 项主推技术。主导品种和主

推技术入户率及到位率达到 98% 以上；示范主体和周边农户对农技人员服务效果满意率达 98% 以上。

【农业科技教育培训】 ①新型职业农民培育。2018 年，完成 400 人的新型职业农民培育工作。②行业关键技术培训。组织全市 500 名种植业大户、家庭农场和合作社负责人、科技示范主体在农时关键季节参加农业技术培训，先后邀请山东农业大学、泰安市农业农村局和泰安市农科院的专家授课。③农业专题培训。从全市农业企业负责人、农民专业合作社和家庭农场经营管理人员中优选 50 人到山东农业大学继续教育学院，参加农村发展带头人农村家庭农场经营管理培训班，提升农业从业人员的素质能力。④人才管理。启动全市第三届桃都乡村之星的推荐评选工作，20 人入选并积极发挥致富带动先锋作用，激励农村实用人才成长。

【农村基本政策落实】 ①农业支持保护补贴。2018 年核定小麦种植面积 2.97 万公顷，补贴标准 1875 元 / 公顷。②农业政策性保险。2018 年，小麦、玉米均为每公顷投保 270 元，农民交 54 元，中央、省、市、县四级财政承担 216 元。棉花每公顷投保 270 元，农民交 54 元，各级财政承担 216 元。花生每

公顷投保360元，农民交72元，各级财政承担288元。2018年小麦、玉米分别投保2.73万公顷和2.8万公顷；小麦理赔金额1010万元，玉米理赔金额为890万元。

【农产品质量安全监督】 ①韭菜产品"双证制"管理。按照肥城市农业局、肥城市食品药品监督管理局联合下发的《肥城市实施韭菜产品"双证制"管理强化产地准出市场准入衔接的通知》要求，进一步落实以韭菜产品为主的"双证制"管理，推行食用农产品质量安全管控的有效模式，以落实生产经营主体责任为核心，转变食用农产品质量安全监管方式，创新部门协作机制，严禁"问题韭菜产品"走出田间地头，严禁不具有合格证和市场销售凭证的韭菜产品进入食用农产品市场、生产加工、餐饮服务环节，全面提升韭菜产品质量安全水平。②农产品质量安全信用体系建设。2018年，顺利完成农业农村部农产品质量安全信用体系建设试点的各项任务。全市通过开展农安信用体系建设试点工作，围绕全国农安信用体系建设示范城市和全国文明城市创建，创新工作方式，强力破题推进，形成较为完备、可操作、符合肥城实际的制度体系，全市农安信用体系建设取得突破性进展。全市规模以上农业龙头企业、合作

社185家，省、市级标准化生产基地32处，农资经营门店315家监管主体纳入信用信息征集。③农业标准化生产建设。贯彻落实上级有关部署要求，规范种养行为，推行农产品生产经营主体网格化管理，指导全市生产经营主体自觉落实安全责任，承诺执行标准，完善田间管理档案，保障农产品安全。2018年全市7块基地被评为省级农业标准化生产基地。④严格抽样检测。坚持日常抽查和重点抽检相结合，及时了解农产品安全状况，按照年初下达的《肥城市2018年农产品（种植业）质量安全监督抽查和例行监测计划》，开展检测抽样工作，在抓好镇街及基地检测室自行定性抽检基础上，开展县级定量检测抽样工作。全年迎接省、市抽查抽取样品558批次，合格率为99.6%。自行抽样定量检测875批次、定性检测样品8041个。

【农业行政执法情况】 进行《农产品质量安全法》《中华人民共和国种子法》《兽药管理条例》《农业机械安全监督管理条例》等相关农业法律法规宣传，开展定期和不定期相结合、宣传和教育相结合、教育和服务相结合、教育和行政处罚相结合等农业行政执法活动。加大农资市场的监管执法力度，开展农资打假专项治理行动、农业投入品专项整治等多项活动，严肃查处农资生产、经营、使用违法案件，保护农民合法权益。全年出动执法车辆420台（次）、执法人员1680人次，提高农资经营户依法经营和自觉抵制销售假冒伪劣农资商品的意识，打击经营、使用假冒伪劣农资产品的违法行为，维护农资市场的正常秩序。

【新型职业农民培育】 肥城市自2014年起承担新型职业农民培育任务，已培训新型职业农

参加新型职业农民培育的学员参观学习新技术（侯立群 摄）

民 1500 人，通过考试考核和专家评审，至 2018 年共有 1056 人取得初级新型职业农民资格。2018 年，市农广校共培育新型职业农民 400 人，全部为生产经营型，在泰安恒昌农业科技有限公司、肥城菜艳农业种植合作社、泰安盛世泰兴农机合作社等 6 个基地培训开展以生产技能为主的田间课堂培训 7 天，聘请山农大博士、农业局、林业局有关专家和当地农民土专家授课。在肥城黄叶三同教育培训基地开展以经营管理为主的集中培训 6 天，由省农广校安排全省知名专家授课。

【被确定为山东省生态循环农业示范县】 12 月 5 日，在山东省农业农村厅公布的 2018 年山东省生态循环农业示范创建单位中，肥城市被确定为山东省生态循环农业示范县。肥城市生态循环农业主要采取镇街区域生态循环农业模式、秸秆生物反应堆生态循环模式、畜禽污染物"三级网络"模式、"粮（果）—禽—沼"循环农业发展模式、地膜回收与综合利用模式、光伏生态循环农业发展模式 6 种发展模式。通过实施粮食绿色高产高效示范工程、优质高效蔬菜发展工程、畜牧业规模化提升工程、农业生态保护与修复工程、农业"两节一减"工程、农业农村环境治理工程、农业废弃物综合利用工程、农业科技创新工程、

一二三产业融合发展工程、金融支农保障工程等，加快推进全市生态循环农业发展。

（李英）

农村经营管理

【概况】 至年末，市农村经营管理办公室（市减负办）共有编制 19 人，实有人员 16 人，2018 年新进 1 人，退休 1 人，机关下设土地承包管理服务中心（副科级）、人秘科、财务科、监督管理科、经营管理科、合作组织科。

【农村集体产权制度改革】 ① 完成国家试点任务。在 2017 年完成全市 602 个村改革的基础上，合力攻坚，推进剩余 3 个村农村集体产权制度改革试点任务。于 4 月 28 日、12 月 1 日先后两次以市委、市政府名义召开改革工作调度推进会议，

明确任务，强化督导调度。截至 2018 年底，全市 605 个村全部开展农村集体产权制度改革，成立村级股份经济合作社，共量化资产 30.9 亿元，量化资源 15.1 万亩，确认成员 72.67 万人，设置总股数 259 万股，其中集体股 104.4 万股，成员股 154.6 万股。② 试点工作完善提升。对照国家试点工作标准，继续开展改革"回头看"，梳理完善规章制度，新修订出台示范章程、成员认定、股权管理、抵押担保、财务管理、收益分配等若干工作指导意见，形成比较完备的制度体系。高标准抓好档案资料整理，制定下发统一的档案归档标准，根据泰安市督导发现问题集中抓好整改完善，联合档案部门开展业务培训，组织到宁阳县现场进行参观学习，业务人员巡回进行督导检查，盯靠指导镇村完善补充内容，纠正细节错误，

6 月 16 日，新城街道沙沟村股份经济合作社揭牌仪式举行（田吉路　摄）

规范装订归卷。③村级股份经济合作社规范运行。以市委办公室、市政府办公室名义印发《关于加强村级股份经济合作社运营管理的意见（试行）》，全市村股份经济合作社全部完成《组织证明书》颁发、公章刻制和银行开户，多数村采取"事务分开、财务统一"的办法，村集体"三资"和各项事务全部纳入股份经济合作社账内管理和核算，村级只设一套账，于8月1日统一启用建立村级股份经济合作社会计账簿；少数进行社区改革的村，社区居委会和股份经济合作社建立两套账目，实行财务分设。搞好监督管理，设计负面清单，进一步规范村级股份经济合作社经营行为。为规避经营风险，鼓励符合条件特别是年集体经营性收入50万元以上的村级股份经济合作社出资成立公司，以独立法人资格参与市场经营，并以注册资本为限承担有限责任。制定下发合作社收益分配的指导意见，引导符合条件的合作社规范收益分配，给农民股东进行分红。按照一户一证，全市统一印制发放股权证书23.5万本，作为股东身份和享受收益分配的凭证。④改革宣传。在市广播电视台开辟专题栏目，定时播出音频和字幕广告，统一印制明白纸发放到户，组织镇村普遍举办村股份经济合作社揭牌仪式、村集体经济组织证明书和股权证发放仪式、

股东分红大会，营造浓厚的舆论氛围。编辑《农村集体产权制度政策资料汇编》和《操作手册（以沙沟村为例）》，印发到各镇街和村，进一步提高各级干部的知晓率。将《股份经济合作社董事会制度》《股份经济合作社监事会制度》《股份经济合作社成员代表会议制度》《股份经济合作社资产管理制度》《股份经济合作社财务管理制度》五个方面的规章为全部村股份经济合作社统一制作版面，做到制度上墙。每个镇街选择3～5个村进行重点培树，为典型村统一制作宣传版面。

【农村专业合作经济组织】 ①完成"鲁担惠农贷"建档立卡工作。共汇总统计各类符合条件的农业适度规模经营主体808家，其中合作社214家、家庭农场175家、种养大户385户、涉农企业34家，融资担保公司共为14位贷款户提供担保850万元。②合作社及家庭农场转型升级。新培植企业化转型20家，发展肥城市级以上合作社示范社57家，其中省级示范社7家，泰安市级示范社23家，肥城市级示范社27家；家庭农场示范场30家，其中省级示范家庭农场？家，泰安市级示范家庭农场11家，肥城市级示范家庭农场17家。

【农村土地承包经营权流转】 规范引导土地流转，年内新增土

地流转面积3.5万亩，累计流转38.55万亩，流转率达48.3%；在全面完成家庭承包地确权颁证工作的基础上，从5月份开始，以安驾庄镇为试点，相继在全市铺开以农村"四荒"▲为主的其他方式承包土地确权登记工作，共完成19.59万亩的前期调查、测绘和登记簿建立工作；按照程序为全市流转面积超过60亩的10个种植大户发放《农村土地经营权证》，涉及土地面积2738亩，为下一步开展土地经营权的抵押贷款创造条件。

▲ "四荒"是荒山、荒沟、荒丘、荒滩（包括荒地、荒沙、荒草、荒水等）的简称。

【减轻农民负担工作】 按照省部署要求，一季度在全市范围内集中开展农民负担排查摸底工作；7月初顺利迎接省政府调研组到肥城开展的涉农收费情况调研；按照省政府统一安排，9月14日召开会议，在全市部署开展为期三个月的涉农乱收费乱摊派专项整治行动，对强制征收"卫生费、浇地费、水费、校服费"等问题进行集中排查和整治；加强"一事一议"筹资筹劳监管，共审查备案81个村的筹资筹劳项目，妥善处置涉农信访案件85件，较好地解决群众反映的问题。

【农村集体"三资"管理】 ①管理制度修订完善。围绕抓好村级

集中审计发现问题的整改和建章立制工作，梳理、补充和完善管理制度，起草制定《肥城市村集体经济组织"三资"管理暂行办法》和《关于引入社会中介组织代理村集体经济组织"三资"管理的指导意见》。②农村财务公开改进完善。按写实性要求，统一全市农村财务公开内容和格式，按月逐笔公开；公开范围由原来的村财务公开栏扩展到相关网站；面向社会设立监督电话，接受广大村民对隐瞒收入、违规支出等问题的反映举报，进一步提高社会和公众监督力度。③业务培训。借春节后各镇街集中举办村两委培训班和市委组织部在市委党校举办村支部书记轮训班的有利时机，抽调骨干业务人员开展农村财务及集体"三资"管理业务培训，实现全市605个村所有支部书记及两委干部全覆盖。④农村集体资产清产核资。按照农业农村部的统一安排，4月28日召开专题会议，对全市集体资产清产核资工作进行部署，截至11月底所有村已全部完成，共核实资产总额98.51亿元，其中经营性资产15.87亿元，非经营性资产82.64亿元，村集体土地资源总面积113.33万亩；从10月份开始，配合市委组织部开展扫黑除恶专项斗争农村"三资"清理集中行动，抽调4名领导干部和业务骨干参与做好对下督导、每周调度、逐村验收以及其他日常工作；研究制定《农村集体资产所有权界定暂行办法》《村集体经济组织经济合同认定办法》《农村集体债权债务认定办法》《农村集体资产清产核资账目调整办法》等配套文件，印发验收工作组和各镇街参照执行，提高农村"三资"集中清理行动的精准度和工作效果。⑤农村产权交易规范。探索试用网上报价竞标，方便基层群众，提高信息化程度和监管水平。年内共完成农村产权交易385起，交易额4051.6万元。

（田吉路）

农业综合开发

【概况】 肥城市农业综合开发办公室为一级事业单位，内设开发、计划统计、综合、工程管护4个科，人员8人。2018年，贯彻落实中央关于"三农"工作的决策部署，推进农业现代化和农业可持续发展，在建设高标准农田、培育新型农业经营主体、推进产业化发展等方面取得新成效。年内，共实施开发项目6个，完成投资近2235万元，其中土地治理项目3个，治理面积1.2万亩，完成投资1359万元；实施产业化项目3个，投资762万元。项目建设实现规模化开发、标准化建设，达到"田地平整、路渠配套、旱涝保收、节水高效、优质高产、林网环绕"的高标准农田建设标准。群众收入得到提高，农业综合开发给农民带来看得见、摸得着的实惠，新型群众组织的实力得到增强。

【农业综合开发项目】 2018年，实施项目6个，其中包括汶阳镇0.5万亩高标准农田建设项目、王庄镇0.5万亩高标准农田建设项目、湖屯镇大中泉村0.2万亩高标准农田建设项目3个高标准农田建设项目，肥城市15吨茶叶产业集群发展改扩建项目、肥城市5吨茶叶种植产业集群发展改扩建项目、肥城市4000公斤设施樱桃种植新建项目3个产业化发展项目。①汶阳镇0.5万亩高标准农田建设项目。总投资567万元，新打机井33眼，修复机电井15眼，配套潜水电泵48台套，埋设输变电线路15千米，埋设PVC管道41.5千米，开挖排水沟5千米，新建桥涵111座，新修生产路3.3千米，维修生产路4.3千米，硬化道路1.82千米。②王庄镇0.5万亩高标准农田建设项目。总投资560万元，新打机井13眼，修复机电井34眼，配套潜水电泵47台套，埋设输变电线路16.8千米，埋设PVC管道35千米，开挖排水沟8千米，新建桥涵105座，新建蓄水池2座，新修生产路1.6千米，维修生产路6千米，硬化道路1.2千米。③湖屯镇大中泉村0.2万亩高标准农田建设项目。总投资232万元，新打机井7眼，修复机电井4眼，配套潜水电泵11台套，埋设输变电线路3.1千米，埋设PVC管道14.4千米，开挖排水沟3千米，新建桥涵35座，新修生产路1千米，维修生产路2千米，硬化道路0.96千米。④肥城市15吨茶叶产业集群发展改扩建项目。项目单位为泰安市东兴农业有限公司，项目总投资470万元，其中财政资金233万元，新建温室大棚2座。改扩建加工车间1座，新建检测室77平方米，新增加工设备36台套。新修3.5米宽混凝土路1502米。新建浆砌石干沟500米。铺设PE管道13720米，维修大口井1座、蓄水池1座，塘坝清淤加固1座，新建拦水坝5座。栽植茶树苗80万株。⑤肥城市5吨茶叶种植产业集群发展改扩建项目。项目单位为肥城市东兴茶叶专业合作社，项目总投资150万元，其中财政资金70万元，新建钢架式大棚8346平方米。新修3米宽混凝土路1200米。铺设PE主干管道8706米，清淤加固塘坝1座，新建拦河坝1座、过路涵1座。栽植茶树苗28万株。⑥肥城市4000公斤设施樱桃种植新建项目。项目单位为肥城市易岭翔河家庭农场，项目总投资142万元，其中财政资金70万元，新建连栋温室4800平方米，管理房2座、38.08平方米。购置PVCφ60管道1000米，购置PVCφ110管道1000米，铺设VLV22电缆500米，购置自动化温控系统1台套，购置PEφ20管道2000米，栽植樱桃大苗700株。

有机农业发展

【概况】 市有机农业发展办公室为农业局一级事业单位，有工作人员6人，设政工、生产两个科室。至年末，全市新建有机农业功能园区12个，新增有机农业种植面积5800亩，累计建成各类生产基地286个、有机农业功能园区50个，有机农业面积达到6.18万亩。完成有机农产品认证39个，基本形成南部有机菜、有机粮（高粱、小麦、玉米）；中部有机果品（苹果、桃、核桃）；西部有机粮菜（马铃薯、小米）；北部有机茶的生产格局。全市从事有机农业生产加工的企业及新型经营主体共43家。其中7家有机农业加工龙头企业生产加工总量6.02万吨，出口3.03万吨，创汇4589万美元；边院柳林、西村、兴润生态绿园等7家有机生产基地获批省级标准化基地；5家有机企业获批泰安市级重点龙头企业；2家有机农民合作社获批泰安市级示范社称号；有机蔬菜加工企业弘海食品公司获评"省农业产业化省级重点龙头企业""省农产品加工业示范企业"。年内，制作改革开放四十年专访，宣传有机农业。12月7—9日，组织参加第12届中国国际有机博览会，设立展台，展示全市部分有机农产品，扩大对外宣传。迎接泰安市委书记崔洪刚、泰安市人大对有机蔬菜生产的专项视察。

【有机农业发展】 ①园区辐射引领，优化产业布局。把园区和基地作为有效载体平台，集聚优势要素，示范辐射、引领发展。按照有独立法人、有商品包装、有产品认证、有管理体系、有销售市场"五有"标准开展有机农业功能园区创建，

智能温室育苗

2018年新建有机农业功能园区12个；做好边院和安驾庄两个万亩有机蔬菜示范区建设，示范引领作用进一步增强。在稳定边院、汶阳、安驾庄、孙伯镇南部有机蔬菜生产主产区的同时，拓宽发展领域，促进粮食、果品等产业向有机化发展。湖屯有机苹果，新城桃子、西红柿、茄子、黄瓜，潮泉大樱桃、奇异果、地瓜、花生等有机栽培各具特色，基本形成以有机蔬菜为引领，有机果品、有机茶、有机粮、有机食用菌等多品种多系列发展态势。②政策激励扶持，拓宽有机认证品种。落实市政府《关于扶持发展有机农业的意见》，对市内新增有机认证的企业和合作社给予50%认证费补贴，调动各级认证积极性。2018年完成有机认证39个、认证面积1.2万亩。在主打有机蔬菜的基础上，拓展有机苹果、玫瑰、小麦、玉米、高粱、小米、地瓜、花生、大豆、樱桃、草莓、亚麻籽油、茶叶、蘑菇、奇异果等多个系列30多个品种。③严格标准控制，严把产品质量安全。在生产端，制定印发30多个品种的生产操作技术标准规程普及推广；在加工端，引导企业建立"生产有记录、流向可追踪、信息可查询、质量可追溯"的质量控制体系，全市有机农产品质量效益稳定提升；在销售端，强化售后动态跟踪监管，着力提高产品公信力。

2018年先后迎接省、市抽查，抽取样品合格率达到100%。④突出龙头带动，提升产品质量效益。注重市场引领作用，引导有机农业生产加工企业、合作组织发挥龙头带动作用，扩规模、提档次、打品牌、闯市场，不断提升有机农业发展质量效益。2018年底，全市从事有机农业生产加工的企业及新型经营主体共43家，比2017年底的20家增加23家。2018年新获省级重点农业龙头企业1家（弘海公司）；润乐农业、珍益药业、山东豹谷峪、边院方圆农业科技、潮泉慧耕农业获批泰安市市级重点龙头企业；观音阁、仪阳瑞农2家合作社获批泰安市级示范社称号；有机蔬菜加工企业弘海食品公司获批"省农业产业化省级重点龙头企业""省农产品加工业示范企业"。

【有机农业示范推广】 实施有机农业科技创新工程，提升有机农业发展科技支撑水平。①生产技术。主动对接山东农业大学、聊城大学农学院等高校和山东农科院等高等农业科研单位，依托园区采取产学研结合等形式，加快构建信息化先导、生物技术引领、一体化集约生产、资源高效利用、绿色技术支撑的现代有机农业技术体系。引进实施精准耕种控制、水肥一体化、生物营养强化、设施农业精准管理、有害生物

监测预警等核心技术。②加工技术与装备。引导龙头企业加强加工各环节设施的优化配套。加快农产品冷链物流发展，引进推广新型非热加工、新型杀菌、高效分离、绿色节能干燥和传统食品工业化关键技术升级与集成应用，逐步实现生产、加工、流通、消费有效衔接。③有机农产品营销。创新营销模式，推广农超、农社（区）、农企、农校、农军等形式的产销对接，培育"互联网+"、休闲、观光等现代农业新模式、新业态，延长农产品产业链和价值链，进一步拓展有机农业多种功能，打造有机农业升级版。

（周小妹）

种植业

【概况】 2018年，农业局下设办公室、政工科、秘书科、科教科、财务（审计）科、农业发展计划科、老干部科、计划生育管理办公室、生产指导科、农业产业化办公室、扶贫办公室、种子管理站、农产品质量安全监管科、生态农业科20个科室，辖有机农业发展办公室、市海泰实业开发公司、农业技术推广中心（内设农业技术推广站、植保植检站、土壤肥料工作站、经济作物站、农业环境保护监理站、农药监督管理站）、中央农业广播电视学校肥城市分校、肥城市农业行政执法大队、市良种示范繁

殖农场，共有干部职工88人。

【粮棉油生产】 ①粮食生产。2018年，全市粮食播种面积73332公顷，单产6706公斤/公顷，总产491807吨，分别比2017年减少306公顷、269公斤、21721吨，降低0.4%、3.9%、4.2%。②棉花生产。2018年，棉花播种面积为899公顷，总产为1057吨，分别比2017年增加404公顷、324吨，增加81.6%、44.1%。③油料生产。油料作物主要是花生，播种面积、单产、总产均略有减少。2018年，全市花生播种面积为2387公顷，总产为8662吨，分别比2017年减少113公顷、813吨，减少4.5%、8.6%。

【蔬菜生产】 全市春马铃薯播种面积8040公顷，占全市蔬菜总播种面积的36.1%，总产358652吨，占全市蔬菜总产量的30.2%；秋大白菜播种面积6119公顷，占全市蔬菜总播种面积的27.5%，总产468104吨，占全市蔬菜总产量的39.6%。

【土壤肥料】 2018年，继续实施耕地质量提升，节肥增效项目，重点以推进化肥减量增效为目标，通过测土配方施肥、有机肥替代等措施，减少化肥用量。全年推广面积150万亩，减少化肥用量约1500吨。继续推广水肥一体化技术，小麦以应用喷灌为主，蔬菜和果树重点推广滴灌技术，根据作物需求配合应用水溶肥进行追肥，提高水肥利用效率。2018年，推广面积为23400亩，应用水肥一体化技术节水30%~50%，节肥40%左右，省工70%~90%。

【植物检疫及农作物病虫害防治】 ①植物检疫。2018年，对全市950公顷小麦、玉米、蔬菜制种田进行产地检疫，生产合格良种6400吨，从源头杜绝危险性病虫草害的传播蔓延。②农作物病虫害防治。2018年，全市病虫草鼠年发生面积43.53万公顷次，防治面积43.20万公顷次，挽回损失51.7万吨。共示范推广频振式杀虫灯、黄蓝诱虫板、性诱剂、生物农药等各种绿色防控技术12万公顷次。截至年末，全市植保专业化统防统治组织达到60家，专业机防队员1100余人，植保无人机、自走式喷秆喷雾机等大中型植保喷药器械760多台套，日作业能力超过3.5万亩，全年农作物重大病虫害统防统治面积86万亩次。

2018年肥城市粮、棉、油、菜生产情况统计表

单位：公顷、公斤/公顷、吨

粮食			棉花			油料			瓜菜		
面积	单产	总产	面积	单产	总产	面积	单产	总产	面积	单产	总产
73332	6706	491807	899	1176	1057	2499	3575	8931	22730	57501	1307010

（李英）

林果业

【概况】 2018年，市林业局践行"绿水青山就是金山银山"理念，以实施乡村振兴战略为契机，以满足人民对优美生态环境需要为主攻方向，以城乡增绿、林业增效、林农增收为目标，推进造林绿化，发展林业产业，全面加强生态保护，林业生产呈现持续、快速、协调、健康发展的良好态势。泰安市春季造林绿化现场推进会在肥城召开，泰安市委书记崔洪刚视察肥桃产业发展情况。

肥城市牛山林场世上桃源森林生态康养小镇获批首批国家森林小镇建设试点单位；肥城桃农产品优势区被评为山东省特色农产品优势区。

【植树造林】 2018年，抢抓新一轮造林绿化机遇，实施绿色

城镇、绿色乡村、绿色青山、绿色交通干线"四绿工程",推动全域植绿增绿,让绿色成为肥城的"底色"。全市完成造林面积29562亩,其中新发展经济林10962亩、荒山造林9100亩,用材林9500亩,新建完善农田林网15000亩,"三边"绿化56公里。同时,开展省、泰安市森林乡镇、森林村居创建活动,新城街道被评为省级森林乡镇,仪阳街道刘台村、潮泉镇柳沟村、桃园镇罗汉村和安临站镇西陆房村被评为省级森林村居,边院镇被评为泰安市森林乡镇,老城街道河口村、湖屯镇关王殿村、石横镇仁里村、王庄镇雷庄村和孙伯镇岈山村被评为泰安市森林村居。

【林业产业发展】 按照龙头带动、规模发展的思路,推进经济林基地建设,加快林业产业发展。重点培植山东正果农业发展有限公司、山东康顿农业生态有限公司等一批规模大、带动能力强的林业龙头企业。全市林业龙头企业发展到140家,其中省级林业龙头企业8家,泰安市级农业产业化重点龙头企业13家。加快建设以肥城桃、大樱桃、薄壳核桃为主的三大名优经济林基地建设,示范带动全市经济林发展,涌现出桃园镇2000亩肥城桃、仪阳街道1500亩樱桃、安临站镇1000亩樱桃、安驾庄镇500亩碧桃、老城街道500亩樱桃等

多处经济林规模发展基地;组织有关企业参加第十五届中国林交会,斩获17金3银,进一步提升全市林产品品牌知名度和影响力。

【森林防火】 持续推进森林防火基础设施建设,铺开陶山林区2750米的防火通道建设,仪阳街道、老城街道、安临站镇、桃园镇和石横镇新修建总长80公里的防火道路,在牛山新建智能语音抓拍卡口29处,用于对进山人员的防火提醒和抓拍取证。

【林业执法】 加大《中华人民共和国森林法》宣传,提高广大林农的依法营林意识,严格执行限额采伐管理规定,加强伐前设计、伐中监督和伐后验收,依法办理林木采伐许可证700余份;发挥森林公安职能作用,加大执法巡查力度,对发

现和群众举报的林木案件,依法严肃处理,查处一案,教育一批,震慑一片。

【林业有害生物防控】 突出抓好第一代美国白蛾等食叶害虫的防控,重点对康王河以北和泰肥一级路以北的区域以及潮汶路、济微路、孙牛路、王边路的部分路段两侧进行飞机喷药作业,飞防面积达25万亩。

【肥城桃发展】 2018年,新发展肥城桃2000亩,肥桃路、牛孙路两侧空档明显减少,新建肥桃园的成活率和保存率达到90%以上。成立佛桃调研小组,深入佛桃种植区域进行摸底排查,全面掌握起全市佛桃分布、面积、产量等情况。制定种质资源鉴定技术规程、肥城桃种植规程、优质佛桃标准、佛桃苗木标准、肥城桃提质增效技术规程、佛桃储藏运销标准、

8月4日,泰安市委书记崔洪刚(右)到肥城调研肥城桃产业发展情况

肥城桃品质评价标准、品桃方案及流程等从"种"到"吃"的一系列标准。借助肥城参加央视《魅力中国城》节目，将肥城桃作为贯穿节目始终的城市名片进行宣传推介；在高铁、飞机等公开场所通过宣传标语、滚动字幕进行品牌宣传；借力康顿企业销售联盟，在大中城市的大型超市、商场设立肥城桃直销专柜或品牌代理商；借助正大果业公司的销售渠道，扩大肥城桃的销售范围。

（江永恒）

水 利

【概况】 至年末，市水利局机关行政编制 10 名，配备局长 1 名，副局长 2 名。局机关内设人秘科、财务审计科、政策法规科（挂行政许可科、市水政监察大队牌子）、发展规划科、水土保持科 5 个职能科室。下属水资源办公室、河道管理局、农村公共供水管理中心、打井队、山东省防汛抗旱机动总队第十支队（肥城市防汛抗旱服务队）、水利移民服务中心、水利局农田水利管理站、水土保持监督管理站、水产服务中心、引黄电灌管理所、尚庄炉水库管理所、宏孙灌区管理所、水利局物资站、人民政府防汛抗旱指挥部办公室、矿坑水综合利用管理处、水利开发总公司 16 个事业单位。

2018 年，市水利局坚持治水管水并重、农水饮水并举、防汛抗旱并抓，围绕"三条线、一大片、水利设施围山转"，实施好水利建设工程。年内，改善和扩大农田灌溉面积 4.8 万亩，农村饮水安全、防汛抗旱能力、水政监督执法、水利改革、水利扶贫、河湖长制等各项工作均实现新提升；被确定为全市党建示范点，党风廉政建设不断创新。水利部国家灌排中心在泰安召开的全国小型农田水利项目建设总结会观摩肥城市现场，市水利局作典型发言；在全国基层水利服务机构能力建设经验交流会上、全国水利设施产权制度改革交流会上、国家高效节水灌溉示范县建设经验交流会上市水利局分别作经验介绍；泰安市召开的全市总河长会议暨河长制湖长制现场推进会议观摩肥城市现场，市委书记常绪扩在会上作典型发言。市水利局被市委、市政府评为 2018 年度经济社会发展优秀单位。

【农田水利基本建设】 组织实施总投资 2200 万元的 2018 年度农田水利项目县项目建设，为安驾庄、安临站两镇 16 个村发展高效节水灌溉面积 1.69 万亩；扶持实施新型经营主体发展高效节水灌溉项目，总投资 154.5 万元，补贴 3 家新型农业经营公司开展高效节水灌溉工程，扩大灌溉面积 900 多亩；实施完成 2018 年度中央和省级农田水利维护项目，总投资 140 万元，为潮泉、仪阳、老城 3 个镇街 7 个村维修机井、塘坝、排水沟。探索开展农业水价综合改革，争取资金 434 万元，对边院、湖屯、石横等 13 个镇街，安装智能远传计量设施 1000 余个，惠及高效节水灌溉面积 18.31 万亩。年内，省内外十多个县市区水利部门到肥城参观学习农业水价改革成效。

【防汛度汛】 年内，全市先后遭受三次高强度降雨天气，贯彻"以防为主，防重于抢"的方针，落实以行政首长负责制为核心的各项防汛责任制，召开全市防汛工作会议，层层签订防汛目标责任书，做好汛前防洪工程隐患排查活动，修订完善水库防洪、山洪灾害等各类防汛预案，加强防汛物资储备，做好水情监测，严格实行防汛期间 24 小时值班制度，适时启动防汛应急响应。迎接上级防汛督查 17 次，及时将"三个责任人"和"三个重点环节"落实到位，并编写培训教材对 200 多名责任人进行培训。通过防汛措施的开展，肥城市 2018 年度实全度汛。

【水土保持】 2018 年，按照预防为主、综合治理、因地制宜、注重效益的原则，完成治理水土流失面积 17.2 平方公里。安临站镇关山小流域治理项目总投资600.81万元，治理水土流失面积8.98平方公里；陶山小流域治理项目总投资410万元，新栽、补植水保林700余公顷，治理水土流失面积8.22平方公里。对上年度县级财政水土保持项目潮泉镇滑石峪小流域治理项目、仪阳街道周山小流域治理项目等15个项目进行验收，项目完成后取得明显的经济、生态和社会效益。水保监督执法和水保补偿费征收工作成效显著，开展水土保持执法专项行动，检查生产建设单位35家，出动执法人员110人次，印发检查意见7件，下达责令改正违法行为通知书15个，报批水土保持方案9件，验收报备项目2件，全年水保费征收193.66万元。

【农村饮水安全】 争取资金60万元对安临站镇牛家庄村和安驾庄镇锁鲁城村两个省定贫困村开展饮水安全提质工程，通过改造村内管道、增加消毒和水处理设备等措施，使两村饮水安全水平得到极大提高，受益人口3000余人。本着"统一规划、突出重点、分步推进"的原则，编制《肥城农村饮水安全两年攻坚行动实施方案》，为建成水质合格、水量可靠、快速便捷的新时期供水工程提供保障。依托县级农村供水水质检测中心，按照《生活饮用水卫生标准》中要求的频次和指标，对全市所有供水井进行

生产性检测。通过对各供水水厂出厂水33项指标的检测监控，有效提高农村供水水质保证率，确保源头放心。

【小型水库除险加固】 以打造精品工程为目标，加强质量控制，稳步推进工程建设，汛前全面完成总投资1173万元的2017年度17座病险水库和总投资430万元的2018年度6座病险水库除险加固任务，并通过蓄水验收、竣工验收和水利部财政部组织的绩效考核。工程实施中引入小水库加固工程代建制，聘请专业公司、专业人员加强施工管理，实现质量、进度、档案资料等全方位控制，管理效益凸显。小窑水库除险加固项目作为一项亮点工程，迎接泰安市河长制现场会检查。同时，按照2019年汛前完成小水库除险加固的硬性任务，压茬进行，完成12座水库的初步设计评审批复和招投标工作。

【渔业生产】 争取上级资金47万元，开展基层渔业技术推广体系改革与建设项目。开展城市水系人工增殖放流活动，共投放各类增殖放流鱼种36.33万尾。编制完成《肥城市养殖水域滩涂规划（2017—2030）》，促进全市水产养殖业持续健康发展。开展渔业关键技术培训、渔业食品安全宣传、水产品质量安全培训等活动，配合完成国家、省、市各级水产品抽检任务共计45批次，水产品抽检全部合格率为100%。

【河道管理】 完成康王河衡鱼至国华段治理主体工程，项目总投资1813万元，治理河段7.33公里；铺开实施康王河中鲁至金槐段治理工程，项目总投资2100万元，治理河段5.84公里，年底完成项目前期清障工作；推进漕浊河北庄至三岔口段治理工程，项目总投资1800万元，治理河段

10月，张候水库除险加固工程竣工

5公里，前期准备工作已完成。大汶河重点段治理工程，项目总投资1.49亿元，治理河段29.1公里，将于2019年3月开工建设。加强河砂资源管理，坚持规范、有序、健康、法制、可持续的发展原则，巩固"六统一"长效管理成果，落实责任，抓实禁采管理。严格按照禁采工作要求把各项工作抓实抓牢，强化管理措施、夯实责任主体落实、加强砂资源市场监管、开展巡回宣传和禁采整治，确保禁采监管无盲点、落实无漏点，切实将禁采政策落到实处。

【水资源管理】　①水资源论证。按照省市要求，对新、改、扩建项目实行论证审批，确保水资源论证率达100%。年内，先后对63个项目进行水资源论证。完成97家延续换证工作。完成肥城市水务集团用水增量工作，为企业争取最大利益，将水务集团取水许可量由原来的700万方增至1700万方。对全市135家自备井取用水户和城区公共供水管网内的254家取用水户，规范下达用水计划。②水资源保护。定期监测水功能区水质，水功能区水质达标率为66.7%。规范辖区内入河排污口设置，整顿入河排污口秩序。开展水质监测"零点行动"，对辖区内10个入河排污口进行取样监测，掌握水质变化。争取上级无偿资金在全市

范围内新打观测井11眼，用于地下水位实时监测。按照全国水生态文明城市建设试点验收要求，准备好现场和相关档案资料，8月，顺利通过水利部检查验收。③水资源费改税工作。对列入核实名单的取用水户开展入户核查，填写调查确认表，确保信息准确无误。集中清查53家未办理取水许可证的取用水户，督促依法办理手续，纳入正常管理。在每个季度结束后15日内，对取用水户申报的用水量进行审核，确保核定量与实际取用水量相符。④双争取任务。理清思路，强化措施，对接政策，对上争取资金2252万元用于全市水资源保护开发利用、水生态文明建设、涵养水源、信息化建设。策划包装边院飞跃机械汽车配件项目和肥城市鑫利华混凝土有限公司建筑材料项目，完成招商任务3000万元。⑤县域节水型社会达标验收。按照上级要求，强化工作措施，细化分解任务，落实工作责任，积极引导推动，有效地促进全市节水型社会建设工作的深入开展，顺利通过水利部县域节水型社会达标验收。

【全面实行河长制】　完善机制、夯实基础、加强治理、创新管护，全面推动河长制有名到有实。在河长制建立的基础上，建立健全湖长制体系，全市共明确在91座水库和251

座塘坝设立湖长253名，其中设立市级湖长1名，镇级湖长53名，村级湖长199名。加强综合治理，开展"清河行动回头看"，排查处理问题59处。督促各级河长开展巡河行动，对巡河发现的问题及时做好整改。加强基础工作，投资128万元完成全市50平方公里以上河流与91座中小型水库管理范围和保护范围的划定工作。泰安市总河长会议暨河长制湖长制现场推进会议观摩肥城河道生态治理和管护现场，肥城市就河湖管护做典型发言；9月，泰安市人大视察组对肥城市河长制湖长制工作进行现场调研。

【水库规范化管理】　在小型水库方面，继续推行物业化管理，指导镇街与8家服务企业签订水库管理服务合同，并加强监督考核，将考核结果与管理费发放挂钩，激发管理单位积极性。结合小水库加固项目的实施，为群英、张侯等水库增设太阳能路灯和景观石，全面提升水库的整体外观面貌。在前期有效工程治理的基础上，完成安临站镇辛庄、陈楼两座水库的市级小型水库规范化创建工作。以尚庄炉水库管理所成功创建省一级水管单位为契机，对照复核标准及评审组提出的问题，全面加强水库工程软硬件建设，水库面貌焕然一新，水库规范化管理能力

10月，刘家村美丽移民村完成建设任务

明显提升

（曹宝伟）

畜牧业

【概况】 市畜牧兽医局为一级事业单位，下设办公室、计划财务科、畜牧生产科、畜产品质量安全监管科、市动物疫病预防与控制中心、市动物卫生监督所、市畜牧站、执法大队8个科室站所，干部职工40名。2018年，按照年初"四定"工作要求，围绕实现畜牧业现代化的核心目标，把握畜牧业供给侧结构性改革主线，坚守动物卫生安全、产品质量安全、生产安全、生态环保安全四条底线，做好对上争取、脱贫攻坚、机关党建，畜牧业呈现绿色高质量发展的新局面。全年对上争取到位资金3681.96万元，完成任务的160%。新增3家泰安市级农业产业化龙头企业，认定无公害畜产品产地3

个，成功创建2018年山东省畜牧业绿色发展示范县。推进畜禽污染综合整治和废弃物资源化利用工作，代表山东迎接农业农村部、生态环境部的联合考核，取得全国第二名的优异成绩。推进病死畜禽无害化处理，全年未发生非洲猪瘟等区域性重大动物疫情，在泰安市第一个设立健康肉供应链发展联盟。履职尽责加强监管，确保全市畜产品质量安全。注重饲料工业发展，全市共有饲料生产企业14家，年内，六和饲料肥城有限公司通过省级《饲料质量安全管理规范》示范企业验收。至年末，有国家级规范示范企业1家，省级示范企业2家。全年举办培训班24期，完成新型职业农民培训2349人次，完成泰安培训任务的138.2%。组织人员参加上级组织的各类培训班。

【畜禽养殖及产业化经营】 围

绕生猪、奶牛、家禽、肉羊四大优势产业，项目带动、政策推动，促进标准化规模饲养发展。截至年末，全市生猪存栏18.6万头、奶牛存栏1.7万头、家禽存栏710万只，肉羊存栏6.9万只，肉蛋奶产量20万吨，畜禽规模饲养比重达89%。新发展畜牧业合作社2家。2家合作社被评为市级示范社。

（陈祥思）

【良种繁育与推广】 推广荷斯坦奶牛、大约克、长白、杜洛克生猪、雪山草鸡、樱桃谷肉鸭、小尾寒羊、洼地绵羊、杜泊羊、波尔山羊、鲁北白山羊、海兰褐蛋鸡。依托基层农技推广补助项目，推广肉鸡、奶牛、生猪等优良品种。

（陈祥思）

【重大动物疫病防控】 2018年，在由泰安市畜牧兽医局、泰安市总工会、泰安市人力资源和社会保障局举办的"振兴泰安"职业技能大赛中，肥城市畜牧兽医局被授予"优秀组织奖"，检验科科长常静荣获化验员第一名，被授予"振兴泰安劳动奖章""泰安市技能能手"，王克文、刘兴军荣获动物疫病防治员三等奖；检测化验科参加全省兽医系统实验室检测能力比对实验，获得与省局数据完全一致的优异成绩。3月，下发《2018年肥城市重大动物疫病集中免疫行动实施方案》，培训防疫员及养殖场技术人员240余人次，建立健全村级防疫员队伍，切实做好疫苗及免疫物资准备，全面完成年初疫苗计划，开展春秋两季集中免疫；开展日常技术服务和《山东省动物防疫条例》宣传，完成强免疫苗补助和村级防疫员误工补贴补助项目。强免结束后及时开展春秋季集中抗体检测，根据抗体水平科学评价免疫效果，及时组织补免，确保免疫密度常年达到100%。下发《2018年肥城市动物疫病监测与流行病学调查计划》，开展日常监测、人畜共患病监测、省定点监测及跨省调运监测工作，加强动物疫病流行病学调查工作，及时掌握畜禽疫病的发生和流行状态。全年按照卫生局通报处置人感染布鲁氏菌病5例。主动开展H7N9流感疫情监测预警、H7N9流行病学调查和监测工作，确保全市安全无疫。8月，辽宁发生非洲猪瘟后，积极应对，严密排查，先后排查养殖场户5196场次，122.2万头次；解剖病死猪48批次，对规模猪场、无害化处理场、猪屠宰场共采样319份样品送检，均未发现疑似病例，确保全市无疫情发生。

（孙新　常静）

【畜产品质量安全】　①畜产品抽检。加大抽检频次和力度，配合省、市两级完成畜产品质量监督、兽药残留、"瘦肉精"

等各项抽检，共检测猪肉、鸡蛋、牛奶、蜂蜜、羊肉等共250批次，合格率100%。加大自行抽检的力度，中秋国庆期间开展"瘦肉精"监督抽检专项集中行动，共随机抽取86个生猪、肉牛和肉羊养殖场以及15个生猪屠宰场，抽检生猪、肉牛、肉羊尿液中的盐酸克伦特罗、莱克多巴胺以及沙丁胺醇，结果全部阴性。通过此次行动，有力震慑"瘦肉精"违法添加，同时对各镇街畜产品质量安全状况做进一步的科学评估。11月，集中开展畜产品监督抽检，覆盖全市14个镇街，随机抽取58个畜禽养殖场（户），市内在售肉品的外地生猪屠宰企业全部采样。涵盖猪肉、猪牛羊尿、鸡蛋、牛奶、蜂蜜等203个批次，监测项目1085个，其中合格批次203个，检测合格率为100%。②质量认证与示范创建。加强人员培训和现场指导，帮助企业完善内部控制、提高认证质量。2018年，无公害认证申请复查换证和首次认证共计3家。开展无公害农产品标志使用专项检查，对获证企业开展后续监管。加强奶站监管，开展专项整治。组织全市生鲜乳收购站监管人员、收购站技术负责人举办生鲜乳质量安全培训班，开展"落实生鲜乳质量安全制度、打击非法添加"专项检查。全年对生鲜乳质量安全实现监督抽检26批次，抽检结果全部合格；全市生鲜乳收

购站管理得到全面提升，生鲜乳质量得到进一步保障。

（张东君）

【惠农政策落实】　年内，争取的上级畜牧业扶持项目有粮改饲试点县项目、生猪调出大县项目、重大动物疫病防控疫苗补贴项目、基层动物防疫工作补助项目、基层农技推广补助项目等，累计争取上级扶持资金3681.96万元。所有惠农政策均落实公示公开制度，严格按程序做好实施主体的选择，项目建设过程中加强监督管理，项目完成后做好验收拨付，保障项目落到实处，促进全市畜牧业高效快速发展。生猪调出大县项目整合统筹资金74万元至市扶贫办，由市扶贫办统一管理。

（陈祥思）

【合作经济组织建设】　坚持从实际出发，因事制宜、分类指导，推动形成畜牧合作经济组织多主体创办、多形式发展、多渠道带动的发展格局。形成龙头企业带动、大户创办、村集体推动、产业自发等各类畜牧合作经济组织，使"龙头企业＋合作经济组织＋农户"的生产经营模式逐步完善，加快畜牧业产业化发展步伐。截至年末，全市畜牧合作社208个，创建泰安市级示范合作社2个。

（陈祥思）

【畜禽养殖废弃物资源化利用】　参

与全国畜禽养殖废弃物处理与资源化利用试点县项目实施的17家主体已经全部完成项目建设。利用污染源普查的契机，对全市359家参与普查的场进行位置确定和技术指导。利用生猪调出大县项目帮助全市29家中小型养猪场户完善畜禽粪污处理设施。代表山东省迎接农业农村部和生态环境部粪污资源化利用考核，并获得全国第二名的成绩。联合环保局对2017年验收不合格的场户重新考核验收，并形成验收通报。

（陈祥思）

【动物卫生监督】 全市共设立报检点30个，统一灯箱、匾牌和各项制度，配备电子出证设备34套。畜禽产地检疫工作按照"全天候、全覆盖、全过程"的要求，全面落实产地检疫报检制度，做到产地检疫到场、到点、到户。全市屠宰检疫实行动物检疫员派驻制度。驻场检疫员严格把好畜禽入厂（场）关，实施查证验物，确保证物相符，耳标齐全。对屠宰过程实施全程监管，严格把好畜禽入场关、屠宰检疫关和产品出场关"三关"，做好进场检疫登记、屠宰检疫登记、定期消毒登记、无害化处理登记"四登记"，建立健全检疫档案，确保肉品质量安全。年内，产地检疫禽类4783万只，雏禽15790万只，猪35.8万头，牛7519头；屠宰检疫生猪29万头，禽

类1111万只。中节能（肥城）环保能源有限公司病死畜禽无害化处理项目正式运行，标志着肥城市病死无害化处理体系建设初见成效，全年共收集处理生猪7330头、牛689头、羊9只、鸡鸭等禽类86.24吨。肥城市健康肉供应链发展联盟正式成立，有理事成员单位15名，畜牧业上中下游产业链深度整合，组团发展，品牌影响力逐渐扩大，标志着肥城市肉食安全的全方位立体式的保障网逐渐成形。

（孙越）

【创建为2018年山东省畜牧业绿色发展示范县】 近年间，肥城市贯彻落实党中央、国务院关于加强生态文明建设的总体部署，牢固树立畜牧业绿色发展理念，整县推进畜禽粪污资源化利用，促进畜牧业生产和生态环境保护协调发展。2018年6月26日，省畜牧兽医局对肥城市创建工作进行评审验收。验收组听取创建工作汇报，查阅档案资料，实地抽查5家畜禽规模养殖场（小区）、1家畜禽粪污集中处理中心、1家病死畜禽无害化处理厂等现场，肥城市成功创建为山东省畜牧业绿色发展示范县。创建工作对以绿色发展理念引领畜牧业提质增效，建立产业高效、产品安全、资源节约、环境友好的现代畜牧业发展模式，保障畜产品供给和生态环境安全具有

重要意义。

（武凯）

【打赢非洲猪瘟防控阻击战】 8月上旬，辽宁沈阳发生全国首例非洲猪瘟疫情后，全市上下以高度的政治责任感和敏锐性，对非洲猪瘟防控工作进行精心组织、周密部署，迅速开展全面排查。各部门各镇街严把生猪及产品移动关、泔水饲养关、养殖场户主体责任落实关、无害化处理厂规范运行关、屠宰企业依法依规经营关、及时排查流调关、正确舆论引导关、应急处置关，确保全市安全无疫。8月、9月、11月分别迎接农业农村部、省、泰安市防控重大动物疫病指挥部督导组的实地检查，防控工作开展情况得到充分肯定。

（武凯）

【畜禽粪污资源化利用工作整县推进】 2018年，全市贯彻国家、省市《关于加快推进畜禽养殖废弃物资源化利用的意见》精神，落细落实管理责任，坚持抓大不放小、重点与全面结合，对市内畜禽养殖场户粪污资源化利用工作进行全覆盖整治。以源头减量、过程控制、末端利用为核心，结合不同畜种、不同规模养殖场的粪污产生情况，打造"一畜（禽）一场"的处理典型，积极推广集中处理、有机肥生产、发酵床养殖、污水深度处理、种养结

肥城十方生物能源有限公司畜禽污染物治理与综合利用三级网络项目

合等先进处理模式。国家畜禽粪污资源化利用试点县项目总投资 8250.64 万元，申请中央财政补贴 3650 万元，项目实施单位自筹 4600.64 万元。至年末，96 辆吸污车全部发放到位，17 个项目单位全部完成项目建设内容。年内，先后迎接日照畜牧局、莒县畜牧局、兰山畜牧局、禹城畜牧局、郓城畜牧局、巫溪畜牧兽医中心等单位到肥城参观学习。5 月 15 日，国家科技创新联盟的专家领导现场查看畜禽养殖废弃物资源化利用项目的部分项目主体，给予高度评价。7 月 15 日，以全国畜牧总站总畜牧师石有龙为组长，农业农村部、生态环境部有关人员为成员的全国畜禽养殖废弃物资源化利用工作考核工作组到肥城，对山东省畜禽养殖废弃物资源化利用工作进行考核检查。省局副局长戴文超主持汇报会，泰安市副市长赵德健陪同检查。得分排名全国第二。

（武凯）

农业机械

【概况】 农机局下设农机安全监理站、农机管理站、农业机械研究所、农业机械化学校、农机工程开发服务站 5 个事业单位，辖市久亿机械有限公司、市瑞通农机有限公司 2 个企业。市局干部职工共 45 人，其中具有高级职称的 3 人，中级职称 9 人。至年末，全市 14 个镇街均建有农机管理服务站，各类农机从业人员达到 34235 人，农机服务总收入 54996 万元。全市共有农机销售企业 11 个，农机经销点 50 个，农机商品销售总额达到 1656 万元，实现利润 331.2 万元。

2018 年，全市农机部门把握走在前列的目标定位，坚持

以深化农机化供给侧结构性改革为主线，加快新旧动能转换，解决发展不平衡不充分的问题，补齐全程机械化短板，突破全面机械化瓶颈，提升农业机械化质量效益，推进全市农机化"全程全面，高质高效"发展，巩固"全国主要农作物生产全程机械化示范县"创建成果。全年共对上争项目 8 个，争取资金 2742.35 万元，完成任务的 119%，招商引资项目 6 个，到位资金 5085 万元，完成任务的 169.5%；承担实施上级试验示范项目 6 个，召开现场会 7 次，推广各类农业机械 2400 余台（套）；推进农机合作社转型升级 3 家，新创建国家级示范社 1 家、省级 1 家、泰安市级 4 家，创建省级"平安农机"示范合作社 2 家、泰安市级 2 家；开展农机质量投诉宣传咨询活动 21 次；开设各类培训班 40 期，培训农机实用技术人才 2705 人次；检验拖拉机、联合收割机 4635 台，新注册登记 570 台，办理驾驶证 996 件，开展农机质量投诉宣传咨询活动 21 次，处理农机质量纠纷 17 起。截至年末，全市农机总动力达到 100 万千瓦，农机化综合水平达到 89.5%。在 2018 年度肥城市经济工作会议上现代农业发展服务中心被表彰为 2018 年度经济社会发展先进单位。

【机具数量】 ①动力机械。至年末，全市拖拉机拥有量 20247

台，其中大中型拖拉机 6782 台；电动机 275712 千瓦，柴油机 694526 千瓦，汽油机 8389 千瓦。②作业机具。主要有种植业机械、农产品初加工机械、畜牧养殖机械、渔业机械、林果业机械等。种植业机械类拥有耕整地机械 16816 台，种植施肥机械 9493 台，农用排灌机械 36676 台套，田间管理机械 2496 台，收获机械 15874 台。拥有农产品初加工机械 13834 台，畜牧养殖机械 2243 台，渔业机械 414 台，林果业机械 58 台。

【农机合作组织】 至年末，全市农机合作社总数达到 132 家，入社社员 2860 人，拥有机械 3496 台套，服务农户 8.9 万户，农机作业面积 56 万亩，农机化服务收入 9816 万元，年总收入达 1.3 亿元。国家级示范社达到 4 家、省级示范社 7 家、泰安市级示范社 20 家、肥城市级示范社 40 家，具有耕种收、干燥、储存、加工、运销等综合服务功能的龙头农机合作社达到 18 家，实现农机合作社转型升级 6 家。

【农机科技推广】 通过落实国家农机购置补贴及"两全两高"农机化创建工程，全市农机装备水平实现新提升。2018 年，全市累计推广大中型拖拉机 321 台、自走式联合收割机 123 台、深松联合整地机 210 台、免耕播种机 171 台、秸秆综合利用

先进农机助力农业生产（宋明志　摄）

机械 84 台、马铃薯收获机 1984 台、植保类机械 164 台、畜禽养殖类机械 106 台。全市小麦、玉米生产已实现全程机械化。

【农机安全监理】 按照农业农村部深入推进农机安全监管制度改革工作要求，做好"农机安全监管信息系统"升级及农机审批服务大厅的搬迁改造工作，在高新区和安驾庄镇各设立农机安全技术检测服务站 1 处，方便群众办理农机牌证业务。在农机年检年审工作中共检验拖拉机、联合收割机 4635 台，新注册登记、变更、转移 570 台，办理驾驶证核发、换证、增驾 996 人，促进农机"三率"水平提升，年内，全市无一例农机安全事故发生。开展"平安农机"创建活动，成功创建省级平安农机示范合作社 2 家、泰安市级 2 家。

【农机科教培训】 在做好拖拉机驾驶员培训的基础上，开展阳光工程培训和农机管理人员、农机大户、联合收割机操作手新技术、实用技能培训，推动农村剩余劳力的转化。全年共举办培训班 40 期，培训农机实用技术人才 2705 人。在地龙农机合作社承办 2018 年山东省农机手实用技术培训班，培训学员 100 名。

【农机修配管理】 开展打假护农服务活动，对假冒伪劣产品和不法经销点进行集中整治，维护农机消费者的合法权益。做好维修网点维修资格许可证换发和新申请认定工作，共到期换发许可证 16 个，新注册审核办理 36 个，全市农机维修网点达到 141 家。开展农机质量投诉宣传咨询活动 21 次，发放宣传资料 3600 余份。

【肥城市获评"全国主要农作物生产全程机械化示范县"】 2017 年 12 月 26 日，农

业部公布全国第二批率先基本实现主要农作物生产全程机械化示范县（市、区）名单，肥城市名列其中。多年间，农机局围绕加快推进农业供给侧结构性改革工作主线和"一稳定四推进"重点任务，强化五大发展理念，聚焦主要作物、重点产区、关键环节，补短板、提质量，持续推进全市农业机械化向全程全面、高质高效发展。全市农机总动力达100万千瓦，农机化综合水平达到89.5%，先后荣获全国农机化示范县、首批"平安农机"示范县、设施农业装备与技术示范单位，被省政府评为全省农机化工作先进县、科技兴农先进单位等称号，为全国主要农作物生产全程机械化示范县创建打下坚实基础。

（刘志明）

扶贫开发

【概况】　2018年，按照"秉持忠心、满怀爱心、常存戒心、保持恒心"工作理念和"准实长稳"工作要求，把握"精准施策、问题整改、规范提升"的工作总基调，开展"问题整改落实季"和"脱贫攻坚作风建设年"活动，脱贫攻坚取得决定性进展，贫困人口全部脱贫，省市级贫困村全部摘帽，基本完成脱贫攻坚任务。经过动态调整，全市建档立卡贫困人口23576人。省委常委、纪委书记陈辐宽到肥城视察指导扶贫工作并给予充分肯定；在全省金融扶贫工作座谈会上作经验介绍；承办泰安市扶贫特惠保现场会，代表泰安市迎接省2018年度脱贫攻坚半年考核；《中国扶贫》《山东通讯》《支部生活》等媒体先后刊载肥城市脱贫攻坚经验做法；在泰安市6次第三方综合评估中，位次不断前移，荣获第1名的好成绩；肥城市扶贫办被省人社厅、省扶贫办联合表彰为"全省脱贫攻坚先进集体"。

【精准识别与动态管理】　为进一步做好贫困人口的精准识别和退出工作，印发《关于进一步做好扶贫精准识别工作的公告》，在全市605个村张贴，并在《今日肥城》《肥城新闻》等市级媒体同步公开。按照脱贫线高于省定脱贫标准增幅两倍以上标准，同贫困群众一块算好家庭账、收入账、支出账，确保脱贫真实有效。对脱贫退出继续享受政策的，持续做到资金、力量、措施不减，做到先脱贫、再致富。特别是针对中央巡视组巡视山东反馈问题、省扶贫办大数据比对疑似问题、省半年专项督查反馈问题、泰安市第三方评估反馈问题、泰安市审计局扶贫专项审计等5个方面的问题，坚持把问题整改贯穿始终，照单全收、建立台账、责任到人、全力整改。镇村干部和帮扶责任人，坚持刀刃向内、到户到人，走访慰问全覆盖、收入核算全覆盖、整改回访全覆盖，确保一户不漏、一人不落真脱贫、脱真贫。

【扶贫项目资金】　依据因素法分配原则，即根据镇街享受政策的贫困人口，按占比分解到镇街统筹使用。镇街对项目建设、核验拨款、资产收益分配、资产保值增值等负主体责任。按照"明晰所有权、放活经营权、确保受益权、落实监督权"四权分置原则，投入中央、省、市级专项扶贫资金2525.39万元，依托优势产业优势项目和新型农业经营主体，在14个镇街策划建设村企合作、联村共建的加工、种植、养殖等各类项目18个，单个项目平均投资额达到140万元，有效改变过去投资分散、管理松散、效益低下的问题。项目策划主要是联合企业建设厂房等固定资产设施，通过对外发包租赁获取租金，确保贫困户长期稳定受益。项目收益分配实行"一村一策"，村民代表大会根据贫困户具体情况，严格按照程序和要求制定项目收益分配方案，依据贫困程度实行差异化分配，由镇街经管办通过"一卡通"直接拨付至贫困户个人账户中，并由帮扶干部告知分红详细情况，确保项目收益惠及贫困户。至年末，共获得项目收益301.54万元，项目收益率达到12%，帮扶带动贫困人口7579

人，人均分红 359 元。整合涉农资金 725 万元，全部用于脱贫攻坚。同时，加大扶贫项目日常监管力度，建立定期调度分析机制，定期调度分析项目运营情况，及时研判处置运营不规范、收益过低或资产闲置、流失的项目。整合省公益事业扶贫资金 350 万元，与民办教育机构慈明学校联合建设青少年宫，对全市所有建档立卡贫困学生免费开放。完成对 2014 年以来 268 个产业扶贫项目的绩效评价，确保稳定运营、长期收益。发挥肥城农商行放贷主体作用，选择经营好、带动力强的企业联合发力，全年发放金融扶贫贷款 9500 万元，帮扶带动贫困人口 1928 人；三年累计发放扶贫贷款 1.97 亿元，帮扶带动贫困人口 3876 人。金融扶贫贷款余额居泰安市县市区第一位。

【"五张网络"构建】 巩固提升"贫困未成年人、有劳动能力贫困人口、病残贫困人口、病患贫困人口、贫困老年人"特困群体救助"五张网"。发挥"桃都青少年牵手基金"作用，募集资金 83 万元，同时满足 490 名贫困孩子微心愿；为贫困青少年发放生活补贴、政府助学金 519 万元，免除各类学杂费 22 万元。开发公益性岗位，帮助 638 名有就业意愿的贫困人口实现就业，同中节能（山东）环境服务有限公司签订协议，

对有劳动能力和就业需求的建档立卡贫困人口全部吸纳，优先雇佣从事环卫保洁工作，实现就地就近就业清零。为 1065 名分散供养的鳏寡孤独人员逐一明确村级联络员，当好贫困群众的护理员、代办员、信息员。实行扩面提标，对享受脱贫政策的贫困残疾人，由 2017 年度的 885 名贫困残疾人扩大到 3360 人，对 576 名非低保一、二级贫困残疾人每人每月发放残疾补贴 82 元。对贫困尿毒症患者，在原来门诊透析治疗自付费用 100 元 / 次降为 35 元 / 次的基础上，将自负费用降为 0 元，彻底减轻患者负担。对所有病患贫困人口，完善扶贫特惠保险政策，市扶贫、人社（社保）、卫计（医疗机构）、民政、承保公司五力齐发，与市县 30 家定点医疗机构签订扶贫特惠保险"一站式"结算合作协议，个人住院自负费用控

制在合规医疗总费用的 10% 以内。同时，加强对扶贫政策落地落实的监管力度，全面梳理 28 个行业部门涉及扶贫领域的各项政策，将政策的内容要求、执行情况、准入条件和退出标准等逐项拉出单子、列出明细，汇编成《肥城市脱贫攻坚政策宣传读本》，对扶贫政策统一管理，定期通报政策落实情况。

【行业扶贫】 严格对照"五通十有"▲标准，落实部门行业扶贫责任，深入推进政策、项目、资金落实落地，确保基础设施、公共服务达标提标。完成危房改造 510 户，改造省市级贫困村小学 5 处，建设幸福院 4 处，完成 35 个省级贫困村场地器材安装和提档升级，修建贫困村道路 41 公里。整合社会扶贫资源，支持社会团体、各类协会、民营企业等社会各界聚焦扶贫。引导桃都志愿者开展扶贫主题

仪阳街道组织开展"衣旧暖心，温暖过冬"爱心捐赠活动（赵尉 摄）

活动，抓好"1017"扶贫日宣传；支持慈善协会用好"慈善一日捐"；鼓励各类民营企业、爱心人士与贫困村、贫困户认领结对；创新开展"衣旧暖心"志愿活动，接受捐赠衣物16000余件；组织开展"扶贫献爱心"捐赠活动，累计捐赠176.8万元。

▲ "五通"即通路、通电、通水、通广播电视、通信息。"十有"即有旱涝保收田、有致富项目、有办公房、有卫生室服务、有卫生保洁制度、有学前教育、有文化室和农家书屋、有健身场所、有良好生态环境、有就业保障措施。

【建章立制】　建立市委市政府领导责任、镇街党委政府主体责任、53个成员单位行业责任三方责任体系；健全县级领导、市直部门、第一书记、骨干企业、镇街干部"五位一体"帮扶机制。推行机关干部包村联户和村级扶贫联络员制度，厘清职责，砸实责任，建立脱贫攻坚"网格化"责任体系。实施机关干部包村联户责任机制，从镇街、村级再到贫困户的扶贫包保工作，由镇街主要负责同志、副科级领导干部再到一般机关干部指定包保。特别是村级扶贫工作，从党委书记、镇长顺次安排，由最困难、最薄弱的村逆序帮包。设立村级扶贫联络员，专职负责本村精准扶贫各项工作，督促包村包户干部开展扶贫政策落实、贫困户精准帮扶、完善村级扶贫档案等各项工作。加大扶贫系统干部培训力度，打造懂扶贫、会帮扶、作风硬的扶贫干部队伍。注重扶贫同扶智、扶志相结合，解决精神贫困，激活内在动力。贫困户宫燕患有先天性成骨不全症，通过整合市工会、妇联、镇街电商服务中心等帮扶力量，帮其树立生活信心，学会精湛的针织手艺，掌握电子商务技能，创办自己的工艺作坊，不仅摆脱贫困，还吸纳6名贫困残疾人务工。用好电台、网站、简报、微信群等平台，宣传好典型，集聚正能量。发挥第一书记、驻村工作队和帮扶责任人尖兵作用，打通帮扶贫困群众脱贫的"最后一公里"，研究制定《肥城市帮扶责任人入户帮扶"20条"》，条条压实市镇村帮扶责任人、驻村第一书记帮扶责任。持续开展扶贫领域作风专项治理，坚持无禁区、全覆盖、零容忍。坚持"三个严惩不贷"，定期深入镇街指导巡查督导、明察暗访，不打招呼、直奔现场，坚持"哪壶不开提哪壶"，直指问题、深剖原因，找准症结、建立台账，卡死责任、整改落实。借助第三方调查评估对排名靠后、工作不力的镇街进行约谈，并在全市脱贫攻坚问题整改推进会上作检讨发言。

（庞祥锋　伊宪振）

肥城年鉴

FEICHENG
YEARBOOK

FEICHENG
YEARBOOK
2019

■ 栽培与管理
■ 品牌建设与保护
■ 宣传营销
■ 旅游开发
■ 桃木雕刻

肥城桃

肥城桃

栽培与管理

【品种引进与保护】 引进鲁JN-1新品种，并根据实际情况做好资源圃规划，按地块布局进行栽植。在全市范围内开展肥桃种质资源调研工作，搜集和保存一批肥城桃种质资源，进一步完善肥城桃种质资源圃品种，保存佛桃种质，增加肥城桃种质资源的遗传多样性，为肥城市桃新品种的选育和推广提供原始材料。同时，资源圃通过有计划地开展引种、选种，面向广大桃农提供良种接穗，推广优良品种，促进肥城桃的品质提升和产业化发展。

【试验研究】 在西尚示范园与山东农业大学合作进行肥桃全营养套餐肥试验、水溶肥试验，对土壤、水分与肥城桃品质的关系进行初步研究。在西尚示范园进行赤霉素对肥城桃果柄长度的影响试验和肥城树下覆盖试验。制定的山东省地方标准《有机肥城桃产地环境及生产技术规范》于2018年6月1日由山东省质量技术监督局发布，自2018年7月1日实施，标准号DB37-T3272-2018。

【技术推广】 为促进培优关键技术的落实应用，编写《肥城桃提质增效栽培技术》一书，书稿已经通过专家审阅。编印病虫害综合防治技术规程等技术资料，并发放到农户手中。同时，通过举办培训班，印发技术资料，现场观摩，利用肥桃网、"会员通"短信等多种方式进行推广，及时指导桃农抓好肥城桃关键环节的技术管理。

【肥城桃示范园】 由肥城桃研究所采取租赁方式统一管理的西尚里村有机肥城桃示范园继续发挥示范带动作用，通过加强统一管理，落实培优技术。示范园的优质生产条件不断完善，所产肥桃品质逐年提高，得到各级领导的普遍好评。先后被确定为国家"十三五"现代农业产业技术示范基地（编号：CARS-31-37-10）、"山东农业大学教学基地""山东省农业科学院肥城桃科技示范基地"和泰安市"林业科技示范园"，提高示范园生产的科技含量，发挥辐射带动作用。

（陈文玉　刘敏）

品牌建设与保护

【概况】 肥城桃开发总公司为科级事业单位，隶属市林业局，承担肥城桃的销售服务、市场开拓及地理标志公用品牌的管理保护等工作。2018年，围绕"桃农增收、产业增效"，履行管理职责，强化措施，完善机制，抓好肥城桃名牌创建、管

肥桃标准化生产技术培训现场（郭晓庆　摄）

理保护及销售服务。肥城桃产业总产值达到70亿元，肥城桃品牌价值达到17.35亿元。肥城桃品牌成为肥城经济社会发展和对外开放的金色名片、金字招牌。

【管理保护】 市委、市政府对肥城桃开发保护科学规划，加大投入，出台肥城桃保护发展激励政策和奖励措施。肥城桃开发总公司履行管理职责，围绕"品牌兴农、商标富民"，不断强化措施，完善机制，抓好《肥城桃地理标志证明商标使用管理办法》组织实施，做好肥城桃区域公用品牌的使用管理。严格基地认证和标志使用授权许可，严把质量标准，严格标志发放管理，统一包装设计。指导生产经营者标准化组织生产、规范化使用标志、品牌化市场营销，推广二维码产品追溯技术，促进肥城桃质量提升和桃农增收。依法抓好肥城桃地理标志驰名商标知识产权保护，组织专业队伍开展市场调查，对正宗肥城桃品牌侵权案件依法开展维权诉讼，协同工商、质监部门严格市场督查，严厉查处地理标志侵权违法行为，维护肥城桃生产经营秩序和品牌名优声誉。2018年，公司被山东省工商局评为"山东省商标品牌示范单位"。

【品牌打造】 以质量管理为根本，以品牌打造为目标，开

展肥城桃质量安全追溯体系研究，参与制定并实施《地理标志产品——肥城桃》《肥城桃质量安全追溯要求》《无公害肥城桃生产技术规范》等省以上肥城桃质量标准6项。抓好名牌创建，肥城桃先后荣获"山东省名牌农产品""山东省十大地理标志""2015全国果品百强品牌""2015全国果品公用品牌50强""2016全国名优果品区域公用品牌"等荣誉称号。2009年、2012年两次被认定为"山东省著名商标"，2014年被国家工商总局认定为"中国驰名商标"。"肥城"桃成为泰安市唯一地理标志驰名商标。2017年，肥城桃入围"山东省知名农产品区域公用品牌"。

宣传营销

【宣传推介】 围绕打造肥城桃金字招牌，开展肥城桃品牌宣传推介。每年举办"桃花旅游

节""金秋品桃节""赛桃评优活动"，肥城桃开发总公司常年通过电视、网络、报刊等媒体宣传肥城桃。精心维护"肥城桃网"网络平台的管理运行，组织参加第十五届全国农交会，并开展肥城桃品牌宣传推介活动，提高肥城桃的知名度和美誉度，营造良好的名牌氛围。2018年，投入32万元在山东航空160余架飞机上做好肥城桃品牌高端广告宣传，肥城桃品牌价值提升至16.64亿元。

【市场销售】 发挥在肥桃销售工作中桥梁纽带作用，利用"肥城桃网"服务平台，及时为桃农和客户发布供求信息，联络引进外地客商。协助山东电视台生活帮支农团、顺丰快递肥城分公司开展肥城桃电视促销和网络平台销售，指导肥城桃生产经营者由传统销售方式向订单农业、电子商务和农超对接等现代营销方式转变，培

规范肥桃临时销售点经营秩序（张勇　摄）

植树立九九桃园、桃子姑娘、天一农庄等10余个肥城桃现代营销典型会员。推进实施肥城桃名牌销售战略，指导专业合作社和桃农由无牌、散装、低档销售向中高档品牌销售转变，鼓励桃农使用"肥城"桃地理标志驰名商标和地理标志品牌包装，实现肥城桃外销有名有牌，扩大肥城桃品牌影响力，拓宽销售市场，经济效益大幅度提高。2018年，肥城桃网络销售已占肥城桃销售总量的50%。

（乔善晶）

4月4日，第17届桃花节暨2018全国桃木旅游商品创新设计大赛开幕

旅游开发

【概况】 桃文化为肥城最具特色的地域文化。自2000年开始发展桃文化旅游产业，2002年举办首届桃花节，桃文化旅游产业开始发展。经过十余年的开发建设，肥城桃文化旅游产业得到较快发展。截至2018年末，成功创建国家AAAA级景区1处，国家AAA级景区9处，国家AA级旅游景区12处，国家级工农业旅游示范点2个，全国乡村旅游模范村1个，省级工农业旅游示范点14个，旅游强乡镇6个，旅游特色村11个，山东省"好客人家"三星级农家乐39家。

【桃花节】 肥城自2002年开始举办首届桃花节，2018年为第17届。第17届桃花节围绕建设"中国桃都、美好肥城"的发展目标，以"务实敢当、优质发展"为主题，坚持"欢乐、祥和、安全、惠民"的办节原则，在市委、市政府的统一领导和社会各界的支持帮助下，取得圆满成功。桃花节期间，全市共接待赏花游客20.5万人次，有力促进全市服务业的发展。该届桃花节共组织策划系列活动12项，各项活动的成功举办，在为广大游客和市民提供一场丰富多彩的文化、旅游、休闲盛宴的同时，也为外地客商在肥城投资兴业搭建一个优质高效的载体平台，社会反响良好。桃花节期间还举办第11届全国桃木旅游商品创新设计大赛。

【品桃节】 自2008年起，肥城市开始举办首届金秋品桃节，2018年为第11届。第11届金秋品桃节以"丰收、收获"为主题，组织地域文化特色鲜明的文艺演出、互动游戏等活动，通过抖音平台对启动仪式全程直播。该届品桃节时逢首届中国农民丰收节，春种秋收，春华秋实，一年的辛勤耕耘，金秋时节硕果累累。农民丰收节·桃都非物质文化遗产展演、优质肥桃擂台赛、中国（肥城）农产品创意包装设计大赛暨展销博览会、"颂金秋、忆乡愁"系列书画摄影展等活动，充分体现出丰收的喜悦。邀请国内知名传统媒体及新媒体、自驾游俱乐部、骑行爱好者、小记者，通过抖音平台对启动仪式全程直播，举办金秋品桃节暨"吸着吃的肥桃"直播大赛，将传统肥桃可以"吸着吃"这一特点广泛传播，让全国游客分享品味正宗肥桃的乐趣，使品桃节更富有趣味性。该届品桃节组织策划的第三届翦云山露营帐篷节、"福桃献寿"为寿星

硕果（张博 摄）

送肥桃等活动，体现健康、时尚、休闲等新元素，倡导肥城特有的君子文化、孝文化和传统文化，主张"融入自然、回归田园"的生活方式，让游客和市民充分体验桃都生活新风尚。

【全国桃木旅游商品创新设计大赛】 自2008年开始肥城举办首届全国桃木旅游商品创新设计大赛，2018年为第11届。大赛由中国旅游协会旅游商品与装备分会支持，山东省旅游行业协会、泰安市人民政府主办，山东省旅游商品开发服务中心、泰安市旅游发展委员会、肥城市人民政府承办。2018全国桃木旅游商品创新设计大赛暨全国桃文化旅游商品评展活动，从宣传发动、征集作品到大奖出炉，历时4个多月，取得圆满成功。此次大赛以"生活、实用、艺术"为引导重点，吸引来自北京、天津、河北、山西、陕西、辽宁、江苏、浙江、广东等20多个省（自治区、直辖市）的200多家企业和个人参赛，6000多件实物作品，200余件设计作品参与展出和评奖。经过专家评审委员会的严格评审，大赛共评出特别大奖1个，金奖11个，银奖16个，铜奖30个，优秀奖80个。

【刘台桃花源景区】 刘台桃花源景区位于仪阳街道刘台村，景区内有万亩桃园，为肥城十万亩桃花的精品观赏园。景区三面环山，沟壑纵横，每年春天桃花漫山遍野，自然错落，隔而不绝，姹紫嫣红，给人"层林尽染，万山红遍"之感，被誉为"世外桃源，人间仙境"。先后被评为"中国乡村旅游模范村""全国首批农业旅游示范点""山东省自驾游示范点""国家AAA级旅游景区"。

【中央桃行景区】 中央桃行位于新城街道西尚里村，原为肥城规模最大的桃园，肥桃的主要发源地之一，以肥桃种植面积大、品质佳驰名。历史上曾被中共中央、国务院授予"全国农业合作化建设先进集体"荣誉称号。此地群众曾先后三次进京给党中央、毛主席送肥桃，中央桃行也因此名扬四海，每年前来赏花、品桃的旅游者

景区内赏花拍照的游客

233

络绎不绝。

（范成磊）

桃木雕刻

【概况】 肥城桃文化历史悠久，为闻名中外的"中国佛桃之乡""中国桃文化之乡""中国桃木雕刻之乡"。依托传承千年的桃文化，2000年起，肥城开始发展桃木雕刻旅游商品产业。通过打造建设中国桃木旅游商品城、中国桃文化博物馆、桃木旅游商品一条街，举办全国桃木旅游商品创新设计大赛、全国桃木旅游商品开发研讨会，实施"肥城桃木雕刻流派"培树工程、"肥城桃木雕刻"整体品牌营销战略，发展"互联网+"电子商务平台等多项举措，推动桃木旅游商品产业集群化发展，构建起"一城一街一馆一赛一会一品牌"的"六个一"产业发展平台。走出一条县级旅游商品开发的成功之路，形成国内旅游商品开发的"肥城模式"，促进"肥城桃木雕刻"旅游商品产业的发展壮大。至年末，全市桃木生产加工企业已达到160多家，从业人员4万人，全国连锁加盟企业突破1500家。桃木旅游商品已发展到30多个系列，4000多个品种，全年桃木产业销售收入突破20亿元，占全国桃木商品市场80%以上的份额。肥城已发展成为"全国桃木旅游商品研发、生产、销售集散中心"。2018年获得"中国桃木旅游商品之都"称号，"全国桃文化产业联盟"落户肥城。

《龙的传人——桃木雕刻》（孙晓健 摄）

【产品研发】 实施"肥城桃木雕刻流派培树工程"。通过创办"泰山翰林雕刻艺术培训学校""桃木雕刻大师工作室"，举办全国桃木旅游商品创新设计大赛、桃木雕刻技能大赛等多种方式，培养各类雕刻人才500多人。有桃木雕刻大师14人，成为全省民间手工艺制作大师最多的县市区。经过10多年的产业化发展，肥城桃木旅游商品已发展到30多个系列，4000多个品种。先后荣获"中国特色旅游商品评选"活动金奖、"中国旅游商品大赛"金奖等200多个奖项，被国家旅游局评为"中国最佳必购旅游商品""中国十强旅游商品"。2018年，肥城桃木雕刻分别亮相儒商大会和第13届中国（义乌）文化产品交易会，斩获2018中国特色旅游商品大赛两项金奖，荣获第十六届山东省旅游商品创新设计大赛三项金奖。在2018全国桃木旅游商品创新设计大赛暨全国桃文化旅游商品评展活动颁奖典礼上，原国家旅游局规划财务司产业处调研员张浩和全国桃文化旅游商品联盟理事长程银贵共同为"全国桃文化旅游商品联盟"揭牌。联盟的成立将推动肥城桃文化产业由单一桃木工艺品向整个桃文化产品的延伸。

【雕刻工艺】 "肥城桃木雕刻"以肥城境内独有的佛桃木为原材料，木体清香、色泽金黄，呈八卦螺旋形花纹。以传统平面浮雕为基本雕刻技法，包括浅浮雕、深浮雕、高浮雕、多层叠雕等手法，采用散点透视构图、线面结合、保留平面，以构图饱满、层次丰富见长。雕刻题材广泛，主要包括

4月4日，"全国桃文化旅游商品联盟"揭牌仪式举行

吉祥动物、神话传说、寄情花木、风流人物等。代表作品有桃木剑、桃木如意、桃印、桃符、桃木梳、桃木摆件及各种桃木小饰品，主要分为平安类、吉祥类、福寿类、实用类等四大类。

【宣传营销】 借助高端媒体，开展品牌营销战略。先后通过央视 CCTV-1、CCTV-7、CCTV-4《致富经》《每日农经》《远方的家》，CCTV-13《朝闻天下》等栏目对肥城桃木产业做专题宣传。2018 年，"肥城桃木雕刻"商品成功入选"山东好礼·一城一品"旅游商品名单，并荣获"中国特色旅游商品大赛金奖"。持续发展电子商务产业，搭建桃木电商平台，至年末，肥城市桃木企业网店数量已达 600 多个，在线交易额突破 8 亿元，长期服务于肥城桃木旅游商品城的物流企业 20 余家。

【行业协会】 肥城市桃木雕刻协会成立于 2016 年 12 月，前身为 2008 年成立的肥城市旅游行业协会旅游商品分会。至 2018 年末，有肥城正港木业工艺品厂 1 家会长单位，肥城泰山桃木王吉祥礼品店、肥城桃福来工艺品有限公司、肥城新世界木业工艺品厂、肥城悦灵仙桃木工艺品厂、肥城凤山桃木工艺品公司、肥城鸿运阁桃木工艺品厂、肥城弘鑫桃木工艺品厂、肥城桃艺轩工艺品发展有限公司 8 家副会长单位，会员单位 118 家。

【肥城正港木业工艺品厂】 成立于 2001 年 7 月，为肥城市第一家桃木生产加工企业，中国旅游协会旅游商品与装备分会理事单位、山东省工艺美术协会理事单位、肥城桃木雕刻协会会长单位。厂址位于桃园镇晒书城，拥有正港品牌商店 1

家、程木匠品牌商店 1 家，为省级旅游商品金牌购物商店，年销售总额 1000 余万元。公司创办人程银贵曾获得山东省首席技师、山东省民间手工艺制作大师、泰山英才领军人才、泰山工匠、桃都英才等多项荣誉。

【肥城鸿熹桃木文化用品有限公司】 成立于 2001 年，为集桃木工艺品研发、生产、销售为一体的桃木行业骨干企业，中国旅游协会旅游商品与装备分会理事单位、山东省工艺美术协会理事单位、肥城桃木旅游商品协会副会长单位。拥有泰山桃木王品牌商店 3 家，年销售总额 1000 余万元，被评为省级旅游商品金牌购物商店。公司创办人王来新为山东省非物质文化遗产——肥城桃木雕刻民俗代表性传承人、山东省乡村创业之星、泰安市专业技术拔尖人才。公司拥有的"泰山桃木王"品牌具有独立知识产权和商标标识，被评为"山东老字号"。

（范成磊）

【泰安兰亭轩桃木工艺品有限公司】 该公司"泰山兰亭轩"品牌始创于 1950 年，创始人孙业峰生于 1921 年，木匠出身，肥城巧山人，善于雕刻木质家具，后投师孙嘉浩，专习桃木雕刻，不断创新发展，形成自己的雕刻艺术风格，于 1950 年创立"泰山兰亭轩"品牌，后经过孙

泰安兰亭轩桃木工艺品有限公司

远英、孙衍成、孙绪亮历代传人传承至今。"泰山兰亭轩"品牌经过六代传承，祖传技艺不断创新，于2011年注册公司泰安兰亭轩桃木工艺品有限公司，后注册"泰山兰亭轩""桃满天下""富察氏"等多个商标，公司拥有"泰山兰亭轩"品牌10余项知识产权。

第六代传人孙绪亮为肥城桃木价格协会会长，肥城桃木旅游商品协会副会长，肥城电子商务协会副会长，拥有泰山兰亭轩品牌店3家，全国加盟店78家，网上店铺4家，年销售总额1000余万元，被评为省级旅游商品金牌购物商店。公司先后被评为"泰安市电子商务示范企业""肥城市电子商务先进企业"。公司总经理孙绪亮先后被评为"肥城市十大新锐电商""肥城市杰出青年企业家"。

FEICHENG
YEARBOOK
2019

- 综　述
- 工业平台
- 主要行业
- 民营经济
- 重点民营企业

工　业

工 业

综 述

【概况】 市经信局设办公室、经济运行科、投资规划与技术进步科（挂行政审批科牌子）、政工科、信息产业与信息化推进科、综合科、安全生产科、企业科8个科室，下属市化学工业办公室1个正科级事业单位，市人民政府节约能源办公室1个副科级事业单位，市机械电子工业办公室、市轻工纺织工业办公室、市建材工业办公室3个股级事业单位，局机关工作人员40人。

2018年，牢固树立"实事求是地想、实事求是地谋、实事求是地干"的工作理念，聚精会神求突破，砥砺奋进谋发展。建立健全企业培植体系，创优企业发展环境，强化企业梯次培育，以创新促发展，以服务促进步；聚力新旧动能转换，围绕重点产业，研究制定产业发展规划，强化政策措施，推进产业向上下游延伸，向高层次发展；在对上争取上持续发力，争创国家级资源循环利用基地、全国工业领域电力需求侧管理示范园区、省级化工园区等一系列区域政策，发挥企业规模优势、项目集群优势、质量效益优势、产业集成优势，打造高端产业集聚发展的优质空间载体；构建企业家成长体系，强化企业家队伍建设，实施企业家素质提升工程，开展长期系统性培训和"小精细"式专题辅导，组织企业家到先进地区、知名企业对标学习考察，举办企业骨干实战特训营，多措并举全面提升企业家和高级管理人员的整体素质，年内培训企业经营管理人才500人次以上。肥城市入选全国工业百强县（市），列第90位；肥城市经信局被肥城市委、市政府授予"2018年度经济社会发展优秀单位"荣誉称号。

（韦然）

【工业经济效益】 在复杂严峻的宏观环境下，全市工业企业积极作为，主动适应环境保护、安全生产、要素趋紧等经济发展新常态，经济运行稳中向好。全市265家规模以上工业企业累计实现主营业务收入483.33亿元、利润60.24亿元，同比增长10.7%、41.6%。新增纳税过亿元企业5家，总数达12家，工业企业的突破带动作用进一步凸显。

（桑燕）

【企业培植】 将企业培植作为经济社会发展的四大动能之首，实施重点突破，深化工业经济新旧动能转换，精准制定扶持政策，全面落实培植责任，推进问题解决，树立鲜明考核导向，确保全市工业经济平稳

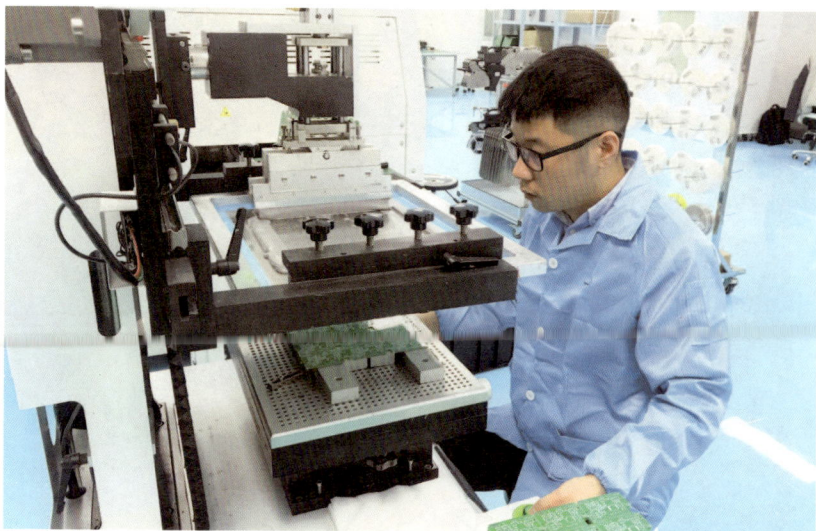

泰安市智慧能源科技有限公司全自动SMT生产线（袁利利 摄）

健康发展。具体工作中，推行"店小二"式服务，强化政府服务力，给予企业倾力扶持；发挥企业培植工作领导小组作用，完善培植体系和保障措施；落实企业培植意见，完善企业问题特殊督办制度，营造重视企业培植、支持企业发展的良好环境。年内，成功争取全国工业领域电力需求侧管理示范园区、国家级资源循环利用基地、省级化工园区3项区域政策；农大肥业、金塔酒精化工设备被认定为国家级制造业"单项冠军"示范企业，索力得焊材被认定为国家级绿色工厂，中铝山东依诺威、金塔机械科技被认定为省级企业技术中心，联谊工程塑料被认定为省级工业设计中心，金塔酒精化工设备被认定为省级服务型制造"1+N"示范企业，并获省首台（套）技术装备认定，农大肥业被认定为省级两化融合管理体系贯标试点，征途科技、智慧能源被认定为省级云应用服务商，新增"双软"企业1家，3家企业入选省级绿色工厂、1项产品被认定为省级绿色产品，化工产业园区被认定为省级绿色园区，1个项目入选省级绿色制造系统集成项目。

（李明）

【化工产业安全生产转型升级】 经前期争取，肥城市化工产业园列入山东省第一批化工园区名单，并被认定为山东省智安化工园区，全省7家，泰安仅此一家。根据省化工重点监控点管理办法要求，组织山东瑞福锂业化工有限公司、山东农大肥业科技有限公司申报山东省化工重点监控点企业。化工生产企业"四评级一评价"▲工作、危化品运输经营仓储企业评级工作全面完成，36家化工生产企业参加"四评级一评价"，其中"优"的8家，"中"的11家，"差"的17家，经整改验收，17家差评企业中，11家准备转产或搬迁关闭，其余6家通过中介评级机构的验收；12家企业参加危化品运输经营仓储企业评级，其中6家危化品运输企业、6家危化品仓储经营企业，评级结果全部为"中"，无否决项。所有企业按照评价标准制定具体的整改清单，限期整改完成。根据评级评价结果和企业整改情况，结合发展规划和产业政策，肥城市邀请业内专家把脉出策，梳理出"三个一批"企业名单。

▲"四评级一评价"即化工生产企业安全生产评级、环境保护评级、节能降耗评级、质量评级、转型升级评价。

（马园臻）

【技术创新】 以各种技术创新平台为依托，加大技改投入，组织实施创新项目，增强工业发展后劲，坚定不移提质增效。①技术创新平台建设。加快实施科技创新，新认定省级企业技术中心2家，总数达到20家，农大肥业成为泰安市五年间首家获批的国家企业技术中心。新增高新技术企业5家，总数达到27家，36家企业被评为国家科技型中小企业。新增院士工作站1家，总数达到4家。农大肥业被认定为2018年省级技术创新示范企业，为泰安市唯一一家。②技术开发投入。市级以上技术中心研究与试验发展经费支出占主营业务收入的比重超过3%。泰鹏集团、农大肥业等省级企业技术中心投入占销售收入5%以上。③创新项目。组织实施技术创新项目103项，其中29项列入省技术创新项目计划，6项达到国际先进水平及以上，23项达到国内先进水平及以上，项目研发经费总投入2.12亿元。

（尹晓君）

【项目建设】 山东瑞福锂业有限公司年产三万吨碳酸锂、肥城联谊工程塑料有限公司塑料格栅生产线智能控制技术研究开发等9个项目入选2018年全省企业技术改造重点项目导向目录，项目总投资20.42亿元；12个项目列入泰安市重点工业百项，总投资87.06亿元，当年累计完成投资22.6亿元。重点实施的技改项目中，阿斯德科技产品结构优化及搬迁、原料气制备项目，瑞福锂业1万吨氢氧化锂项目、光明岩盐60万吨／年热泵制盐技改项目、鲁泰年产 1200 万平方米纤维水泥板项目等 13 个项目竣工，形成新的经济增长点。山东瑞福锂业有限公司 3 万吨碳酸锂项目、肥城光明岩盐有限公司 100 万吨/年六效真空制盐项目、山东聚发生物科技有限公司生物医药项目、山东麦特瑞尔新材料有限公司年产 8000 吨的新型生态有机超细纤维非织造材料项目、山东鲁岳化工有限公司 2 万吨氯化铵及 6 万吨有机溶剂及危害处理项目等重点项目顺利推进。

（尹晓君）

【节能降耗】 2018 年，强化节能技术进步，开展节能监督管理，推进节能降耗工作，超额完成节能降耗目标任务。健全完善节能工作机制，严格落实"四不一奖"规定，实行"一票否决"制度；严格固定资产投资项目节能审查，对全市 6 个工业项目进行节能审查。山东索力得公司成功入选工信部第三批绿色制造名单，成为继特钢、一滕之后肥城市第三家国家级绿色工厂，施密特热能设备公司"施密特空间加热器"技术入选 2018 年山东省重点节能技术、产品和设备推广目录（第八批）。

（王雪曼）

【对上争取】 在结构调整、节能和电力直接交易等方面，围绕国家、省出台的扶持政策，

对上沟通对接，争取各项扶持资金 3714 万元，市化工产业园区被认定为首批省级化工园区，市高新区入选全国工业领域电力需求侧管理示范园区，老城资源循环利用基地入选国家级资源循环利用基地。农大肥业、金塔机械被认定为国家级单项冠军，获省财政奖励资金 400 万元；一滕新材料列入山东省新材料首批次保险补偿示范项目，获省财政补贴 396 万元；福宽生物"锅炉脱硫脱硝超低排放建设项目"等 2 个项目获 2018 年中央预算内资金 458 万元，肥城市石横镇初级中学等 4 个省级节能专项资金项目获资金扶持 131.4 万元，石横特钢"烧结环冷机节能环保提效项目"等 4 个泰安市级节能专项资金项目获资金扶持 231.34 万元，精制盐厂等 4 家企业（成果）获得 2017 年度山东省节能奖荣誉称号（金塔节能成果 10 万元）。

（李明　马园臻　王雪曼）

工业平台

·高新技术产业开发区·

【概况】 肥城高新区始建于 1992 年，1995 年经省政府批准成为省级高新技术产业开发区。2005 年 12 月，首批通过国家发改委审核验收。2017 年 3 月，高新区和王瓜店街道深度融合，

实现"区处合一"，并加挂"泰安国家级高新技术产业开发区肥城园区"牌子，享受国家级高新区政策。高新区下辖 33 个行政村，总人口 8.3 万人，总规划面积 100 平方公里。拥有市级管理权限，建立一级财政体系，实行"封闭式管理，开放式运行"。2018 年，以"大变样"为目标，狠抓"四大动能"，全区经济社会实现从低谷徘徊、奋力爬坡到振兴开局、进入快车道的重要转变。全年实现地方财政收入 1.56 亿元，其中工商税收 1.35 亿元；招商引资到位资金 15 亿元，对上争取到位资金 1.65 亿元，外贸出口 4766 万美元，利用外资 1925 万美元。荣获全国工业领域电力需求侧管理示范园区、世上桃源森林生态康养小镇、省级文明单位等荣誉称号。

【招商引资】 年内，高新区招商引资重点围绕"大项目"开展，签约过亿元项目 19 个，过 10 亿元项目 4 个。围绕省"十强"产业规划，立足资源优势和产业基础，突出新能源新材料、装配式建筑、高端装备制造等主导产业，成功签约鲁泰建材科技产业园、美好装配式建筑产业基地、机器人关节减速器、华艺绿色建筑新能源新材料产业园等 4 个投资过 10 亿元的项目。①鲁泰新兴绿色建材产业园。为高新区引进的第一个投资逾 10 亿元的项目，新

建设厂房及配套设施 7 万平方米，新上国内最先进的新型建筑板材成套设备、新型墙体材料设备等 219 台（套）。项目产品科技含量高，在强度、防火性、耐水性、防腐蚀性等多项关键指标上高出市场其他同类产品 50%，在国内同行业位列旗舰地位。构筑全产业链条，项目涵盖技术研发、产品设计、材料开发、部品制造、装配施工、工艺装备、信息共享、市场推广、售后服务等全部环节，为国内鲜有的全产业链建材产业园。市场前景可观，结合国内建筑业向着绿色建筑和装配式建筑现代化转型，符合国家政策导向。项目建成达产后，可实现销售收入 24 亿元，利税 2.6 亿元。截至年末，项目已经投入生产。②美好装配式建筑产业示范基地项目。为美好置业集团投资的区域性项目之一，总投资 10 亿元。项目占地 170 亩，规划建设面积 10 万平方米，采用德国艾巴维装配式建筑生产线技术，引进 2 条德国国际顶尖全自动化标准构件生产线，具有自动化程度高、效率高、系统成熟等特点。项目建成后，可年产装配式建筑 PC 构件 30 万立方米，预计年产值 10 亿元，税收 9000 万元，安置就业 400 ～ 500 人。

【企业培植】 全年规模以上工业企业实现主营业务收入 85.3 亿元，同比增长 15.43%，外贸

农大肥业实验室人员在做实验

出口 4766.6 万美元。企业递进培植成效明显，新增"四上企业" 12 家，新增"个转企" 71 家，鸣迅、隆泰、金塔、农大、泰鹏等 9 家企业获批国家级高新技术企业，国家级制造业单项冠军企业 2 家，省级隐形冠军企业 2 家，山东省瞪羚企业 1 家，农大、泰鹏环保已启动主板上市程序。创新平台建设成效显著，新增国家级创新平台 2 个，其中农大肥业获批国家级企业技术中心，为肥城市历史上首个获批的国家级企业技术中心，肥城市首家获批农业部腐殖酸重点实验室。新增省级创新平台 6 个，新增市级平台 5 家。品牌竞争力不断增强，富世康获评"山东老字号"，联谊、农大肥业申报中国驰名商标，泰鹏、傲饰等 4 家企业已申报山东名牌，金塔、泰鹏分别制订 2 项行业标准，大庚修改 1 项国家标准。招才引智成果丰硕，引进博士以上高端人

才 9 名，其中成功引进刘鲁民、孙玉贤、彭少兵、李玉华 4 名"千人计划"专家及"青年千人计划"专家。

【非公企业党建】 年内，高新区党工委持续深化主责主业意识，狠抓党建不动摇，通过"三抓三促"，提升非公企业党建工作质效，为园区转型升级、跨越发展提供坚实组织保障。①抓标准促进基础条件过硬。开展基层党组织标准化规范化建设集中行动，指导各支部按照有党员活动场所、活动设施、明显标识、制度版面、报刊书籍、党旗誓词等"六有"标准，精心打造党员活动室，突出功能发挥。发挥园区综合党委牵头抓总作用，实行联席会议制度，直接对非公企业党建提升、生产经营发挥统筹谋划、协调推进作用。年内，召开联席会议 7 次，解决重难点问题 43 个。配备 4 名专职党务工作人员，

负责具体推进非公党建。向非公企业派驻党务志愿者57名。②抓规范促进党内生活经常。借助高新区科技孵化器党群服务中心，成立科技孵化器党支部，立足服务企业，以党内组织生活为依托，搭建交流平台，统筹园区资源，牵头带领非公企业党支部规范落实"三会一课""主题党日"制度，组织党员、入党申请人开展学习交流联谊等活动，实现企业党建与经营共同发展。同时，向各非公企业党支部印发基层党建工作任务明细，对党员活动开展、档案资料整理情况每月一督查，纳入年底评星定级考核。③抓创新促进典型示范引领。注重示范引领，集中用力打造农大肥业、联谊、振远三个非公企业党建示范点，树立参考样板，引导其他"两新"组织参照学习，实现以点带面、全面铺开，"一枝独秀"成为"百花齐放"。指导各企业将党建工作写入公司章程，划定党员责任区，设立党员先锋岗、示范岗，让党员在安全生产、技术创新、市场拓展等方面勇担当、敢作为，做到支部引领、党员先行。通过持之以恒抓紧抓实非公企业党建工作，杜绝党建工作与生产经营"两张皮"问题，非公企业党建成为高新区党建工作的靓丽名片。

【**肥城高新区荣获全国工业领域电力需求侧管理示范园区**】　年内，在工业和信息化部公布的第四批全国工业领域电力需求侧管理示范园区和企业名单中，肥城高新区与上海临港装备产业园、青岛经济开发区海尔工业园等并列，成为全国9家示范园区之一。示范园区获批后高新区将在国家智能制造和绿色制造重大工程、新型工业化产业示范基地建设等方面优先获得更多政策扶持。高新区成立能源管理办公室，借助智慧能源公司的技术力量建起电力需求侧管理平台。为辖区内福宽生物、云宇集团、农大肥业等20余家企业开展效能服务，年节约用电约700.8万千瓦时，节约资金424.4万元。同时，对8家企业开展节能改造和设备提升，以剑桥新材料为例，通过设备改造，日用电量下降52.4%，吨消耗电量由183千瓦时下降到116千瓦时，降幅达到36.6%。高新区以示范园区获批为契机，进一步加快平台建设，加强服务效能，抓好电力调度，完善科学电力需求侧管理目标体系、技术体系、监督评估体系，不断深化电力需求侧管理工作内涵和外延，降低企业生产经营成本，营造良好服务环境。

【**山东农大肥业科技有限公司入选"制造业单项冠军示范企业"**】　2018年11月，工业和信息化部、中国工业经济联合会公布第三批制造业单项冠军企业和单项冠军产品名单，农大肥业成功入围，获得"制造业单项冠军示范企业"称号，成为近三批200多家入围企业中唯一一家新型肥料生产企业。此次名单中单项冠军示范企业68家，单项冠军培育企业26家，单项冠军产品66家。农大肥业专注于腐植酸活化技术研究，腐植酸活化技术达到国际领先水平，并于2018年荣获"中国专利优秀奖"，获批建立

农大肥业产品

农业部腐植酸类肥料重点实验室，汇集来自农业农村部、中国科学院、行业协会及高校的专家学者14名，共同推进腐植酸肥料行业的进一步发展。公司研发推广腐植酸系列肥料新产品，在全国腐植酸肥料行业领域居于冠军地位，其中腐植酸有机—无机肥料，2015年、2016年、2017年连续三年在全国腐植酸类肥料行业排名第一。农大肥业作为中国腐植酸肥料领导品牌，始终以腐植酸为主航道，以产学研相结合为可持续发展模式，以技术创新为核心竞争力，以客户为中心，研发创制满足种植户需求的"腐植酸+"系列产品，并针对不同区域、不同作物形成整体解决方案，让广大种植户种出品相更好、品质更优、上市更早、产量更高的农产品，引领"肥料工业4.0"时代发展，为国家生态农业减肥增效、土壤改良提供更好的肥料产品，助力美丽乡村建设，让更多的种植户获得更大的效益。

【山东农大肥业科技有限公司技术中心被认定为"国家企业技术中心"】

2018年7月9日，国家发改委、科技部、财政部、海关总署及国家税务总局公布《关于发布2017—2018年（第24批）新认定及全部国家企业技术中心名单的通知》，共113家企业进入公示名单，其中农大肥业技术中心榜上有名，成

为近五年泰安市首次入选企业，为肥城市首个国家级企业技术中心。山东农大肥业科技有限公司自成立以来就高度重视人才培养及科研平台建设，2017年公司省级企业技术中心升级为国家级企业技术中心，成为继农业部腐植酸类肥料重点实验室以后又一国家级科研平台。8月23日，泰安市举行人才政策"金十条"首批奖励扶持资金兑现仪式，泰安市组织部部长高尚山为山东农大肥业科技有限公司发放国家企业技术中心奖励扶持资金100万元。国家级企业技术中心的建设，将有效整合企业优势平台资源，融合国内外先进技术。公司多年间致力于腐植酸肥料的研发和生产，创新腐植酸活化核心技术，融合该技术与控释肥、生物肥、水溶肥、土壤调理剂等生产技术，形成国内最全的"腐植酸+"系列产品，减施增产、改土培肥实效显著，有利于实现化肥"零增长"目标，契合"十九大"乡村振兴战略的总体目标，为减轻农业面源污染、提升耕地质量、建设生态宜居型新农村贡献力量。

【肥城高新区入围省创业创新示范基地】

2018年度山东省小型微型企业创业创新示范基地名单公示，肥城高新区创业服务中心申报的高新区小型微型企业创业创新示范基地成功入围。肥城高新区创业服务中心始建

于2004年，先后被评为省级高创中心、国家级众创空间和泰安市小型微型企业创业创新示范基地。基地采取市场化运作方式，引进中国矿业大学国家大学科技园共建矿大科技园肥城分园，依托其人才、科研、平台和管理优势进行专业化管理运营，可为企业提供信息咨询、企业管理、人员培训、新材料及电器研发检测等多种服务。至年末，入驻企业102家，均得到较好发展。其中山东征途信息科技股份有限公司已成为国家"双软认证"企业、山东省物联网重点企业，并成功在"新三版"上市，成为泰安市第一家挂牌上市的IT中小科技企业。山东鸣迅科技有限公司与山东大学、山东科技大学、临沂大学等多所高等院校进行深入产学研合作，并在齐鲁证券交易所上市。

【两家企业获评"国家制造业单项冠军示范企业"】

2018年11月9日，工业和信息化部、中国工业经济联合会发布第三批制造业单项冠军企业名单，全国共评定68家企业，泰安市3家企业上榜，其中肥城高新区占2家，分别为山东农大肥业科技有限公司、肥城金塔酒精化工设备有限公司。高新区突出重点企业培植，组织专业团队进驻企业开展指导培育工作，助推企业持续做大做强主导产业优势。农大肥业科技有限公

司的腐植酸有机—无机肥料、肥城金塔酒精化工设备有限公司的三效溶剂回收节能蒸馏装置市场占有率分别达到全球前三、国内第一。两家企业获省财政奖励资金400万元。

【技术创新】　山东省工信厅下达2018年山东省第三批技术创新项目计划，高新区农大肥业矿源黄腐酸钾肥、联谊公司新型高分子合成材料等13个项目列入计划。此次高新区被列入2018年度山东省第三批技术创新项目占肥城市的44.8%，位列全市各镇街区第一位。高新区此次入选的项目中，从所属领域看，主要集中在新材料、高端化工领域，占比达到77%；从创新方式看，8个项目为自主研发，占比达到61.5%；在技术水平方面达到国际领先的1个，国际先进的8个，国内领先的3个，国内先进的有1个。

（尹静）

·肥城市新兴产业园区·

【概况】　肥城市新兴产业园区（以下简称"新区"）成立于2011年，2012年与仪阳街道实行合署办公，规划面积15平方公里。2018年，累计完成财政收入7368万元，工商税收5063万元；实现招商引资到位资金8.46亿元；对上争取到位资金1.54亿元；实际利用外资1005万美元。①企业培植。新

增"四上企业"7家，完成个转企29家。着眼税收培强企业，2018年税收过百万元企业达到14家，其中过500万元4家，过千万元2家，军辉集团税收达到3.48亿元，在全国建筑施工中标100强中居于首位。全力推进建安总部建设，具备资质的建安类企业从6家激增至26家，4家企业完成6项资质升级，新增叁级资质10项，资质升级数量位居全市第一。企业品牌创建成效明显，鲁变电工、泰克贝思被认定为国家高新技术企业，蔚蓝科技孵化器获批省级科技孵化器，新增省级"专精特新"企业3家、省级"一企一技术"创新企业1家、泰安市产业研究院1家、泰安市科技型中小企业3家，参与国家行业标准制定1项，鲁变电工拿到全国股份转让系统公司的"录取通知书"，即将登陆"新三板"。②招商争取。围绕建筑安装、辅具研发生产

两大优势产业，依靠"五支队伍"，瞄准京津冀精准持续招商，聘请招商代理5人，搜集招商信息106条，重点在谈项目13个，签约项目24个，落地开工6个。实现招商引资到位资金8.46亿元，完成全年计划的139.8%。推进对接争取，成为全国12个"康复辅具器具产业综合创新试点地区"之一，并顺利加挂康复辅具试点园区牌子。被认定为省重点服务业园区，成为泰安市入围的6个园区之一。③招才引智。年内，树立人才"第一资源"意识，贯彻落实泰安市人才新政"金十条"文件精神，邀请山东大学、中国海洋大学等专家学者，走进企业破解难题，推进一滕田园美公司与北京农林科学院、鲁变电工与长春工程学院等校企合作平台建设。依托"小微企业创新创业示范基地"优势平台，加大对科技创新类企业的招引、扶持和服务力度。截

新兴产业园区纳米新材料转化园

康复辅具园区的生产车间（赵尉 摄）

至年末，全处科技创新类企业达到27家；新兴产业园区荣获"科技服务类：山东省级重点服务业园区"称号；蔚蓝科技孵化器完成省级科技孵化器申报；与石油化工协会合作的山东巧匠人力资源平台已完成注册。2018年，先后到北京、上海、成都等地区开展招商引资32次，成功引进专业技术人才25人，高层次人才8人。高层次人才分别为山东瑞科电器有限公司引进于群、曹娜、贾振国、杨阿齐，致力于监测计量综合一体化智能电表项目、风电接入系统的无功补偿配置方法研究项目、风—光—储微电网控制系统研究项目；山东圣海光纤科技有限公司引进邵洪峰，致力于光纤光缆项目的研究开发；山东宝德安装工程有限公司引进张国防，致力于新型装配式建筑专用灌装材料项目的研究；唐乡旅游开发有限公司引进陈靠山，致力于植物生理学项目

的研究；山东泰之源食品有限公司引进胥保华，致力于蜜蜂养殖项目。④项目推进。一滕五星级酒店、领航物流、科翔圣嘉康复辅具、军辉建筑设计院、农牧高端设备、高档家居纺织等6个项目已正式投产运营。建筑总部进城项目已签约落地5个，均已完成项目土地报件、清障和成交的代办工作。其中军辉、显通和宏远总部项目已代办完成土地证，并督促设计院多次对接规划局办理外观效果图报审工作；益通总部项目启动办理用地规划许可手续，设计方案已基本定稿；鑫昌物流项目启动办理用地规划许可手续。其他在建项目也取得较大进展，国家康复辅具产业园项目已完成临建、水电管线接入等开工准备工作；华东物流配送中心项目仓储库框架、办公楼主体已完工；文化博览中心项目进入收尾阶段；兴盛天泽商务中心项目完成内部水

电管道施工；鸿强建筑技术研发中心项目完成东墙体玻璃幕装修。

（王善玉）

·肥城市现代盐化工产业园区·

【概况】 肥城市现代盐化工产业园区位于边院镇驻地西部，始建于2003年3月，原规划面积7.8平方公里，为肥城市"一区五园"产业战略布局中的重点园区，山东半岛蓝色经济区海洋产业联动发展示范基地。2014年由泰安市政府正式批准成立肥城市现代盐化工产业园区管委会。按照省委、省政府化工园区转型升级要求，委托西安华陆工程科技有限公司重新调整园区发展规划，重点打造盐化工、精细化工、高新材料三个主导产业，不断延伸产业链条，最终形成三大产业集群协同发展，互为补充的循环经济产业格局。

园区已落户肥城胜利化工有限公司、山东肥城海晶盐化有限公司、山东肥城精制盐厂有限公司、肥城光明岩盐有限公司4家大型制盐企业，山东亚科环保科技有限公司、山东百事益食品科技有限公司2家精细化工企业，肥城长鑫物流有限公司、肥城信发物流有限公司、肥城市得信物流有限公司3家物流企业，肥城瑞鑫麻纺厂、泰安宇润纺织有限公司2家纺织企业，山东巨能杆塔有

现代盐化工产业园区

限公司1家建材企业，肥城天和食品有限公司1家食品加工企业，肥城康达水务有限公司1家服务企业。项目总投资80多亿元。山东信发集团、天津渤化集团、山东盐业总公司、鲁中能源集团投资的大型制盐项目均已投产达效。年产工业盐、食用盐、药用盐、保健盐等系列产品606万吨，为全国最大的井矿盐生产基地。山东亚科年产10万吨环已酮项目已投产达效；推进建设高效抗氧化剂、山东长鑫现代物流中心等项目；洽谈推进中国葛洲坝集团装备工业有限公司压缩空气储能调峰站项目。2018年，园区企业实现销售收入15亿元，利税4.2亿元，带动就业1000余人。园区在建及规划项目全部达产后，年销售收入将突破100亿元，上缴税金16亿元，推动全市经济由"黑"到"白"的战略转移，并拉动物流、金融、餐饮等三产服务业快速发展，成为泰安地区经济发展的新引擎、山东半岛最具活力的海洋产业联动基地。

（王娟）

· 肥城锂电产业园 ·

【概况】　肥城锂电产业园规划面积7.85平方公里，为肥城市新旧动能转换先行区的重点园区之一，泰安市新旧动能转换十大重点项目。园区重点培植发展锂电正负极材料、锂电池整装与回收、节能环保装备3大产业板块，致力打造百亿级锂电产业集群。①骨干企业带动。瑞福锂业碳酸锂年产能达到2.8万吨，居全国首位。加快建设3万吨/年锂盐和1万吨/年氢氧化锂项目，年底建成投产，产值可达100亿元以上，成为国内最大的锂电正极材料生产商。围绕锂电领域不断加大投资，建设锂渣处理项目，年处理锂渣30万吨。利用保税物流园区内的兴阳矿厂区，建设300万吨锂矿洗选线，保障原料供应。启动建设锂电研究院和院士工作站，推动创新发展。②补链项目引进。园区以瑞福锂业为龙头，重点在拉长产业链条上下功夫、做文章，已聚集中节能集团、云南水务、山东永平再生资源、辽鞍集团、当升科技等6家上市公司，投资落地垃圾发电、再生资源高值利用、有色金属吸附、固体废物处置中心等7个过亿元项目。1万吨钴酸锂、1万吨三元材料、2000吨金属锂等锂系列产品项目先后落地，规划硅铝粉、洗衣粉等固废副产品延伸项目。项目建成后，将形成多品种、高规格、全功能的新材料产业基地。③基础设施配套完善。园区抢抓棚户区改造机遇，集中搬迁规划范围内的12个村居，腾空土地4200亩保障项目落地；整合3处煤矿建设用地，建设供热中心、生物质能发电、垃圾发电3个电厂；完善设施配套，实现"七通一平"，安全环保集中在线监测和

锂电产业园区

封闭式管理。园区对基础设施升级改造，全面提升承载能力，为后续项目落地奠定坚实基础，争创省专业化工园区，打造全国重要的锂原料加工基地和新材料基地。

【山东瑞福锂业有限公司】 成立于2010年11月，注册资本9777.78万元，主营电池级碳酸锂、工业级碳酸锂，电池级氢氧化锂、无水硫酸钠、硅铝粉等系列产品，为全球第一家也是唯一一家同时具备锂辉石与锂云母提取制备锂电池正极原材料——电池级碳酸锂和电池级氢氧化锂的国家高新技术企业。在2018年《山东省新旧动能转换重大工程实施规划》中，公司列入新能源新材料类山东省重点建设产业基地，为泰安市、肥城市重点培植的"三强"企业，中国有色金属工业协会团体会员单位、中国有色金属工业协会锂业分会理事单位。

公司党委下设5个党支部，共有党员138人。公司秉承"党建促企建、企建强党建"的工作方针，坚持"政策把握、组织把关、创新引领"党的先进性教育和工作方向，紧跟形势、紧盯前沿、紧抓技术，培养和造就一批以党员为骨干的创新团队和技术力量，研制全球首创和技术领先的项目成果，促成公司锂产业的蓬勃发展。公司研发中心有120人，其中党员占比30%，申请专利22项，其中授权发明专利6项，实用新型9项，外观1项，公司分别荣获中国专利优秀奖、山东省专利二等奖以及山东省技术发明二等奖。2018年申报《锂云母氟化学法提锂及资源综合利用产业化》《从盐湖锂矿生产氯化锂的方法》《一种利用电池级碳酸锂沉锂母液回收制备高纯碳酸锂的工艺》三项科技成果评价并取得国家级科学技术成果登记证书，顺利通过《质量管理体系》《环境管理体系》《职业健康安全管理体系》的再认证及IATF16949汽车管理体系认证。先后获批和取得泰安市企业技术中心、泰安市工程技术研究中心、泰安市工程实验室、泰安市科技型中小企业、山东省一企一技术研发中心、山东省企业技术中心、山东省首批瞪羚示范企业。公司党委贯彻执行国家战略方针和改革举措，致力于锂电新能源的技术研发和产业发展，至年末，公司具备年产5000吨和2万吨碳酸锂生产线各一条，年产1万吨氢氧化锂项目建成投产。计划新上年产3万吨碳酸锂生产线一条，该计划已列入山东省新旧动能转换重点投资项目，项目建成后，总的锂盐产能将达到6.5万吨，实现年营业收入过百亿元。2018年，公司实现产量1.7万吨，产值18.6亿元，销售收入15.6亿元，利税2.6亿元。

【中节能生物质发电项目】 肥城市与中节能开启战略合作的标志性项目，为节能、环保、绿色能源产业。该项目由中国节能环保集团投资建设，为中节能集团与肥城市在环保业务、产业发展、技术合作等领域开展全面战略合作的首个项目。该项目总投资5亿元，盘活利用肥矿集团闲置土地248亩，采用国际领先的低氮燃烧技术，建设2×75t/h

高温高压直燃循环流化床锅炉和2×15MW发电机组及其他辅助工程。项目已进入试运营阶段，共安置102人就业。项目年可消耗农作物秸秆、杂草树枝等生物质燃料30万吨，发电2.16亿千瓦时，实现主营业务收入1.8亿元、利税3000余万元，年可节约标煤15万吨，减少二氧化硫排放1500吨，仅秸秆收集一项就可增加群众收入8000万元，对于促进全市秸秆资源高效利用、改善生态环境、带动农民增收等方面具有重要的促进作用。

【山东肥城资源循环利用基地】 为发改委和住建部共同批复的国家资源循环利用基地。基地立足推进资源全面节约和循环利用，推动美丽乡村建设，总规划面积3.04平方公里，建设项目26个，构建形成"产业复合、动静耦合、高端高效、循环低碳、生态安全"的绿色发展体系，打造成为百亿级循环产业基地。基地按照"一心、四区、一带"的规划格局，分为生活垃圾焚烧发电区、生物质热电联产项目区、建筑垃圾及煤矸石综合处理项目区、环卫一体化服务中心等8大功能区。深化与中节能集团全面战略合作，先后招引中节能集团投资16.4亿元建成生物质能发电、病死畜禽无害化处置、智慧环卫等5个项目，又投资新建垃圾发电、垃圾渗滤液处理、动植物废弃物处置3个项目。2018年，先后引入云南水务、永平资源、辽鞍集团3家上市公司，投资30亿元建设泰安固废处置中心、建筑垃圾再生和煤矸石综合利用、废钢材废轮胎回收利用，以及采用国内最先进技术利用电子垃圾回收有色金属及装备制造等资源再生利用项目7个。按照市委、市政府"地企同心、产城融合、转型升级、振兴矿区"的发展方针主动作为，对基地内闲置矿区和塌陷地集中整合，整体搬迁12个村庄，腾空土地由城投公司统一进行收储，拓宽投融资渠道；投入1.5亿元完善基础设施达到"七通一平"，监控平台、消防系统等配套服务保障到位，为项目落地、基地发展搭建优质平台。项目投产后，年可处理生活垃圾30万吨，利用生物质燃料30万吨，处理病死畜禽3000吨，粉煤灰及煤矸石150万立方米、畜禽粪便1万吨，发电量3亿千瓦时，节约燃煤18万吨，减少二氧化碳排放26万吨、二氧化硫排放2000吨。

（袁明金）

· 肥城化工产业园 ·

【概况】 肥城化工产业园原为石横镇民营经济产业园区，经过改革发展，园区逐步形成以高端化工、装备制造、特种材料三大产业为主导的化工产业园区，主要产品有纤维素醚、环氧树脂、固化剂、草酸、甲酸、烯丙基胺、苯氧乙酸、色酚、氯化铵、聚酰亚胺、医药中间体等。石横特钢集团位于园区北侧2公里，为山东省新旧动能转换特种建筑用钢产业基地，全国首家"钢化联合"发展模式，推行化工产业园+石横特钢基地"1+1"发展模式，园区内阿斯德甲酸项目以

资源循环利用基地

索力得焊材生产线（于学山 摄）

石横特钢煤气为源头，以甲酸为主导产品，再形成甲醇、甲酰胺、甲酸钙等下游化工系列产品，为园区聚发生物、岳洋医药、腾淏生物等企业提供原料，形成以阿斯德甲酸项目为龙头的协同发展的完整产业链；建设"园中园"模式，打造精细化工产业园、腾淏生物医药产业园、昌盛特种材料产业园，构建起"三园归一"融汇发展格局。为促进园区又好又快发展，做大做强以化工产业为主的产业园，2018年1月向山东省政府进行申报。2018年6月，省政府批复为省级化工产业园区，规划面积8.84平方公里，已开发3.12平方公里，属于综合类化工产业园区。2018年，园区注册企业19家，累计完成固定资产投资56.8亿元，完成工业总产值62.5亿元，累计上缴税收2.65亿元。

（吕吉功）

主要行业

· 电力工业 ·

【概况】 境内电力生产企业以石横发电厂为主，至年末，运行总装机容量192万千瓦，处在山东电网负荷中心，为山东电网的主力发电厂，全国首批命名的"国际一流火力发电厂"。另有石横特钢、昌盛石墨、胜利化工等自行发电企业10家。电力供应企业为市供电公司，年供电量35.36亿千瓦时。

【国电石横发电有限公司】 国电石横发电有限公司为山东电网主力发电厂，隶属中国国家能源集团公司，为国家特大型企业，全厂有6台发电机组，总装机容量1920兆瓦，截至2018年末，全厂有职工1299人。2018年，公司荣获山东公司目标责任制考核A级和先进集体荣誉，被授予山东省"安全生产工作先进单位"和"卫生先进单位"称号。全年完成发电量91.54亿千瓦时，售热量完成277.2万吉焦，实现利润859.9万元。①安全环保。完成两节两会、上合组织青岛峰会、中国国际进口博览会等政治保电任务，进行迎峰度夏、防洪防汛及防暑降温工作，组织安全生产月和安全生产万里行活动，开展事故警示教育、季节性安全检查，实施液氨泄漏、火灾事故等8项应急演练，迎接山东省政府安委会安全巡查、集团公司安全性评价等15次检查。加强安全教育，强化应急知识、自救互救和避险逃生技能培训。加大反违章力度，通过微信、协同办公系统曝光违章行为。加强风险分级管控体系建设，建立职业病危害风险清单。在地方政府的评估中达到省级标杆企业标准。全年未发生重大设备损坏事故、人身轻伤及以上事故，较好地实现年度安全目标。设备管理中，完成#4机A修等6台机组检修，重点进行#6汽轮机揭缸提效、#3机主汽门更换等工作，完成检修项目7847项。强化缺陷管理，修订缺陷管理制度，落实责任奖惩，缺陷消除率保持98%以上。重视机组重大操作管理，实施技术管理人员到岗监护，实现机组安全启停76台次无异常，其中 #1 和 #2 机组同时启停 7 次。翻车机、脱硝还原剂液氨改尿素工程项目开工建设。加强环保设施运行维护，氮氧化物等排放达标率 99.5% 以上，没有发生环保违规和环境污染事件。实施脱硫设备技术改造，科技攻关取得明显成效，#2、#4、#5、#6 机组真空严密性小于 100Pa/min；三期发电水耗完成 23.67 吨／万千瓦时，同比降低 2.18 吨／万千瓦时；"循环冷却优化控制系统的开发应用"获山东公司科技进步二等奖。②经营业绩。市场营销成绩突出，开展智慧营销，与 21 家电力用户签订代理协议。热力市场有序拓展，完成肥城供热区域置换，增加供暖面积 78.3 万平方米；新增索力得焊材、格润高分子等热力客户；开通石横二村、湖屯站等供暖用户；实现售热收入 10574.79 万元。深化与山水集团等企业的合作，进一步提升副产品销量。保供控价稳定有序，全年采购电煤 413.22 万吨，完成各时段保供任务，顺利通过山东省经信委库存核查。煤炭价格控制扎实有效，入厂不含税标煤单价完成 709.6 元／吨，标煤单价比对标值低 5.78 元／吨，入厂入炉不含税标煤单价差完成 24.38 元／吨，实现年度预定目标。加强入厂煤质把关，对 38 批次来煤进行扣热值处理。在集团公司连续 6 期存查煤样监督抽查中，12 个样品 48 项

检验指标全部合格。加强煤场管理，月度盘煤正常，热值差完成 0.349 兆焦／千克。③企业管理。夯实管理基础，加强法律审核，规范 651 项合同程序，避免履约风险。推进合同管理标准化建设，合同会签电子流程正式启用。加大普法力度，开展法治宣传，组织"宪法在我心中"主题征文，定期发布法律小常识，法治文化氛围浓厚。加强制度建设，建立数据共享平台。班组管理得到强化，锅炉队磨煤机二班连续两年被山东公司命名为"五星级班组"、获得"泰安市工人先锋号"，运行部甲二班等 4 个班组被命名为"四星级班组"。强化网络管理，进行厂网互动平台安全加固，升级缺陷管理和物资系统。加强档案收集整理，上架文书档案 2265 件、科技档案 169 卷，开展"国际档案日"宣传活动，被国电山东公司评为档案保密工作 A 级企业。④党建引领。全面加强党的建设，突出政治建设，多形式、分层次对十九大会议精神进行宣贯落实，开展"新时代、新使命、新担当"主题党日、庆祝改革开放 40 周年主题征文、十九大知识测试、"不忘初心、牢记使命"红色基地教育等活动，以重温入党誓词、撰写"初心故事"等形式回忆入党初心、坚定理想信念。突显党委核心地位，党建工作纳入公司章程，党委研究讨论作为"三重一大"

决策前置程序已成为常态。抓实基层组织建设，按程序撤销离退休党支部，成立退休党总支，下设 4 个党支部，优化退休党员管理；撤销生产部门科办党小组，更贴近职工、更精准发挥作用。开展"筑牢堡垒保安全、党员身边创三无"活动，启动"社会主义是干出来的"岗位建功行动，汽机队党支部被中共泰安市委授予"泰山先锋"红旗党支部荣誉称号。加强廉政建设，深入贯彻十九届中央纪委二次全会精神，落实集团公司部署，统筹安排党风廉政建设工作，将全年廉政建设责任落实到支部，将具体责任落实到重点岗位。坚持每周在协同系统发送廉政提醒，"廉途微察"微信群发送反腐倡廉信息、典型案例，搭建起全天候廉政教育平台。坚决纠正"四风"问题，紧抓重要时点进行风险防范，紧扣廉政风险开展警示谈话，对重点部门进行警示提醒，推动作风建设向纵深发展。开展形式主义、官僚主义集中整治活动。整改山东公司党委巡察反馈问题，明确具体措施，建立责任清单，逐一落实整改。

（刘宏昌）

· 钢铁冶金 ·

【石横特钢集团有限公司概况】　石横特钢集团有限公司（以下简称石横特钢）经过 48

年的发展，逐步发展壮大形成以钢铁为主业，延伸至化工、金融等领域的产业格局，拥有新疆昆玉钢铁有限公司、山东阿斯德科技有限公司、山东鑫华特钢集团有限公司、泰安华鲁锻压机床有限公司等10多家子公司和控股公司，连续多年跨入中国企业500强之列，钢材产品主要有建筑钢筋、锚杆钢筋、精轧螺纹、圆钢、电力角钢等。2018年5月，被山东省经信委、财政厅联合授予"山东百年品牌重点培育企业"称号；10月，被山东省确定为泰安特种建筑用钢产业集群；12月，获评中国钢铁企业综合竞争力特强A级，被泰安市政府评为工业领军企业50强，董事长张武宗当选泰安市庆祝改革开放四十周年"感动泰安人物"。

【生产经营】 2018年，石横特钢主要产品产量创历史最好水平，生铁产量556万吨，粗钢产量641万吨，钢材产量684万吨，焦炭产量228万吨，机械产品产量1.23万吨。生产经营取得良好业绩，全年实现营业收入419.17亿元，实现利润75亿元。其中集团本部实现利润49亿元，入库税金15亿元，列泰安市第1名，资产负债率、流动比率、速动比率分别为25%、260%、230%，钢筋混凝土用热轧带肋钢筋、锚杆用热轧带肋钢筋继续保持"山东名牌

产品"称号。

【兼并重组与工程建设】 通过企业重组，石横特钢实现资源优化，扩大企业整体实力。2017年4月、12月重组鑫华特钢、东昌焦化。2018年，分别实现利润18亿元、2.5亿元，均创历史最好水平。2018年，投资15亿元完成阿斯德科技一期项目建设，全年生产甲酸9.64万吨，实现利润0.25亿元；12月，参股泰安华鲁锻压机床有限公司；集团本部项目投资6.1亿元，完成工程建设项目87个，所有项目均实现一次试车成功。

【企业管理】 2018年，石横特钢紧抓产品适应市场的能力、企业盈利能力和创新能力"三条生命线"，调结构转方式，提升企业核心竞争力，集团本部吨钢利润连续8年处于行业领先水平，阿斯德科技、鑫华特钢、东昌焦化等子、分公司实现稳健、高效发展。系统研究总结企业管理经验和管理模式，出版发行董事长张武宗专著《管理的力量》。持续推进管理模式建设，建立核心业务管理模式61项、子模式83项。搭建人才成长平台，在人才培养方面实现"两条腿"走路，通过选拔应届高中毕业生送培和招收大学应届毕业生、选拔具有良好业绩和发展潜质的人员进入高校脱产再教育等措施，

员工整体素质得到大幅提升。

【技术管理】 年内，不断强化技术管理，持续完善重点经济技术指标体系及考核机制，继续保持"高新技术企业"资质和省级企业技术中心、山东省院士工作站两个技术创新平台，为企业转型升级提供强有力技术支撑。创建独具特色的经济技术指标体系，并不断优化提升。2018年有可比性重点技术经济指标77项，达到同行业先进平均水平的62项，达到同行业先进水平的45项，达到行业领先水平的32项。技术创新实现新突破，全年鉴定验收2017年度公司级技术创新成果89项；9项目通过山东省冶金工业总公司组织的科技成果鉴定验收，其中4个项目鉴定为国际先进水平，4个项目鉴定为国内领先水平，1个项目鉴定为国内先进水平。全年获授权专利14项，其中发明专利2项、实用新型专利12项。

【循环经济】 坚定不移地走低资源耗用、低污染排放的新型工业化道路，发展循环经济，坚持"绿色、创新、低碳、节能"的发展主题，多次被山东省政府授予"山东省节能先进企业""山东省节能先进单位"等荣誉称号，绿色工厂建设典型经验被《中国冶金报》《中国环境报》《中国工业报》等数十家新闻媒体竞相报道，社会反响强烈。投

巨资实施多项环境治理，对新上项目或原有系统增加脱硫脱硝装置，区域空气质量得到有效改善；煤场进行封闭式建设，改善集团公司周边环境，废气达标排放，满足国家环保要求；实施厂区南北主干道中修，建设东、西两侧环路，彻底整治厂区6条排水管道；增加清扫设施，分冬夏季实行不同频次的清扫和喷洒。在两条主干道建设21个"雾桩"，根据检测数据及温度变化自动喷洒，效果良好。按照"钢城＋绿网""生态＋园林""厂在林中、路在绿中、人在景中"的总体定位，全方位、无死角、大力度推进公司绿化、美化、净化工程。全年新增绿化面积6.4万平方米，厂区绿化率达到21%，设计构建凉亭、文化景观图案、山水图画、仿真墙，建设美观实用的文化宣传栏、文化格栅墙，在绿色景观建设、建（构）筑物防腐及美化等方面成效显著，极大提升企业整体形象。

【企业文化】　热心社会公益事业，参与各种社会公益活动，展示良好的企业形象和社会形象。设立2000万元教育基金，用于表彰奖励肥城市品学兼优的学生和贡献突出的教师；出资3000万元用于泰安市见义勇为专项奖励；出资5000万元资助肥城市佛桃品牌建设。不断优化完善社区管理及离退休人员的娱乐文体活动，开办的舞蹈班、书法班及传统的威风锣

4月28日，石横特钢第十二届职工运动会在特钢厂学校运动场举行

鼓等项目，得到职工家属的高度认可。适应国家环境治理大政策，减少冬季取暖污染排放，为周边几个村庄供暖，年度折标煤约2600吨。关注员工及离退休人员身心健康，共查体5270人次，救助393人次。开展表彰先进活动，重点对2018年度14个重大绩效项目、18名劳动模范、360名记功嘉奖人员进行表彰奖励。

（李慧星）

· 机械制造业 ·

【概况】　机械制造产业为肥城市传统产业中的优势产业，企业规模大、发展稳定、带动力强，具有较强技术和装备优势，在全市工业经济格局中占有重要地位。

【肥城金塔机械有限公司】　为国家高新技术企业、山东省文明单位、山东省和泰安市劳动关系和谐企业、省级企业技术中心，酒精及DDGS成套干燥设备生产基地，具备三类压力容器设计、制造资质，享有自营进出口权，"金字及图"商标酒精蒸馏塔为山东省名牌产品、中国驰名商标，在阿根廷、澳大利亚等国家进行马德里商标注册，取得阿斯米国际认证。公司下设金塔机械科技有限公司、金塔酒精化工设备有限公司、金威机械有限公司、泰西无纺材料有限公司。2018年，公司加快新旧动能转换，强化校企合作，创新研发多项工艺装备，获授权实用新型专利9项，申报受理国家发明专利6项；被中国轻工业联合会评为"中国轻工业装备制造行业三十强企业"；获山东省首台（套）重点领域技术装备1项；主持制定行业标准《糠醛蒸馏塔》；完成省级科技成果评价5项（含

酒精 1 项、科技 1 项、金威 2 项）；列为山东省技术创新项目 5 项（含酒精、科技、金威各 1 项）。酒精化工设备公司被评为全国制造业单项冠军示范企业；被评为山东省服务型制造"1+N"示范企业；被认定为山东名牌；获山东省优秀节能成果奖 1 项；获中国轻工业联合会科技进步二等奖 1 项；列为泰安市科技合作专项计划 1 项；被评为泰安市创新型企业 50 强；获泰安市科技进步三等奖 1 项。科技公司被评为山东省省级企业技术中心；入选山东省中小企业"隐形冠军"培育企业；申报山东省"瞪羚企业"；获泰安市专利奖二等奖 1 项；获泰安市第四届创新创业大赛二等奖。金威公司被认定为"泰安市糠醛生产装备产业技术研究院"；列入肥城市重点研发计划、山东省中小微企业创新竞技行动计划；入选山东省中小企业"隐形冠军"培育企业；入选泰安市科技发展拟立项项目；申报肥城市科技发展计划项目 1 项。泰西公司在国家市场监管总局产品抽检中质量全部合格；加入中国土工合成材料工程协会，成为中国交建集团物资战略供应商；顺利完成全部不动产证登记工作和环评验收工作；完成泰安市技术中心评级申报、泰安市 AA 级企业信用评价申报；申报肥城市科技发展计划项目 1 项。总部、科技、酒精、金威公司先后通过质量、环境、职业健康安全体系年审；总部、科技、酒精公司于 11 月份完成知识产权贯标认证工作；总部、金威公司通过山东省"专精特新"企业认定；科技、酒精、金威公司先后通过危化品资质认定和国家、省市科技型中小企业认定；酒精、金威公司荣获泰安市第四届创新创业大赛优秀奖。2018 年，公司完成产值 7.3 亿元，实现销售收入 6.8 亿元，利税 5396 万元。

【山东云宇机械集团】 始建于 1969 年，2003 年民营改制，为全国机械工业效绩评价百强企业、山东省机械工业百强企业、泰安市工业三十强企业、山东省铸造五十强企业。集团下设山东云宇机械集团有限公司、泰安金城重工科技有限公司、山东云宇制动器股份有限公司、肥城云宇钢圈有限公司、肥城云宇铸造有限公司、泰安九洲金城机械有限公司、川液机械有限公司、山东神华新型材料有限公司等八大公司。主要生产各种工程机械驱动桥、变速箱、制动器、钢圈、拖拉机转向驱动桥、矿用格栅等，具有年产各种工程机械驱动桥 20 万条、制动器 100 万套、钢圈 20 万套、变速箱 1 万台、各种铸锻件 10 万吨、格栅 300 万平方米的生产能力。产品技术质量水平国内领先，主要为柳工、厦工、龙工、徐工、山工、临工、时风、五征、一拖、天拖等百余家主机厂配套，全国配套市场占有率达 40%，并出口俄罗斯、巴西、阿根廷、南非等国家。ZL30S 系列湿式制动驱动桥及拖拉机转向驱动桥等产品技术与国际接轨。30 以下驱动桥及制动器的产销量全国第一。主导产品驱动桥系"山东省名牌产品"，"云宇牌"商标系"中国驰名商标"。2018 年，集团实现产销 7.3 亿元，利税 6700 万元。

· 精细化工 ·

【概况】 精细化工产业以阿斯德科技、瑞福锂业、一滕新材料、鲁岳化工等企业为龙头，为肥城市潜力巨大、长势旺盛的产业。

【山东阿斯德科技有限公司】 位于肥城市化工产业园 1 号，占地 820 余亩，先期投资 18 亿元，为泰安市工业领军企业 50 强、肥城市 2018 年外贸出口先进单位。建设 10 万吨甲酸生产线 2 条，甲酸下游产品甲酰胺、甲酸钙生产线；甲酸和草酸原料气制备生产线以及配套动力岛和公辅系统等。年可产甲酸 20 万吨、草酸 5 万吨、甲酰胺 3 万吨、甲酸钙 3 万吨、甲酸钾 1 万吨。甲酸、甲酸甲酯、甲酸钾、草酸及配套的公用工程和辅助设施为高附加值的精细化工装置，符合国家能源政策和产业政策。甲酸、草酸原料气

9月7日，山东阿斯德科技有限公司客户观摩会在石横特钢举行

制备按照"以煤气为纽带，上下产品连接成链，能源综合利用、节约、清洁生产"的循环经济发展模式，由原来的煤浆制气工艺，改为利用钢厂煤气，甲酸、草酸原料气采用钢厂尾气，研究石横特钢和化工行业的钢化融合，为企业的产业发展战略研究奠定基础，实现"钢化"融合、工业"三废"综合利用；在经济发展新常态下，以高炉煤气、焦炉气及焦化副产以及其他工业三废综合利用、全厂动力（含燃料）优化集成、全厂水系统集成优化、优化空间布局，延长产业链，实现经济效益、社会效益和环境效益的有机统一，达到清洁、高效、循环、可持续发展的运营目标，使"钢化联合循环发展"的运行模式进入创新的时代。

【山东一滕新材料股份有限公司】　始建于2004年4月，注册资本7050万元，位于肥城市循环经济产业园区，占地1000余亩，员工600余人，其中博士、硕士研究生及高级工程师、科研人员100余人。公司以棉籽壳下脚料、农作物秸秆、植物纤维等天然植物纤维为原料，生产研发羟丙基甲基纤维素（HPMC）、羟乙基甲基纤维素（HEMC）、羟丙基淀粉醚（HPS）、羟乙基纤维素（HEC）、乙基纤维素（EC）、聚阴离子纤维素（PAC）等各类纤维素醚产品，设计年产5万吨，实际年产3万吨，有11条生产线，具备研发生产建材级、医药级、食品级等高、中、低端产品的能力，产品广泛应用于建材、陶瓷、食品、医药、化妆品、军工等领域。销售网络遍及全国各地，并远销英国、美国、加拿大、俄罗斯、阿根廷、印度、中东等20多个国家和地区。先后荣获中国驰名商标、"绿色工厂"、国家知识产权优势企业、山东省制造业单项冠军企业、山东省瞪羚企业、高新技术企业等荣誉称号。建有独立的技术研发中心，拥有山东省企业技术中心、院士工作站、山东省专精特新中小企业、省级一企一技术研发中心等多个研发创新孵化平台。先后承担国家、省市级科技创新项目10余项，制定国家标准2项，行业标准1项，省地方标准2项，申报、拥有各项专利30余项。公司坚持安全优先、环保优先发展的理念，建有四效蒸发、MVR污水处理系统，建成污泥焚烧发电项目，污水处理达标排放，污泥焚烧变废为宝，沼气回收再利用，形成以"纤维素醚→污水处理→污泥焚烧发电→纤维素醚"为闭环的绿色循环生态圈。

【山东鲁岳化工集团有限公司】　主要生产应用于工业和城市污水、原水处理、造纸化学品、纺织印染助剂、油田助剂、农药、生物医药、油漆、日用化学品等行业助剂产品。为实现企业规模化大发展，按照各级关于危险化学品生产企业搬迁改造、退城进园政策规定，在肥城市化工产业园建设山东鲁岳化工集团有限公司、山东聚发生物科技有限公司两个新厂区。新厂区占地面积78.2亩，投资2.4亿元，搬迁建设6万吨有机溶剂稀料生产能力及2万吨等离子气化焚烧炉危废处理装置。山东聚发生物科技有限公司占地面积 100 亩，投资 2.3 亿元，建设年产 4.2 万吨功能性单体及聚合物项目，年产 2000 吨一烯丙基胺、二烯丙基胺、三烯丙基胺，1000 吨一烯丙基胺盐酸盐、二烯丙基胺盐酸盐、三烯丙基胺盐酸盐，2 万吨二甲基二烯丙基氯化铵，1.7 万吨聚二甲基二烯丙基氯化铵水溶液，2000 吨聚二甲基二烯丙基氯化铵干粉。公司拥有 1 项国家发明专利，3 项实用新型专利，为国家科技型中小企业，2 个项目列入全省"十三五"危险废物处置设施建设规划项目，为泰安市级中小企业"一企一技术"研发中心，被功能性单体及高分子材料产业技术研究院认定为泰安市产业技术研究院，获得 ISO9001 国际质量体系和 ISO14001 环境管理体系认证，年产 6 万吨有机溶剂稀料项目被列入山东省技术改造重点项目导向目录。2018 年，公司实现销售收入 3 亿元，利税 7800 万元。

· 煤炭工业 ·

【概况】 2018 年，市煤炭发展中心在提升机关党建质量的同时，实施党建下延工程，在煤矿安全管理干部中开展"提思想、转作风、促安全"学习教育活动，通过抓矿长、生产矿长、安全矿长、机电矿长和总工程师安全生产"五职责任人"，根据工作问题，倒查思想认识和工作作风问题，结合"两学一做"学习教育，带着问题学、针对问题改，推进党建保安工作向企业推进、向生产现场延伸。年内，先后组织党建保安推进会、专题会 3 次，"党建保安"品牌建设在煤矿企业反响强烈，深入人心，有力支撑煤矿安全生产工作。建立"内省日"制度，每月组织全体党员进行集体交流，通过反听内视，重点查摆问题，探寻管理缺陷，从思想深处深刻反省，在知行合一上深挖不足，实现"内省不疚、不忧不惧"的目标。建立"党建保安"微信公众号，及时发布党的建设与安全生产研究方面的信息内容，已发布原创文章百余篇，在省内外机关党建领域及监管企业产生较大影响。

【安全监管】 ①健全煤矿安全生产主体责任管控体系。制定《落实煤矿安全生产主体责任考核办法》，督促煤矿每月开展一次自查，每季度对煤矿开展一次考核，上下合力，共同把企业主体责任落实好。②全面落实安全生产标准化建设。制定《关于推进煤矿安全生产标准化建设工作的实施意见》，严格执行煤矿旬检查月验收、监管部门季度检查验收制度，落实工程质量挂牌管理和终身负责制，推动安全质量标准化由静态达标向动态达标、由点面达标向全面达标、由检查型达标向制度型达标转变。至年末，全市建成二级标准化矿井 3 处，三级标准化矿井 1 处。③构建煤矿安全双重预防机制的科学架构。建立安全风险分级管控和隐患排查治理双重预防机制工作体系，开展班组日查、车间周查、企业月查、市季度分析的隐患排查治理制度，做到责任、措施、资金、时限、预案和监控措施"六落实"，确保隐患治理到位。做到关口前移，把风险管控挺在隐患的前面，把隐患排查治理挺在事故的前

市煤炭发展中心到井下指导工作

面。④优化煤矿安全生产执法监管责任体系。完善安全执法责任管控机制，制定《关于提高安全执法效能促进煤矿安全管理上水平的意见》，建立执法检查"双向"问责机制，增强监管干部的责任心，提高煤矿安全行政执法效能。年内，共检查59矿次，发现问题540条，停头停面10矿次。⑤推进煤矿机械化、自动化、信息化、智能化建设。煤矿企业累计投入资金1亿余元，装备综采成套装备6套，综掘设备2套，做到减轻人员劳动强度、提高工作效率。⑥建立防范问题重复发生的长效机制。梳理汇总各级安全监管监察部门执法检查问题，对照问题台账计算问题重复发生率，找准问题发生的根本原因，制定避免问题重复发生的措施，不断提升安全管理水平。

【**山东鲁安能源集团有限公司**】 山东鲁安能源集团有限公司（以下简称鲁安能源集团）位于泰山西麓肥城市境内，是一家以煤炭开采为主，多种经营为辅的能源支柱型企业。其前身为肥城矿业集团陶阳煤矿，矿井始建于1958年，1965年建成投产，1982年改扩建后设计能力为90万吨／年。井田位于肥城煤田中部，核定生产能力75万吨／年。经过50年的发展，企业在前进中发展，在发展中壮大，煤炭产量曾连续14

年保持在100万吨以上。后经国家政策性破产改制，于2008年注册成立山东新陶阳矿业有限责任公司。在此基础上，随着企业发展规模拓展，于2011年注册成立山东鲁安能源集团有限公司，至2018年末，有从业人员2000人。企业下设山东新陶阳矿业有限责任公司、山东鲁安能源地产投资有限公司、肥城阳光实业有限责任公司3个子公司。自成立以来，秉承"共同努力、共享成果"的办企方针，坚持依法纳税，为地方经济发展做出积极贡献。同时，坚持"合作共赢、共谋发展"的原则，以优质的产品、高效的服务、良好的信誉，赢得客户和社会外界的一致好评。企业先后获得"国家级安全质量标准化煤矿""全国煤炭工业现代化矿井""全国煤炭质量管理先进矿井""全煤系统文明煤矿"、煤炭系统"企业文化示范基地创建优秀单位"、中国煤炭行业"AA+"级信用企业、山东"省管企业先进基层党组织"等荣誉称号。

（王宁）

【**山东能源肥城矿业集团概况**】 2018年，肥矿集团公司围绕"稳中求进"总基调，应对新形势、新挑战，聚力攻坚"3+10"重点项目，深挖内潜、提质提效，务实作为、破解难题，开创经济运行稳中向好、整体工作进中突破的新局面。抓住

煤炭市场整体企稳时机，强化产销协同，保持产销率、回款率100%。商品煤量比确保目标增加5.74万吨。煤价、销售收入、现汇比例同比实现"三增"，其中煤炭增收4.6亿元。全公司账面盈利3.21亿元，比目标增利2077万元，比奋斗目标增利77万元，同比增利1.79亿元。坚持发展依靠职工、成果职工共享，发放养老保险、住房补贴、报销药费、住房公积金等，投入"三供一业"改造、供暖等，涉及民生的支出10.13亿元，占经营资金收入的18.2%。①安全生产。树立"安全是稳中之稳"思想，塑造"端安全碗、吃安全饭、挣安全钱"价值观，安全发展氛围空前浓厚。依法合规组织生产，抓调整、上装备、除隐患，优化安全生产环境。解决安全重大问题，冲击地压、瓦斯、水害等灾害防治能力不断提升。完善安全管理机制，包矿会诊、驻矿督查、量化考核，管控力度持续加大，保持安全生产形势平稳。②经营管理。锁定全年指标任务，生产经营各线全面发力。协同稳量支撑效益，综合采取稳产措施，应对安全生产复杂形势。梁宝寺矿边调整、边保产，白庄矿、陈蛮庄矿担当稳产重任、做出大贡献，曹庄矿生产超越同期，四矿成为经济稳定运行的"压舱石"。营销增收持续提升，坚持"领涨跟降"营销策略，科学组织发运，保障市场波动、停产限产、电煤供应等不同

阶段的营销和回款。优化产品结构，开展洗配提价，竞拍交易增收，煤价稳居能源集团前三名。成本管控取得成效，紧盯成本超支严重项目，提高考核挂接比例。开展物资管理"突破年"，改革理顺管理体系。规范招标流程，节支768万元。明确物资代存范围、期限，责令清退长期代存物资，代存资金额度下降5000万元。多措创效创出新高，实施资金、政策、税收筹划、资产盘活"四项创效"，挖掘创效潜力，内控外收，降费减支，综合创效2.53亿元，创效渠道、政策研究等同比都有新变化，有效缓解资金压力。③一提双优。落实"一提双优"规划，实施30项装备升级项目，更新改造装备、调整优化系统。改造大修综采支架826组，第一个综合自动化采煤工作面投产，监测监控系统获得国家局认可。优化劳动组织，规范劳务派遣用工，实施"双效"区队建设，工效同比实现提升。推进科技创新，12项成果通过中煤协会鉴定，13项优秀科技成果、26项"五小"创新成果受到能源集团表彰。④内涵挖潜。进行存量资产清查处置，全面清查大型资产、专项设备及闲置资产4389项。处置报废设备物资收入1438万元。清收处置20项闲置资产及应收款项取得成效，已收回4253万元。除僵尸全面完成，鑫宇物流出清移交破产清算管理人，专业机构接管，防范风险、依规处置，在

能源集团率先完成省国资委三年僵尸企业出清考核目标。超额完成治亏损，持续巩固亏损企业治理成果，亏损额、亏损面、大额亏损企业三项指标，全部完成能源集团下达指标。防控风险成效明显，深化延伸专项审计，挽回经济损失，实现管理增效。健全法务组织体系，强化团队保障，国电容量价款等大案要案取得进展，复杂遗留问题解决实现突破，合法权益得到保障，重大风险初步得以稳控。⑤项目推进。聚焦落实集团公司发展战略，谋划推动优质项目，资源获取实现阶段性突破。推进平凉五举煤矿项目合作，高层对接、专业盯靠，逐项打通合作环节，成立全资子公司，召开国家能源局专家评审会进行项目论证，初步通过该项目，合作基础基本形成。⑥转型发展。依托自身优势，创新盘活思路，融入地方战略，引入专业公司，搭建合作平台，转型发展五个项目正在落地实施。其中煤炭储备项目取得省级煤炭应急储备基地的批复，融合资源、外购掺配日趋成熟，创效潜力显现。飞达公司迁回老区，协同物流贸易产业发展。煤矿托管再获进展。省内双合煤矿托管取得成效。奔赴新疆商谈合作项目，托管两对煤矿签订协议。⑦村庄搬迁。规划实施中长期接续，着力稳定现有生产规模。分析研究老区生产接续，找煤扩量221.8万吨。推进新区压煤村庄搬迁、塌陷地治理，梁宝寺矿"四村一

校"搬迁，当年开工、当年主体完成、当期压煤村庄过渡搬迁，解放压煤储量700万吨。⑧环境保护。贯彻落实新发展理念和环保要求，调整充实基层环保力量。坚持应急联动，关注环保舆情，杜绝环保事件。加大环保项目治理，完成梁宝寺矿场全封闭式改造，保障清洁化生产。⑨民生工程。抢抓国企改革机遇，勇担国企责任，创新路径，团队协同，解决许多长期想解决而没有解决的难题，利企利民、惠及矿区。社会职能移交全面突破，实施"1+2N"打包移交模式，完成14家改制企业党工团、安全、维稳、环保等管理责任，以及9个社区管理机构、29条市政设施道路移交。"三供一业"移交改造收尾，其管理职能和相关资产全部实质性移交接受单位，实现平稳过渡。依规加快维修改造，全力保障、督导冬季供暖，后续改造工作有序实施。医疗保险纳入统筹，历经80余次协调，最大限度保障企业利益、百姓权益，矿区4.7万名在职和退休职工，开始享受泰安市公共医疗资源。

（王百灵）

【山东能源肥矿集团社会管理职能移交取得实质性进展】 2018年，集团公司针对复杂的企业办社会职能分离移交问题，坚持主动沟通，主动协调，主动对接，稳妥化解分歧，得到肥城市委、市政府大力支持，形

成"整体移交、分步实施，建模树标、复制推广"的移交思路，确定"1+2N打包"的整体移交模式，党工团关系、安全生产、信访维稳等8个大项13个小项的社会管理职能实现实质性移交，9个社区管理机构和党组织已经挂牌运行，主要管理人员进驻，幼教机构春节前实现移交，企业办医疗机构移交稳步推进，整体工作较好实现"六个满意"。①党工团关系移交。肥矿集团2018年移交涉及的17个企业（含高余社区），按照移交主体性质可分为"5+1+11"。即政策性破产重组企业5家、政策性破产重组企业社区1个（高余社区）；主辅分离辅业改制企业11家。剔除国有全资或参股的医疗、教育机构（技师学院、中心医院、白庄矿医院、曹庄矿医院），已完成其他移交协议签订，并按规定程序办理交接手续，对相应信访稳定、安全生产、环境保护等管理责任进行调整。②社区管理职能及市政设施移交。肥城矿区14个社区管理机构（涉及24个职工家属区）、29条市政设施道路管理完成移交。24个职工家属区根据地域划分为9个社区，已完成社区办公用房简易维修，配齐基本办公设施。截至2018年12月25日，各社区党组织均已成立并完成挂牌，四个驻地镇街区社区管理人员已进驻，根据地企双方约定，为确保平稳过

渡，实施一段时期企业、地方并行管理，按照有关程序筹备选举组成社区居民委员会等社区组织后，企业人员撤出。③幼教机构。矿区有企业办幼教机构8家，根据地企双方约定和资产属性分类处置。其中政策性关闭破产企业受托管理的国庄社区幼儿园、大封社区幼儿园、杨庄社区幼儿园、鲁中能源幼儿园、鲁安能源幼儿园5家幼教机构，实施市场化改革，改为民办普惠性民办幼教机构；机构涉及人员根据身份属性分别由肥矿集团和改制企业分别分流安置。至年末，国有身份人员已经自主选择分流安置渠道，根据推进情况择机退出。随主管企业一并实施主辅分离辅业改制的博爱公司幼儿园、信诺公司幼儿园、瑞和公司幼儿园3家幼教机构，均已完成改制任务。随其主管改制企业一并移交，其党工团组织关系、专业技术职称评定及业务管理

等职能移交肥城市政府，实行属地管理，纳入当地教育规划范围，享受当地同类教育机构各项政策。④职业教育。肥矿技师学院已实施主辅分离辅业改制，经与肥城市政府协商确定不再实施移交，继续举办，市场化运行。⑤医疗机构改革。肥矿矿区有企业办医疗机构14个，根据其资产属性，结合与山东颐养健康产业发展有限公司协商情况，分类处置。政策性关闭破产企业受托管理的国庄煤矿职工医院、大封社区医院、高余社区卫生所、杨庄煤矿职工医院、肥城查庄矿医院、肥城陶阳矿医院国有资产医疗机构6个，实施主辅分离辅业改制与肥矿集团有产权关系的肥城矿业中心医院、肥城曹庄矿医院、肥城白庄矿医院医疗机构3个，随主管企业一并实施主辅分离辅业改制的肥矿集团机关医院1个，整体划转山东颐养健康产业发展有限公司，

山东能源肥矿集团"两供一业"移交签约仪式

整体接收，进行资源整合，实现专业化运营和集中管理。已随主管企业一并实施主辅分离辅业改制的安信社区卫生服务站、鲁泰社区卫生服务站、矿工佳园社区卫生服务站、技师学院卫生室医疗机构4个，均已完成改制任务。随其主管改制企业一并移交，其党工团组织关系、专业技术职称评定及业务管理等职能移交肥城市政府，实行属地管理，纳入当地医疗规划范围，享受当地同类医疗机构各项政策。⑥医疗保险移交。在省财政厅、国资委协调下，在能源集团党委坚强领导下，肥矿集团与地方进行80余次会商协调达成共识，形成"一次性移交，分期缴费"模式。2018年9月29日，肥矿集团与泰安市政府签署《城镇职工基本医疗保险纳入地方统筹管理协议》，肥城矿区4.6万名职工医疗保险，自2019年1月1日正式纳入地方统筹。各项医保业务逐步理顺，4.6万名参保人员已实现在泰安地区定点医院、药店刷卡消费，实现在泰安地区74家定点医院以及泰安地区外、全国范围能联网结算医院的住院即时结算，同时，增加门诊统筹、大病保险（肿瘤靶向药）补助待遇，肥矿广大参保人员真正享受到纳入统筹管理后的便捷服务和更为优质的医疗资源，就医选择更加宽泛，就医质量大幅提升。

（王百灵）

· 纺织服装 ·

【概况】　纺织服装产业以泰鹏集团、傲饰集团、龙祥纺织等企业为骨干，纺织与服装相得益彰，有纺和无纺相互补充。

【山东泰鹏集团】　为股份制民营企业，资产16.36亿元，员工2000余人，占地近400亩，下设5个子公司，其中2个上市公司，3个国家级高新技术企业。主要生产无纺、智能家居、家纺三大系列产品。"安琪尔"家纺商标为"中国驰名商标"，拥有两个省级名牌产品，一个省著名商标。获得国家专利83项（其中发明专利8项），软件著作权7项。为中国非织造布10强企业、中国纺织企业竞争力500强，中国产业用纺织品行业竞争力20强、山东省制造业单项冠军企业、隐形冠军企业、省资源再生利用示范企业、省循环经济示范企业、省战略新兴产业重点企业、省资源综合利用产品认定企业、山东省产学研突出贡献单位、国家民政部救灾物资十佳供应商、欧美地区顶级经销商的长期战略合作伙伴。2018年，集团实现销售收入17.16亿元，利税1.7亿元。

· 建筑材料 ·

【概况】　建筑材料产业以泰西水泥、鲁泰建材科技、联谊工程塑料为龙头，为全市工业经济的重要组成部分。

【山东泰西水泥有限公司】　成立于2016年1月6日，同年5月吸收合并肥城米山水泥有限公司。米山水泥前身为国家二级企业——地方国营肥城市水泥厂，主导产品"米山牌"水泥为山东省著名商标和山东省名牌产品。泰西水泥占地面积54万平方米，注册资金7500万元，资产总额12亿元。下设水泥西厂和东厂两个分厂，肥城市九鼎水泥有限公司一个全资子公司。拥有日产4000吨和2000吨2条新型干法回转窑熟料水泥生产线，主要生产52.5级、42.5级普通硅酸盐水泥及32.5R复合硅酸盐水泥，年生产能力260万吨，熟料产能列全国水泥行业第86位、全省第9位。2018年，生产水泥187.4万吨，销售水泥188.06万吨，实现产销平衡，超额完成目标任务，经营效益实现建厂50年间历史最好水平。经过摸索实践、持续攻关，自主成功研发出52.5级普通硅酸盐水泥。"米山牌"水泥成功中标青兰高速公路肥城段、泰安段项目，填补泰西水泥在国家级高速路工程中业绩的空白。2018年2月9日，与青岛东正环保科技有限公司合作建设水泥窑协同处置工业危险废弃物项目，列入山东省危废治理"十三五规划"、泰安市新旧动能转换项目，采用国际先进的危险废物预处理技术，依托泰西水泥公司 4000t/d 新型干法水泥熟料生产线，配套建设 10 万吨/年处置工业固废生产线，为泰安市第一个利用旋窑协同处置固废的项目，预计 2019 年 5 月投产，将使肥城市乃至泰安市工业固废得到无害化终端处置，实现资源化利用。公司坚持"安全第一、预防为主、综合治理"的工作方针，被泰安市委宣传部、泰安市安监局、泰安市总工会联合授予"安全文化建设示范企业"称号。

【肥城联谊工程塑料有限公司】　成立于 2002 年 9 月，占地 15.3 万平方米，建筑面积 8.6 万平方米，固定资产 8.5 亿元。先后全资成立山东联拓新材料有限公司、山东菲薄瑞德新材料有限公司、山东大庚工贸有限公司及山东云蒙山文化旅游开发有限公司。经营范围涵盖土工材料、新材料、旅游等领域，产品销售网络遍布全国并远销海外。近年间，公司呈现持续稳定的上升趋势，年平均增长率高达 15% 以上。产能规模、市场占有率和品牌影响力均位居国内同行业首位，为中国土工合成材料工程协会副理事长单位。2018 年，共计生产各类高性能复合土工材料 5 亿平方米。产量占国内同类产品总产量 20% 以上；有员工 490 余人，大学专科以上学历的科技人员 121 人，研发人员 46 人；重视科技创新和企业管理，先后与中科院长春应用化学研究所、山东省机械设计研究院、山东大学等院校合作，共获得 3 项发明专利，18 项实用新型专利以及 14 项外观设计专利证书，先后被认定为国家高新技术企业、山东省企业技术中心、山东省著名商标、山东省"一企一技术"研发中心。2018 年，获得山东省工业设计中心、泰安市工程实验室、泰安市产业技术研究院及 2018 山东省中小企业隐形冠军称号，并通过知识产权管理体系认证；合作专家教授周光远获得山东省科技特派员及泰安市泰山英才称号。2018 年，公司实现销售收入 5.31 亿元，利润 2105 万元，缴纳税费 2331 万元。

民营经济

【概况】　至年末，全市新增私营企业 2448 户，期末实有 9967 家，分别增长 28.57%、23.98%，个体工商户新增 7394 户，期末实有 40609 户，分别增长 11.86%、13.39%。民营经济税金 57.62 亿元，增长 20.34%，占全部税收总额的 95.64%。有 92 家企业税收实现增长，其中 62 家增幅在 50% 以上；瑞浩、瑞科、山水水泥、三英、汇源食品饮料等 5 家企业跨入重点骨干企业行列，30 家企业进行技改扩能或装备提升，20 家企业进行产学研合作或品牌创建，12 个新开工建设项目完成投产，培植新增规模企业 23 家。43 家企业实现科技创新和品牌创建，分别为山东省瞪羚企业 2 家，省级中小企业隐形冠军 4 家、纳入省级培育库 8 家，省

市民发局联合华夏基石管理公司，组织驻泰高校 18 名专家对 74 家成长型科技中小企业开展管理提升活动（董宗国　摄）

级一企一技术企业 8 家，省级专精特新企业 17 家，省级双创示范基地 2 家，省级公共服务示范平台 2 家，省级集体称号 2 个。获得省级各类表彰奖励和资质认定企业数量在泰安县市区最多。

【科技创新】　实施创新驱动发展战略，加快科技创新步伐，聚焦更多创新要素，为企业稳健发展提供强力支撑。①中小企业"专精特新"发展。建立成长型科技中小企业培育库，通过对"入库"企业梯度培育和引导扶持，先后培育并获得认定省级"专精特新"中小企业 45 家，省级"一企一技术"研发中心（创新企业）35 家。同时，重点培育聚集主业、创新能力强、市场占有率高、专注于细分市场的专精特新"小巨人"企业，促其逐步壮大成长为"单项冠军"企业。至年末，有省级工程实验室（研发中心）2 家，院士工作站 5 家，博士后工作站 2 家，省级产业技术创新战略联盟 3 家。农大肥业被认定为国家级企业技术中心，成为近 5 年间泰安市首家获得认定的企业。②中小企业数字化智能化提升。抓住被列入中小企业数字化智能化试点市县区的契机，在全市中小企业开展数字化智能化示范推进工程，提升中小企业研发、生产、管理和服务等环节智能化水平，鼓励引导列入省重点

培育计划的 28 家智能技术应用、智能装备产品企业，加快互联网、大数据、云计算、物联网、人工智能与制造业深度融合，推动企业设计、生产、经营、管理、服务等智能化。征途科技被命名为山东省中小企业发展新经济示范单位，高新区创业服务中心和泽能电力被评为省级中小企业公共服务示范平台。同时，进一步加强与联通、电信等信息化服务提供商的密切合作，为中小企业开展两化融合提供技术和服务保障，先后组织 200 余家企业到泰安参加智慧云平台和物联网现场体验。③大中小企业融通发展。围绕各类园区、项目聚集区，发展小微企业聚集度高、产业特色鲜明、优势比较突出、辐射带动作用强的"双创"示范基地，引导提升各类载体平台的市场化、专业化服务水平，提高创业创新资源融通效率与质量。至年末，全市拥有省级小微企业创业创新示范基地 4 家，泰安市级示范基地 14 家，建筑新材料被列为省智能产业试点，逐渐形成大企业带动中小企业发展、中小企业为大企业注入活力的融通发展产业生态。

【银企合作】　定期深入镇街区和中小企业调研资金需求情况，建立企业融资需求动态库，及时了解中小企业融资动态变化情况。与多家金融行社联合

举办全市中小企业金融知识普及教育活动，强化中小企业融资技能，提高企业融资能力。2018 年，全市小企业贷款余额同比增长 47.7%。持续推进与民丰村镇银行联合开展的"政银牵手合作、共助小微企业专项行动"，争取上级银行的专项信贷政策，选取 100 家左右的优质中小微企业进行集中授信，授信总额度 1 亿元以上，活动期间可享受贷款利率优惠。至年末，已为 21 家企业授信 2460 万元。联合市科技局和邮政储蓄银行召开全市政银牵手合作、助力动能转换政银企对接会。邮政储蓄银行通过争取上级银行的支持和批准，推出科信贷、税贷通贷款、流动资金贷、个人商务贷四种融资新产品，新产品坚持协作联动、互利共赢、提升质效的原则，最大限度地缓解企业融资难题。

【管理提升】　深入重点企业提供"一对一""点对点""菜单式""模块化"服务，先后与北京金隆行咨询集团等机构合作，划片分街镇举办 7 次中小企业管理服务提升沙龙活动，鲁岳化工等 28 家企业开展管理咨询项目建设，为企业提供发展战略、财务管理、人力资源、市场营销等咨询诊断。山东三同新材料公司受经济下行影响，企业的发展步伐减慢降速，销售收入连续三年徘徊不前，企业通过开展深度管理咨询，确立"聚焦高档绳

索、专攻游艇用绳"的战略发展目标，发展路径更加清晰，内动力持续增强，管理水平发生质的变化，成为国家高新技术企业，2018年底在新三板成功上市，被列为泰安市"三强"企业重点培植。2018年7月，根据上级统一安排，联合泰安华夏基石管理公司，组织驻泰高校18名专家对74家成长型科技中小企业开展管理提升活动，取得良好效果。为进一步推进成长型中小科技企业信用体系建设，树立信用意识，规范信用行为，组织63家企业参与信用评级活动，颁发信用证书，评级结果成为中小企业申请政府资金支持、政府采购、招标投标、融资上市、招商引资和开拓国际市场的重要依据和通行证。

重点民营企业

【**三同新材料股份有限公司**】 公司位于山东肥城市潮泉工业开发区，占地面积26666平方米，有新型钢构厂房3栋，办公、宿舍和餐厅等设施俱全，建筑面积12000平方米，于2004年9月27日成立，注册资本1004万元，干部职工110人，技术人员17人，其中大专学历以上36人，占职工总数的33%，中级职称以上12人，占职工总数的10%。2017年12月20日，成功登陆资本市场全国中小企业股份转让系统，股票简称三同新材，股票代码872406。产品主要有各种绳索、钻石编织绳、金刚打编织绳、双编绳、中空编织绳、超高分子量聚乙烯纤维绳、PP绳、PE绳、码头绳、缆绳、锚绳、高档绳索、特种绳、编织绳网、吊床网等。产品用途广泛，主要应用于吊床帐篷、登山滑水、户外宿营、探险救援、帆船升旗、游艇系泊、拖车牵引、体育休闲、农业渔业、航海军事、海洋海工等领域。产品远销北美、欧洲、

山东三同新材料股份有限公司车间员工操作半自动编织机（孔燕　摄）

澳洲、中东、东南亚等地区。注重科技创新及品牌创建，先后申请国家专利17项，其中发明专利1项，在国家商标局注册商标2个，注册美国商标2个、欧盟商标2个及马德里国际商标，公司先后荣获国家高新技术企业、国家科技型中小企业、新三板挂牌上市公司、山东省一企一技术创新企业、山东省专精特新技术企业、泰安市三强企业，通过SGS、CE、TUV等多项国际认证。2014年，首次实现在欧美市场自主品牌的销售。

【**山东聚发生物科技有限公司**】 公司是山东鲁岳化工集团有限公司为贯彻省市人民政府和安监局关于危化品企业搬迁改造升级和退城进园政策，由山东鲁岳化工集团有限公司注资5000万元在肥城市化工产业园设立的全资公司。主要承担山东鲁岳原有部分高科技医药中间体、环保型高分子水处理单体及聚合物等精细化学品项目的搬迁改造建设项目，被列入山东省技术改造重点项目导向目录。山东聚发生物科技有限公司是泰安市科技型中小企业，研发的"珠状水溶性阳离子聚合物制备技术及产业化"成果被认定为国际先进水平，"珠状超高粘度水溶性阳离子聚合物（PDADMAC）研发与应用"项目列入泰安市2018年科学技术发展计划（引导计划），公司

聚发生物科技项目建成投产（于学山　摄）

研发的"一种珠状超高粘度水溶性阳离子聚合物及其制备方法"获得国家发明专利、"聚合反应釜""过滤装置""固体颗粒风送系统"获得国家实用新型专利。采用该发明专利和实用新型专利建设的2000吨聚二甲基二烯丙基氯化铵珠状干粉项目4月份建成投产。

【山东乐通电缆有限公司】　公司成立于2003年1月，占地20000余平方米，其中生产车间10000平方米，为电线电缆专业生产厂家。公司拥有先进的生产工艺装备，一流的检验仪器，通过严格高效的管理，主要致力于控制电缆、电力电缆、计算机电缆、铝绞线及钢芯铝绞线、架空线、软电缆、四芯导线束、低压成套设备、五金电器等。近年间，企业规模不断扩大，效益逐年递增，先后获得全国工业产品生产许可

证、企业产品执行标准等级证书、中国国家强制性产品认证证书，质量、环境、健康体系认证，山东省建筑工业产品登记备案证，先后申报并获批山东省"专精特新"中小企业、山东省著名商标，并具有对外贸易经营权。产品畅销28个省市区，并进入北京奥运会鸟巢配电系统、山东奥体中心筹建等大型工程，国网山东省电力公司、河南省电力公司、安徽省电力公司、湖南省电力公司、四川省电力公司、天津市供电公司等，合格率100%。2018年，销售收入1.3亿元，实现利税600万元。

【山东肥城海晶盐化有限公司】　该公司由天津长芦海晶集团投资建设，经济性质为国有独资公司，成立于2011年8月11日，所属行业非金属矿采选业，注册资本2亿元，总投资

7.1亿元，占地300余亩。至2018年末，有职工154人，其中技术员6人，管理人员37人。管理机构设置工程设备部、生产部、市场部、安全环保保卫部、财务部、综合办公室、党群办公室、制盐车间、采输卤车间5部2室2车间。经营范围为岩盐开采、加工、销售，食盐、畜牧盐生产销售。公司主要生产设备自荷兰、瑞士进口，自动化程度高，可为周边氯碱企业提供100万吨/年精制盐产品。公司采用世界先进的石膏晶种法防垢＋机械压缩式热泵制盐＋母液石膏处理生产工艺，工艺过程不添加任何有机物进行卤水净化，天然卤水直接进罐蒸发制盐，通过母液石膏处理，将石膏分离，得到绿色精制工业盐，避免对生态环境的污染。公司通过ISO9001质量管理体系认证，并先后获得边院镇政府、肥城市经济开发区颁发的"特殊贡献奖""优质工程奖""先进党组织""示范引领带动奖"等一系列奖项。

【肥城昌盛特种石墨有限公司】　该公司为泰安市及肥城市的重点招商企业，成立于2008年8月，注册资金6000万元，主要从事石墨及碳素制品的生产、销售与研发，拥有水平先进的炭素生产设备，基础设施完善。公司规划占地600亩，员工近600人。2018年，实现

肥城昌盛特种石墨有限公司石墨焙烧车间（陈元　摄）

销售收入 155580.21 万元，利润 6175.82 万元，税收 6787.98 万元。公司具备年产炭素制品 30 万吨的生产能力。同时，建有废气余热发电项目，年发电量可达 2.5 亿千瓦时。另外，投资建设脱硫废料项目，利用氨回收法技术，将回收的二氧化硫、氨全部转化为化肥硫酸铵，不产生任何废水、废液和废渣，没有二次污染。

公司拥有泰安市市级企业技术中心，累计取得国家专利 55 项，其中发明专利 7 项，取得软件著作权 7 项，参与制定行业标准 3 项。公司多次被评为"肥城市年度财政贡献先进企业""年度发展投入先进企业""肥城市节能先进企业"，被认定为"高新技术企业""工会工作先进单位""泰安市科技型中小企业"，通过质量、环境、职业健康安全、能源四体系认证。2018年，被评定为"山东省瞪羚企业""泰安市工业领军 50 强企业"，被肥城市扶贫开发领导小组评定为"2017 年度全市脱贫攻坚先进单位"。

（董宗国　肖付新）

FEICHENG
YEARBOOK
2019

建筑安装

- 综 述
- 设计与施工
- 行业管理
- 重点企业

建筑安装

综　述

【概况】 2018年，建筑安装业突出企业培植重点，统筹推进工作落实，均取得显著成效。①综合实力持续攀升。完成建筑安装业总产值279.7亿元、增加值67.1亿元，分别增长12.1%、11.3%。实现税收13亿元，比2017年的5.3亿元增长145.3%，财政贡献率由上年的11.6%提高到19.86%，增加8.26个百分点。地方税收、财政贡献均实现翻番，建筑安装业地方财政贡献率接近20%，支柱产业的支撑作用明显增强，列全省"建筑业十强县"第二位。②骨干引领作用凸显。总产值过110亿元企业1家、30亿元的3家、10亿元的3家；1家财政贡献过亿元，4家过5000万元。兴润、信邦跨入全省综合实力30强，并分别列入"中国建筑企业500强"第326位和444位；军辉、显通进入"泰安贡献力十强"。③产业结构持续优化，晋升一级企业3家、二级6家、增项26家，新批企业12家，建安企业达到129家。形成不同资质等级的总承包、专业承包工程施工体系。特别是在核电、地铁、

医疗器械安装等"冷门"专业上，取得重大突破。④开放发展成效显著。开拓国内市场50家，施工覆盖全国31个省市自治区，开拓国际市场20个。与中石化工业联合会战略合作，搭建全国石油和化工设备安装产业服务平台，注册成立企业8家，推动建安业拓展领域、强强联合。

【肥城化工设备安装产值逾150亿】 2018年，肥城市化工设备安装产值超过150亿元，承接中石油、中石化等大型石油化工企业多个重点项目建设及设备安装。全市建筑安装业十强企业的前三强分别为山东军辉建设集团有限公司、兴润建设集团有限公司、山东

省显通安装有限公司，其主要业务均为化工公司设备安装。凭借雄厚的安装势力，肥城市与中国石油和化学工业联合会供应链工作委员会签署战略合作，首批为肥城市5家企业办理石化行业拆除资质，实现省内此项资质"零"的突破，将在设备安装、人才培训、人力资源等方面，面向全国开展服务。

【肥城市举办建筑业颁奖典礼】 2月24日，肥城市举办以"桃都建安、筑梦天下"为主题的建筑安装业颁奖典礼。市大班子领导常绪扩、殷锡瑞、王立军、赵燕军、侯庆洋等出席，各镇街区、市直有关部门、各建筑安装企业主要负

2月24日，"桃都建安·筑梦天下"建筑安装业颁奖典礼举行

责人，受表彰企业的家属代表等出席颁奖典礼。颁奖典礼在开场舞《盛世桃都》中拉开序幕。市委副书记、市长殷锡瑞致辞，对全市建筑安装业秉承工匠精神，不负市委、市政府和全市人民的重托，解放思想，开拓进取，奋勇争先，取得前所未有的好成绩表示祝贺。市委书记常绪扩、市委副书记、市长殷锡瑞为十强企业颁奖；市委副书记王立军、副市长贾同国为先进个人代表颁奖；市人大常委会主任赵燕军、市政协主席侯庆洋为进步最快企业颁奖。

【肥城市建筑安装业爱心企业家为特殊教育学校捐赠肢体康复训练室】 12月5日，肥城市新时代文明实践建筑安装业爱心企业志愿服务队成立暨特校康复训练室捐建仪式在肥城市特殊教育学校举行。此次活动由建管局发起倡议，全市部分建筑安装企业自愿参加，以"爱心助人、奉献社会"为主题，以"播撒爱种、繁衍爱心"为重点，开展肥城市新时代文明实践建筑安装业爱心志愿服务队系列献爱心活动。在捐助活动中，肥城市新时代文明实践建筑安装业爱心企业志愿服务队为特殊教育学校捐赠价值26万元的肢体康复训练器材1套。市委宣传部、住建局、建管局、特殊教育学校和56家建筑安装企业200余人参加启动仪式。

设计与施工

【概况】 2018年，全市设计与施工工作以"构建城乡建设发展新高地"为目标，以"科学的发展观"为统领，规范市场秩序，提高勘察设计质量，贯彻执行建筑节能标准，推动勘察设计创新创优，强化抗震管理，成效明显。①严格施工图审查，强化质量监管。以《建设工程勘察设计管理条例》《山东省房屋建筑和市政基础设施工程施工图设计文件审查实施办法》为依据，强化勘察设计质量和市场的监管，实施施工图设计文件审查制度，将建筑工程施工图设计审查纳入基本建设程序，未经施工图审查或者审查不合格的，不得交付施工。②执行节能新标准，推动绿色建筑发展。报送施工图审查项目121项，完成审查面积约195万平方米。严把抗震设防要求，对报审的6个学校工程组织抗震专项审查。新建居住、公共建筑节能审查合格率达100%，绿色建筑设计标准执行率95%以上。③推动政府购买施工图审查服务规范实施。逐步推行建设工程施工图设计文件数字化审查，促进全市勘察设计领域信息化建设。自7月份开始乙级以上设计院完成的勘察设计文件全部实行电子图纸网上申报、审查、监管。④勘察设计单位摸底检查。各勘察设计单位资质及人员配备基本符合要求，建设项目勘察、设计行为符合《建设工程勘察设计质量管理条例》，对所接受的勘察、设计任务严格按照新的抗震设防要求进行勘察、设计，对学校、幼儿园等项目做到提高一档设防标准，并能够按照规定进行抗震专项审查。

【质量监督】 2018年，全市共办理监督注册手续工程242项，面积1819281.04平方米；竣工工程110项，竣工面积779205.28平方米，工程一次竣工验收合格率99.3%；竣工验收备案工程91项，面积751203.95平方米；预拌混凝土合同备案243项；监理合同备案67项。创出"省优质结构杯"工程3项、"泰山杯"工程1项。

【建筑施工工地执法检查】 年内，针对重要时段、重要节假日、重要季节、重点部位、危大工程等开展各类质量、安全扬尘治理综合检查及专项检查6次，对67处施工工地，231个单体工程进行检查，下发整改通知书178份，停工通知书12份，提出整改意见567条，对18个在建项目移交行政处罚。

2018 年肥城市荣获"泰山杯"工程

工程名称	施工总承包单位	项目经理	监理单位	项目总监	建设单位	建筑面积（平方米）	工程类型	结构形式
上海华府 17# 住宅楼	兴润建设集团有限公司	李 恒	肥城华宇工程监理有限公司	张振军	山东汇功置业有限公司	7839.87	住宅	剪力墙

2018 年肥城市荣获"山东省建筑工程优质结构"项目

单位工程名称	施工总承包单位	项目经理	监理单位	项目总监	建设单位	建筑面积（平方米）	工程类型	结构形式
上海华府 3# 楼	兴润建设集团有限公司	李 恒	肥城华宇工程监理	张振军	山东汇功置业有限公司	10139.09	住宅	剪力墙
建兴桃园之家（二期建设）13# 住宅楼项目	山东泰安建筑工程集团有限公司	王明康	泰安瑞兴工程咨询有限公司	高 峰	泰安市建兴房地产开发有限责任公司	22345	住宅	剪力墙
明瑞嘉园 3# 住宅楼（附带商业网点）	兴润建设集团有限公司	雷印宝	肥城华宇工程监理有限公司	刘 明	肥城市瑞丰置业有限公司	18397	住宅	剪力墙

行业管理

【概况】 2018 年，行业管理工作贯彻落实年初制定的"四定"工作方案，以持续做大做强建筑安装业为目标，以加快推进企业体制机制创新为动力，以服务建筑安装业发展为根本宗旨，不断优化企业发展环境和服务环境，方式、调结构"、企业培植、资质晋升工作。新晋升一级企业 3 家、二级企业 6 家，完成 26 家企业资质增项工作。截至年末，全市有资质的建筑安装企业 129 家，其中一级资质企业 14 家，二级资质企业 54 家，三级资质企业 45 家，劳务企业 16 家。已具备房屋建筑工程、市政工程、机电安装工程、石油化工工程总饰装修工程、高耸构筑物工程专业承包一级资质；消防设施、管道专业承包二级资质；火电设备安装、公路工程三级资质及压力管道施工等多项专业施工资质。以施工总承包企业为"龙头"、专业承包、劳务分包企业为依托的产业格局已形成，企业规模、产值、数量、资质等级位列山东省第二，泰安市第一。

2018 年肥城市建筑安装企业名单（不含商混、装饰）

序号	单位名称	企业性质	法定代表人	资质
1	兴润建设集团有限公司	有限责任	李云岱	建筑工程总包一级 市政公用总包一级 机电工程总包一级 钢结构工程专业一级 建筑装修装饰工程专业承包一级 消防设施工程专业承包一级 建筑机电安装工程专业承包一级 石油化工工程施工总承包二级 防水防腐保温工程专业承包二级 电子与智能化工程专业承包二级 环保工程专业一级 电力工程总包二级 公路工程总包三级 城市及道路照明工程专业承包三级 水利水电工程施工总承包三级 施工劳务不分等级
2	山东省显通安装有限公司	有限责任	雷明涛	机电安装总包一级 钢结构专业一级 石油化工总包一级 建筑工程总包二级 市政公用工程总包二级 消防设施专业一级 防水防腐保温专业二级 建筑机电安装工程专业承包三级 电力工程施工总承包三级 环保工程专业承包三级 冶金工程施工总承包三级
3	山东宇兴建设有限公司	有限责任	王兴东	建筑工程施工总承包一级 建筑机电安装工程专业承包一级 钢结构工程专业承包二级 建筑装修装饰工程专业承包一级 市政公用工程施工总承包二级 特种工程（结构补强） 防水防腐保温专业二级 建筑幕墙专业二级 消防设施工程一级 电子与智能化工程二级 石油化工施工总承包三级 环保工程专业承包三级 机电工程总包三级 电力工程施工总承包三级 城市及道路照明工程专业承包三级 施工劳务

续表

序号	单位名称	企业性质	法定代表人	资质
4	信邦建设集团有限公司	有限责任	苗庆明	机电安装总包一级 消防设施专业二级 建筑工程总包二级 钢结构工程二级 石油化工总包二级 市政公用工程总包二级 防水防腐保温工程专业二级 建筑机电专业二级 建筑装修装饰专业二级 冶金工程总包三级 环保工程专业承包三级 电力工程总包三级 水利水电总包三级 施工劳务不分等级
5	山东华建建筑安装工程有限公司	有限责任	李建华	建筑工程总包一级 建筑装修装饰专业二级 石油化工总包三级 建筑机电专业三级
6	山东益通安装有限公司	有限责任	雷印智	机电工程总包一级 钢结构专业一级 建筑装饰装修工程专业二级 防水防腐保温工程专业二级 石油化工工程总包二级 市政公用工程总包二级 消防设施工程专业一级 建筑机电专业一级 电子智能化专业二级 建筑幕墙专业二级 防水防腐保温工程一级 冶金工程施工总承包二级 电力工程二级 环保工程专业承包二级 建筑工程总包三级 施工劳务不分等级
7	山东军辉建设集团有限公司	有限责任	李军英	石油化工总包一级 机电工程总包一级 建筑工程总包二级 防水防腐专业一级 钢结构专业二级 消防设施工程专业二级 装饰装修专业级 电力工程总包三级 市政工程总包三级 施工劳务不分等级 地基基础工程专业承包三级

续表

序号	单位名称	企业性质	法定代表人	资质
8	山东四方安装工程有限公司	有限责任	张修森	机电安装工程总包一级 防水防腐保温专业二级 石油化工总包二级 钢结构专业二级 消防设施工程二级 建筑工程总包三级 市政工程总包三级 建筑机电安装工程专业承包三级 施工劳务不分等级 模板脚手架专业承包三级 电力工程施工总承包三级 环保工程专业承包三级
9	山东鲁泰建筑工程集团有限公司	有限责任	张成新	矿山工程总承包一级 建筑工程总包一级 建筑装修装饰工程专业承包一级 电力工程施工总承包二级 起重设备安装工程专业承包二级 钢结构工程专业承包二级 市政公用工程施工总承包二级 电子与智能化工程专业承包二级
10	山东一滕建设集团有限公司	有限责任	李西安	钢结构专业一级 建筑装饰装修专业一级 建筑幕墙专业二级 防水防腐保温工程二级 建筑机电安装工程专业三级 机电工程施工总承包三级 石油化工总包三级 建筑工程施工总承包三级
11	山东华显安装建设有限公司	有限责任	张其华	建筑机电专业一级 消防设施专业二级 防水防腐专业二级 石油化工总包二级 机电工程总包二级 冶金工程施工总承包三级 市政公用工程施工总承包三级 建筑工程施工总承包三级 环保工程专业承包三级 钢结构工程专业承包三级 施工劳务不分等级 电力工程总包三级
12	山东康诚医用设备工程有限公司	有限责任	汪海鹏	建筑机电安装工程专业承包一级 建筑装修装饰工程专业承包一级 电子与智能化工程专业承包二级 环保工程专业承包二级 建筑工程施工总承包三级
13	肥城市建筑安装工程总公司	有限责任	辛　锋	建筑施工总包二级 市政公用总包三级 石油化工总包三级 钢结构专业承包三级

续表

序号	单位名称	企业性质	法定代表人	资质
14	山东泰银建设有限公司	有限责任	刘光明	建筑施工总包二级 建筑装饰装修工程专业二级 钢结构工程专业二级 建筑幕墙工程专业二级 市政公用工程总包二级 机电设备安装工程专业二级 环保工程专业三级
15	山东振远建设工程有限公司	有限责任	刘宗军	建筑工程总包二级 建筑装饰装修工程专业二级 钢结构工程专业三级 建筑机电安装工程专业三级 机电工程施工总承包三级 施工劳务
16	山东万悦建筑工程有限公司	有限责任	赵　红	建筑工程总包二级
17	肥城市第五建筑安装公司	集体	李长官	建筑工程施工总承包二级 建筑装修装饰工程专业承包二级 防水防腐保温工程专业承包二级 钢结构工程专业承包三级 建筑机电安装工程专业承包三级
18	肥城市第六建筑安装工程公司	集体	陈玉海	建筑工程施工总承包二级 建筑装修装饰工程专业承包二级 市政公用工程总承包三级
19	肥城市通利达建安公司	集体	孙绪国	建筑工程总包二级 钢结构专业二级 建筑装修装饰专业二级 建筑机电安装工程专业三级
20	山东金瑞建筑有限公司	有限责任	陈德顺	建筑工程总包二级 建筑装修装饰专业二级 建筑机电安装工程专业三级
21	肥城市盛业建筑安装工程有限责任公司	有限责任	汪明华	建筑工程施工总承包资质二级 建筑装修装饰工程专业承包二级 防水防腐保温工程专业承包二级 建筑机电安装工程专业承包资质二级 钢结构工程三级
22	肥城市富鑫建设公司	集体	王立国	建筑工程施工总承包二级 建筑装修装饰工程专业承包二级 建筑机电安装工程专业承包资质三级
23	肥城市土西建筑安装工程公司	集体	赵衍科	建筑工程施工总承包二级 建筑装修装饰工程专业承包二级 防水防腐保温工程专业承包二级 建筑机电安装工程专业承包三级
24	肥城市鲁强建安工程有限公司	有限责任	胡士强	建筑工程总包二级 建筑装饰装修工程专业二级 建筑机电安装工程专业三级 施工劳务不分等级

续表

序号	单位名称	企业性质	法定代表人	资质
25	山东泰方建筑安装工程有限公司	有限责任	李秀芳	建筑工程施工总承包二级 建筑装修装饰工程专业承包二级
26	山东朝阳建设工程有限公司	有限责任	汪心文	机电工程施工总承包二级 冶金工程施工总承包二级 钢结构工程专业承包二级 建筑工程施工总承包三级 市政公用工程施工总承包三级 石油化工工程施工总承包三级
27	山东宏润安装工程有限公司	有限责任	汪建军	建筑工程施工总承包二级 防水防腐保温工程专业承包二级 建筑机电安装工程专业承包三级
28	山东弘腾建设置业有限公司	有限责任	顾修弘	建筑幕墙专业二级 建筑装修装饰专业二级 建筑工程总包二级 市政公用总包三级 建筑机电专业三级
29	山东富泰建设工程有限公司	有限责任	董贻军	机电安装工程总包二级 石油化工总包二级 防水防腐专业二级 钢结构专业二级 建筑装修装饰专业二级 建筑工程总包三级 电力工程总包三级 施工劳务不分等级
30	山东正工建设工程有限公司	有限责任	欧阳光友	建筑工程总包二级 建筑装饰装修工程二级 防水防腐专业二级 钢结构工程专业三级 建筑机电安装专业三级
31	山东永康建设投资有限公司	有限责任	付云霞	建筑工程总包二级 防水防腐专业二级 建筑幕墙专业二级 市政公用总包三级
32	山东兴宇建设有限公司	有限责任	杨仁军	建筑工程总包二级 电子智能化专业二级 防水防腐保温专业二级 建筑装修装饰专业二级 钢结构工程专业承包三级 建筑机电安装专业三级
33	山东汇功建设集团有限公司	有限责任	郭　峰	建筑工程施工总承包二级 建筑装饰装修工程专业二级 建筑机电安装工程专业二级 市政公用总包三级 钢结构工程专业三级

续表

序号	单位名称	企业性质	法定代表人	资质
34	山东东方腾飞安装工程有限公司	有限责任	宋吉生	机电工程总包二级 防水防腐专业二级 石油化工总包三级 环保工程专业三级 建筑工程施工总承包三级
35	肥城宏远建设有限公司	有限责任	徐胜刚	建筑工程总包二级 电子与智能化专业二级 钢结构专业二级 建筑机电安装专业二级 环保工程专业二级 电力工程总包三级 石油化工总包三级 建筑智能化工程专业承包三级 水利水电施工总承包三级 施工劳务不分等级
36	肥城市新城巧山建筑安装工程公司	集体	孙远森	建筑工程施工总承包二级
37	肥城市兴盛天泽建设工程有限公司	有限责任	王　立	建筑工程总包二级 建筑装饰装修工程专业二级 钢结构专业三级 机电工程施工总承包三级 施工劳务不分等级
38	肥城宏扬建筑安装工程有限公司	有限责任	梁　明	建筑工程施工总承包二级 建筑装修装饰工程专业承包二级
39	肥城阳光建筑安装工程有限公司	有限责任	鲁　斌	建筑工程施工总承包二级 建筑装修装饰工程专业承包二级
40	山东双河建筑工程有限公司	有限责任	王建华	建筑工程总包二级
41	山东鲁中能源集团建筑安装工程有限公司	有限责任	刘兴俊	建筑工程总包二级 机电工程施工总承包三级
42	肥城市广厦建筑安装工程有限责任公司	有限责任	朱联合	建筑工程总包二级
43	肥城市傲饰建筑安装工程有限公司	有限责任	张　潇	建筑装修装饰工程专业二级 建筑工程总承包三级
44	肥城市通达建筑安装工程有限公司	有限责任	陈德军	建筑装修装饰专业二级 建筑施工总包三级
45	肥城市建筑装饰装璜工程公司	集体	张连昌	建筑装饰装修工程二级 建筑工程施工总包三级
46	肥城金健建设工程有限公司	有限责任	尹东逊	建筑工程施工总包三级 市政公用总包三级
47	山东鸿华建筑安装工程有限公司	有限责任	李利新	建筑装饰装修专业二级 建筑工程总包三级 机电工程施工总承包三级 石油化工工程施工总承包三级
48	肥城路兴工程有限公司	有限责任	张　亮	公路工程总包二级 公路路面专业二级 公路路基专业二级

续表

序号	单位名称	企业性质	法定代表人	资质
49	山东鲁泰基础工程有限公司	有限责任	梁进常	地基与基础工程专业承包二级
50	肥城建发工程有限公司	有限责任	庞建利	建筑机电安装工程专业承包资质二级 建筑工程施工总承包三级 石油化工工程施工总包三级 钢结构三级
51	山东亿嘉润建设有限公司	有限责任	魏　华	防水防腐保温专业二级 环保工程专业承包三级 建筑工程施工总承包三级
52	肥城市新世纪建筑安装工程有限公司	有限责任	石兆来	防水防腐保温专业二级 环保工程专业承包三级 建筑工程施工总承包三级
53	山东新大地实业集团有限公司	有限责任	伊宪峰	防水防腐保温专业二级
54	山东省肥城水利地质基础公司	全民所有	赵启新	地基基础工程专业二级
55	山东安信机械制造有限公司	有限责任	赵医民	钢结构二级
56	泰安建工消防工程有限公司	有限责任	张　文	消防设施二级
57	山东鼎辰装饰工程有限公司	有限责任	陈　强	防水防腐保温二级
58	肥城隆源矿业工程有限公司	有限责任	鲍明华	矿山施工总包二级
59	肥城腾达建筑安装有限责任公司	有限责任	赵　伟	建筑工程施工总承包三级
60	肥城市德信建筑安装工程有限公司	有限责任	岳　强	建筑工程三级
61	山东泰峰达建设有限公司	有限责任	冀玉明	建筑施工总包三级
62	肥城市仪兴建筑安装有限公司	有限责任	张圣勇	建筑工程总包三级
63	肥城市赵庄建筑安装工程公司	集体	李洪金	建筑工程总包三级
64	肥城市泰西建筑安装工程有限公司	有限责任	李祥森	建筑工程总包三级
65	肥城市富源建筑安装工程有限公司	有限责任	贾岳利	建筑工程总包三级
66	肥城峰鑫建筑安装工程有限公司	有限责任	王吉才	建筑工程三级
67	泰安市同兴建筑安装工程有限公司	有限责任	孟现勇	建筑工程总包三级
68	山东鼎昌建设有限公司	有限责任	邱德忠	建筑工程总包三级
69	肥城市金正建设置业有限公司	有限责任	梁　峰	建筑工程总包三级
70	山东瑞科电气有限公司	有限责任	赵　辉	电力工程总包三级 机电工程施工总承包三级 输变电工程专业承包三级 建筑工程施工总承包三级 钢结构工程专业承包三级 地基与基础工程专业承包三级 施工劳务不分等级
71	山东大汉医用设备有限公司	有限责任	颜丙豹	机电设备安装工程三级

续表

序号	单位名称	企业性质	法定代表人	资质
72	泰安华润钢结构工程有限公司	有限责任	李磊磊	钢结构工程专业承包三级
73	肥城市诚信劳务有限公司	有限责任	魏尚德	模板脚手架不分等级
74	山东广顺诚建筑劳务有限公司	有限责任	吴勇祥	模板脚手架不分等级
75	肥城市中兴建安工程有限公司	有限责任	汪心良	模板脚手架不分等级
76	肥城市宇兴建筑安装有限公司	有限责任	王兴东	模板脚手架不分等级
77	山东博远建筑设计有限公司	有限责任	辛　明	地基基础专业三级
78	山东兴润园林建设有限公司	有限责任	张忠峰	古建筑工程二级 建筑工程施工总承包三级 环保工程专业承包三级
79	肥城市城市热力工程有限公司	有限责任	荣启华	建筑机电安装工程专业三级
80	山东龙强建筑安装工程有限公司	有限责任	王启龙	防水防腐保温工程二级 建筑总包三级 钢结构工程专业承包三级
81	山东凯鑫建设工程有限公司	有限责任	杨衍民	机电总包三级 建筑总包三级 钢结构专业承包三级 建筑机电专业三级 环保工程专业承包三级 电力工程施工总承包三级 施工劳务
82	泰安力群劳务服务有限公司	有限责任	张政堂	模板脚手架不分等级
83	山东国超建设有限公司	有限责任	李国超	机电工程施工总包三级 建筑工程施工总包三级
84	山东宝德安装工程有限公司	有限责任	刘德锋	机电工程施工总承包三级 石油化工工程总承包三级 钢结构工程专业承包三级
85	山东鲁蒙建设工程有限公司	有限责任	刘秀芳	建筑工程施工总承包三级 机电工程施工总承包三级 钢结构工程专业承包三级 环保工程专业承包三级
86	山东一弘建筑工程有限公司	有限责任	孙　建	建筑工程施工总承包三级
87	山东高上医用设备有限公司	有限责任	李新全	建筑机电安装工程专业承包三级
88	山东三川环保科技有限公司	有限责任	桑逢祥	环保工程专业三级
89	肥城浩泰建筑安装工程有限公司	有限责任	宋　浩	建筑工程施工总承包三级
90	山东瑞菲建设有限公司	有限责任	孔凡红	建筑工程施工总承包三级
91	山东桃都建筑安装工程有限公司	有限责任	方　勇	建筑工程施工总承包三级
92	山东裕发建筑工程有限公司	有限责任	田德栋	建筑工程施工总承包三级
93	山东四方实业集团有限公司	有限责任	牛金才	机电工程施工总承包三级

续表

序号	单位名称	企业性质	法定代表人	资质
94	山东泽福泰环保科技有限公司	有限责任	武甲强	机电工程施工总承包三级 石油化工工程施工总承包三级 电力工程施工总承包三级
95	山东诚泰信达建筑工程有限公司	有限责任	孙　雪	施工劳务不分等级
96	山东广帮建筑安装有限公司	有限责任	张泰源	机电工程施工总承包三级
97	肥城金泰建设工程有限公司	有限责任	张德富	施工劳务不分等级
98	山东杭奇安装工程有限公司	有限责任	武兆旺	石油化工工程施工总承包三级
99	泰安金冠机械工程有限公司	有限责任	董　蕾	环保工程专业承包三级
100	山东汇力太阳能科技有限公司	有限责任	王光晋	建筑机电安装工程专业承包三级
101	肥城拥辉建筑安装有限公司	有限责任	赵乐贤	钢结构工程专业承包三级
102	肥城立朋建设有限公司	有限责任	左庆华	机电工程施工总承包三级
103	肥城市环宇建筑安装有限公司	有限责任	辛　锋	施工劳务
104	肥城泰山安装有限公司	有限责任	雷印峰	施工劳务
105	肥城宏业建安有限公司	有限责任	许庆华	施工劳务
106	泰安市华泰建筑安装工程有限公司	有限责任	张修森	施工劳务
107	肥城市弘信安装有限公司	有限责任	雷印智	施工劳务
108	山东鑫昌建设工程有限公司	有限责任	刘宪长	施工劳务
109	山东金昊建设工程有限公司	有限责任	刘庆涛	施工劳务
110	肥城金全建安有限公司	有限责任	师成芳	施工劳务
111	肥城市军辉劳务有限公司	有限责任	吕桂兰	施工劳务
112	泰安市金润建筑安装有限公司	有限责任	李利新	施工劳务
113	泰安立邦建筑工程有限公司	有限责任	张　兵	施工劳务

【外出施工管理】　引导各建筑安装企业大力度拓展国内市场，融入其中，抢占商机。同时，对接"一带一路"沿线国家基础设施建设，加强对境外市场的考察调研，寻求开拓境外市场的新途径，巩固已有的境外业务平台作用，大力开拓境外市场，完成外出施工产值216亿元。7家企业在国内市场开拓上实现突破，共开拓国内省会城市市场9家，地级城市市场15家，县级城市市场26家，国内施工范围已覆盖全国30个省市自治区，重点施工区域设在北京、天津、山西、陕西、浙江、广东、河北、福建等地。兴润、军辉、显通、信邦、益通、宏远、凯鑫、富泰、亿嘉润等9家企业实现对国外市场的大力度拓展，新开拓国

际市场20个。兴润集团开拓阿尔及利亚市场，4月份，与中交集团合作进驻肯尼亚设立办事处，加强对科威特、斯里兰卡、巴基斯坦、利比亚、秘鲁等国重点项目追踪。山东显通安装工程有限公司寻求"一带一路"沿线国家工程合作经营之路，通过与央企合作开拓俄罗斯、缅甸、乌兹别克斯坦、马来西亚、巴基斯坦、沙特阿拉伯等国外市场。山东四方建设有限公司新开辟伊拉克、沙特、泰国等国家施工领域。军辉建设集团坚持以市场为中心，努力

提高市场竞争力，开拓摩洛哥、巴基斯坦、老挝、沙特等国际市场，成为中石油、中石化和中海油等三个石油央企的长期战略合作伙伴。信邦集团发挥与中建一局、电建三公司、化建十公司的良好合作关系，分别在巴基斯坦、马来西亚、摩洛哥、印度、缅甸等国承揽施工工程，与中建一局洽谈阿联酋迪拜近4亿元的分项工程。

【安全监督】 年内，办理安全报监工程123项，335个单体工程，建筑面积184.32万平方

米。安全检查下发隐患通知书116份，整改项455条。塔机告知224台，吊篮告知256台，施工电梯告知20台。协助企业申报安全生产许可证18家，协助泰安市住建局新训三类人员一期486人，延期培训3期共计949人。创出山东省建筑施工安全文明示范工地3项。督促施工企业做好安全风险分级管控和隐患排查治理双重预防体系建设，2018年，全市共有9家标杆企业和20家施工企业通过双体系建设评估。

2018年肥城市荣获"山东省安全文明示范工地"项目

工程名称	施工单位	建设单位	监理单位
肥城市新城办事处白云桥12#住宅楼	兴润建设集团有限公司	肥城市新城办事处白云桥村民委员会	肥城华宇工程监理有限公司
肥城市明瑞嘉园居住小区3#住宅楼	兴润建设集团有限公司	肥城市瑞丰置业有限公司	肥城华宇工程监理有限公司
肥城市中央城建设项目	兴润建设集团有限公司	泰安市众联置业有限公司	泰安瑞兴工程咨询有限公司

【建筑装饰装修管理】 围绕发展经济的中心工作，发挥政府赋予的管理职能，装饰处工作逐步走上规范化、制度化的轨道。扶植企业，探索行业新的发展思路，为企业提供优质服务。加大宣传力度，通过企业调研、印发文件，深入宣传贯彻《肥城市人民政府关于促进建筑安装业健康发展的意见》《肥城市建筑安装业评先树优考核管理办法（试行）

的通知》文件精神。完成山东一安实业有限公司变更企业名称和法人的材料审核和上报工作；完成山东军辉建设集团有限公司、山东益通安装有限公司建筑装修装饰专业承包二级资质晋升一级资质的材料初审和上报工作。进一步加强事中事后监管，规范建筑市场秩序，于3月和6月分别在全市开展建筑工程转包违法分包专项检查工作，引导企业针对

在建工程进行自查自纠，按照两随机一公开要求进行抽查，对抽查过程中存在的问题下达整改通知。加强企业信息上报收集工作，指导行业发展，进一步对辖区内企业进行2017年度产值和税收收集整理，督促企业完成每月一体化平台的统计快报工作，为装饰行业的发展探索积累重要数据。

2018 年肥城市装饰企业资质明细表

企业名称	法定代表人	一级	二级	三级	证书编号	有效期
肥城市天泽装饰有限公司	范士军	1	建筑装修装饰工程专业承包一级 建筑幕墙工程专业承包二级 钢结构工程专业承包二级 电子与智能化工程专业承包二级			
山东一安实业有限公司	李西安		建筑装修装饰工程一级 建筑幕墙工程二级	建筑机电安装工程三级 钢结构工程三级 机电工程施工总承包三级		
山东兴田装饰工程有限公司	田德安		建筑装修装饰工程专业承包二级 建筑幕墙工程专业承包二级	钢结构工程专业承包三级		
山东一滕集团肥城装饰工程有限公司	滕洪新		建筑装修装饰专业二级		d231724385	2021.6.15
肥城市舒雅装饰工程有限公司	韩春生		建筑装修装饰专业二级		d237124377	2012.6.15
肥城鑫艺装饰工程有限公司	高德水		建筑装修装饰专业二级		d23712469	2012.6.15

【养老保障金管理】 年内，共收取建筑企业养老保障金 2920.48 万元，拨付养老保障金 3951.16 万元。重点是根据施工企业所填报的联系单、施工合同、审批表对每个工程项目、工程造价、建筑面积、应收劳保金严格审核，根据拨付手册认真计算，确保拨付准确无误。同时，做好养老保障金的补贴工作，严格按照养老保障金拨付要求，对符合条件的企业按核定的拨付标准足额拨付。简化工作流程，提高办事效率，结合养老保障金的拨付、补贴对一级企业养老保障金使用情况提报材料进行监督检查，督促施工企业及时为职工缴纳社会养老保障金，企业提交申报材料时，严格把关，审核相关资料，准确掌握企业养老金的收入，计算实际缺口数额。并将每月的建筑企业养老金收缴及时微机录入、审核，做到票据齐全，登记规范，数字准确。

【职工教育培训】 全年共计组织各类专业培训班 11 期，培训建筑从业人员 5093 人，其中集中脱产培训 1993 人，组织网络培训 3100 人。为全面服务于企业，根据建管局与肥城技校联合办学的文件精神，本着按需施教的工作原则，结合企业的重点需求，充分发挥肥城技校职业技能培训的教学优势，成功举办两期预算造价员的专业培训班。培训人数居各县市区第一，肥城建管局被泰安市建设培训中心评为培训管理先进单位。

重点企业

【兴润建设集团有限公司】 始建于 1950 年 3 月，2004 年改制为民营企业，2013 年组建成立集团公司。下辖建筑、安装、市政、电力、钢结构、路桥、石化、装饰装修、房地产开发、园林绿化、生态农业、物业管理、检测和海外公司等多个生产经营单位及 14 个子公司，施工区域跨 28 个省、市、自治区。集团公司先后荣获全国建筑业竞争力二百强企业、全国优秀施工企业、中国工程建设诚信典型企业、山东省建筑业企业30强（位列第9位）等荣誉称号。"兴润建设"被评为山东省著名商标和全国驰名商标。2018年，新签合同额185.27亿元，完成产值150.17亿元，外出施工产值90.79亿元，其中国内90.1亿元，国外6902万元，共完成地方财政贡献3.2亿元，同比增长37.93%。

年内，集团公司创国家优质安装工程（安装之星）奖2项、"泰山杯"工程3项（其中装饰泰山杯1项）、"鲁安杯"工程4项，省安全文明示范工地3个。共申报国家优质安装工程奖（安装之星）2项；山东省建筑工程质量最高奖"泰山杯"工程2项；山东省建筑工程质量装饰"泰山杯"工程1项；"鲁安杯"工程2项。承接莱芜高新区V6直列发动机车间工程、万华化学集团股份有限公司聚氨酯产业链一体化乙烯项目PVC装置和VCM装置土建工程、海阳市日升紫金城、乌鲁木齐市春和雅苑公租房一期工程、库尔勒市南库大道（英下路—迎宾路）综合管廊工程、通化信能1×30兆瓦生物质热电联产项目EPC总承包、临沂市高级财经学校综合实训楼、天津空港经济区二期生态防护林（城市绿廊）项目一期工程、泰安市徂徕山汶河景区核心先

导区棚户区住房改造项目、新泰大溪地现代城、肥城市明瑞嘉园、肥城市高新区西付村村民棚改安置项目、肥城市中央城项目、泰安新合作商贸有限公司物流配送中心工程、东平县老湖镇泞源社区移民避险解困项目、山东华振磁动力科技有限公司钢结构车间、菏泽牡丹区洪福社区安置房建设工程、成武县王林小区棚户区改造项目、济南市历城区港沟街道潘庄村和田庄村城中村改造安置房项目、京沪高速济莱段服务区改造提升工程、保定市双源无轨电动公交车线路建设项目、磐石宏日生物质热电总承包工程等代表性工程。

【山东军辉建设集团有限公司】 为山东省第一个取得石油化工施工总承包一级资质的民营企业。从事工程施工已有40余年的历史，2004年注册成立山东军辉建设安装工程有限公

司，2015年成立山东军辉建设集团有限公司，注册资金5亿元。集团公司为石油化工工程、机电工程施工总承包一级企业，同时具有建筑、市政、电力总承包、钢结构、防腐保温、消防、装饰装修、对外（国外）承包、劳务派遣、环保、建筑机电、压力容器设计制造等多个专业承包资质。2006年以来先后取得压力管道GA类、GB类、GC类、GD类安装改造维修许可证、I级锅炉安装改造维修许可，为一家具有多项施工资质及专业资质的综合性建筑企业。2018年，集团签订施工合同突破180亿元，地方纳税3.4亿元。先后与中国石油股份有限公司、中国能源建设集团有限公司、中国建筑工程第五建设公司、中国建筑第八工程局有限公司、中国化学工程第四建设有限公司、中国化学工程第十一建设有限公司、河南神火集团有限公司、中石化南京工

军辉集团负责建设的氧化铝厂蒸发车间（刘杰　摄）

程有限公司等大型集团公司签订项目合同，并顺利开展施工，按照合同既定目标完成阶段性施工目标，截至年末，化工施工合同产值达到60亿元，创历史新高。2017年、2018年，连续被肥城市委、市政府评为"十大突出贡献企业"。

【山东华显安装建设有限公司】 为机电工程施工一级企业，同时具有石油化工、冶炼设备、消防、环保、建筑工程、市政、防腐保温等多项施工资质，具备一级锅炉安装维修资格，工业类、公用类压力管道安装资格，全类别压力容器设计及制造资格，医药、新能源、对外承包工程经营等专业工程及海外施工资格，为一家技术力量雄厚，人员配备齐全，服务质量优良的综合类大型安装企业。公司"立足山东、辐射全国、延伸海外"，产品覆盖国内北京、山西、新疆等20余个省市自治区及伊拉克、马来西亚、吉尔吉斯斯坦、阿尔及利亚等国家的机电、石化、冶金、电力、轻工、环保等施工领域。先后承建中石化胜利油田、中石油工程公司、中国电建、中国铁建、中国化学、中车、国电、华电、北新建材、山东钢铁、伊拉克米桑油田、马来西亚东钢集团、日本新东会社等国内外多项安装工程项目，相继承担中石化海上采油钻井平台、中石油常输原油管道、国

电兰州发电、新疆新特能源、海尔集团工业园、北新建材装置生产线等国家和地方重点工程建设，创建一大批优质工程和精品工程，并与中石油、中石化、中国化学、中国华电、中国铁建等大型国字号企业建立长期稳健合作关系。2018年，公司完成进账收入30亿元，利税总额5000万元，实现历史性突破。公司荣获"鲁安杯"奖2项、"泰山杯"奖1项，"中国优质工程奖"参建奖1项，被评为"肥城市建筑业十强""泰安建筑业先进企业"。

【山东省显通安装有限公司】 始建于1965年，前身为山东省肥城市设备安装工程公司，属国家住房和城乡建设部核准的机电工程施工总承包一级、石油化工工程施工总承包一级、钢结构专业承包一级，省住建厅核准的建筑施工总承包二级、市政公用工程总承包二级、消防设施专业承包二级、防水防腐专业承包二级、建筑装饰装修工程专业承包二级、环保工程专业承包二级、建筑机电工程专业承包三级、电力工程施工总承包三级、冶金工程施工总承包三级施工企业。国家质检总局颁发GA1乙级长输（油气）管道、GC1级工业管道、GB类公用管道（含PE专项）压力管道安装许可，省质检总局颁发的一级锅炉安装单位。2004年1月，公司通过质量、环境、

职业健康安全三个管理体系的综合认证。公司下设30多个经营单位，施工队伍分布在全国30个省、市、自治区，分别在北京、上海、天津、杭州、呼和浩特、乌鲁木齐设立办事处，先后开拓俄罗斯、白俄罗斯、新加坡、缅甸、马来西亚、印尼、阿联酋、乍得、乌兹别克斯坦等国外市场。有施工人员1万余人，其中拥有中高级职称的各类技术人员633人，一级建造师43人，二级建造师83人，年施工能力达70亿元。2018年，全年实现开票收入超过63亿元，完成税收共计3亿余元。公司先后承建300余项重大建筑安装工程，其中获"中国建筑工程鲁班奖"1项，"国家优质工程银质奖"1项、"中国电力优质工程奖"1项；山东省建筑工程质量"泰山杯"奖2项；中国安装工程优质奖"中国安装之星"2项；山东省优质安装工程"鲁安杯"奖17项。先后被评为"国家级守合同重信用企业""全国先进集体建筑企业""山东省建筑施工企业综合实力五十强""省特级（AAA）信用企业"、山东省安装行业十强企业、泰安市贡献力十强、肥城市建安业十强，并连续17年荣获山东省建筑业企业先进集体。

【山东益通安装有限公司】 为机电设备安装总承包一级企业，同时具有钢结构工程专业承包

一级、建筑机电安装工程专业承包一级、锅炉安装一级、石油化工工程总承包二级、市政公用工程施工总承包二级、电子与智能化专业承包二级、消防设施工程专业承包一级、防水防腐保温工程专业承包一级、建筑装修装饰专业承包一级、建筑幕墙工程专业承包二级、建筑工程总承包三级、电子与智能化专业承包二级、冶金工程施工总承包二级、环保工程专业承包三级、电力设备承装三级、承修承试三级等资质；并取得压力管道GA1、GB1、GB2（1）、GC1、GD1、GA1乙级安装施工许可证；公司连续十几年取得质量管理体系、环境管理体系、职业健康安全管理体系认证。企业注册资金10000万元，净资产1.46亿元，资产总额6.13亿元。有职工9500人，经济技术人员3500人。公司在北京、天津、新疆、重庆、甘肃、云南、吉林等省、市、自治区设有办事处，形成集机电设备安装、冶炼机电设备安装、石油化工设备安装、酿酒制药设备安装、造纸设备安装、建材设备安装、钢结构工程、通风与空调工程、送配电及电气、自动化仪表工程、房屋建筑工程、市政公用工程、消防设备工程、管道及储罐制作与安装等大中型建设项目的专业化施工队伍。在立足本省的基础上开拓省外市场，施工区域已进入北京、天津、河北、江苏、

山西、广西、贵州、云南、青海、新疆、内蒙古等29个省市自治区。2018年，共承接国外项目4个，阿曼益贝利独立电站工程全厂钢结构组合及安装工程，工程造价3200万元；马来西亚RAPID工程自动化立体仓库项目安装工程，工程造价3000万元；中国化学工程第七建设有限公司俄罗斯OMSK原油深度转化管道安装工程，工程造价1500万元；印尼东加里曼丹EMBALUT2×100兆瓦电厂扩建工程1#锅炉本体安装工程，工程造价368.1万元。

【信邦建设集团】　前身为肥城市第一设备安装工程公司，成立于1993年，2007年改制为股份制企业，2014年更名为信邦建设工程有限公司，2018年8月成立信邦建设集团。集团公司下设5个子公司，注册资金1.5亿元，有职工8400余人，其中工程技术人员和经济管理人员416人，经行业主管部门考核持证的施工管理人员和特种作业人员1600余人；拥有运输吊装、冷热加工、焊接探伤以及理化检测等各类机械设备3600台（套），固定资产总值达5亿元。在全国近30个大中城市设立分公司80多个，施工区域遍布全国27个省、市、自治区，公司在印尼、印度、哥伦比亚、阿联酋、约旦等20多个国家参加海外电力、石化工程建设，连续五年海外施工人数

均在2000人以上，每年获得外汇人工费折合人民币约3.5亿元。具备机电设备安装总承包一级资质，房屋建筑工程、市政公用工程、石油化工工程总承包二级资质，水利水电工程、电力工程、冶金工程总承包三级资质，消防工程、钢结构工程、建筑机电安装工程、建筑装饰装修工程、防水防腐保温工程专业承包二级资质，环保工程专业承包三级资质，电力承装（试、修）四级资质，为经商务部批准具有对外工程承包、对外劳务合作经营资格的企业。公司具备GB1、GB1（PE专项）、GB2、GC1安装许可证和锅炉安装维修一级许可证，并通过GB/T19001、GB/T24001和GB/T28001三大管理体系的认证。2018年，荣列山东省"建筑企业综合实力三十强企业"；连续两届荣列山东省"安装业十强企业"。配属中建八局一公司施工的"青岛海尔工业园特种冰箱厂钢结构厂房制作安装工程"荣获中国建筑工程"鲁班奖"；配属中建八局三公司承建的"上海空间电源研究所科研仿真楼建设项目"荣获2017年度上海市优质建设工程"白玉兰奖"；独立承建的东岳集团有机硅工程，荣获山东省建筑安装业工程质量"泰山杯"和"鲁安杯"奖，山东德源环氧科技有限公司15kt/a环氧树脂5kt/a固化剂安装工程，荣获山东省2018年度建筑安装业优质

工程"鲁安杯"奖。

【肥城宏远建设有限公司】 公司成立于1986年，为一家集建筑、安装、电力、环保、化工石油、电子智能化工程、压力管道、劳务等为一体的综合性施工企业。公司有职工3000余人，工程技术人员和经济管理人员416人，经行业主管部门考核发证的施工管理人员和特种作业人员1200余人，拥有起重运输、焊接探伤以及理化检测等各类机

械设备1600台（套）。工程施工范围遍布全国28个省、市、自治区。近年间，共组织5000余人次赴巴基斯坦、沙特、越南、伊拉克、土耳其、摩洛哥、印度、印度尼西亚、赞比亚等国家参加海外电力、石油化工工程建设。与中建集团、中铁集团、中国电建、中国能建、国电集团、神华集团、大唐发电等大型国企建立合作关系，在建筑安装行业一直保持着良好的信誉和经营业绩，工程履约率100%，工程质

量合格率100%。公司连续多年被肥城市委、市政府、住建局评为纳税百强企业、建筑十强企业、"安装行业先进集体""外出施工先进企业""安全生产先进单位"等。参建的巴基斯坦卡西姆电站主体工程项目荣获中资企业"公共外交奖""2017年度中国能源创新突破奖"、巴基斯坦政府"特殊贡献奖"。2018年，被肥城市委、市政府评为建筑安装业进步企业第一名，"建筑安装业十强企业"。

（陈位生　徐辉峰）

资料链接

肥城市建筑安装业颁奖典礼

2018年2月24日，泰安市住建局局长张光银，肥城市委书记常绪扩为建筑安装业十强企业颁奖

2018年度建筑安装业十强企业

1. 兴润建设集团有限公司
2. 山东省显通安装有限公司
3. 山东军辉建设集团有限公司
4. 山东益通安装有限公司
5. 山东四方安装工程有限公司
6. 信邦建设工程有限公司
7. 山东宇兴建设有限公司
8. 山东华显安装建设有限公司
9. 山东康诚医用设备工程有限公司
10. 山东一滕集团有限公司

2019年2月13日，市委书记常绪扩为建筑安装业十强企业颁奖

2019年度建筑安装业十强企业

1. 山东军辉建设集团有限公司
2. 兴润建设集团有限公司
3. 山东省显通安装有限公司
4. 山东益通安装有限公司
5. 信邦建设集团有限公司
6. 山东四方安装工程有限公司
7. 山东宇兴建设有限公司
8. 山东华显安装建设有限公司
9. 山东鲁泰建筑工程集团有限公司
10. 肥城宏远建设有限公司

FEICHENG
YEARBOOK

FEICHENG
YEARBOOK
2019

商 务

商　务

综　述

【概况】　至年末，市商务局内设9个科室，下辖3个事业单位，代政府管理1个，其中市商业贸易局、出口食品农产品质量安全示范区管理办公室2个正科级单位，市外派劳务服务中心、市商务综合行政执法大队2个副科级单位。2018年，完成进出口5.09亿美元、同比增长6.2%，其中出口3.29亿美元、增长17.5%；实际利用外资11659万美元、同比增长6.7%；对外承包工程合同额6798.5万美元、营业额9951万美元、外派人数1171人；完成社会消费品零售总额320.53亿元、同比增长9.8%；实现电子商务交易额81.6亿元、同比增长32.7%。成功创建山东省首批电商小镇，泰山新合作购物中心成为全国县域第一家国家级绿色商场，获得山东省对外劳务合作行业先进单位荣誉称号。

【消费市场运行】　新增限上批发零售、餐饮住宿企业21家。"智慧便利店进社区"项目在城区铺开建设，银宝、新合作、华联等140家直营店完成复核。冷链物流体系建设取得新进展，银宝、富世康实现与省级冷链公共信息平台的对接，富世康成为全省冷链物流培训重点观摩现场。新合作购物中心成为省内县域首家绿色商场，泰之源蜂蜜食品入驻济南宽福里老字号街，富世康、鸿熹桃木等入驻京东馆"中华老字号山东馆"，泰之源蜂蜜、鸿熹桃木产品列入省商务厅2018年重点培植品牌，鸿熹桃木老字号代表泰安参加儒商大会。

【电子商务发展】　至年末，全市网商达到6000多家、网店15000多个、电商从业人员4万余人。连续三年举办农产品创意包装设计大赛，网销商品达到300多种。新城街道王坊村在第六届淘宝高峰论坛上被评为2018年中国淘宝村，全市淘宝村达到7个，数量居泰安市第一位。中国肥城桃木旅游商品城成功创建为山东省首批电商小镇。快递末端网点建设加快，建设便民快递服务站点40个，其中"快递进社区"工程示范站点10个。

【外贸进出口】　企业主体进一步壮大，全年分别新增获权、实绩企业42家、21家。"互联网+外贸"融合发展，46家企业借助阿里巴巴国际站、中国制造网、亚马逊等网络开拓海外市场，其中22家实现出口3563万美元，17家通过一达通出口740万美元、同比增长26.6%。全市有4个山东省国际自主品牌、累计10家企业注册

运邦物流园货仓区（赵尉　摄）

12个境外商标,在泰安市各县市区中最多。为鼎利蔬菜等5家农产品企业协调完成检验检疫出口验厂备案;帮助剑桥新型材料争取124届广交会摊位,引导林戈等30余家企业参加近40场境内外展会;组织佳禾食品等182家次企业、236人次参加17场业务培训会。

【外资利用】 2018年,境内组织到北京、上海、珠三角等外资密集区招商,借助第十七届桃花节、"2018泰山国际登山节""首届儒商大会"、香港山东周等活动,邀请外商20余人,策划对外推介项目16个。境外组织到英国、德国、希腊、冰岛、芬兰、丹麦等国经贸招商,开启"试水之旅"和"敲门招商",推进20多个项目接洽。全年新设外商投资企业11家,向泰安市外经贸指挥部策划提报重点项目6个,其中年产20万吨甲酸项目、红星美凯龙项目列入泰安市外经贸指挥部重点督导项目。

【对外经济技术合作】 兴润建设集团、军辉建设集团、信邦公司和华显公司4家工程企业完成备用金缴存。组织企业参加省厅召开的央企海外业务合作对接会,借助央企海外业务平台,推动全市对外工程承包和劳务合作。利用广播、电视及其他新兴媒体,常年全范围、多角度、全天候不间断地宣传出国劳务政策法规,引导出国劳务人员走正规渠道出境务工,有效降低出国劳务风险,做好劳务人员信息备案工作。围绕境外投资工作破题的目标任务,以全市外贸骨干企业、优势和富余产能行业为重点,向特钢、隆泰、金城机械、昊旭环保建材和北方洗涤用品公司等宣讲鼓励企业走出去扶持政策,鼓励条件成熟的企业赴境外投资,建立生产基地、营销渠道和研发中心,提高国际化经营水平,有效规避国际贸易壁垒,不断拓展企业发展空间。

【出口食品农产品质量安全示范区工作】 年内,出口食品农产品生产加工企业获得JAS等国际认证44个,新增农产品地理标志证明商标2件,打造高标准的农(兽)药经营示范店12家,培植出口种植基地11个,累计培植出口种植基地11个,食用农产品出口4046万美元、同比增长实现19.3%。

(李波)

商贸流通

【概况】 市商业发展中心与市商业贸易集团总公司一个机构两块牌子,为正科级事业单位,实行财政差额拨款,定编19人。至年末,设党委、纪委、工会、团委、妇委会等组织,下设办公室、政工部、财务部、经济运行部。所属商业职工学校、商业幼儿园2个差额事业单位、闽泰商场、国营6651库2个国有企业,所辖14家改制民营企业。①商业经济。商业经济继续保持平稳健康发展态势,市场竞争能力进一步增强,在拉动消费、安置就业、提供税收、促进商业经济持续发展等方面作用日趋明显。2018年,实现商品销售收入3.8亿元,利税415.1万元;新增营业网点70余家,完成招商引资任务3079万元,占年计划的103%。②项目建设。推进企业转型升级,提高市场占有率,不断推进商业网点建设步伐。年内,肥城鑫田商贸公司在城区黄金地段新建大型超市——新世界批发市场全部完工,全面对外招商营业。山东八戒食品有限公司利用闲置土地在仪阳新建工业园1处,新建营业楼1幢,年底前完成室内外装饰。③党建工作。实现党建工作标准化规范化,加强对所属党组织和党员教育管理,年内所辖15个党支部中,3个被评为五星级党支部,4个被评为四星级党支部,8个被评为三星级党支部,全部基层党组织都达到三星级以上标准。商业发展中心党委被评为四星级党组织,机关党支部被评为四星级党支部。④安全监管。在商业系统推进"双重预防体系""安如泰山科学预防体系"建设工作,加强对企事业单位的隐患排查、巡查,全年配合上级部门检查11次,组织开展隐患排查25次,查改隐患和问题36条，均限期进行整改。组织开展各类安全培训和演练，特种岗位持证上岗率达到99%以上，年内组织全系统开展消防安全应急疏散演练4次。⑤协调化解矛盾纠纷。落实定期接访、下访等日常工作机制，突出抓好重大时期、重要敏感节点的舆情、民情工作。全年接待处理来信来访、咨询120余人次，解决群众工作、生活中遇到的困难和问题。协调处理民生服务中心交办问题69件，办结率100%，满意率99%。及时解决好退役军人的生活补助工作，向74名退役人员发放救助补助34.1万元。⑥文明城市创建。把文明城市创建工作作为"一把手工程"，依托新时代文明实践中心三级体系，组建志愿服务队伍，开展创城志愿服务活动13次，捐款捐物1.2万元，督促做好系统内42个家属院、办公区的创城氛围和环境整治工作，更换创城宣传栏、版面200余块，替换分类垃圾箱160余个。拆除18处违章建筑，面积670平方米。

【商业企业管理】　至年末，市商业发展中心（商业贸易集团总公司）所属企事业单位18家，其中改制民营企业14家，分别为山东银宝食品有限公司、山东八戒食品有限公司、肥城三源家用电器有限公司、肥城百联副食有限公司、肥城双利食品有限公司、肥城鑫田商贸有

限公司、肥城中百商贸有限公司、肥城宏远水产品有限公司、肥城饮食服务有限公司、肥城恒丰商贸有限公司、肥城平安劳动保护用品有限公司、肥城鑫通商贸有限公司、肥城百隆商贸有限公司、肥城联众商贸有限公司；国有企业2家，分别为市闽泰商场、国营6651库；事业单位2家，分别为市商业职工学校、市商业局幼儿园。继续加大对改制企业的监管力度，重点是规范改制企业内部运作机制，监督改制企业严格执行《企业改制方案》中的各项规定，特别是对所欠职工的养老保险金、失业金、职工集资、工资及其他债务的兑现承诺，监督企业认真履行，确保职工利益得到保护，向企业派出监管责任人，督导兑现承诺，履行改制方案，监管、指导、协调帮助企业做好各项工作。为加强对商业企业的管理，发挥以抓党建统领、信访稳定、惠民政策落实等工作为着力点的群众稳定工作部和以抓招商引资、企业转型、安全生产为抓手的企业发展工作部的作用，围绕两条工作主线，实施对企事业单位的综合考核，使商业系统党的建设、安全生产、信访稳定、惠民政策落实、招商引资等重点工作得到有效落实，商业工作在全市"四定"工作汇报会上受到市委、市政府主要领导的肯定和表扬。

（王明阳）

供销合作

【概况】　年内，市供销社由差额拨款的参公事业单位改为全额拨款的参公事业单位，机关由7个职能科室精简为办公室、政工科、业务科、安全管理科、财务审计科5个职能科室，下辖13个基层社、7个社属企业。机关编制19人，至年末，有工作人员13名，其中工勤人员4名。2018年，市供销社持续深化综合改革，夯实基层基础，注重改革实践创新，不断提升服务质效，完成年度目标任务。市供销社被中华全国供销总社评为"百强县级社"（列百强县级社第24位），被省供销社评为"安全生产先进单位"，获泰安市供销社综合业绩考核一等奖。

【基层组织建设】　至年末，镇级农民合作社联合社达到13家，实现全覆盖。基层社实力逐步恢复壮大，王瓜店社被评为全国供销系统基层社标杆社。农民合作社发展日趋规范，领办农民合作社66个，培育土地股份合作社1个。王瓜店供销社联谊农机专业合作社、肥城市硕丰粮食种植专业合作社被评为省级农民合作社示范社。

【农业社会化服务】　新建为农服务中心2处，实施土地托管1.2万亩，植保飞防10万亩，

机耕机收、深耕深松15万亩，农机作业、植保飞防、智能配肥等服务效益明显提升，承接政府购买服务能力显著增强。众益达、边院为农服务中心整合农口部门培训职能，丰富和强化为农服务中心培训功能。

【农村现代流通】 新发展农资、农副产品、日用品直营店、加盟店265个，建设星级服务社35个，为拓展社会化服务领域，建设种养加农副产品基地，打造供销品牌奠定基础。推动农业"新六产"发展，培育三产融合发展项目5个，产业融合带来更大的收益。

【党建带社建社村共建】 不断完善基层社、"村两委"、农民合作社"三位一体"工作机制，通过共建农民合作社、共建综合服务社、共建发展项目、共建人才队伍，推动资金、人才、土地、信息、市场、科技等生产要素的有效整合，进一步推进社社合作、社农结合，促进形成农民群众有利益、基层党组织有发展、村集体经济有积累、供销合作社有收益的四赢局面。新增共建村（社区）30个，共建项目达到60个，初步实现村社融合发展。

【脱贫攻坚】 落实省市社"三脱四助一扶持"▲行业扶贫措施，争取省供销社专项扶贫资金300万元，专项用于支持扶贫项目建设，进一步加强扶贫工作督导和扶贫专项资金检查，贫困户对接认领、扶贫工作措施、帮扶责任落实进一步精准，扶贫资金、项目建设、扶贫成效有效落实。

▲"三脱"即发展农民合作社、实施党建带社建社村共建和"第一书记"帮扶工程、建设为农服务中心，带领脱贫。"四助"即实施农资连锁直供、发展特色产业、组织开展农民培训、整合社会资源，助力扶贫。"一扶持"即加大精准脱贫资金扶持，助农脱贫。

【招商引资】 坚持以项目促改革深化、促实力提升，不断加大对上争取和产业招商工作力度，对上争取"新网工程"、省社改革发展资金9000万元，招商引资到位资金6000万元，完成年度目标任务。围绕肥城特色农业，加强与总社、省社企业、协会的对接招商，达成初步合作意向。中央城建设项目、农高区、惠丰为农服务中心建设进展顺利，实现预期的目标任务。

（李言峰）

粮食流通

【概况】 市粮食发展中心为公益一类事业单位，由市发展和改革局管理，行政编制10名，事业编制16名。内设办公室、人事科、储备粮管理科、调控监督科、产业发展科、财务科等机构。①招商引资、对上争取。全年完成招商引资1610万元，对上争取到位资金821.75万元。②粮食安全责任制考核。肥城市获得2017年度粮食安全责任制考核优秀等次，列泰安6个县市区第1名。按照泰安市关于开展2018年度粮食安全责任考核工作的要求，牵头召开全市粮食安全责任制考核工作会议，对2018年的考核工作进行安排部署，将27项考核目标任务分解到所涉及的10个牵头责任单位和7个配合部门。③粮食购销。指导粮食企业适应粮食市场新形势，拓宽销售渠道，扩展销售市场，重点抓好夏秋粮食收购时间节点，2018年共完成粮食购销120万吨，占全年目标任务的150%。④地储粮油管理。落实粮油仓储目标管理责任制，重点开展夏秋两季的储粮安全检查和每月一次的粮油库存检查，做到有仓必查、有粮必查、查必彻底、不留死角，及时发现和解决各类隐患问题，确保储备粮油安全。同时，做好地储粮油的轮换工作，2018年共完成地储粮油轮换6024吨，其中地储小麦4774吨，地储油450吨，面粉800吨。⑤夏秋粮食收购。在夏秋粮食收购期间，利用网络、报纸、广播电台、掌上肥城APP、宣传栏、发放"明白纸"等方式，加大对粮食收购政策的宣传力度。督促各收购主体

市粮食发展中心开展2018年地储小麦轮换

规范执行粮食收购"五要五不准"原则，让农民卖上"明白粮""放心粮"。7月13日，省粮食局督查组对肥城市夏粮收购工作进行检查并给予高度评价。⑥粮食产业化发展。继续加大电子商务建设力度，2018年依托华客e品电商平台，新培植农村电商网点10家；搭建平台，鼓励粮食企业走出去拓展营销市场，3月16—18日，组织山东富世康工贸公司等7家企业参加第十三届全国粮油产销企业订货会和"中国粮油论坛"；11月26—28日，组织山东富世康工贸公司等企业参加首届山东省粮油产业博览会；培育扶植粮食龙头企业，5月山东富世康制粉公司、泰安市正大油脂有限公司被认定为省级粮油产业化龙头企业；实施品牌战略，指导粮食企业打造名牌产品，为山东富世康工贸公司、泰安正大油脂有限公司申报"中国好粮油"示范企业。

⑦粮食应急演练。12月14日，举行粮食应急演练。按照实战要求，对应急成品粮出库、运输保障、应急供应等环节进行操作演练。通过演练提升控制粮食市场异常波动的能力和维持粮食市场价格基本稳定的能力，维护全市粮食安全和社会秩序稳定。

【粮食产后服务中心】　根据山东省粮食局、省财政厅《关于在粮食流通领域实施"优质粮食工程"的通知》，以及《泰安市粮食产后服务体系建设实施方案》，制定肥城市建设实施方案，上报申报材料，以山东富世康制粉有限公司、肥城汇鑫源农业机械服务农民专业合作社为主体，建设粮食产后服务中心2个，争取省财政补助资金300万元。2017年12月咨询相关专家，制定建设方案。2018年1—9月，进行工程、设备招投标，并按照方案要求购

置设备，完成安装。10月，完成设备调试。11月，完成验收工作。项目建成后可提升粮食品质、减少产后损失、延长产业链条、提高附加值、促进农民增收。

【农户科学储粮】　根据山东省粮食局、省财政厅《关于在粮食流通领域实施"优质粮食工程"的通知》，中心以《关于报送肥城市粮食产后服务中心建设实施方案的报告》形式策划上报"农户科学储粮计划"。通过泰安市统一招投标，与文登区庆丰收粮仓厂签订采购合同。6月，为1870户省级贫困户发放科学储粮示范仓。7月，项目验收小组对科学储粮仓项目进行验收。该项目涉及全市4个镇街138个村，可大幅度改善全市农户储粮条件，减少粮食损耗，促进农民增产增收。

（冯少华）

物资流通

【概况】　至2018年末，物资流通发展中心下设办公室、财务科、安全监督科、业务科、老干部管理科、市场管理处、职工管理服务中心7个科室，机关定编19人，共有机关干部29人。下属民营企业11个，国有控股企业1个，专业市场2个。2018年，发挥职能作用，引导带领物资企业，立足实际，克服困难，创新经营，始终保持

经济效益稳定增长的良好态势。①专业市场支撑。不断增强鲁西建材批发城的培植力度，进一步加大投资，完善配置，充填市场，促进鲁西建材批发城进一步集聚繁荣，在钢材、建材、机电等物资经营中充分发挥流通主渠道作用，为全市物资经济工作发展提供有力支撑。②专营企业拉动。天宝化工有限公司依托民用爆破器材专营优势，在努力拓展市场的同时，组建爆破公司，延伸经营链条，壮大企业实力，取得较好效益。③新型业态带动。组织和引导桃木旅游商品城内经营业户，用好"互联网+"，桃木工艺品电商业务增量迅速，带动经济效益快速增长，2018年被省商务厅认定为首批"山东省电商小镇"。全年完成物资销售额 313416 万元，实现利税 2758 万元，同比增长 10.4%、10.76%。继续保持泰安市委、市政府"精神文明先进单位"

荣誉称号。

【市场建设】　①鲁西建材批发城配置提升完善。加快原市场土地处置，克服资金难题。在市政府领导的支持下，经过协调财政、国土等部门，完成原鲁西建材市场后期第二、三批 126 亩土地的处置，开发商已按与国土部门签订的出让合同，按进度分批缴纳土地价款。投资 20 余万元对批发城两个出入口和部分路面进行安全规范和维修改造。与国土局多次沟通，解决因使用不同性质的两批土地上建筑物占压的问题，形成土地置换方案，经市政府批准，完成新建鲁西建材批发城全部土地的不动产证的办理。强化服务意识，不断提高管理人员综合素质，对经营业户提出的噪音污染、安全生产等问题，快速反应，及时解决，提高业户的归属感，促进经济效益稳定增长。2018年，鲁西建材批

物资流通发展中心开展安全宣传

发城完成物资销售额 252000 万元，实现利税 2000 万元，其中利润 820 万元，成为全市物资系统骨干支柱企业。②桃木商品城管理运营。加快新型业态培育，依托"肥城桃木文化产品推广交易平台项目"和"电商小镇"建设，推进桃木商品城电商平台建设，通过开通"肥城桃木工艺品"网站对桃木商品城内经营业户现有网上交易进行整合，形成集群效应和品牌效应，对桃木工艺品的经营销售起到积极作用。优化市场环境，协调开发商和运营商投资 30 余万元，对供电主线路、垃圾站、卫生间和商住公寓楼的污水排放等进行维修改造，为广大经营业户创优经营环境。

【招商引资】　坚持把招商引资作为促进发展的重要手段，列为各项工作的重中之重。①招商目标管理。实施分工领导主抓招商引资工作，安排 1 名工作人员具体抓，明确招商任务和招商重点。严格按照"四定"工作要求，对全年招商引资任务计划形象进度进行重新梳理，将任务分解到月、细化到周，明确时间节点要求。②专业市场招商。围绕提升鲁西建材批发城档次，加快实现批发城集聚繁荣，瞄准省内外强商大户，引进建材、装潢等行业高端品牌"旗舰店""直营店""专卖店"进驻经营，鲁西建材批发城商户入住率已达 100%。③盘

活闲置资产招商。在充分调研的基础上，将闲置多年的物资大厦东楼租赁给专业团队运营管理，先后引进济南超意兴餐饮有限公司投资800万元开办超意兴快餐连锁店；东平客商投资200万元开办鑫奥众汽车维修服务中心。2018年，共计到位资金3386.81万元，占计划任务的112.9%。

【民生服务】　强化大局意识，高度关注困难职工群众生活。①管理服务。在做好下岗失业职工党员、户籍和劳资关系管理的同时，2018年为133名困难企业职工，代收代缴社保金158.8万元，全部按时足额上缴市社保处，收缴率为100%；②帮扶救助。2018年，通过各类渠道共争取和发放各类救助金38.25万元。其中为4户低保户发放市慈善总工会"慈善扶贫，情暖万家"救助金4万元；为25名失业退役军人发放春节和八一救助金20.58万元，为物资系统24名企业军转干部发放体检费、八一救助金和特困救助共13.34万元；为4名困难党员发放救助慰问金2000元；走访物资系统离休老干部6人，发放价值1300余元慰问物品。②困难职工帮扶。为妥善解决历史遗留问题，安排专人靠上工作，完成原破产企业两户老旧房产的不动产证的办理工作；投资5000余元，解决破产企业困难职工所居家属院的公厕维

修、污水处理和防盗安全等无人管理的实际问题，受到职工好评。

【安全生产】　树立"安全第一"的思想，贯彻落实各级关于安全生产的一系列要求，把安全生产工作抓实抓牢。①明确责任。年初，根据物资系统实际，细化安全生产和综合治理责任书，与所属企业、专业市场、机关科室、租赁业户等近30余个单位层层签订《安全生产和社会综合治理目标管理责任书》。②完善制度。以全力做好迎接省安全巡查准备工作为契机，严格按照市委、市政府和市安监局要求，对物资系统安全生产工作进行全面梳理，查漏补缺，建立健全和修订完善工作流程及应急预案等安全生产相关规章制度。③落实措施。持续开展安全生产大检查集中行动和安全生产隐患大排查。制定下发《物资系统安全生产

大检查集中行动实施方案》，对天宝化工、桃木商品城、鲁西建材批发城、真如意大酒店和沿街综合楼等重点企业、重点区域每月开展一次隐患排查。全年共排查各类安全隐患86起，督促相关企业投资15万元进行整改，确保及时消除各项安全隐患，没有发生任何安全事故。

（裴云超）

石油经营

【概况】　2018年，中国石化山东泰山石油股份有限公司肥城石油公司下设零售、财务、非油品、安全4个科室，1个直分销客户经理部，共有干部职工165人，其中包含泰山石油控股合资肥城绿能石油化工有限公司，共计在营加油站28座，网点遍布城乡，主要经营清洁汽油、乙醇汽油、柴油、润滑油、天然气和非油品。2018年，完成各类成品油销售4.55万吨，

中石化易捷便利店

销售收入 4.25 亿余元。非油品不断引进名优特商品，经营品种达上千余种，实现营业额历史性的突破近 2 千万元，"易捷"便利店品牌的影响力不断扩大。

2018 年，肥城公司在标准化建设的基础上，完成山东省公司安全管理 7S 推行实施工作。在安全、环保等政府部门的支持下，完成全部加油站环境评价历史遗留问题，全面完成加油站双层罐及防渗池改造工作，完成系统内加油站双体系建设并通过专家验收。实现全年安全经营无事故，历次安全检查走在同行的前列；秉承"每一滴油都是承诺"的质量信誉，全年在多次各级工商质量抽检中全油品质量合格，为绿色环保提供最优质油品。

（董建涛　刘龙）

烟草专卖

【概况】　肥城市烟草专卖局（营销部）主要负责全市 14 个镇街的专卖管理、卷烟销售工作，下设综合办公室、卷烟营销科、专卖监督管理科、管理监督科 4 个科室和 4 个基层管理服务站、8 个稽查中队。2018 年，共有从业人员 105 人，其中聘用员工 72 人。辖区共有卷烟零售客户 3245 户。

【专卖管理和卷烟经营】　2018 年，肥城市烟草专卖局（营销部）落实泰安市局（公司）"抓

基层、打基础、强管理、重创新"的工作要求，围绕下达的任务目标，加强专卖管理，深挖市场潜力，较好完成各项工作任务。①专卖管理。抓好专卖队伍建设，实行专业化分工，推行精细化管理，提高专卖执法水平。充分利用"APCD"工作法，强化层级分析，提高市场监管水平。联合公安、工商等部门适时开展专项整治，加大网络案件侦办力度，提高市场净化水平。2018 年，共查处各类违法案件 539 起，查获各类非法卷烟 242.49 万支，案件标值 102.47 万元。刑事拘留 4 人，逮捕 1 人，判刑 2 人。②营销模式。推动营销模式转型升级，提高卷烟经营水平。加强客户经理业务培训，转变客户经理职能。深入开展"四个一把手"工程，不断推动营销模式转型升级，着力在客户服务、客户经营能力提升、特类市场开发等方面下功夫，全面提升卷烟经营水平。2018 年，共销售卷烟 2.45 万箱，实现销售收入 4.61 亿元，实现利税 1.23 亿元，其中实现利润 0.38 亿元。

（梁金平）

盐业经营与管理

【概况】　2018 年，肥城市盐务局（盐业公司）下设综合办公室、财务科、业务科、4 个区域部、2 个稽查中队、生产用

盐科、非盐商品经营部等科室，共有干部员工 66 人，退休职工 52 人，负责全市境内食盐和厂矿企业用盐供应。2018 年 3 月 24 日，肥城国资局与泰安盐业公司签署肥城盐业公司及人财物划转交接工作协议，并接收肥城盐业公司全部资产及干部员工的人事档案。5 月 25 日，肥城市召开盐业体制改革会议，宣布《肥城市盐业体制改革方案和食盐监管体制改革方案》，并明确肥城盐业公司不再加挂肥城市盐务局牌子。

【食盐专营】　2018 年，在全市境内划分 4 个区域部，下设 11 个客户经理部，负责将小包装食盐直供到食盐零售网点，盐业公司严格落实食盐专营政策，确保合格碘盐供应，辖区食盐"三率"不断提升，碘盐覆盖率达到 99.9%，碘盐合格率达到 99.0%，合格碘盐食用率达到 98.9%，为持续消除碘缺乏危害做出贡献。公司明确"立足产区、以盐为主、强基固本、多业并举"的战略定位，全市建立食盐零售网点 2600 多家，非碘盐供应点 30 家，食盐供应品种丰富，满足居民不同消费需求，食盐安全得到有力保障，未发生一起食盐安全事故。销售净收入 657.3 万元，实现毛利 261.97 万元，平均每月实现毛利 23.81 万元。

【盐政管理】　2018 年 1—5 月，

有盐政稽查中队2个，负责境内食盐零售市场，共查获涉盐违法案件89起（其中查获跨区域经营案例6起），涉盐产品11.2吨，有效制止借改革之名、行违法之事的不法行为，保障肥城盐业市场的稳定有序，为保障全市人民食用合格碘盐做出贡献。

（梁乙军）

城市建设投资

【概况】 肥城市城市建设投资有限公司（简称肥城城投公司）为市政府出资设立的国有独资公司，成立于2011年1月。2015年8月，市委市政府为积极应对投融资体制改革新形势，顺应国有企业改革的新要求，对城投公司进行重组。重组后的城投公司注册资本1.8亿元，为肥城国有资本市场化运作的实体企业。业务涵盖政府授权范围内的土地储备、土地增减挂钩运作及储备土地的经营，土地综合整治，房地产开发经营、工业地产，物业管理，市政工程、园林绿化工程、公共设施工程施工，以及新能源利用等项目的投资、建设和运营管理。公司建立健全党组织、董事会、监事会、经理层等完善的法人治理结构体系。坚持党的领导，加强党的建设，发挥党组织在企业管理中的核心作用，建立"三重一大"集体决策制度，形成民主决策、有效监督、高效执行的运行机制。内设综合部、合规部、财务部、工程部4个职能部门，成立城投工业、城投置业、城投能源等6家全资子公司，投资参股阿斯德科技、西陆装备等6家公司。公司围绕市委、市政府确定的"四大动能"和"一二三四五"发展战略开展工作。围绕融资和发展两大主题，坚持"效益优先、规范第一"的发展理念，以"实体化、市场化、规范化"为经营路径，在资产划转、融资融券、实体运作、基础管理四项工作上稳扎稳打。2018年，实现营业收入3.86亿元，利润5400万元，财税贡献7600万元。

（王秉勇）

肥城年鉴
FEICHENG
YEARBOOK

FEICHENG
YEARBOOK
2019

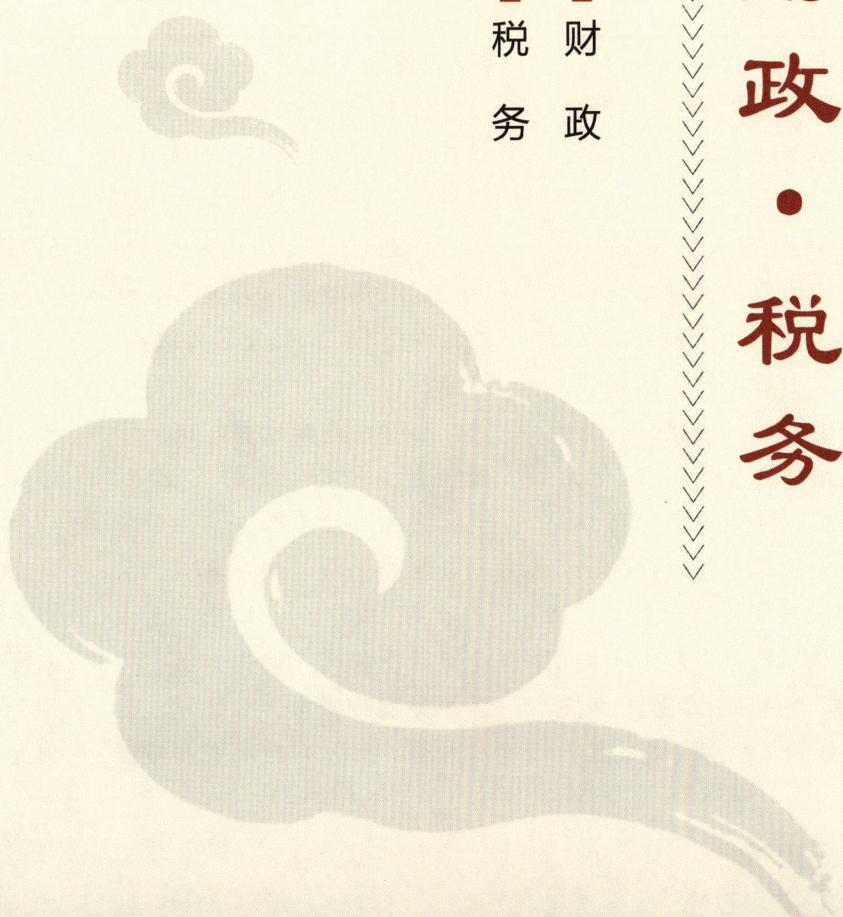

财 政 · 税 务

■ 财 政
■ 税 务

财政·税务

财　政

【概况】　至年末，全市有市、镇（街、区）两级财政机构15个，其中市级财政机构1个，镇（街、区）级财政机构14个。在职职工167人，其中市财政局89人、镇（街、区）78人。2018年，全市财政工作坚持稳中求进工作总基调，落实高质量发展要求，以供给侧结构性改革为主线，统筹推进稳增长、促改革、调结构、惠民生、防风险各项工作，全市经济社会持续健康发展，财政预算目标顺利完成，各项工作均迈上新台阶、取得新佳绩。全市一般公共预算收入，加上级税收返还和转移支付补助19.74亿元、一般债券转贷收入6.03亿元、上年结转及调入资金8.21亿元，全市一般公共预算总收入74.4亿元。全市一般公共预算支出，加上解上级支出及债务还本支出等14.8亿元，全市一般公共预算总支出74.24亿元。收支相抵，结转下年支出1595万元。先后被省财政厅命名为小麦全成本保险试点县、村级公路网化示范县、新生小城市试点县、新型城镇化试点县、扶持村级集体经济发展试点县、

省级美丽乡村示范县、宜居宜业美丽乡村建设示范县、乡村连片治理试点县、"鲁担惠农贷"农业信贷担保试点县；被泰安市财政局评为乡镇财政业务技能竞赛先进单位、市级美丽乡村示范县、乡村文明行动示范县；被肥城市委、市政府评为党建工作先进单位、尊师重教先进单位、妇女儿童工作先进集体、卫生城市复审先进单位；并连年保持省级文明单位、泰安市"五星级"基层党组织、泰安市爱国拥军模范单位、泰安市财政系统先进集体等荣誉称号。

【财源建设】　落实企业培植意见，引导各类资本投向稳增长、促转调、培财源领域。①减税降费。着重在"降成本"上下功夫，通过落实结构性减税、出口退税等政策，为全市企业减轻税负16.77亿元；并取消、停征和调整部分行政事业性收费、政府性基金项目，进一步减轻企业负担。②财政支持。全面强化对接争取工作，全年争取各类上级资金2.87亿元，支持"三强"企业培植、新旧动能转换和产业优化升级；整合各类财政资金3.9亿元，落实市委、市政府鼓励企业发展

扶持政策；通过产业引导基金投放5亿元，支持阿斯德科技和桃都新能源项目建设；争取泰安市财源建设基金8500万元，支持索力得焊材项目建设；注资1亿元参股泰安市基金担保公司，为13家企业提供担保贷款13.3亿元。全年百强企业实缴税金48.68亿元、对地方财政贡献26.3亿元，分别增长47.8%和44.9%。③政银企合作。通过新兴产业引导中小企业发展基金，鼓励银行为45家企业贷款1.7亿元；小额担保基金规模达到2850万元，为企业和个人发放担保贷款5391万元；投入资金500万元，启动省级农业融资担保试点，全年提供担保52项、金额2977万元，发放财政贴息84.8万元。

【财政收入】　面对国家减税降费力度不断加大和重点行业去产能等不利因素，各级财税部门强化责任担当，密切协调配合，想方设法抓征管、促增收。财政部门发挥牵头抓总作用，着力强化组织协调、调研分析和调度指导，及时发现问题，制定应对措施。税务部门推进征管体制改革，创新征管手段，深化场所融合，实现"一窗通办"，强化综合治税以及开展发票摇奖等活动，促

进税收收入快速增长。2018年，实现境内收入67.02亿元、增长14.7%，其中境内税收60.25亿元、增长19.8%。全市一般公共预算收入40.42亿元，完成调整预算的100.1%，增长0.1%。其中税收收入34.1亿元，完成调整预算的100.1%，增长4.4%；非税收入6.32亿元，完成调整预算的100.3%，下降18%。全市税收收入、主体税收收入分别增长4.4%、49.1%；税收收入占一般公共预算收入的比重达到84.4%、主体税收占税收收入的比重达到62.5%，分别比上年提高3.5和18.7个百分点，财政收入质量和结构达到近十年来最好水平。

2018 年肥城市一般公共预算收入预算执行情况分析表

单位：万元

类款	调整预算	累计完成	上年同期	占预算 %	同比增长 %
税收收入	340730	340967	326640	100.07	4.39
四大主体税种	212678	212966	142885	100.14	49.05
国内增值税	91094	90954	76623	99.85	18.70
改征增值税及营业税	80293	80597	42166	100.38	91.14
企业所得税	26831	26835	18434	100.01	45.57
个人所得税	14460	14580	5662	100.83	157.51
资源税	29672	29582	45812	99.70	-35.43
城市维护建设税	28434	28524	17991	100.32	58.55
房产税	7499	7505	8581	100.08	-12.54
印花税	3975	3996	3761	100.53	6.25
城镇土地使用税	14017	14020	30667	100.02	-54.28
土地增值税	13349	13444	9401	100.71	43.01
车船税	2376	2376	2473	100.00	-3.92
耕地占用税	14158	13717	54522	96.89	-74.84
契税	12912	13177	10547	102.05	24.94
环境保护税	1660	1660		100.00	
非税收入	63037	63212	77127	100.28	-18.04
专项收入	23349	24069	17342	103.08	38.79
其中：教育费附加收入	12008	12184	7637	101.47	59.54
地方教育附加收入	8099	8137	5099	100.47	59.58
水利建设专项收入	3069	3156	2626	102.83	20.18
行政事业性收费收入	6833	7053	6868	103.22	2.69
罚没收入	8574	9172	9603	106.97	-4.49
国有资源（资产）有偿使用收入	21519	19876	41002	92.36	-51.52
捐赠收入	50	195	132	390.00	47.73
政府住房基金收入	132	146	111	110.61	31.53
其他收入	2580	2701	2069	104.69	30.55
一般预算收入合计	403767	404179	403767	100.10	0.10

【财政支出】 坚持统筹兼顾、有保有压，着力压一般、保重点。2018年，全市一般公共预算支出59.44亿元，完成调整预算的102.2%，增长4.8%。①民生事业投入。全市一般公共预算中用于民生事业的支出达到46.89亿元，高于财政支出增幅0.26个百分点；占财政支出的比重达到78.9%，比上年提高0.2个百分点，确保各项民生政策扩面提标，支持产业扶贫、金融扶贫和大气、水、土壤等污染防治，实施山水林田湖草生态保护修复试点工程等。②对下帮扶。通过积极对上争取和统筹市级财力，市及以上财政安排对下转移支付8.05亿元、专项资金1.19亿元，比上年增加2.18亿元。其中拨付村级组织运转经费7003万元、村均补助11.58万元；统筹整合资金4027万元，用于84个产业扶贫、基础设施项目建设；实施"乡村振兴战略"，拨付资金1.65亿元，支持农业技术推广、畜禽粪污资源利用和农田水利建设等；拨付资金1600万元，支持36个美丽乡村示范镇、村建设；拨付资金1450万元，实施村级集体经济发展试点和强村固基工程；拨付资金1034万元，打造"乡村连片治理"精品工程。③行政运行成本控制。全市"三公"经费同比压减108万元、下降7.3%。④支持住房建设。支持棚户区改造项目61个，开工建设14952套、基本建成5442套；完成510户农村危房改造，提升居民住房保障水平。

2018年肥城市一般公共预算支出完成情况表

单位：万元

类款	调整预算	累计完成	上年同期	占预算%	同比增长%
一般公共服务	28456	28858	28030	101.41	2.95
其中：政府事务	7305	6154	7165	84.24	-14.11
国防	369	267	201	72.36	32.84
公共安全	19034	21630	18913	113.64	14.37
其中：公安支出	12945	14744	12807	113.90	15.12
检察院支出	2040	2200	1991	107.84	10.50
法院支出	3045	3646	2952	119.74	23.51
教育	150828	157725	149982	104.57	5.16
其中：普通教育	131210	132110	130754	100.69	1.04
教育费附加支出	7825	12594	7637	160.95	64.91
科学技术	8897	9237	9076	103.82	1.77
文化体育与传媒	3838	4145	3488	108.00	18.84
社会保障和就业	84077	89579	79232	106.54	13.06
其中：行政事业单位离退休	29288	37629	28093	128.48	33.94
就业补助	794	1568	757	197.48	107.13
抚恤	6360	5035	5809	79.17	-13.32
最低生活保障	5080	3987	4852	78.48	-17.83
医疗卫生	64209	58552	73167	91.19	-19.97
节能环保	18627	11825	18611	63.48	-36.46

续表

类款	调整预算	累计完成	上年同期	占预算 %	同比增长 %
城乡社区事务	14547	14850	19285	102.08	-23.00
农林水事务	116610	119310	115231	102.32	3.54
其中：农业	33347	33358	32903	100.03	1.38
林业	7864	7882	7677	100.23	2.67
水利	35019	35286	34649	100.76	1.84
扶贫	16432	17178	16405	104.54	4.71
农业综合开发	3582	3590	3562	100.22	0.79
交通运输	12721	15620	18754	122.79	-16.71
资源勘探电力信息等事务	1259	2206	1228	175.22	79.64
商业服务业等事务	2700	3620	1868	134.07	93.79
金融监管等事务支出	—	50	—	—	—
援助其他地区支出	1105	1105	1126	100.00	-1.87
国土海洋气象等事务	11025	11940	10903	108.30	9.51
住房保障支出	35671	36699	10193	102.88	260.04
粮油物资储备事务	905	946	694	104.53	36.31
其他支出	3411	3006	1127	88.13	166.73
债务付息支出	3180	3180	6086	100.00	-47.75
一般预算支出合计	581469	594350	567195	102.22	4.79

【财税改革】 坚持用创新的思路引领发展，用改革的办法破解难题，财政管理的科学化、规范化、精细化水平不断提高。①预算管理。推进预决算公开，其中市级公开2017年政府决算、87个部门决算和"三公"经费决算以及2018年相应预算。坚持无预算不支出，严控预算事项追加，强化预算约束。探索预算绩效管理改革，印发《市直预算绩效运行监控管理办法》，为推进预算绩效管理工作打下良好基础。②财政支出。实行财政存量资金盘活清理机制，将本级年度预算结余、两年以上上级专款结余和单位超收部分纳入清理范围，市级共清理回收结转结余资金3383万元。深入推进国库集中支付，将所有财政性资金纳入集中支付范围，提高资金拨付效率和透明度。全年政府采购规模达7.62亿元，节约资金6462万元，综合节支率为7.8%；完成财政投资评审项目72个、资金6.74亿元，审减不合理资金3594万元，审减率达7.4%。③体制改革。探索财政事权和支出责任划分改革，对接省以下管理体制改革、独立工矿区转移支付等政策，确保全市财力稳定增长。调整完善石横镇财政管理体制，助推石横示范小城镇建设。④债务管理。在政府性债务全面实现债券置换基础上，重点开展隐性债务专项清理行动，制定隐性债务化解计划和风险防控预案，全市政府债务管理日趋规范。全年政府债务率为54.7%，低于上级核定肥城市上限10.3个百分点。争取新增债券4.37亿元、置换债券7.76亿元，支持道路交通、棚户区改造和教育大班额等项目建设，有效缓解事业发展资金短缺问题。

【国有资产管理】 严防国有资产流失，完善信息数据库，汇总统计152家行政事业单位资产年报近60亿元；修订行政事业单位国有资产处置管理《暂行办法》，规范资产管理、处置和监督。参与机构改革，指导资产划转工作，完成18家国有企业公车改革任务；开展城市建设投资公司资产普查，剥离划转公益性资产139宗、30亿元；制定公有住房处置工作方案，做好公有住房调查摸底工作。强化国企融资融券功能，指导城市建设投资公司获批银行授信45.6亿元，为北部城区开发、棚户区改造等工程提供资金支持。

【基层财政管理】 全面加强基层财政财务管理和培训，严格落实耕地地力保护补贴兑付政策，通过严格核实种粮面积、明确责任主体，加强"一本通"系统管理，将12种涉农补贴和农村低保、五保供养等纳入发放范围，涉及补贴对象17.14万户，发放资金1.5亿元。同时，拨付耕地地力保护补贴结余资金725万元，支持城乡环卫一体化建设。

【财政监督管理】 严格执行《内部控制基本制度》，全方位扎紧制度笼子，促进监督与管理有机融合。强化专项检查，通过对6家房地产企业开展会计信息质量检查，发现问题资金8200多万元，调整整改资金1100万元，补缴税金340万元、配套费860万元。另外，牵头配合开展省委巡视、中央"八项规定"精神落实、村级财务、"小金库"专项整治"回头看"、新增债券和书记市长离任等12项检查审计工作，确保财政资金安全有效、管理科学规范。

（陈树）

税　务

【概况】 2018年7月20日，根据国税地税征管体制改革工作部署，国家税务总局肥城市税务局挂牌成立。原肥城市国家税务局、原肥城市地方税务局合并为国家税务总局肥城市税务局，规范化简称为肥城市税务局。至年末有在职干部职工344人，其中研究生学历6人，本科学历207人，大专以上学历人员占在职人员的96.8%，离退休干部135人。全局下设办公室、法制股、税政一股、税政二股、社会保险费和非税收入股、收入核算股、征收管理股、税收风险管理股、税源管理股、财务管理股、人事教育股11个内设机构，另设纪检组和机关党委（党建工作股），下设信息中心、纳税服务中心2个事业单位，第一、第二、新城、老城、王瓜店、石横、安驾庄、汶阳、桃园、高新技术产业开发区10个税务分局。至年末，辖区内共有19983户纳税人，其中个体类12189户，企业类7794户。2018年，市税务局进一步树牢"实事求是地想、实事求是地谋、实事求是地干"的工作理念，坚持"一二三四五"的工作思路不动摇，紧扣新旧动能转换这条主线，稳妥有序推进税务机构改革，围绕组织收入工作中心，推进"放管服"和"一次办好"改革，深化全面从严治党，加强基层建设，攻坚克难，锐意

7月20日，国家税务总局肥城市税务局挂牌成立（张明阳　摄）

进取，各项任务目标圆满完成。先后荣获中华全国总工会"全国模范职工小家"、全省"'幸福进家'活动先进单位"、山东省档案工作科学化管理先进单位等荣誉称号，打造"事合、人合、力合、心合"的良好局面，实现机构改革与税收工作的互促共进。

【组织收入】　①科学调度。统筹考虑经济性、政策性、征管性增减收因素，科学分配税收任务，细化责任分工，确保组织收入目标实现。②督导调研。全面落实"领导包片、部门包点"收入督导机制，调研各税源管理单位组织收入工作情况，分析税收收入形势，指导组织收入工作开展，牢牢把握组织收入主动权。③后续管理。完善"四位一体"分析评估机制，提升纳税评估的针对性和实效性，建立内外联动工作机制，严厉查处涉税违法犯罪行为，分类实施代管监开发票、发布欠税公告等措施，提升清缴质效。④政策落实。围绕服务新旧动能转换重大工程，发挥税收职能作用，落实税收优惠政策，促进经济结构调整和企业转型升级。2018 年，全年累计组织收入 62.55 亿元，同比增长 20.71%，增收 10.73 亿元；其中税收收入完成 60.25 亿元，同比增长 19.81%，增收 9.96 亿元。在此基础上，不折不扣落实增值税税率下调、鼓励高新

技术企业发展、促进节能环保资源综合利用等税收优惠 16.77 亿元，荣获"泰安市税务系统组织收入工作突出贡献奖"，组织收入工作得到系统内外一致好评。

【税收征管】　①日常征管。不断完善风险管理制度，全面推广应用实名办税和诚信纳税系统，推动征管信息化建设，持续做好税制改革征管基础运维，强化征管数据质量管理，从源头提高征管数据准确度，加强与市场监管、不动产管理和公安部门的联合联动，拓宽信息共享渠道。②风险防控。加大与人社、财政、医保等部门的沟通协调，健全联动互动机制，做好风险应对任务的承接、整合和分类下达，强化第三方信息的采集应用，完善长效机制，为风险应对提供数据支撑，实现风险 + 管理向常态化发展。③税种管理。推进增值税改革，建立增值税发票风险快速反应机制，创新增值税发票管理方式，推广增值税发票网上申领，做好政策宣传辅导和政策效应分析。开展企业所得税汇算清缴，推进个税改革，深入实践绿色税制改革，强化土地增值税管理，加强非居民企业纳税申报管理，完善部门配合，确保社保费顺利开征。④依法治税。成立依法行政领导小组、税务行政复议委员会等 6 个议事机构，与检察院、公安局协

同开展税收法律培训和宣传活动，开展"三项制度试点"，持续加强内控机制建设，常态化开展执法督查。

【纳税服务】　①推进"一次办好"。梳理涉税事项、办理流程，制发并及时更新"一次办好"清单，推行"即办即走""简事即办"等服务，缓解窗口压力。②实现"一厅通办"。对各镇街办税服务室"一厅通办"采取通办层次一步到位的做法，全面实现"一窗通办"，为纳税人提供"一窗通办"便利。③推广"智能办税"。加大网上税务局宣传推广，研发网上预约预审服务平台和"催报催缴"服务提醒系统，配置综合业务预审预约、政策发布解读以及风险预警提醒等功能，加强自助办税、税务一扫通、移动办税等智能办税方式的推广应用，实现多维服务一体化。④严格制度落实。加强导税服务，完善应急预案，做到准确指引、精准辅导、快速预审，严格落实首问责任制，健全"首问责任暨一次办好"工作台账，确保涉税事项一站服务到底。做好纳税信用等级评定，深化结果运用，通过"银税合作"协助 37 户 A 级纳税人贷款 98 笔，涉及金额 10 亿元，树立守信激励和失信惩戒的优良导向。

【队伍建设】　①思想引领。通

过理论组学习、"每周一课"、专题党课、集体研读等形式，学习贯彻习近平新时代中国特色社会主义思想和十九大精神。完善党组织设置，严格落实《中国共产党支部工作条例》要求，强化党建品牌建设，先后打造"知行先锋""支部+""水文化+税文化""德廉文化室"等亮点品牌，开展服从改革大局承诺践诺和党员先锋岗、党员示范岗等各类评优活动，凝聚党建引领力量。②作风建设。开展理想信念、宗旨意识、党纪法规教育，贯彻落实中央八项规定精神，紧盯重要节点和"关键少数"，集中整治"慵懒散拖"现象，坚决防止"四风"问题反弹回潮。③业务培训。以开展"新机构、新职责、新业务"知识网络竞赛为契机，组织业务技能学习，针对改革过程中机构合并新设、人员调整变动、业务整合优化等实际情况，通过结对子、老带新、师传徒等形式，发挥"传帮带"作用，促使干部队伍尽快熟悉新岗位、通晓新业务、掌握新技能，不断提升胜任工作的能力和水平。④文体活动。倡树"和合"理念，完善工青团妇等群团组织设置，通过举办"干部心理健康与压力疏导""阳光职场心态"讲座，参与市直机关篮球比赛、红色经典诵读比赛及各类志愿服务活动，引导离退休老同志积极发挥余热，

组织改革开放40周年书画展、下乡送春联等活动，进一步增强队伍凝聚力。

【荣获"全国模范职工小家"称号】　市税务局紧扣时代主题，坚定不移走中国特色社会主义工会发展道路，忠于党的事业，服务干部职工，着力增"三性"、去"四化"、强基层、促创新，不断加强职工之家建设，激发工会活力，维护保障干部职工合法权益，工会工作取得跨越式进展。2018年，在中华全国总工会下发的《中华全国总工会关于表彰全国模范职工之家　全国模范职工小家　全国优秀工会工作者和命名全国优秀工会积极分子　全国优秀工会之友的决定》中，市税务局被授予"全国模范职工小家"荣誉称号。

【荣获全省"'幸福进家'活动先进单位"称号】　市税务局重视文明创建工作，贯彻落实中央党的群团工作会议精神，将文明创建工作列入中心工作的重要议事日程，在全局范围内大力开展"幸福进家"活动，通过创新活动载体、丰富活动内容、开展量化管理等形式，深入宣传系统内爱岗敬业先进典型，点燃文明敬业之火，使个人追求与干事创业的目标有机结合起来，让税务文化的理念在全体干部职工中生根、入

脑、入心、入行，激发干部职工爱岗敬业潜能，促进家庭文明进步，提升干部职工幸福指数。2018年，在山东省妇女联合会下发的《关于表扬"幸福进家"活动先进集体和先进个人的通报》中，市税务局被授予全省"'幸福进家'活动先进单位"。

【荣获"山东省档案工作科学化管理先进单位"称号】　市税务局坚持"对历史负责、为现实服务、替未来着想"的精神，严格按照《山东省档案工作科学化管理规范》要求，完善机制、凝聚力量，加强对档案工作的领导，在档案管理工作制度建设、资源建设、信息化建设、安全保障、服务利用、工作创新等方面发挥职能作用，通过创新机制、优化手段、梳理职责等方式，多角度、全方位完善新形势下档案管理工作，不断提升档案管理工作科学化、规范化水平，为更好地推动经济社会科学发展、维护国家安全和社会稳定、维护干部职工合法权益、提高政府管理水平提供有效支撑。2018年，在山东省档案局下发的《关于2018年度全省档案工作科学化管理测评情况的通报》中，市税务局被授予"山东省档案工作科学化管理先进单位"荣誉称号。

（时洋琪）

肥城年鉴
FEICHENG YEARBOOK
年鉴

FEICHENG
YEARBOOK
2019

金融

保险业
银行业
综述

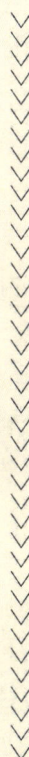

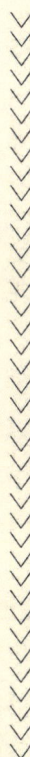

金 融

综 述

【概况】　市金融服务中心为公益类事业单位，设置事业编制7人，主要负责协助解决金融业发展中应由地方解决的矛盾和问题；协调和推动企业上市工作；组织金融数据统计、工作宣传、业务培训和交流活动等工作。截至2018年末，全市共有各类金融机构54家，其中银行14家。全市各项人民币存款567.69亿元，比年初增加67.36亿元，增幅13.46%；各项贷款316.90亿元，比年初增加7.31亿元，增幅2.36%。保险业机构34家，实现保费收入17.08亿元；证券机构分支2家；小额贷款公司2家，民间资本管理公司2家，典当行1家。全国中小企业股份转让系统挂牌企业9家，区域性股权交易系统挂牌企业14家。

【金融服务】　通过加强政银企合作、培强金融机构、强化多领域融资服务等方式，围绕实体经济发展、"一核四区"建设等重点，持续加强金融服务。贷款主要投向基础设施、消费领域、骨干企业。银行引进和网点布设继续保持良好势头，

齐鲁银行顺利开业，驻肥银行达到14家，在泰安各县市最多。推进机构网点布设，各银行新增服务网点21处，农商行新设立便民服务网点190个。

【金融环境】　通过召开银企恳谈会、引导成立互助联盟、签订银企合作协议、设立过桥还贷基金等措施，稳控风险、化解问题。协调银行、法院对重点担保圈企业不抽贷、不断贷、不保全资产，为担保企业争取利益最大化，有效防止风险传导。关注非法集资、逃废银行债务等影响企业规范融资的不稳定因素，坚持"标本兼治、疏堵并重"的原则，对各类非法集资、"老赖"行为保持高压严控态势，通过发放宣传材料，

播放"打非"公告，联合有关部门开展专项行动等措施对非法集资行为进行持续防控处置，保持全市经济的稳健运行。

【资本市场】　按照"持续发展、梯次跟进"的思路，筛选挖掘产业竞争力强、发展潜力大的企业，建立"资源库"精准培育引导。专门组织重点企业到上海复旦大学和省内外上市企业学习资本运营，进一步提高企业家认识。为进入上市挂牌程序企业提供全方位服务和支持，帮助解决土地、房产、税务等方面的问题，畅通"绿色通道"加快办理。密切掌握中央、省、市政策动态，加强与证监会、"新三板"公司的沟通联系，为企业提供指导和咨询，

3月26日，齐鲁银行肥城支行开业暨政银企签约仪式举行

确保上市挂牌速度和质效。邀请专家、知名券商举办讲座，组织企业家到沪深股票交易所、"新三板"公司和上市挂牌企业现场学习。编制《肥城企业上市挂牌服务手册》，为拟上市挂牌后备企业提供专业化指导服务。出台扶持政策，对上市、"新三板"挂牌、区域股交中心挂牌企业分别补贴资金1000万元、100万元、5万元。泰鹏智能家居、鲁变电工两家企业顺利在"新三板"挂牌。

银行业

·中国人民银行肥城市支行·

【概况】 至年末，中国人民银行肥城市支行有办公室（纪检监察室）、货币信贷调统科、金融稳定科和金融服务管理科4个内设科室。在职职工31人，党员占比80.65%。

2018年，中国人民银行肥城市支行立足辖区实际，落实"货币政策+宏观审慎政策"双支柱金融调控政策框架要求，畅通货币政策传导渠道，督促引导银行类金融机构落实信贷政策，扩大信贷规模，积极对上争取，确保中小企业、"三农"等领域信贷增速提高、占比上升，信贷投向和结构进一步优化。结合现场监管和常规监管，引导金融机构合规经营，动态监测辖区内经济金融动态，

守住不发生系统性区域性金融风险的底线。履行经理国库职能，服务地方财政。提供支付结算、征信查询、外汇管理等金融服务，促进辖区群众信用意识的提升。①农民住房财产权抵押贷款试点工作。肥城支行按照"三高于一提升"的要求，制定两权抵押贷款试点工作增量推进目标和措施，引导涉农银行机构完善信贷管理机制，拟定肥城市农民住房财产权流转处置管理办法。多次召开试点工作推进会和督导会，全面推进增量扩面。7月份召开的全省"两权"抵押贷款试点工作座谈会上，肥城做典型发言。赴福建晋江市开展"农房"抵押贷款试点调研，上报试点对比分析专报件。截至年末，7家银行推出农民住房财产权抵押贷款产品，农房抵押贷款余额9.78亿元，支持农户7920户，贷款余额位居全省试点县市首位。②个人支农贷款试点工作。根据上级行统一部署，协调督促肥城建行做好依托省域征信服务平台的个人支农贷款业务的试点工作，并及时总结提炼肥城建行依托省域征信平台开展支农贷款的经验做法上报中心支行征信管理科。截至年末，共发放支农贷款14笔1160万元。撰写《依托省域征信服务平台扎实推进个人支农贷款试点》专报件。③县域特色普惠金融发展。加强县域普惠金融综合示范区建设，推动

农村维权联络点、金融知识宣传普及点与助农服务取款点的三点融合，并实现对全市行政村的全覆盖。开展金融消费权益保护宣传，肥城电视台予以报道。开展信用培植工作，引导肥城民丰村镇银行开展"阳光授信"业务，完成农户授信5.9万户，用信1.12亿元。2018年，获得"2018年度山东省卫生先进单位""中国人民银行济南分行级文明单位""泰安市文明单位""泰安市模范职工小家""肥城市工会工作先进单位"等荣誉称号，连续四年被泰安市中心支行考核为先进单位；党支部被评为泰山先锋先进基层党组织，1人被评为"泰山先锋"优秀共产党员；连续2年被评为泰安市反假工作先进集体，1人被评为反假先进个人。

【金融运行与监管】 ①货币信贷。贯彻货币信贷政策，强化"窗口指导"力度，督促引导金融机构加大信贷资金投入，支持地方经济发展。截至2018年末，全市各项人民币存款567.69亿元，比年初增加67.36亿元，增幅13.46%；各项贷款316.9亿元，比年初增加7.31亿元，增幅2.36%。肥城各金融机构累计为实现新旧能转换发放各类贷款10.6亿元。通过货币政策工具引导银行机构加大支农信贷投放，为民丰村镇银行新发放支农再贷款2800万元。②存款保险。完

善金融机构评级工作机制，将评级工作与核查、评估、督查等相结合，探索将评级结果与存款保险差别费率、宏观审慎评估、货币政策工具等挂钩。落实存款保险制度，组织开展"存款保险条例实施三周年"集中宣传，提高社会公众对存款保险工作的认知度。发挥差别费率的风险校正与正向激励作用，强化早期纠正功能，对高风险机构依法采取限期补充资本、控制资产扩张、压降表外资产、控制重大交易授信、降低杠杆等措施，及时校正风险。③监督管理。加强对存款准备金、账户、国库、统计、反洗钱等业务的监督管理，强化日常动态监测，严格现场监管。2018年，支行共进行现场执法检查4次，涉及金融统计、征信管理方面的业务。全面开展"两管理、两综合、一保护"工作，参考金融机构全面运行及对地方支持力度情况开展综合评价。3家银行、2家保险、1家证券机构被评为A类机构。④金融宣传。全面铺开农村金融维权联络点建设，建立480个维权联络点，实现全市行政村全覆盖。把农村维权联络点、金融知识宣传普及点与助农服务收款点结合起来，做到"三点合一"。以"权利·责任·风险"为主题开展"普及金融知识·守住钱袋子"集中宣传活动，推动非法金融广告治理工作，杜绝邦尼投资字样的违规

经营场所。⑤统计监测。强化统计管理，按照"完善服务、强化管理、提高素质、深化分析"的目标，严格执行统计制度。完成小额贷款公司数据审核和上报工作，协助山东金融年鉴组稿工作。做好企业景气监测工作，及时上报工业景气调查报表及分析材料。按时上报银行家、企业家问卷调查表，组织企业商品价格调查、储户问卷调查、小微企业调查和其他制度性调查。⑥资金监管。对银行、证券、保险7家金融机构开展反洗钱监管走访。完成中国银行反洗钱现场风险评估，从客户身份识别、大额及可疑交易报告、洗钱风险、客户风险、反洗钱新监管政策执行等方面进行风险评估。

【金融服务】　①信用体系。全年办理个人征信查询23488次、企业征信查询401次，接待咨询15000余次。搞好农村市场主体数据库建设，全年累计采集加载小微企业10907户、合作社720户、农户数据信息112951户。开展信用记录关爱日、《征信业管理条例》等专题宣传。推进中征应收账款融资服务平台系统，做好个人支农贷款试点，截至年末共发放支农贷款14笔、1160万元，撰写的《依托省域征信服务平台·扎实推进个人支农贷款试点》专报件获肥城市副市长王志勇肯定批示。②清算秩序。加强账

户、联网核查和支票影像系统管理，维护TCBS系统安全稳定运行。联合多部门做好打击电信诈骗工作，督促地方法人机构开展企业开户服务自查，优化农民工工资支付环境，开展支付结算宣传，普及现代化支付结算工具知识。至2018年末，全辖共开设企业基本存款账户14091个，一般账户7342个，专用账户1123个，临时账户100个，个人存款账户6590418个。③国库管理。逐级签订《国库会计风险防范责任书》，强化风险防范意识。做好国债发行，组织国债知识宣传，搞好国库业务系统运维，做好TMIS、二代TIPS系统的升级、维护及上线。做好国库统计分析，撰写《中国人民银行肥城市支行2018年1—7月国库资金运行情况分析报告》。④综合服务大厅。抓好综合服务大厅建设，规范综合服务大厅标识，健全硬件设施，增加服务群众的措施，提升账户管理、外汇管理和征信查询服务水平。

【外汇管理】　推进外汇主体监管，促进贸易投资便利化。加强国际收支双向监测预警，防范跨境资金大幅波动风险，做好外商投资企业登记核查。泰安外汇管理局局长司斌涛率泰安市金融顾问团，到肥城有关企业调研，开展"外汇服务企业行"，对新旧动能转换重点项目实施"一对一""点对点"政

策辅导。做好辖内外汇管理工作，优化涉外企业金融服务。做好外商投资企业名录登记工作，全年完成名录登记 31 家，名录变更 13 家，辅导期报告 17 家，完成 FDI 和 ODI 存量权益登记 48 家。完成非现场监测 433 条，实施企业现场核查 5 家。依据《人民币跨境收付信息管理系统》和《人民币跨境非现场监测预警系统》，做好跨境人民币结算业务。

（梁晓　张圣猛　冯圣军　刘爱兰）

· 中国农业银行股份有限公司肥城市支行 ·

【概况】　至年末，中国农业银行肥城支行下设综合管理部、运营财会部、风险管理部、公司业务部、个人金融部 5 个部门，个贷中心、分期中心、清收中心 3 个业务中心，15 个综合营业网点（含营业部），在职员工 240 余人。2018 年，面对复杂严峻的经济形势和挑战，全行围绕"横向提升、纵向进位"战略目标，坚持"严控风险、稳中求进、持续发展"的工作主线，突出转型、创新、发展主题，着力深化经营转型，强化风险防控，全面推进从严治党、从严治行，齐心协力，攻坚克难，创造优异的业绩。主体业务市场竞争力进一步提升。各项主体业务指标均圆满完成全年计划，市场份额均居

当地可比同业首位。截至年末，支行各项存款时点余额 90.8 亿元，较年初增加 6.6 亿元；各项存款日均余额 79.7 亿元，较年初增加 3.7 亿元。各项贷款余额 57.6 亿元，较年初增加 8569 万元，当地四大行增量市场份额占比达 100%（仅农行正增长）。实现中间业务收入 4944 万元，当地四行市场份额占比 38.15%，居四行首位。①重点业务和重点领域营销。2018 年，完成中节能新旧动能转换项目贷款 3 亿元审批，于 8 月实现对该企业 2 亿元的贷款投放；对接财政局，采用"银担合作机制"，完成泰安市第一笔鲁担惠农贷款，金额 290 万元。拓展银行承兑汇票 8.6 亿元和信用证 1.3 亿元，实现国际结算 2.9 亿元，累计发放小微企业贷款 13 笔，金额 4757 万元。②风险防控。2018 年，在严峻的风险挑战面前，全行坚定"严控风险、稳中求进"的工作目标，团结一致，攻坚克难，风险化解和不良控制工作取得明显成效。12 月，三英 1650 万元、鲁龙 6885 万元均审批核销入账。③基础管理。落实三线一网格管理模式，员工管理更加科学和规范。严格执行"八项规定"和各项制度，开展从严治行、合规操作、防控案件风险专项治理等活动，强化履职监督，抓好问题整改，进一步筑牢合规底线和发展基础。2018 年，肥城支行被总行评为

安全保卫先进支行，被省农行评为"山东省分行先进职工之家"，顺利通过省行第六届文明单位和泰安市文明单位复查，并被确定为山东省文明单位后备单位；获评肥城市"融资贡献先进单位"，支行团总支被评为泰安市"五四红旗团支部"。

（胡一君）

· 中国工商银行股份有限公司肥城支行 ·

【概况】　至 2018 年末，中国工商银行股份有限公司肥城支行（简称中国工商银行肥城支行）设 4 部 1 室，9 个营业网点，共有干部职工 130 人。截至年末，肥城支行全部存款余额为 73.26 亿元，较年初增加 8.33 亿元，其中储蓄存款余额 48.54 亿元，公司存款余额 8.83 亿元，机构存款余额 15.58 亿元；全部贷款余额 37.8 亿元（不含贴现），其中法人客户贷款余额 22.01 亿元，个人贷款余额 15.72 亿元；全年实现中间业务收入 3218 万元；实现拨备前利润 11569 万元。在业务指标快稳健增长的同时，肥城支行各项工作均取得新进展，受到地方党政部门和上级行认可。年内，肥城支行先后荣获工行泰安分行旺季竞赛活动支行零售竞赛优胜奖、网点对公业务营销竞赛优秀支行第三名、学习监管规则强化制度执行学习征文活动优秀组织奖，被肥城市

授予融资贡献先进单位等。城东分理处、阳光舜城分理处、泰西分理处、新城路分理处等4个网点为工行总行四星级网点，向阳分理处为工行总行三星级网点。星级以上网点占全部网点的67%。桑艳丽被中银协评为中国银行业文明规范服务明星，桑静、王海燕被工行总行评为优质服务明星，鹿传利被工行总行评为党员服务先锋岗。

【个金业务】 2018年，肥城支行个金业务继续稳步快速发展，个人金融业务和网络金融考核排名一直在工行泰安分行排名前三。储蓄存款日均、时点均取得历史突破。积极拓展客户，在2018年工行省行开展的"拓优增效"活动中，列工行省行系统支行前30名，工行泰安分行系统内排名第一。2018年，个人客户资产新增5.5亿元，连续第四年新增超过5亿元。私人银行客户新增和资产新增均排名系统内第一。代发工资单位净增24户、新增23户，代发个人客户新增1313户，代发金额15784万元，各项数据均保持工行泰安分行前两位。中间业务收入总量1625万元，列工行泰安分行第二，完成率列第二。

【个贷业务】 截至年末，肥城支行个人住房贷款累放44775万元，较年初增长5219万元，还原证券化17261万元后，较

年初增长22480万元，个人贷款余额157224万元。应办未办抵押登记业务连续四个季度在工行泰安分行排名第一，被工行泰安分行授予"抵押整治工作进步奖"。工银安盛融e贷保险销售额和完成率排名双第一。

【银行卡业务】 2018年，肥城支行落实上级行银行卡工作部署，银行卡工作有序推进，较好完成银行卡业务，工行泰安分行银行卡专业考核列第三。年内，银行卡中间业务收入实现924万元，比上年同期有较大增加。发卡业务有新突破，在抓好日程发卡的基础上，重点做好批量发卡工作，特别是公务卡发卡工作，对预算单位进行二次营销，办卡单位和个人均有较大增加。

【对公业务】 截至年末，肥城支行公司存款较年初增加6041万元，机构存款较年初增加2.1亿元，同业存款较年初增加2928万元。新开有效结算账户690户，结算套餐完成654户，5万元以上客户较年初增加69户，法人理财完成8.2亿元，结算中间业务收入完成433万元，贵金属销售实现中收68.4万元。

【内部管理】 加强管理筑牢底线，落实从严治行要求。①全面落实从严治党。强化主体责任落实，签订"党风廉政建设

和案防工作责任书""管理人员廉洁从业承诺书"，落实监督管理机制。改选党支部，健全党的组织机构和组成人员。②精细化管理。先后制定《肥城支行运行管理工作考核办法》《网点负责人风险合规考核办法》《网点运营主管风险合规考核办法》《"'促遵章、争双零'合规明星柜员"评选活动实施方案》等制度办法，做到有章可依，有法可循，不断提高内部管理水平。③案防工作。坚持两月召开一次案防分析会，及时总结分析案防现状和工作重点，提高案防水平。

【企业文化】 加强企业文化建设，重视员工工作。坚持以人为本建设企业文化，把员工综合素质作为新时期企业文化建设的基础工作。举办员工心理减压培训班、支行员工技能比赛，对新员工进行入行教育，举办迎新春文艺晚会，举办"中国梦工行情、肥城支行员工健步行"户外健身活动，参与分行文艺晚会，组织参与省市分行业务技能比赛并取得优异成绩，给员工送生日蛋糕，春节和老人节走访慰问离退党员干部，更换办公楼企业文化展板等，全年共开展各类活动40余次，走访慰问职工200余人次，编发内部报道110期。

【人才培养】 2018年，肥城支行围绕党建工作和青年员工实

际需求，开展团组织建设，激励广大团员青年为全行攻坚克难、再创辉煌贡献青春力量。建立健全团组，配齐配强团支部组成人员，推进团内组织生活有序开展。结合支行经营发展，制定团活动计划，开展营销和业务技能比赛，进行社会公益活动等，团支部活动丰富多彩。定期组织团支部学习研讨会、经验交流会，相互学习激励。实施旨在培养青年员工成长成才的"鸿鹄计划"，加大对青年员工的教育培训力度，建立支行人才储备库，多岗位交流锻炼，将优秀青年员工提拔到运营主管、客户经理等重要岗位上来，为青年员工成长搭建良好平台。

（张昌勇）

·中国建设银行股份有限公司肥城支行·

【概况】 至年末，中国建设银行股份有限公司肥城支行有在职员工 127 人，内设办公室、公司业务部、个人金融部、个人贷款中心，辖设营业室、肥城新城支行、肥城矿区支行、肥城桃都支行、肥城文化路支行、高余分理处等 6 个营业网点。各项人民币存款余额 53.36 亿元，各项人民币贷款余额 35.13 亿元。2018 年，肥城支行落实总行"三大战略"、省市分行党委"五个第一"工作要求，深入推进"县域突破"，在

存款、贷款、客户、资产质量控制等多项核心指标都取得骄人业绩，实现各项业务的健康快速可持续发展。年内实现营业收入 10498 万元，实现利润 7151 万元。①一般性存款。一般性存款新增在系统内排名前列。其中个人存款时点、日均新增均居系统内首位，对公存款时点、日均新增均居系统内第二位。②资产质量。在 2017 年批转处置不良资产 4 亿元的基础上，2018 年核销不良 2.85 亿元，资产质量明显好转。③客户群体。进一步壮大客户群体，提升建行的社会影响力，支行个人全量客户新增 4.9 万户，存量达 29.09 万户。④贷款结构。进一步优化贷款结构，个人贷款与公司贷款实现并驾齐驱。⑤党建引领。与省分行培训中心开展结对共建活动，通过上党课、支部联谊、主题党日活动、参观教育基地、与基层面对面调研、开办"微党课"、走访营销客户、慰问困难党员等一系列"结对共建"活动，取得较好党建效果。创新党建工作载体，建立党建联系点制度，总支成员作为网点的党建联系人，定期参加联系点的周例会、支部大会，通过上党课等方式宣讲党的十九大精神，将党的路线、方针、政策和上级行党委要求传达到每一名党员。⑥关爱员工。实施关爱员工的"十件实事"，新增加享受九职等待遇员工 10 名，总

计有享受九职等待遇员工 18 名。新提拔青年员工 5 名。心系困难党员群众，为他们解决实际困难，进一步凝聚党群队伍。⑦党风廉政建设。落实党建主体责任，持续推进党风廉政建设工作。对存在苗头性、倾向性问题，及时进行提醒谈话；坚持重点时段和重要环节提醒教育，紧盯国庆、春节、中秋等关键假期，做好日常廉洁谈话、礼金礼品登记、婚丧嫁娶喜庆事宜备案等工作，营造崇廉尚俭氛围，强化党员领导干部政治意识、纪律意识和廉洁意识。2018 年，支行被市委、市政府授予"2018 年度融资贡献先进单位""2018 年度社会保险协同服务优胜单位""2018 年度全国文明城市创建工作先进集体"荣誉称号，一名员工被评为"2018 年度全国文明城市创建工作先进个人"。

【开展"传承红色精神，承载蓝色梦想"主题党日活动】 6 月 26 日，为迎接建党 97 周年，加强党组织的坚强领导，引导党员干部坚定理想信念，激发凝聚力、战斗力，肥城支行联合省建行培训中心，赴聊城扶贫基地开展"传承红色精神，承载蓝色梦想"主题党日活动，重温入党誓词，接受党性教育。30 余名党员干部到省建行扶贫基地聊城临清王大人村，冒酷暑参观社区党群服务中心、农业扶贫产业园、扶贫工业项目

建设银行肥城支行与省行培训中心开展"传承红色精神，承载蓝色梦想"主题党日活动（李本璐　摄）

等，听取省分行派驻临清市第一书记工作讲解，了解扶贫工作组因地制宜探索扶贫模式，抓党建、促脱贫，提升村民幸福感的工作历程、显著成效以及爱心助农精准扶贫的故事，学习扶贫工作组"责任担当、合力扶贫"的精神。

（赵夫明　李本璐）

【向残疾人普及金融知识】 年内，按照金融监管部门及上级行整体部署，组织开展防范非法集资宣传活动，重点关注低净值人群、老年人、青少年及残疾人群体。为突出活动效果，建行肥城支行精心准备，提前联系社区、学校、企业等进行洽谈，开展联合互动宣传。按照活动方案部署，6月14日该行从业务部室、网点抽调3至4人的精干队伍，携带横幅、宣传资料走进肥城市特殊教育学校，针对残疾人群体进行面对面宣传。针对残疾人青少年群体的特殊性，聋哑学校积极配合，安排老师现场进行手语交流。建行工作人员一丝不苟，耐心指导宣传，主要讲解防范和处置非法集资有关法律、法规和政策，讲解非法集资特征、表现形式和常见手段，重点宣传"参与非法集资风险自担、责任自负、政府不买单"，让残疾人充分认识非法集资危害性，增强风险防范意识。同时，宣传普及金融知识、货币常识、银行业消费者权益保护以及反洗钱反假币知识等，引导大家理性投资理财，收到良好效果。

（武鹏　张泗泉）

【"劳动者港湾"建设】 "劳动者港湾"为建设银行重要的服务品牌，肥城建行共有挂"劳动者港湾"标识的网点6个，均开辟相对独立的区域，配备无障碍坡道、卫生间、饮水机、冰箱、微波炉、休息桌椅、Wi-Fi、充电器、老花镜、雨具、轮椅、急救箱、婴儿车等人文关爱服务设施，重点为环卫工人、志愿服务者、快递员、出租车司机、交通警察等户外劳动者及老弱病残孕、走失儿童、考生等特殊群体提供免费服务，成为城市中的普通劳动者在骄阳烈日下、风雨路途中能够体面休息、停靠解乏

建设银行肥城支行面向残疾人群体普及金融知识（张泗泉　摄）

建设银行网点"劳动者港湾"受到客户欢迎（李本璐　摄）

的场所。

（鹿国祥　李本璐）

· 中国银行股份有限公司 肥城支行 ·

【概况】　至年末，中国银行股份有限公司肥城支行下设综合管理部、业务发展部、营业部、矿务局支行、泰西大街支行、新城路支行，干部职工65人，各项存款余额34.47亿元，各项贷款余额30.71亿元。2018年，坚持战略引领，纵深推进改革，扎实做好各项工作，全面加快"重塑系统强行、争创区域标杆"的步伐。①两项存款新增。至12月末，全行各项存款日均余额35.63亿元，较年初新增4.1亿元，市场份额提升0.52%，年度提升列全辖第一位，四大行当地市场新增份额占20.87%，列全辖第一位。其中个人储蓄存款时点余额18.2亿元，较年初增长1.54

亿元。个人储蓄存款日均余额18.53亿元，较年初增长1.25亿元。公司存款时点余额16.30亿元，较年初新增0.5亿元；公司日均存款余额17.1亿元，较年初新增2.83亿元，完成分行下达计划的189.06%，四大行当地市场份额占20.65%，较年初增长1.99个百分点，年度提升度列全辖第一。②资产业务发展。集中力量做大做强资产业务，加强营销拓展力度、加快项目上报审批及落实前提条件的进度，确保有项目可放，实现资产业务的稳健发展和结构优化。截至12月末，本外币合计日均贷款31.84亿元，四商行市场份额19.40%，较年初提升0.62个百分点，份额提升列泰安全辖第二位。其中本外币公司贷款日均余额22.58亿元，四商行市场份额21.95%，较年初提升1.26个百分点，份额提升列泰安全辖第三位；本外币个人贷款日均余额9.26亿

元，四商行市场份额15.13%，较年初提升0.19%，份额提升列泰安全辖第二位。③不良管控。采用"降"和"控"相结合的方式，遏制不良冒升势头。12月末，全行不良余额981万元，不良余额努力控制在分行计划时间进度内。行额授信客户三英纤维、三和纤维、东岳水泵、银宝食品、满地香食品因经营不善贷款逾期形成不良，在分行党委及支行不间断的努力下，先后核销不良贷款2700万元，利用借新还旧等方式，化解潜在不良风险，防止授信企业因资金链断裂造成风险暴发，维护地区金融稳定，受到市委、市政府及金融办的好评。④客户规模。全行上下牢固树立"经营客户"的理念，坚持以客户为中心，持续扩大客户基础。截至12月末，手机银行当年累计交易额43.67亿元，较去年增长115%，列全辖第一位，手机银行倍增计划完成交易客户达到5258户，完成计划任务的93.78%，完成率列全辖第四位。其中新城路支行已完成倍增计划的112.25%，列全辖第一位。年内，肥城支行利用社保卡优势走进厂矿企业、行政事业单位上门服务，激活社保卡、营销各类产品，在扩大客户群的基础上为老百姓提供方便，用实际行动服务地方百姓，造福地方人民。⑤党建工作。重点从组织领导规范化、组织设置规范化、党员队伍规

范化、学习教育规范化、党内生活规范化、基本制度规范化、议事程序规范化、党建融入规范化、基本台账规范化、基本保障规范化十个方面，夯实基层党建基础，解决好业务发展与党建工作"两张皮"的问题。全行6个网点、部门均有党员，均独立设置党支部，实现党员、独立党支部"两个全覆盖"，做到党的组织与营业网点的同步设置，发挥党员先锋模范带头作用和先进基层党组织的战斗堡垒作用。全行全年获得政府、监管部门、行业协会等荣誉5项，通过"省级文明单位"复审，获得省行级荣誉1项，涌现出"山东省优秀大堂经理""银行业协会优秀大堂经理"等先进个人。组织推进党风廉政建设，在上级行和地方纪委组织的明察暗访中，没有发现任何问题，营造风清气正的良好氛围。维护监管权威、落实监管要求，全面推进"三三四十"▲银行乱象治理。2018年，肥城支行所有网点进行网点环境整治，厅堂面貌焕然一新，功能分区规划有序、厅内环境明亮整洁、智能柜台布局合理、客户反馈普遍较好，环境整治初显成效。矿务局支行完成装修迁址，提升整体形象，更好地服务客户。年内，支行先后被评为"省级文明单位""泰安市银行业文明规范服务示范单位""泰安市银行业金融机构现金服务示范网点""肥城市融资贡献先进单位""肥城市A级金融机构""肥城市银行业综合评价A级金融机构""肥城市银行业金融机构现金服务示范网点"、肥城银行业"我心中的银行"评选活动"最受中小企业欢迎银行""省行综合绩效考核优胜单位"、泰安分行综合绩效考核优胜单位、泰安分行先进基层党组织、泰安分行利润突出贡献奖、肥城市商贸系统安全生产工作先进单位，营业部被评为肥城市巾帼文明岗以及肥城市"工人先锋号"集体，营业部被省行继续认定为"青年文明号"单位。

▲"三三四十"指三违反、三套利、四不当、银行业存在的十个方面问题。"三违反"即违反金融法律、违反监管规则、违反内部规章。"三套利"即监管套利、空转套利、关联套利。"四不当"即不当创新、不当交易、不当激励、不当收费。"十个方面"即股权和对外投资方面、机构及高管方面、规章制度方面、业务方面、产品方面、人员行为方面、行业廉洁风险方面、监管履职方面、内外勾结违法方面、涉及非法金融活动方面。

·中国农业发展银行肥城市支行·

【概况】 2018年，中国农业发展银行肥城市支行（以下简称"农发行肥城市支行"）发挥农业政策性银行职能，坚持稳中求进的发展总基调，把握高质量发展要求，强化风险管控，从严管党治行，党的建设不断加强，各项业务稳中有进、进中向好。①党建工作。强化政治领导，夯实党建工作责任。年初签订责任书，建立环环相扣的责任链条。健全党建工作机制，设立专职党建工作岗，出台工作规划，制定考核办法，把党建分析纳入业务分析例会议程，引导党员干部增强"一岗双责"意识。强化思想教育，增强党建工作意识。举办全行读书会，讲好学习贯彻党的十九大报告精神专题党课，读原文、悟原理、谈心得、讲体会。举办党的十九大精神知识竞赛，组织主题党日活动，评选先进典型。举办"周末大讲堂"，增强支农报国的思想自觉性和行动自觉性。强化组织建设，营造良好政治生态。加强纪律建设，"严"当头，"细"为功，"实"托底，解决党内存在的各种问题。强化党风廉政建设，设立兼职纪检员、监察员，人人签订《廉洁从业承诺书》。深化作风建设，持之以恒向实处发力，纠正"四风"。②信贷支农。全年投放贷款15090万元，同比增加1020万元，年末人民币贷款余额42812万元。其中中长期贷款余额29598万元，各项贷款投量、增量再创历史新高。③经济效益。各项企事业单位存款余额22264万元，较年初增加 1545 万元；存款日均余额 21968 万元，较年初增加 2876 万元。全年实际实现利润 501.2 万元，较上年增加 108 万元，完成利润计划的 100.24%。④风险防控。不良贷款逆势实现"零余额"，圆满完成攻坚目标。年内清收不良贷款 6500 万元，年末不良贷款率、不良贷款余额"双结零"。

【业务发展】 2018 年，农发行肥城市支行坚持创新争先，勇于担当作为，全力服务实体经济，助力推进农业供给侧结构性改革。①创新传统业务，保障粮油收购。巩固立行之本，夯实发展之际，以创新的理念完成好首要政治任务。累计发放购储销贷款 1192 万元，支持带动企业收储流转粮食 677.4 万公斤。②创新贷款模式，补齐农村短板。深化与肥城市城市建设投资有限公司的合作，以集中承贷、分散使用的方式发放棚户区改造贷款 12298 万元，拓展中长期信贷业务。③创新担保路径，弱化贷款风险。探索贷款担保新思路，与资金雄厚、信誉可靠的泰安市融资担保有限公司建立业务关系，贷款本息代偿实现突破。年末，足额清收山东银宝食品有限公司 6500 万元不良贷款本息。

【信贷管理】 农发行肥城市支行强化信贷基础管理，夯基础利长远，筑牢可持续发展根基。

①基础管理。做好跟踪检查，对检查发现的问题，建立动态监测台账，对全流程各环节的操作内容，进行风险排查和信贷制度执行情况检查，确保整改到位，不留死角。成立贷后管理领导小组，制定活动实施细则，建立定期例会、沟通协调、督办制度。②监管手段。推广"互联网+"监管模式，对重点客户安装"信贷鹰眼"，建立动态监测台账等系列制度，实现留痕管理。主动与当地银监部门加强沟通，精准把握各项政策，提升内控管理水平。

【风险管理】 面对风险频发的严峻形势，全行上下把风险防控工作摆在突出位置，全力遏制不良贷款出现。分类管理，因企施策，逐户制定风险处置预案。建立分工督导机制，突出重点，限期推进。综合运用法律诉讼、担保代偿、依托党政等多种方式，化解风险贷款 6500 万元。

【队伍建设】 坚持人才兴行，落实现代化建设战略任务要求，突出人才支持保障作用，努力打造"百年老店"。加大干部交流力度，完善干部梯队建设，落实重要岗位工作人员轮岗要求，定期对相关岗位人员轮岗。提升队伍整体素质，对新入行员工组织培训，强化"身边教师"的帮教引领作用，选派"根正苗红"的优秀青年员工到

上级行跟班学习，锻炼技能。召开青年员工座谈会，组织形式多样、积极向上的各类公益活动，培育责任担当意识。发挥工会、共青团、女工委等群众性组织的作用，让员工在活动中陶冶情操，提升品味，促进各项事业更好更快发展。

【企业文化】 坚持依法从严治行，强化企业文化建设，优化企业形象，打造金字品牌。发挥企业文化建设的统领、凝聚、激励、约束、提升等功能，塑造具有鲜明特色、经久不衰的企业文化，推动各项工作又好又快发展。开展企业文化大讨论，提升企业文化品位，优化企业形象，打造金字品牌。通过开展学习、宣讲、研讨、征文、答题等多种形式的活动，组织员工认真学习，增强践行价值体系的自觉性。开展"评先树优"活动，发掘和宣传先进典型，以榜样的力量振奋精神、推动工作、促进发展。

（张勇）

·中国邮政储蓄银行肥城市支行·

【概况】 至年末，中国邮政储蓄银行肥城市支行下设 3 个自营网点和 23 个代理网点，有员工 66 人。年内，坚持党建引领，贯彻落实各项工作部署，以业务发展为核心，以精细管理为抓手，以合规运行为前提，

实现各项业务的健康快速可持续发展,各项工作取得明显成效。截至2018年末,个人存款余额13.77亿元,年增0.67亿元,公司存款时点余额达到5.76亿元,各类贷款结余共计12.13亿元,为石横特钢新增授信8000万元银承质押流动资金贷款,各类零售贷款净增1.85亿元,不良贷款295万元,年增41万元,不良率为0.4%,较年初下降0.03%,全行资产质量保持良好。该行将支持"三农"和中小企业发展作为一项光荣的任务,不断加强对"三农"和中小企业的信贷支持,截至年末,共为"三农"领域新增授信2800万元,为中小企业及个体商户新增授信3000余万元。在财政局的指导和农担公司的支持下,成功发放全省前10笔省农担业务,金额500万元,截至年末,省农担业务授信金额1700余万元,占全市农担业务的70%;发挥财政惠农信贷通平台作用,累计为泰安市级农业龙头企业发放免抵押、免担保的信用类贷款13笔、金额2080万元,行业涉及种植、养殖、园林、采摘等,支撑地方特色农业的发展。创新服务理念,降低中小微企业贷款门槛,在金融管理部门的指导下,持续降低贷款门槛和贷款利率,推出系列无抵押、无担保、纯信用产品,重点加大对商贸流通领域、新能源产业、高新技术产业、现代服务业的资金支

持力度。5月,与市民营经济发展局、市科技局联合印发《关于组织实施政银牵手合作助推动能转换专项行动的意见》,面向中小企业广泛推荐专属优惠贷款,为中小企业主解决融资难问题。办理无还本续贷业务、科信贷5笔、1750万元。持续加大农村支付环境建设投入,截至年末,共建成农村助农取款点20余个,范围覆盖各乡镇的主要经济活跃区域。

(王岭岭)

·山东肥城农村商业银行股份有限公司·

【概况】 至年末,肥城农商银行有营业部1家、支行18家、分理处22家,分支机构总数41个,拥有在岗员工579人,为肥城市机构网点最广、从业人员最多、存贷款规模最大的地方性金融机构。截至2018年末,各项存款余额达175.84亿元,各项贷款余额达104.1亿元,存贷款规模均居肥城市同行业之首。全年实现各项收入8.85亿元,经营利润1.51亿元,拨备前利润2.04亿元,净利润7500万元。该行连续多年被评为肥城市"工作先进单位""融资贡献先进单位""党建先进单位""工会先进单位""平安建设先进单位""十大文明诚信行业""桃乡先锋"。连续几年被命名为泰安市"文明单位""文明诚信金融单位""十佳文明示范窗口",并荣获"泰安市五化五星党组织"、泰安市级"青年文明号"、泰安市"巾帼文明示范岗"、泰安市AAA级劳动关系和谐企业等荣誉称号,连续多年荣立泰安市内部治安集体三等功。2018年,被肥城市扶贫开发领导小组评为"2018年度全市脱贫攻坚优秀单位"。潮泉支行、湖屯支行、新城支行被省联社泰安办事处评为"先进基层党

肥城农商银行工作人员为市民办理业务(宋明志 摄)

组织"。新城支行被共青团泰安市委评为"青年文明号",被泰安银行业协会评为"文明规范服务示范网点"。

（杨振宁）

·山东肥城民丰村镇银行·

【概况】 至年末,山东肥城民丰村镇银行资产总额80528.86万元,各项存款余额45534.75万元,各项贷款余额为54240.42万元,其中涉农贷款45668.35万元,涉农贷款占比达到84.20%。贷款结构进一步优化,特别是个人贷款推行三台分离后,个人贷款增长迅速,个人贷款余额达到39685.17万元,战略转型初见成效。存贷比为112.97%,2018年度缴纳税款141.56万元,开业以来缴纳税款2621.41万元。年内,银行稳步发展,投资建设的综合办公大楼于2018年底装修完毕投入使用,在肥城市区新城路完成设立1处离行自助区,在石横镇设立1处支行。按照"立足农村、服务农业、面向农户"的支农思路,山东肥城民丰村镇银行依托各支行网点全面推进"阳光信贷"工程,加大支农支小贷款投放比例,以"肥城人民自己的银行"为目标,建设立足社区、服务三农、服务中小企业、服务百姓的新型金融机构,并使之成为资本充足、内控严密、运营安全、服务和效益良好的具有区域特色、行业特征和金融竞争力的现代银行。①三台分离。按照发起行的统一部署,进一步推动信贷业务"三台分离"转型。提高前台营销客户经理的积极性,解决营销客户经理的后顾之忧,扫清贷款营销的障碍,加大贷款营销力度,全面推进贷款营销,个人贷款余额达到39685.17万元,在肥城个贷市场占领重要位置。②阳光授信普惠金融。年内,加大对肥城农村金融支持力度,对边院、安驾庄、汶阳、安临站、石横、桃园、老城、王瓜店8个镇街294个村组的农户进行摸底授信,共计授信58981户,授信金额298898.3万元,户均授信额度5.07万,信用授信户数38900户,信用授信金额55823.4万元,户均授信额度1.44万元。阳光授信用信户数1818户,用信金额11276.82万元,户均余额6.2万元。③安驾庄支行搬迁。2018年安驾庄支行网点升级装修工程顺利完成,并完成搬迁工作。④石横支行开业。年内,与江苏飞龙装饰工程有限公司签订石横支行装修工程合同,完成石横支行网点装修工程。并在2018年12月试营业。⑤离行自助区。在肥城市新城路设立24小时营业的离行自助区1处,布置4台存取款一体机。

·兴业银行股份有限公司泰安肥城支行·

【概况】 至年末,兴业银行股份有限公司泰安肥城支行（以下简称兴业银行泰安肥城支行）有干部员工共计23人。2018年,秉承"为经济建设多做贡献,为金融改革探索路子"的办行理念,坚持稳中求进,服务实体经济,采取精细管理,验收风险底线,业务经营保持平稳健康发展。至年末,本外币各项存款余额10.16亿元,其中储蓄存款余额3亿元,对公存款余额7.2亿元；各项贷款余额15.21亿元。

【金融服务】 2018年,肥城支行内部主抓业务提升,全员统一思想、上下齐心,围绕以服务当地实体经济、促发展的思路不放松,对接信贷政策,做好贷款审批授信的营销服务工作,从产业链和产业集群中筛选和支持优秀中小企业,促进优质客户贷款的良性扩容,全年累计各项批复授信额度21亿元,实现业务持续向好发展。在前期不良业务的处置方面采取积极稳妥的态度,共计核销不良贷款0.3亿元。努力践行上级行提出的新型营销战略,推进"公私联动、一岗多职"的发展策略,推广大额存单、安愉储蓄等优势存单业务,实现个人存款余额3亿元,比年初增长1.18亿元,给广大储户提供有力保障和收益,为满足居民的财富保值增值需求提供多项选择。

【业务发展】 ①信贷投放。发

挥绿色金融业务优势，紧跟政府导向，重点支持肥城重点项目融资、重点企业转型升级等，以实际行动重点支持新旧动能转换重大项目，全力支持全市经济转方式、调结构，助推地方经济快速发展。服务中小微企业，创新推出"商票增信融资""兴业易速贷""交易贷""连连贷"等产品，帮助中小企业拓宽融资渠道，降低融资成本，并提供全方位的金融服务。主动克服区域整体风险状况影响，提高信用业务审批权限，进一步提升便捷服务客户的能力。批复户数及金额较去年同期均有大幅增加，同时缩短审批时效，审批效率明显提高。②服务质量。不断优化个人客户服务质量，从源头入手，紧抓过程管理，提高客户服务体验。肥城当地按揭市场的火爆，对零售信贷流程提出更高的要求，在此基础上，通过梳理零售信贷流程，不断优化放款流程，提高业务效率，实现个贷业务的飞速提升。根据2018年整体广告投放需求，不断拓展宣传渠道，在公交站牌、报纸电台等各种渠道投放兴业银行品牌宣传广告，不断展示兴业形象，助力提升零售业务在泰城的品牌地位。在大力发展个人住房贷款的同时，推出兴闪贷、人保贷、消费贷、经营贷、按揭联动贷等贷款产品，发展普惠金融，进一步增加产品种类，提高服务水平。

③风险化解。针对部分关停倒闭企业，争取政策和财务资源，核销不良贷款，针对部分经营困难的企业，通过无还本续贷、关联企业增信等方式，盘活不良贷款，不断调整化解方案，实现银行融资的平稳过渡，避免企业资金链断裂，有效维护区域金融稳定。

（袁军）

·泰安银行股份有限公司肥城支行·

【概况】　至年末，泰安银行股份有限公司肥城支行下辖泰安银行凤山支行、泰安银行边院支行、泰安银行王庄支行、泰安银行阳光支行、泰安银行花苑支行5家二级支行，石横小微支行、安驾庄小微支行、汶阳小微支行3家小微支行，共有支行营业网点9个，员工101人。至2018年末，各项存款余额为24.64亿元，较年初增加1.66亿元，增幅7.2%。年内，按照省市新旧动能转换重大工程部署和行董事会确立的全行发展战略，继续深化供给侧结构性改革，支持实体经济发展，推进新旧动能转换重大工程，践行金融企业社会责任，不断提升服务地方经济发展的水平。发展小微信贷业务，支持肥城当地小微企业发展壮大，有力地支持当地经济发展，带动一批优质的小微企业向好发展。截至2018年末，共有小微信贷

客户160户，余额8483万元。对公贷款成功化解山东聚源矿业集团有限公司贷款1999.8万元，由担保单位济南澳海炭素有限公司代偿；收回山东新查庄矿业有限责任公司借新还旧贷款本金2366万元；为山东鲁中能源集团新增流动资金贷款1亿元；为山东泰鹏环保材料股份有限公司新增进口信用证1600万元。

2018年，信贷政策的总体导向为坚持"服务地方、服务小微、服务居民"定位，按照"回归本源、突出主业、高质量发展"要求，服务经济产业结构调整，支持当地实体经济发展，采取差异化信贷政策，主动调整信贷投向和投放结构，优化信贷客户结构，强化内部管理，下大气力提升信贷资产质量，促进信贷业务稳定健康发展。支持地方经济有效增长，与政府合作，主动参与政府类基础设施项目建设，新增信贷资源优先支持政府确定的"三强"企业正常资金需求。落实省、市"新旧动能转换"重大战略和"去产能、去库存、去杠杆、降成本、补短板"要求，及时评估宏观经济政策、货币政策、财政投资政策、经济周期及技术周期对微观经济主体和信贷运行的影响，创新方式，优化增量，加大对优势产业、优势企业和优质信贷项目的投放力度；多措并举，盘活存量，加大对存量低质低效客

户的退出力度。在信贷资源有限的前提下,采取"有保有压"信贷调控策略,通过调整信贷资产的行业、区域、客户、期限和质量结构,实现腾笼换鸟,优化信贷客户结构,助力全市新兴产业发展和传统产业改造升级。在风险可控、商业可持续的前提下,推进绿色信贷业务,加大对绿色经济、低碳经济、循环经济的支持力度,加大对金融扶贫项目的信贷支持力度。尊重信贷资金运行规律,信守合规经营理念,优化信贷投向,把好信贷准入关,强化统一授信管理,强化全流程风险管控,确保全行信贷业务平稳运行,推动全行信贷资产质量不断提升。

(郑阳)

·交通银行泰安肥城支行·

【概况】 至年末,交通银行肥城支行设公司业务部、个人金融部、营运部,有员工17人。2018年,交通银行围绕上级行总体部署和要求,全面贯彻监管部门监管要求,坚持服务好实体经济,坚持发展不动摇,强化营销跑动,严防严控稳定资产质量,业务呈现平稳运行。截至年末,肥城交行存款余额2.77亿元,各项贷款余额10.25亿元,存贷比为370%。年内,交通银行将"服务实体经济、防控金融风险"的要求和经营管理相结合,致

力于支持服务实体经济,在维护做好存量客户的基础上,寻求科技型、大健康、节能环保及优质"双创"领域中小企业合作,坚持"大户做大、中户做强、小户做好"的原则,不断加大对本地中小企业的支持力度。

(张明)

·莱商银行泰安肥城支行·

【概况】 至年末,莱商银行肥城支行内设营业部、信贷部、零售部3个部室,在职人员11人。2018年,莱商银行泰安肥城支行坚持"服务当地经济、服务中小企业、服务城乡居民"的市场定位,以"高质量稳健发展"为中心,以"做客户放心满意的银行"为愿景,始终将支持当地经济发展作为义不容辞的责任,围绕当地政府工作中心,深度融入经济转型、结构升级和新旧动能转换重大工程之中,全力推动自身经营质效提高与当地经济更好更快发展的良性互动。截至2018年末,支行存款总计44448万元,较年初增加15466万元,其中储蓄存款5334万元,较年初增加2184万元,对公存款33819万元,较年初增加26770万元,保证金存款4929万元,较年初减少12517万元。贷款总计12466万元,较年初减少31044万元,有贷款中企金贷款11991万元,较年初减少31010万元;

零售贷款475万元,较年初减少34万元。为加强不良贷款处置进度,减少贷款投放,将涉及支行3.8亿元的不良贷款业务移交泰安分行进行统一集中管理。

针对优质客户进行重点营销,勤走访、勤联系。充分利用信贷杠杆,以贷款利率为依托,坚持公私联动,着重通过代发工资带动基础客户群增长,同时撬动对公企业对支行业务的贡献度,互相扶持,共同发展。做好网点全员营销,利用柜台资源抓客户,通过文明优质服务和多样化产品,吸引新客户、留住老客户。同时,加大个人贷款投放力度,支持地方经济建设。抓优势产品销售,针对莱商银行金凤理财的业务优势,持续提高中间业务收入。拓展外部市场,夯实客户基础。结合支行特点深入分析机构发展策略,加强宣传营销,提高业务知名度,提升客户规模。为增强客户满意度,开展网点文明优质服务调研,向客户征求改进服务意见;定期研究文明优质服务工作,查找存在的不足,及时有效解决存在的问题,实现智能柜台的使用。将文明优质服务工作纳入年度绩效目标考核,层层分解到每位员工。加强对新员工文明优质服务规范的培训,提高员工服务水平。加大文明优质服务工作检查督办力度,坚持每月文明优质服务专

项检查，树立标杆，引领示范。2018年，被授予肥城市级"文明单位"。

（王鑫）

·济宁银行股份有限公司泰安肥城支行·

【概况】 至年末，济宁银行股份有限公司泰安肥城支行（以下简称济宁银行泰安肥城支行）有干部员工14人。2018年，以"服务地方经济、服务中小企业、服务城市居民"为市场定位，发挥法人机构管理链条短、决策速度快、经营机制活的优势，各项业务保持快速平稳健康发展。整体工作秉着服务县域经济发展的目标，与市金融办沟通，密切关注政府扶持和倡导的行业，及时了解和掌握企业的资金需求，为当地企业提供更快更好的服务。在泰安分行的指导下，对肥城区域企业进行有效筛选，并与肥城各

大中型企业进行合作，成功对接并为石横特钢、一滕集团等肥城优良企业提供优质的金融服务。拓宽服务范围和领域，推出"季付宝、智能存、乐享存"等公司、零售金融产品，切实为客户着想，推动账户收益最大化。通过公私联动，多次深入企业食堂、社区、沿街商铺等宣传讲解个人大额存单、儒商卡、理财、阳光微贷等产品优势，加大客户对济宁银行的认识，了解满足客户多样化、个性化需求，使银行服务走进千家万户。截至年末，各项存款余额1.42亿元，其中储蓄存款余额0.7亿元，对公存款余额0.7亿元；各项贷款余额1亿元。

（马骥）

·齐鲁银行股份有限公司泰安肥城支行·

【概况】 2018年3月26日，

齐鲁银行泰安肥城支行开业，位于肥城市凤山大街109号。截至年末，齐鲁银行泰安肥城支行存款余额155129万元，其中对公存款144399万元，储蓄存款10730万元；贷款总计7245万，企业类贷款6800万，个人零售贷款445万。①法人客户贷款。加大公司法人企业类贷款营销力度，营销小微企业，尤其是科技型中小企业。依托肥城6000多家民营企业和5万户个体工商户，拓展小微信贷市场，对部分生产经营良好、抵押物价值充足、综合效益较高的小微企业加大营销力度，实现突破。加大优质法人客户流动资金贷款营销力度，强化风险防控，提升贷款质量。②个人贷款。对新开工楼盘力求全面签署合作协议；对按揭源丰富的楼盘，实行定期现场办公、现场受理客户资料，极大地缩短时间。③分期贷款。分期贷款业务稳步开展，先后开办惠家分期、消费通等贷款业务，全年共办理1288万元。④税e贷。利用税e贷产品简单快捷的特点，通过获得名单、电话营销等方式，进行联动营销，两个月累计实现税融e贷放款21户的好业绩。⑤授信户及上下游客户、关联公司结算存款营销。将石横特钢作为营销重点，并争取其关联公司阿斯德、新华特钢到支行开户，增加结算存款，并加大对该企业的结构化

济宁银行为客户提供多样化、个性化服务

齐鲁银行肥城支行业务大厅引导服务

存款营销。

（孙峰）

保险业

·中国人民财产保险股份有限公司肥城支公司·

【概况】　中国人民财产保险有限公司肥城支公司（简称"中国人民保险肥城支公司"），为肥城市唯一的国有财产保险公司。2018年，实现保险业务收入16888万元，市场份额51.61%，保险赔款支出15621万元，上缴税收1173.77万元，列全市保险行业第一位。公司为石横特钢、阿斯德新科技、泰鹏集团、傲饰集团、一滕集团、米山水泥、银宝集团、瑞泰化工、新合作等重要企业提供风险保障42.64亿元；为全市3.4万辆机动车、11.3万个家庭提供1.36亿元的保险项目；为72.8万城镇居民、10万城镇职工提供5051万元的社会保险。为落实中央"三农政策"，受市政府委托，自2008年开始，在全市开办政策性能繁母猪保险和政策性小麦、玉米保险、社会治安保险等。年内，承保全市小麦、玉米、能繁母猪、育肥猪、奶牛、公益林、肥城桃等，收取保险费2724.24万元，支付赔款3568.06万元，为全市农业持续健康发展提供强有力的风险保障，实现"政府得民心、百姓得实惠、公司得发展"的和谐局面。截至年末，开办保险种类达620余个，其中全国性条款238个，区域性条款382个，覆盖15个险种，进一步完善产品体系。保险服务网点遍布全市镇（街）、村。至2018年末，全市设镇街保险服务部6个，保险服务站（镇）14个，保险服务点（村）605个，保险理赔分中心1个。公司率先在全国开通365天24小时服务热线95518。

（王伟）

4月6日，人保财险肥城支公司开展直升机危急患者救援演练
（王伟　摄）

·中国人寿保险股份有限公司肥城市支公司·

【概况】　至年末，中国人寿保险股份有限公司肥城市支公司下设个险销售部、团险销售部、

银行保险部、客户服务部、综合部、健康部6大部门，镇街营服网点遍布全市各镇街，共有干部职工40余人，销售人员1400余人，主要经营人寿、健康和意外伤害保险业务，涵盖生存、养老、疾病、医疗、身故、残疾等多种保障范围，全面满足客户在人身保险领域的保险保障和投资理财需求。2018年，公司继续秉承"成人达己、成己为人"企业发展理念，把握保险行业转型升级新机遇，改革创新，公司整体发展迈向新的台阶。全年实现总保费收入3.6亿元、新单收入1.1亿元，处理理赔案件5100余件。同时，积极承担社会责任，投身于公益事业，在老年、扶贫、医疗等诸多领域与政府部门密切合作，开展"学生幼儿平安""银龄安康工程""城乡居民大病保险""女

5月13日，中国人寿肥城支公司举办第二届"感动国寿·感恩母亲"大型文艺汇演（孔燕　摄）

性安康工程""平安卫士""计划生育家庭意外伤害保险"等惠民工程的建设工作，发挥行业优势，为政府排忧，为百姓解难，2018年再次荣获肥城市人力资源与社会保障局、肥城市社会保险事业处联合颁发的社会保险协同服务优胜单位奖。公司在业务快速发展的同时，严格管控风险点，做到内控严密、依法合规经营，并积极落实金融消费者权益保护等工作，2018年肥城公司被评为2017年度金融机构综合评价A级单位。

（孙永）

FEICHENG
YEARBOOK
2019

通信 供气 供热 供水 供电 交通

基础设施建设

基础设施建设

交 通

· 公路 ·

【概况】 2018年，市交通运输

局内设办公室、政工科、政策法规科、财务科、规划基建科、安全监督科、综合运输科7个职能科室，下设市乡公路管理办公室、交通运输管理所、交通运输行政执法大队、出租车管理办公室、超限检测站、维

修行业管理所和14处镇街交管所等管理机构。至年末，市交通运输局共有行政人员10名，事业人员180名。辖公路事业发展中心、市乡公路管理办公室2个正科级事业单位，交通运输管理所、交通运输行

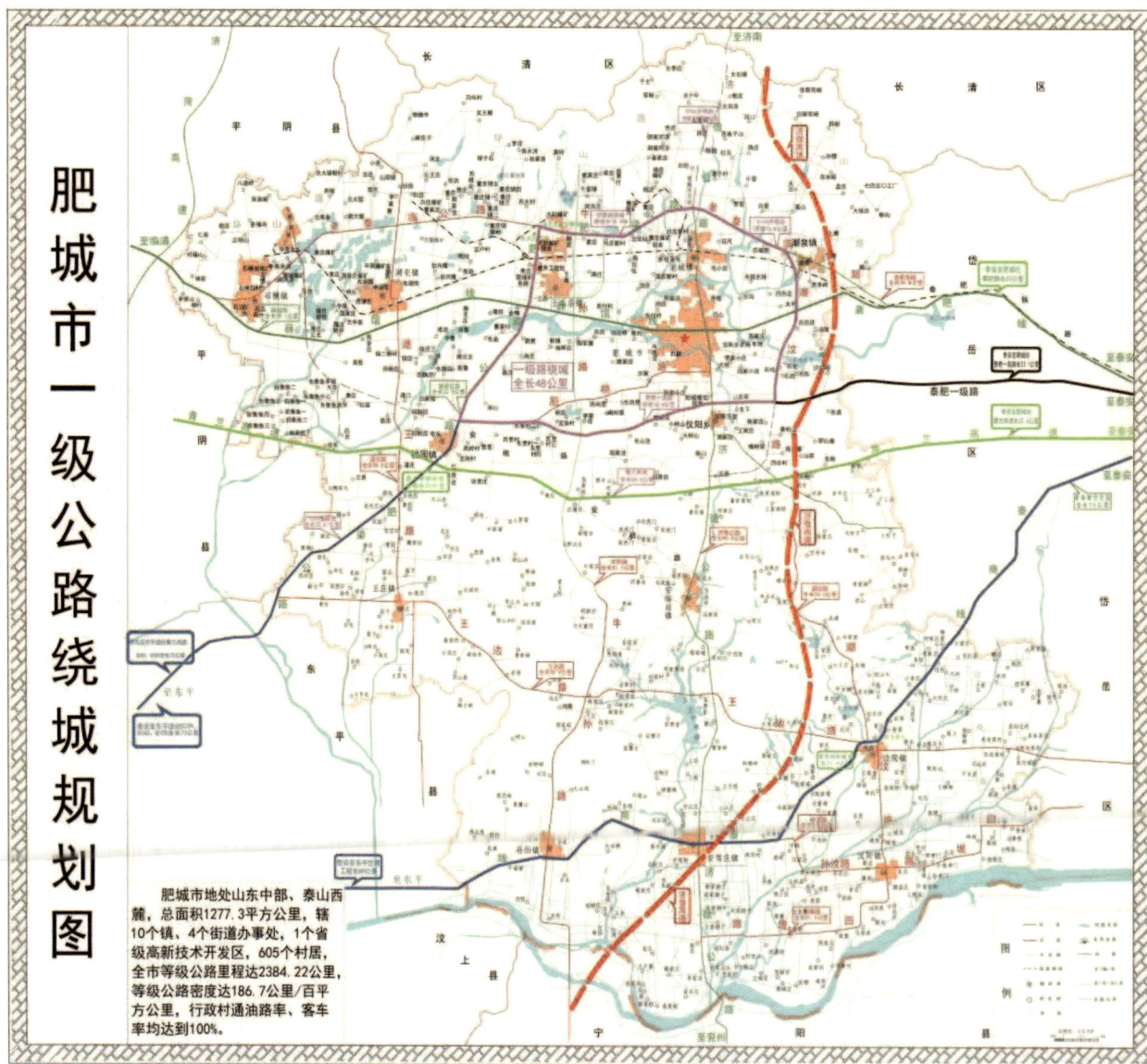

肥城市一级公路绕城规划图

肥城市地处山东中部、泰山西麓，总面积1277.3平方公里，辖10个镇、4个街道办事处、1个省级高新技术开发区，605个村居，全市等级公路里程达2384.22公里，等级公路密度达186.7公里/百平方公里，行政村通油路率、客车率均达到100%。

政执法大队、出租车管理办公室、超限检测站、公路应急救援中心5个副科级事业单位和市交通运输有限公司、市公共汽车公司2家企业单位。2018年，市交通运输局围绕"抓班子、带队伍，树好形象；畅通路、搞服务，敢于担当"的总体思路，齐心协力，拼搏实干，各项工作都迈上新台阶、打开新局面、实现新发展。被市委、市政府授予"2018年度经济社会发展优秀单位"，被泰安市政府安委会授予"安全生产月先进单位"和"2018年度安全生产工作先进单位"，被肥城市人民政府授予"2018年度安全生产工作先进集体"，被泰安市交通运输局评为"2018年度安全泰山优胜杯"。①综合交通网络构建。围绕引领经济和城市化发展，破解资金难题，全力以赴加快交通重点项目建设。青兰高速项目肥城段，配合施工单位做好"改路、改水、改渠"及线路迁改等工作，12月底路基工程已全部完成，路面工程完成80%，桥涵工程完成97%；泰肥一级路西延项目路基工程已全部完成，路面工程完成52%，桥梁涵洞工程完成99%；济微路东移、肥梁路改建项目均已基本完成地上附属物清理工作，全面开始动工；积极捕捉信息，通过对上争取，肥城市潮泉至汶阳公路建设列入2019年国防公路战备建设项目，争取上级补助资

路政执法人员依法拆除泰临路沿线违规高炮广告牌（敬玉玲　摄）

金3593.38万元；肥梁路至特钢路段大修工程项目、特钢路至薛馆路段大修工程项目列入2019年度独立工矿区改造搬迁中央预算内投资切块计划，争取上级补助资金2341万元。②服务民生。提高贫困村道路建设补助标准，完成贫困村道路建设86.7公里，其中省级贫困村23.2公里、市级贫困村63.5公里。继续实施城乡一体化改造，先后开通新城—老城、新城—潮泉等4条城乡公交支线线路，实现所有扶贫村公交线路全覆盖。在城区及主干线路枢纽新建4处公交充电站，提高城乡客运通行效率。加大贫困村"第一书记"帮扶力度，提供无偿物资35万元，最大限度支持贫困村脱贫发展。③行业监管。开展超限超载治理，全年共出动检查人员1.1万余人次，检查过往车辆2.9万余辆次，卸货5800余吨。开展路政巡查13万公里，清理非公路

标志标牌130块，办理涉路许可30件。加强运输证件办理和审验，强化从业资格质量考核，新办上岗证347件、年度审验上岗证4600件，培训营运性驾驶员7345名，继续教育从业人员8722名，检测营业性车辆4300余辆次。深化"放管服"改革，实现行政审批事项和行政权力一次性划转，优化行政审批流程，缩短审批时间23%，进一步方便群众办理业务。本着节约、高效、务实的原则，完成物业改革和事业单位公车改革，做好后勤保障。④交通队伍优化。把学习教育作为提升党员队伍的根本，持续用力，不断跟进。组织局党委理论中心组学习12次，创新开展"交通微讲堂""党员政治生日"主题活动等学习教育，组织各级干部职工学习党纪党规、法律法规、先进典型事迹及违纪通报，开展正反面教育，切实提升交通队伍的道德修养和职业

素质。全力打造"党建铸魂·铁军筑路"肥城交通特色党建品牌，并以党建品牌创建为抓手，全面推动交通运输整体工作发展。严格实行党风廉政建设"一岗双责"制度，落实中央"八项规定"和肥城市委"十条禁令"，不断健全完善内部约束管理机制，规范执法权限、执法程序和执法责任，进一步提高交通行政效能，优化服务质量。抓好全国文明城市创建工作，做好路域环境整治，汽车站、公交站亭卫生清理，出租车、公交车车容车貌改善等工作。借助最美公交驾驶员评选活动，进一步提升公交驾驶员的服务水平，为创建文明城市贡献力量。

（杨丽伟）

【农村公路建设】 ①村级公路网化工程。高质量完成24.3公里的王边路（济微路至肥梁路段）大修改造任务，完成投资7000余万元；开工建设肥万路、仪阳至罗山崖等5个乡道路面大修改造项目，完成路基16.7公里、面层15.8公里，完成投资1269万元；建设完成1.2公里潮泉至岱岳区旅游路，完成投资426万元；投资520万元，实施潮汶路、仪过路亮化工程。②"四好农村路"▲建设。按照上级部署要求，组织开展农村公路"三年集中攻坚"专项行动，实施路网提档升级、自然村庄通达、

省道104安驾庄公路驿站（敬玉玲 摄）

路面状况改善、运输服务提升"四大工程"，优化全市农村公路路网结构，提升管理养护水平，推进城乡交通运输一体化发展。建立"三年集中攻坚"专项行动项目数据库，计划实施路网提档升级工程112.5公里，自然村通达公路130.4公里，养护大中修工程1014.1公里，农村客运站点553个。截至12月底，路网提档升级工程已完成项目9个，完成里程14.1公里；自然村通达工程已完成项目15个，完成里程42.3公里；养护大中修工程完成项目43个，完成里程203.3公里。争取上级奖补资金，路网提档升级和自然村通达工程按照省级补助20万元/公里、泰安市级补助10万元/公里进行奖补，肥城市政府按照10万元/公里予以奖补。

▲ "四好农村路"即"建好、管好、护好、运营好"农村公路。

【农村公路养护】 ①养护管理模式。加强县道养护管理，把道路养护保洁推向市场，以政府采购服务的方式，面向社会，采用公开招投标方式，确定山东东辰物业有限公司对道路进行清扫保洁。为推进道路机械化养护，督促中标单位购买道路清扫车，采用人机结合的方式，对县级公路每天机扫一遍，配备养护人员每天定时巡查、清除障碍物，保证道路的安全畅通。②预防性养护工程。农村公路完成灌缝12.3万米、坑槽挖补2.8万平方米、油封2.1万平方米，改造危桥1座。加强路政巡查力度，处理路政案件32起，出动禁止打场晒粮、占道经营宣传车40余辆次，发放宣传材料200余份，查处占道经营、打场晒粮120余处。乡道已完成70%以上，村道完成80余公里。对县级公路生命安全防护工程进行补充完善。根据第三方安全评估报告，由

公路防汛抢险救灾应急演练现场（敬玉玲　摄）

设计单位进行设计完善，公开招标施工单位，共安装波形梁钢护栏 1949 米，标牌 244 套，示警桩、道口桩 860 根。热熔标线 622.3 平方米，常温标线 310.7 平方米。③日常养护工程。强化养护队伍建设，严格奖惩制度，规范养护作业。采取常态化清扫维护和巡查，实施绿化抚育、路宅分家建设维护和路肩边坡整修等工作。整修路肩 248 公里、栽植绿化苗木 11.4 万株、行道树绿化抚育 1500 棵，刷新道路标线 35 公里，刷新边沟涵 300 座、桥梁 6 座。④养护应急管理。储备应急救援物资，购买编织袋 10000 条，钢丝 500 公斤，并组织养护公司进行应急预案演练。雨后加强道路、桥梁的巡查，及时修复水毁设施，维修牛孙路康王河桥更换桥梁伸缩缝 18 米、橡胶密封止水带 40 米，修复路肩水毁塌方 4500 立方米。

（杨丽伟）

【货运市场管理】　至年末，肥城有公路运输企业 169 家，其中规模以上企业 17 家，企业有车辆 2233 辆，年货运量在 2679.6 万吨以上。企业运输车辆主要分布在石横、王瓜店、湖屯、老城、边院，运输货物以钢材、煤炭、工业盐、水泥为主。全市有物流企业 151 家，规模以上物流企业 48 家，年货物吞吐量达到 53.5 万吨。据不完全统计，肥城境内 2018 年共完成货运量估算 5595 万吨，其中规模以上企业完成货运量 3406 万吨左右。其中煤炭占 36.7%，运输量 1251 万吨；矿石占 14.5%，运输量 497 万吨；钢材占 17.1%，运输量 585 万吨；其它货物占 31.5%，运输量 1073 万吨。以上货运中，采用集装箱运输的货物量 144.86 万吨。2018 年，全市拥有道路运输经营业户 951 户，机动车维修 186 户，汽车综合性能检测站 1 户，机动车驾驶员培训机

构 7 家。营运性汽车 4936 辆，其中货运车辆 4414 辆（牵引车、挂车、单体货车各按一辆计算），货运车辆总的核定载质量为 62265 吨。全市拥有教练员 398 人，教练车 324 辆，驾驶员培训机构共培训 14347 人次，教学场地面积 343035 平方米。运达、鑫桥两所驾校被评为 3A 驾校。

【维修行业管理】　对全市的一类 4 家、二类 21 家、三类 161 家维修企业进行质量信誉考核、安全检查，配合市委、市政府做好全国文明城市创建工作，重点治理城区露天喷漆及店外经营。全市有二级维护资质的维修企业 5 家，其中 B 级（需要注销）维修企业 3 家。2018 年 10 月，肥城市交通综合检测线实现"三线合一"，即将综检、安检、环检集中检测，方便广大的车主业户。

（孙久波）

【出租客运市场管理】　截至年末，全市有运兴、运通、长虹 3 家出租车公司，出租车 402 辆，车型以捷达、桑塔纳为主，从业人员 520 余人。加强车辆管理，做好出租汽车更新工作，2018 年全年共更新出租车 114 辆，其中运兴公司 46 辆，运通 36 辆，长虹 32 辆。组织出租车驾驶员参加公益活动，6 月出租办协调运兴、运通、长虹三家出租公司组织"爱心送考"车

队，有 30 辆出租车，60 多名驾驶员参与，为 100 余名贫困、路程远的考生提供免费服务。

【道路客运市场管理】 截至年末，全市共有 3 家客运企业、3 家汽车站、107 部营运客车。本着安全与稳定两项原则，对班线客车、旅游包车、临时加班运行车辆利用 GPS 进行重点监控，全部营运客车及旅游包车均已安装符合标准的 GPS 卫星定位装置，并有效接入省交通运输厅重点营运车辆联网联控系统，旅游包车同时还安装 3G 视频监控设备，确保行车安全。在全市客运行业内开展"客运企业及客运车站服务质量信誉考核"、道路交通"平安行、你我他"等活动，全年对行业内客运企业和车站共进行安全检查 16 次，确保客运行业安全稳定。

【桃乡公交改造】 截至年末，已顺利改造和开通运营肥城至王庄、石横、汶阳、孙伯、陶阳、岔河店、焦庄、老城、潮泉、矿二院、国庄、衡鱼及杨庄矿—中心医院等干支线公交线路 13 条，规范运营公交车辆 156 辆，惠及全市 605 个行政村（2 公里覆盖），公交覆盖率达到 94%，基本实现建制村通公交目标。加快完善新能源配套设施，已相继在肥城汽车站、义乌商品城、肥城交通运输有限公司西院、汶阳汽车站建成 4 处充电站，石横、汶阳 2 处停保场。为创造安全、舒适、方便的候车环境，结合布局合理、规划统一的要求，组织专人对全市 14 个镇街 135 个省市级贫困村逐一进行实地走访和勘查，根据沿途村庄、路口等群众聚集点摸排、采集站牌拟建设信息，初步做好站亭设置准备工作，制定《全市公交站点建设规划》，绘制全市城乡公交线路站亭网络覆盖图。经过初步规划，利用 2018 年至 2020 年三年时间拟建设城乡公交客运站点 553 个，并录入站点采集系统。2018 年，新建增设客运站点和扶贫站牌候车点 245 个。

（王男）

【交通安全管理】 2018 年，开展"企业安全生产主体责任落实全面提升年"、"大快严"集中行动、"安如泰山科学预防体系建设""双重预防体系创建""预防重特大事故试点城市建设""公路工程施工安全专项治理""平安行·你我他""平安交通百日行动"和"攻坚四季度、决战一百天"等专项行动以及春运、"两会""上合峰会""安全生产月"、汛期和中秋国庆等重要时段安全活动，做到活动有方案、有检查、有总结。推动交通运输领域市县级标杆、"两客一危"和规模企业开展安全生产风险分级管控和隐患排查治理双重预防体系建设工作。2018 年，共有 15 家交通运输企业完成达标验收工作。

（房晓丽）

【城市公共交通】 截至年末，全市有公交运营线路 11 条，营运车辆 246 台，总里程 173.6 公里。全年公交营运里程 552 万公里，安全运输乘客 960 万人次，老年免费刷卡 277 万人

11 月 2 日，市交通运输局开展清理公交线路牌的义务劳动。全市 110 余块公交线路牌全新亮相，扮靓城市环境（孔燕 摄）

次，老年优惠刷卡 32 万人次。2018 年 1 月，5 路公交线路延伸至卓亚香格里小区。10 月 1 日，新开通西区高级技工学校至东区石坞社区的 12 路公交线。新建春秋古镇和西区高级技工学校两处公交充电桩，其中春秋古镇充电桩建设已挖好地基，完成工程的 20%；高级技校充电桩配电箱、变压器、站牌基座建设完毕，完成整个项目的 30%。全年建设公交站亭 26 个，公交站牌 80 个，实现公交站亭（牌）美化亮化。11 月 14 日，全市首届"红星美凯龙"杯"新时代最美公交驾驶员"评选活动在红星美凯龙广场正式启动，经过网络投票，公司李文全、王芳、王庭庭、王晓红等 10 名驾驶员获得肥城市"新时代最美公交驾驶员"荣誉称号。市公共汽车公司被省公交协会授予"和谐管理企业"称号，K1 路公交驾驶员李文全获得"肥城市道德模范""肥城市文明之星""肥城好人"等荣誉称号。

（李红梅）

【交通行政执法】 ①路政巡查。自 4 月 16 日开始，对全市县乡道路两侧的非公路标志进行调查摸底建档，发现固定式非公路标志标牌 164 块，租用吊车、拖盘、电气焊等机械工具，拆除固定式非公路标志标牌共计 130 块。处理路政案件 30 起，出动禁止打场晒粮、占道经营宣传车 30 辆次，发放宣传材料 1200 份，查处占道经营、打场晒粮 120 处。②路检路查。按照泰安市交通执法支队下发的《全市交通运输监察机构治超及打非治违专项整治实施方案》要求，在潮汶路、肥桃路、孙牛路、安桃路四个重点路段，6 个执法中队循环轮岗，对未按规定吨位擅自在农村公路行驶的货运车辆进行卸货处罚；同时按照市政府环保部门的部署，严厉打击货物运输车辆不采取有效防护措施造成扬撒脱落的污染环境行为。③危化品治理。按照《泰安市道路危化品运输车辆本质挂靠经营和运输介质不符整治行动工作方案》要求，自 3 月开始在全市范围内开展道路危化品运输介质不符问题集中整治，在泰肥一级路与潮汶路口设置检查点，对途经危化车辆进行逐车严查。④驾培市场整治。按照泰安市交通运输局对驾培市场进行规范整顿的要求，依法查处违规教练场地 1 处和违规教练车 12 辆。⑤非法营运机动车整治。按照局制定的《非法营运机动车整治实施方案》，对汽车站、学校、医院及居民小区周边进行重点摸查，发放明白纸 500 余份，现场登记整改非法营运电动代步车 50 辆。整个执法过程做到"全程有痕"，并做好违法违规车辆的登记工作。⑥客运市场整治。严厉打击交通枢纽周边从事非法营运的"黑车"，共查处"黑出租"76 辆；重点整治无客运资质从事客运经营扰乱市场秩序的车辆及客运经营中各类违法违规行为；整治出租车拒载、不打表、不按计价器收费、服务态度差等行为，全年共受理出租车投诉 118 件。

（徐斐）

·铁路·

【肥城火车站】 位于老城街道驻地 200 米，中心里程位于泰肥线自泰山站起 32k+223 米处，隶属中国铁路济南局集团有限公司济南车务段管辖。为段管三等站，按技术作业为中间站，按业务性质为货运站。设站长 1 人，党总支书记 1 人，副站长 2 人，职工 80 人。站内有正线 1 条，到发线 3 条，货物线 1 条，在路网上办理货运、军运、装卸和列车到发、会让等工作，不办理客运业务。日发送货物 2100 吨，装车 30 次，卸车 30 次，服务肥城经济发展。

（袁明金）

【穆庄火车站】 位于王瓜店街道境内，中心里程位于泰肥线自泰山站起 39K+990m 处，隶属济南铁路局济南车务段管辖，为段管三等站，按技术作业为中间站，按业务性质为货运站。在路网上担负货运、军运、装卸任务和列车接发、会让等工作。至 2018 年末，有干部职工

80人，其中干部5人，职工75人，有线路正线1条，到发线兼货物线2条，专线5条，货场2处。站内装车以化肥、粮食、钢材、饲料为主。卸车以散煤、化肥、钢材、矿石、粮食为主。全年车站装车数9453车，卸车数8560车，重量56.2万吨，运输收入3600万元。

（尹静）

【湖屯火车站】 位于湖屯镇政府偏西南约500米处，为泰（安）湖（屯）铁路线上的终点站，上行邻站穆庄站，下行为厂、矿、军队专用线。1968年8月建成通车，设线路3条，站舍及办公地点皆为平房。1985年站场扩建线路增至6条，又新建行车业务楼1座。1988年1月设备改为64D型单线色灯半自动闭塞设备。车站隶属济南车务段管辖，工种主要有行车、调车、货运三大项。主要担负石横发电厂、石横特钢厂、肥城矿务局查庄煤矿、国庄煤矿、中国人民解放军某部军转站等6条铁路专用线的取送车业务，及鲁西南的聊城、梁山、东平、平阴、肥城等县（市）的大部分工农产品的铁路运输任务。2015年开办集装箱运输业务。2018年，到站货物729万吨，发送105万吨。年内，被济南集团总公司授予"先进中间站""路风先进车站"等荣誉称号。

（宗桂华）

供 电

【国网肥城市供电公司概况】 至年末，国网肥城市供电公司有干部职工850人。公司党委下设党支部25个，党员767名。境内拥有500千伏变电站1座，220千伏变电站4座；公司所属110千伏变电站12座，35千伏变电站12座，主变总容量130万千伏安。110千伏输电线路21条、35千伏输电线路28条、10千伏配电线路156条，总长度2274千米。年内，市供电公司强化"人民电业为人民"的宗旨，围绕服务新旧动能转换、优化营商环境等工作重心，加快发展、争先发展，各项工作均取得较好成绩。全市全社会用电量44.30亿千瓦时，同比增长8.34%。实现连续安全生产7931天。①供电保障。配合全市"两会"、桃花节等重大活动，提前策划详

细保电方案，编制修订应急预案21项，开展电网联合、火灾疏散等应急演练4次，实现全市各项重要活动期间"零缺陷、零事故、零差错"的"三零"供电目标。连续五年实现台区除夕"零停电"，保障全市人民"过暖冬""过好年"。迎峰度夏期间，全市用电最高日负荷突破50万千瓦、日供电量突破1000万千瓦时。公司向省电力公司争取负荷指标，严格执行有序用电方案，确保全市电力供应平稳有序。开展"六查六防""配电网综合治理"等专项行动，35千伏及以上输电线路实现"零外破"，10千伏配电线路跳闸率同比下降80%。推广配网零点检修、带电作业，累计实施带电作业489次，减少停电时间2.9万时·户，保障全市经济社会发展安全可靠供电。②强网惠民。针对"一核四区"规划，滚动修编"十三五"电网发展规划。促请

8月23日，肥城供电公司工作人员冒酷暑，奋战在肥桃路和青兰高速建设沿线，对影响道路建设的线路进行迁改施工

5月10日，肥城供电公司在潮泉镇杏木岭村开展"小康电示范县"项目建设

市政府与泰安供电公司联合召开服务新旧动能转换电力需求对接会，深度了解地方经济社会发展对电力的需求。组织特钢集团、瑞福锂业及老城工业园区项目电网规划，落实园区优质客户"一事一议"用电服务机制，快速响应客户报装用电需求，保障新旧动能转换先行区内的项目进得来、落得下、用得上。开展城区网格化规划和"一图一表"村镇规划，形成"一镇一册、一村一图一表"的规划体系。对上争取资金4351万元，实施沙沟110千伏输变电工程、过村35千伏变电站主变增容工程，新增主变容量70兆伏安，建设110千伏线路5公里，为新旧动能转换先行区、边院现代盐化工园区提供可靠电力保障。完成全省首批小康电示范县项目，总投资9056万元，新建及改造10千伏线路135公里、0.4千伏线路102公里，新增配变123台、容量35兆伏安，共覆盖14个镇街150个台区。1项工程入选国网公司配电网"百佳工程"，实现"三连冠"。③简化获得电力。开展"影响供电营商环境突出问题整改提升"活动，密切跟踪全市63个重点项目，开辟业务办理"绿色通道"。优化报装接电流程，将高、低压客户业扩报装环节分别压减至4个、3个，实现简单业务"一次都不跑"，复杂业务"最多跑一次"。班子成员带队走访"三强"企业，深入了解企业用电需求。实行"一企一档"，对重要客户开展义诊服务，指导制定科学合理的填谷用电和"峰、谷、平"电价用电方案，帮助客户节约电费2025万元。省物价局四次电价调整全部执行到位，工商业电价压降10%，受益1.91万户，减少用户电费支出1386万元。优化分布式光伏并网服务模式，缩短办电环节，提升服务时效，促进分布式光伏产业健康快速发展。④服务中心。重点做好风电、光伏、生物质发电等清洁能源入网消纳，在锅炉"煤改电"、居民电采暖、电动汽车推广三个关键领域强势发力，不断提高电能在终端能源消费中的比重，为清洁能源走进桃都千家万户当好"绿色先驱"。推广明瑞化工、泰西水泥、泰山轮胎等电能替代项目5项，增加用电容量2万千伏安，累计完成替代电量9622万千瓦时。规划建设电动汽车充电站6座、充电桩30处，实现城区和各镇街电动汽车快充站全覆盖，全面建成核心城区五公里充电服务圈。投资124万元，对5个贫困村公用配电设施实施改造升级，新建改造10千伏线路0.5公里、0.4千伏线路3.4公里，新增配变容量1800千伏安，共惠及农户1240户。⑤彩虹工程。实施"新时代·新彩虹·新服务"为民服务十大工程，当好政府的"电参谋"、企业的"电管家"、民生的"电保姆"。开展为民服务"入户入心"主题活动，精准分析客户用电需求，为客户提供多样化、增值化服务。深化"全能型"乡镇供电所建设，打造"一专多能"复合型员工队伍，提供"一站式"综合服务。推行台区经理网格化包保，320名台区经理面向27万户居民提供"点对点"服务。在营业厅提供免费无线网络服务，建设"三型一化"营业厅，为客户提供电价电费政策、停送电信息等查询

肥城供电公司文明服务示范岗为百姓提供便捷用电服务

服务。推广电 e 宝等新型缴费方式，实现"网上办、马上办、一次办"。年内，公司荣获山东省精神文明单位、山东省卫生先进单位、山东省"安康杯"竞赛优胜单位、泰安市"厚道鲁商企业"、泰安市思想政治工作优秀企业、泰安市档案宣传工作先进集体、国网泰安供电公司先进单位等荣誉称号。边院供电所荣获国家电网公司"四星级供电所"。

（王强 李瑞鑫）

供 水

【概况】 肥城市水务集团有限公司隶属于市住建局，为国有独资企业。至 2018 年末，在册职工 313 人。主要供水设施有水源深井 28 眼，规模为 0.6 万立方米/日东水厂一座，1.5 万立方米/日西水厂一座，容量 2300 立方米高位调节水池一座。DN75 以上管道 157 公里，日供水能力 5.3万立方米，服务面积 40 余平方公里，服务人口 27 万人，供水普及率 98%。水质综合合格率、管网压力合格率、供水抢修及时率均达 100%。2018 年，坚持"城市发展，供水先行"的工作方针，加大供水基础设施建设和改造。完成孙牛路（新城路—长山街）、文化南路（金牛山大街—军民路）、工业四路（泰西大街—长山街）等 13 个路段的管网建设工程，合计 3764 米。完成上城郦景、龙山一品、台湾城市广场等 35 个小区的区内供水设施配套工程，铺设区内供水管线 17.6 公里。为有效降漏、提压、改善水质，加大旧管网改造力度，对部分 DN100 以上给水主管道进行改造和更新，进一步提高配水能力，实现供水区域全覆盖。全力推进老旧小区自来水"一户一表"改造工程，2018 年完成 24 个小区（宿舍）170 栋楼共计 5660 户的户表改造工作。截至 2018 年末，实现抄表到户总户数 60236 万户。加强企业管理信息化建设，利用"互联网＋"和"物联网"，升级改造供水调度系统，实现水质在线监测；在营业收费系统基础上，开发"手持机移动在线收费"、"支付宝在线缴费"平台、"微信"缴费平台、自助缴费系统，用户缴费更加便捷。推广应用《博洋供水管网在线监测平台》，实现对供水管网和二次加压设备实时在线监测，形成覆盖生产、经营、管理和服务等领域综合性信息化管理平台。

市住建局开展城市节水宣传活动（张汶宁 摄）

供 热

【概况】 2018 年，根据用热需求及总体规划，继续推进城区集中供热新建及既有建筑改造项目四期、五期工程施工。至年末，新建书香名苑、明瑞嘉园二期等 11 个小区一级管网；新建交运小区、泰建小区等 18 个小区二级管网；新建书香御景、台湾商城二期等 7 个小区换热站。改造康城丽都东区、上海花苑等 21 个小区安装不规范的供热设施，供热工作呈现健康快速发展的良好态势。

提升供热服务水平，实施"暖心工程"，2018—2019 年供暖季，城区成立三个供热片区，贴近居民设立便民服务点，更加快捷、方便、全面地服务广大热用户。完善客服派单系统，搭建片区客服平台和手机派单 APP，上门服务快捷性实现较大突破。在开通微信缴费、增加银行网点的基础上，对交费距离较远的小区设立临时收费点，同时开通二次收费渠道，让供热缴费更加贴心。深入群众、走进社区进行供热知识讲解，了解群众供热诉求，征求供热服务意见和建议。利用媒体推广平台公布服务和用热知识宣传，引导用户正确用热，提高用户用热安全意识和规范用热的自觉性，确保供热安全及供热效果。

供 气

【概况】 肥城市泰燃天然气有限公司是由泰山燃气集团出资 5000 万元注册成立的直属全资子公司，成立于 2008 年 7 月，为肥城市政府批准的特许经营供气企业，主要负责肥城市天然气销售，燃气工程设计、安装，燃器具制造、销售、维修及售后服务，CNG/LNG 汽车加气，加气站建设等业务。公司燃气基础设施及输配管网铺设已形成完善的供气系统。肥城城区于 2008 年底煤气置换为天然气，至 2018 年末，已建成供气能力 5000 立方米 / 小时天然气门站 2 座、LNG 调峰储备站 1 座、CNG 加气站 3 座，调压站 200 多个，燃气中压管道 150 公里、低压管道 230 公里。公司服务用户 12 万户，其中居民用户 11.82 万多户，工商业用户 657 家，日用气量达 15 万立方米。按照"气化肥城"的部署和要求，推进实施肥城市天然气管网设施的战略布局。至年末，肥城泰燃天然气有限公司承担的气化肥城项目任务已经全部完工，主要涉及潮泉、老城、仪阳、安临站、安驾庄、石横

工业园、桃园顾庄社区、王瓜店部分社区。先后投入 8000 万元对城区管道进行改造和完善，解决肥城城区管道老旧、布局不合理的现状，构成城区中压成环、低压成网的框架，基本解决困扰肥城城区 20 年的燃气压力小的问题。为进一步完善燃气供应保障设施，公司投资 4800 万元建设 LNG 储气调峰项目，在 2018 年采暖季到来之前，完成一期 LNG 应急调峰项目建设，市天然气应急调峰能力得到提高。

通 信

· 肥城邮政分公司 ·

【概况】 至年末，肥城邮政分

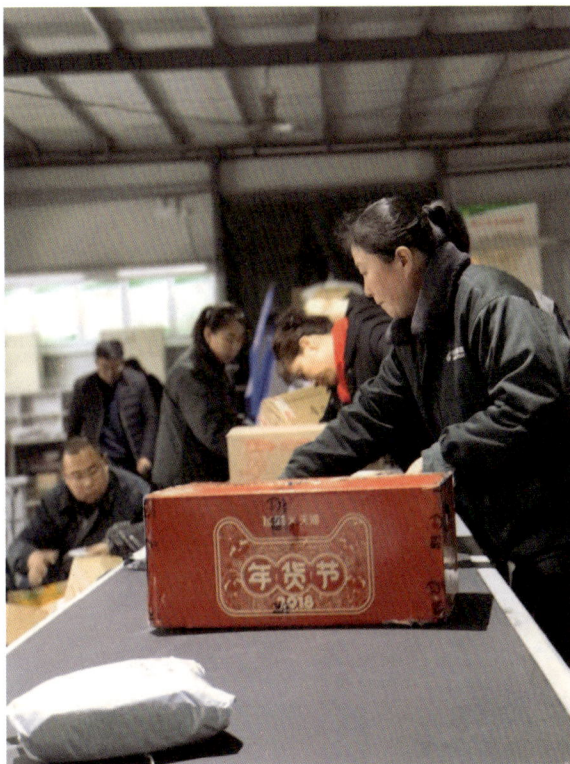

邮政公司物流分拣员分拣邮件

公司设综合办公室、市场经营部、监督检查和安全保卫部3个部室和代理金融业务部、集邮与文化传媒部、渠道平台部、寄递事业部4个专业机构，共有在岗职工299人。下辖25个城区、乡镇、厂矿邮电支局网点，全部为标准电子化支局；建设731处便民服务平台，农友之家1025处；全市新增信报箱格口600个，总数达到6000余个；市内汽车邮路2条，城区投递段道18条，城区投递平台41个，市内投递路线总长度204.5公里，农村投递段道32条，投递平台521个，投送站点5156个；投递路线总长度2135公里；运输能力实现大宗邮件汽车运输、平邮摩托化投递；邮路遍布城区、乡镇街道、605个行政村，邮政服务网络无缝覆盖全市，成为联系社会经济各部门，为广大人民群众提供信息交流、物品运递、资金融通的现代化总额和服务平台。

（王琦）

·中国移动通信集团山东有限公司肥城分公司·

【概况】 至年末，中国移动通信集团山东有限公司肥城分公司（以下简称肥城移动），隶属于中国移动通信集团山东有限公司，有员工132名，为全业务运营商，为用户提供包括移动、固话、宽带、数据网络在内的综合信息服务。公司坚持以人民为中心的发展理念，不断推进战略转型和改革创新。承担推进肥城数字化城市建设的新使命，通过打造4G精品网络，加快宽带光纤化建设，创新互联网应用，使通信技术发展的红利惠及肥城全市人民。

【业务发展】 响应国家提速降费要求，全面取消手机国内长途和漫游费，推出4G新资费，以更低的门槛、更优惠的价格、更快的网速、更安全的服务，为用户提供优质的移动通信服务。贯彻落实"宽带中国"战略，开展"宽带提速升级行动"，为用户提供速度更快、资费更优、内容更全、品质更佳的宽带和4K高清电视服务。针对中小微企业，开展"速率增倍行动"，大幅下调互联网专线资费，推出"企业宽带"特惠产品，助力中小微企业快速发展。承担肥城信息化建设重任，参与"智慧肥城"建设，通过"平台+专线+终端"模式，助力政务、电力、医疗、物流、行政执法等领域信息化建设。

【网络运营】 年内，肥城移动致力于打造4G精品网络，不断提升用户感知体验。重点针对4G连续弱覆盖区域攻坚，巩固网络领先优势，同时继续加强4G基站建设，4G基站总数达到600个，基本实现城区深度覆盖，乡村广度覆盖。开展光纤宽带建设，打造高品质全光网络，不断提升有线宽带网络质量，提高宽带网络品质和用户感知。截至2018年末，城区宽带覆盖率达到96%，农村宽带覆盖率达到97%。

【满意服务】 肥城移动在推进提速降费的同时，始终坚持"客户为根、服务为本"的理念，持续提升用户服务品质。深化服务转型，健全服务考核

6月30日，中国移动肥城分公司党支部赴临沂孟良崮红色教育基地开展主题党日活动

体系，以价值服务推动市场健康发展。以提升用户感知为标准，加强营业厅精细化管理，不断优化服务流程，全面改善服务短板，有效提升用户满意度。公司先后荣获"桃乡移动情"省级服务品牌、"消费者满意单位"等荣誉称号，并在行风评议中名列同行业前列。

（卢道益）

· 中国联合网络通信有限公司肥城市分公司 ·

【概况】　中国联合网络通信有限公司肥城市分公司（以下简称肥城联通公司）主要经营GSM、WCDMA 和 FDD-LTE 制式移动网络业务、固定通信业务、国内和国际通信设施服务业务、卫星国际专线业务、数据通信业务、网络接入业务和各类电信增值业务，与通信信息业务相关的系统集成业务等。公司拥有功能完善、覆盖全国、通达世界的移动通信网络、宽带通信网络和本地电话网络，推进固定网络和移动网络的宽带化，为社会各界提供全方位、高品质的综合信息服务。公司连年保持省级文明单位称号。

【经营发展】　响应国家提速降费号召，通信产品结构不断优化，推出不同价位"全国流量放心用"套餐，推出"149 双宽带融合"套餐，满足用户双家庭通信网络需求；与腾讯合作

9 月 21 日，移动公司肥城分公司开展市场调研

推出腾讯专属 APP 放心用的腾讯王卡，多种多样的套餐保证用户在全国各地都可以放心用流量；完成全市光纤改造工作，宽带速率提升至 200M，光纤宽带的提速为肥城市广大用户提供更优质的上网质量。

【创新业务】　立足"行业数字化转型首席专家"的战略定位，打造助推新动能转换的主力军；优化创新业务合作伙伴体系，聚合新技术厂商、设备制造商、行业深耕厂商、互联网厂商，做大做强产业互联网联盟，充分借力阿里、腾讯等混改合作公司赋能，开展钉钉共创、沃云 A、沃云 T、物联网推广；在党政行业，助力政务信息整合共享，中标电子政务外网建设，推广"山东通"平台应用；在企业客户中加大"云 + 网 +X"、物联网应用推广，推动新动能转换进展。

【网络建设】　实施聚焦战略，加快 4G 网络建设，改善重点区域网络质量，不断提升网络质量，打造优质精品无线网络，建成 2G 基站 381 个，3G 基站 411 个，4G 基站 374 个，室分 51 个，NB-IOT 物联网基站 55 个，实现城乡移动信号全覆盖，农村 2G/3G 网络基本全覆盖，行政村 4G 网络覆盖率达 98% 以上，4G+ 上网峰值速率可达到 300M 以上，网络质量、通话质量和网络速度得到进一步快速提升，能够极大地满足手机用户数据上网需求。固网宽带能力进一步加强，已建成有线宽带端口 20.3 万，100% 的用户宽带端口已具备 100M 以上接入能力，90% 宽带端口接入能力已达 200M；全市城域网出口总带宽已达 200G；光纤宽带的提速为肥城广大宽带用户提供优质的上网质量和高速的网络体验。

装移修机推出当日通服务承诺，全市宽带无条件受理。

【客户服务】 以服务促发展，实现服务规范化。启动服务提升活动，以客户口碑评价 NPS 为基础，围绕网络、业务、服务三个层面，通过对重点环节的管控，实现服务水平的提升。推出宽带"三承诺"服务，装机时限按照客户预约时间实现当日通。2018 年，被肥城工商局评为"放心消费，幸福肥城"试点单位，继续荣获"真诚无限"全省优质服务品牌荣誉称号。

（李良）

·中国电信股份有限公司肥城市分公司·

【概况】 中国电信肥城分公司秉承"用户至上、用心服务"服务理念，拥有"智慧家庭""天翼""天翼云"三大著名客户品牌，用户号码段包括 133、153、173、177、180、181、189、191、199，为客户提供基本的语音业务、宽带网络等数据通信业务。至年末，有员工 60 余人。2018 年，加大 4G 网络建设，截至年末已完成 LTE 七期工程建设，投资 2000 余万元进行移动网络的深度覆盖，完成 800M 和 1800M 双 4G 网络覆盖整个肥城城区及所有乡镇和主要农村区域。响应国家提速降费的号召，在通讯领域率先完成全光网升级改造，电信网络覆盖区域全部 FTTH 覆盖，2018 年随着网络结构调整，用户上网速率由 2017 年最高可达 200M 又进一步提升到能够千兆网络进户能力，具备随时满足用户的高速率、大带宽的上网需求条件。加大宽带 FTTH 网络建设投资力度，实现城区绝大部分小区、主要乡镇和重点村庄的 FTTH 宽带接入能力。为适应中小企业、广大客户的需求，开发天翼对讲、外勤助手、车管专家、综合办公及云存储、云主机业务等信息化业务，致力于中小企业管理应用，提供个性化服务，满足市场需求。坚持"终端引领"的经营思路，秉承"共赢、服务、长久"的渠道合作原则，突出"天翼"品牌及差异化产品优势，面向社会开展"为民服务，创先争优"客户服务活动，开展"光网城市""宽带中国"网络建设。

（田甜　张扬）

FEICHENG
YEARBOOK
2019

城乡建设与管理

■ 城乡建设综述
■ 城乡规划
■ 城市管理
■ 园林绿化
■ 房产管理

城乡建设与管理

城乡建设综述

【概况】 至年末，市住房和城乡建设局（人防办）（以下简称市住建局）机关下设办公室、财务科、督查投诉科、政策法规科、招标管理科（安全科）、城建档案馆、审计科、节能节水与科技科、勘察设计科、质监站、行政审批服务科12个科室；辖17个企事业单位，其中房管局、规划局、建管局、综合行政执法局、公用事业管理局5个一级事业单位，园林局、环卫处、征收办、排水处、人防办5个二级单位，水务集团有限公司、城市热力公司、东城热力公司、肥城泰燃天然气有限公司、城建房地产开发有限公司、市政建设有限公司、康龙排水有限公司、康汇水处理有限公司8个企事业单位。2018年，市住建局发挥新型城镇化发展动能的引领作用，提升城市精细化管理水平，补齐基础设施短板，不断改善镇村人居环境，优化服务效能，全市住房和城乡建设工作持续健康发展，常住人口城镇化率和户籍人口城镇化率分别达到62.6%、53.57%。

【精品城市建设】 ①道路畅通。完成肥桃路改造、文化路西延、桃园街北延等道路工程。按照轻重缓急，逐步铺开城区道路维修，累计维修路面2.98万平方米，人行道板2.86万平方米，路沿石8900米，完成道路灌缝25万余米；施划交通标示线320余公里，停车位6600余个；新安装路灯近400盏。②城区绿化。严格按照黄土不露天的原则，补植各类花灌木4万株、地被植物2.4万平方米、行道树500余株，硬化铺装5000余平方米。顺利通过国家园林城市复审。③城区雨污水排放系统。对泰西大街、泰临路等8个路段的雨污水管道改造，建设污水管网5公里，疏通雨污水管道22公里，逐步解决城区雨污混流。实施城区污水管网改造工程，计划改造完成7公里。

（王宗奇）

【城市基础设施】 ①城市供水。完成泰西大街（亿嘉路—工业四路）、龙山中路（军民街—金牛山大街）等5个路段2680米的供水管网建设工程；对云宇小区、桃花源小区、景苑小区等25个小区、9363户实施户表改造；对供水调度系统进行升级改造，建设标准化监控平台，提升水源防护能力，加强对自来水水质监测，确保水质达标率保持在100%。②集中供热。继续实施城区供热管网改造工程，新建换热站19座，对31个老旧小区二级管网进行改造，新建40个小区一二级管网，集中供热覆盖面积增加200余万

城市建设（梁战利　摄）

平方米。③城市污水集中治理。由中节能投资建设的 4 万吨/日康龙污水处理厂二期工程正式运行，城市污水日处理能力达到 12 万吨；投资 2895 万元，对康龙污水处理厂实施升级改造。④天然气保障。全市新建各类天然气中低压管网 88.3 公里，全市各类燃气用户达到 19 万余户，其中 2018 年新增用户 10116 户。开展天然气产供销体系建设，新建两处储调项目，LNG 储存能力达 320 水立方。

（孙海鹏）

【城乡居住环境】 年内，继续实施农村厕所无害化改造，完成 1.5 万户的改造任务，基本实现农村卫生厕所全覆盖。做好农村危房改造工作，对全市农村危房进行拉网式筛查，共排查出 510 处危房，9 月底全部改造完成。按照上级要求，按照五个一批的原则，后续又改造完成 160 户。稳步开展农村污水治理，老城、仪阳、安临站等三个镇街污水设施和管网开工建设。加强小型污水处理设施监管，25 处污水处理设施委托康龙排水公司托管。推进城乡环卫一体化，引导各镇街区与中节能签订合作协议，推广环卫市场化托管，全市 14 个镇街区均与中节能签订合作协议。孙伯镇五埠村、峥山村获得国家级第五批传统村落荣誉称号；孙伯镇获得省级第五批宜居小镇荣誉称号；汶阳镇西徐村获得省级第五批宜居村庄荣誉称号；孙伯镇五埠村获得山东省第一批美丽村居荣誉称号。

（刘琪）

【质量安全监管】 ①建设项目质量安全。严格落实建筑企业质量安全主体责任，重点对"三类企业、四类工程、十二种行为"实行全面排查、跟踪治理各类隐患问题。集中开展三轮以质量、安全和扬尘治理为重点的检查活动，累计检查 100 余个项目、200 多万平方米，下发整改通知书 159 份，提出整改意见 600 余条，下达停工通知 46 份，处罚通知 12 份。②燃气安全生产。聘请第三方，每季度对全市 16 家燃气经营企业及加气站开展安全生产检查工作，共查出各类安全问题和隐患 200 余项，下发整改通知单 64 份。查处液化气无证经营行为 5 起，取缔无证经营点 3 处。③双重预防体系建设。制定下发《2018 年安全生产风险分级管控与隐患排查治理双重预防体系建设推进工作方案》，20 家企业完成安全生产风险分级管控和隐患排查治理双重预防机制建设，13 家建筑企业启动创建。

（杨涛）

【审批服务优化】 ①建设链条审批。优化建设链条审批事项，推行"容缺"审批、"并联"审批，除需到现场查验和公示的审批事项，其他事项如资料齐全无误可实现当场办理，将建设项目规划许可到施工许可的办理时限，进一步缩短。②一窗受理。探索实行一窗受理，建设单位办理相关审批手续，按照谁受理，谁负责到底的原则，同一项目，从施工图审查一直到施工许可发放等 9 个环节均由同一人负责，实现"一窗受理、内部流转、限时办结"的集成化审批服务。③上门对接。上门对接搞服务，成立建设项目推进工作小组，发扬"店小二"服务精神，先后两次到各镇街、企业上门对接搞服务，提前告知审批流程和注意事项，协助镇街和企业解决审批、棚改、建筑质量安全和镇村建设过程中遇到的困难和问题。

（周长松）

【装配式建筑发展】 按照中央、省市有关加快装配式建筑发展的文件精神，结合肥城市实际，制定下发《关于推进装配式建筑发展的实施意见》，确定装配式建筑发展的任务目标，发挥政府引导作用，以房地产开发项目为突破口，建成一批装配式建筑标准化项目。

（孙海鹏）

城乡规划

【概况】 2018 年，市规划局立

足肥城实际，科学编制城乡规划，树立"以人为本""全域肥城"的城乡一体化规划理念，以新旧动能转换和区域协同发展为主线，以全域统筹、规划编制、项目服务为重点，发挥规划引领和调控作用，优化空间布局，完善城市功能，提升城市品质，塑造城市特色，推动城市科学协调发展，促进城乡规划工作再上新台阶，促进全市经济和社会各项事业持续健康发展。2月，市规划局被肥城市政府授予全市安全生产工作履职尽责先进单位。3月，被泰安市委、市政府评为泰安市级文明单位。9月，被肥城市委、

市政府评为尊师重教先进单位。11月，参加住建部组织的全国乡村规划推进工作培训班并作地方经验交流发言。

【城市规划】 年内，《肥城市城市总体规划》纲要于5月初经省住建厅审查通过，成果编制完成并报省厅。该次规划的期限为2018—2035年，近期至2020年，远期至2035年，远景展望到2049年。《肥城市新旧动能转换先行区概念规划》采取国际招标方式征集方案，按照"地企同心、产城融合、转型升级、振兴矿区"，依托高新区对北部城区进行概念性

规划，包括老城街道、高新技术产业开发区、湖屯镇和石横镇，总占地面积255平方公里，于4月完成规划编制。该规划充分吸收和借鉴国内外先进创意思路和经验，运用前瞻性的发展理念和模式，通过对现状存在问题的分析与判断，确定新的发展战略目标、开发策略及功能空间布局，提出"生态修复＋新旧动能转换＋城市空间修复"的三位一体的新旧动能转换基础策略，明确"新区"的发展定位，确定区域内的人口容量和开发规模，确定综合交通体系，并从特色定位、景观风貌、公共空间、园区运营

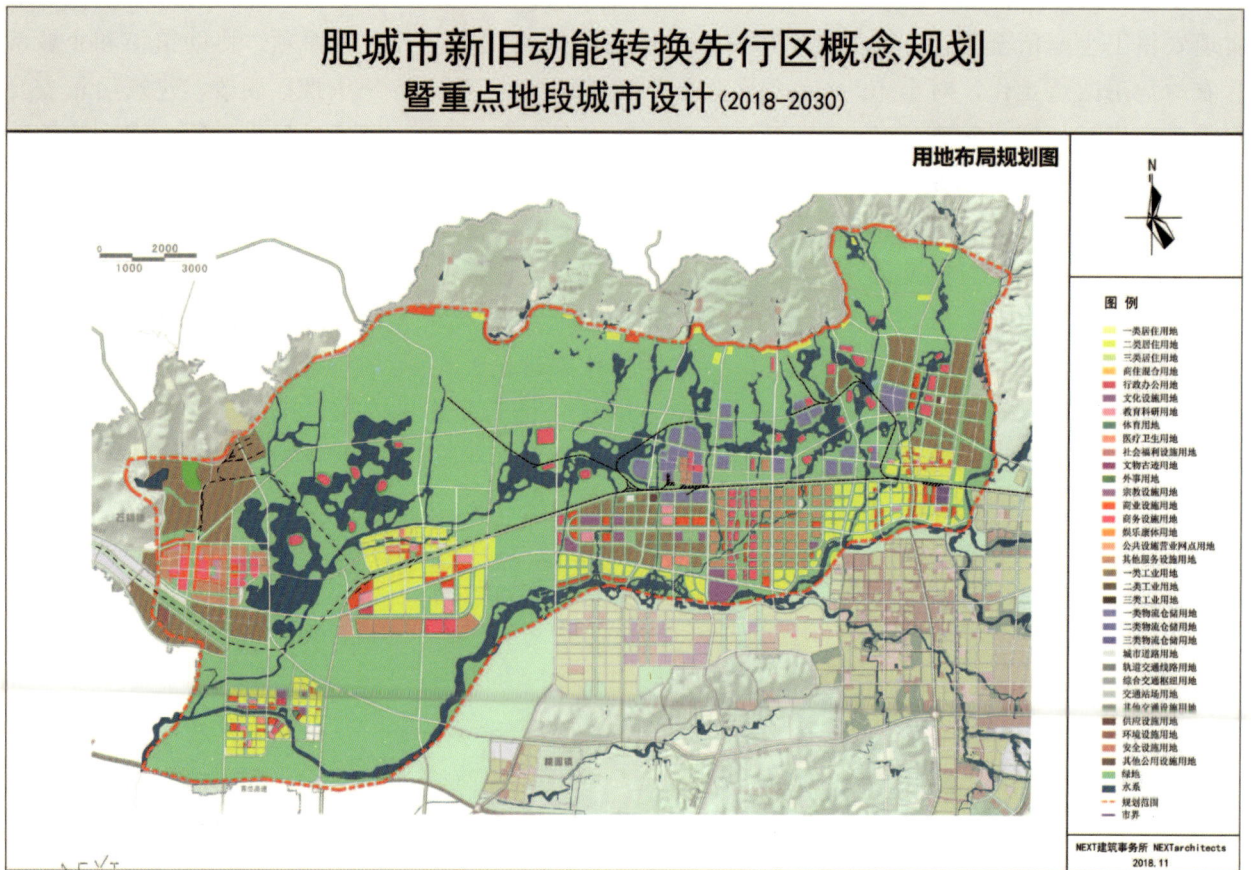

肥城市新旧动能转换先行区概念规划暨重点地段城市设计图

等多个方面进行概念性规划，打造产城融合、宜居宜业的生产、生活相结合的新城区，将北部城区建设成为产业发展优先、基础设施优先、公共服务优先、生态环境优先的智慧、开放、生态、宜居的城市新中心。

【乡镇驻地及村庄规划】 ①乡镇驻地规划。年内，开展小城镇新一轮总体规划修编，完成安驾庄镇、安临站镇、汶阳镇、桃园镇总体规划，已经市政府批复。②村庄规划。年内，桃园镇中固留村、王庄镇邓庄村、安驾庄镇洼里村、孙伯镇庄头村、湖屯镇后兴隆村5个村庄规划已经市政府批复。以"四化两处理"▲和农民住房全面改造为基础，深入挖掘村庄特色，突出建设主题，按照"一村一品""一村一景""一村一韵"的要求打造"桃都美丽乡村"，带动村镇环境全面提升。按照规划要求修编完成428个村庄建设规划。

▲ "四化两处理"即镇村"硬化、绿化、亮化、美化"及生活垃圾、生活污水集中处理。

【规划管理】 响应国务院及上级简政放权的要求，及时梳理规划许可申报材料，梳理工作流程，优化审核程序。2018年，完成省级政务公开标准化、规范化城乡规划试点工作并在"中国肥城"政务网公布。对重点项目，建立绿色通道，专人负责，促进项目进展。推动管理重心从重批前向批前批后并重延伸。年内，许可建设用地规划119件，合计建设用地面积318.34万平方米；建设工程规划许可140件，合计建筑面积234万平方米；乡村建设规划许可23件，建筑面积39.66万平方米；建设工程竣工验收57件，合计建筑面积146.25万平方米；审批市政管线工程51件。

【规划制度建设】 推进"阳光规划"工程，对规划编制和审批项目均进行全方位公开，保障群众的知情权、参与权、监督权，保障"阳光规划"制度的完善实施。2018年，接受群众合理化建议15件，回复人大政协提案12件，满意率为100%。答复连心办热线3650000转来问题126件。

（王智勇　宁静）

城市管理

【概况】 年内，综合行政执法局党组调整党组织设置，报经市直机关工委批准成立"综合行政执法局总支部委员会"，下设局机关、环卫处、执法大队三个党支部。进行党总支及下设支部人员架构的选举，完善党组织班子建设。下设的三个党支部均被评为"五星级党支部"。2018年，综合行政执法工作有序开展。突出重点、兼顾全面，有序开展市容环卫、住房城乡建设、城乡规划、国土资源、人防、文化、体育、旅游等领域的全部或部分执法工作。全年共查处各类案件1167件，其中市容环卫817件（简易程序800件、一般程序17件）、国土273件、住建28件、规划41件、文化8件，罚款600多万元。推进"放管服"改革，坚持"精准、精简、精细"

拆除户外广告（孙慧敏　摄）

原则，进一步梳理审批事项，强化流程再造，简化申请材料，实现"群众跑腿少、办事效率高、服务质量优"，共保留行政许可 5 项、其他行政权力 1 项、细化办事情形 12 种；削减、移交审批事项 2 项。

【城市管理】　年内，市容秩序管理成效显著。深化完善城市管理体制改革，完成市容秩序管理服务外包工作，实现城区126.72 公里，16 条主要路街、61 条次要街道巡查全覆盖。配合城市社区改革和"六化"管理，巡管下沉社区，队员包保社区，实现城市管理重心下移。结合创建全国文明城市工作，取缔五金胡同占道市场、市场街西段早市、长山街夜间大排档，对便民服务点进一步加强规范管理。开展非机动车停放秩序整治专项行动，下发明白纸 1 万余份，粘贴温馨提示 4000 份，规范非机动车 3000余辆次。对不听劝告的，依法予以处罚，取得较好效果。开发建设数字城管微信公众平台，实现与数字城管系统无缝对接，社会各界关注度逐步提高，平台作用初步发挥，微信关注人数已达 700 余人，市民对身边城市管理问题随手拍随时上传，由平台指挥中心向相关部门交办、督办。设立创城工作微信平台和创城问题处理微信群，对巡查发现的问题以及上级交办、其他部门转办的问题，当日转办，立即整改。加强餐饮油烟治理、渣土运输扬尘治理，新上净化设施 102 台，完成任务的 102%，引导配备新型平推式渣土车 87 辆，查处建筑工地扬尘和渣土运输遗撒案件 17 件。全力抓好中央环保督查问题整改，共办理中央督办问题 1 件，省督办问题 4 件。

【违法建设治理】　市综合行政执法局（市城市管理局）牵头，纵深推进治理违法建设工作，全年共计拆除各类违法建设 3897 处、175.5 万平方米。①拆除违规户外广告。结合全国文明城市创建，组织开展违规户外广告设施集中整治行动，共计拆除违规户外广告牌 3343块、52530 平方米，拆除违规高炮广告 26 个、3272 平方米。②拆除公路沿线违法建设。以拆违为突破口，结合公路沿线环境整治，拆除违建 194 处、27300 平方米。③治理涉化企业违法建设。为落实省市环保督察反馈意见整改要求，组织开展涉化企业违法建设治理行动，完成省市确定的 27 家无规划许可手续化工企业整改任务。④拆除国土卫片涉及违法建设。开展遥感监测土地违法图斑治理行动，拆除卫片涉及的违建 51 处，复耕土地 163.5 亩。⑤拆除重点企业周边违法建设。以推进新旧动能转换重大工程为契机，拆除重点企业周边违建 31 处、2.4 万平方米，腾出建设用地 260 多亩。⑥拆除群众投诉类违法建设。将群众反映强烈的违法建设作为治理重点，拆除投诉类违法建设 53 处、9270 平方米。

【环境卫生管理】　年内，城区机械化保洁面积 281 万平方米、洒水面积 251 万平方米，环卫专用洗扫、洒水车辆 16 台，道路机扫率达到 91%，洒水率达到 80%，深度保洁面积达到 70%，基本实现深度保洁全覆盖。全面做好城区垃圾收运管理，合理调度、使用各类垃圾收运专用车辆 26 台，清运城区生活垃圾 8590 车次，全年累计清运城区生活垃圾 6.4万吨。加强生活垃圾应急堆放场管理，接收处理城乡生活垃圾16.5 万吨。实施公厕外包服务，城区由市环卫处管理的 20 座公厕的卫生保洁、日常维护等相关服务工作外包给 4 个保洁公司。合理设置分类废物箱（果皮箱），新安、更换分类果皮箱 203 个，共设置分类果皮箱 720 个，确保主次干道的分类果皮箱的分布符合标准规范。推进城区生活垃圾分类工作，制订出台《肥城市生活垃圾分类工作实施方案》，加大垃圾分类宣传力度，在繁华街道、学校和居民小区设立常年公益宣传板报 24 处。

（邱娟　辛培峰　付红）

园林绿化

【概况】　至年末，市园林绿化

管理局共有在职干部职工80人，技术工人45人，初级职称8人，中级职称18人，高级职称3人。全局设办公室、绿化科、督查考核科、工程管理科、财务科、监察安全科等6个科室，根据绿地情况划分为四个片区，设立城区河道管理所、树木修剪和病虫害防护管理所、城区山林防护管理所，负责全市园林绿化从规划设计、施工建设、竣工验收到养护管理全过程服务与监督管理。截至年末，城市建成区绿化覆盖率、绿地率和人均公园绿地面积三项主要指标分别达到41.1%、37.1%和17平方米，公园绿地服务半径覆盖率达到87.3%。

【精细化养护管理】　学习借鉴外地先进经验并结合自身工作实际，进一步完善《城区园林绿化精细化管理质量标准及作业规范》。根据划分片区，各管理片区负责人按照精细化管理工作要求，做好管理区域内绿化养护的精细化管理，并实施监管，对发现的绿地养护和设施问题列入整改范围，提出整改计划及措施。按照划分片区，局班子成员各管一片、各负其责实行包保责任制。各片区管理按照"管理上水平，精细出成效，环境大改观"的总体要求，结合各自责任区域特点，细化管护方案，分片切块确定管护责任人，做到"人人都管理、处处有管理、事事见管理"，保证管理工作落到实处，建立长效管理机制。

【病虫害防治】　按照"预防为主，科学防治"的原则，在植被成长的旺盛期，针对病虫害发生的情况及种类，对行道柳树、国槐、樱花、紫叶李等树木，利用毒签、注射器等工具，采取向虫洞内注射药物、毒签封堵虫洞、人工捕杀等方式，防治天牛、小蠹虫、木蠹蛾等害虫；对受蚜虫、蚧壳虫、红蜘蛛、网蝽等虫害影响的病虫枝进行修剪和清理，适量施肥，增强树势和抵抗力，避免树势衰弱；针对城区发现的白粉病、锈病、褐斑病等，通过喷施叶面肥和杀菌剂的方式，防止病害的发生和扩散，减小对苗木的危害。加强树木病害监测，购置两台土壤检测仪，在易发生严重病害的树木周围进行土壤检测，科学管理防治，将病虫危害降到最低限度。

【裸露地治理】　年初开始对城区内存在的裸露地、闲置地、边角地进行全面排查，并列出补植计划，对城区部分路段及裸露空地开展绿化、改造、补植工作。截至年末，共补植各类花灌木4.2万株，乔木600余棵，裸露土地补植9.9万平方米，对道路两侧、沿街商铺门前绿地踩踏严重的位置加装防护栏9000余米，改造绿化带内培土高于路沿石共计撒土2100余立方米。

【设施维护】　完善公园设施，对公园内木栈道及平台进行维修加固，并统一刷漆养护，更换防腐木20余平方米，通过加固维修提高安全性能，避免安全隐患；为方便市民休憩，对公园内所有座凳周边进行铺装，维修广场道路面积3000余平方米，整修人行步道300余平方米，局部安装花坛石400余平方米。进一步完善公园基础设施建设，在范蠡公

园林工人进行树木扶正

园、百花园、康王河湿地公园增设公园文明提示牌、停车场指示牌以及树木牌，在美化公园环境的同时，起到提醒作用，为广大市民提供文明有序、优美舒适的游园环境。

（张秋红　尚圆园）

房产管理

【概况】　至年末，市房产管理局下设市物业管理办公室、市住房保障中心2个副科级事业单位，市房地产交易监理所1个股级事业单位，内设人秘科、财务科、监审科、法规科、监督投诉科、房地产市场监管科、档案科和房地产测绘管理办公室8个科室，设事业编制49个，实有人员44名。2018年，市房产管理局以服务民生为统领，以争创"省级文明单位"为目标，突出棚改工作核心，提升开发、物业、交易三大行业监管水平，强化干部队伍、党风廉政、房管服务、依法行政四大保障，各项工作取得良好成效。先后荣获"山东省档案工作科学化管理先进单位""山东省卫生先进单位""桃都先锋红旗党支部"等荣誉称号。

（贾振）

【住房保障】　2018年，全市新开工建设棚户区改造项目66个、14952套，基本建成5442套，分别完成年初计划任务的130.08%和143.21%。共分配惠

4月8日，全市棚户区改造项目工作推进会召开。图为会议现场

民小区和惠民家园公租房120套，发放低收入家庭租赁补贴2092户（次）、30.27万元，累计解决333户中低收入家庭住房困难问题。①齐抓共管聚合力。调整加强市级棚户区改造工作领导小组力量，健全完善联席会议、领导包保、专项考核等工作机制，实行一周一督查、一月一通报、一季一调度的督导推进制度。各镇街区咬定任务目标，细化落实责任，各部门齐抓共管，相互协调配合，推动棚户区改造工作的高效有序进行。②抢抓机遇扩规模。紧抓棚改政策机遇，按照"镇街驻地村优先，'两委'班子强的村居先行"的原则，组织各镇街区广泛宣传发动，超前谋划项目。通过积极争取，2018年棚改计划由年初的51个项目、11494套，追加至66个项目、14952套，任务数量再创历史新高，位居泰安市首位，连续两年实现翻番。③合力攻

坚提速度。组织相关职能部门，梳理优化棚改项目手续审批流程，明确手续办理流程、办结时限及串联并联办理事项，采取举办专题辅导、审批关口前移、审批要件预审等方式，将手续办理周期减少近3个月。④发挥优势破难题。利用城投公司政府投融资平台，采取先行垫资、扶持借款、政策贷款等方式，累计帮助项目建设单位筹集资金2.64亿元。共争取到位各类棚户区改造扶持资金3.62亿元，发放政府债券棚改借款1亿元。

（杨磊）

【房地产市场】　坚持"房子是用来住的不是用来炒的"定位，准确把握行情，科学引导预期。至年末，全市房地产业完成投资25.04亿元，同比下降6.04%，施工面积327.68万平方米，同比下降26.4%。①企业资质管理。与上级主管部门

密切协调配合，帮助企业做好申报升（定）级、换发资质预审等工作。至年末，新设立暂定级资质 2 家，初审上报、延续、变更四级及以上开发资质 12 家，暂定资质延续、变更 7 家；资质限定经营 10 家。②行政许可审批。至年末，共审查签订开发建设合同书 7 份，合同建筑面积 70 万平方米；核发开发经营权许可 9 份，建筑面积 57.59 万平方米，同比增长 24.47%；核发商品房预售许可 29 份，面积 49.92 万平方米，同比增长 12.02%。共审查签订资金监管协议 17 份，核准商品房预售资金使用 201 份、25.9 亿元，同比增长 12.17%。③网签备案管理。完成商品房网签备案工作入驻行政服务大厅，至年末，共办理商品房合同网上备案确认 6657 份，同比增长 2.59%；销售面积 71.03 万平方米，同比下降 3.84%，销售金额 43.38 亿元，均价 5258.34 元 / 平方米，同比增长 15.76%。④市场监管。开展治理房地产市场乱象专项行动，严格规范《商品住宅使用说明书》和《商品住宅质量保证书》两书示范文本，实行开发项目手册备案制度，规范房地产开发企业经营行为。

（宋现录）

【物业管理】 以创建全国文明城市为契机，理顺工作机制，创新管理举措，促进物业管理服务水平不断提升。①社区物业。制定下发《关于规范全市住宅物业管理区域信息公告公示制度的通知》《肥城市物业管理项目星级评定实施方案》等文件，以社区为依托，以星级物业管理项目评定为抓手，深化物业服务监督考核，全面推行物业服务精细化管理。②行业管理。深入开展物业服务文明行业创建活动，建立物业服务信用档案，开展物业企业评级管理，成功创建省标兵企业 1 家，示范项目 1 个，服务标兵 2 人。制定下发《关于贯彻落实〈山东省物业服务收费管理办法〉的通知》，明确物业服务收费具体实施问题；建立小区物业月度测评制度，结果作为社区文明指数的重要依据。③资金使用。起草制定新的《肥城市住宅专项维修资金管理办法》，重点明确已售公房维修资金交存办法、新建商品房维修资金交存要求、维修资金支用申请人职责等内容，搭建起"社区居委会—业主大会—小区业委会—申请人"四级管理架构，有效解决老旧小区改造资金归集使用难题。④诉求处理。设立物业纠纷调解机构——投诉受理中心，对 365 民生热线、业主来电来访等统一汇总、调查回复。一般诉求事项即时办结，对群众投诉较多的，现场勘查，督促物业企业在 2 个工作日办结。全年共受理各类物业投诉 800 多件次，按时办结率达 100%。

（师承智　张东良　孙兵）

【交易监管】 强化房产交易监管职能，简化调整业务办理流程，稳步推进各项工作。①中介机构管理。从市场准入、备案审查、上岗培训、资格等级、诚信档案建立五个方面规范房产中介机构管理。2018 年，新增经纪机构 4 家，估价机构 1 家，总数达到 56 家。全市二手房成交量达到 3628 套、成交面积 39.54 万平方米、成交金额 12.13 亿元，分别较去年同期增长 28.84%、29.72%、44.39%。②房产交易监管。至年末，共办理各类监理备案业务 14874 件，房地产开发经营权许可申请 14 份，商品房预售许可申请及延期 82 份，发放公共租赁住房、廉租住房租金补贴申请审批表 900 余份，收取公租房申请材料 319 份，廉租补贴申请材料 129 份。③房产档案管理和测绘管理。至年末，共完成产权交易档案信息利用、查询 2747 件（人）次，领导干部个人信息保密查核回函 3948 人次，接收产权交易档案 2436（卷）次，集中交接，集中整理入库，实现归档率 100%。库存产权档案达到 25.2 万卷。共受理各类房产测绘业务 1221 件，同比增长 22%，测绘面积 123.4 万平方米，同比增长 14.8%。

（胡阔英　王丽娟　郑传鹏）

【党建助推房管发展】　年内，市房管局机关党支部围绕中心抓党建，把党的领导和基层党组织的核心力量融入推进实现业务工作实践中，全面推进"党建基石"工程。坚持务本务实、落地落实，把党建纳入"四定"内容，重点部署，整体推进；建强堡垒核心，拓展服务功能，加强党员学习培训和日常教育管理，抓好干部考核和完善档案材料整改，打造"阵地建设"，规范党员活动室的设施配置；坚持问题导向、整改提升基层党建水平，开展民主生活会、党建工作述职、"集中督查月"等活动，建立问题台账，制定整改方案，完成复核、自查、检查、迎审和上报工作任务；强化标准引领，争"五星"、创先进、当标杆、促发展，市房管局机关党支部评为"五星党支部"，荣获2018年"桃都先锋红旗党支部"称号。

（张娜）

【成功创建"2018年度山东省卫生先进单位"】　2018年，市房产管理局以创建国家文明城市活动为契机，将争创省卫生先进单位工作纳入全年重点责任目标，成立工作领导小组，制定工作方案，细化工作任务，由分管领导亲自抓，办公室人员具体抓，各科室密切配合，以爱国卫生、健康教育、病媒生物防制、控烟禁烟为核心，依据《山东省卫生先进单位标准》，全力开展"道德讲堂"宣讲、推选"身边好人"等活动，配套开展办公区卫生间改造、院内路面整治、绿化苗木补植等基础设施建设工作，定期开展环境卫生整治、健康知识宣传教育，并在局机关、家属院内摆放除"四害"毒饵站，定期消毒，确保办公场所整洁有序。年内，被省爱卫办评为"2018年度山东省卫生先进单位"。

（贾振）

【物业服务文明行业创建获省级表彰】　全省物业服务行业开展文明行业创建活动试点工作启动以来，市房管局高度重视，迅速行动，及早召开全市物业服务文明行业创建工作会议，对评选活动的内容和评分标准进行深入细致地讨论，就全市开展物业行业文明创建评选活动进行全面部署。在评选工作环节，严格评选条件和工作程序，坚持"一碗水端平"，对每个申报企业和项目进行现场考评及材料审核，量化赋分，确保评选结果公平公正。同时，充分利用报纸、广播、网络、微信等媒体对此次评选活动进行宣传发动，号召物业服务企业积极申报，对于在创建活动中业绩突出的标兵企业、示范项目和先进个人进行广泛宣传推广，发挥好示范带动作用，促进共同提高。至年末，成功创建省标兵企业1家，示范项目1个，服务标兵2人。

（贾振）

【房产中介】　至年末，全市共受理中介机构备案申请56家，其中估价机构20家，房地产经纪机构36家。针对部分房地产中介机构违规经营、恶性竞争、侵害购房者利益等问题，市房产管理局组织各房地产中介机构深入学习贯彻住房和城乡建设部整顿规范房地产开发销售中介行为电视电话会议精神，严格执行中介机构备案制度，从市场准入、备案审查、上岗培训、资格等级、诚信档案建立五个方面全面规范。与市政务中心联合制定出台"四条禁令"，就中介机构促成交易过程中存在的问题明确整改措施，群众投诉量大幅降低。组织各中介机构从业人员积极参加全国房地产经纪人员岗位培训，从业人员整体素质明显提高。至年末，完成存量房网签合同备案3651份，建筑面积39.86万平方米；签订经纪服务合同2204份，面积24.10万平方米；房地产估价报告网上备案2720份，面积140.81万平方米。

（贾振）

肥城年鉴

FEICHENG
YEARBOOK

FEICHENG
YEARBOOK
2019

国土资源·环境保护

■ 国土资源
■ 环境保护

国土资源·环境保护

国土资源

【概况】 2018年，市国土资源局内设8个职能科室，设1个正科级分局、14个国土资源所和2个正科级、5个副科级、1个股级事业单位。截至年末，实有在编干部职工138人。2018年，国土资源局深入推进"大学习、大调研、大改进"，结合"两学一做"学习教育，开展"叩问初心、强化使命"专题调研，开展廉政教育、法规政策考试、亮点评比、两个"双十佳"评选等。全省"两权"抵押试点工作调度会和规划业务培训会先后在肥城召开。肥城市被国务院通报表彰

11月1日，全省规划业务、增减挂钩、工矿废弃地复垦管理培训会在肥城召开

奖励用地指标1000亩，为全省5个县市之一、泰安唯一。市国土资源局连续11年保持省级文明单位称号，先后被表彰为全省第七届"地科杯"征文优秀组织单位、泰安市档案管理先进单位、肥城市经济社会发展优秀单位、尊师重教先进单位等。不动产登记中心被表彰为肥城市政务服务改革创新"十佳窗口"、泰安市"青年文明号""泰安市巾帼文明岗"等荣誉称号。

【土地管理】 截至年末，肥城市土地总面积1277.3平方千米，其中农用地97037.47公顷（耕地63902.44公顷、基本农田56739.68公顷）占总面积75.96%；建设用地21136.62公顷，占总面积16.55%；未利用地9571.04公顷，占总面积7.49%。

【建设用地保障】 用地保障围绕实现"四大动能"重点突破，应保尽保报批建设用地223.3公顷，储备土地114.74公顷，供应土地138宗，面积306.63公顷（含出让70宗，面积207.2公顷，成交价款23.7亿元，其中招拍挂出让68宗，面积201.65公顷，成交价款23.06亿元），前三年供地率为69%。征地实行"全过程"管理，对征地拆迁安置实行现场挂牌和网上发布"双公示"。

【土地开发整理】 探索社会资金参与土地整治，做好高标准农田上图入库试点，摸清全市的耕地后备资源。整理丘陵山区土地3680公顷，新增耕地455.2公顷，完成高标准基本农田建设项目3个、2046.6公顷。增减挂钩项目复垦农用地78.8公顷，节余挂钩指标31.7公顷。工矿废弃地复垦利用项目复垦耕地26.3公顷。探索"政府平台+土地整治"新模式，累计投资2.41亿元，实施项目10个、4213.3公顷，新增耕地

老城街道北部山区土地整治项目（王秀秀 摄）

653.3 公顷。

【地籍及不动产登记管理】 开展 2017 年度土地变更调查，成果通过部级核查，启用新的土地利用现状数据库。"三调"工作进展顺利，"三调"经费列入 2018 年财政预算，开展城镇内部土地利用现状调查和线状地物图斑化工作，转换图斑编码 8.92 万个。开展山东省"两权"抵押试点工作，推进不动产登记工作。根据省厅公布不动产登记工作标准，结合肥城实际优化更新现有登记流程，稳步推进"外网申请，内网审核，当面查验，即时领证"的"线上登记"模式，实现从实体大厅向"线上大厅"延伸。全年度受理业务 3.78 万件，发送证书证明 3.2 万本，平均日办理 220 件。延伸不动产登记服务到金融机构，在市建行、工行等建立不动产抵押登记便民服务点 7 个，全力打造便民利企服务窗口。

【矿产资源及地质环境管理】 截至年末，全市共有采矿权 20 个，矿山从业人数 1.01 万人，年产矿石量 970.23 万吨，工业总产值 27.29 亿元。持续推进山石矿山综合整治，编制完成《肥城市山石矿山整合规划与退出方案》并经泰安市批复；征收采矿权出让收益 4300.56 万元，其中追缴 3072.33 万元；清欠矿产资源补偿费 916.14 万元，均足额缴纳入库。开展地质环境保护与地质灾害防治，地质环境治理申报山水林田湖 4 大类工程、12 个项目，到位资金 2.87 亿元。实施完成地质环境项目 10 个，均通过省级验收。编制完成地质灾害防治方案，严格实行汛期巡查、值班、登记制度，全年未发生地质灾害。储量年报编制率 100%。

【测绘管理】 截至年末，肥城市新增一等水准点测量标志 4 处（Ⅰ济兖 23 基；Ⅰ济兖 29(06)；Ⅰ济兖 27(06)；Ⅰ济兖 22(06)），累计共有测量标志 50 处。9 月，对双岭山、Ⅰ济兖 21 等 11 处测量标志进行全面维护，测量标志完好率 100%。全年开展地图市场检查 4 次，没有发现"问题地图"，地图市场秩序良好。测绘市场规范有序，共有 22 家测绘资质单位备案、公示，在

5 月 8 日，山东省国土资源厅"两权"抵押试点工作调度会在肥城召开

肥从事测绘活动。

【参加全省第七届地科杯有奖征文活动】 2018年，市国土资源局发挥牵头作用，与市教育局、团市委、市少工委四部门联合，组织各学校踊跃参加省国土资源厅、共青团山东省委、省教育厅、省少工委联合举办的第七届地科杯"珍惜资源、爱我国土"有奖征文活动。共收到中小学组征文984篇，共有72篇作品获奖，张娟、肖杰、倪冰冰等17名中小学教师被评为优秀指导教师。6月，经省国土资源厅、团省委、省教育厅、省少工委、省广播电视台批准获第七届地科杯"珍惜资源、爱我国土"有奖征文活动优秀组织单位荣誉。国土资源系统发挥征文活动宣传普及作用，坚持绿色发展理念，尽职尽责保护国土资源、节约集约利用国土资源、尽心尽力维护群众权益，以资源管理利用方式转变推动经济发展方式转变，切实把党的十九大精神和习近平新时代中国特色社会主义思想贯彻落实到全省国土资源工作全过程、各环节。

（王宜忠　王峰　王兆营）

环境保护

【概况】 至年末，市环保局内设人秘科、环境管理科、污控科、法宣科、应急科、信访科、机动车尾气监控中心7个职能

4月12日，泰安市辐射安全监管现场会在肥城召开

科室，下属市环境监察大队、市环境监测站、市污染物排放总量控制办公室3个事业单位。全局在职干部职工69人，其中行政15人，事业54人。2018年，树立绿色发展理念，以改善生态环境质量为目标，全力推进环保督察问题整改，全面落实水、大气、土壤污染防治行动计划，顺利通过中央、省生态环保督察"回头看"，有力促进全市生态环境保护工作迈出新步伐。落实党建主体责任，邀请市纪委监委进行2次党风廉政培训，组织开展井冈山革命传统教育学习，组织开展"大学习、大调研、大改进"活动，严格落实三会一课制度，四个党支部全部升级为五星党支部。

【环境质量改善】 ①空气环境质量。肥城市城区空气自动监测站共2个，主要开展SO_2、NO_2、PM10、PM2.5、臭氧和CO

六个空气污染因子监测，共取得监测数据10.5万个，前四项监测指标年均值分别为SO_2为0.029毫克／立方米、NO_2为0.029毫克／立方米、PM10为0.100毫克／立方米、PM2.5为0.048毫克／立方米；年均值同比下降为32.2%、12.1%、1%和11.1%；从监测情况分析看，二级以上良好天数SO_2为365天、NO_2为364天、PM10为310天、PM2.5为307天；综合分析为294天，同比增加2天，优良比例为80.5%，同比增加0.5%，超标项目以PM2.5和PM10为主。②大气降水、降尘监测。做到逢雨雪必测，2018年未发现酸雨现象。③环境水体。每月对康汇河、大汶河9个断面的水质至少监测一次，对康汇河出境断面陈屯桥的水质每月监测2次以上，陈屯桥的COD监测平均值为25毫克／升，同比下降30.5%，地表水Ⅳ类水质标准为30毫克／升；氨氮监测平均

值为1.97毫克／升,同比下降21.2%,超过标准0.31倍。大汶河3个控制断面其水质监测指标COD和氨氮均符合地表水Ⅳ类水质标准。④饮用水水源地及地下水监测。城区的6眼自来水井各项监测指标均符合饮用水水质标准。

【中央及省生态环保督察"回头看"】 全力推动环保督察反馈意见和交办件整改。中央环保督察反馈的20个共性问题,整改完成9个,其余问题均按序时进度推进;存在后续整改的11个中央督察交办件,已完成9个,剩余钢球园区建设和孙伯刘庄山体修复工程加快实施中;27个省环保督察反馈问题,已整改完成26个,泰安市固废中心项目加快建设中。迎接中央及省生态环保督察"回头看",按时办结省"回头看"交办件64个,中央生态环保督察"回头看"交办件21个。

【大气污染防治】 做好5轮省大气强化督巡查和上合青岛峰会期间空气质量保障工作,完成114个问题的整改销号。市环保局荣获空气质量保障先进集体。推进重点行业扬尘、烟尘治理,完成9家砖厂、3家石灰窑扬尘治理,完成36家企业料堆场无组织排放治理,部署37家企业焊接废气专项治理。推进有机废气治理,完成泰山轮胎等企业提标改造,督促24家固定源每季度开展挥发性有机物监测,对7家检测机构24条汽柴油车检测线定期检查、定期比对检测。全面落实秋冬季综合治理和重污染天气应急,开展秋冬季大气污染综合治理督查;修订重污染天气应急预案,发布预警12次,启动应急响应措施,落实"一厂一策"。

【水污染防治】 年内,打响断面水质达标突击战,共封堵非法排污口28处,完成河道清淤7.66公里,建成镇街雨污水管网20多公里;清理河道两侧堆存垃圾和农业废弃物;对河道多年积存的底泥进行清淤;加强小型污水处理设施运行管理。康汇河水质实现跨越式的改善,从长年来的劣五类,一举改善为四类水质。推进农村环境综合整治,完成20个村整治任务。加强水源地保护,完成28眼城区饮用水源井、103眼农村饮用水源井保护工程,完成26个省定贫困村水源地保护工作。修订完善省级生态保护红线,全市生态红线保护面积占比由5.98%提高到10%左右。

【环境安全保障】 严守环境安全,保障底线不破。围绕断面水质达标工作,多次调查监测;针对重点企业,做好执法监测;围绕环境安全,不定期进行环境安全预警监测,共出具监测数据12.2万个。13个街镇安装空气自动站。打好应急管理基础,开展机动车保养维修行业废油处置整治行动;应急处置突发事件。加强应急能力建设,代表泰安市参加全省环境应急实兵演练暨技术比武,应急业务考试名列全省第二;建成泰西水泥公司旋窑协同处置固废项目。加强核与辐射管理,泰安市辐射安全监管现场会在肥城召开;安全收贮6枚废旧放射源。

【主要污染物减排】 2018年,

开展"清河行动"(尹爱平 摄)

清风阁（王利群　摄）

SO$_2$、NO$_x$、COD、氨氮四项污染物排放量分别为24096.8吨、12234.6吨、17004.94吨、1427.9吨，较2017年分别削减2089.21吨、752.4吨、406.06吨、39.1吨，削减率分别为7.98%、5.79%、2.33%和2.66%。

【环境执法规范化建设】　对全市1126家各类污染源，上门发放《"送法上门"明白纸》《企业环保守法明白纸》。开展环境执法大练兵活动，出动执法人员1128余人（次），检查企业451余家（次）；"错时检查"131次，检查企业132家（次）；行政处罚140件，罚款591万元，移送行政拘留3件，拘留4人。持续开展生态环境领域检察监督专项行动，查办4家污染环境的违法犯罪企业，刑事拘留7人。所有环境违法企业向社会公开，实施信用评价，与征信部门联合惩戒。

【环境管理】　年内，持续推进"放管服"改革，为25家企业办理总量确认手续，审批建设项目137个，验收建设项目107个，完成53个加油站环保手续整改。推进减排向排污许可转变，全面完成污染总量减排，对火电、造纸、钢铁等8个行业26家企业核发排污许可证。对1126家各类污染源入户开展普查，完成年度环境统计。开展绿色创建，普及环境教育，迎接肥城人大、泰安人大询问和检查。办理群众各类信访816件，群众满意率94.44%。完成省级文明单位复核、文明城市创建、社区包保等任务。

（赵贺）

肥城年鉴

FEICHENG
YEARBOOK

FEICHENG
YEARBOOK
2019

综　述
基础教育
职业教育

教　育

教 育

综 述

【概况】 2018年，肥城教育局致力于引领教育归真，围绕建设管理规范、治学严谨、校风正、教风好、学风浓、朝气蓬勃、生动活泼的美好校园，全面提高育人质量，办好人民满意教育这一目标，全市的教育工作取得可喜成绩，全省乡村学校少年宫建设骨干人员培训现场会、泰安市中小学食堂管理工作现场会、校外培训机构治理调度会、民办教育现场推进会、特殊教育教学现场会等5个省市现场会在肥城市召开，被评为泰安市教育工作先进单位。①办学条件。市委、市政府高度重视教育工作，持续加大投入，实施农村中小学全面改薄、解决中小学大班额、教育装备提升等工程，启动第三期学前三年行动计划，职业中专高标准通过"省中职示范校"建设项目中期验收，特教学校被评为山东省十大康教实验学校，引进高质量的民办学校和幼儿园，慈明中学、海亮国际教育顺利招生，英才中学步入良性发展，初步形成公办教育为主体、民办教育为补充的多元化办学格局。社会各界关爱教育，开展"百企包百校"活动。有109处中小学创建为泰安市级以上规范化学校，11处创建为泰安市级以上文明校园。完成招商引资和对上争取任务；在市委、市政府的支持下，在有关部门的配合下，9月22日—10月22日，成功引进中国下一代教育基金会在肥城会展中心（农展馆）大厅举办大型航天科普展，全市6万余名中小学生安全有序观展。②机关作风。重新架构机关科室，整合为8大科室，撤并与时代发展不相适应的科室，形成与省教育厅、泰安市教育局相对应，又符合肥城工作实际、职责清晰、运转顺畅的局机关内设机构体系。收缴科室公章47枚，规范文件制发，利用微信、邮箱等信息化渠道，上情下达，下情上达，减少会议，精简文件。实行岗位目标责任制考核，人人定岗定责。③管理品位。围绕建立"用制度管人、靠机制办事、凭考核奖惩抓落实"的机制，依据国家、省厅和泰安市局的考核标准，分解制定校长、教师、教辅、学生四个层面的千分考核办法。强化安全责任，层层签订责任书，层层压实责任，分解任务目标，形成严格问责、扁平管理的责任机制。选聘85名专兼职督学，建立健全教育督导制度，完善教育督导体系。至年末，全市各学校基本实现"推门进"，要现场有现场、要资料有资料的日常管理目标。全面加强家校共育，邀请知名专家

市教育局举办校园家庭教育系列公益讲座（张汶宁　摄）

到学校做报告 8 场，参与家长 1 万多人次，增强学校管理的新动能。坚持一切从群众利益出发，形成"邻近片区自主择校、弹性招生；均衡编班，阳光分班；座次定期循环"，解决择校、择班和择座的顽疾，让老百姓享受公平普惠教育。④队伍素质。完成镇街教办"瘦身"，由原来的 462 人压减到 94 人，368 人返校任教；推进校长职级制，对 103 名中小学校长进行职级评定，镇街学校实行学区制管理，选聘 12 位特岗校长，负责学区教学业务；选聘新教师 192 名，其中义务教育段的 155 名教师通过自选岗位到镇街中小学和幼儿园任教；遴选 168 名镇街优秀教师，通过自选岗位进城任教。对校长、教师、教辅、学生、班主任分别提出"18 字"的要求。在校长队伍建设上，提出"依标准、守规矩、细管理、鼓干劲、把方向、提质量"的 18 字要求，实行校长工作实绩月报制度，加大财务监管，引导校长把准办学方向，潜心管理，致力于当名校长、办名学校。在教师队伍建设上，提出"弘师德、重师范、勤教研、善拓展、活方法、提效率"的 18 字要求，坚持德能并举，引导教师当名师、育名生；在班主任队伍建设上，提出"联家校、知生情、树班风、扬个性、聚合力、促共育"的 18 字要求，注重张扬个性，强调家校共育；

在教辅队伍建设上，提出"优服务、强保障、讲公开、促勤廉、提效益、保安全"的 18 字要求，强化后勤管理，提升服务保障水平，努力形成全市教师人人尽展其才、好教师不断涌现的良好局面。在泰安市首届校长办学风采大赛中，有 16 人获金奖，义务教育段参赛校长全部获金奖。在泰安市中小学（幼儿园）创新课比赛中，肥城市 20 名教师参赛，15 人获一等奖。严格落实省市职称评聘的有关规定，不在教学一线、不满工作量的坚决不予评聘职称，7 人被推荐参加正高级教师省级评审，92 人通过高级教师评审，185 人通过中级评审，中高级教师评审通过数和通过率居泰安首位。引导广大教师把主要精力集中到主职主业上，努力备好课、上好课、批改好作业、培养好学生。⑤教学研究。优化教研体制，取消镇街教研室，统一选聘 257 名兼职教研员，实现教研管理的扁平化、高效化，肥城市《创新机制 建立专兼职结合的教科研队伍》的经验做法，在山东省县域教育科研工作研讨暨校本研究现场会上交流。在教师中广泛开展教学研究，突出草根教研，坚持眼睛向内、眼睛向下，围绕提高课堂教学效率，研究教材、研究知识架构、研究训练题目、研究教学方法，特别开展初中、小学各学科知识点研究和高考考点研

究，落实分层训练，提高教与学的针对性、实效性。启动全国作文教学改革实验区，推进作文教学改革。在二中三中先行试点，引进育中方略教育集团，打造高效课堂。坚持两周一次的高三备考调度会，调研指导、高效促进高三备考工作。适应高考新要求，邀请全国知名专家和金牌教练来肥城，对相关学科教师和高三不同层次的学生作辅导报告，指导应考学生做好备考工作。⑥党建引领。落实"一岗双责"，所有干部在抓好相应学段、科室业务工作的同时抓好党建工作。为每位党员教师印发政治学习笔记，为普通教师配发学习笔记，把政治学习和业务学习纳入党员教师职称评定申报材料。党员教师佩戴党徽，明诺践诺，带动师德师风建设。狠抓有偿补课整治，与校长签订责任书，教师签订承诺书，根据举报线索，进行查处。针对择师、择班、择位等方面的不良风气，实行阳光分班，促进教育公平。强力整治校外培训机构，对无证经营的培训机构予以取缔。坚决做好校园扫黑除恶专项斗争，坚决制止和杜绝校园欺凌事件。⑦学生素质。全面落实党的教育方针，坚持立德树人，围绕"打基础、养习惯、善积累、激兴趣、勤实践、提能力"的 18 字要求，以强化语文教学和大阅读为突破口，以语文课堂教学渗透大阅读环节为抓

手，督促引导学生多读书、读好书，让学生在阅读中汲取营养，在实践中砥砺品行，为学生健康成长奠定坚实的人生基础。坚持开展幼儿园"教学开放周"活动，上报的百佳游戏被直接推荐到教育部参加全国评选。有6.2万名中小学生参加泰安市级以上音、体、美及科技创新等活动，获得泰安市一等奖185项，省级一、二等奖44项，另有3人获全国二等奖。肥城市职业教育学生共参加各级各类赛事5项，共获得泰安市级以上奖项68个，其中1名学生获得第45届世界技能大赛塑料模具项目全国第四名，入围国家级集训队。全市学生素质得到全面提升，活动参与面和获奖等次均居泰安市首位，高考本科上线达到3977人，比2017年增加358人。

（冯彬　孙松波）

【教师队伍建设】　①师德建设。把师德建设工作放在教师队伍建设的首要位置。先后印发《树师德 正师风 治理在职教师有偿补课实施方案》《增强服务能力提升服务质量活动方案》《对全市中小学教师进行师德考核的通知》《肥城市教育系统党员干部有偿补课专项事务报告制度》及寒暑假进一步加强师德建设的通知，开展师德宣传月活动，层层签订师德责任书，进行集体宣誓活动。加大师德考核力度，对师德考核不合格

的单位和个人，实行"一票否决"。加强教师有偿补课等违犯师德行为的整治、惩处力度，形成高压态势。教师有偿补课个人行为将影响学校整体利益，有偿补课比较严重的单位将取消"文明校园"称号，全体教师的文明奖将被取消；每位教师写出承诺书，单位、个人、教育局各存一份，如有违反，将依规依法严肃处理；参与有偿补课的教师一旦被查处，没收其非法所得，降低专业技术职称；情节严重、产生不良影响的，将开除公职，让从事有偿补课的教师得不偿失。要求学校在显要位置设立举报邮箱和电话；在学校醒目位置悬挂或张贴"严禁在职教师从事有偿补课"标语。加大对治理教师违反职业道德行为的宣传，确保让老师、家长、学生知晓。各学校拟定《致家长和学生的一封信》，引导学生和家长树立正确的教育观，自觉远离有偿补课。发挥典型带动作用，征集师生中的好人线索11万余条，引导广大教师做党和人民满意的"四有"好老师。宣传优秀教师的典型事迹，影响带动广大教师教书育人，无私奉献。在2018年度"齐鲁最美教师"推荐评选活动中，全市有4名教师被评为泰安市"最美教师"，有两名教师获得"最美教师"提名奖，马成东被评为"山东省教书育人楷模"；过村中学马成东和安驾庄中心小

学安杰被评为泰安市最美乡村教师。肥城二中老师王军见义勇为，勇救3名落水少年，被市文明办表彰为文明个人。②教师队伍建设。全力推进镇街教办机构"瘦身"和职责规范，由原来的462人精减到94人，368人充实一线任教。完成教师招聘和遴选工作，招聘补充新教师192名，其中155名新教师通过自选岗位到镇街中小学、幼儿园任教，遴选168名镇街优秀教师通过自选岗位进城任教，改善教师队伍梯队建设。对全市8800余名教职工进行2017年度考核工作。稳妥做好2017年、2018年教师职称评聘工作，严格落实省市职称评聘政策，不在教学一线、不满工作量的坚决不予评聘职称，激发调动教师教书育人积极性。2017年度评审初、中、高级教师453人，均已办理聘任待遇落实手续；2018年度通过省正高级教师评审5人、正高级讲师评审1人，通过泰安高级教师评审92人，评审通过中、初级教师评审520人、中级图书档案通过评审2人，正高级和高级教师评审通过人数和通过率均列泰安首位。做好教师节表扬工作，评选表扬肥城市教书育人先进单位25个，肥城市优秀教师等先进个人260人。做好中小学教师县管校聘改革工作，安排交流轮岗干部教师413名，选聘农村学校特级教师12名，组织实习支教师范生

47名，推进城乡教育优质均衡发展。加强教师培训，组织开展中小学教师专题培训等县级培训，共培训教师2万余人次；安排99名校长教师参加国培、省培等高端培训；选派1300余名校长教师参加泰安市骨干教师培训等市级培训；指导各中小学校（幼儿园）开展好校本培训，新增泰安市示范校1所。做好教职工工资福利工作，审批发放2018年度奖励性绩效工资近7500万元，为8800余人办理工资正常晋升，为5400余人提高乡镇补贴标准，为全市教职工调整工资标准并按照新标准发放工资，切实提高教职工工资待遇。严格做好教师资格认定工作，两批次共认定中小学、幼儿园教师资格证1462人。完成幼儿园教职工编制核定工作，核定编制总数52名、人员控制总量839名，总计891名。③干部人才管理。推进校长职级制改革，完成首批103名校长职级评定。配合上级完成对科级单位班子的品绩量化考核和新提拔干部的胜任度考核等工作。推进人才推荐工作，204人通过泰安人才递进培养工程人才资质认定，各认定人数均居泰安首位；推荐17人参评肥城市专技拔尖人才；1人被评为省乡村优秀青年教师。做好76个名师工作室和各级专技拔尖人才的考核管理工作。做好援疆、援渝工作，选派援疆教师10名；遴选3所学校和1

名教师结对帮扶巫溪，并配合市委组织部做好巫溪到肥教师挂职工作。在首届泰安市十佳女园长评选活动中，肥城市荆华、孙波获泰安市十佳女园长，张继英优秀园长称号。在山东省"百佳园长、百佳教师、百佳游戏"评选活动中，荆华获百佳园长称号，尚霞、胡迎迎、梁瑞瑞获得百佳教师称号，实验幼儿园2个游戏获得百佳游戏荣誉。推荐中奖率居泰安市之首。

（王振良 汪富强 马涛 夏光山）

【中小学建设和教育装备】 ①学校建设。2018年，全市教育以解决"大班额"和"全面改薄"为契机，投资2.1亿元，续建、新开工建设项目20个，新建面积11.8万平方米。续建凤山学校初中部、汶阳中学、安驾庄中学、边院过村小学等10个项目；新铺工白云山学

校、西区实验幼儿园等10个扩建项目。截至年末，20个新建、续建学校项目已全部完工。大班额问题得到较好解决，完成全面改薄任务目标。②民办教育。按照市十八届人大二次会议《政府工作报告》支持发展民办教育，引导社会资本投资教育产业总要求，探索公建民营、民办公助等多元化办学模式。2018年，慈明中学一期工程完成并投入使用，招生1000余人；成功引进海亮外国语学校在西区实验学校办学，海亮学校各项教育教学工作已走向正规，同时，与国土局、规划局等部门对接，做好海亮外国语学校新校区征地、规划等各项工作。③中小学条件装备。以义务教育优质均衡发展市创建为契机，在对全市中小学教育装备基本情况进行摸底统计的基础上，对照标准，兜网底，补短板，指导中小学校补充完善课桌凳、实验室装备、音体

王庄镇初级中学3号教学楼

美器材、图书、校服等。

（李波）

【教育科研】 2018年，教育科研工作围绕教育局确定的"72字"工作要求和"一二三四"工作思路，以教育教学改革为统领，以"提升学生发展核心素养"为攻关项目，立足服务学校、教师和学生，突出研究的前瞻性、引领性和实效性，统筹管理307项省、市、县三级"十三五"课题，科学实施教育教学研究，不断总结推广研究成果，引导学校和教师开展基于真问题、小问题的"草根式"研究，解决实际教育教学中的疑难和困惑，促进全市教育教学工作的健康、高位、优质、内涵发展。先后有110项省、市级鉴定验收，49项省、市级课题立项。其中"国学经典诵读"思想道德教育的研究被确立为泰安市社会科学重点立项课题，为历年来首次。3项研究成果获山东省基础教育教学成果奖二等奖，22项获泰安市级奖励。17项德育实施案例获省、市奖励，157件优秀微课作品获山东省一、二等奖。肥城市《优化机制 创新发展 全力提升教育教学研究水平》的做法，在山东省纪念改革开放40周年教研工作经验交流会议上交流。

（王文涛）

【教学研究】 3月，全面贯彻落实肥城教育四层面"72字"工作要求，进一步加强中小学教学研究工作，实施扁平化管理，构建"市——校"垂直教研机制，依据《肥城市教育局关于中小学兼职教研员的选聘与管理使用办法》，通过个人申报、单位推荐、评议考察和面试答辩等环节，在义务教育段聘用肥城市首批兼职教研员257名。暑假期间，因工作变动，又对空缺的31名兼职教研员进行补选。同时，举行兼职教研员学科素养大赛，并参加高端培训，使其在试题命制、教学视导、开展"草根教研"以及教师培养等方面发挥积极作用。专兼职教研员密切配合，通力合作，研究制定《初中 小学各学科落实教育局教师学生层面工作要求教学指导意见》《初中 小学各学科知识点研究实施方案》，根据《实施方案》研制各学科各单元网络知识结构图，编制基础练习、能力提升和拓展应用三个层面的训练题，为一线教师提供优质服务。推进大阅读工作，研究制定并下发《关于在义务教育段深入推进大阅读工作的指导意见》。构建语文课堂教学新范式，形成"5+35""5+40"语文课堂教学模式，课初5分钟大阅读成果检测成为课堂教学常态。推进校园图书馆建设，举办大阅读特色展示活动，引导学生用好读书札记。全面组织教学视导，上半年对全市14个镇街中心小学、5处市直小学和27处初中学校进行教学视导；下半年，历时近2个月，组织第二轮教学视导，共涉及27处初级中学和13个镇街的69处定点小学，两次视导累计听课1360节，召开学科研讨会980场，查阅各类教学常规资料，并对部分学生进行学科质量抽测和学生满意度问卷调查。提高学生学科素养，894名学生参加泰安市第四届小学数学建模能力展示活动，有396人获奖，获奖率44%（泰安市平均30%）。整体获奖率、高分人数占比均居泰安市前列。组织参加泰安市"中华泰山诗文大会"，并荣获泰安市一等奖第一名，教育局获"中华泰山诗文大会最佳组织奖"。举办肥城市"泰山诗文大赛"并参加泰安市决赛，肥城市有5个代表队参赛，其中有2个代表队获泰安市特等奖，3个代表队获一等奖。获奖率居泰安市第一。

（孙瑞明）

【初中教学质量】 坚持立德树人根本任务不动摇，狠抓"四层面72字"工作要求的落实，让优质的育人质量成为规范教学过程管理的自然结果，让学生的健康成长和全面发展成为新时期教研工作的价值追求。突出精细管理，实行教学视导和教学督导双线并行，全面视导和专题调研相互结合，研究出台《初中各学科落实教育局教师学生层面工作要求教学指导意见》《初中学校教学质量评估计分办法》，开展"教学开放周""教学规范月"活动。务实

3月10日，高新区中小学生春季田径运动会开幕（张肖锦绣　摄）

草根研究，组织兼职教研员及骨干教师开展知识体系及分层训练专项研究，构建"5+40"的课堂常态，狠抓集体备课，开展基于真实问题的多种形式的学科教学研讨活动。关注学生发展，推进大阅读工程，深化语文教学改革，加入"全国作文改革试验区"并开展系列培训研讨活动，重视学习习惯的养成、实验教学和综合实践，广泛开展"一周一题""学习札记"和主题教育活动，学生素养全面提升，实现师生发展和学校发展的双赢。2018年，肥城市考生的学业成绩总体质量在泰安市继续高位领先，学业考试总成绩第一年改为750分，高分段人数和比例均以较大优势高于其他县市区，考生的整体学科素质进一步稳步提升；学生特长培养效果显著，学科拓展类、科技活动类竞赛成绩斐然，"中华泰山诗文大会"获泰安市一等奖第一名，教育局

荣获"中华泰山诗文大会最佳组织奖"；课堂教学研究成效突出，获得泰安市一等奖19节，二等奖10节，优课96节，省优质课3节；参加泰安市首届校长办学风采大赛，龙山中学李志杰、汶阳中学张建民、老城中学王正、石横中学谭胜伟、桃园中学郭浩林、边院中学马利民6名参赛校长均获得金奖；桃都中学、白云山学校、汶阳镇初级中学、龙山中学、实验中学、桃园镇初级中学、孙伯镇初级中学、湖屯镇初级中学等8处初中学校被评为泰安市课程与教学工作先进单位。

（董家新）

【高中教学质量】　落实"草根式"研究，系统开展做题、析题、研题、命题活动，详做近五年高考试题，按照试题考查的知识点、能力层次要求，构建知识网络，深研高考重点，对高考作文也进行专项研究，

印制下发《2014—2018年高考试题分类研究》和《高考作文指津》，促进教师命题能力、备考水平和学生作文水平的提高。坚持多渠道助力肥城高考，邀请全国知名研究专家到肥授课，邀请全国知名专家对全市高三不同层次的学生作学科辅导报告，为优生的冒尖提升提供平台，受益师生近万人次。坚持借鉴交流，跟踪调度。轮流到高中学校召开全市高三备考工作观摩调度会，教育局局长带领各高中学校校长、高三级部领导和高中教研员，听取被观摩学校高考备考做法，各高中总结前两周开展的具体工作和取得的成效，交流下两周工作重点及落实措施，保证高三备考工作的高效运行。坚持"多层次施教、分类别推进、多元化成才"的培养策略，对学生进行分类精心培养。实施目标管理，突出增值评价，建立"看起点、比进步"的教学质量监控体系，每次质量检测后，均精心筹备各年级的教学质量分析会，对教与学进行全面诊断和科学分析，查找考试中暴露的教学问题，对诊断教学、把握教情学情、改进教学起到很好的引领作用。高一高二年级研究新高考，组织学生选课，有序推进新高考形势下的教学工作。在泰安市高中优质课评选中，肥城市一等奖获奖率超过55%，居各县市区前列。2018年高考，有1名同学

被北大录取，本科录取近 4000 人，创历史新高，比上年增加 358 人，实现高位持续攀升。在泰安市 2017—2018 学年度高中课程与教学工作会议上肥城市教学研究室荣获课程与教学工作先进教研室，4 处高中荣获泰安市高中课程与教学工作先进学校，各项工作在泰安市各县市区中均继续保持领先。

（张凡旺）

【教育信息化】　建成肥城市教育网站群，实现统一化部署、自主化管理、常态化应用和全时段技术支持，全面加强技术安全保障和内容审核管理，确保各单位网络通畅和信息安全；"三大系统"加快部署，教师工作量管理系统已完成技术测试和试点部署工作，系统全面部署和平台上线即将完成，加紧推进其余两大系统的研发工作。全省教育信息化试点工作中，全市有 5 处学校通过省级试点中期评估，6 处学校通过泰安市试点终期验收；肥城市教育局信息化案例《网络环境下开展校际合作的应用实例》和肥城市龙山小学信息化案例《建 管 服 打造润责教育智慧新校园》被确定为 2018 年省级信息化典型示范案例，并推荐进入国家级评选。全省教育教学信息化交流展示活动中，全市有 12 个课例、课件等作品在省级评选中获奖，60 个课例、课件等作品在泰安市评选中获

奖，新媒体新技术创新课堂教学实践交流展示活动中有 13 项作品在省级评选中获奖；山东省教育信息化大奖赛泰安获得一等奖 9 个，肥城市 5 人；全省中小学生创客大赛中，肥城市有 12 个作品在省级评选中获奖，87 个作品在泰安市评选中获奖；有 6 项课题被中央电化教育馆教育信息技术研究课题组批准立项，其中重点课题 1 项、专项课题 4 项、青年课题 1 项。

（王芳　王骏飞）

【海亮国际教育落户肥城】　肥城市海亮外国语学校为肥城市更好的满足群众多样化教育需求，与浙江海亮教育集团联合开办的一所高端民办学校。先期利用已建成的西区实验学校部分校舍办学，同时在西区实验学校北邻，投资 2.5 亿元，启动新校区建设，建筑面积 7.3 万平方米。肥城海亮外国语学校 2018 年 4 月 4 日正式签约，9 月 1 日正式开学。为满足中高端家庭教育需求量身打造双语英才班、双语国际班、双语出国班等特色化班型。至年末，有小、初、高三个学段，其中小学一年级到六年级、初中一年级、高中一年级共 10 个班级，有学生 140 余名。采取小班化教学，小学每班 24 人，初、高中每班 30 人。在教育教学中深入贯彻因材施教理念，基于孩子的已有经验和内在潜力，为每一位孩子量身定制个性化特长培养方

案，实现一生一规划，一人一课表。学校在重视国内义务教育基础课程的基础上，增设原版日语、韩语、英语雅思、托福考试课程，同时开设声乐、舞蹈、乐器、篮球、足球、手工、国画、口才、演讲等近 30 门艺术和运动类选修课程。

（李波　王涛）

【肥城慈明学校步入常轨】　肥城市慈明学校是由山东慈明教育集团建设的一所特色民办学校，校园占地 120 亩，集幼儿园、小学、初中、高中为一体。学校于 2017 年 2 月开工建设，2018 年初完工投入使用。学校建有一流的教学设施，购置先进的教学设备。已建微机室、物理实验室、化学实验室、生物实验室、舞蹈室、音乐教室、画室、心理咨询室等 21 口专用功能室，并配备大型报告厅、体育馆、图书馆，为学生的全面发展提供良好的学习条件。公寓式的学生宿舍，配备纯实木高低床，单独洗手间和洗浴室，并根据不同年龄学生的成长发育情况，专业营养师精心配餐，三餐两点，营养搭配合理干净卫生，保障孩子健康成长，为孩子营造出舒适、温馨的家庭式生活区。2018 年，学校招生工作实现新突破，小学招生 300 余人，初中 200 余人，高中 500 余人，共有在校生 1100 人；教职工 200 余人，其中全国名师 8 人，省级优秀教

慈明学校

师 8 人，高级教师 10 余人，研究生学历教师 13 人，建立起一支学科齐全、教育教学水平精湛的教师队伍。学校基本建设和内部装备全部投入实用，学校内部管理、教学工作步入正常，并取得良好效果。教育教学成绩明显提高，被授予肥城市文明校园。

（李波 王涛）

基础教育

【学前教育】 坚持"政府主导、社会参与、公办民办并举"的办园思路，发展公办幼儿园，扶持民办幼儿园。落实《肥城市第三期学前教育三年行动计划（2018—2020 年）》，加快农村标准化幼儿园建设，年内新建、改扩建幼儿园 15 处，总投资 6400 万元，新增、改善幼儿学位 2500 余个。全面改善幼儿园办园条件，全市幼儿园设施设备达标率约占 90% 以上。鼓励发展民办学前教育，年内新登记注册公办园 4 处，民办幼儿园 17 处，基本形成公办、民办资源共享、优势互补、协调推进的发展格局。截至年末，全市共有幼儿园 170 处，公办及公办性质幼儿园 117 处，民办幼儿园 53 处，其中普惠性民办幼儿园 35 处。全市幼儿园共有教职工 2602 人，其中专任教师 2152 人，专科及以上学历 1644 人，占 76.39%；持有教师资格证 1309 人，占 60.83%。全市在园幼儿 26658 人，其中公办及公办性质幼儿园在园幼儿 18507 人，占 69%；民办园在园幼儿 8151 人，占 31%；全市学前一年入园率 100%，学前三年入园率达 98%。全市有山东省"十佳"幼儿园 2 处，泰安市"十佳"幼儿园 4 处；省级实验（示范）幼儿园 33 处，市级规范化幼儿园 51 处。

（夏光山）

【义务教育】 2018 年，全市共有完全小学 72 处、小学分校 14 处、初中 17 处（含龙山中学仪阳校区）、完全中小学 13 处（含实验中学西校区），新引进的"肥城市海亮外国语学校"（民办）9 月正式招生，义务教育学校在校生 82328 人。做好留守儿童关爱和帮扶工作。建立健全留守儿童档案，对扶贫工作重点村做好"留守儿童暑期陪伴"工作，受惠 1400 余人。进一步提高贫困村儿童少年义务教育巩固率，实现小学无辍学、初中巩固率持续保持在 98% 以上。2018 年，义务教育学校以立德树人为重点，强化德育教育，重点开展 6 项活动。以少年宫为重点的基地建设活动。

年内，在西部教育园区启动建设集文体艺术、科技创新、拓展训练于一体的"肥城市青少年宫"和"肥城市未成年人心理健康辅导站"，统筹成立"东西南北中"五大德育实践共同体，狠抓活动共建、师资互补和品牌特色，节假日让学生特别是留守儿童免费参加活动，促进教育公平，提升综合素养。7月，省宣传部、教育厅、财政厅在肥城召开"全省少年宫建设暨未成年人思想道德建设现场会"。以核心价值观为重点的思想教育活动。把"24字12组词"创新性地开发成12节主题课程，编制教材，间周一节课，每节课解读一组词，加深理解，强化记忆。在创城暗访及泰安市突击抽查中，全市师生核心价值观知晓率均达100%。以新时代文明实践为重点的"六小"志愿服务活动。组织广大青少年争做小城管、小环卫、小交警、小家长、小楼栋长、小护理，全市中小学全年累计开展活动410次，11万中小学生及教职工参与，小手拉大手，共建文明城，被评为"泰安市精神文明十大创新项目"。12月7日，中宣部到肥城调研时，对教育系统把新时代文明实践融入学校和社会的做法，给予充分肯定。以不忘初心为重点的德育品牌创建活动。全市中小学均组建起鼓号队，开展鼓号操大赛，10月荣获全国大赛第五名。启动推开研学旅行活动，肥城电视台手机台跟踪采访，随时播报，边游边学，寓教于乐。与团省委联合开展的山青世界翼云山拓展训练活动，每年均有15000名左右的学生参加营训，让广大青少年走出课堂，走进大自然，亲历风雨，磨炼意志，得到社会各界特别是学生家长的广泛赞誉。以红色教育为重点的德育主题活动。

组织开展我们的节日、新时代好少年、桃都国学小名士、童心向党、美德少年、红领巾创未来等24项德育及团队主题活动，参加县级以上各类辅导员和青少年大赛，参赛人数、获奖比例和获奖等次均居泰安市前列。在第二届全国青少年法治知识大赛中，小学组、初中组代表泰安市参赛均获得山东省二等奖，教育局先后被评为县市省三级的"五四红旗单位"。以综合素养为重点的科普教育活动。组织参加各级青少年科技创新大赛、机器人大赛、信息学奥林匹克联赛、小实验家大赛和"小哥白尼杯"科普知识竞赛，参赛率、获奖率、获奖等次均居泰安市各县市区首位。全力做好"文明校园"评选工作，8月，联合市文明办在全市开展肥城市文明校园评选工作，在镇街推荐和教育局、文明办评审的基础上，最终确定56处学校为肥城市文明校园，新申报9处学校评选为泰安市文明校园。

（张秀东　姜衍存　宋栋梁　张延华）

【高中教育】　2018年，民办普通高中肥城海亮外国语学校和肥城市慈明学校增设高中部均于9月份正式招生，全市普通高中增至9处，在校生19979人。全市初中毕业生10789人，普通高中入学率61.8%。

（张秀东　姜衍存）

3月5日，实验小学桃花源校区举办春季开学典礼暨"向雷锋同志学习"55周年纪念日主题活动（张昌明　摄）

【特殊教育】 2018年，特殊教育实现三大突破，泰安市在肥城召开特殊教育教学工作现场会，先后有8个省内县市区到肥城参观考察。①特教体系。增设送教部和职高部，在全省率先实现集学前、小学、初中、职高、康教、送教于一体的15年一贯制特殊教育，构架起完整的特殊教育教学体系。与残联、卫生部门联合成立聋儿语训中心、智障儿童康复中心和脑瘫儿童康复中心，开展"康教一体化"探索，特教学校被评为山东省康教结合示范学校。②助学助残。争取市文明办支持，鼓励县级以上文明单位捐资助残，全年助残日捐款达到70多万元，各界爱心人士和企业多次捐款捐物，为保障实施15年全免费特殊教育提供大力支持。③特教质量。强化送教上门服务，参与教师33名，定村定人定时，分组分片包教，为不能到校就读的132名重度残疾儿童，送去知识、康复和温暖，全年累计送教2600余人次，实现残疾儿童全纳教育。2018年，首次有5名残疾学生考入山东特殊教育职业学院，王鲁仪作为唯一的残疾儿童被评为泰安市"十佳新时代好少年"，8名学生参加全国书画大赛全部获得金奖，学校获得集体金奖，被授予"全国青少年艺术人才培训基地"荣誉称号。

（张秀东 郝传芳）

职业教育

·肥城市高级技工学校·

【概况】 肥城市高级技工学校、肥城市职业中等专业学校为一体办学单位，是国家级重点技工学校、国家级重点职业中专、山东省示范性中等职业学校。至年末，设有机械工程系、电气工程系、教育与艺术系、经济信息系、现代服务系、特钢系6个教学系，教职工428人，专任教师381人，在校生5469人。开设汽车运用与维修、学前教育等14个专业，建成机械加工技术、电子商务等2个省品牌专业，机电技术应用、计算机应用等3个省示范性专业，焊接技术应用等9个省规范化专业。学校固定资产总额6.2亿余元，各类实训设备总价值7272万元，建有4个标准化、综合性实训车间和数控加工中心、服装加工中心、3D打印中心、塑料模具工程加工中心。

2018年，突出服务地方发展办学定位，学校发展实现新跨越、取得新成绩。党建统领作用凸显，打造"党建铸魂、匠心圆梦"特色品牌，通过市直机关党建工作示范点验收，学校党委被评为"肥城市先进基层党组织"。创建引领高位发展，顺利通过省示范校中期评估，启动技师学院创建，学校吹响高质量发展冲锋号。服务地方发展成效显著，与石横特钢、兴润集团等17家市内规模企业开展校企合作，订单培养1200人，安置实习就业600人，开展各类短期技能培训7000人，12月，学校被山东省校企合作指导委员会评为"山东省校企合作（产教融合）示范单位"。技能大赛成绩再创新高，

11月13日，市高级技校承办山东省职业院校技能大赛移动互联赛项

成功承办世界技能大赛省选拔赛、"技能兴鲁"职业技能大赛、省职业院校技能大赛、泰安市职业院校技能大赛、肥城市"泰鹏集团杯"技能大赛等，组织参赛并取得优异成绩。内涵发展成绩优异，机电技术应用专业立项为山东省现代学徒制试点项目，桃木雕刻入选山东省技艺技能传承创新平台；成功引进"清华在线"课改系统，混合式教学改革纵深推进，开展整风肃纪和校园秩序专项整治，教育教学管理规范高效；4名教师晋升正高级职称，4名老师分别被评为"齐鲁名师""齐鲁首席技师""泰安市有突出贡献技师"，1人获国家实用新型技术专利。平台建设持续拓展，与市企业家联合会联合成立肥城君子商学院，挂牌成立肥城市公共培训基地、肥城市公共实训基地，牵头组建肥城市职业教育联盟，区域培训辐射效应显现，服务经济社会能力显著提升，学校良好影响持续扩大。

【荣获"全国国防教育特色学校"称号】　通过开展军训、国防教育主题活动，营造浓厚教育氛围，在管理机制、师资队伍、课程开发、教育方式、工

11月2日，肥城君子商学院、肥城市公共培训基地和公共实训基地揭牌仪式举行

作模式和实践基地建设等方面工作突出，特色鲜明。1月，学校被教育部评为"全国国防教育特色学校"称号。

【石成龙入选世界技能大赛国家集训队】　3月，市高级技校学生石成龙参加第45届世界技能大赛塑料模具工程项目山东省选拔赛取得优异成绩；7月，参加该项目全国选拔赛获得第四名，成功入围第45届世界技能大赛国家集训队。同时，学校被确定为第45届世界技能大赛塑料模具工程项目中国集训基地。

【君子商学院成立】　11月2日，

肥城君子商学院揭牌仪式在市高级技工学校举行。肥城君子商学院由市高级技工学校与肥城市企业联合会联合创办，旨在弘扬"爱国、诚信、正直、奋进"的肥城君子文化，搭建企业间学习交流培训平台，提高全市企业各级队伍综合素质、业务能力和企业管理水平，为新旧动能转换重大工程实施作贡献。肥城君子商学院的成立，为市高级技工学校探索实践教学、创新校企合作模式，实现校企深度合作、产教协同育人上的有益尝试。

（李庆伟　张同军）

肥城年鉴

FEICHENG
YEARBOOK
2019

■ 科技管理
■ 科技普及
■ 防震减灾
■ 气象测报

科学技术

科学技术

科技管理

【概况】 至年末，市科技局下设秘书科、政策法规科、发展计划科、科技成果科（挂行政审批科牌子）、科技情报所5个科所及地震局、知识产权局2个二级全额事业单位，共有在职干部职工18人。2018年，市科技局落实"情况明、方法对、工作细、责任实"的工作要求，科技创新各项工作取得新成效。全市研究与试验发展经费21.29亿元，占全泰安市研发经费总量的比重为23.66%，占GDP的比重达到2.63%，综合成绩连续2年位列县市区第一；高新技术产业产值占规模以上工业比重预计达到49.3%，位列县市区第一；高新

4月19日，山东农业科技服务月启动仪式在肥城举行

技术企业享受所得税减免3.13亿元，位列县市区第一；全市技术合同登记312项，成交金额9.3亿元；有效发明专利拥有量达到146件，增长17.7%。肥城市被命名为"十三五"第一批山东省防震减灾基层基础工作强化市。①科技创新环境优化。深入调研培训，营造良好的舆论氛围。年初，对全市重点园区及科技型企业进行实地调研，掌握企业创新工作现状和需求。重点围绕高新技术企业认定、知识产权管理及研发经费加计扣除等优惠政策先后召开政策培训会4次，培训企业100余家。组织16名企业主要负责人参加北京创业黑马学院培训，免费接受新技术、新消费背景下的产业升级及战略创新实践等6个模块的

培训，协助企业创新加速。帮助企业做好科技成果转移转化工作。先后指导13家企业的20个项目通过科技成果评价，其中成果水平达到国际领先1项，国际先进6项。8个项目获得2018年度泰安市科学技术奖，其中一等奖1项，二等奖2项，为近年间最好成绩。全市技术合同登记312项，成交金额9.3亿元，肥城市被认定为山东省技术合同登记站。落实普惠性支持政策，引导企业主动创新发展。全市22家高新技术企业享受所得税减免3.13亿元，位列各县市区第一，其中石横特钢享受减免2.6亿元。46家企业享受研发经费加计扣除1.78亿元，4家企业获得科技成果转化贷款3400万元，21家企业获得研究开发财政补助526.57万元。全市研发经费达到21.29亿元占泰安市总量的23.66%，占GDP的比重达到2.63%，综合成绩连续2年位列县市区第一，企业科技创新主体地位不断确立。②企业培植。开展科技型中小企业培育，先后有36家企业通过国家科技型中小企业评价认定，91家企业通过泰安市科技型中小企业认定，总数达到222家，位列各县市区第一。加强高新技术企业培育，分两批推荐22家企业申报高新

技术企业，其中 13 家企业获批，净增 5 家，总数达到 27 家。高新技术产业产值占规模以上工业比重预计达到 49.3%，位列县市区第一。推进载体建设，打造创新创业平台。全市新增市级以上科技类人才平台载体 19 家。其中省品牌国际科技合作基地 1 家，院士工作站 1 家，省级孵化器 2 家，省级众创空间 1 家，泰安市级平台 14 家。全市省级以上企业科技类创新平台累计达到 19 家，泰安市级平台突破 60 家，省级以上孵化创业平台达到 7 家。抓项目争取，带动科技创新水平再提升。组织上报各类科研项目 60 余项，其中获批省科技合作专项、省中小微企业创新竞技行动等省级项目 5 项。③双招双引。服务镇街区，对接争取政策项目。先后与北京天作理化科技孵化器、中关村中技知识产权服务集团、省科学院等单位就共建"中科创服（肥城）新旧动能转化孵化器"等项目进行对接，寻求合作机会。利用"双对接"等机会，对接政策和项目。先后拜访科技部、省科技厅等主管部门就县域创新驱动发展、产学研合作、省农高区创建、省级孵化器申报等政策和项目进行汇报争取。发挥自身优势，开展产学研对接。先后组织产学研对接 10 余次，新签订科技人才合作项目 23 个，引进高层次人才 24 名。其中桃花节期间，联合举办"招商引资·招才引智"合作洽谈会，邀请省内外 20 余所高校院

所专家教授近 60 人，签订人才科技项目 11 个。④农高区申创。逐步修改完善规划方案，通过多次邀请调研、汇报农高区规划情况，确定以肥城桃作为优势主导产业，同时融合汶阳田文化开展省农高区创建，实现肥城桃与汶阳田有机结合。做好省级农业科技园验收工作，与园区管委会密切配合，园区验收获得优秀，为省农高区创建打下基础，农高区创建进入实质性推进阶段。深化与省农科院合作，邀请省科技厅、省农业厅、省农科院在肥召开 2018 年山东农业科技服务（扶贫）月启动仪式，签订战略合作框架协议及项目合作协议 5 项。加大科技成果推广力度，举办小麦高效种植等培训班 3 次，选派 47 名科技指导员包保全市 69 个泰安市级扶贫工作重点村，其中 28 名备案为科技特派员。⑤"双创"争优。稳步推进国家知识产权强县工程试点市建设，开展知识产权巡讲、专利行政执法、企业知识产权贯标、知识产权质押融资业务等工作。其中鲁泰科技获批国家知识产权优势企业，总数达到 3 家；新增贯标认证企业 4 家，总数达到 10 家；获得泰安市专利奖 6 项，其中一等奖 1 项，二等奖 3 项；查处假冒专利 14 件。全市申请发明专利 189 件，授权发明 40 件，有效发明专利拥有量达到 146 件，增长 17.7%。创建"十三五"省防震减灾基层基础工作强化市，围绕"强化市"建设，重点开展

防震减灾集中宣传、重点村（社区）地震应急避难场所建设、防震减灾宣教基地建设、王庄镇张庄村及潮泉镇潮泉村省级农村地震安全示范样板工程建设等六项任务，顺利通过省地震局验收，肥城市被命名为"十三五"第一批山东省防震减灾基层基础工作强化市。

【农村科技服务】　以乡村振兴战略为指引，以科技创新驱动为主线，围绕推进农业供给侧结构性改革，加快农业新旧动能转换和"新六产"▲发展，提高农业科技创新水平，提升农业综合效益和竞争力。支持农业龙头企业、农业科技园区、科技创新平台联合山东农业科学院、中国农业大学、西北农林科技大学、南京农业大学、山东农业大学等高等院校、科研院所开展项目研发、成果转化、技术推广、人才培养等产学研活动，在现代种业、高效种植、健康养殖、农产品深加工、智能农机装备、生物基材料、安全高效农业投入品等领域取得重大突破。年内，共承担农业领域国家重点研发计划项目 2 项，建设省级农科驿站 38 个，选派科技特派员 47 人，获得市级以上科技成果奖励项，其中山东众成饲料科技有限公司"高产 γ-氨基丁酸乳酸菌选育及其抗应激蛋鸡预混料的开发"项目获 2018 年度泰安市科技进步一等奖。强化与省农

科院全面合作，市政府与省农科院签订全面战略框架合作协议，山东科技服务活动月在肥城市启动，同时与省农科院共同筹建肥城桃特色农业工作站。肥城省级农业科技园以优异成绩通过验收。开展科技精准扶贫工作，共开展实用技术培训6场次，组织本地种养殖大户外出培训2场，共培训600余人次，策划包装泰安市科技特派员项目7项、泰安精准扶贫项目8项，农业科技成果推广项目3项，争取扶贫资金64万元。

▲"新六产"指第一产业接二连三、向后延伸，第二产业接一连三、双向延伸，第三产业接二连一、向前延伸，一产的一份收入，经过二产加工增值为两份收入，再通过三产的营销服务形成三倍收益，综合起来是六份收入，产生乘数效益，实现一二三产融合发展。

（刁德才）

【知识产权宣传】　①工作调研。按照全市"大学习、大调研、大改进"会议的部署和要求，对30余家市直企业和乡镇企业分组、分批进行专利工作状况调研，调研内容包括企业基本情况、专利申请情况、专利运用及保护情况，通过调研摸清企业的专利工作状况，并现场有针对性为企业开展服务。②氛围营造。利用科技活动周、世界知识产权日，通过现场咨询、宣传册、展板等多渠道开展知识产权宣传工

作，通过加强对知识产权工作的宣传、报道力度，增强全社会知识产权保护意识，为加快建设知识产权强市营造良好氛围。③政策宣传培训。4月，召开泰安市知识产权巡讲肥城培训会，有130多家企业及镇街科委主任参加。围绕专利申请、各级政府知识产权相关扶持政策、知识产权管理规范标准化认证和知识产权质押融资方面开展专题培训，通过专家授课辅导，使企业充分认识到开展知识产权工作的重要性和紧迫性，知识产权工作热情逐步提高。5月，邀请济南高晓专利事务所有关专家到高新区孵化器对有贯标意向的企业开展如何与质量管理标准体系有机结合，以及对工作目标、工作手册、程序文件制定等业务工作进行具体指导，13家企业参加培训。

（赵法强）

【知识产权培育】　①开展"企业知识产权管理规范"贯标活动。通过到企业宣讲知识产权政策、邀请有关专家深入优势企业指导服务贯标工作，帮助企业理清工作思路，加快企业贯标工作步伐。至年末，全市有10家企业开展贯标工作，其中山东大庚工程材料科技有限公司、山东箭桥新型材料有限公司、肥城联谊工程塑料有限公司、瑞锆机械有限公司4家企业拿到贯标认证证书，其余6家企业已通过中知（北京）认证公司外审，等待颁发认证证

书。山东大庚工程材料科技有限公司、山东箭桥新型材料有限公司分别获得市知识产权局5万元贯标资助。另有科创矿山设备公司、麦丰科技、东益机械、众成饲料、鲁岳化工、泰安三英新材料等6家企业与中介机构联系准备启动2019年贯标工作。②农大肥业争取到审协天津中心审查员实训点。年内，审协天津中心在泰山创新谷设立审协中心审查员总实训基地，并在各县市区重点企业设立审协天津中心审查员实训点，农大肥业成为肥城市首批审协天津中心审查员实训点。为实现实训点专利创造数量与质量的进一步提升，提高专利布局与专得保护能力，知识产权局与农大肥业有关人员一同到泰安市局就专利绿色通道、专利导航项目及合作协议的内容做有针对性的汇报，泰安市局对提出的问题进行商榷和解答，在帮助企业理清发展思路的同时提出指导性建议。③召开专利导航项目专家验收会。11月1日，受省知识产权局委托，市知识产权局组织召开专利导航项目专家验收会，对市山东三秋新能源科技有限公司承担的2017年度省级专利导航项目进行验收。该企业通过承担并开展专利导航项目，使企业的技术研发、专利布局、专利运营、风险规避等各方面的能力明显增强，对推动企业从产业价值链中低端向高端跃升，

加快形成产业竞争优势，推进新旧动能转换具有重要的保障和引领作用，达到项目立项的预期效果，专利导航项目顺利通过验收。④组织参加2018年度国家知识产权优势企业申报及国家知识产权优势企业考核工作。通过考核鲁泰科技公司由省知识产权示范企业晋升为国家知识产权优势企业。全国共有157家国家知识产权优势企业参加考核，农大肥业位列第4名（118.83分）、一滕新材料股份有限公司位列第71名（101.36分），均为下一步申报国家知识产权示范企业打下坚实基础。通过对企业贯标和国家、省知识产权优势企业的示范带动，进一步提升企业知识产权工作水平，提高企业核心竞争力，为企业的长足发展奠定坚实基础。⑤专利奖成果丰硕。2018年，全市共获得泰安市专利奖6项。其中山东农大肥业科技有限公司的"一种碱性土壤调理剂及其连续蒸压装置和方法"获得一等奖；石横特钢集团有限公司的"一种930MPa高强度精轧螺纹钢及其制备工艺"、山东瑞福锂业有限公司的"一种利用电池级碳酸锂沉锂母液回收制备高纯碳酸锂的工艺"和肥城金塔机械科技有限公司"用于无水酒精的制备装置"分别获得二等奖；泰安兴润检测有限公司的"用于厚壁管件的周向超声波检查方法和装置"和山东泰鹏智能

家居股份有限公司的"拉布帐篷"获得三等奖。全市专利申请共计836件，其中发明专利申请189件，授权发明专利40件，其他专利授权373件。

（赵法强）

【知识产权保护】 逐步加大知识产权保护力度，根据上级要求，结合肥城实际，持续开展"打击侵犯知识产权和制售假冒伪劣商品"专项行动和开展知识产权执法维权"护航"专项行动。上半年，市知识产权局对新合作购物广场、三源家电以及银座商城等商场进行专利产品大检查，对以家用电器为主的商品进行抽查，核对专利的真实性和有效性。共检查各类商品150余件，并逐一进行检索核实，共查处假冒专利14余件，并与有关单位下达责令整改通知书，至年末，所有涉案案件已全部整改完毕。通过开展活动规范市场秩序，净化市场环境，有效维护专利权人的合法权益。

（赵法强）

科技普及

【概况】 至年末，市科学技术协会有工作人员6人。全市14个镇街（区）、605个行政村（社区）建立科协组织，配备专兼职人员650人。市级学会（协会）13个，会员336人，企业科协11个，会员382人。镇街科普站14个，村级科普站476

个。农村专业技术协会76个，技术交流型15个，技术经济型28个，经济实体型33个，会员2.5万人，全市科普组织网络建立健全。

2018年，围绕提高全民科学素质的目标，贯彻落实《中华人民共和国科学技术普及法》和《全民科学素质行动计划纲要》，不断健全科普组织网络，逐步壮大基层科普队伍，科普设施日益完善，科普服务效能不断增强。广泛开展创新驱动助力工程、科普宣传月、农民大培训、青少年科技创新、科普惠农等各类主题活动，科普知识普及率逐年提升，未成年人科学素质行动取得新成绩，农民科普科学素质行动迈上新台阶，城镇居民科学素质行动有新载体，有力助推全市经济社会事业持续健康发展。

【创新驱动助力工程】 加大科技信息推广力度，服务企业科技创新。向企业发放技术需求征求意见表，收集技术需求信息20项，深入企业宣传创新驱动助力工程及科技信息应用，在高新区召开科技信息推广应用助力新旧动能转换专场培训，对20家企业的40名工程技术人员、研发一线人员和知识产权管理人员进行培训。山东农大肥业科技有限公司被选为创新成果突出的企业，在2018年中国科协企业创新赛展会系列活动展出。申报泰安市双创科

技信息推广应用工作子站。为完善全市科技信息推广应用服务体系，更好地服务企业创新与发展，根据泰安市咨询中心要求、条件，市科协进行建站申报，已经泰安市科协评审确定。征途科技众创空间被省科协授予"山东省创客之家"。

【科普宣传】　①科普宣传。围绕《科学素质纲要》工作主题，以提高全民科学素质为重点，采取点面结合的方法，组织开展形式多样的科普宣传活动。利用"科普日""科技四下乡""科普活动月""科普志愿活动"等契机，组织带领农、林、畜牧、农机、水利等学会科技人员深入到各街镇、村、社区等场所开展科技下乡活动20余场次。9月，全国科普日期间，市心理健康管理学会深入社区、单位、农村开展心理讲座、培训达25场次，对有效预防各类心理疾病起到很好的效果。利用科普宣传栏、数字终端、网络等信息平台，开展各种形式的科普宣传活动，组织科普中国答题竞赛活动，完成省科协对全市35个贫困村数字终端的安装工作，利用各种信息平台随时随地宣传科学生产、健康生活、营养保健等群众喜闻乐见的科学知识，引导居民反对迷信和邪教，树立崇尚科学的健康生活观念，提高广大居民生活质量。②科技推广。在做好科普宣传工作的

同时，加强科技推广服务工作。科协发挥联系专家、技术员的平台优势，对基层科协、科普基地遇到的生产技术方面的问题与相关专家对接，答疑解惑，为基层生产搞好服务。针对王庄镇张庄村葡萄大棚生产遇到问题，市科协与泰安市科协联系对接，邀请山东省果科所博士李勃到王庄镇张庄指导大棚葡萄种植技术，并组织种植户到李勃的葡萄种植基地进行参观学习，为张庄葡萄大棚种植提供技术支撑。③基层科普行动。成功申报国家、山东省级2018年基层科普项目3个，共获奖补资金15万元，分别为肥城市桃木雕刻协会、肥城市王庄粉皮协会和华盛绿能（肥城）农业科技有限公司，每个项目5万元。10月，向泰安市科协申报项目17个，成功申报2018年泰安市基层科普行动计划项目5个，分别为肥城市马铃薯产业协会、刘台肥桃科普示范基地、石横南大留社区、安驾庄马埠社区、仪阳街道办事处，共争取奖补资金15万元。④科普基础设施建设。为省级贫困村争取2018年度山东省数字科普扶贫工程终端35个，已完成安装调试。

【未成年人科学教育】　年内，青少年科普教育活动成效显著。组织参加泰安市第33届青少年科技创新大赛取得优异成绩，获得各类奖项51个，获奖数

量、质量均列县市区首位，10个项目被泰安市推荐参加省大赛。其中科技创新成果奖，小学组获得14个奖项中的7个，其中一等奖4个、二等奖2个、三等奖1个；初中组获得27个奖项中的10个，其中一等奖4个、二等奖5个、三等奖1个；高中组获得47个奖项中的7个，其中一等奖4个、二等奖2个、三等奖1个。少儿科学幻想绘画，获得152个奖项中的20个，其中一等奖13个、二等奖6个、三等奖1个。创意概念项目，小学组获得8个奖项中的1个三等奖；初中组获得6个奖项中的3个，其中一等奖2个、三等奖1个；高中组获得22个奖项中的8个，其中一等奖3个、二等奖3个、三等奖2个。青少年科技实践活动，获得11个奖项中的2个，其中一等奖1个、二等奖1个。科技辅导员项目，获得16个奖项中的4个一等奖。

【科技工作者之家建设】　①服务工作。履行桥梁纽带职责，为科技工作者搞好服务。做好学术论文推荐工作，开展学术交流，促进人才成长。进一步加强各行业科技人员交流，促进科技创新，做好泰安市第十三届自然科学优秀论文评选推荐上报工作，共推荐40篇，获奖23篇，其中一等奖1篇、二等奖7篇、三等奖15篇，占泰安市获奖总数的23%。②学

会改革。采取问卷调查与现场调研相结合的方式对全市学会进行调查摸底，基本摸清13个市直学会的运行情况及存在的问题；调整充实部分基层科协组织；在搞好学会调查、征求意见、学会改革试点的基础上，针对存在的问题，6月28日召开市直部10个学会负责人座谈会。按照深化科协系统改革要求，引导学会吸纳本学科和产业领域的企业以团体会员身份加入学会，改革学会治理结构和治理方式。4月14日，肥城市心理健康管理学会成立，选举产生第一届理事会，学会为市科协、市卫计局主管，市民政局注册的科技类社团，有市人民医院、市中医院、市疾控中心等9个会员单位，执业资格心理咨询师60余人，设心理咨询专业、老年心理专业、妇女健康和发展专业、护理专业、临终关怀、生涯规划及青少年教育等8个专业委员会，宣传、学会交流、秘书处3个工作委员会，学会在学术交流、科学普及和志愿服务等方面发挥积极作用。③基层调研。为深入了解基层科协现状开展调研活动，先后调研王庄、孙伯、桃园、潮泉等镇街，深入基层农技协、科普示范基地，座谈了解情况，征求意见建议，为科协今后工作方向掌握第一手资料。推进基层组织建设，组织各街镇科协以村为单位建立村级科普队伍，确定科普宣传员，形成自上而下的科协组织网络，至年末，各村均成立科协队伍，为科协工作开展打下组织基础。

【老科学技术工作者协会】 畅通老科技工作者发挥作用渠道，参与科普基地建设。继续打造"夕阳红"科普富民示范工程活动品牌。发挥老科协服务"三农"的重要作用，评选表彰一批示范基地，不断扩大示范基地的辐射带动力和影响力，帮助农民科技致富，2018年，共表彰示范基地4个，颁发奖金6万元。继续打造"订单式科普"活动品牌，根据基层需求，邀请山东省果树研究所刘伟分别在仪阳街道刘台村、桃园镇西里村举办肥城桃标准化管理讲座，就种桃知识展开讲解，并现场传授如何通过对桃树进行整形修剪来提高产量，共计150余人听取讲座。发挥老科技工作者的优势，采取多种形式、多种渠道广泛开展调查研究。围绕全市社会发展和经济建设中心工作，并结合实际情况动员和组织广大老科技工作者建言献策和专题研究。2018年，深入到村、企业开展各类调研活动10次。

（李芸）

防震减灾

【概况】 2018年，防震减灾工作坚持"预防为主、防御与救助相结合"的工作方针，开拓进取，扎实工作，推进"监测预报、震灾预防、应急救援"三大体系建设。①地震监测管理。加强震情短临跟踪工作，强化地震监测台站运行管理。联系园林局，重新布置电源，明线落地埋管，解决因国远酒店倒闭造成电源缺失致使信号中断问题，确保地震监测台站运行正常。②震情短临跟踪。通过向全市14个镇街185个村赠送地震科普读本、挂图和宣传册，充实完善村宣传栏、宣传壁或农家书屋的防震减灾宣传资料，推进宣传阵地建设。截至年末，完成全市所有镇街区、所有行政村的"三网一员"体系建设。③震害防御能力提升。按照组建市政务服务局要求，地震部门的2项审批事项已转入市政务服务局管理；王庄镇张庄村和潮泉镇潮泉村的农村民居项目成功验收，成功打造肥城市省级农村民居地震安全样板工程；肥城市成功列入山东省"十三五"防震减灾基层基础工作强化市行列。④防震减灾宣传教育活动。利用4月18日法制宣传日和12月4日国家宪法日，开展防震减灾集中宣传系列活动。5月12日，举行以"行动起来，减轻身边的灾害风险"为主题的社区科普知识宣传活动，依托实验小学桃花源校区科技馆，整合地震方面的资源优势，打造集参展学习与实践体验于一体的防震减灾宣教基地。以省级农村民居地震安全示范工程创建为契机，赴王庄镇张庄村开展农村民居地震安全示范工程现场会，到潮泉镇潮泉村开展防震减灾知识集中宣传活动，不断提升群众的防震减灾意识和应急避险技能。

（张翠玲）

气象测报

【概况】　至年末，肥城市气象局（站）下设肥城市气象台、肥城市人工增雨防雹办公室（加挂肥城市突发事件预警信息发布中心牌子）、办公室、财务科等职能科室，共有在编干部职工7人。2018年，肥城市气象局在市委、市府和上级主管部门的双重管理下，坚持公共气象发展方向，以大力发展现代气象预报业务为核心，全面推进气象现代化，全面深化气象改革，加强气象法治建设和党的建设，突出创新驱动，强化科技引领，提升气象保障能力和水平。为全市森林防火、人工影响天气、中高考、桃花节等重要活动提供高质量的气象服务。被泰安市气象局评为"2018优秀达标单位""2018重大气象服务先进集体""2018全市气象系统先进单位"。

【综合气象业务】　2018年，地面观测业务稳定，地面气象观测质量综合指数为99.6%。严格遵守局领导带班和汛期值班值守制度，通过电视、手机短信、电子邮件等多种方式，及时发布气象服务信息。1—12月，发布春运气象服务快报40期，重要天气预报14期，气象服务专报11期，麦收天气预报22期，预警信号43次，启动应急响应6次。圆满完成春运、桃花节、中高考等重大活动的气象服务工作。

【气象现代化】　至年末，全市气象信息员共计746人。12月，召开由各镇街分管镇长、主任参加的信息员培训工作会，推广和教授气象钉钉软件及智慧农业气象服务平台的应用。建立气象灾害预警发布、综合信息查询平台，开发桌面式接收终端，购置30台预警信息接收终端设备。在湖屯镇张店社区进行防灾减灾示范社区试点创建，制作气象防灾减灾宣传栏、气象灾害警示牌，开展气象科普宣传活动等，促进气象防灾减灾工作的落实，并在《中国气象报》和网站上予以刊登报道。11月，完成日照计自动记录设备的升级改造。

【气象科普】　市气象局以"3·23"世界气象日、"5·12"防灾减灾日和防灾减灾宣传周以及"安全生产月"为契机，以普及气象科学知识、提升全市气象防灾减灾能力为目标，利用各种渠道广泛宣传气象防灾减灾知识，开展和举办安全宣传活动。气象志愿服务人员到新城路繁华路段解答前来咨询的社会各界提出的问题，宣传防灾避灾、安全自救的方法，发放各类宣传资料2000余份。

【防雷减灾】　为做好防雷电安全专项管理，联合肥城市安全生产监督管理局下发开展全市防雷电安全专项检查的通知，综合部署2018年度防雷电安全管理工作。制定肥城市气象局2018年防雷安全监督检查工作实施方案和2018年防雷安全监督检查工作计划。9月，制定《肥城市气象局随机抽查规范事中事后监管工作实施方案》，并按照方案要求开展工作。配合泰安市局完成对肥城两个单位的防雷专项检查工作，根据发现问题隐患，7月底肥城市气象局完成复查工作，完成全部问题隐患整改。10月，组织执法人员对全市5个防雷安全重点单位进行防雷安全专项检查。

【人工影响天气】　加强人影安全管理，根据规定，2月底在"今日肥城"报刊发布人影全年作业公告。为确保安全作业，局人影办与各作业站点签订安全目标责任书，与全体作业人员签订安全工作责任书。为全体作业人员购买意外伤害责任险。4月21日夜间，市人影办抓住机遇成功开展增雨作业，实施作业两轮次，共计发射火箭弹8发，增雨效果非常明显。

（吴则金）

肥城年鉴

FEICHENG
YEARBOOK

FEICHENG
YEARBOOK
2019

文化·旅游·体育

文化综述
广播电视
文物
地方史志
档案
图书
文联
旅游
体育

文化·旅游·体育

文化综述

【概况】 2018 年，全市文化工作迈上新台阶，被评为全省新闻出版广电系统先进集体、全省艺术考级先进单位，"文化扶贫——送戏下乡巡演"被评为全省冬春文化惠民品牌活动。新城街道被评为全省书香街道，古店社区被评为全省书香社区，汶阳镇西徐村被评为全省示范农家书屋。桃园镇和安驾庄镇被评为全省"非遗助力脱贫、推动乡村振兴"典型乡镇。完成城管局文化市场执法中队在文化部门的派驻，协同做好文化市场监管服务。全市 159 个文化生产经营单位全部纳入网格化管理，落实城市社区文化市场协管员制度。按照市委、市政府要求，完成行政机构职能改革，核定编制 13 人，内设综合科（财务科）、文化艺术科、市场管理科、传媒管理科、行政许可科 5 个科室。

【公共文化服务体系建设】 基层综合性文化服务中心实现行政村和社区全覆盖。实施基层文化人才辅导工程，对全市 605 个村的文化管理员、文化志愿者进行专业培训，累计培训 6000 多人次。文化馆开办 2 期 10 个门类的公益培训，培训学员 600 余人。成立新时代文明实践文化志愿服务队和文化志愿服务中心。精心组织第七届百姓大舞台——群众文化艺术节、第七届广场舞大赛、六进文化惠民活动、送戏下乡巡演等 1200 余场次，参加泰安市首届市民舞蹈大赛，囊括三个一等奖、一个二等奖和两个三等奖，被授予优秀组织奖。文化志愿者舞蹈团代表泰安参加全国广场舞展演活动——山东省集中展演，并以泰安市第四届全民广场舞大赛总决赛第一名的成绩参加全省总决赛。在文艺创作上，新排小品《保姆》参加第十一届山东文化艺术节全省优秀新创群众文艺作品汇演，获得入围奖。成立文化馆文学戏剧创作室和《肥城文化》编辑部，12 月编辑出版季刊《肥城文化》第一期。

（张晓丽）

【非物质文化遗产保护】 2018 年，新增市级非遗项目 18 个、县级非遗项目 18 个，省、市、县三级项目分别达到 5 个、68 个和 133 个。桃木雕刻、安驾庄梁氏膏药制作技艺列入第一批山东省传统工艺振兴目录。安驾庄梁氏正骨疗法传承人梁盛兴被评为全省非物质文化遗产保护工作先进个人。孙伯镇五埠村民俗博物馆被评为第二批全省县及县以下历史文化展

10月20日，广场舞《桃乡美》参加庆祝改革开放40周年全国广场舞展演活动山东省集中展演（王存义　摄）

示工程"十百千"村级示范点。参加"讲好山东非遗故事，推动乡村文化振兴"演讲大赛获得第二名。组织开展第二届文化和自然遗产日皮影戏进社区、传统中医进社区、曲艺进校园系列活动和农民丰收节·桃都非物质文化遗产展演活动。

【文化产业】 71个项目进入泰安市"十百千"工程项目库，42个项目入选省级各类项目库。在全省第二届文化惠民消费季活动中，推出文化惠民活动18项。13个文化经营企业成为签约商户，共领取消费券1000张，直接带动消费17万元，间接拉动文化消费100余万元。春秋古镇成功纳入省级新旧动能转换重大工程项目库。新华印刷有限公司被评为第二届"山东省文化企业30强"，万兴国际商品（桃木）通过省级文化产业示范基地复审验收。引导征途科技、泰克贝思、新华印刷、桃木王等企业申报全省高等院校文化产业实训基地。

（张剑）

【文化市场管理】 2018年，共办理行政审批件数28件，完成新闻出版和文化市场的年审工作，对划转到行政审批局的33项进厅事项进行分析研究并优化流程，申报材料由原来的195件减少至186件；审批环节由原来的81个简化为76个；承诺审批时限由原来的472个工作日压缩至342个工作日。在法律法规允许的范围内，全力打造"环节最少、流程最短、成本最低、效率最高、服务最优"的审批体系。

（张海洋）

广播电视

【概况】 至年末，肥城市广播电视台下设广播中心、电视中心2个中心，均为正科级单位，内设办公室、政工科、技术科、财务科、总编室5个科室，全台共有213人，其中高级职称16人，中级职称41人。2018年，市广播电视台围绕中心，服务大局，以县级广播电视一级台标准，加强广播电视服务能力建设，构建适应宣传工作新要求的新型广电体制机制，全台形成广播、电视、网站、微信、客户端、手机台融合发展、全面覆盖的宣传服务新格局，为肥城经济社会发展提供强有力

的舆论支持，被山东省新闻工作者协会和县级媒体工作委员会授予"全省县级广播电视系统优秀广播电视台"称号；被山东广播电视台授予2018年度广播宣传先进集体一等奖、融媒体宣传先进集体一等奖；被中国广播电影电视社会组织联合会、山东广播电视台授予"改革开放40周年特别策划"奖、"年度优秀手机台"称号；掌上肥城微信平台在全国县级台微信公众号排行榜中位列第30名，在全省100多个广电微信号的排名继续稳定在前十名。1个项目被省广电局列入全省新闻出版广播影视产业重点项目库，微电影《桃花开了》获首届山东省社会主义核心价值观主题微电影优秀奖；获"肥城市级文明单位"荣誉称号。

【广播电视宣传】 ①把握正确舆论导向。始终坚持党管媒体的原则，突出政治家办台的导向，在

肥城市广播电视台实行"竞争上岗、双向选择"

广播电视新闻栏目中加大践行习近平新时代中国特色社会主义思想的稿件比重,开办《在习近平新时代中国特色社会主义思想指引下 新时代 新作为 新篇章》等专栏,播出重点稿件60多篇。围绕新旧动能转换、重点项目建设、脱贫攻坚、美丽乡村、创建全国文明城市等全市中心工作、重大活动及时跟进,主动作为,在新闻节目中开办《四大动能巡礼》《肥城好故事》《开放 包容 务实 敢当 合力构筑党建新高地 法治新高地 市场新高地》《壮阔东方潮 奋进新时代 庆祝改革开放四十年》《创建全国文明城市 新时代文明实践活动在行动》等40多个新闻栏目,在全市营造浓厚的舆论氛围。抓好对上宣传,向中央和省市广播电视台、齐鲁网、闪电新闻等各类媒体报送反映肥城经济社会发展的新思路、新做法、新经验、新成就的稿件,传播好肥城声音,讲好肥城故事。2018年新开办《追梦他乡肥城人》《劳动者》《肥城慧生活》《梦想少年》等一批广播电视新栏目,《行风热线》《鲜花送文明》《肥城零距离》《民生365》《开票有喜》等品牌栏目传播社会正能量,常办常新。2018年,联合拍摄微电影《桃花开了》,合作拍摄青春励志爱情院线电影《世界上最遥远的距离》,承办省影视节目交流中心部分县级台统一供片工作座谈会;加大公益广告宣传力度,制作播出中国梦、好客山东、上合峰会、儒商大会、创建全国文明城市等系列公益广告,3件作品获省级专项资金扶持。②服务全市重点工作。承办建安业颁奖典礼、第十七届桃花节开幕式文艺演出、"千人快闪"艺术大接龙等全市大型文化活动,与相关部门单位联合举办全市庆祝青年节、医师节、教师节、老年节颁奖典礼,首届"中国农民丰收节"文艺演出等活动。完成流动电台解说、专题片制作、现场直播、实况录像、会议播音等政务服务工作。与中央广播电视总台对接,拍摄制作《中国影像志·肥城篇》。经过两个多月的筹备,成功组织央视财经频道大型文旅综艺节目《魅力中国城》肥城竞演活动,200多人赴京录制演出,9月2日在央视财经频道播出,并通过央视多家新媒体进行全面推介,推介肥城文化旅游资源产业,提升城市知名度。③融媒体建设。学习贯彻落实习近平总书记关于县级融媒体中心建设的重要讲话精神,强化互联网思维,建设形态多样、手段先进、具有较强竞争力的新兴主流媒体,打造手机台、党政客户端、微信、网站等多位一体的广电新媒体传播矩阵。肥城手机台突出时效性、权威性、贴近性、服务性,访问量达1400万人次,被中广联、山东广播电视台评为"年度优秀手机台"。开办"掌上肥城""肥城零距离""点击肥城""广电小记者"等系列广电微信公众号,群众关注度、社会影响力、综合效益不断攀升,"掌上肥城"微信平台进入全国县级广电微信排行榜三十强,保持省内前十名。④经营创收。依托栏目合作、开展大活动增加创收,举办戏曲票友大赛、广电小记者大赛、泰山牡丹文化旅游节等活动,实现社会效益和经济效益双丰收。拓展"广电+旅游"、少儿播音主持培训等文化产业,成立广电小记者团,申请旅行社资质,与研学机构合作策划北京、上海、南京、曲阜等红色、国学研学线路,成为新的创收增长点。⑤公共文化服务。按照全省县级广播电视台标准化建设要求,对照《山东省县级广播电视台改革发展综合指标》中112项考核内容,查缺补漏,规范整改,首批通过县级台标准化考核验收,达到一级台标准。进一步规范播出秩序,广播频率由两套调整为一套,并对节目重新定位包装,严格按照国家新闻出版广电总局批准频率发射;电视频道关停两套自办频道,开办综合和生活两个频道;同时,统一电视台标和广播呼号。提高技术装备水平和技术保障能力,升级硬件设施,新购置一批电视高清编辑系统、高清摄像机和演播厅直播设备,广播更新数字控制系统,肥城市广电云媒资大数据管理服务项目被列入2018年度山东省新闻出版广播影视产业重点项目。规范采编播工作流程,健全完善《新闻宣传纪律》《三级审稿制度》《嘉宾使用管理办法》

等规章制度，强化采编播第一责任人的责任。加强安全播出和安全生产管理，落实技防、人防措施，做好各级"两会"、上合青岛峰会、儒商大会等重要保障期安全播出工作，自办节目和转播频道都实现安全、优质、不间断播出。提高节目覆盖能力，推进广播电视塔建设，做好中央广播电视节目无线数字化覆盖工作，为市民免费提供中央、省市和肥城台16套电视节目及9套广播节目。

【精品创优】 实施精品工程，狠抓猛促业务提升、节目创优，有4件广播作品、1件电视作品获省级奖励，10件广播稿件、18件电视稿件和3个电视栏目在泰安市获奖，3件作品被省广电局评为全省优秀公益广告，微电影《桃花开了》获首届山东省社会主义核心价值观主题微电影优秀奖。多名同志被表彰为省市优秀通讯员。

【广播技术和事业建设】 更新数字控制系统，肥城市广电云媒资大数据管理服务项目被列入2018年度山东省新闻出版广播影视产业重点项目。完成肥城市广播电台的频率转换，按照国家新闻出版广电总局的要求，肥城市广播电台由105.2MHZ改为95.7MHZ，对发射机的功放、合成器进行系统调整，通过测试，发射机的各个指标完全达到要求，顺利完

成发射机的改频任务，于2018年11月15号顺利播出。完成城区调频音响的更换工作，对主要路段和十字路口的调频音箱进行更换，共更换调频音箱20只，确保城区的收听效果，实现调频音箱的远程控制和定时控制，为下一步的村村通应急广播建设奠定基础。

【电视技术和事业建设】 2018年，投入30万余元新购置数字高清摄像机2部，直播数字调音台1台，存储卡4张，非线编2台，笔记本、办公电脑2台，DVD光盘、硬盘、显卡、鼠标、路由器等电脑耗材。肥城一套电视节目播出5812小时、肥城二套电视节目播出5681小时，十四频道数字电视节目发射5812小时、二十频道数字电视节目发射5812小时。按一级台的标准调整改造电视播出和发射设备，为肥城三套和肥城四套硬盘切换器接入肥城综合电视节

目、肥城生活电视节目。肥城二套电视节目原肥城影视更名为肥城生活，为其更换台标。调整监测系统，安装2T硬盘，做到实时记录肥城一套电视节目。调试安装卫星接收系统，为TL5426矩阵切换器接入卫星山东台信号和网络山东台信号。

（张爱民 王伟 赵学伟）

文 物

【概况】 年内，新增泰安市级文保单位15处，全市有各类文化遗产218处，其中国家级文物保护单位1处，省级9处，泰安市级34处，县级75处。有馆藏文物2600余件（套），其中国家二级文物16件，三级文物341件。范蠡墓等16处文物点成功申报第五批泰安市级文物保护单位。护鲁山泰山行宫和南栾李氏碉楼两个项目维修方案通过评审，争取省级文物保护专项资金258万元。新

市博物馆到潮泉镇中心小学开展国际博物馆日进校园活动

城群力放水洞抢险加固工程和陶山朝阳洞石刻造像抢救性保护工程均已竣工并完成验收。启动非国有博物馆藏品备案工作，全市6家非国有博物馆共录入藏品13213件。完成S329仪阳至石横段晒书城遗址考古发掘工作，共发掘面积600平方米。联合市消防大队，先后对44处泰安市级以上文保单位和10处县级文保单位进行安全检查。开展"扣好人生第一粒扣子，传承中华优秀传统文化"国际博物馆日进校园活动，走进潮泉镇中心小学，现场展出历史文物和革命文物200余件。

（孙健）

地方史志

【概况】 至年末，市地方史志办公室（市委党史征集研究办公室）内设秘书科、史志编纂科、党史征研科3个职能科室，有参公编制11人，实有人员9人，退休干部8人。2018年，按照"突出主业编好书，紧贴中心谋作为"的工作思路，以筹备召开泰安市镇村志编纂暨村史馆建设推进会为契机，准确把握史志工作的"时"与"势"，强化责任担当，积极主动作为，努力在"做新、做精、做活"史志工作上下功夫、出成果，全力推动史志工作上台阶、上水平。以编纂一部"有价值、有故事、有灵魂、有颜值"的年鉴为目标，创新编纂

《肥城年鉴（2018）》。制定下发《关于建设村史馆示范点的通知》，精心打造新城街道伊家沟和桃园镇顾庄两个村史馆建设示范点。制定下发《2018年度镇（街道）党史史志工作考核内容及评分标准》，推进基层志编修。本着讲好肥城故事、传播好肥城声音、阐释好肥城特色、展示好肥城形象的宗旨，编辑出版《肥城·我的家》。按时完成《山东年鉴》《山东史志年鉴》《山东省志·人物志》《泰安年鉴》《泰安年鉴（袖珍本）》等对上供稿任务。加强信息化建设，做好肥城市情网的更新维护。年内，在泰安市五年一次的史志成果评选中，肥城市有9部书籍获泰安市优秀史志成果奖，居六个县市区之首。在全省一年一度的史志成果评选中，《肥城年鉴（2017）》被评为优秀年鉴，《伊家沟村志》《古店村志》被评为优秀基层志，肥城市情网被评为优秀信息化建设成果。

【《肥城年鉴（2018）》出版发行】 以编纂一部"有价值、有故事、有灵魂、有颜值"的年鉴为目标，进一步调整、优化框架结构；创新设置条目，新增设"图说××""记住乡愁"等条目以及"调研报告""执政思考""老照片及其背后的故事"等栏目；在相关条目后对部分专有名词进行解释，以便于读者理解；创新开发利用环

衬，在前后环衬用6幅图片加文字的形式，对肥城"君子之邑"的来历进行简要记述，展现浓郁的肥城文化特色；继续增设6条封面导读，使读者可以对年度大事一目了然；卷首彩页中设置"创建全国文明城市""美丽乡村建设""扶贫攻坚"等11个专题，对全市2017年的重点工作做图文并茂的记述。全书共93万字，为大16开本，采用全彩印刷，收录照片292幅、图表8个、资料链接13处。设特载、大事记、市情概况等30个栏目，全面系统地记载2017年度全市在经济、政治、文化、社会、生态文明等方面取得的重大成就，于2018年10月由方志出版社出版发行。

【村史馆示范点建设】 以抢救、保护村级史料为切入点，以促进美丽乡村建设和乡村旅游发展为目标，以传承地方优秀传统文化、红色文化为重点，在学习借鉴外地经验的基础上，结合肥城实际，于2018年2月22日印发《关于建设村史馆示范点的通知》，明确建设村史馆的目的和意义、指导思想和目标任务、基本原则、建设内容、工作要求等。要求小镇街选1～2个、大镇街选2～3个新农村建设示范村、乡村旅游开发村、历史文化村等有根基、有内涵、有底蕴、有意愿的村作为村史馆示范点建设的重点

村。召开镇街史志办主任会，进行专门安排部署。在全面督导的基础上，重点抓好新城街道伊家沟和桃园镇顾庄村史馆建设。从场馆选址、展示主题确定到展陈文案大纲撰写、布展设计、解说等全程参与，两个馆均于9月底前建成投入使用。同时，本着"成熟一个推广一个"的原则，对达到村史馆建设标准要求的，及时加挂"村史馆示范点"牌子。将村史馆示范点建设列为镇街史志工作的两项重点任务之一，加强督导和考核，考核结果作为年度评先树优的重要依据。至年末，已先后建成肥城第一个党支部纪念馆、伊家沟村史馆、顾庄村史馆、老城革命纪念馆等一批示范点。

资料链接

伊家沟村史馆

伊家沟村史馆建于2018年9月，总投资20余万元，布展面积120多平方米。分源远流长、光辉历程、史海回眸、经济亮点、风俗人情、村落文化、功勋人物、未来展望等八个部分，共展出珍贵照片77张、史料40余件。充分展示了该村厚重的政治、经济、文化底蕴以及面貌大变化、生产大发展、生活大提升、环境大改善的显著成就。

【基层志编修】 制定下发《2018年度镇（街道）党史史志工作考核内容及评分标准》，先后在王庄镇村支部书记培训班、市委党校2018全市科级干部进修班暨中青年骨干培训班上作题为《传承传统文化 留住乡愁记忆》的专题讲座。学习借鉴省内外优秀志书架构，编制《肥城市村志编纂目录范本》，为村志篇目设计提供参考。严把志书质量关，制定下发《肥城市志书编纂行文规范》《肥城市地方志书审查验收办法（试行）》，创新实施基层志书四审制度。除通过分镇街开展业务培训、组织外出考察学习、提供样本借鉴、开展"一对一"指导等方式使其尽快"入门"外，还针对已出版镇村志存在的问题，重点对卷首照片、随文照片的选取和编排，人物篇以及村级党组织篇的编写进行规范化研究。建立基层修志动态管理台账，随时掌握编修进程，协调解决编修过程中遇到的问题。年内，做好对《边院镇志》《汶阳镇志》《石横镇志》《孙伯镇志》编修指导，审阅、修改《肥城民政志》《保安村志》《小王庄村志》，召开《栾庄村志》《冉庄村志》《肥城检察志》编纂启动座谈会。至年末，全市共有4个镇街、23个村的志书在编修中。

【编辑出版《肥城·我的家》】 本着讲好肥城故事、传播好肥城声音、阐释好肥城特色、展示好肥城形象的宗旨，编辑出版《肥城·我的家》。全书共23万字，采用全彩印刷，为16开本，收录照片170余幅，图表8个，资料链接10处。设家乡渊源、家乡大事、家乡山水、家乡矿产、家乡人物、家乡味道、家乡非遗、家乡文化、家乡现在9个篇章，以图文并茂的形式、通俗易懂的语言，重点介绍肥城市历史文化、特色物产、名胜古迹等有代表性的地域元素以及发展成就等，全面展示肥城的时代风貌和厚重人文。该书于2018年12月由齐鲁电子音像出版社出版发行。

【服务经济社会发展】 年内，先后为市委宣传部、科技局、边院镇、老城街道等10个单位、15种产品提供"地理标志产品"和"山东老字号"证明史料。对满足申报条件、但志书年鉴中尚没有记载的12种产品，主动与相关镇街、企业搞好对接，指导撰写专门条目，及时将其收录到年鉴中，为下一步顺利申报"地理标志产品"和"山东老字号"奠定基础、积累资料。

【泰安市镇村志编纂暨村史馆建设推进会】 10月18日，泰安市镇村志编纂暨村史馆建设推进会在肥城市召开。泰安市地方史志编纂委员会副主任、市史志办主任王天宇，肥城市政府副市长赵兴广，泰安市史志办副主任曹成义出席会议。泰安市史志办有关人员、各县（市、区）史志办主任和业务科长、肥城市史志办全体人员和乡镇史志办主任共计40余人参加会议。会上，副市长赵兴广致辞，市史志办主任尉茂路介绍肥城市史志办以镇村志编纂和村史馆建设为抓手，推动史志工作上台阶上水平的经验做法。泰安市地方史志编纂委员会副主任、市史志办主任王天宇总结讲话。与会人员参观中国桃文化博物馆、顾庄村史馆、冉庄村修志现场、伊家沟村史馆、老城革命纪念馆和老县城教育陈列馆6个现场，为其中2家"村史馆建设示范点"和1家"读志用志示范点"揭牌，并现场赠送《泰安市志》、乾隆版《泰安府志》点校本和《泰安年鉴》等志鉴书籍。

（郝航）

档　案

【概况】 市档案局、市档案馆合署办公，一个机构两块牌子，履行档案行政管理和保管利用两种职能，局（馆）内设人秘科、编研管理科、业务指导科、法制科4个科室，编制15人，实有10人。年内，市档案局坚持围绕中心、服务大局，践行"忠诚守护肥城记忆、忠实记录肥城轨迹、忠心服务肥城人民"的工作理念，依法治档、科学管档，推动肥城档案"三个体系"建设取得新进展，各项工作走在省、泰安市前列。被山东省档案局评为"山东省档案工作科学化管理先进单位""山东省档案宣传工作先进集体"，被泰安市档案局评为"泰安市档案工作先进集体""泰安市档案宣传工作先进集体"，获中共肥城市委"2017年度党建工作三等奖"。

（武洪凯）

【档案保管】 ①档案资料收集征集。通过各种渠道公开征集收集各类有价值的档案资料，包括家谱、史志、传记、出版图书、实物档案等，共接收19册（件）。聘任肥城籍中国摄影家协会会员、山东省摄影家协会理事刘磊为肥城市档案局特聘摄影家，将其持续拍摄老家潘庄和潘庄人13年，真实记录肥城乡土民情、乡村生活面貌的部分精选摄影作品接收进馆。赴上海征集1960年由上海科学教育电影制片厂专门为肥城拍摄的纪录片《世上桃园》，获得研究肥城历史人文景象、记载肥城发展历程的宝贵影像资料。②图书资料整理。针对2017年以前暂未上架的图书资料进行分类、盖章、编号和登记，共整理87册，著录电子目录513条。③馆藏档案安全检查。主要针对各类档案的保管状况及存放数量进行逐卷、逐件、逐

10月18日，泰安市镇村志编修暨村史馆建设推进会在肥城召开。图为与会人员参观伊家沟村史馆

册检查，确保馆藏实体档案存放安全。④全宗卷材料补充完善。根据档案安全检查实际情况，逐个全宗填写档案保管记录卡，以备工作查考。⑤档案统计。梳理2017年度档案管理、利用、信息化、编研等方面的工作，填报《2017年度全国档案事业统计年报》。⑥档案安全保密。按照《国家档案局关于进一步加强和规范档案开放鉴定工作的通知》要求，对本地档案馆档案信息的公布与开放情况进行排查，未发现失泄密情况。⑦涉改单位档案处置。为保障全市机构改革工作中各单位档案顺利移交，对各涉改单位的室藏档案情况进行摸底统计，并针对各单位档案的收集、整理情况进行指导，为各单位分配档案进馆全宗号、目录号等。

【档案利用】 梳理2017年度档案管理、利用、信息化、编研等方面的工作，为《肥城年鉴》《山东省档案年鉴》等书籍的编写提供数据、材料。梳理2017年度档案查阅利用实例，整理编写《2017年度档案利用效果实例汇编》。热情接待社会各界查档群众，做好档案查阅利用服务工作。共接待查档群众2677人次，调取档案资料2842卷（件）次，出具证明材料3282份，共计4336页。发掘馆藏，开展爱国主义教育，利用馆藏90余件革命历史实物档案，

举办"走进档案馆，爱国爱家乡"主题展览，接待小学生前来参观。

（刘佳）

【档案监督与指导】 全面加强基础业务建设，紧盯靠实指导服务，不断提升档案规范化、科学化水平。①2017年度归档立卷工作。印发《关于做好2017年度文件材料归档整理的通知》，通过实地指导、电话、微信群交流等方式指导全市各立档单位年度立卷归档工作，推动新《归档文件整理规则》施行。②省档案工作科学化管理申报。坚持评树结合、以评促进，根据省《测评细则》要求，通过实地督导选取档案工作基础较好的单位申报省档案工作科学化管理先进单位，同时要求申报单位对照《测评办法》及细则解读，认真查摆问题，进行自评。定期对申报单位开展业务指导，逐条理顺，逐项整改。市税务局、高新技术开发区顺利通过山东省档案工作科学化管理先进单位验收。截至2018年末，全市省级示范单位4个，先进单位11个。③档案业务指导。采取以会代训、集中培训、实地指导、建立微信交流群等方式，提高各单位档案人员业务技能。举办肥城市农村集体产权制度改革档案业务培训班，科学推进农村集体产权制度改革档案建档工作；联合市高级技工学校召开档案管理工作推进会，指导制定《肥城市高级技工学校档

案管理办法》；落实《污染源普查档案管理办法》，指导环保部门和各镇街搞好第二次全国污染源普查档案整理；印发《关于加强汛期档案安全保管工作的通知》，加强汛期档案安全管理工作，确保档案安全度汛；印发《关于加强村级档案管理的通知》，做好《村级档案管理办法》的解读、宣传贯彻工作，要求每个乡镇选树2～3个档案管理示范村，试点先行，以点带面，提升村级档案整体水平。

（昌筱敏　武洪凯）

【档案法制宣传教育】 市档案局坚持依法治档，强化档案行政管理职能，努力营造档案执法氛围，不断增强社会的档案法制观念。①档案法律法规宣传。参加"6·9"国际档案日、全国法制宣传日等各项宣传活动，发挥档案"资政育人"的功用。②档案行政执法检查。以档案日常指导检查为契机，对检查中发现问题的单位要求其限时整改，不断提高全市档案工作法制建设。③"放管服"改革。根据政务信息资源普查要求，编制政务信息资源开放目录和共享目录；梳理"贴心代办，一次办好"权力事项和公共服务事项23项，对事项进行分解，制定各事项服务手册和业务指南。④系统录入。进一步梳理行政处罚、行政强制事项，完善裁量基准及执法流程等各环节，完成山东省行政

权力事项动态管理系统录入。⑤行政事项承接工作。对照泰安市下放（委托）一批市级行政权力清单，及时梳理、调整市档案局行政权力事项。

（昌筱敏　武洪凯）

【档案信息化建设】　①数字档案馆续建项目。按照档案工作"十三五"规划稳步推进，自2016年9月启动至2018年底，已完成183万页档案原文的扫描、编辑、挂接工作。管理科实时跟进数据质检，保证数据质量，已有74个全宗的数据完成验收，后期续建项目将继续按照年度计划推进。②数字档案馆系统测试。数字档案馆系统测试工作有序开展，结合国家档案局《系统测试指标》进行自查，从基础设施、系统功能、档案资源、保障体系、服务绩效等五个方面逐项查找馆内存在的问题，结合实际情况确定整改方案，配备、更新硬件设施，研发、升级软件系统，补充、完善文字材料等。③电子档案容灾备份。定期开展电子档案容灾备份工作，按照省档案局统一要求，4月和10月先后两次前往省局电子档案备份管理中心进行数据备份，局域网数据库、系统、原文等均实现异地容灾备份。

（刘佳）

【《肥城市2018年大事记》编纂完成】　年初，市档案局把编写《大事记》作为一项重要工作安排，将其纳入年度目标考核任务，局领导班子统一领导并组织人员成立编写组，编写人员通过查阅新闻媒体、馆藏档案，收集、整理大量有价值的资料、信息、数据，并对有关资料、条目仔细校对，力争做到系统、真实、准确地记录肥城2018年的发展历程。在编写过程中，领导班子多次召开会议，研究讨论编写问题。初稿完成后，为确保《大事记》的质量和准确性，及时征求市委、市政府相关部门意见，逐条逐字推敲修改，反复打磨，数易其稿。《肥城市2018年大事记》以时为经、以事为纬，简明记录2018年肥城在经济、政治、文化、社会发展等方面的大事、要事，具有录以备查的史料价值和重要作用。

（武洪凯）

【编纂《2017年度档案利用效果实例汇编》】　年内，市档案局编纂完成《2017年度档案利用效果实例汇编》。该汇编是在对2017年度馆藏档案查阅利用情况进行统计分析、梳理归类的基础上进行编写，重点选取婚姻、知青、待业、人事、学籍、土地、独生子女、分配调动、房产证、机构沿革等10类典型档案利用实例，旨在通过对档案利用规律的分析和总结提高全社会对档案和档案工作重要性的认识，引导公众养成利用档案解决各类问题的意识，促使档案局更好地为社会各界提供档案查阅利用服务。

（刘佳）

【农村集体产权制度改革档案工作】　为进一步做好农村集体产权制度改革档案管理工作，确保档案的安全、完整与规范，4月12日，市档案局联合市经管办举办全市农村集体产权制度改革档案业务培训班，全市14个镇街60多名档案人员参加培训。会上，市档案局业务指导人员就如何做好农村集体产权制度改革档案工作进行专门讲解，详细解读《山东省农村集体产权制度改革档案管理办法》，并结合本地档案工作实际，向参训人员现场演示农村集体产权制度改革档案整理的相关流程。通过培训，使参训人员提高对做好农村集体产权制度改革档案工作重要性的认识，促进档案管理与农村集体产权制度改革的协调推进。具体工作中，市档案局业务指导人员深入镇街、村居，盯紧靠实业务指导服务，指导市经管办整理完成农村集体产权制度改革档案2208盒、5986件，确保全市14个镇街区、605个行政村规范建档，全面完成全市农村集体产权制度改革档案检查验收工作。

（李庆红）

【机构改革档案处置工作】　贯彻落实中央、省和泰安市关于在机构改革中加强档案工作的有关文

市档案局对涉改单位档案整理进行现场指导

件精神，全力做好全市机构改革中的档案处置工作，确保机构改革中档案的完整与安全。①召开全市机构改革档案处置工作会议。全市涉及改革的55个部门单位、110人参加会议，会议下发《关于在机构改革中做好档案处置工作的通知》和《肥城市机构改革档案处置工作方案》，明确部门职责和工作纪律、档案的归属与流向、档案处置的范围、内容和相关工作要求等，为档案处置工作提供重要遵循。②开展业务指导保障档案管理规范。迅速建立机构改革档案处置工作微信群。通过微信群，及时发布档案整理标准规范和相关业务培训课件，方便工作交流，提升业务指导实效。分批分期到档案馆集中开展整档业务，通过面对面讲、手把手教，提升整档的质量和工作效率。对档案门类多、数量大的民政局、人社局等单位采取现场重点指导，分门别类、因档制宜，结合实际制定相关整理标准。③调度督促档案处置工作。围绕规范整理和移交相关要求，摸清涉改单位之前的进馆情况，制定《涉改单位进馆情况明细表》，主动与各单位对接进馆衔接事宜，为规范整档和移交提供重要参考。适时开展档案考核验收。督促各部门单位严格按照市里确定的时间节点和任务要求，推进机构改革档案处置工作。根据各部门单位进度情况，列出考核验收时间表，向涉改单位下发《机构改革档案处置工作验收通知单》，指出工作中存在的具体问题，帮助涉改单位及时整改完善，确保机构改革档案处置工作任务落到实处、取得实效。截至12月底，共有32个单位完成档案整理，3个单位的档案接收进馆。

（李庆红）

【新档案馆建设工作取得突破性进展】 省和泰安市县级国家综合档案馆建设推进会议召开后，肥城市委、市政府高度重视，要求不折不扣地落实好省和泰安市要求，高标准建设新的综合档案馆。成立由分工市领导任组长，档案、发改、财政、住建、规划、机关事务管理、国资等部门主要负责同志为成员的档案馆项目建设领导小组。领导小组成立后，围绕档案馆选址定位、功能布局、规划设计等方面开展大量调研和论证，并到济宁邹城市、任城区参观学习。市委、市政府主要领导多次听取汇报并提出指导性意见。2018年10月8日肥城市人民政府第七次常务会议、10月12日肥城市委第五十三次常委会研究决定，对肥城市高级技工学校老校区图书实训楼，按照《档案馆建筑设计规范》《档案馆建设标准》和省市关于档案馆建设的相关要求，进行科学设计和节能改造，统筹解决市档案馆、城建档案馆建设问题。之后又决定统筹规划、合并建设方志馆。新馆位置处于城市核心区繁华路段，距离市委、市政府办公大楼和市行政审批服务中心均不足500米，方便机关和群众查档用档。该图书实训楼框架基础尤其一楼整体空间布局适于改扩建档案馆，总面积可达7200平方米（其中新建850平方米），符合省市建馆标准，且改扩建可缩短建馆时间。新馆周围一公里半径内有中小学校6处，便于开展爱国主义教育。新馆与市城建馆、方志馆统筹规划、合并建设，优势互补，有利于节约集约利用资源、发挥各类馆的集聚效应；独立成院，环境优雅，交通便利，停车方便。截至12月末，新馆建设已初步完成规划设计。

（李庆红）

【持续推进数字档案馆续建项目】 肥城市档案局数字档案馆续建项目自2016年9月启动，截至2018年12月，已完成74全宗、183万页原文的扫描、编辑、挂接工作。市档案局按照"三网四库"▲的模式，以数字档案馆建设为龙头，以档案数据库建设为核心，以档案信息管理网络系统为基础平台，组成验收组，按照5%的抽检比例，经过初检和复检，以上全宗数据均通过质检验收，切实保证数据质量和档案实体安全。

（刘佳）

▲"三网"即局域网、政务网和互联网。"四库"即目录数据库、原文数据库、照片数据库及多媒体数据库。

图书

【概况】 实施二代身份证免押金图书借阅制度，购进自助办证机1台，简化读者借阅程序。全年新购图书7803册，报刊300余种，收集地方文献150册，进一步丰富馆藏内容。建立图书馆分馆5家，图

5月5日，龙山小学的小志愿者走进肥城市图书馆，开展学雷锋志愿服务活动

书流动站增至27家。开展全民阅读活动12场次，为图书流动站配送图书期刊3600余册。推进"我们的节日"主题活动，开展"带一本好书回家过年"有奖征文、"网络书香过大年""迎中秋，庆国庆"肥城市图书馆尼山书院传统文化体验日、"知传统尽孝道文化惠民众"重阳节全民阅读季等系列活动。开展向农村留守儿童捐赠图书活动，先后向湖屯镇有益村、安临站镇乔界首村留守儿童爱心书屋捐赠图书1340册。到边院镇敬老院开展送温暖、献爱心活动。在全国助残日向市特殊教育学校捐款1350元，慈善月捐款1200元。为广大中学生提供社会实践场所，招募暑假学生志愿者，开展图书整理、窗口服务、读者引导、借书证注册、读者活动辅助等工作。

（张丽娜）

文联

【文化社团进社区】 全市文化社团座谈会议后，文联各协会学习贯彻落实市委书记常绪扩讲话精神，围绕增强政治性、群众性、先进性，根据新时代新形势新要求，将文化社团进社区工作作为重要工作内容，主动与新城街道对接，部署开展文艺结对共建活动。27个协会分别进驻28个社区，共结成共建对子52个，累计举办活动260余场次，挂牌成立书法、美术、诗词等活动室10处。

【新时代文明实践】 10月26日，在肥城市新时代文明实践中心揭牌仪式上，市委书记常绪扩为市诗词学会、交谊舞推广协会、旗袍协会、美术家协会授旗。在召开的新时代文明实践动员大会上，市文联在会

肥城市文联开展送书画进学校新时代文明实践活动

议上作表态发言，市书法家协会、市舞蹈家协会等10个协会被命名为新时代文明实践社会团体骨干志愿服务队。12月，肥城市文联参加全国新时代文明实践培训班，被中央文明办、中国文联确定为全国"新时代文明实践志愿服务队"，并在江苏宜兴接受授旗。另外，参加省社科联召开的新时代文明实践推进会，成为全省社科系统新时代文明实践试点单位。至年末，在10支社团骨干服务队伍的带领下，市文联新时代文明实践工作如火如荼，累计组织书画、摄影展览、比赛32场次，开展曲艺、舞蹈等公益文艺演出153场次，举办舞蹈、诗词、文学、传统武术等公益培训讲座、笔会交流260余场次，组织捐赠文学作品、书画用具、食品等献爱心活动46次。

【节庆活动】 参与全市重大活动，丰富和活跃城乡群众文化生活。舞蹈家协会、民间文艺家协会、旗袍协会等参与中央电视台春节联欢晚会泰安分会场演出、《魅力中国城》竞演、泰山国际登山节等重大活动演出。作家协会、舞蹈家协会等配合桃花节开幕式和建安晚会节目创作演出。桃花节期间，以旗袍协会为主，举办"千人快闪"艺术大接龙活动、"魅力

旗袍·遇见最美的自己"大型旗袍公益分享会等活动。诗词学会、欧体书法家协会举办肥城桃文化诗词书法联展。曲艺家协会举办"李保良先生书画展"、草原画家刘凤林作品展以及山东省首届曲艺创作培训班等活动。民间文艺家协会举办"翰墨桃源"肥城书法院书法作品巡回展、纪念改革开放四十周年全国名家书画小品展。白云书院举办大圣桃花书画笔会暨海归钧瓷书画精品展。女书画家协会举办"墨韵芳菲、闪耀兴业"书画展。作家协会举办家国情怀端午文学笔会。书画家协会、摄影家协会等联合举办"醉美老城"书画摄影展。市文联及有关协会与市直机关工委联合举办纪念建党97周年书画展，与老龄委联合举办书画摄影大赛。老年书协举办迎新春书画展、庆祝改革开放40

10月21日，纪念改革开放四十周年"美丽肥城、醉美老城"美术摄影展在市书画艺术馆开幕（王秀秀 摄）

周年书画展、临帖展、赵广淮个人书画展、关心下一代书画展，开展九九老人节送福祝寿活动。以交谊舞协会为主，有关协会参与，举办消夏广场文联专场演出。书法家协会举办张吉祥先生书法讲座、送书画进校园活动等活动。

【文艺创作】　①音乐。孙其昌创作的音乐作品《千古送吉祥》《指路桃花》《踏梦寻歌》，刘培龙创作的山歌《山里的那个九九唱不完》分别得到凤凰视频新闻、全国著名的5ing音乐网等媒体重点推介，受到业界广泛的传唱和好评；张安来创作的歌词《阳关故人》，摘获第三届唱响中国词曲创作、音乐展演盛典金奖。②文学。杨奇的《无影之罪》《道别记》等4篇小说在《清明》《山东文学》等重要期刊上发表。杨奇和黛安入选泰安市第二届签约作家。③书画。王宏业、罗庆、周勇的作品多次入选省级以上书法展；张伟作品《成均馆大学》和王元蒙作品《洙泗·白鹿书院》入选"大哉孔子——中国画创作工程作品展"；张伟、王元蒙、朱宪新、孙玲云、王森昌、范正银、侯军、付秀永、宋洪珍、尹燕喜、车晓明等12人的国画作品，王绪武、于莉的油画作品，入选"泰安市庆祝改革开放40周年主题书画作品展"；张伟、王绪武、朱宪新、孙玲云、张化杰、尹

燕喜、杜燕慧、车晓明、侯军、董元勇、阮圆圆、于冬梅、丁兴孜13人的作品入选"青春·实力——2018年泰安市第二届青年美术作品大展"；姚涛作品《漂—起航》入选中国美协2018厦门全国工笔画双年展；王健勇的国画作品《秋烟》《秋岚寒烟》分别入展同源首届中国画作品展、2018翰墨神木全国中国画作品展；张盛慧的水彩作品《醉》荣获第二届全国教师水彩粉画展三等奖。孙宏梅的书画作品《德佩天地》入选"国风盛典首届全国中国画作品展"；车晓明的作品《人物》《凌云》《如月》分别入选山东省教师作品展、山东省女书画家协会成立30周年优秀作品展，获山东省首届教师绘画大赛三等奖；古甲著应邀参加中国教育电视台大型春节书画联欢会。④摄影。孙晓健作品《肥城桃木雕刻》《泰安大白菜》在第七届全国地理标志商标摄影大赛中荣获两个三等奖。武健作品《生死救援》入展第八届"尼康杯"全国公安民警摄影大展。董敏作品《韶华永驻》《回眸那柔情》入选第四届塞尔维亚DPW三地摄影巡回展尚图坊。王伟作品《仙境中的泰山》《独处寒雪》在第九届"孔子故乡、中国山东"网络摄影大赛中分别荣获网络人气奖、二等奖。另外，舞蹈家协会选送的节目在泰安市第一届市民舞蹈大赛中斩获头名；肥城传

统武术研究会喜获"泰山武术节暨2018泰山国际太极拳赛"团体第一名。

资料链接

歌曲《指路桃花》

歌曲《指路桃花》是原创作者孙其昌为歌颂肥城十万亩桃花、传播肥城桃文化而创作的本土歌曲，极具感染力和传唱特色。歌曲采用民族唱法，旋律轻快明朗，优美动人，让人如沐春风。歌词娓娓道来，铺开了春天桃花盛开的美丽画卷，展现作者对家乡及美好生活的热爱，感情饱满，词曲相得益彰。歌曲改编为精美桃花广场舞教学范本，向中国九九广场舞、中国刘荣广场舞糖豆网、中国广场舞等全国各大网站推出原创教学视频，获全国推广，22个省市自治区、600多个舞队排练上网展播，点播率已逾上亿次，跟帖6000余条。歌曲作为特色广场舞曲在肥城推广，举办全市各街镇及社区7天培训班，成为健康肥城全民健身的普及广场舞曲，在"山东省喜庆十九大全民健身启动仪式"上由400多人组成广场舞方队进行展演。在"横店杯"全国广场舞邀请赛及全国宫廷排舞大赛中获"最佳风采奖"。

作者孙其昌，男，肥城人。文学爱好者，系中国诗歌学会

指路桃花

作词：孙其昌
作曲：小钢鼓　彩云追月

1=F 3/4

```
5 - 6 | 1 - 2 | 3 - 6 | 5 - - | 6 - 1 | 1 - 2 | 5 1 6 | 2 - - |
桃 花 海 呀，桃 花 海，哪 朵 花 儿 抢 先 开？
桃 花 海 呀，桃 花 海。桃 花 仙 子 踏 歌 来。

3 - 5 | 5 5 5 | 3 2 1 | 6 - - | 6 - 3 | 2 - 1 | 1 - 6 | 2 - - |
沿 着《诗 经》的 小 路 走，白 云 洞 前 暖 风 来。
沿 着 桃 花 源 的 溪 畔 走，前 度 刘 郎 又 重 来。

2 - - | 5 - 6 | 1 - 2 | 3 - 6 | 5 - - | 6 - 1 | 1 - 6 | 5 - 1 |
相 信 今 生 有 奇 缘，桃 花 仙 子 踏 歌
相 信 今 生 有 奇 缘，十 里 桃 花 为 我

2 - - | 3 - 5 | 3 - 2 | 3 6 - | 5 - 6 | 3 - 2 | 1 - - | 1 - - |
来。啊…… 踏 歌 来。
开，啊…… 为 我 开。

3 - 5 5 | 5 - 5 | 6 - 3 | 5 - - | 6 6 1 1 | i 6 5 | 3 - - | 3 - - |
桃 花 的 故 乡 告 诉 您，俺 家 的 那 桃 树，
佛 桃 的 故 乡 告 诉 您，王 母 蟠 桃 群 仙 宴，

5 6 i | 6 5 3 | 2 - 3 | 6 - - | 2 - 3 | 5 - 6 | 1 - - | 1 - - | 3 - 5 |
是 王 母 娘 娘 亲 手 栽。亲 手 栽
世 上 那 桃 源 美 天 外。美 天 外 千 钟

5 - 5 | 6 3 6 | 5 - - | 6 - i | i - 6 | 6 5 3 | 2 - - | 6 - 6 i |
美 酒 迎 宾 至 十 里 桃 花 为 我 开 世 上 那

6 5 3 | 2 - 3 | 6 - - | 2 - 3 | 5 - 6 | 1 - - | 1 - - | 2 - 3 | 5 - - |
桃 源 美 天 外 啊…美 天 外 啊…美

6 - - | 6 - - | 1 - - | 1 - - ‖
天 外
```

中国书法家协会会员、西泠印社社员，为肥城市唯一一位双料会员；王宏业、罗庆获批中国书法家协会会员。孙华英获批中国美术家协会会员。市诗词学会宋昭斌、王培海、郝兆延、项茂松、雷现明、汪培勇、古甲著、张军、孙洁苹、尹贻坤10位会员获批中华诗词学会会员。硬笔书法协会的王绍军、冯殿兵、许瑞明、孙一文、李怀民获批中国硬笔书法协会员。张勇获批中国音乐家协会会员，周文获批中国曲艺家协会会员，并被著名表演艺术家齐立强先生正式收徒。

【文艺宣传】 在新闻媒体开设《文艺走进新时代》等专栏，对文艺工作的宣传报道力度密度不断加大。文联公众号发布信息141条，12万人次阅读，关注1200余人，留言2200余条。《桃花源》刊物成功改版，在保持其文学属性的基础上，适当增加文联工作动态、协会之窗、荣誉殿堂、书画大观等专栏，成为展示全市文艺发展成果的重要窗口。

（蒋海燕）

旅　游

【概况】 市旅游发展中心为市文化传媒局管理的正科级事业单位，核定编制6名，实有工作人员8人。与市世上桃源旅游度假区管委会合署办公，实

会员，山东省作家协会会员，泰安市作家协会书记、副主席，肥城市文联名誉主席，桃文化研究会名誉会长。曾任农村党支部书记，企业厂长经理，乡镇党委书记，市政府副市长等职务。

【协会组织】 新成立硬笔书法协会、民间文艺家协会古玩艺术品研究会、肥城戏曲研究院、肥城武术研究会、女诗人协会、楹联学会、家庭教育学会、孝文化研究中心。民间文艺家协会、收藏家协会、美术家协会、舞蹈家协会先后完成协会换届。注重会员发展，杨永卫获批肥城首位西泠印社会员，为

有工作人员2人。2018年，市旅游发展中心围绕既定目标持续加压加力，推进全市旅游业取得新的发展。成功创建全市首家AAAA级景区，新增AAA级景区2家、AA级景区5家；品牌民宿"唐乡"落地建成，桃文化乡村旅游集群片区开发成效显著；成功创建"山东省乡村旅游后备箱工程"示范基地；"三横两纵"的全域乡村旅游发展格局初步形成；肥城荣获"中国桃木旅游商品之都""中国魅力城市"称号，成功组建"全国桃文化旅游商品联盟"发展平台；桃木旅游商品荣获国家级金奖2项，省级金奖7项，被央视授予"年度魅力旅游文创产品"称号；成功培养"山东省工艺美术大师""齐鲁工匠"各1名，桃木雕刻高层次人才队伍建设取得新突破；圆满完成招商引资和对上争取等各项任务。

【中国肥城第17届桃花旅游节】　第17届桃花节围绕建设"中国桃都，美好肥城"的发展目标，以"务实敢当，优质发展"为主题，坚持"欢乐、祥和、安全、惠民"的办节原则，取得圆满成功。桃花节期间，全市共接待赏花游客20.5万人次，有力促进全市服务业的发展。该届桃花节共组织策划系列活动12项，各项活动的成功举办，为广大游客和市民提供丰富多彩的文化、旅游、休闲盛宴，为外地客商在肥城投资兴业搭建优质高效的载体平台，社会反响强烈。

【第十一届品桃节】　肥城第11届金秋品桃节以丰收、收获为主题，组织地域文化特色鲜明的文艺演出、互动游戏等活动，通过抖音平台对启动仪式全程直播。本届品桃节时逢首届"中国农民丰收节"，开展农民丰收节·桃都非物质文化遗产展演、优质肥桃擂台赛、中国（肥城）农产品创意包装设计大赛暨展销博览会、"颂金秋，忆乡愁"系列书画摄影展等活动，体现丰收的喜悦。邀请国内知名传统媒体及新媒体、自驾游俱乐部、骑行爱好者、小记者，举办金秋品桃节暨"吸着吃的肥桃"直播大赛，将传统肥桃可以"吸着吃"这一特点广泛传播，让全国游客分享品味正宗肥桃的乐趣，使品桃节更富有趣味性。品桃节期间组织策划的第三届翦云山露营帐篷节、"福桃献寿"为寿星送肥桃等活动，体现健康、时尚、休闲等新元素，倡导肥城特有的君子文化、孝文化和传统文化，主张"融入自然、回归田园"的生活方式，让游客和市民充分体验桃都生活新风尚。

【旅游规划】　聘请北京世纪唐人旅游发展有限公司编制完成《山东肥城圣井峪民宿及七星泉景观设计》。聘请北京绿道联合旅游规划设计有限公司编制完成《山东肥城左传文化旅游区总体概念规划及重点区域修建性详细规划》。聘请北京大地乡居旅游发展有限公司编制完成《"肥田美乡"肥城市老城街道北部山区田园综合体总体规划》和《"肥子茶乡"创建3A景区总体规划》。聘请泰山学院旅游规划中心编制完成《山东肥城·隆源煤矿工业旅游规划》。

【景区开发】　春秋古镇成功创建国家AAAA级旅游景区。发展圣井峪旅游度假村、恒昌农业金泰庄园2处国家AAA级旅游景区。兴润生态园、鱼山桃花海景区、肥子茶乡、华盛太阳能农庄、左传文化园5处国家AA级旅游景区。8个景区全部按照创建标准，建设完善景区游客中心、旅游厕所、停车场、旅游标识系统等。恒昌农业金泰庄园完成草莓、蓝莓、百香果、无花果等6个采摘园以及游客中心、停车场、景区大门等基础设施建设。圣井峪旅游度假村修缮水月寺景观，改建5套精品民宿院落，已顺利开园营业。五埠伙大门景区完成景区道路硬化、6处景观化改造，高标准建设旅游商品展销中心，被评为首批山东省乡村旅游后备箱示范工程基地，2018年接待研学游团队上百个。左传文化园完成游客中心、旅游厕所、停车场等基础设施和餐厅、客房、会议室等服务设施建设。鱼山桃花海景区完成景区大门、游客中心、停车场、旅游厕所和旅游标识系统等基础设施建设，5套精品民宿、乡村阅读中心、桃木手作体验馆、多功能会议中心等项目已启动建设。刘台桃花源景区完成景观提升，微电影体验园、柴烧基地等项目已启动建设。

【古村落开发】 仪阳街道鱼山村、安临站镇圣井峪村为山东省传统村落，孙伯镇五埠村为全国传统村落。鱼山村与唐乡（北京）投资管理有限公司签约，开发鱼山桃花海景区。至年末，已完成景区大门、游客中心、停车场、旅游标识、水电路网等基础设施建设，五套精品民宿、多功能会议中心、桃木手作体验馆等项目正在建设中。圣井峪旅游度假村由泰安四方集团投资开发，已完成

景区大门、游客中心、停车场、旅游厕所、旅游标识、巷道石板路等基础设施和5套精品民宿院落、水月寺等景点的建设。五埠岭旅游开发有限公司本着"保护为主，修旧如旧，完善设施，强化服务"的原则对五埠村进行综合开发，将原有的石头建筑加以修缮，先后重点打造五韵山庄、五亩荷塘、五埠岭民俗博物馆、伙大门"五大胡同"、精品民俗院等景点。高标准建设旅游商品展销中心，被评为首批山东省乡村旅游后备箱示范工程基地，2018年接待研学游团队上百个。

【春秋古镇被评为国家AAAA级旅游景区】 春秋古镇位于新城街道古店社区，为肥城首家AAAA级旅游景区。景区分为春秋古镇核心区和春秋农耕庄园体验区两个园区。春秋古镇核心区项目以春秋文化园为核心，建有鲁园、齐园、秦园、晋园、

宋园、楚园、吴园七大园区。春秋农耕庄园体验区以"春秋文化，农耕体验，乡村风情"为主题，集观光、娱乐、休闲为一体，与春秋古镇核心区相呼应。春秋古镇AAAA级景区的成功打造，为肥城市发展全域旅游的一项重要举措，对于肥城市打造旅游精品，提升旅游服务接待设施，提高旅游知名度，加快推进旅游业跨越发展具有重要意义。

【2018全国桃木旅游商品创新设计大赛】 2018全国桃木旅游商品创新设计大赛暨全国桃文化旅游商品评展活动，从宣传发动、征集作品到大奖出炉，历时4个多月，取得圆满成功。该次大赛共有来自北京、天津、河北、山西、陕西、辽宁、江苏、浙江、广东等20多个省（自治区、直辖市）的200多家企业和个人参赛，6000多件实物作品，200余件设计作品参与展出和评奖。经过专家评审委员会的严格评审，此次活动共评出特别大奖1个、金奖11个、银奖16个、铜奖30个、优秀奖80个。

【全国桃文化旅游商品联盟落户肥城】 在2017年12月18日召开的中国旅游协会旅游商品与装备分会第二届会员代表大会上，经分会第二届会员代表大会第一次常务理事会表决，同意"全国桃文化旅游商

圣井峪打造后的农家石屋（陈元 摄）

品联盟"落户肥城。2018 年 4 月 3 日，中国旅游协会旅游商品与装备分会与山东省旅游行业协会旅游商品与装备分会、河南省旅游商品与装备分会、潍坊核雕协会、肥城桃木雕刻协会等 10 家社团组织联合发起成立"全国桃文化旅游商品联盟"。4 月 4 日，在全国桃木旅游商品创新设计大赛暨全国桃文化旅游商品评展活动颁奖典礼上，原国家旅游局规划财务司产业处调研员张浩和全国桃文化旅游商品联盟理事长程银贵共同为"全国桃文化旅游商品联盟"揭牌。联盟的成立将推动肥城桃文化产业由单一桃木工艺品向整个桃文化产品的延伸。

【桃木斩获 2018 中国特色旅游商品大赛两项金奖】　2018 中国特色旅游商品大赛，在四川省乐山市举办，肥城市报送的作品《桃木香薰系列》《桃木十二生肖银饰套装》荣获 2018 中国特色旅游商品大赛金奖，《泰山佛龛系列》获得 2018 中国特色旅游商品大赛银奖。桃木香薰系列由肥城市正港木业工艺品厂设计制作，精选肥城优质佛桃木，经雕刻大师采用圆雕、浮雕等手法精雕细刻而成。香薰炉适用于办公室、卧室等多种场所，能令人情绪放松，取材桃木寓吉祥平安之意。桃木十二生肖银饰套装，由肥城鸿熹桃木文化用品有限

公司设计制作，该系列产品将桃木与银饰巧妙结合，包括耳饰、颈饰、首饰多款产品，取传统桃文化吉祥美好之寓意，造型又不失现代时尚感，具有良好的纪念意义和较高的实用价值。

【肥城市荣获第十六届山东省旅游商品创新设计大赛三项金奖】　年内，由山东省旅游发展委员会主办，山东省旅游商品开发服务中心、山东省旅游行业协会旅游商品与装备分会联合承办的第十六届山东省旅游商品创新设计大赛在济南融汇老商埠顺利举办。该次大赛以"好客山东·山东好礼"为主题，以十大文化旅游目的地品牌和"乡村旅游后备箱工程示范基地"创新产品和包装设计为分主题，共设金奖 16 个。肥城市正港木业、泰山桃木王、五埠岭伙大门景区分别上报的桃木香薰、桃木银饰、伙大门休闲食品系列旅游商品斩获该次大赛金奖。泰安翰林雕刻艺术培训学校、山东泰之源食品有限公司分别上报的桃木文创手机支架系列、君祥蜂蜜系列荣获大赛银奖。

（范成磊）

体　育

【概况】　至年末，市体育发展中心内设秘书科、群体科、竞训科 3 个科室，下设肥城市

老年人体育协会办公室、肥城市体育总会办公室、肥城市竞技体育运动学校 3 个下属单位。2018 年，全市体育工作以增强人民体质、提高全民健康水平为根本目标，以满足人民群众日益增长的多元化体育健身需求为出发点和落脚点，树立"实事求是地想、实事求是地谋、实事求是地干"的理念，弘扬"开放、包容、务实、敢当"的新时期肥城精神，努力促进群众体育、竞技体育、体育产业全面协调可持续发展，为全市经济社会发展增添新活力。9 月，中心被评为"2014—2017 年度山东省群众体育先进单位"。11 月，肥城市被授予"山东省第八届全民健身运动会先进单位"荣誉称号。

【群众体育】　年初，开展"迎新春"公益自行车、拔河、篮球、乒乓球等健身活动，桃花节期间举办健步走、第八届全民健身运动会、太极拳等比赛活动。在肥城市第八届全民健身运动会期间组织"UCC 杯"山地自行车越野挑战赛、肥城市青少年柔道俱乐部邀请赛、肥城市"活力机关"建设暨"活力青年行"活动登山比赛、全国老年人太极拳健身推广展示大联动活动（肥城站）暨全民健身月启动仪式、肥城市新时代文明实践市直机关健步走活动。承办上级赛事活动，承办山东省第八届全民健身运动

会自行车万人骑行活动（肥城站）暨市直机关健身自行车骑行活动、山东省第八届全民健身运动会魅力肥城轮滑邀请赛。鼓励协会、俱乐部承办赛事活动，市星锐篮球发展中心承办肥城市第八届全民健身运动会"超人"杯星锐篮球邀请赛、保利豪跆拳道俱乐部举办肥城市第八届全民健身运动会大众跆拳道邀请赛、市围棋协会承办肥城市第八届全民健身运动会围棋比赛，市敏锐国际象棋俱乐部承办肥城市第八届全民健身运动会国际象棋比赛，肥城市柔道协会举办肥城市首届柔道俱乐部邀请赛等，全年共组织较大型全民健身赛事（活动）102次，直接参与人数呈递增趋势，全民健身氛围浓厚热烈。

【竞技体育】 组织学生参加泰安市七项联赛和青少年锦标赛，在七项联赛中，田径取得了团体总分第一名、篮球小学组第一名、足球小学组第一名、乒乓小学组第一名、篮球初中女子组第二名、篮球小学男子组第二名的成绩，并代表泰安市参加省级联赛。组队300余人参加泰安市青少年锦标赛17个项目的比赛，取得团体总分第三名，金牌总数第二名的好成绩，其中篮球、排球、散打、武术四个项目均获得团体第一名的好成绩。完成保三争二的目标任务。同时，在山东省第

二十四届省运会中，肥城市输送至山东省体校的董昊峰、尹贻征、李俊杰分别获得古典式摔跤乙组66公斤级冠军、柔道乙组73公斤冠军、男子体操乙组全能冠军。推进体校改革，打造"1+N"的办学模式，以现有体校为中心，加大体教结合力度，进一步加强全市训练网点辐射建设、校外校建设及训练基地、传统项目基地建设，多种方式、多腿走路、多处开花丰富体校训练项目，重点打造湖屯中学举重，曹庄矿中学田径，杨庄矿中学排球，桃都中学田径，市实验小学乒乓球，石横中学、龙山小学、孙伯镇小学足球，王瓜店中小学篮球，桃花源小学摔跤、跆拳道等特色基地。

【体育彩票】 体育彩票销售实现重大突破。年内，累计销售体育彩票1.3亿元，完成目标任务的132%。销量连续两年突

破亿元大关，多次被山东省体育局和泰安市体育局授予"突出贡献奖"荣誉称号。

【第八届全民健身运动会】 举办公益体彩肥城市2018年"康王河杯"第八届全民健身运动会。肥城市委常委、宣传部部长名树伟，肥城市人大副主任宁洪法，肥城市政府副市长孙琪出席开幕式。在开幕式现场安排《欢庆腰鼓》《对弈》《勇士的光辉》《永新穴位保健操》《肥城少年》《太极拳》《八段锦》等节目。来自全市各镇街、高新区、市直各系统的22支代表队、1000余名运动员参加100米、25米折返跑、绑腿跑、立定跳远、拔河等11个项目的比赛。第八届全民健身运动会从4月14日开幕一直持续到10月底，期间举办篮球、乒乓球、羽毛球、山地车、国际象棋、门球、广播体操、广场舞、太极拳等体育比赛。

4—10月，举办肥城市第八届全民健身运动会（鹿向宁　摄）

【全国老年人太极拳健身推广展示大联动活动（肥城站）暨全民健身月启动仪式】 5月19日，全国老年人太极拳健身推广展示大联动活动（肥城站）暨全民健身月启动仪式在肥城市全民健身活动中心举行。为贯彻落实全民健身国家战略和省政府关于"高度重视老年人太极拳推广普及工作，共同把这项民生实事做好，进一步提升老年群众健康水平"的指示精神，肥城市配合以"弘扬太极文化，传承中华文明，提高老年人健康水平"为主题的全国老年人太极拳健身推广展示大联动活动，推动全市普及老年人太极拳活动深入开展。肥城市体育发展中心、肥城市老年体协在市全民健身活动中心设主会场，在各镇街设立分会场，全市共有4000多名太极拳爱好者参与活动。

【山东省第八届全民健身运动会自行车万人骑行】 6月16号，由山东省体育局主办，泰安市体育局、肥城市人民政府承办的中国体育彩票山东省第八届全民健身运动会"肥城工行杯"自行车万人骑行活动（肥城站）在肥城市潮泉镇翦云山景区举行。山东省射击自行车运动管理中心副主任张崇文、泰安市体育局副局长曹东

6月16日，山东省第八届全民健身运动会"肥城工行杯"自行车万人骑行活动举行

平和肥城领导刘益、孙琪、杜尊春出席开幕式并共同为比赛鸣枪发令。比赛设青年男子精英组、中年男子精英组和女子大众组三个组别，男子组分别奖励前8名，女子组奖励前10名，共有来自河北、安徽、山东和天津等17个地区的320余名自行车运动爱好者参加比赛。赛道穿行于矮山丘陵之间，全长近30公里，经过激烈角逐，刘松以36分54秒的成绩获得青年男子精英组第一名；杨长城以38分46秒的成绩获得了中年男子精英组第一名；叶晓红以45分15秒获得女子大众组第一名。

【"超人"杯星锐篮球邀请赛】 4月20日，由市体育发展中心主办，市星锐篮球发展中心承办的公益体彩肥城市第八届全民健身运动会"超人"杯星锐篮球邀请赛在肥城市凯迪篮球训练营开幕。共有来自肥城各界的八支代表队参加比赛，分别为政法代表队、人民医院代表队、肥城泰燃代表队、李刚齿科代表队、家之韵装饰代表队、玛雅摄影代表队、蒙台梭利儿童之家代表队、奔腾电脑代表队、星锐篮球代表队。活动已连续举办两届，成为肥城市广大篮球爱好者展示交流的重要平台，市体育发展中心主任肖勇出席开幕式并讲话。比赛采取循环赛制，进行28场比赛，最终家之韵装饰代表队获得冠军。

（赵娜）

肥城年鉴

FEICHENG
YEARBOOK

FEICHENG
YEARBOOK

2019

卫生和计划生育

卫生和计划生育

综　述

【概况】 全市有各级各类医疗卫生机构600所，拥有病床4944张，卫生人员7362人，其中乡村医生949人。全市有医院19所，其中综合医院17所、中医医院1所、专科医院1所；基层医疗卫生机构575所，其中社区卫生服务中心（站）41所、卫生院13所、村卫生室428所、诊所（卫生所、医务室）93所；专业公共卫生机构3所，其中疾病预防控制中心1所、专科疾病防治院（所、站）2所；妇幼保健院1所、卫生监督所1所，其他卫生机构1所。至年末，全市已婚育龄妇女17.3万人，全年出生10422人，出生率10.45‰，自然增长率4.47‰。在出生人口中，合法生育10277人，合法生育率为98.61%；出生人口性别比为106.79∶100；一孩出生2400人，占出生总数的23.03%；二孩出生7808人，占出生总数的74.92%；三孩出生2144人，占出生总数的2.05%。妇女总和生育率为1.65。2018年，肥城市创建为省级卫生计生综合监督示范区，市卫生计生局被授予全国生育状况抽样调查优秀单位，获得全省计划生育服务管理创新奖并被省委、省政府通报表彰。代表泰安市迎检获得全省基本公共卫生绩效考核第1名，连续3年群众看病就医满意度列泰安市县市区第1位。

（尉春霞　武文朋　陶国杰）

医药卫生体制改革

【县级公立医院综合改革】 市委办公室、市政府办公室印发《关于调整全市深化医药卫生体制改革领导小组的通知》，重新调整肥城市深化医药卫生体制改革领导小组，由市委、市政府主要领导任双组长，分管医疗、医保、医药的领导为副组长，相关部门主要负责人为成员，领导小组办公室设在卫生健康局。肥城市人民政府办公室印发《关于成立肥城市公立医疗机构管理委员会的通知》，建立议事会议制度，规范完善协调机制，统筹推进"三医联动"。市委办公室、市政府办公室印发《关于进一步深化医药卫生体制改革的意见的通知》，将公立医院综合改革、分级诊疗制度建设列为市委全面深化改革年度工作重点，建立起督促检查、考核问责机制。

（李庆华）

【现代医院管理制度建设】 两家县级医院分别组建起以理事会、管理层和监事会为构架的法人治理结构，制定《医院章程》和《理事会议事规则》。3月，两家医院分别召开2018年度第一次理事会全体会议，通过医院年度发展规划、重大财务事项和建设项目，制定出台制度和文件。市人民医院制定出台《全员绩效考核方案》《聘任人员薪酬调整方案》等制度文件；市中医医院重新修订《专业技术职务聘任方案》《人事和财务管理意见》等制度。

（李庆华）

【医共体建设】 召开全市医疗联合体建设工作推进会，制定下发《全市医疗联合体建设推进工作方案》。联合人社、财政、物价等四部门下发《关于推进全市医疗共同体建设的实施意见》，并综合考虑居民就医习惯、医疗机构服务能力、服务人口等因素，成立由市人民医院、市中医医院为牵头单位，14家镇街卫生院、社区卫生服务中心为成员的2个医共体。组建医共体理事会，按照《医共体章程》明确各成员单位功能定位，分别成立医共体办公室，并下设综合科、财务科、业务科，成员间签订合作协议。

（李庆华）

【基本药物制度】 联合市发改、食药、国税、物价等八部门转发《山东省公立医疗机构药品采购推行"两票制"实施方案》，2018年1月1日起，全市各级公立医院启动实施"两票制"。印发《关于执行〈国家基本药物目录（2018版）〉的通知》，在2012年版目录基础上进行调整完善，品种数量由原来的520种增加到685种，突出常见病、慢性病以及负担重、危害大疾病和公共卫生等方面的基本用药需求，注重儿童等特殊人群用药。

（徐辉）

【医疗质量管理】 进一步加强医疗机构管理，转发《山东省卫生计生委关于印发山东省医疗机构不良执业行为记分管理办法的通知》。印发《肥城市进一步改善医疗服务行动计划（2018—2020年）工作方案》。印发《肥城市关于大力推动"六大中心"建设完善重点疾病防治康复体系的实施意见（2018—2020年）》，推动胸痛、卒中、创伤、危重孕产妇救治、危重儿童和新生儿救治、癌症等六大中心建设，2018年建成胸痛、创伤、危重孕产妇救治、危重儿童和新生儿救治4个中心，其中胸痛、创伤中心已通过泰安卫健委验收。举办

全市医疗质量安全核心制度培训班，进一步落实《医疗质量管理办法》。

（李庆华）

【医护管理】 完成医疗机构电子化注册581家，医师电子化注册2470人，护士3079人，电子化注册率分别达到98.8%、96.7%，护士98.6%。对拟注销非标准医疗机构的19名医师，通过网站和健康公众号进行公示，公示后依法注销其医师证。录入医师和护士信息2000余份。10月组织开展2017—2018年度全市医师定期考核工作，对全市2123余名医师的职业道德情况、工作情况和业务情况进行全面考核。

（李庆华）

【合理用药管理】 开展抗菌药物合理使用宣传周活动，在市人民医院举办2018年麻精药品管理与抗菌药物合理应用培训班。对全市二级以下医疗机构拟授予麻醉药品和第一类精神药品处方权的执业医师、调剂资格的药师和药剂采购人员进行集中培训，并统一组织考核。全市各医疗机构共726名医师和药师考核合格。

（徐辉）

公共卫生

【国家基本公共卫生服务】 2018年，人均项目补助提高到55元，

服务项目仍为14类。建立电子健康档案79.36万份，建档率保持在75%以上；适龄儿童国家免疫规划疫苗接种率保持在97.97%以上；早孕建册率和产后访视率分别达到85%以上；新生儿访视率、儿童健康管理率分别达到85%以上；老年人健康管理率达到67.6%以上；高血压患者管理人数达到辖区高血压患病总人数41%，规范管理率达到68.56%（参照国家有关数据，高血压患病率按成年人口的25.2%测算）；Ⅱ型糖尿病患者管理人数达到辖区内糖尿病患病总人数38.8%以上，规范管理率达到68.24%以上（参照国家有关数据，Ⅱ型糖尿病患病率按成年人口的9.7%测算）；肺结核患者管理率达到90%以上；老年人、儿童中医药健康管理率分别达到67.6%、60.3%以上；传染病、突发公共卫生事件报告率分别达到95%以上；居民健康素养水平较上年度提高2个百分点；15岁及以上人群烟草使用流行率较上一年度降低0.6个百分点；为育龄人群免费提供避孕药具。3月，肥城市代表泰安市迎接省级卫生计生委2017年度国家基本公共卫生服务项目绩效考核，泰安市荣获全省第1名。新城社区卫生服务中心荣获"2018年国家基层高血压管理试点工作全国最佳患教宣传机构"第三名，安临站镇卫生院获评泰安市"一级甲等卫生院"，汶阳

镇卫生院获评"山东省乡镇卫生院建设与发展动态信息联系点""省乡镇卫生院全科医学/慢病防控培训基地"，汶阳镇卫生院赵西宇被评为"全国乡镇卫生院优秀院长"，边院镇济河村高述民被评为"全国满意的乡村医生"。

（张柏安）

【家庭医生签约服务】　制定《肥城市进一步做实家庭医生签约服务工作实施方案》，联合财政局、人社局、物价局制定《肥城市关于落实家庭医生签约服务有关政策的通知》。严格家庭医生团队建设标准，强化二级以上医院服务支撑，建立由全科医师或执业医师领衔组建的家庭医生团队171支，组建二级以上医院专家技术指导团队，统一上报卫计局备案管理。统一服务标识，从家庭医生门牌制作、印刷材料、宣传标识到家庭医生工作室（站）、健康驿站、巡诊点均统一标准，提高居民知晓度和对家庭医生的辨识度。统一签约内容，制定13类人群35个签约服务包，涵盖预约诊疗、上门服务、定期随访、免费查体、康复指导等内容，满足不同人群的医疗需求。鼓励各机构制定特色服务包，开展有偿签约，推进特色专科建设。统一服务方式，严格按照公示时间开展团队定期坐诊，每周至少两次巡诊。各签约服务团队积极与市心理健康管理学会、志愿服务组织密切配合，丰富签约服务内容。与健康扶贫、基层民生服务协同，通过进村入户等形式，扩大签约服务认可度。"5·19"家庭医生日，组织家庭医生签约服务大型宣传活动，现场签约中高级服务包469人，普通人群212人。协助拍摄2018年山东省家庭医生公益宣传片。

（张柏安）

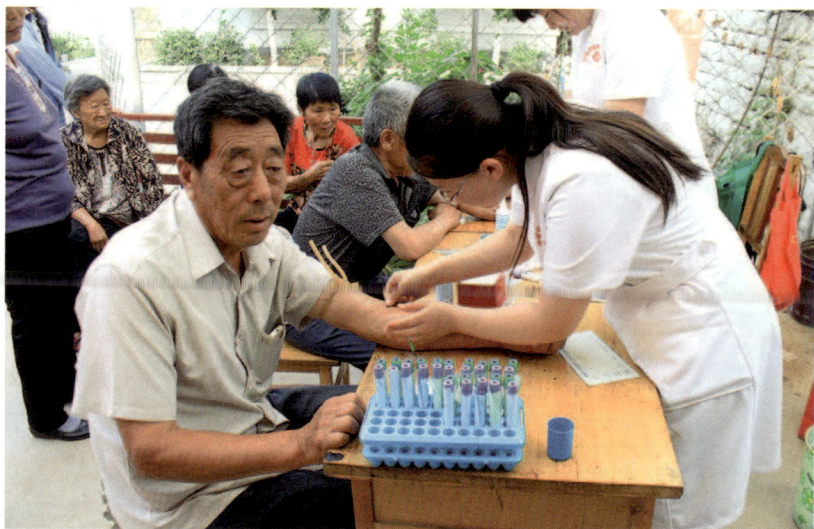
仪阳街道开展健康义诊（宋浩然　摄）

【传染病防控】　2018年，全市传染病发病总体平稳，未发生大的传染病暴发流行。境内共报告发生乙、丙类传染病18种计6482例，死亡3例，报告发病率为661.47/10万，死亡率为0.31/10万，病死率为0.05%。甲类传染病无报告；乙类传染病报告12种计1737例，发病率为177.26/10万；丙类传染病报告6种计4745例，发病率为484.21/10万。全年传染病信息报告质量综合率为100%。制定《2018年全市传染病防制工作要点》，召开全市传染病防控工作会议。组织开展肥城市传染病、艾滋病岗位练兵和技能竞赛初赛，参加泰安市级复赛，并选拔优秀选手参加省级决赛。在肥城电视台《健康肥城》专栏开展《流感防治知识》《手足口病防治》等宣传节目。在世界结核病防治日、全国儿童预防接种日、疟疾宣传日期间通过各种形式开展宣传，3.24世界结核病防治宣传日期间，组织市疾控中心到肥城丰园社区开展结核病防控知识讲座。根据上级部门工作部署安排开展对2014年以来接种过长春长生企业生产的狂犬病疫苗患者的调查摸底及后续处置工作。

（孙英艳　杨延民　李盛楠）

【免疫规划管理】　制定《肥城市预防接种规范化管理三年行动实施方案（2018—2020年）》，

按照《山东省预防接种单位考核验收标准（2017版）》，对全市预防接种单位进行检查考核。国家免疫规划八苗全程接种率保持在90%以上，全市适龄儿童免费接种乙肝疫苗接种31553人次，卡介苗接种10731人次，脊灰疫苗接种54344人次，百白破疫苗接种42029人次，白破疫苗接种12776人次，含麻疹成分疫苗接种36057人次，流脑疫苗接种43399人次，乙脑疫苗接种24196人次，甲肝疫苗接种15039人次。与教育局联合印发《关于做好2018年度入托、入学新生预防接种证查验及疫苗补种工作的通知》，接种证查验率达到100%，疫苗补种后免疫规划疫苗全程接种率保持在95%以上。组织开展对仅有bOPV接种史（无任何tOPV或IPV接种史）的儿童进行IPV的查漏补种，实际补种11462人次，补种率达到93.58%。7月始，开展不合格百白破疫苗处置工作。印发《肥城市百白破疫苗补种工作实施方案》《肥城市百白破疫苗后续补种工作应急处置预案》《肥城市百白破疫苗补种不良反应临床救治工作预案》，全市补种率达到91.66%。组织开展水痘疫苗、HIB、23价肺炎疫苗、口服轮状病毒疫苗、肠道病毒EV71灭活疫苗、流感疫苗、宫颈癌疫苗、霍乱疫苗、狂犬病疫苗等二类疫苗接种工作，共计114589人次推广接种。全市

17处接种门诊建成数字化门诊15处，16处预防接种门诊和1处预防接种站安装预防接种询问诊电子签核系统并投入使用。生物制品信息管理系统平台使用覆盖率达到100%，目标儿童管理率保持在100%。所有预防接种单位均安装冷链监测系统，冷链设备档案完整率达到100%。完成预防接种异常反应调查诊断2例，完成3人次接种异常反应者补偿事项。12月，完成29家实验室Ⅱ型脊髓灰质炎疫苗相关病毒登记清册工作。

（孙英艳　张爱祥）

【慢性非传染性疾病综合防治】 3月，举办"公益体彩"肥城市首届"农商银行"杯健步走活动，市直八大系统、14个镇街均派代表参加。设置宣传展板260块，条幅120余条，发放"一二三四·奔健康"宣传册、全民健康生活方式倡议书。与教育局、体育发展中心、食药监局等8部门联合印发《关于印发健康山东·全民健康生活方式——"一评二控三减四健"▲专项行动方案》。5月，开展"一二三四·奔健康"宣传月活动，通过核心知识讲解、摆放展板、有奖竞答等多种形式等向群众宣传健康知识。6—9月，组织全市各级机关、企事业单位、医院的干部职工参加"全省职业人群健步走和减重激励大赛"，获得"全省职业人群健步走和减重激励大赛县级

组织奖"。156家社区（村）和单位参与健骨操活动。推动全市第二阶段减盐防控高血压项目，在全市的学校、商场、酒店、餐饮和食品生产企业等开展减盐干预工作。与教育局联合下发《肥城市学校"三减"（减盐、减油、减糖）健康教育主题活动实施方案》。12月，肥城市代表泰安参加山东省卫生健康委组织的全省中学生"三减"健康饮食辩论赛，并获得团体三等奖。发动市民和餐饮单位参加省疾控中心组织的"我最喜欢的健康菜"评比活动，上报健康菜品6个，其中选送的两个菜品分别获得居民类和餐饮单位类优胜奖，为泰安市唯一奖项。对2011年减盐项目基线调查3个镇街（石横镇、桃园镇、新城街道）9个项目村的990名调查对象进行现场随访，完成随访问卷和信息上报工作。继续开展死因及慢病监测工作，全年共上报死亡人数7844例，报告死亡率为793.20/10万（按照户籍人口统计，下同）；全年共报告脑卒中发病人数7951例，报告发病率为804.02/10万；冠心病发病人数1318例，报告发病率为133.28/10万；肿瘤发病人数3701例，报告发病率为374.25/10万。为准确评估全市人群死亡登记报告数据的完整性，对仪阳街道49个村2015—2017年全部死亡人员的资料进行现场调查、收集并完成肥城

市死因监测漏报调查报告。8月，获得"2016—2017年度山东省慢性非传染性疾病防制工作先进集体"荣誉称号。

▲"一评二控三减四健"专项行动的口号是"一二三四奔健康"。"一评"即健康评估，提倡推广和开展健康指标检测，评估身心健康状况，早干预；"二控"即控烟、控酒，倡导不吸烟、不敬烟，适量饮酒；"三减"即减盐、减油、减糖，倡导低盐、低油、低糖饮食，少喝碳酸饮料；"四健"即健康体重、健康口腔、健康骨骼、健康心理，推广科学有效的健身手段，传播自尊自信的现代文明理念，促进身心健康。

（孙英艳　李春晖）

【地方病防治】　完成2018年度碘缺乏病病情监测与健康教育项目工作，共采集100名孕妇、200名儿童的盐样和尿样，进行盐碘和尿碘检测。盐碘结果显示294份为碘盐，6份为非碘盐，碘盐覆盖率为98%，全市盐碘中位数为24.1毫克/千克，居民合格碘盐食用率为94.67%。尿碘结果显示，100名孕妇和200名儿童的尿碘中位数分别为122.03微克/升和176.01微克/升。全市8～10岁学生碘营养状况处于适宜水平，100名孕妇碘营养状况处于缺乏水平。与盐务局联合完成"5·15碘缺乏病防治日"的宣传工作。在"防治碘缺乏病日"全国中、小

学生宣传画征集活动中，全市选送60余幅作品参赛，其中1幅作品获得全国小学组二等奖，为全泰安市获得的最高奖项。完成2018年度肥城市地方性氟中毒防治工作。对9个镇街的72个村进行改水工程情况调查和水氟监测，提出相应的技术指导建议。对湖屯镇的西湖东、西湖西、小中泉三个病情监测村8～12岁的72名儿童进行氟斑牙检查，共检出可疑患者6例，极轻度患者2例，轻度患者1例，无中、重度患者。氟斑牙检出率为4.17%，氟斑牙指数为0.0972。5—10月，完成蚊媒种群监测工作。继续开展疟疾消除工作，指导市人民医院、中医医院、肥矿中心医院、安临站镇卫生院开展发热病人血检工作，全年共计血检684人，血检率0.69‰，复检血片87张，复检率12.72%，符合率100%，其中阳性人数2人，阳性率0.29%。全年共报告疟疾病例7例，均为输入性病例，无死亡病例，均按照要求进行规范治疗和流行病学调查，疫点处置率达100%。2018年肥城市为国家级土源线虫流动监测点，承担人群感染土源线虫监测项目，为肥城市近30年间的第一次人群寄生虫病感染状况的大型调查。项目共采集1021人的粪便样本进行监测，样本结果均为阴性；完成采集粪便的1021人中99名3～9岁儿童的肛门透明胶纸法检测，1人为阳

性，阳性率为1.01%。

（孙英艳　李春晖）

【艾滋病及皮肤病防治】　全市16处艾滋病检测点4处艾滋病筛查实验室开展艾滋病自愿咨询检测及艾滋病筛查实验室筛查。4月，艾滋病抗病毒治疗工作正式移交至肥城市人民医院。开展艾滋病防治知识宣传活动和农民工干预工作，开展暗娼、男同高危行为干预工作。开展麻风病愈后生存病人随访及密切接触者健康筛查。10月16日，肥城市皮肤病防治所正式挂牌。

（孙英艳　马敏）

【结核病防治】　门诊接诊疑似肺结核患者1595人，收治管理患者288人。其中涂阳87例，涂阴153例，未查痰6例，结胸32例。高发人群为农民，发病143例，占肺结核发病总数的67%；全市14个镇街均有病例报告。非结防机构报告疑似患者688人，其中追踪到位483人，重卡154人，未到位11人，追踪到位率98%。结核病"三位一体"综合防治服务模式转型，制定《肥城市结核病新型防治服务体系（三位一体）项目实施方案》，7月，结核病定点治疗工作移交至肥城矿业中心医院，各项业务运转正常。及时处置学校结核病患者，对发病学校班级、学生按照《学校结核病防控工作规范2017版》进行规范处置。与教育局联合转

发《省卫计委教育厅关于认真贯彻落实学校结核病防控工作规范（2017版）的通知》，印发《关于印发肥城市中小学校托幼机构结核病防控技术指导意见的通知》，对全市各市直学校的分管校长、校医进行传染病防控知识培训，对学校的传染病防控工作进行督导。2月，开展"突发学校肺结核疫情处置桌面演练"。3月，利用晨读时间，在龙山中学、实验中学等学校举办《春季传染病防控知识宣传》专题讲座，宣传结核病等传染病防治知识和预防措施。及时处置结核病预警信息，共处理42条结核病预警信息，并对8例学校结核病病例进行规范处置。

（孙英艳　陈麒）

【精神卫生】　与综治办、公安局、民政局联合转发《关于印发2018年严重精神障碍患者收治管理工作方案》的通知，全市各镇街、社区、村建立精神卫生综合管理小组和关爱帮扶小组，在"两会"及青岛上合峰会期间，全市贫困建档立卡患者及危险性评估三级以上患者均按照上级要求收治入院。4月，由综治办牵头，民政局、公安局、残联、卫计局等5部门召开全市严重精神障碍患者服务管理部门联席会，及时与公安、综治等部门互通信息，准确掌握患者信息。分别于2月、5月举办各医疗单位参加

的全市严重精神障碍患者管理工作会议暨业务培训，对重精管理业务进行培训。3月，对全市严重精神障碍患者档案进行抽查考核，将考核结果进行通报并作为年底下发基本公共卫生资金的依据。共排查在册患者4198人，患者检出率为4.28‰，管理率为96.45%。继续对全市686个项目108名贫困精神病人给予免费发药补助，每月一次随访，每季度一次查体，每年一次疗效评估。

（孙英艳）

【中小学生健康体检】　对申报承担中小学健康体检工作的14家单位的机构资质、体检设备器械及人员进行审核，6月在"健康肥城"公众号进行公示，并报市教育局进行备案，参加泰安市卫计委举办的全市中小学生健康体检培训班。市教育局、卫生计生局联合印发《关于做好肥城市中小学生健康体检工作的通知》。9月6日，在实验小学桃花源校区联合召开全市中小学生健康体检工作会议。10月，对全市的中小学生健康体检进行督导，并将督导中存在的问题及时予以纠正。自10月开始，全市14家机构共完成122所学校的92168名学生的体检，参检率99.41%，将健康体检数据分析报告及时反馈市教育局。

（孙英艳）

【卫生应急】　6月5日，配合市

政府办公室举办全市突发公共卫生事件应急处置讲座，邀请省疾控中心卫生应急专家雷杰授课，市直各部门、单位及各医疗卫生机构共计370余人参加培训，各镇街同时设立分会场。6月25日，市人民医院医疗救治队参加市政府组织的危险化学品应急演练预演。7月5日，市卫计局卫生应急医疗救援队伍参与市政府主办的山东阿斯德科技有限公司危险化学品生产安全事故应急救援综合演练。7月19日，肥城市组织开展大汶河防汛抢险演习，市卫生应急救援队伍全程参与灾情应急处置的全过程。9月18日，市卫计局卫生应急救援队伍参加山东省冶金企业生产安全事故应急救援演练，在石横特钢参与现场煤气中毒人员抢救。2月，组织市疾控中心开展学校结核病疫情处置桌面推演。

（孙英艳）

【信息化建设】　按照市政府统一要求，推进局机关政务信息资源共享，各科室按照三定方案重新编制单位资源目录100余条，做好数据归集。按照省卫计委通知要求，指导市人民医院、市中医医院、市疾控中心、肥城矿业中心医院等单位按照本单位规划，共选取14项智慧服务品牌列为2018—2020年三年的创建目标，并提报至《山东省智慧服务品牌创建目录库》。按照泰安市财政局统一部

署，进行全市财政专线的布线工作，12月进行新的财务软件的安装使用工作。对接泰安市医改办牵头的健康泰安平台建设项目，由王庄镇卫生院进行系统的试点建设。

（赵侃）

中医·中药

【概况】　6月5日，市政协20多名委员视察全市中医药工作情况，现场调研王瓜店街道卫生院、洪德堂皮肤病诊所、中医医院，并召开座谈会。6月10—15日，协同市食品药品监督管理局开展全市中药饮片采购验收专项清查工作，清查全市16个医疗卫生单位。6月24日，在市中医医院举办全市中医药知识和服务能力提升培训班，培训各级医疗机构人员200人。7月30日，市中医医院郝晓被确定为2018年全国基层名老中医药专家传承工作室项目专家。9月7日，举办全市基层医疗卫生机构中药传统技能竞赛活动。9月15—16日，举办肥城市痛症中医诊疗基础和实践培训班，特邀请全国名老中医、中央保健会诊专家教授吴中朝授课，全市45人参加学习。10月15日，参加泰安市基层医疗卫生机构中药传统技能竞赛，肥城市代表队荣获团体一等奖，安驾庄镇卫生院肖华荣获个人特等奖，并获"振兴泰安劳动奖章"。11月5日，在市中医医

院举行肥城市第二届膏方节启动仪式。

（石跃革）

卫生法治与监督

【公共场所卫生许可告知承诺制】　为贯彻简政放权、"一次办好"改革，8月，率先试行公共场所卫生许可行政审批告知承诺制。10月12日，正式下发《肥城市公共场所卫生许可行政审批告知承诺和监督管理实施方案》，通过申请人承诺、执法人员事后监督完成审批承诺事项补充材料，最大限度简化办证流程、缩短办证时限。强化事后监管流程，对300余家新办和延续的公共场所单位在规定时间（2个月内）开展现场审验工作，完善量化分级，发放监督信息公示牌。此做法被市行政审批服务局在全市范围内进行推广。

（梁凯）

【法制建设】　印发《关于加强全市医疗机构法治建设工作的指导意见》《2018年度全市卫生计生系统普法依法治理工作计划》等文件，要求全市二级以上医疗机构在年内设置法治工作责任部门，配备1名以上具有法律专业背景的专职工作人员。与法制局、局聘律师沟通协调，做好行政复议申请答复及行政诉讼案件的应诉工作，根据法院判决情况，所有诉讼

案件均驳回原告诉讼请求。组织开展2018年度行政执法证年审，提交卫生计生系统103名行政执法人员的信息，注销执法证7人。5月18日，组织12名执法人员参加全市统一组织的行政执法人员年审考试。推进减证便民工作，全面清理证明事项，共保留证明事项28项。将涉及卫生健康的176项行政处罚、18项行政强制，共计194项权力事项录入山东省行政权力动态管理系统。

（路洲　梁凯）

【卫生监督】　印发《全市卫生计生综合监督工作实施方案》《肥城市镇街卫生计生综合监督工作规范》《关于进一步明确各卫生计生机构承担综合监督监测工作职责的通知》等制度文件，明确镇街卫计办、卫生院、社区卫生服务机构监督重点。各镇街整合建立执法队伍，综合监督人员到位77人，村级监督信息网点491个，监督信息员1221人。3月，肥城市被山东省卫生计生委评为"山东省卫生计生综合监督示范区"。完成"双随机"监督监测任务，明确执法大队、疾控中心各自职责任务。肥城市在泰安八个县市区中率先全部完成288家监督监测任务，并按时在政府网站分期进行公示，监督完成率、检测完结率均达到100%。强化日常监督力度，市内被监督单位2666家，其中公共场所

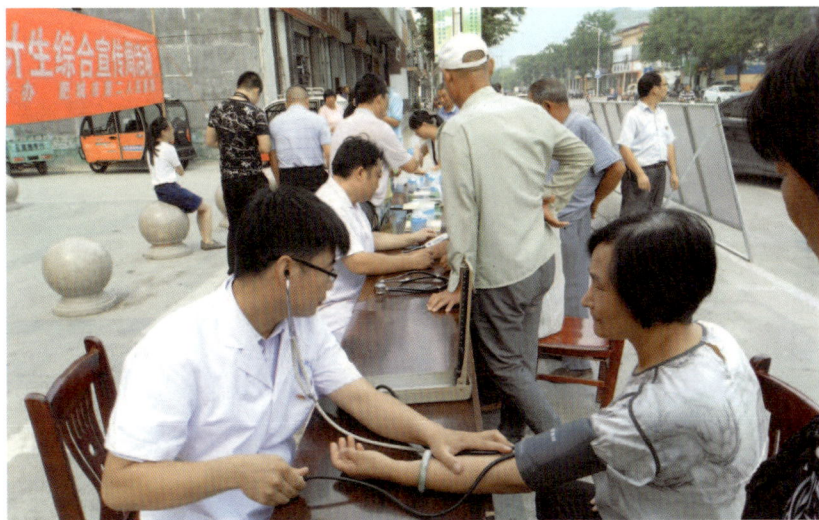

7月5日，边院镇卫计办与肥城市第二人民医院在镇驻地商场门前启动卫生计生综合监督宣传周活动（于家峰　摄）

1319家，集中供水单位49家，学校128家，医疗卫生单位553家，传染病防治单位559家，放射诊疗单位37家，血液安全单位1家，计划生育单位17家，消毒产品生产企业6家，餐饮具集中消毒单位5家。对新办及延续的350余家公共场所单位开展卫生条件、卫生监督量化分级、信息公示等方面的核查。联合市教育局、疾控中心开展中高考期间卫生安全集中检查、秋冬季传染病学校卫生专项监督。加强基层医疗机构医疗废物处置和消毒管理，组织开展仪阳街道卫生院、山医集团肥城护理院、美年健康体检肥城门诊部的放射防护控制效果评价，邀请省市专家对新建放射项目进行验收指导。联合市检察院开展为期两个月的餐饮具集中消毒服务单位专项整治活动。11月，在全市范围内开展综合监督检查。7月，开办综合培训，邀请泰安市综合监督执法局专家授课，对市镇两级综合监督员和协管员进行专题培训。8—11月，采取镇街监督员上挂执法大队锻炼学习的方式，每批2个镇街、每个镇街2个人，每两周为一个周期，开展镇街监督员轮训。8月底开始，利用2个月的时间，安排镇街开展公共场所摸底排查。参与泰安市卫生计生执法监督技能竞赛，取得团体二等奖（第二名），制作的微课作品获得省级三等奖，为泰安市唯一获奖作品，卫生监督员梁凯获得"山东省卫生执法办案能手"称号。

（路洲　梁凯）

计划生育服务管理

【卫生计生资源融合】　举办全市2018年度镇村卫生计生业务培训班，培训镇村卫计工作人员1600余人。制定《肥城市基层卫生计生工作规范（试行）》，以信件的形式发至镇街党政主要领导，争取镇街领导的重视力度。改革完善人口目标管理责任制，探索将市委、市政府与各镇街党委、政府签订的《人口和计划生育目标管理责任书》转型为《人口计划生育和卫生健康目标管理责任书》，将部分卫生健康工作以责任目标的形式签订给各镇街，促进卫生计生工作同部署、同推进、同落实。5月15日，《山东卫生和计划生育情况》2018年第7期刊发肥城市《健全组织网络推进工作转型　不断提升卫生计生服务管理能力》的典型经验，对肥城市积极推进卫生计生机构、队伍、资源整合和工作融合等方面的经验做法在全省进行推广。

（武文朋）

【全面两孩政策】　开展全面两孩实施效果评估，结合WIS数据、住院分娩、预防接种、公安落户等信息，对全市2016年全面两孩政策实施以来肥城市人口变动情况进行详细分析，准确把握人口变动趋势，确保生育政策的扎实稳妥落实。印发《关于加快推进母婴设施建设工作的通知》，不断推进母婴设施建设工作。全市74个单位设立母婴室，在泰安市各县市区中列首位。做好出生人口动态监控和生育状况抽样调查。6

9月13日，石横镇开展优生优育知识宣传"赶大集"活动（于学山　摄）

月4日，市卫生计生局被国家卫生和健康委员会评为"2017年全国生育状况抽样调查优秀单位"；9月10日，被泰安市1%人口抽样调查领导小组评为"2017年泰安市1%人口抽样调查先进集体"。

（武文朋）

【"放管服"改革】 创新实践再生育审批权限委托下放，将再生育审批权限由县级卫生计生行政部门委托下放至镇街，此做法在泰安市范围内进行推广；9月3日，获省人口与计划生育领导小组"2016—2017年度全省计划生育服务管理创新奖"，并被省委、省政府和泰安市委、市政府通报表扬。印发《关于切实做到"一次办好"相关工作的通知》《关于解决堵点问题、优化办事流程的通知》，进一步规范全市婚育证明索要及出具、办理生育服务证

件流程等工作要求。印发《关于进一步明确独生子女父母认定标准的通知》，对当前独生子女父母认定和领取《独生子女父母光荣证》条件及标准进一步明确，确保为群众提供更加准确到位的生育服务。为9273对符合两孩以内生育政策的夫妇进行生育登记，生育登记覆盖率97.97%，其中二孩生育登记6573例，占生育登记总数的70.88%；办理生育证209例，再生育审批办结及时率100%。

（武文朋）

【基层工作基础】 印发《关于进一步稳定加强村级卫生计生队伍建议的意见》《关于做好村级卫计委和计生协换届选举工作的意见》等文件，同时指导镇村加强村级卫生计生人员队伍建设及待遇落实。按照"年轻化、知识化、女性化、专业化"的要求，抓好村级卫生计

生委主任的选配和队伍网络建设，全市605个行政村（居）卫计委主任有552名兼任村"两委"成员，占总数的91.2%，其中有14个村（居）卫计委主任具有医学学历。强化统计例会制度，健全卫生计生、公安、人社、民政、教育、统计等部门的人口基础信息共享机制，及时交接、变更育龄妇女服务管理单位，不断提升育龄妇女服务管理到位率。全市出生统计质量合格率达99.26%、孕情上报及时率95.41%、生育登记覆盖率97.97%，均在泰安市各县市区中列第1位。

（武文朋）

【流动人口计划生育服务管理】 打造关怀关爱留守儿童活动品牌，组织开展对返乡流动人口送政策、送知识、送健康、送服务的"情暖桃都·把健康带回家"等系列关怀关爱活动。全面推进流动人口基本公共卫生计生均等服务，引导流动人口倡树健康生活理念和方式。流动人口信息管理数据、管理质量位居泰安市前列，重点服务对象信息反馈、生育服务登记信息接收等8项监控考核指标中5项达100%，3项达00%以上，分别高于国家标准15～20个百分点。3月，与济南分会共同举办"中岳建设杯"在济最美桃都人颁奖典礼，市委常委、统战部部长付玲出席活动并致辞。

（王涛）

【妇幼保健技术服务】 ①出生缺陷综合防治。超额完成国家免费孕前优生健康检查10000人的任务，覆盖率达到100%，免费产前筛查率达到78.55%，新生儿遗传代谢性疾病筛查率达到99.98%，出生缺陷综合防治率达到91.36%，超出省市考核的目标值8.46个百分点。②重大公卫妇幼项目。拓宽免费叶酸发放渠道，为5093人免费发放叶酸25403瓶；超额完成承担的7300例泰安市级"两癌"筛查和2000例国家级乳腺癌筛查任务，其中宫颈癌筛查7775人、病理检查阳性0人，乳腺癌筛查9971人、病理检查阳性1人；印发《肥城市预防艾滋病 梅毒 乙肝母婴传播实施方案》，免费为8238孕产妇进行艾梅乙病毒检测，其中艾滋病阳性0例、梅毒阳性2例、乙肝阳性195例。7月6日，代表泰安市迎接省重大公共卫生妇幼项目绩效考核。③母婴安全管理。印发《肥城市母婴安全行动计划（2018—2020年）实施方案》。10月17日，召开全市母婴安全行动计划启动会，开展母婴安全"五大行动"，落实母婴安全"五项制度"。印发《肥城市孕产妇妊娠风险评估与管理工作规范》，落实妊娠风险筛查与评估制度。在市人民医院成立肥城市危重孕产妇救治中心、危重儿童和新生儿救治中心。1月12日，市人民医院承担的山东省县级新生儿重症监护能力提升项目顺利通过验收。全年孕产妇死亡1例，新生儿死亡2例，均已进行死亡评审，其中孕产妇死亡率9.62/10万，婴儿死亡率1.92‰，5岁以下儿童死亡率2.98‰，各项母婴安全指标控制在正常范围。④妇幼健康服务能力建设。开展全市妇幼健康服务技能竞赛，在泰安市2018年度妇幼健康服务技能竞赛中取得团体二等奖。强化从事母婴保健技术服务机构和人员的准入制度，为23家医疗机构和213名医务人员发放《母婴保健技术服务执业许可证》和《母婴保健技术考核合格证》。⑤计生技术服务管理。开展2018年度病残儿医学鉴定和节育手术并发症鉴定，6名儿童鉴定为病残儿、5名成人鉴定为节育手术并发症；创新出台《农村已婚育龄妇女免费生殖保健查体服务工作实施方案（试行）》，扩大免费查体人群，增加免费服务项目，提高妇女生殖健康水平。

（荣翠翠）

【法定政策落实】 2月26日，市政府印发《肥城市城镇其他居民独生子女父母奖励扶助政策实施方案》，对在机关、事业组织、企业办理退休人员之外的独生子女父母，符合政策只有一个子女的年满60周岁的城镇居民开始纳入奖励扶助。奖励扶助金由市级财政统筹解决，按每人每月80元标准，由市人社局和户籍所在镇街区采取"直通车"的方式每半年发放一次。4月18日，召开全市城镇其他居民独生子女父母奖励扶助政策落实工作会议，通过张贴明白纸、微信公众号、报纸、电台等多种方式进行广泛的政策宣传。2018年，全市符合条件人员435人，发放奖扶金39.64万元。全市18周岁以下符合条件独生子女父母家庭4.2万个，发放独生子女父母奖励费404万元，其中市属"三业"人员独生子女父母奖励费56.37万元，9810人。全市累计享受农村部分计划生育家庭奖励扶助和特别扶助人数分别为12765人和802人，发放扶助金1769.9万元。落实市属破产改制企业独生子女父母退休一次性养老补助91人，一次性养老补助金140.74万元。

（王双双）

【出生人口性别比综合治理】 7月30日，印发《关于成立肥城市卫生和计划生育局出生人口性别比综合治理工作领导小组的通知》，年内完成2例"两非"案件查处任务，出生人口性别比为106.79：100，保持在正常范围之内。

（王双双）

【医养结合和医养健康产业】 全市一级以上医疗机构开通老年人就医绿色通道，落实老年患者优先就诊、优先检查、优先住院等服务措施。推行公立医院与养老机构签约的服务模式，将医疗机构作为养老机构的医疗技术支持单位，14家镇街卫生院（社区服务中心）均与驻地养老院签订医养结合协议，市人民医院、市中医院也分别与部分养老机构建立合作关系。各镇街卫生院联合养老院对1975名特困老人进行能力评估，在市人民医院设立全市老年人能力评估中心，对老年人评估结果进行分析。全市首家规范化运营的医养结合机构——山医康养中心被纳入泰安市医养结合项目库。11月1日，省卫健委医养结合工作评估第九组到肥城开展医养结合中期评估，对肥城工作给予充分肯定。探索发展医养健康产业，初步形成潮泉镇农旅养复合型小镇、市中医医院膏方制剂、市人民医院医养结合等产业项目。

（王双双）

【计生协会】　3月12日，启动计划生育失独家庭住院护理补贴保险工作，首次为全市510名计生失独家庭成员办理住院护理补贴保险，增强计生失独家庭抵御意外和疾病风险的能力。7月2日，举行全市庆祝建党97周年暨7·11世界人口日文艺汇演，对在"5·29会员活动日"期间开展的"会员心向党建功新时代"为主题的宣传服务活动中涌现出来的优秀节目进行展演评选，其中新城街道计生协选送的《卖婆婆》获得省计生协评选戏曲节目三等奖。8月16日，泰安市计生协会和健康公益事业发展协会在肥城举办"坚持科学健身、促进身心健康"专题讲座，新城周边部分镇街的60多户计生特殊家庭的110余人参加，省计生协副会长李养珍等领导参加活动。9月21日，市计生协会联合十指连心志愿者协会组织开展计生特殊家庭金秋联谊交流活动，邀请部分偏远乡镇的60多名计生特殊家庭成员参加活动。10月14日，举办全市优生优育指导师资培训班，市优生优育指导工作领导小组成员，各镇街常务副会长和市镇两级优生优育指导专家库全体成员共100人参加培训，印发规范《全市优生优育指导工作培训教材》，进一步提升全市优生优育指导工作服务水平。

（宋勇）

健康促进

【宣传引导】　印发《关于在春节期间广泛开展"送健康"活动的通知》，自1月20日到3月20日，开展"送健康"系列活动。全市共开展大型主题宣传活动及文艺汇演15次，各类健康知识讲座120余场，医疗帮扶和义诊60余次，发放健康包2000多套，宣传品10万余份，受益群众20万余人次。8月17日，由市卫生计生局主办，市直机关工委、总工会、教育局、广播电视台协办的"桃都最美医护人、桃都最美医护团队"颁奖典礼成功举办。对在全市评选出的10名"桃都最美医护人"，2个"桃都最美医护团队"和10名"桃都优秀医务工作者"进行事迹展播和颁奖。省农科频道《名医话健康》栏目对新城街道社区卫生服务中心家庭医生团队进行专题录制，该节目于5月19日在省农科频道《名医话健康》电视栏目播出。响应肥城市新时代文明实践中心建设全国试点工作，组建市卫计局机关健康生活志愿服务队、市直医疗单位健康生活志愿服务队、各镇街健康生活志愿服务队、各村居（社区）健康生活志愿服务队四级志愿服务队，开展健康教育、健康咨询、健康扶贫、义诊等志愿服务，将健康生活志愿服务活动纳入全市新时代文明实践中心建设体系中。与市电视台合办的《健康肥城》栏目共制作完成40期，节目形式和内容上得到进一步提升丰富。开办健康肥城微信公众号、健康肥城今日头条政务号、澎湃新闻、健康肥城客户端等自媒体，全年自媒体新闻更新2000多条，微信公众号目前关注度7万多人，今日头条政务号关注度2万人，累计点击量百万余次，自媒体工作在泰安市各县市区中处于领先地位。加强新闻宣传，发表泰安市级以上稿件 1000 余篇，其中国家级 600 余篇。拍摄制作的《弹指一年间"五化"展新颜》——肥城市卫生计生宣教工作掠影，在山东省宣传教育工作纪实——《新时代大健康》中被采用。

（尹涛）

【健康教育】 开展健康促进示范市创建活动，5 月 3 日召开全市创建省级健康促进示范市动员暨工作培训会。会议下发市人民政府办公室《关于印发肥城市创建山东省健康促进示范市工作方案的通知》，成立由市长任组长，分管副市长为副组长，卫生计生、教育、人社、广电等 30 多个单位部门和 14 个镇街主要负责同志为成员的健康促进示范市工作领导小组。开展以"文体广场大舞台·美丽乡村、健康生活舞起来·美好人生"为主要内容的"双舞美"活动，围绕农村群众实现健康人生和幸福家庭创建的愿望，做好"152034"——树立"1 个工作理念"，设立"五分钟讲坛"，确定"20 项宣讲内容"，建好用好"3 支宣讲队"，搞好"4 个进广场"具体工作落实。在全市广泛开展文明健康互助活动，招募健康义务宣讲员，组建文明健康互助小组，建立联系人制度，重点开展好"十带十帮"活动，即带头义务宣讲，帮助树立健康意识；带头参加活动，帮助追求

健康生活；带头唱歌跳舞，帮助建立良好心态；带头交流生活，帮助解开思想疙瘩；带头参加查体，帮助做到未病先防；带头奉献爱心，帮助联络查病治病；带头文明教养，帮助弘扬孝老爱幼；带头邻里和睦，帮助实现家庭安康；带头清洁卫生，帮助营造健康环境；带头扶贫济困，帮助关爱特殊群体。抓好重点活动开展，3 月 31 日，与市体育发展中心联合在刘台桃花源景区开展"公益体彩肥城市十里桃花健步走大会"。5 月，举行健康促进社区创建启动仪式、"一二三四奔健康"健康教育进社区活动，参与山东省暨泰安市第十五届社会科学普及周启动仪式、全市"活力机关"建设暨"活力青年行"等活动。10 月 16—17 日，与城区卫计办联合举办"共创共建文明城，携手共筑健康梦"广场舞大赛。"世界无烟日"期

间，组织各医疗卫生单位开展宣传教育活动及控烟履约工作，与市教育局联合在全市中小学生中开展"拒吸第一支烟，做不吸烟新一代"的签名活动。开展"泰安市无烟单位"创建工作，全市 2 个机关、17 个医院、5 个社区、4 个学校、4 个企业、4 个商场共 25 个单位被评为泰安市无烟单位。

（尹涛）

【健康扶贫】 春节期间开展"健康扶贫送温暖"活动，为贫困群众捐赠物资现金共计 25 万元。1 月，与市扶贫办、人社局、民政局联合出台《肥城市农村建档立卡贫困人口尿毒症患者医疗救助暂行办法》，对贫困尿毒症患者继续落实减免救助。2 月，对全市医疗卫生单位开展健康扶贫专项督查。3 月，出台《肥城市健康扶贫领域作风问题专项治理实施方案》，确定 2018

9 月 13 日，王庄镇卫计办和卫生院向过往的群众宣讲"婚育新风进万家"活动内容，开展健康扶贫活动（李殷平　摄）

年为健康扶贫工作作风建设年，开展健康扶贫领域作风问题专项治理。4月10日，与市扶贫办、民政局、财政局、人社局、金融中心联合出台《肥城市2018年度扶贫特惠保险实施方案》，将医疗机构减免费用提升为5%。4月17日，迎接省卫计委健康扶贫办公室对肥城健康扶贫专项督导调研。5月，山东省健康扶贫动态管理系统并入全国健康扶贫动态管理系统，两网合一，工作效率得到提高。市扶贫办、财政局、卫计局、精神卫生中心积极准备，于6月13日迎接省财政厅第三方对肥城市重精神扶贫项目的绩效评价工作。7月，与市扶贫办、人社局、民政局联合出台《肥城市农村建档立卡贫困人口尿毒症患者医疗救助补充规定》，7月1日起对贫困尿毒症患者透析治疗费全免。7月27日，泰安市扶贫办到肥城座谈并测试"一站式"结算系统，同时泰安市卫计委对肥城健康扶贫工作开展专项督导。8月，市卫计局健康扶贫督查组对全市医疗卫生单位开展健康扶贫专项督查，全市医疗卫生单位通过自查整改，共整改各类问题1400条。8月20日，泰安市扶贫特惠保险现场推进会在肥城召开，"一站式"结算正式启动，在基本医保、大病保险报销基础上，医院减免、民政救助、商业保险均为贫困群众一次办好，避免来回跑腿。9月，迎接泰安市

扶贫办、卫计委、纪委等部门组成的督导组对全市公立医院"一站式"结算运行情况的督查。10月17日，为全国第五个扶贫日、第26个国际消除贫困日，在全市卫计系统开展"健康扶贫宣传周活动"。12月，全面准备并顺利完成市扶贫办对行业部门2018年度扶贫开发工作成效考核。同月，对17个医疗卫生单位开展健康扶贫年终督导检查。全年集中开展健康扶贫动态管理系统信息核实整改活动4次，共核实整改信息3万人次。全面完成2018年扶贫特惠保险医疗机构减免和理赔材料交付工作，2018年全市医疗机构共为贫困人口减免4.1万人次332.9万元，为医保、民政、保险公司"一站式"结算垫付1198.9万元。

市直医疗卫生单位

【肥城市人民医院】　至年末，医院编制床位1469张，实际开放床位1337张，设37个临床专业科室，8个医技科室，在职职工1515人，其中高级职称专家93人，博士研究生1人，硕士研究生110人，门诊业务量52万余人次，收治住院病人57000余人次，床位使用率90.61%。完成编制《内部控制制度汇编》，全面推进内部控制制度的落实和审计工作，完善《全员绩效考核方案》，出台《全面预算管理制度》。设立监察室，出台《服务质量投诉管理制度》。6月份成立招标办公室。9月，成立"肥城市人民医院医疗服务共同体"，完成消毒供应中心和医学影像会诊中心的一体化服务。10月，怡和院区整体搬迁，完成两个院区科室整合。成立急危重症孕产妇救治中心和急危重症新儿救治中心。对急诊医学科进行全面升级改造，增设急诊ICU，开展急诊PCI。设立门诊手术室，

肥城市人民医院医疗服务共同体成立

同时对外科、儿科、产科门诊进行重新调整布局。启用东沿街楼，完成产后康复中心、整形美容门诊顺利搬迁。率先使用"E答"手机APP平台，实现无纸化考试考核。建立健全抗菌药物临床使用预警机制，对药品实行动态监测。11月，完成东家属楼房产证的办理工作，成立业主委员会。12月，通过二级甲等综合医院复审。加快推进"一站式"即时结算信息平台建设，制定实施《健康扶贫减免政策实施细则暂行办法》《"光明扶贫工程"实施方案》等文件，全年贫困人口减免累计4469人次，减免医疗费用69.76万元。新开展心脏介入手术、肺叶袖式切除术、胸腹腔镜联合食管癌根治术、食管胃底静脉曲张精准断流术等技术。全年发表论文29篇，其中国家级3篇。医院获批成为山东省上消化道癌早诊早治项目病理会诊培训中心、山东省重点癌症机会性筛查示范基地、山东省癌症中心成员单位，《碘染色在早期食管癌术后组织标本病理诊断中的应用研究》项目荣获山东省医学科技奖基层组三等奖；《肥城市区域性儿童青少年视力状况调查及近视防控效果研究》《肥城市成年居民血压流行病学调查及危险因素分析》及《肥城市2015—2017年新入透析患者流行病学调查及生存预后分析的单中心研究》等项目在泰安市科技发展计划中获

批立项。荣获全国健康传播优秀案例奖、全国科普日活动优秀组织单位奖、山东省全民健康信息化建设先进单位、山东省卫生先进单位、山东省卫生保健先进单位、泰安市女职工建功立业标兵岗、泰安市血液安全核查优秀单位、泰安市医疗器械不良事件监测先进集体、首届桃都最美医护团队等地市级以上荣誉称号10余项。

（张景旺）

【肥城市中医医院】　至年末，医院编制床位500张，实际开放床位550张，设置25个临床科室和8个医技科室。在职职工857人，在编职工403人，其中副高级以上技术人员48人，硕士研究生66人，博士1人，尚海峰、郝晓为全国基层名老中医药专家。全年总诊疗36万人次，收治住院病人2.1万人次。迎接三甲中医医院评审并圆满通过。对照评审标准，对

医疗核心制度、医疗规范和工作流程进行再修订，组建大质控科，建立质控管理逐级负责制，严把病历质量关。在各护理单元全面推行"品管圈"管理和"6S"活动管理，优化完善54种中医护理方案，提升辨证施护能力。加入山东中医药大学医疗集团、国家心血管病中心高血压专病医联体等15个医联体，与6家医疗单位开展肥城市中医医院医共体建设。为贫困患者减免费用约30万元，为420例贫困白内障患者实施复明手术。被确定为肥城市道路交通事故救助基金定点医院，为16名患者申报救助基金60余万元。建立以ACS疾病为主的胸痛中心，成为中国胸痛中心建设单位，全年介入治疗400余人。举办全市第二届膏方养生节，加工定制膏方234料，同比增长60%，全年中药处方同比增近1.2万张，同比增长40%。开展"多头火针治疗带

3月10日，市中医医院开展"送健康，进警营"活动（鲍圣波　摄）

状疱疹神经疼""急性脑梗死的静脉溶栓治疗""益气滋阴活血法治疗糖尿病肾病的临床研究"等新技术新项目33项。举办泰安市医学影像质控学术会议、省立医院疼痛专科医联体培训班等19场学术会议。首次实施护士长竞聘，将优秀护理人员选拔到护士长岗位。对急诊科、儿科、针推科病区、手术室东区装修改造，ICU、CCU进行升级改造。设立医保药房和急诊药房，药品SPD、医保药房自动发药机高效运转，进一步方便病人取药。投入200万元建设完成的规范化消毒供应中心投入使用，承担起部分卫生院的清洗消毒工作。对机房进行改造，完成信息系统的整体升级。将残康中心与康复室合并成立康复科，实现病人的早期床旁康复。围绕"辉煌四十年，扬帆再起航"的主题，开展职工运动会、医疗惠民、查体优惠、志愿服务、红色教育等建院40周年系列庆祝活动。荣获泰安市优秀护理团队、泰安市消防先进管理单位、首届桃都最美医护团队等地市级以上荣誉称号。

（张国强）

【肥城市疾病预防控制中心】　至年末，人员编制74人，在职干部职工67人，其中管理人员5人，专业技术人员62人（在聘高级职称人员6人，中级职称人员25人，初级职称人员31人）。设有传染病防制科、卫生应急科、卫生监测评价科、慢性病与地方病防制科、免疫规划科、皮肤病防治科、卫生检验室、健康教育与病媒生物防制科等18个职能科室。被山东省疾病预防控制中心授予病毒性传染病防制工作、慢性非传染性疾病防制工作、食源性疾病监测工作先进集体，慢性非传染性疾病防制工作先进集体是泰安市唯一获得该称号的县市区。7人荣获省市先进个人或技术标兵，食源性疾病监测工作在山东省和泰安市工作会议上作典型发言。7月，承办泰安市免疫规划工作现场会。被泰安市疾控中心授予全市免疫规划业务工作先进集体，荣获泰安市卫生和计划生育委员会、泰安市总工会"全市艾滋病防治工作岗位技能竞赛团体二等奖"。

（刘秀惠　张玲）

【肥城市妇幼保健院】　至年末，人员编制121人，在职干部职工43人，其中管理人员6人，专业技术人员34人（在聘高级职称人员3人，中级职称人员14人，初级职称人员17人），工勤人员3人。设有婚孕前保健查体科、孕产保健科、妇女保健科、乳腺科、儿童保健科、外科（男性科）等20余个职能科室。主要为全市妇女儿童提供妇幼健康服务，承担辖区妇幼公共卫生和计划生育技术服务管理和技术支持等工作，为肥城市唯一一家免费开展婚前检查、国家孕前优生健康查体、农村妇女计生"四术"（女扎、放环、取环、人工流产）、孕中期产前筛查、农村适龄妇女乳腺癌和宫颈癌筛查、农村备孕妇女增补叶酸预防神经管缺陷、预防艾滋病、梅毒和乙肝母婴传播等项目的定点单位。7月12日，肥城市人民政府常务会决定，在高新区王瓜店街道卫生院东临建设肥城市妇幼保健院新院。新院规划占地46400平方米，实行"一次规划、分期建设"的方式进行。项目一期计划建设面积3.4万平方米，其中地面27000平方米，地下车库及地下设备项目700平方米。截至2018年末，规划、国土、环保、发改等手续已全部办理完毕，建设用地的地上附属物清理完成。被授予泰安市医疗器械不良事件检测先进集体，张明明荣获泰安市基层妇幼健康服务技能竞赛个人等奖。

（石国臣）

FEICHENG
YEARBOOK

2019

社会生活

- 人力资源和社会保障
- 民政事务
- 民族宗教
- 残疾人事业
- 老龄工作
- 人民生活

社会生活

人力资源和社会保障

【概况】 2018年，市人社局抓住"以人为本、服务民生"工作主线，突出"为民、务实、勤廉、公正、高效"服务宗旨，强化措施，狠抓落实，持之以恒全面从严治党，深化"放管服""一次办好"改革，提高人社服务效能，较好地完成各项工作任务。被省人社厅评为"2018年度全省人力资源社会保障宣传工作先进单位""'就业扶贫车间'推进就业精准扶贫先进单位"。社保服务大厅被泰安市人社局评为"2017年度'十佳创新工作'"单位和"2017年度全市人社系统'十佳优质服务窗口'"。先后被市委、市政府评为"党的十九大安保维稳工作先进集体""迎接国家卫生城市复审工作先进单位""全市安全生产工作先进集体""肥城市妇女儿童工作先进集体""寻找身边好人、做肥城好人"活动组织奖、"2017年度网络文化建设管理先进单位""尊师重教先进单位"等荣誉称号，被肥城市委授予"2017年度党建工作先进单位"。省人社厅先后三次就全民参保登记、全面从严治党、高级技工学校教育教学工作到肥城督导调研，泰安市人社局两次对农民工工资支付、权益保障情况进行专题督查和调研。

· 就业创业 ·

【概况】 2018年，全市就业创业工作继续坚持稳中求进的工作总基调，适应经济发展新常态，把确保就业局势稳定作为工作的重心，主动服务新旧动能转换重大工程，深入实施就业优先战略，落实更加积极的就业政策，稳定就业岗位，推进全民创业，助推精准扶贫，实现就业更加充分、创业带动就业成效更加好的预期目标。年内，全市就业形势保持在合理的增减空间之内，没有出现较大波动。市就业办继续把对上争取政策资金作为稳定就业和促进创业带动就业的主抓手，累计争取一次性创业补贴、基层公共就业服务补助、创业担保贷款中央财政贴息以及创业示范平台奖补等22个项目，到位资金2785万元，全部用于就业创业优惠政策落实。年内累计发放政策性资金4067万元，其中为下岗失业职工发放失业金2630万元、缴纳医疗保险706万元、发放物价补贴8.36万元、发放生育补助金6.7万元，为企业职工发放技能提升补贴资金71万元，为254家企业落实稳岗补贴政策资金602万元，为66名就业困难人员发放社保补贴资金47.6万元。

【就业再就业】 市就业办坚持

2月7日，肥城市人力资源市场启用

从人力资源供给、人才支撑、就业指导等各个方面及时跟进，综合施策开展服务，在就业创业的同时，更加有效地缓解企业用工、人员求职"两难"问题矛盾，全市骨干企业招工压力明显减轻。2月，正式启用新的人力资源市场，并以新市场启用为契机，组织开展为期一个月大型招聘活动，建立每周集中招聘制度。年内，人力资源市场共举办招聘活动32场，发布用工信息216条，就业创业服务实现规范化和常态化。继续开展"就业扶贫直通车""就业创业政策赶大集"活动，先后在桃园、汶阳、边院、高新区等镇街区开展就业创业暨就业精准扶贫政策宣传，邀请企业开展现场招聘，促进基层群众就地就近就业。全市实现新增就业再就业9641人，其中城镇下岗失业人员再就业6041人，困难群体再就业601人，城镇登记失业率控制在1.7%以内。

【就业创业平台建设】 2018年，市就业办继续加大对上争取联系和对下指导帮扶两个力度，以创业平台建设提质增量，激发全市创业载体建设动力，并形成一定规模。年内，新城街道首获省级创业型乡镇荣誉称号；新城街道伊家沟社区、王瓜店街道王东社区、潮泉镇柳沟社区、安驾庄镇蔡家颜子社区4家社区获得省级"四型就

2月7日，人力资源市场举办2018年大型招聘活动

业"社区荣誉称号；安临站镇、孙伯镇获得泰安市级创业型乡镇荣誉称号；新城街道沙窝社区、王瓜店街道穆庄社区、汶阳镇砖舍社区、仪阳街道刘台社区获得泰安市级创业型社区荣誉称号；市高新区创业服务中心获得泰安市级创业孵化示范基地荣誉称号。

【新城街道创建为首个省级创业型镇街】 6月，省人社厅发布公示，新城街道获评省级创业型街道，成为全市首个获此殊荣的镇街。按照《山东省人力资源和社会保障厅等15部门关于开展省级创业型城市（县区）和创业型街道（乡镇）、社区创建工作的通知》和《山东省人力资源和社会保障厅关于尽快开展省级创业型城市（县区）和创业型街道（乡镇）创建终期评估认定工作的通知》文件要求，2018年4月17—24日，在对创业型街道（乡镇）创建

情况进行评估基础上，省人社厅委托第三方评估机构对参加创建的60个街道（乡镇）进行综合评估。经省创建工作领导小组办公室审核，拟认定济南市槐荫区兴福街道等59个街道（乡镇）为省级创业型街道（乡镇）。自2017年下半年开始，结合助推乡村振兴战略实施和新旧动能转换工程，市就业办严格按照省级创业型镇街创建标准要求，指导新城街道开展创建工作，先后顺利通过地方初审和泰安市复审。2018年4月，省人社厅委托第三方评审机构，通过实地查看验收、检查基础台账、调取网络登记数据、查看工商登记数据、走访创业人员等方式进行综合评定，认定新城街道达到省级创业型镇街创建标准，成为全市首个省级创业型镇街。

【就业困难群体援助】 继续把高校毕业生、农民工和就业困

难群体作为帮扶援助的重点，落实就业援助长效机制、实施动态管理。继续加大就业援助政策落实力度，全年共为66名灵活就业困难人员发放社保补贴47.2万元。年内，因失业保险扩大支出政策不再执行，就业困难人员社保补贴资金来源渠道发生变化，吸纳就业困难人员就业的46家企业所需的460万社保补贴资金未落实发放。

【创业担保贷款】　继续把做好创业担保贷款作为激励创业带动就业的主要措施。5月，泰安市财政局、人力资源和社会保障局、人民银行泰安市支行联合发布《关于转发〈关于进一步做好创业担保贷款财政贴息工作的通知〉的通知》，按照文件要求，放宽5年贷款记录的限制，降低小微企业当年新吸纳人员比例，由原来30%降为25%。还款积极、带动就业能力强、创业项目好的借款个人和小微企业，还款后可继续提供创业贷款担保和贴息，但累计次数不得超过3次，每次贴息年限最长为2年。同时，协调经办银行对贷款期限进行调整，由原来的1年1贷变为1贷2年，并对贷款5年征信记录进行调整。进一步降低反担保门槛，担保人条件由原来的月收入5000元以上担保额10万元，调整为一名担保人就能够担保10万元。年内，共发放创业担保贷款445笔5774.9万元，其中个人贷款439笔4174.9万元，小微企业6家贷款1600万元。发放贷款贴息资金110万元。个人贷款发放笔数、发放金额达到全泰安市发放总量的54%。为4家小微企业发放一次性创业补贴和一次性岗位开发补贴6.4万元，支持创业企业创新发展。

【就业创业技能培训】　依托就业训练中心，重点加强失业人员再就业技能培训。年内共举办失业职工培训班11期，1333人接受计算机、市场营销和创业等技能基础培训。把培训经验丰富、师资力量较强的职业培训学校确立为定点培训机构，并指导培训机构规范运作、提高质量，全年开展创业培训和就业技能培训1527人。注重创新创业培训形式，不断加大创业组织和人员的培训力度，年内组织47名创客参加"泰山创客训练营"训练班。组织做好泰安市第六届创业大赛活动，1家企业获得三等奖，1家企业获得优秀奖，肥城市获得泰安市第六届创业大赛优秀组织奖。

【就业精准扶贫】　2018年，继续推进就业精准扶贫工作，通过调查摸底，共有639名有劳动能力的贫困人口有就业需求。2—3月，在扶贫部门精准识别数据基础上，指导镇街人社部门组织人员集中开展农村贫困人口就业需求调查摸底，逐一调查核实，建立农村贫困人口就业需求台账。8月，对贫困人口的就业需求进行全面核查。7月，与中节能（山东）环境服务有限公司签订协议，优先雇佣享受政策的农村贫困人口就近从事环卫工作。年内，中节能（山东）环境服务有限公司累计安排43名贫困人口上岗就业。9月，印发《关于做好建立或结对"就业扶贫车间"有

市就业办开展"就业扶贫直通车""就业创业政策赶大集"活动

关工作的通知》，组织对已认定的"就业扶贫车间"的运营情况、所吸纳贫困人口的就业状态进行全面核查，贫困人员就业情况基本稳定。12月，对上报"就业扶贫车间"进行核实，新增中节能（山东）环境服务有限公司、肥城市佳铭蔬菜加工厂2家"就业扶贫车间"，按照每人1000元的标准落实奖补资金。12月，对"创业扶贫工坊"和"劳务扶贫合作社"推荐上报工作进行安排部署，上报泰安市级创业扶贫工坊5家、劳务扶贫合作社2家。截至9月末，639名有能力有需求的贫困人口通过外出务工转移就业、本地企业吸纳就业、农业合作社（种植基地、加工点）就地就业、利用农闲打零工及其他灵活方式全部实现就业。

【东西扶贫协作】　按照省委、省政府《关于进一步做好东西扶贫协作和对口支援工作的意见》要求，继续做好对接重庆市巫溪县协作帮扶工作。年内，组织企业到重庆巫溪县开展现场招聘、组织技术专家开展技能培训，把就业岗位和就业技能一并送到巫溪贫困群众手中。把建设就业扶贫车间吸纳贫困人口经验引入巫溪，支援资金600万元建设红池坝镇红池绣楼、红池中岗园和天元乡兴旺园业等扶贫车间，为贫困人口提供就业岗位300多个。按照省市部署，11月、12月先后两批吸纳60名巫溪贫困群众在泰安澳亚现代牧业有限公司就业，并提供优质的工作生活条件。

【失业保险】　截至年末，全市参加失业保险人员达到9.6万人，其中企业职工8.13万人，事业单位1.47万人。根据《山东省失业保险规定》中的失业保险参保范围，全市除机关公务员、无雇工的个体工商户及灵活就业人员外，全市企、事业单位及其职工已全部纳入失业保险参保范围，实现全覆盖。2018年，全市征收失业保险基金2747万元，完成年度任务的126%。其中企业征收2268万元，事业征收479万元。年内，技能提升补贴政策惠及企业职工人数明显提高，按照泰安市人力资源和社会保障局、泰安市财政局《关于转发鲁人社规〔2017〕15号文件做好失业保险支持参保职工提升职业技能工作的通知》文件要求，年内有371名职工获得职业技能提升补贴，补贴总金额为71万元。失业保险金待遇全面落实，共为3198人发放失业金2630万元，为3157人缴纳职工医疗保险706万元，为18名失业女职工发放生育保险补贴6.7万元。开展"援企稳岗护航行动"，落实省、市新旧动能转换会议精神，为企业减负松绑、助力企业脱困发展，年内为254家企业发放稳岗补贴资金602万元，惠及职工3.72万人。首次根据企业经营状况按照不同补贴比例发放稳岗补贴资金，2家节能减排关停企业按照上年度实际缴纳失业保险金总额70%的比例领取稳岗补贴资金27.1万元，29家企业经税务部门证明符合困难企业认定条件，按照上年度实际缴纳失业保险金总额50%的比例领取稳岗补贴128.5万元。再次启动失业保险金标准与物价上涨挂钩联动机制。根据《关于贯彻发改价格

11月1日，重庆巫溪县贫困群众到肥城就业

规〔2016〕1835 号文件完善社会救助和保障标准与物价上涨挂钩联动机制的通知》规定和月度指数通报结果，按照每人每月 40 元的发放标准，为 8 月份正常领取失业保险金的 2091 名失业人员发放价格临时补贴 8.36 万元。持续加强失业预警，防止规模性失业现象发生。继续督促 18 家失业动态监测企业及时、准确上报监测数据，为上级部门制定政策提供坚实有力的数据依据。

（周强）

·社会保险·

【概况】 2018 年，市社会保险事业处坚持以人民为中心，打造"安全社保""温情社保""干净社保"，深化"放管服"改革，提升经办服务水平，全面超额完成各项任务指标。年内，社会保险费征缴 24.2 亿元，支出 22.5 亿元，当年结余 1.7 亿元，累计结余 42.9 亿元。综合参保覆盖率 95.2%。对照泰安市 2018 年社会保障事业科学发展计划指标及肥城市科学发展考核指标，市社保处承担的 9 项任务指标均超额完成任务。企业基本养老保险征缴任务 76000 万元，实际完成 77320 万元，完成任务的 102%；职工基本医疗保险征缴任务 33000 万元，实际完成 41086 万元，完成任务的 125%；工伤保险征缴任务 3160 万元，实际完成 5082

万元，完成任务的 161%；生育保险征缴任务 1320 万元，完成 3807 万元，完成任务的 288%；居民基本养老保险任务 7400 万元，实际完成 8496 万元，完成任务的 112%；社会保障水平—社会保险综合覆盖率 95.2%，完成计划指标。

【养老保险】 养老保险政策日臻完善，参保覆盖面不断扩大，待遇保障水平不断提高，经办服务质效不断提升，群众获得感和满意度也不断提高，在历次泰安市群众满意度考核中"社会保险"满意度测评位列第一。截至年末，机关事业单位养老保险参保 18000 人，待遇领取 9792 人；企业职工养老保险参保 134483 人，待遇领取 35739 人；居民养老保险参保 51.71 万人，待遇领取 16.55 万人。年内，机关事业单位养老保险在开展正常参保缴费和待遇发放的同时，做好制度改革的政策过度调整工作。开展参保人员信息整理及缴费基数的申报调整，完成原试点统筹期间个人缴费清退，按新办法计算改革后退休人员养老金待遇重算清算，调整离退休人员待遇发放标准，做实职业年金个人账户，开展待遇领取资格认证，完成新老制度平稳过渡。企业职工养老保险开展缴费基数申报稽核及退休人员待遇核算、调整、发放工作。办理各类退休人员 3519 人，为 29056

人退休人员调增待遇，人均月增 151 元，为 31093 名退休人员按时足额发放养老金 80348 万元；支付在职死亡、退休死亡有关待遇 3702 万元。资格认证 34000 人，完成率 95%。居民养老保险主要做好全面参保登记、保险费征缴及待遇发放、资格认证工作。调整基础养老金发放标准，调至每人每月 118 元，全部落实到位。开展被征地农民保障政策落实工作，2011—2017 年，累计应落实资金 24735 万元，实际已落实 14583 万元，落实率 59%。为 11188 名被征地农民发放养老金 111.88 万元。为 15484 名征地农民发放个人账户金 433.77 万元。分别为 4266 名民办教师、2099 名赤脚医生、75 名老电影放映员累计发放生活补贴 1851.73 万元。开展社保扶贫，经排查比对，2017—2018 年符合代缴条件的贫困人口 3993 人次，按每人 100 元代缴保险费 39.93 万元。审核办理重度残疾人提前领取待遇 296 人。

【医疗保险】 年内，医疗保险制度健康平稳运行，保障水平不断提升，医保控费成效突出，较好地满足人民群众医疗需求。职工医疗保险参保 124036 人，征缴 37310 万元。与 42 家医院签订定额服务协议，总定额为 16193 万元。截至 11 月末，共发生 13093 万元，占总定额数的 80%，其中住院发生 16513

人次，共 9653 万元，门诊大病发生 95888 人次，共 3440 万元，有效控制医保基金的支出。门诊慢性病发生 12325 人，占参保人数的 9.9%，实际发生费用人数 9153 人，统筹基金支出 3770 万元，占统筹基金支出的 22%。全年基本医疗支出 33390 万元，当期结余 2989 万元；离休人员收入 1063 万元，支出 897 万元；大额收入 1066 万元，支出 572 万元；统筹基金累计结余 27347 万元。办理审批 36 家零售药店，7 家门诊、1 家村卫生室和 1 家定点医院。职工大额保险年初与人寿保险公司签订合同，2018 年度支出 572 万元。职工大病保险与人民财产保险公司签订合同，职工特药备案、报销等业务正常开展，支付 100 万元。居民医疗保险参保 73.78 万人，较去年增加 2900 人；征缴 50701 万元，较去年增收 4381 万元，其中个人缴费 14549 万元，财政补助 36152 万元。参保缴费人数平稳增长，医疗保险覆盖面进一步扩大，基本实现应保尽保。居民医保住院就医 104284 人次，较去年增长 6939 人次，定点医院垫付报销 36704 万元，较去年增长 2951 万元；门诊大病就医 109959 人次，较去年增长 13986 人次，定点医院垫付报销 3178 万元，较去年增长 343 万元；普通门诊就医 1962637 人次，较去年增长 82503 人次，定点医院垫付报销 4164 万元，

较去年增长 393 万元。受益人次和报销支出均有较大增长，满足居民基本医疗需求，取得良好的社会效益。采取系列措施开展医保控费工作。加强各定点医院管理，严格兑现服务协议，各医院采取措施主动控费，部分大医院合并科室，减少床位，降低药价和高值耗材使用，费用稳步下降。加强各定点医院巡查，结合网络监控和智能监控等措施，及时发现问题，解决问题。对超支医院重点盯靠，针对超支严重医院，到医院现场开展工作，对不合规的住院和门诊费用重点研判，取得较好的效果。不断创新经办服务方式，进一步简化办事环节和手续，优化服务流程，最大限度便民利民。年内，简化门诊慢性大病办理程序，医疗保险经办机构不再统一组织查体鉴定，由门诊慢性大病定点医疗机构直接办理。参保人员因意外伤害住院的，不需要再到医疗保险经办机构进行备案。跨省异地就医平台正式运行，新增肥城市中医院、肥城矿业中心医院 2 家跨省异地就医直接结算医院。推行长期护理保险制度。

【工伤保险】 2018 年，全市工伤保险参保 122900 人，征收工伤保险基金 4899 万元，支出各项工伤保险待遇 6428 万元，当期超支 1529 万元，累计结余 3026 万元。开展公路、水利能

源等工程建设项目参加工伤保险工作，同时对之前开工的公路、水利工程项目逐一登记，通过与市交通局、水利局、建设局联动，建立协同推进工作机制，确保所有开工项目百分百参保，确保农民工的权益保障落到实处。开展定期待遇资格认证工作和违规领取待遇追缴工作。推进工伤保险实时结算，与泰安市职业病防治院签署服务协议，实行联网结算医疗费用。实施工伤保险费率浮动办法，在行业基准费率的基础上，根据用人单位上年度工伤保险支缴率、发生率及因工死亡、重伤人数的情况，核定其在 2018 年度工伤保险费率浮动的档次，促进工伤保险工作的健康发展。

【生育保险】 生育保险制度和社会化发放机制运行良好。2018 年，共审核生育保险手续 2836 人次，办理生育保险待遇拨付 1980 人，共计支付生育保险金 2942 万元，人均享受待遇 14859 元，上解调剂金 693 万元。进一步简化生育保险经办工作流程，采取和卫计委部门共享信息的方式，取消领取生育保险待遇需要报送的出生医学证明和准生证。做好风险防控工作，生育保险基金收支逐渐趋于平衡。

【社保基金监管】 健全内控制度，规范业务操作流程，实行

相互监督，相互制约。加强基金的预决算制度，建立健全业务、财务、安全和风险管理制度，加强网上监管和预警分析，加快推进"一票征缴"进程，实行网上缴费等多种缴费方式，防范基金缴费风险。定期、不定期地开展专项稽查监督，监督基金的收支、存放、使用的管理情况。重点加强医疗基金的稽查力度，特别对超支定额严重的医院实施重点检查，发现问题及时处理并进行处罚，有效震慑侵占套取社保基金的违纪违规行为，保证医疗基金的正常运转。为加强对定点医疗机构监督管理，推行基本医疗保险定点医疗机构住院费用总额控制制度，严把住院费用报销审核关，严格执行日常巡查制度，定期开展对基本医疗保险定点医疗机构评估，加强基本医疗保险医用耗材管理，实行定点医疗机构住院费用"全过程"监管。

（左传新）

· 人事管理 ·

【公务员及事业单位人事管理】　年内，完成全市17000余名机关事业单位工作人员年度考核。联合组织、编制等部门，对因机构改革涉及的市执法局、市政府办、市发改局等8个单位52名人员，按照泰安市委组织部、泰安市人力资源和社会保障局要求，进行过渡考试和考

核，按程序办理公务员登记手续。事业单位工作人员聘用合同续签工作顺利完成，年内共办理部分事业单位长期在编不在岗减编手续9人次、机关事业人员处分备案8人次、解除处分备案6人次。按照"公开、平等、竞争、择优"原则，配合泰安市人力资源和社会保障局，招录公务员67人。其中公检法33人、镇街7人、市直部门24人、参公单位3人。首次面向村、社区党组书记定向招录各1人，面向长期在镇街工作的人员定向招录2人。事业单位共招聘334人，其中教师192人（由市教育局组织招聘），公立医院（市医院和中医院）34人，镇街卫生院7人，综合类101人。在招考方式上，广播电视台2名播音员的招聘，实行先面试后笔试的方式。首先进行现场试镜、现场播报、模拟主持等测试，然后进行笔试。同时规定按面试成绩占70%、笔试成绩占30%的比例，计算考生的总成绩。

【机关事业单位工资福利与离退休】　对2017年年度考核为称职（合格）及以上的机关工作人员发放年终一次性奖金，奖金标准为本人当年12月份的基本工资。继续推进事业单位绩效工资实施，将上年度12月份一个月的基本工资纳入绩效工资总量，为全市实行岗位绩效工资制度的212个事业单位共计14299人核定奖励性绩效工

资12007万元。根据2016年度、2017年度考核结果，自2018年1月起为全市1898名机关工作人员按规定年限晋升级别和档次工资，人均月增资109元；对12542名事业单位工作人员增加一个薪级，人均月增资76元。按照国家省市统一部署，自2018年7月1日起，调整机关事业单位工作人员基本工资标准，此次调资共涉及全市机关事业单位工作人员17435人，人均增加基本工资306元。同时机关事业单位离休人员每月按行政管理人员县处级正职600元、县处级副职500元、乡科级及以下400元，专业技术人员教授及相当职务820元、副教授及相当职务580元、讲师及以下职务400元的标准增加离休费。

【军官转业干部安置】　完成全市军转干部信息统计工作，包括驻肥企业在内，共有军转干部469人，其中肥城市管理的有246人。为3名自主择业军转干部办理认证报到手续。"两会"和上合组织峰会期间，全市军转干部队伍整体稳定。

· 人才队伍 ·

【高校毕业生就业指导】　借力肥城人事人才网站，为用人单位新注册会员70家，发布招聘信息200多条，设置招聘岗位600多个，发布毕业生个人求职

信息 900 多条。在肥城市人力资源市场服务大厅专设毕业生报到登记窗口，实现毕业生登记 100%。先后接收档案 3000 多卷，转出档案 200 多卷，为 400 多人考研、职称评审、报考等出具证明材料。同时做好流动党员日常管理工作，管理大学生党员 31 人。落实《泰安市高校毕业生就业见习管理办法》，5 家单位被命名为"泰安市级就业见习基地"。为 1 家单位争取 2017 年度泰安市级见习经费 6 万余元，为 4 家单位发放 2017 年度县级见习经费 8.4 万元，为 2 家单位发放 2018 年度上半年县级见习经费 1.98 万元，为 5 家单位发放 2018 年度下半年县级见习经费 9.1 万元。优选 2017 年度创业典型 10 个，发放创业扶持资金 8.2 万元。优选 2018 年度创业典型 7 个，发放创业扶持资金 7.2 万元。姜学嘉荣获"泛海扬帆山东大学生创业"三等奖，争取上级资金 3 万元，最大限度为毕业生创业就业提供支持。

【外专引智】 参加第十六届中国国际人才交流大会，推介外专需求项目 11 个。参加第三届"外国专家泰安行"活动，对接成功项目 23 个，现场签约 4 个。参加第十届"海洽会"，对接成功项目 17 个，现场签约 1 个。兴润园林引进韩国专家姜泰昊和山东农业大学博士朴永吉，开展古树名木断层图像研究及其保护，大庚材料与加拿大专家吴驰飞签订技术合作协议，引进高强玻璃纤维土工格栅生产加工技术，两企业被泰安市评为"泰安市引智示范基地"，争取上级补贴 4.3 万元。

【"三支一扶"队伍建设】 贯彻落实"三支一扶"▲新政策，根据基层工作需要，完成 2018 年度岗位征集、招募上岗工作，共招募"三支一扶"人员 24 名，为 2017 年的近 2 倍，为泰安市最多。本着"服务单位内部最优安置"原则，稳妥完成 2016 年招募现仍在岗 8 名"三支一扶"人员转编安置工作。

▲ "三支一扶"是毕业生基层落实政策，指大学生在毕业后到农村基层从事支农、支教、支医和扶贫工作。

【就业促进】 做好人力资源服务机构审批和年检工作，注销许可 2 家，年检合格 6 家。落实硕博生活补贴政策，刚性引进硕士、博士研究生 23 人，累计引进 120 多人，其中泰安本硕博补贴推荐 4 人。

【专业技术人才队伍建设】 全年开展公共科目网上培训 13408 人次。截至年末，全市共有专业技术人员 53093 人，其中高级 4141 人、中级 18436 人、初级 30516 人。享受国务院政府特殊津贴人员 7 人，山东省有突出贡献的中青年专家 3 人，国家级博士后科研工作站 2 处，省级博士后创新实践基地 1 处。

【高技能人才队伍建设】 全年开展职业技能鉴定 12 批次，共 1949 人，其中初级工 766 人、中级工 719 人、高级工 247 人、技师 197 人、高级技师 20 人。泰安九洲金城机械有限公司被设立为泰安市技师工作站，获得泰安市级补助资金 8 万元。组织举办 2018 年肥城市职业技能大赛，涉及 8 个工种、4 个分赛场，共 246 人参赛，产生一二三等奖 70 余人；山东泰鹏集团承办 2018 年泰安市职业技能大赛分赛场，共 50 人参赛，分别有 5 人、9 人、7 人获得一、二、三等奖，其中王凯获得泰安市技术能手、泰安市"青年岗位能手"称号和"振兴泰安劳动奖章"。"金蓝领""新技师"两个培训项目培训人员 217 人。新增齐鲁首席技师 4 人；泰安市首席技师 2 人、有突出贡献技师 5 人，技术能手 1 人；肥城市首席技师 8 人、有突出贡献技师 8 人，技术能手 10 人。肥城市高级技工学校被人力资源和社会保障部确定为第 45 届世界技能大赛中国集训基地，石成龙获得第 45 届世界技能大赛全国选拔赛塑料模具工程第 4 名，成功入选国家集训队。

· 劳动关系 ·

【劳动合同和工资宏观管理】 开展薪酬调查、塔吊行业用工情况调查，涉及企业62家；对12家劳务派遣单位开展2017年度经营情况年检，撤销1家不合格单位经营资质，新审批劳务派遣单位15家，全市有劳务派遣资质的企业共计26家；制定《2018年退役士兵安置计划》，配合民政部门安置退役士兵9人，涉及企业4家；每月与三强企业沟通对接，帮助企业解决或解答困难问题，助推企业健康发展；加速企业职工合理流动，办理职工流转1800余人；严格审查程序，对肥城百联副食有限公司、山东泰西水泥有限公司、泰鹏集团工资集体协议进行审查备案，对肥城市水务集团有限公司执行工资指导线情况进行备案；严格执行养老保险补缴政策，审核职工档案1200余份，831人以单位职工身份补缴养老保险。

【企业职工退休审批】 优化业务办理流程，全年审批企业职工退休2967人，其中正常退休2353人（含29号文补缴239人），特岗退休543人，因病退休（退职）71人。在特岗退休审批过程中，不断创新，严格把关，特岗申报通过率达97%。年初，泰安市人社局在肥城召开全市企业养老保险服务能力提升行动现场会。肥城市人社局在会上作《依法清欠 精细管理 全力提升企业养老保险服务保障能力》的典型发言。2018年，共清欠社保基金1.6亿元。

调整2017年12月底前退休、退职人员待遇，涉及职工41249人，人均增加养老金149元。

【工伤认定】 严格工伤认定程序，全年受理工伤认定申请634件，认定工伤613件，均在法定时效内依法作出结论。劳动能力鉴定共收受168人次申请，已鉴定117人次，其中贰级1人、肆级3人、伍级4人、陆级4人、柒级4人、捌级19人、玖级31人、拾级39人、无级别3人、终止鉴定10人，工伤职工各项待遇及时落实到位。牵头召开发改、住建、交通、公路、水利等部门联席会议，按照"先参保，再开工"工作机制，实现交通运输等行业工程建设项目全部参加工伤保险。自实施建设工程按项目参加工伤保险以来，全市参保工程项目260个，缴纳工伤保险费1800余万元，参保农民工累计36741人，确保农民工的权益保障落到实处。促进企业雇佣农民工优先参加工伤保险，全市121个项目和120余家用人单位共为近4万名农民工缴纳工伤保险费1870余万元。建立工伤认定疑难案件研判制度，对认定性质提出指导性意见，切实提高工伤认定案件质量。

【行政执法】 健全联合执法体系，统筹市、镇两级劳动监察力量，整合设立劳动监察中队3个，两网化覆盖率达到100%。

组织开展劳动保障书面审查，涉及用人单位502户，职工6万余人。督促用人单位新增参保780人，补缴社会保险费430余万，补签劳动合同1900份。坚持落实巡查制度，通过日常巡查，及时化解劳资矛盾，共巡查用人单位260户次。建立维权绿色通道，简化受理立案程序，确保快速处置、及时化解。受理并立案处理投诉举报违法案件60件，结案60件，结案率100%。办理民生转办问题210余件，接待来人来访咨询600人次，受理信访案件5件（起），均按时调查处理，及时答复。组织开展人力资源市场秩序和社会保险法律法规专项检查，开展以拖欠农民工工资问题为落脚点，解决重点领域、重点部位、重点行业存在违法问题，共检查各类用人单位289户次，涉及职工3.6万人，走访农民工200余人次，督促支付劳动者工资100余万元。落实普法规划，开展法制宣传月、安全生产宣传月及劳动保障政策上街集中宣传等活动。

【劳动人事争议调解仲裁】 受理劳动人事争议案件229件，其中审查立案处理170件，案外处理59件。实行线上办案，坚持调解为主、调裁结合，案件按期结案率在95%以上，劳资矛盾得到及时有效化解。督促各类用人单位（含机关事业单位）建立劳动人事争议调解组织，积极发挥作用，安驾庄镇人社所被评为"全省乡镇（街道）劳动争议调解综合示范单位"。为适应"放管服"改革需要，8月将劳动合同业务转置市行政审批服务大厅窗口办理，实行网上审查与窗口办理相结合，方便企业和群众。办理劳动合同签订备案5.1万人，解除劳动合同备案4.3万人，劳动合同备案率超95%。与市司法局联合，设立劳动人事争议法律援助工作站，由司法局安排专职律师轮流值班，保障劳动者遇到法律问题或者权利受到侵害时获得及时有效法律援助。按照省、市人社部门要求，对去产能新关井的隆源煤矿开展职工权益保障及安置分流工作。

（李甲腾）

民政事务

【概况】 至年末，市民政局下设人秘科、政策法规信息科、计划财务科、福利科、救灾救济科、基层政权和社区建设科、社会事务科（挂市地名管理办公室牌子）7个职能科室，市民间组织管理局1个副科级行政事业单位，婚姻登记处、保障办公室、火化一场、火化二场4个副科级事业单位，殡仪馆、烈士陵园管理所、社会捐助站、救助管理站4个股级事业单位。2018年9月3日，根据《山东省民政厅关于确定省级殡葬综合改革试点县（市、区）通知》，确定肥城市为省级殡葬综合改革试点县。

【社会救助】 协调有关部门筹措资金，并提请市政府出台有关文件，提高城乡低保标准和补助水平。自10月起，农村低保标准由年人均3800元提高到4680元，城镇低保标准月人均550元。截至年末，全市城乡低保对象共有8690户、14448人，其中城市低保876户、1552人，农村低保7814户、12896人，累计发放低保金4165.14万元，切实保障困难家庭的基本生活。开展低保家庭大学新生救助工作，全年救助低保大学本科新生22人，发放救助金8.8万元。救助突发疾病、火灾、车祸、意外摔伤等"急难"家庭30户，发放临时救助金19.7万元。完善城乡医疗救助制度，救助大病困难患者3942人次，发放救助资金675.58万元，确保符合医疗救助政策的贫困群众救助到位。

（吴新华）

【社会福利及慈善事业】 ①社会福利。2018年，共建成农村幸福院15处，社区日间照料中心1处，新增养老床位350余张。开展农村幸福院和城市社区日间照料中心规范化建设工作，督促其规范化发展。继续开展养老院质量建设专项行动，对全市养老机构进行检查，督促其对存在的问题进行整改。12349居家养老中心升级改造，并于九九老人节举行启动仪式，运用市场化手段运营，不断拓展居家养老服务功能。出台《关于调整"12349"入网老年人话费补贴的实施方案》，通过政府购买服务方式，为城区符合条件老年人免费发放智能腕表和老年手机，并将每月话费补贴提高至10～15元。做好特困人员救助供养资金发放

全市民政工作会议召开

工作。出台《关于进一步做好特困人员救助供养促进精准扶贫工作的通知》《农村五保专项整治工作实施方案》，安排部署各镇街区对特困人员工作开展自查自纠，进行特困人员全面核查，重点核查建档立卡贫困户，将符合条件人员及时纳入供养范围，全年共新增特困人员299人，并安排专人对新增人员入户抽查核实，了解其生活及评估情况。全年为1934名特困人员发放生活补贴及电费补贴1067.9万元，累计为特困人员发放照护补贴624.48万元。落实发放残疾人两项补贴制度，全年累计新增1400余人，停发1100余人。全年共计为4018名困难残疾人发放生活补贴393万元、为9895名重度残疾人发放护理补贴918.5万元。按照省厅要求，开展农村留守老人关爱服务工作，出台《关于加强农村留守老年人关爱服务工作的意见》，制定《加快建立农村留守老年人信息台账和定期探访制度的通知》，走访14处敬老院、114户困难群众，发放慰问金19.06万元。②慈善事业。年内，市慈善总会共接收善款209.32万元，开展"情暖万家""朝阳助学""康复助医""夕阳扶老""爱心助残"等救助项目，支出善款181.54万元，救助各类困难群众4000人次。开展慈善扶贫、精准脱贫工作，充分发挥慈善优势，助力脱贫攻坚，共救助建档立卡贫困户2970户，发放救助金137万元。1月，与市扶贫办联合开展保障困难群众"过暖冬""过好年"棉被发放活动，为建档立卡贫困群众发放棉被800床。11月，慈善总会积极支持省扶贫办、省扶贫开发基金会开展的"我为贫困群众捐床被"活动，将16万元捐赠款按要求汇入省扶贫开发基金会。

（付慧敏　刘永山）

【社会组织管理】　至年末，全市共登记社会组织10个，其中社团5个，民办非企业单位5个；办理变更登记17个，注销登记12个，全市社会组织总数达到289家，社会组织统一社会信用代码赋码率、换证率达到100%。①规范审批。梳理社会组织登记审批流程，减少办事环节和办事材料，全面实现社会组织审批和管理业务"一网通办"，减少群众跑腿次数。②社会组织综合监管。制定下发《社会组织集中排查整治专项行动方案》《关于开展社会组织2017年年度检查的通知》文件，对社会组织到期换届、人员变动、章程核准、财务管理等情况进行重点核实；联合公安局下发《关于依法严厉打击非法社会组织活动的公告》，对未经登记擅自以社会组织名义开展活动的社会组织进行严厉打击。③"一次办好"改革。梳理社会组织领域的"一次办好、贴心代办"行政事项清单共29项，中介服务事项清单13项，在提供行政服务时严格按照清单进行管理，杜绝清单之外的行政行为；编制办事流程和材料目录清单，形成业务指南和业务手册58本；开展证明材料清理清查，共清理、登记证明类材料58项，推进审批服务便民化。④行业协会商会涉企收费清理清查。组织开展行业协会商会涉企收费清理清查工作，建立行业协会商会涉企收费动态管理台账，并将行业协会商会涉企收费情况在"信用中国"网站进行公示，做到收费事项清、收费依据明、收费标准公开透明，并定期进行动态调整，促进行业自律诚信体系建设。⑤社会组织党建。配合市委组织部集中开展2次社会组织党建工作摸底调查，并结合社会组织日常监督管理，"六同步"开展党建工作，即社会组织党建与社会组织注册登记同步开展、与年检同步审查、与换届同步调整、与评估认定同步评定、与政府购买服务同步考察、与评先树优同步结合，全面托清社会组织党建情况。

（梁梦梦）

【专项社会事务管理】　年内，结婚登记平均年龄男32.9岁，女31.8岁，初婚人数占登记人数的57.9%，再婚人数占登记人数的42.1%。离婚登记当事人男平均年龄37.6岁，女36.4岁，离婚人数中，20～29岁年龄段占13%，30～39岁年龄段占52.7%，40岁以上的年龄占34.3%。共办理结婚登记3966对，离婚登记1786对，补发婚姻登记证2170对，办理收养登记37例，登记合格率均为100%。

（杨大猛）

【基层政权和社区管理】 ①城乡社区规范化建设。加快全市农村社区服务中心建设，按照年初"四定"方案计划，完成王庄镇张庄社区、安临站镇下庄社区、孙伯镇莲花峪社区和云蒙山社区、仪阳街道石坞社区服务中心功能提升任务。6月8日，迎接省、市"农村社区服务中心建设三年行动计划"督查工作，典型做法受泰安市政府通报表扬，古店社区被省民政厅推荐为全国农村社区建设示范单位。7月，人民出版社出版《中共中央国务院关于加强和完善城乡社区治理的意见》

辅导读本，将《山东省肥城市"五式工作模式"推进农村社区服务》的做法作为典型经验进行刊发，面向全国推广。②社会工作人才及志愿服务队伍建设。先后两批次组织镇街及社区、社工组织、志愿服务组织等有关人员参加武汉全国社区工作者培训和泰安市社会工作暨志愿服务培训。10月12日，配合宣传部组织召开肥城市志愿服务培训班，培训各类志愿服务人员80余人。5月，启动肥城市第二届"桃都和谐使者"推荐选拔工作，严格坚持"公平、公正、公开"的原则，经过层层发动、资格审查、专家评审、考察公示等多个环节，最终确定"桃都和谐使者"18名。③村（居）民自治。5月，对村委会委员中非党员情况进行摸底，对全市605个行政村村委会班子运行、影响换届的"难点和热点"等情况进行细致摸排，为做好第十二届村（居）

委会换届工作打下坚实基础。开展基层群众性自治组织特别法人统一社会信用代码赋码工作，按照要求对肥城市605个行政村和城市社区居委会信息进行详细补充和完善，完成组织机构代码的更改、撤销、设立工作，为后续赋码工作打下基础。12月20日，肥城市村和城市社区两委换届选举工作动员部署会召开，全市村和城市社区两委换届选举工作正式铺开。

（高伟）

民族宗教

【概况】 肥城市为全省24个民族工作重点县（市、区）之一，有26个少数民族，总人口1.17万人，其中回族占99%。全市有佛教、道教、伊斯兰教、天主教、基督教五大宗教，有基督教"三自"爱国运动委员会1个宗教团体，政府批准开放的宗教活动场所47处，其中佛教4处，道教3处，伊斯兰教10处，天主教5处，基督教25处，认定备案的宗教教职人员42人，信教群众约3万。2018年，市民宗局以民族宗教领域和谐稳定为要点，以加快少数民族经济社会事业发展为重点，以宗教事务规范化管理为亮点，以积极引导宗教界为创新点，坚持问题导向，强化务实担当，全面完成各项工作任务，民族宗教工作创新发展，全市上下

龙山社区党群服务中心（刘杰　摄）

6月16日开斋节，市委常委、统战部部长付玲（右）到清真寺走访慰问，同阿訇座谈交流

民族和睦、宗教和顺、社会和谐。全年对上争取资金500余万元。协助山东大学、晒书城博物院做好全真道丹道养生国际学术研讨会。迎接中央、省委及泰安市委宗教工作调研及"回头看"工作。

【民族工作】 ①少数民族经济社会事业。根据年初上报的少数民族帮扶项目库，精准指导帮助民族村争取帮扶资金，争取中央级少数民族帮扶资金45万元。省级少数民族帮扶资金27.5万元，泰安市级帮扶资金40万元，实施前黄村道路建设、北仇村农业合作社建设、井庄村美丽乡村打造等10个项目。组织民品企业龙祥纺织做好2017年度民品企业流动资金贷款贴息申报工作，2017年度龙祥纺织民品贴息达230.31万元。迎接泰安市财政局、民宗局、人行对龙祥纺织

申报"十三五"民品企业的检查评审。对上争取民族教育资金20万元，用于民族中小学教育教学设施改善。按照泰安市民宗局要求，上报2019年少数民族发展资金项目库项目8个。采取措施，强力督导，督促指导2017年度因原材料价格上涨未完成项目全部完工，并做好项目验收等工作。开展2017年度少数民族帮扶项目绩效评价。迎接省民委第三方评估组对肥城市民族宗教事业发展资金的检查评估，得分97分。对2018年度各级少数民族帮扶项目实施情况进行检查，帮助解决项目推进过程遇到的困难问题，督促项目实施。对全市少数民族帮扶资金管理使用情况进行自查自纠，迎接泰安市审计厅对肥城少数民族精准扶贫政策落实及资金管理使用情况的专项审计调查，项目实施绩效评价高、资金管理规范。到

"第一书记"村边院镇宋庄村开展走访调研，帮助村里制定发展规划，协调园林、苗圃等部门为村民族团结进步一条街打造、同心公园建设进行高标准规划设计。加大民生扶持力度，推进少数民族经济发展和脱贫攻坚，防止传统优势不再的情况下少数民族群众返贫问题。②民族团结进步。9月，市委宣传部、市委统战部、市民宗局联合下发以"铸牢中华民族共同体意识，加强各民族交往交流交融"为主题的第18个民族团结进步宣传月活动方案。9月7号，在边院镇凤凰村文体广场举办第18个民族团结进步宣传月活动启动仪式暨"交往交流交融、共同团结发展"文艺汇演活动。宣传月期间，三部门联合举办"砥砺奋进40年、民族工作创辉煌"民族团结进步事业成就展，展示改革开放四十年间全市民族团结进步事业取得的辉煌成绩，展现全市少数民族群众祈愿祖国民族团结繁荣昌盛的美好愿景，汇聚实现中国梦的正能量。同时，在重点民族村、民族中小学开展巡回展览，收到良好的效果。持续推进民族团结进步创建活动，重点打造凤凰、井庄、陈埠等"民族团结进步示范单位"。做好少数民族成分的更改、清真窗口设立、牛羊肉价格补贴发放等服务工作，共计发放牛羊肉价格补贴120.7万元。会同相关部门加大少数

民族流动人口就业创业扶持和就业援助力度，满足少数民族群众的正当需求。

【宗教工作】 ①贯彻落实宗教工作决策部署。将学习贯彻上级关于宗教工作的决策部署作为工作的重要内容。市委常委会先后3次专题学习宗教工作精神、研究宗教工作有关内容。9月27日，召开全市统战工作领导小组全体会议，市委常委、统战部部长付玲出席会议并讲话，统战和宗教工作领导小组成员单位参加会议，会上共同学习习近平总书记对宗教工作的论述，传达泰安市宗教工作调研的有关要求，下发各成员单位职责分工。9月28日，迎接泰安市委统战部常务副部长刘卫东一行到肥城开展宗教工作调研，实地查看桃源观、张店教会，听取肥城市宗教工作情况汇报，召开党政干部座谈会。11月6日，迎接中央统战工作领导小组第五调研组到肥城调研督查，省委副书记杨东奇，泰安市委书记崔洪刚，肥城市领导常绪扩、王勇强、付玲陪同活动，实地调研桃源观、张店基督教教堂、小中泉天主教堂，调研组对肥城市宗教工作提出意见建议。11月10—17日，开展省委宗教工作调研工作，省委、泰安市委调研组到肥城对50处场所开展调研。②宗教领域规范管理。以学习贯彻新修订《宗教事务条例》为抓手，加大宣传和规范管理力度。加大对宗教政策法规的宣传力度，利用法治宣传月、宪法宣传日及掌上肥城、今日肥城等平台开展集中宣传，提升全社会对宗教政策法规的知晓率。在年内开展的宗教政策法规大宣讲活动中，民宗局4名干部全部深入各镇街区开展宣讲活动，共宣讲14场次。9月6日，邀请省民委主任、宗教局局长马传凯给四大班子领导、全市副科级以上领导干部进行授课，宣讲共覆盖2700余人。6月，组织开展以"学法规、强意识、树规范、聚能量"为主题的"宗教政策法规学习月"活动，召开全市宗教场所负责人会议暨宗教政策法规学习月活动启动仪式。开展知识答题、知识巡展及集中宣讲活动等6项主题活动。邀请泰安市民宗局作《贯彻落实新修订宗教事务条例需要注意的几个问题》的辅导报告，累计编印分发《宗教工作知识读本》《宗教事务条例》等宣传资料2万余册，提升各级宗教干部对依法管理宗教事务的认识。通过举办培训会、读书交流会、设立宗教政策法规宣传栏、印发读书笔记等形式，组织场所负责人和宗教界代表人士加强宗教工作理论方针政策和《宗教事务条例》等法律法规的学习培训。指导10～15个宗教场所设立公共账户。全面推进"书香场所"建设，实现全覆盖。开展规范化管理示范点评估、挂牌工作，规范宗教活动场所、宗教教职人员、宗教活动、宗教财产管理，不断推进宗教事务法治化，维护全市宗教正常秩序。迎接省道协规范化管理建设现场会，山东省道教界80余名骨干到桃源观参观学习。推动宗教类行政许可事项的修改衔接，全面梳理行政

9月6日，省民委主任、宗教局局长马传凯到肥城做宗教政策法规辅导报告

权力事项中的"贴心代办、一次办好"事项并对事项清单进行公布。③宗教领域安全稳定。多措并举，全力做好民族宗教领域安全稳定工作。完善民族宗教信息报送工作机制，坚持民宗领域月排查。开展重大节日拉网式排查、安全专项检查和特殊敏感时期的安全专项检查。做好天主教圣母月、开斋节、国庆等重要时间节点的安全稳定工作。尤其是加强上合峰会期间宗教活动场所的安全检查。召开全市宗教重点工作推进会，镇街区统战委员、统战干事参加，对依法治理基督教私设聚点、宗教基础信息统计及上合峰会期间宗教场所安全稳定工作进行安排部署，强化属地职责。开展基督教私设聚会点调研摸底工作，共摸排基督教私设聚会点7处，以堂带点纳入管理7处。通过召开专题会、走访检查等形式，坚决制止宗教场所暑期举办针对学生的各类培训班、夏令营等活动。开展佛道教乱建滥塑、借教敛财谋利、乱建庙宇等专项治理工作。做好境外抵御宗教渗透和校园传教等工作。会同有关部门加强对互联网宗教舆情、互联网宗教活动的预警防范和综合研判，加强对互联网宗教活动的引导管理。按照省市统一部署，开展佛道教领域商业化问题及大型露天宗教造像排查治理工作。做好汛期宗教场所安全稳定工作。按照

市安委会统一部署，开展民宗领域风险隐患大排查快整治严执法集中行动活动。开展宗教界反邪教警示教育专题讲座，组织观看反邪教警示教育专题片，开展反邪教的专题讲座。各场所积极行动，通过观看专题片、签反邪教承诺书等活动，在宗教界掀起反对邪教、正信正行的高潮。④宗教领域引导。坚持宗教工作"导"的方针，引导宗教界在服务经济社会发展中发挥积极作用。做好宗教界人士政治安排，推荐5名宗教界爱国爱教人士担任政协委员。印制"做时代新人、过文明佳节""争做文明信众、守法公民"倡议书5000余份，引导宗教界及信众参与文明城市创建和共建共享美好生活。倡导和弘扬爱国爱教精神，开展国旗、宪法法律法规、社会主义核心价值观、中华优秀传统文化"四进"宗教活动场所活动，引导宗教坚持中国化方向，促进宗教与社会主义社会相适应，进一步坚定信教群众爱国爱教的信念，为中华民族的伟大复兴作出应有的贡献。开展"四进"清真寺活动，为10坊清真寺送去社会主义核心价值观及"四进"清真寺活动的卷轴，引导清真寺在作为穆斯林宗教活动场所的同时，成为学习党和国家政策法律、筑牢中华民族共同体意识的坚实平台。"斋月"期间到清真寺走访慰问。6月16日，四大班子领导到清真

寺走访慰问，同穆斯林群众欢度开斋节。按照省市宗教慈善活动方案的通知要求，结合肥城实际，8月下发通知，安排组织开展宗教慈善周活动和肥城市"五教同心·共建美丽民族村"活动，宗教界捐助慈善资金5万余元，主要用于美丽民族村建设、走访贫困户等。引导宗教界助力扶贫、利益人群，开展"爱心敬老行、共圆中国梦"中秋走访贫困群众活动，共计走访敬老院14家、贫困家庭50余户，送去慰问金及慰问品达2万元。下发《关于以"学习"为主题开展和谐宗教场所创建活动的通知》《关于在全市开展以坚持我国宗教中国化为主题的讲经论道活动的通知》。指导宗教界以"宗教中国化"主题开展讲经讲道、解经活动，基督教"三自"爱国运动委员会开展"坚持基督教中国化"为主题的学习培训班。组织清真寺教职人员和管委会主任参加泰安市伊斯兰教界中国化方向培训班。

（李元元）

残疾人事业

【概况】 肥城市残疾人联合会（以下简称市残联）为正科级参照国家公务员制度管理的群众团体组织，内设人秘科、康复组宣部和教育就业部三个部室，下设正股级事业单位市残疾人培训服务中心。全单位核

定编制 9 人，实有人数 11 人。2018 年，以加快推进残疾人小康进程为总目标，以贫困残疾人脱贫为重点，推动实施残疾人社会保障、生活救助、康复医疗、教育培训、就业、扶贫、托养、权益维护、无障碍建设、文化体育等多项普惠特惠政策措施；残疾人的生活状况逐步改善，合法权益得到维护，残疾人自立自强精神和扶残助残社会风尚得到弘扬。成功创建为山东省残疾人文化体育建设示范县（市、区），被授予"肥城市脱贫攻坚先进单位"荣誉称号，获得"泰安市第四届残疾人职业技能竞赛团体第二名"的好成绩。

【残疾人康复托养】 为 137 名 0～9 岁残疾儿童免费进行康复治疗和训练；为 6 名 0～14 岁听力残疾儿童免费安装人工耳蜗；为 3 名 0～17 岁肢残儿童免费实施矫治手术；为 3434 名贫困残疾人配发辅助器具 6321 件；为 70 名有住院需求的贫困精神病患者提供每人 3 个月 4000 元标准的住院补贴。建设 3 处残疾人社区康复站，就近、就便满足残疾人的康复需求。为 480 名精神残疾人提供托养服务，实现"托养一人、解放一家"的目标。加强与市人民医院协调，加快推进市残疾人康复中心和托养中心的建设步伐。

【残疾人扶贫】 摸清底子，为实施有针对性的"量体裁衣"式脱贫打下基础。举办残联系统脱贫攻坚业务培训班，建成一支与残疾人精准扶贫工作要求相适应的扶贫工作队伍。选派一名优秀的年轻干部担任安临站镇陈庄村第一书记，帮助该村顺利实现"脱贫摘帽"。联合市民政局、财政局、扶贫办出台《肥城市农村建档立卡贫困残疾人脱贫救助办法》，为全市 558 名非享受低保的农村建档立卡一、二级重度残疾人每人每月发放 82 元的残疾救助金，为提前实现残疾人脱贫目标补齐短板。落实泰安市"第一书记"帮包村"助残致富奔小康"项目，扶持 25 户贫困残疾人家庭发展起种、养、加项目。落实政府为重度残疾居民代缴养老、医疗、意外伤害保险和重度残疾人提前 5 年领取基本养老金的政策，为 46 名残疾人大学生和贫困残疾人家庭大学生提供学费补助。

【残疾人培训】 举办残疾人剪纸、雕刻、电子商务和农村实用技术培训班，培训残疾人 306 名。落实"百千万残疾人就业创业扶贫工程"，培育省市级优秀就业扶贫基地 4 处、省自主创业标兵、致富能手 3 名。选送 26 名残疾人参加泰安市举办的各类培训班，5 名盲人赴济南参加盲人医疗按摩人员考试，1 名盲人申领《山东省盲人医疗按摩人员从事医疗按摩资格证书》，3 名残疾人在泰安市第四届残疾人职业技能竞赛中获奖。

【残疾人宣传维权】 综合利用各类舆论工具，开展全方位、常规性宣传报道。参加"行风热线"直播节目，开展普法宣传和"残疾预防日"宣传教育活动，广泛宣传残疾人政策和法律法规。认真对待群众来电、来访，合理解答群众诉求 60 余条，化解群众矛盾 2 起。落实残疾人驾驶汽车和燃油补贴政策，为 10 名肢体残疾人发放 1.1 万元的驾证补贴；为 420 名肢体残疾人发放燃油补贴，为 351 名贫困重度残疾人家庭实施无障碍改造。

【残疾人组织建设】 深入开展"大学习、大调研、大改进"活动，不断提升残联自身建设水平和服务能力。开展残疾人基本服务状况和需求信息数据动态更新工作，精准掌握 1.93 万持证残疾人的现状和需求。融入全市"一次办好"改革，围绕残疾人证办理、残疾人就业和培训服务、残疾人家庭无障碍改造等公共服务事项，精简办事环节，优化办理流程，压缩审核时限，提高工作效率。

【全国助残日】 5 月 20 日，围绕第二十八次全国助残日主题"全面建成小康社会，残疾人一个也不能少"，市残联开展丰富多样的助残活动。开展

5月23日，肥城市残疾人联合会在市特殊教育学校举办"山东省集善工程——（爱心温暖）拉夏贝尔服装捐赠项目"启动仪式（张敏　摄）

走访慰问贫困残疾人活动。市委、市人大、市政府、市政协主要领导和各市委常委、副市长等领导，分别为新大地集团公司、正港木业工艺品厂及全市56户特困残疾人家庭送去慰问金。联合市特殊教育学校举办第四届文化艺术节暨助残日文艺汇演，展示残疾孩子自强不息、昂扬向上的精神风貌。5月23日，开展"山东省集善工程——（爱心温暖）拉夏贝尔服装捐赠项目"启动仪式暨项目座谈会，接受价值35万元的服装捐赠。

（张敏）

【出台《肥城市农村建档立卡贫困残疾人脱贫救助暂行办法》】 为深入贯彻落实中央和省、市关于坚决打赢脱贫攻坚战的部署要求，保障农村建档立卡贫困残疾人的基本生活，实现残疾人持续稳定脱贫目标，在市委、市政府的高度重视和有关部门的积极协助下，经过深入调研、多方征求意见、充分酝酿讨论，结合全市的经济社会发展水平和残疾人的实际支出需求，出台《肥城市农村建档立卡贫困残疾人脱贫救助暂行办法》，此办法自2018年1月1日起施行。政府共投入资金54万余元，为全市558名农村建档立卡贫困残疾人中非享受最低生活保障政策的一、二级重度残疾人发放每人每月82元的残疾救助金，为残疾人带来实实在在的利益，也为全市提前实现脱贫目标补齐短板。

（张敏）

老龄工作

【概况】 年内，落实十九大报告中提出的"积极应对人口老龄化，构建养老、孝老、敬老政策体系和社会环境，推进医养结合，加快老龄事业和产业发展"工作目标和"党委领导，政府主导、社会参与、全民关怀"的老龄工作方针，围绕全市工作大局，顺应老年人对老龄事业发展的关切和期盼，履行职责，提升为老服务水平，推进老龄事业与经济协调发展。加强服务养老机构对上争取，为新城老年公寓项目争取省级养老服务机构奖补资金18万元；为新城街道孙小社区争取泰安市优秀养老服务机构奖补资金4万元，争取百岁老人长寿补贴8.16万元，共争取资金30.16万元。年内，市老龄办荣获"山东省实施银龄安康工程十周年突出贡献单位"；获泰安市老龄办、泰安市人寿保险公司联合表彰"银龄安康工作一等奖"；荣获"山东省实施银龄安康工程十周年突出贡献单位"；筛选上报的肥城市王庄镇花园村杨氏祠堂被评为"山东省孝老文化基地"；开展"山东省第三届敬老爱老助老创建活动"，市法律援助中心被命名为"第三届山东省敬老文明号"；指导市民政局、市社会保险服务大厅顺利完成山东省敬老文明号往届重新认定工作；新城街道古店老年人日间照料中心被命名为"山东省银龄之家"；新城街道孙家小庄村党总支书记孙绪民被评为第十三届"山东省十大孝星"；泰安瑞泰纤维素有限公司总经理马殿民、新城街道孙庄村孙全英被评为"泰安市十大孝子"。

【老年人合法权益维护】 司法、老龄工作联动，调处化解涉老纠纷，共处理信访案件21起。肥城市法律援助中心被省老龄办命名为"第三届山东省敬老文明号"。常年高效办理《老年人优待证》，年内累计办理《优待证》4000余册。根据省老龄办《关于开展老年人防范电信网络诈骗宣传教育活动的通知》、省公安厅《关于进一步加强打击治理电信网络诈骗犯罪防范宣传工作的通知》精神，市老龄办在"敬老月"前夕开展防范电信网络新型违法犯罪集中宣传活动。

【惠老政策落实】 90岁以上老年人全部落实高龄补贴，全年共计发放171.41万元。60岁以上老年人乘坐市内公交车享受免费或半价待遇。医疗机构为65岁以上老年人免费健康查体。根据山东省老龄办、民政厅、财政厅、保监局《关于开展老年人意外伤害保险工作的指导意见》，投保总额达到259.4万元，理赔案例561件，赔付金额达到141.45万元，投保金额位居泰安各县市区第一位。老龄办荣获"山东省实施银龄安康工程十周年突出贡献单位"荣誉。

【老龄工作宣传】 加大老龄工作宣传力度，通过市电台、电视台、网络、手机平台，大力宣传《老年法》《山东省老年人权益保障条例》，在肥城新闻开设"孝感肥城"专栏，宣传全市孝老爱亲的先进典型，向社会传递正能量。注重发挥各级宣传部门、各类新闻媒体的职能作用，利用多种形式，加大老龄宣传力度，进一步优化老龄工作环境。重视挖掘新典型，充分利用好肥城新闻"孝感肥城"专栏，对涌现出来的敬老典型、老有作为事迹进行宣传报道，总结推广老龄委成员单位、基层社区和农村开展老龄工作的先进经验，向社会传播正能量。共播出孝老典型19例。抓好基层老年文化场所、设施建设，发挥社区、村组织和老年文体群团组织的作用，丰富老年人的精神生活。指导开展敬老文化教育基地（示范点）创建。通过下基层调研，共筛选汶阳西徐书院、王庄花园村

杨氏祠堂、安驾庄洼里孝老文化街为示范点，肥城德园、肥城桃都艺术馆、老城中学、仪阳"儒学讲堂"为示范基地。王庄镇花园村杨氏祠堂被省老龄办命名为"山东省孝老文化基地"。

【敬老月活动】 ①开展"福桃献寿"活动。肥城第十一届金秋品桃节期间，与桃文化中的"福寿"元素相结合，9月30日，市老龄办开展"福桃献寿"活动，为全市32名百岁以上老人送去寿桃、寿星、寿字、寿糕等贺寿礼物，以桃为媒放大孝文化的宣传效应，在全社会进一步浓厚孝老爱亲氛围。举办全市书画摄影大赛。9月，市老龄办、市文联、中国人寿肥城支公司联合举办全市书法美术摄影大赛，参赛人员达100多名，共评出一等奖3名，二等奖10名，三等奖20名，并在庆祝老年节颁奖典礼上为获得

10月17日，安临站镇"敬老月"活动捐赠仪式举行（孙海萍　摄）

一二等奖人员进行颁奖，繁荣全市老年文化事业，构建养老孝老敬老社会环境。②召开庆祝老年节表彰会。自8月开始，开展第十一届肥城市十佳孝星、孝老爱亲之星、老有作为模范老人评选活动。10月17日，举行全市"爱在夕阳"庆祝第六个老年节颁奖典礼。市委常委、组织部部长乔磊出席并讲话，市人大、市政府、市政协分工领导出席会议。会议表彰第十一届肥城市"十佳孝星"、肥城市"孝老爱亲之星"、肥城市"老有作为模范老人"，现场采访孝星代表汶阳镇姜华村村民周茂良、老有作为模范老人代表肥城桃乡艺术馆长张志银。③敬老月走访慰问。老年节前夕，市大班子领导到联系镇街走访敬老院及为贫困老年人家庭送去慰问品和慰问金，市财政拨付资金走访270户贫困家庭及退休老干部，共计发放慰问品、慰问救助金19万多元；各单位组织惠老活动，企业、社会志愿者队伍相继走访慰问敬老院，为百岁老人、孤寡老人、特困老人送去米面油，组织文艺演出，采取各种形式开展送温暖活动。各种形式的走访慰问投入资金达64.5万元；镇街卫生系统组织医护人员到敬老院为老人进行免费查体；志愿者队伍采取文艺演出、走访慰问等形式到敬老院、贫困老年人家中送慰问金，送文艺演出，送米、面、油等生活用品。

（卫荣梅）

人民生活

【居民收入】 2018年，全市城乡居民生活水平进一步提高。居民人均可支配收入28573元，同比增长8.5%。其中城镇居民人均可支配收入36999元，同比增长7.7%；农村居民人均可支配收入17811元，同比增长8.3%，城乡居民收入之比为由2.09降到2.08。

《喜悦》（孙晓健 摄）

（杜坤）

肥城年鉴

FEICHENG
YEARBOOK

FEICHENG
YEARBOOK
2019

镇街概况

新城街道

老城街道

潮泉镇

王瓜店街道

湖屯镇

石横镇

桃园镇

王庄镇

仪阳街道

安临站镇

孙伯镇

安驾庄镇

边院镇

汶阳镇

镇街概况

新城街道

【概况】 2018年，全街道总面积55.4平方公里，辖38个行政村（居）（含12个城市社区）。总人口14.11万人，其中乡村人口2.4万人。人口自然增长率11.68‰。

全社会固定资产投资完成110亿元，一般公共预算收入9742万元，一般公共预算支出15862万元。进出口总额13000万元。全年引进落地项目21个，实际到位资金1.39亿元。年末农商银行各项存款余额14.06亿元，比上年增长0.06亿元。

拥有农业专业合作社15家。农作物总播种面积1267.27公顷，其中粮食播种面积971.87公顷。粮食总产量5836.2吨，棉花产量19.71吨，油料产量372.61吨，蔬菜产量3765.92吨，园林水果产量5129.7吨。生猪（羊）存栏283头，出栏775头，家禽存栏1.4万只。肉类产量21.87吨，禽蛋类产量197.17吨。全年新增造林面积40公顷，林木绿化率38.2%。全处拥有农业机械1569台（套），农机总动力8.9万千瓦。

全处拥有工业企业64家，其中规模以上工业企业12家，实现主营业务收入7.4亿元，实现利税1400万元。

新修（改造、硬化）公路3.3公里。开工建设商住楼55栋，竣工4栋。A级及以上旅游景区4家，全年接待旅游人数60万人次，实现旅游总收入25万元。

全处有幼儿园29所，在园幼儿5208人。新注册幼儿园11家，泰安市级以上规范化幼儿园达到13家。专利申请量18件，授权专利8件。有农家书屋38个，综合性文化服务中心30个，文体广场217个，文艺宣传（表演）队120个。社区卫生服务中心1个，社区卫生服务站14个。有床位120张，卫生技术人员70人。

养老保险新增222人，参保人数2.82万人。居民医疗参保人数3.35万人。农村最低生活保障人数357人。各类福利院（养老院）2个，福利院床位152张，收养73人。

年内，获得山东省"幸福进家"活动先进集体、三届全民阅读先进典型、第五批社会科学普及示范街道，泰安市2012—2017年度史志工作先进集体、第四届全市未成年人思想道德建设工作先进单位、2017年泰安市1%人口抽样调查先进集体、肥城市尊师重教先进镇街、2017年度全市武装工作先进单位、2017年度党建工作先进单位一等奖、"四德工程"建设先进集体、科普先进镇街区、先进基层党委理论学习中心组、基层公共文化建设先进镇街等荣誉称号。

【"四大动能"建设】 企业培植

红星美凯龙家居生活广场

成效显著，铺开新城（高新区）小微企业园规划建设；推进企业转型升级，新增个转企44家、"四上企业"17家；泰安领航广告传媒有限公司在齐鲁股权交易中心挂牌；春秋古镇被评为国家AAAA级景区；王坊村被命名为2018年"中国淘宝村"；东益机械、宏祥印刷被认定为省"专精特新"中小企业。招商建设提质提效，2018年先后签约亿嘉建材城二期（居然之家）、德宜商业综合体等21个项目，新开工建设山水名园商贸中心等9个项目，投产运营慈明学校、齐鲁银行等12个项目，招商引资到位资金11.96亿元。对上争取持续发力，到位资金1.19亿元。强力推进棚户区改造，新建居民楼55栋，2516套棚改任务全部完成。做好第四次全国经济普查，摸清家底。

【城市管理】 配强优化人员力量，选派35名机关人员到社区任职，103名巡管、66名公益岗人员进驻社区开展工作，淘汰不合格楼院长45名。开展文明创建，建立"一表两清单"，全程跟踪督导问题处理。投资300余万元，制作公益广告8500余块，安置分类垃圾桶2000余个，新划停车位1.1万余个。开展"垃圾不落地、马路不乱穿"等"泰山先锋"志愿服务活动120余次。每月进行文明指数测评，每季度按照

考核成绩兑现奖惩，提升城市文明程度。统筹推进"三有六化"，打造河西社区样板，总结经验复制推广，378个小区中，完成"三有"的186个，建立业主委员会、有物业企业管理、有住宅专项维修资金的分别为222个、245个、135个。完成龙山社区公路局家属院小区党支部试点，推行党建引领小区治理模式。完善工作机制，采取专项巡查、录像曝光等多种形式，上报巡查问题13383条，解决9606条。加强对巡查人员、巡管的考核力度，处罚100余人次，城市"六化"治理水平得到明显提升。

【乡村振兴】 引进大仟奇异小镇、一滕"田园美"农业科技示范园等项目，成功举办第二届泰山牡丹文化节。新发展肥桃346亩，栽植各类树木7万余株，被评为"山东省森林乡镇"。高标准打造31个新时代文明实践站（分中心），均达到"六个一"标准，开展各类实践活动200余次。推进城乡环卫一体化，实现垃圾清扫清运全托管。加强公路建设，完成3.3公里道路网化工程、6.9公里生命安全防护工程，修补路面8.4公里，完成一级路西延、济微路东移清障工作。

【全面从严管党治党】 完成村居、社区"两委"换届，开展班子考察、约谈反馈，推动班

子健康运行。落实"育苗升级"工程，实施"五乡"行动，建立289人的人才库，新发展党员28名，培养入党积极分子93名。推进正风肃纪，完成派出监察室的挂牌成立和人员配备，关注重要环节和重点人群，加大监督执纪力度，干部作风明显好转。同时，推进扫黑除恶专项斗争，做好各级"两会"、青岛上合峰会期间的信访稳定和安全生产，为全处经济社会发展营造良好环境。

（孙甲臣）

【记住乡愁】 ①苏家庄村。位于新城街道驻地东2.5公里。东起肥城市农业开发区，西至山子前，南起康王河，北至泰临路。

因苏氏于明朝洪武年间（1368—1398）自山西省洪洞县首迁至沙沟村荆家胡同后，又有兄弟三人迁居此地取名苏家庄。山子前属苏家庄村委会自然村，该村建于清光绪年间（1875—1908），因村址坐落在鸡山前，故名山子前。山子前村因规模较小，并且紧邻苏家庄村而合建为一个行政村，即苏家庄村村民委员会。

1912—1943年该村隶属二区义甲镇伊家沟，1944—1951年隶属第二区仪阳义甲镇伊家沟，1952—1958年隶属二区巧山店，1959—1981年隶属仪阳公社驻地仪阳石坞管理区，1982—1984年隶属刘家庄镇巧

苏庄旧村

苏庄新貌

山管区，1984年后隶属新城镇（新城办事处、新城街道办事处）军地管理区。

苏家庄村村庄面积1.17平方千米，耕地面积1030亩，村庄占地180亩。村民以种植农作物为主，另种植核桃、樱桃、油桃增加收入。全村有280户、922人，其中男性458人，女性464人。姓氏以苏姓为主。

2010年5月，苏庄村开始旧村改造，新建社区位于泰临路以南，鸡山桥以东，原山子前自然村，已建成苏家庄社区

居民楼6栋，安置居民190户。

②伊家沟村。位于新城街道驻地西北约3公里，康王河南岸。北与孙家庄毗邻，南与赵庄村、马连村隔龙山河相望，东与巧山村、东北井楼村、东南刘家庄村为界，西与尚庄村、东付村接壤。

明洪武元年（1368年），伊氏、陈氏自山西洪洞县迁来定居，曾以两姓氏命名"伊陈村"。原村关帝庙碑文记载：明嘉靖二十七年（1548）该村曾叫"伊陈村"。后因该村东北大

坑内有泉眼一个，泉水和东来之水汇流穿村西去，天长日久，冲击成一条小河沟，大家赞誉"泉好水秀"。清初，以此定名为"伊家沟村"，沿袭至今。

1891年（清光绪十七年），该村为榆城乡巧山社所辖。1910年（清宣统二年），为镇东乡所辖。1912年，为二区义甲镇（驻伊家沟村）所辖。1949年5月，肥城县政府在伊家沟村进行建乡试点，选举产生全县第一个乡人民政府——伊家沟乡人民政府。下辖伊家沟、刘

伊家沟旧村貌

伊家沟新貌

家庄、孙家庄、前段庄、后段庄、胡庄、尚庄、马连庄、赵庄9个自然村，同时设立乡支部。1950年春，区以下建乡，二区划为18个乡，伊家沟乡为二区所辖。1958年9月，全县先后建立14处人民公社，该村为仪阳人民公社所辖。1984年1月，刘家庄镇改称为新城镇，该村为新城镇所辖。1992年9月，撤销新城镇，设立新城办事处，该村为新城办事处所辖。2006年8月，新城办事处改称为新城街道办事处，该村为新城街道办事处所辖。

2008年8月，原伊家沟村村民委员会改称为伊家沟社区居民委员会。区域为泰临路（上海路）以北至工业三路以南、长山街以西至桃园街以东。辖区1.5平方公里，32个单位，15处企业，21个居民区，3500户，10500人。

2015年4月，原伊家沟社区居委会区域调整为东至泰西大街，西至桃源街，南至泰临路，北至工业三路。辖区近3平方公里，机关企事业单位30个，单位家属院22个，纯居民小区9个，物业公司13个，沿街商户2000余个，居民8697户，约3万人。

该村庄面积约38.67万平方米，呈直角形状。1977年，耕地面积2530亩，全村379户、1911人，人均占地1.32亩。随着新城的开发建设征用土地，耕地面积逐年减少。至2004年，全村已无耕地。村民主要从事商业、建筑业、运输业、工业企业、外出打工等。全村819户、2682人，其中男性1229人，女性1453人。主要姓氏有胡、伊、王、孙、陈、秦、李、赵等。

2007年，伊家沟村旧村改造正式实施，由肥城市天华建筑设计有限公司进行全面规划设计，东区为多层5+1楼房19栋，小高层1栋（11层）为商品楼；西区为小高层区，11层的15栋，17层的2栋，一部分为商品楼。村"两委"制定新村改造方案，进行"城中村"楼房化建设。2008年5月18日，开始拆除旧房，至2013年东区建设完东区居民楼20栋，西区2017年建设11层的7栋，17层的1栋。两小区共安置伊家沟村居民914户（含阁楼）。

③赵庄村。位于新城街道驻地西南5公里，区域范围为向阳街以西，泰西中学以北，范蠡公园以南，清华苑以东。明朝初年，赵氏自河北省枣强迁来定居，以姓氏命名赵庄。

1959年建赵庄大队，属仪阳公社。1978年改称赵庄村，仍属仪阳公社。1982年划入刘家庄镇，1984年改称新城镇赵庄村，1992年改称新城办事处赵庄村委会，2006年改称肥城市新城街道办事处赵庄村委会。

该村庄占地总面积328亩，设5个村民小组，村民主要从事三产服务业。全村共有405户1289人，其中男性571人，女性718人。主要姓氏有赵、

赵庄旧貌

赵庄新貌

李、师、王、韩、许等。

2011年3月，该村因旧村改造被拆迁，村民迁居新住宅楼。原址规划占地64.63亩建成8栋高层住宅楼和1栋服务中心综合楼。

老城街道

【概况】 2018年，全街道总面积78.7平方公里，辖33个行政村（居）。总人口8.13万人，其中农业人口5.49万人，人口自然增长率4.45‰。耕地面积3548.17公顷，山林面积1000公顷。

全社会固定资产投资完成45亿元，公共财政预算收入8759万元，公共财政预算支出10335万元。社会消费品零售总额1.5亿元。全年引进落地项目9个，实际到位资金15亿元。年末金融机构各项存款余额13.6亿元，比上年增长10.04亿元，增长率8.3%。

拥有农业专业合作社107家。农作物总播种面积3229.5公顷，其中粮食播种面积2404.8公顷。粮食总产量1.87万吨，棉花产量8.05吨，油料产量2174.28吨，蔬菜产量44729.6吨，园林水果产量544.12吨。生猪（牛、羊）存栏4.25万头，出栏7.18万头；家禽存栏28.47万只，出栏88.87万只。肉类产量4769万吨，禽蛋类产量875.3万吨，奶类产量10465.3万吨。全年

新增造林面积5000公顷，林木绿化率90%。全镇拥有农业机械1300台（套），农机总动力1.1万千瓦。

全处拥有工业企业152家，其中规模以上工业企业16家，实现增加值30亿元，实现主营业务收入26.8亿元，实现利润1.6亿元，实现利税2.8亿元。资质三级及以上建筑企业4家，实现建筑业增加值9110万元，比上年增长23%，实现利税132.3万元。

新修（改造、硬化）公路65公里。公路完成客运量8万人次，货运量300万吨。完成电信业务总量52万元，邮政业务总量68万元。开工建设商住楼926套，竣工370套。基础设施建设完成投资4500万元，村镇建设完成投资9800万元。新建垃圾压缩站1个，垃圾无害化处理率100%，污水集中处理率100%。A级及以上旅游景区3家，全年接待旅游人数2.6万人次，实现旅游总收入200万元。

全处有普通初中1所，在校生2655人。小学3所，在校生1973人。幼儿园9所，在园幼儿919人。取得重要科技成果8项，获得县级及以上科学技术奖8项，专利申请量22件，授权专利13件。有农家书屋31个，农村文化大院31个，文体广场46个，文艺宣传（表演）队35个，新建公共健身工程7个。广播、电视人口综合

覆盖率均达到100%。医疗卫生机构29所，其中医院（卫生院）1个、社区卫生服务中心28个。各类卫生机构有床位182张，卫生技术人员86人。全年参加县级及以上体育比赛获奖牌7枚。

农村居民人均纯收入17143元。养老保险参保人数42498人，参保率82.6%。城乡居民基本医疗参合人数60894人。农村最低生活保障人数1183人。各类福利院（养老院）1个，福利院床位88张，收养29人。

年内，老城街道先后被中共山东省委组织部授予"干事创业好班子"荣誉称号；被省妇联授予"幸福进家"活动先进单位；被省爱卫会授予"山东省卫生乡镇"荣誉称号；被国家发改委命名为"国家级资源循环利用基地"。被泰安文明委授予"泰安市城乡环卫一体化先进镇、移风易俗先进镇"荣誉称号；被泰安市档案局授予"泰安市档案工作先进集体"荣誉称号；被泰安市统计局授予"泰安市第三次农业普查先进集体"荣誉称号；被泰安市统计局授予"泰安市统计工作先进乡镇"荣誉称号；被泰安市文明办授予"泰安市美丽乡镇"荣誉称号；被泰安市党史办授予"泰安市党史教育基地"荣誉称号。被肥城市委、市政府授予"2018年度全国文明城市创建工作先进集体"荣誉称号；获"肥城市基层党建工作

一等奖"；获"肥城市科普先进镇""春节元宵节文体活动先进单位""舆情信息工作先进乡镇"荣誉；被肥城市教育局授予"肥城市尊师重教先进单位"荣誉称号；被肥城市妇联授予"肥城市妇女儿童工作先进集体"荣誉称号；被肥城市委党史办列为"党史教育示范点"。

【脱贫攻坚】 年初，制定下发《关于进一步提升抓党建促脱贫工作的实施意见》，明确每周五为扶贫走访日，实施例行汇报制度，党工委每周六例会听取社区书记扶贫汇报，社区书记每周调度一次支部书记，汇报扶贫工作落实情况，做到任务分解、压力传导、责任落实"三到位"。年内全处共安排处村党员干部238人结对帮扶贫困户，确保贫困户与帮扶责任人双向全覆盖，每名干部最多帮扶5户贫困户，确保帮扶成效。5—7月，集中开展年中动态信息核查工作，全处共有建档立卡贫困户849户、1790人，其中低保五保户513户、860人；一般贫困户336户、930人。针对不同贫困户的贫困情况，因人因户施策，建立帮扶台账，对有劳动能力的帮助介绍就业岗位、提供村级公益事业等提高工资性收入；对于"两无"贫困户继续实施政策兜底；对于因病、因残的实施大病医疗救助、残疾救助。10月，老城街道进行年终动态调整工作，

共采集贫困户信息849户，按照整户识别标准补录贫困人口8户13人，因死亡、迁出等原因自然减少贫困人口46户65人，排查稳定脱贫户363户815人，回退调整1户5人。系统内脱贫享受政策户457户928人。争取省市专项扶贫资金114.14万元，发展东关居炒茶设备和地窖建设项目，每年收取资金11.8万元，带动10个村居258户501人，人均分红236元。争取县级一批扶贫资金90.4万元实施3个基础设施项目和1个产业项目，争取县级二批扶贫资金35万元实施4个基础设施项目。已办理520万元金融生产贷，带动104户贫困户平均增收1600元。实施健康扶贫，为10名尿毒症贫困人口办理救助证，减轻治疗负担。实施教育扶贫，将21名符合条件的技术型中高职贫困学生上报纳入"雨露计划"，可为每个学生提供3000元的救助金。设立专项扶贫济困慈善、孝善养老资金，年内财政补贴225户285人孝善养老资金11万余元；发放慈善资金8万元用于开展春节走访慰问活动；慈善助残、春蕾行动、困难母亲等帮助贫困户20余名。

【法治环境建设】 ①阵地建设。公共法律服务阵地全覆盖，对上争取无偿资金10万元，用于公共法律服务建设。在办事处建成公共法律服务大厅，设立

信访、综治、社区矫正、法律咨询、矛盾调解等多个服务窗口，为来访的群众提供全方位的便利服务。在井楼社区建成公共法律服务工作站，设立司法行政工作室、人民调解室、公共法律服务室，成为服务社区的坚实阵地。在33个村居均设立司法行政工作室，有专门的办公场所，有专职的工作人员，门口有标牌，室内有版面。在完善工作场所的基础上，各村居均配备法律顾问，签订正式合同，明确工作职责，使"一村一法律顾问"工作落到实处。②普法宣传。4月、12月，联合派出所、检察室、执法大队、土管、民政、卫计等20余个部门，在人员密集的地方开展集中普法宣传，发放宣传资料，解答群众咨询。经常性开展"法律六进"，协调安监办、禁毒办、教工站、法律服务所等部门，进企业、进社区、进学校，以普法大讲堂等多种形式做普法宣传。定期协调法律顾问在村居开展多种形式普法，指导村居做好依法治村工作。③矛盾调解。建立联席会议制度，联合民政、信访等部门形成大调解格局。每月开展一次调解主任调度会及时了解各村矛盾调解情况，对村居难以化解的各类矛盾及时梳理上报，并在月底的联席会议上进行商讨解决。对日常的矛盾调解，经常性联合法律服务所进村入户参与调解，动之以

情，晓之以理，在化解纠纷的同时进行普法教育。坚持每月排查两次矛盾纠纷，做到情况清、底数明，确保小事不出村、大事不出处。④重点人群管控。老城司法所累计接收敲诈勒索、聚众斗殴、故意伤害等社区服刑人员341名，每月监管人员四五十人，对此类人员完善档案、加强监管，每月定期学习劳动，做到基本情况清、行动去向清、生活状况清、社会关系清、现实表现清，确保无漏管、脱管现象。同时，开展对59名五年内刑满释放人员情况摸底调查，做到行动去向清，消除不安定因素。

【基层党建】 ①支部建设。做好农村"两委"换届工作，1月7日—2月4日，顺利完成33个村居"两委"换届选举工作。通过换届加强村级班子建设，选优配强支部书记"领头雁"队伍。推进"两学一做"学习教育常态化、制度化，建设老城革命纪念馆和主题党日活动中心，丰富党员教育的载体和形式。开馆后已对全处各领域党员开展6期大规模轮训，并承接68个单位6000余名党员的参观学习。11月，分两批组织村居支部书记赴井冈山开展"不忘初心·牢记使命"党性教育活动，以学促干，以干践学。年初开展"亮诺践诺评诺"活动，各支部书记领办党建项目，年初亮诺、全年践诺、民主评诺，形成"一村一品"的特色党建品牌。对农村党员实行积分量化管理，推行无职党员设岗定责和党员联系贫困户制度，发挥党员的模范先锋作用。推进党建工作标准化规范化建设，坚持"抓党建首先抓支部"原则，为33个村居党支部统一安装务实、管用、接受党员群众监督的党建版面，规范便民服务站、党员活动室、支部书记办公室、组织办公室和党建广场，统一阵地场所设置，统一发放党建工具书并统一党建档案资料的整档要求，实现农村党建工作的"五规范三统一"。②社区管理。健全社区服务体系，在管理架构上，形成"社区—片区—楼院—楼栋—单元"五级网络全覆盖，优选169名网格长，落实网格化管理；在联动机制上，建立社区"大党委"，联合区域内部分企业和部门单位，实现组织共建、资源共享、党员共管、难题共解、发展共促；在工作重心上，建立民生诉求、困难群众和稳定工作三本台账，"三问于民"常态化走访，群众诉求精准高效解决。倾力完善服务功能，社区公开服务清单，设置党建综合、民生服务、安全环保和社会秩序4个便民窗口，落实首问负责、服务代理等制度，为群众提供一站式、菜单式、专业化服务；村居建立坐班值班、为民服务代理等便民利民制度，实现小事不出村、服务零距离；党群服务中心健全服务制度，公开服务事项，优化服务流程，落实"一线工作法"，不让群众多跑一趟腿，多等一分钟。③村级增收。开展新一轮村居集体经济壮大行动，指导各村新策划村集体增收项目22个，利用好办事处酵母资金扶持村级发展，大石关大棚项目、南关鱼塘项目等14个新增项目顺利实施。至12月底，全处33个村居经营性收入均达到10万元以上，其中过50万元村5个，过100万元村3个。发挥联合党委作用，助力山区村抱团发展。组织整合北部山区7个村党支部依托东兴农业公司成立联合党委，利用北部山区良好的区位优势和丰富的土地资源优势，策划高标准农田建设创新示范项目，发展富硒地瓜产业。已流转张花、田花、河口、李庄、陈庄等7个村1万亩土地，试种的400余亩富硒地瓜收获120万公斤。开展扫黑除恶"三资"清理集中行动，自10月份开始启动以消除组级经济为工作重点的"三资"清理专项行动。通过摸底排查共清理出试点村双峪村501亩由组级发包的机动地，涉及138户。全部规范合同，统一由村集体发包，重新梳理合同26份，理清村级财务账目和现有资产，彻底消除组级经济，为村级发展澄清底子消除隐患。④机制保障。强化机关管理，锻造过硬干部队伍。持续提高"三种能力"，锤炼"三过硬一富有"的干部队伍，争做"四个合格"党员。坚持周五机关例会、每周机关各支部党员会，通过学精神、学讲话、学典型、谈感受、谈计划、谈措施等多种形式的活动提升机关干部的政治素质、理论水平和业务能力。党工委开展"为党旗增辉为老城添彩"先锋行动，激励机关干部在拆违创城等工作中冲在前、作表率。强化待遇保障，激发干事创业的动力。制定《关于激励干部担当作为干事创业的意见》，明确正向激励、考核评价、容错纠错的各项措施，树起担当作为的鲜明导向。8月份统一提高村居"两委"干部生活补贴镇级统筹比例，补贴金额提高至支部书记基本工资的50%，并按月足额发放到位。每年由办事处财政承担为全体机关干部和村"两委"成员进行健康查体。

【美丽乡村建设】 2018年，大石关村利用本村的闲置院落和土地资源，先后引进投资5000万元的肥城市晶莹玻璃制品有限公司；投资1000万元的霍氏调味品有限公司，该公司的乐可极图品牌获得省驰名商标；投资500万元的雅利安生猪育肥基地，占地130余亩；新引进济南客商投资4000万元的泰安祥瑞手套有限公司，该公司产品出口十多个国家。做好土地流转工作，吸引社会资本，加快村级发展。先后流转出5处土地，中能的光伏发电项目流转80余亩；泰安嘉盛农业发展有限公司流转600余亩用于休闲农业及采摘旅游于一体项目；肥城市长寿有限公司流转150余亩用于特色种植养殖项目；兴润园林有限公司流转300余亩用于集产、学、研于一体的绿色苗木花卉项目；流转土地40余亩投资60余万元兴建冬暖式蔬菜大棚6个，并与肥城市金领绿色蔬菜合作社合作种植黄瓜、西红柿、茄子、辣椒、青豆等有机蔬菜，村级增收6万元以上；投资150万元新建长80米、宽60米、高3.5米的连动大棚1个，栽植大樱桃树700余棵，对上争取资金70万元，该项目每年村级增收30万元以上。以美丽乡村建设为契机，彻底改变村庄脏、乱、差的面貌，投资300多万元进行河道清理1600米，垒砌石墙800米，修建塘坝4个，建景观步行桥1座，长廊4个，文化墙绘1000余平方米，栽植蔷薇1000余株，改造沿街墙220米，全村安装太阳能路灯200盏，中华灯4个，山顶景观亭2座。投资100余万元新修建安子沟至环山路的1.8公里水泥路；投资30余万元新修建大石关村巷道500米；争取李峪至李庄路铺沥青1000米。李峪桥加固及防护栏投资5万元。新打机井两眼，每眼深120米，埋设管道600米，总投资10余万元。

【肥城市老城革命纪念馆建成启用】 10月3日，肥城市老城革命纪念馆在老城街道北关居旧址举行开馆仪式。纪念馆是老城街道党工委、办事处贯彻落实习近平总书记"铭记光辉历史，传承红色基因"指示精神，按照肥城市委、市政府要求及广大干部群众的建议，在党史史志等有关部门支持下，新建立的一处爱国主义和革命传统教育场所。该纪念馆于2018年6月下旬开始规划、选址、设计、施工、布展，建筑面积600余平方米。以时间发展脉络为主线，分古城沿革、革命萌芽、抗日烽火、解放风云、英名永

老城街道李庄村荷塘月色景区（王秀秀 摄）

存、古城新貌等六个篇章，选取各时期重大事件、重要人物作为节点，通过120余幅历史珍贵图片和612件（套）实物、书籍、烈士遗物等，真实再现老城革命发展的光辉历程。

【山东兴尚竹绿小镇项目启动】　山东兴尚竹绿小镇旅游文化有限公司为老城街道尚质居委会下属的全资子公司，成立于2018年9月，公司性质为有限责任公司，注册资本8000万元。公司主要经营业务为地方传统文化研究、推广，文化活动组织策划，竹林种植，竹制品及工艺品加工、销售，果蔬花卉培育、销售，果蔬种植采摘，生态旅游资源开发，生态旅游观光等。项目位于肥城市北部采煤塌陷区，侧重产业振兴、生态振兴，推进竹林培育栽植，开展"竹绿矿区"行动，突出竹子生态保护、屏障遮挡作用，以条件适宜的"山

边、水边、路边、村边、厂边"和煤矿塌陷区周边栽植为重点，构筑以竹林为主的绿色生态涵养体系，辐射带动周边区域的竹林栽植和竹产业的发展。竹绿小镇计划分为三期打造，总投资6.7亿元，其中建筑工程投资3.7亿元，设备及安装工程投资1.2亿元，土地费用为1.2亿元，其他费用6000万元，预备费用1.5亿元，铺底流动资金1.3亿元。项目正式运营达产后，可实现年均销售收入3亿元。项目一期建设时间为2018—2022年，计划投资2.8亿元。

【泰山君子茶制茶技艺】　泰安市东兴农业有限公司成立于2011年，泰山君子茶制茶技艺源于北宋，成于清末，可追溯到的第一代制茶人为1860年左右出生于老城街道双峪村的于祥民。1890年前后在双峪村穆柯寨附近建立茶叶种植基地，

在于土村建立茶叶加工作坊，在县城设立茶铺。第二代传人于洪斌自12岁开始跟随父亲于祥民学习制茶技艺。到1953年第三代传人于汝峰创立泰山君子茶品牌。1966年，于汝峰收陈玉成为徒，陈玉成成为第四代传承人，将这门手艺传承下来。1980—1990年，年轻人逐渐外出打工，愿意种茶和制茶的人越来越少，泰山君子茶发展受到制约。2011年，第五代传人陈思忠成立泰安市东兴农业有限公司，在泰山君子茶品牌创始地双峪村设立茶厂，同年在张家花峪村设分厂，对泰山君子茶进行统一生产加工，生产出的干茶外形紧实、匀整、匀净、鲜绿、油润，香气鲜嫩清香、汤色嫩绿明亮、滋味鲜醇干爽、叶底细嫩。2014年，成立山东君子商贸有限公司，作为主营品牌推广和销售的分公司，顺应时代发展，线上线下同时销售，在全国范围内设立直营店、加盟店40余家，在淘宝、京东、各大银行等网上商城均有销售。泰安市东兴农业有限公司依靠泰山君子茶生产加工，制茶技艺入选泰安市第七批非物质文化遗产代表性项目名录，泰山君子品牌被认定为第五批山东老字号；企业荣获2018年省级扶贫龙头企业，园区被评为国家AA级景区。

【"鸿仁堂"王氏膏方入选泰安市级非物质文化遗产】　老城街

肥城市老城革命纪念馆

道"百尺鸿仁堂"王氏膏方为享誉泰山脚下、汶河两岸的传统医学,专业治疗烧伤、烫伤及颈肩腰腿疼。百尺鸿仁堂始创于清朝同治年间,创始人王淑琪出生于老城西百尺村,自幼热爱中医,四处拜师学艺,到三十多岁时,已成为当地名医,于清同治八年(1869)开创"百尺鸿仁堂"品牌,通过其刻苦钻研,在烧烫伤及颈肩腰腿疼方面研制出大批外用制剂,疗效独特,成为一大特色疗法。经第二代传承人王立元、第三代传承人王德朝、第四代传承人王祥对传承至今。"百尺鸿仁堂"王氏膏方历经五代传承,第五代传承人王强继承祖传技艺,不断创新,于2000年注册泰安市同强医药有限公司,后注册"百尺鸿仁堂""同强"商标,更好地为百姓解除病痛,服务于民,带来良好的社会效应和经济利益。2018年10月,"百尺鸿仁堂"王氏膏方特色技艺入选泰安市级非物质文化遗产名录项目。

【罗窑土陶】 罗窑土陶历史悠久,明万历年间,罗氏族人自山西洪洞迁至此地,因善于土陶制作而得名"罗家窑",俗称"罗窑"。罗窑村地处龙山文化、大汶口文化发源地,属平原丘陵地带,以小麦、玉米为主要农作物。当地粘土土质细腻具有很强的耐碱性,用此处黄沙红土烧出的土陶制品,光滑度高、耐用坚固、抗腐蚀性强。罗窑土陶为古老的传统手工制陶技艺,土陶器皿拥有独特的造型及实用价值,存粮的土陶"对瓮"具有明显的农耕时代特征。20世纪50年代,以罗氏家族为首的罗窑土陶制作的规模越来越大,曾有一路十八窑的美誉。罗窑土陶制作历经挖泥、和泥、制坯、印花、晾干、装窑、烧窑等工序,每道工序都延袭多年积累的经验技术。随着瓷器和塑料用品的广泛应用,土陶器具逐渐远离人们的生活,传统的土窑制陶技艺慢慢淡出人们的视野。为传承发展手工土陶制作技艺,村民罗令朝在劳作之余仍烧制土陶制品,并不断寻找具有价值的土陶,修缮窑屋、土窑及使用工具,拟建立罗窑土陶历史文化博物馆、罗窑土陶历史文化研究会等。罗令朝手工制作的土陶制品,外形美观、古朴,用于室内外装饰、装修、水培花草等,艺术价值、收藏价值逐渐凸显。

【小窑瓜蒌】 小窑瓜蒌为老城街道特产,已有100余年种植历史。主要种植区域为肥城市老城街道境内。老城街道地处丘陵与平原交界处的康王河平原,土壤肥沃,水资源充沛,独特的地理环境为小窑瓜蒌提供有利的生长条件。小窑瓜蒌表面橙黄色,皱缩或较光滑,顶端有圆形的花柱残基,具残存果梗。小窑瓜蒌果实含皂苷、有机酸、树脂、脂肪油、糖类、色素等,以个整齐、皮厚柔韧、皱缩、色杏黄或红黄、糖分足、不破者为佳品,倍受药材商青睐。

(袁明金)

潮泉镇

【概况】 2018年,全镇总面积52.9平方公里,辖11个行政村。总人口2.3万人,其中农业人口1.8万人,人口自然增长率7‰。耕地面积2452.16公顷,山林面积1089.52公顷。

全社会固定资产投资完成7.6亿元,公共财政预算收入956万元,公共财政预算支出1209万元。社会消费品零售总额1100万元,进出口总额1050万美元。全年引进落地项目9个,实际到位资金4.5亿元。

拥有农业专业合作社73家。农作物总播种面积2424公顷,其中粮食播种面积1359公顷。粮食总产量8235吨,棉花产量19.6吨,油料产量1400吨,蔬菜产量28140吨,园林水果产量1762吨。生猪(牛、羊)存栏0.72万头,出栏0.53万头;家禽存栏13万只,出栏7万只。肉类产量0.24万吨,禽蛋类产量0.35万吨,奶类产量20吨。全年新增造林面积100公顷,林木绿化率50%。全镇拥有农业机械3880台(套),农机总动力2.4万千瓦。

全镇拥有工业企业35家,

其中规模以上工业企业5家，实现主营业务收入1.5亿元，实现利润850万元，实现利税1600万元。

新修（改造、硬化）公路12.6公里。开工建设商住楼3栋。村镇建设完成投资8518万元。垃圾无害化处理率100%。A级及以上旅游景区2家，全年接待旅游人数20万人次，实现旅游总收入800万元。

全镇有普通初中1所，在校生389人。小学1所，在校生719人。幼儿园1所，在园幼儿302人。专利申请量12件，授权专利8件。有农家书屋12个，农村文化大院11个，文体广场50个，文艺宣传（表演）队16个，新建公共健身工程4个。医疗卫生机构10所，其中医院（卫生院）1个、社区卫生服务中心9个。各类卫生机构有床位20张，卫生技术人员38人。全年参加县级及以上体育比赛获奖牌4枚。

农村居民人均纯收入17297元。养老保险参保人数12761人，参保率96%。新型农村合作医疗参合人数17548人。农村最低生活保障人数384人。各类福利院（养老院）1个，福利院床位60张，收养20人。

年内，获评国家卫生乡镇、国家级世上桃源森林生态康养小镇、山东省乡村振兴"十百千"工程示范镇和泰安乡村组织振兴示范镇、肥城市经济社会发展优秀镇街等荣誉称号。

【乡村振兴】　成立实施乡村振兴战略领导小组和"六大专项行动"推进小组，制定《潮泉镇乡村振兴战略实施方案（2018—2020年）》《美丽乡村建设三年攻坚计划实施方案》，明确三年目标，层层夯实责任，高质量全方位推进各项振兴举措。依托生态资源优势，围绕"生态康养，宜业宜居"的发展思路，与北京中农利禾设计院合作，共同编制《潮泉镇乡村振兴战略规划方案》，将潮泉全域打造、规划建设为"一环两心三区三带"，明确以现代农业为基础、康养产业为核心、休闲旅游为引擎的产业振兴道路。

【镇村建设】　高质量推进社区建设，下寨社区22栋住宅楼、潮泉社区13号楼主体完工，并开始进行内外装饰。全面铺开潮泉、张庄、孤村3大社区共计1000套棚改安置房建设。驻地2栋商住楼即将交付使用。高标准建设美丽乡村，全部完成百福图、白窑、黑山、大王、孙楼等5个省级美丽乡村创建村规划建设内容，建成百福图福文化广场、福文化一条街、孙楼樱桃文化广场等6处特色景点，美化墙体8万平方米，垒砌仿古景观隔离墙2.5万余米，安装各类景观标牌200余个，栽植各类绿化苗木30万株。

【企业培植】　全镇工业经济总量不断扩张，结构得到进一步优化。龙山机械完成销售收入6000多万元、税收216万元，分别比上年同期增长69%和226%。傲饰赛乐尔公司产值达到1.5亿元，首次突破亿元大关。三同公司引进博士3名，星河公司引进西班牙籍博士1名。三同、军成、龙山三家企业新入围国家高新技术企业，新获批省级"一企一技术"创新企业1家，省级专精特新企业1家，泰安市企业技术中心1家，泰安市产业技术研究院2家。新注册私营企业16家，新发展个体工商户76户。

【招商引资】　2018年，潮泉镇新签约落地项目9家，其中投资过亿元企业4家，到位资金4.54亿元。围绕省新旧动能转换"十强"产业布局，引进投资50亿元的泰山·桃花源项目，被列入2019年度山东省百个重点项目。依托中国模板脚手架（肥城）产业园，继续开展精准招商，北京安德固、河北易凝和江苏众建睿德三家高端模板制造企业相继落户产业园区，产业更加集聚。立足全市新旧动能转换先行区区位优势，整合资源积极策划美丽乡村建设项目，实施棚户区改造、农村道路网格化工程、地质灾害防治工程等重点民生项目，争取到位资金7666.7万元。

【泰山·桃花源项目落地潮泉】　泰山·桃花源项目由山东世外潮泉文化旅游开发有限

泰山·桃花源项目

公司投资建设，该项目被列为2019年省重点建设项目。项目总投资50亿元，利用原7450兵工厂闲置厂区，以山水田园、生态农业为基础，以康养度假为核心，以地域文化为特质，以旅游开发为引擎，以社区创建、社区配套为支撑，打造乡居生活、休闲旅游、康养度假、产业振兴四张名片，形成集现代农业、康养度假、休闲旅游为一体的田园综合体，建成新型乡村振兴康养旅游特色小镇。项目整合范围30平方公里，将整体构建"国家乡村公园"。

（田磊磊　滕兴哲）

王瓜店街道

【概况】　2018年，全街道总面积91.8平方公里，辖37个行政村（居）。总人口8.4万人，其中农业人口6.5万人。人口自然增长率10.04%。耕地面积3938公顷。

全社会固定资产投资完成9769万元，公共财政预算收入1.55亿元，公共财政预算支出1.55亿元。全年实现地方财政收入1.56亿元，其中工商税收1.35亿元。对上争取1.66亿元，外贸出口4777.6万美元，利用外资1925万美元。全年招商引资到位资金15亿元，新签约过亿元项目19个，计划投资77.5亿元，开工项目10个，竣工投产4个。

拥有农业专业合作社75家。农作物总播种面积6031公顷，其中粮食播种面积4827公顷。粮食总产量5.7万吨，蔬菜产量6300吨。生猪存栏4500头，出栏9000头；奶牛存栏500头，出栏150头；肉牛存栏180头，出栏150头；羊存栏6000只，出栏4000只；家禽存栏80万只，出栏370万只。肉类产量1.19万吨，禽蛋类产量520吨，奶类产量2280吨。全镇拥有农业机械1541台（套），农机总动

力10.1万千瓦。

新修（改造、硬化）公路18.5公里。开工建设棚改楼2286套，对上争取资金7900万元。基础设施建设完成投资1425万元。垃圾无害化处理率100%，污水集中处理率100%。A级及以上旅游景区2家，全年接待旅游人数7.5万人次，实现旅游总收入17.5万元。

全街道有普通初中1所，在校生1914人。小学9所，在校生4068人。幼儿园13所，在园幼儿2457人。取得重要科技成果15项，获得县级及以上科学技术奖3项，专利申请量347件，授权专利121件。有农家书屋32个，农村文化大院32个，文体广场45个，文艺宣传（表演）队30个。广播、电视人口综合覆盖率均达到100%。医疗卫生机构1所，社区卫生服务中心1个。各类卫生机构有床位170张，卫生技术人员173人。

养老保险参保人数4.3万人，参保率96%。新型农村合作医疗参合人数5.9万人。农村最低生活保障人数404人。各类福利院（养老院）2个，福利院床位60张，收养53人。

年内，获得国家森林小镇建设试点单位、山东省级文明单位、山东省档案工作科学化管理先进单位、山东省基层残疾人组织建设示范镇街等荣誉称号。

【高新区新时代文明实践分中心挂牌成立】　11月2日，高新区

新时代文明实践分中心在高新区综合文化中心正式挂牌，标志着新时代文明实践分中心的建设工作在高新区正式启动。①阵地建设。高新区依托区综合文化中心，设立新时代文明分中心办公室、志愿服务队办公室、道德讲堂、图书馆、书画室、文化体育活动室等各类功能室，同时下设33个文明实践站。各个实践站整合现有的基层阵地，形成固定的实践场所，统一调配使用，配套完善活动设施，突出文明实践功能，实现"一个主题、多种使用"。②队伍建设。高新区组建新时代文明实践志愿服务总队，在机关、村级、社会力量3个层面引导成立7支志愿服务队伍。在机关单位成立党务志愿服务队、"新动青春"青年志愿服务队、文化下乡服务队；在村级成立"五老"服务队，文化服务小分队；在社会力量层面根据区域企业较多的优势，成立爱心企业服务队和暖"新"公益服务队。共有相对固定参与实践活动的志愿者近500人，且人数不断增加中。③活动载体搭建。高新区文明实践以"讲、评、帮、乐、庆"5种方式为载体，利用"乡村儒学""道德讲堂"等多种形式讲理论、讲政策；通过"好婆婆、好媳妇""高新乡贤""文明家庭"等各类评选活动，褒奖善行义举、惩戒道德失范行为；开展移风易俗，培育文明乡风；

组织志愿者开展邻里互助，关爱留守儿童、孤残老人等各类志愿服务活动；结合"送文化下乡""太极拳下乡"等系列活动，活跃繁荣基层文化生活；结合"我们的节日"主题实践活动，有计划地举行节日庆典活动，为群众婚丧嫁娶、成人升学等人生节点举办仪式，培育文明礼仪，传承弘扬优秀传统文化。

【扶贫工作】　①完善帮扶机制，确保帮扶实效。修订完善"五位一体"帮扶制度，984户建档立卡贫困户均有专人精准帮扶，做到"横到边、纵到底"。帮扶干部每周一次入户走访，形成走访常态化。对4个扶贫工作重点村，选派4名优秀机关干部到村担任第一书记。各村及包保干部通过召开研判会与入户走访相结合的方式，对帮扶措施的可行性、精准性进行梳理分析，对不切合实际、效果不明显的措施，及时进行修订完善。②严格程序，做好贫困对象动态调整工作。包村领导、包村包户干部全力盯靠、全程参与，深入贫困户家中采集各项信息，并严格按照民主评议、公示等各项程序，做好精准识别、精准退出工作。2014年以来已脱贫户没有返贫情况，实现稳定脱贫。2018年，全区39户、94人的贫困人口全部实现当年脱贫，对2014年以来建档立卡贫困户信息进行及时更新。

③多措并举，精确实施脱贫措施。强化项目带动，整合2018年扶贫资金，策划实施大庚格栅焊接生产线项目，首次项目分红21万余元，14个村的贫困户受益。新胜电商服务中心、姜家庄桃蓝峪旅游食品两个闲置扶贫项目完成转型，转型资金与大庚项目进行整合。推进金融扶贫，富世康制粉有限公司、山东雅瑞智诚自控科技有限公司、肥城华邦商贸有限公司等3家企业开展"富民生产贷"工作，共放贷605万元，实现新胜、新镇、潘台、马庄等8个村121名贫困人员增收、就业，每人收益达1600元。

【民政优抚】　年内，全面落实民政优抚政策。敬老爱老，为敬老院争取安全改造省级奖补资金12万元。重新核实五保人员，全区共有五保户216户，其中集中供养53户，分散供养163户。九九老人节走访老人24户，发放慰问金10000余元，办理银龄安康保险36万余元，创历史新高。加大低保排查力度，开展低保核查"回头看"专项活动，退出28户，新增14户，至年末有低保户394户，404人。募集慈善捐款408282元，做好大病救助和临时救济工作，累计救助困难家庭、贫困母亲、大学生等97人，争取救助救济款4万元。稳步推进残联工作，发放生活补贴294人，发放护理补贴623人，争取康复救助（轮椅），共计 32 万元。开展双拥工作，八一建军节走访优抚对象及驻地部队，发放慰问物资 5 万余元，为 139 个优抚对象收缴医疗保险，采集录入退役军人及优抚对象信息。

【开设乡村"儒学讲堂"】 落实乡村振兴战略部署要求，深入挖掘乡村记忆，增强文化认同，开设"乡村儒学"讲堂，从村、机关企业中招募了一批品行好、热爱儒家文化、熟悉农村工作的骨干讲师，组建一支志愿讲师队伍；邀请山东大学教授颜炳罡等相关专家学者对讲师进行培训，形成本土教材；活动以"把经典通俗易懂的传播出去"为目标，将优秀传统文化与时代文明新风相结合，用身边的人、身边的事教育引导群众，讲孝亲、和家、睦邻等与老百姓日常生活密切相关的事；用举身边例子、多讲故事少讲

"儒学讲堂"宣讲

道理、掏心窝子说实话等方式，使宣讲通俗易懂，行之有效，受到群众欢迎。宣讲活动在全区 33 个村、相关企业、部门按照时间安排有序开展，做到全覆盖。

【农村集体产权制度改革】 把农村集体产权制度改革作为乡村振兴的大事来抓，强化领导、深化改革，注重实效、完善提升，完成各项工作任务，截至 2018 年末，32 个行政村已全面完成产权制度改革，共量化集体各类资产 2.44 亿元，量化股权 30.75 万股；申领 31 个股份经济合作社组织机构证明书；完成 30 个村股权证打印发放；已完成镇街档案整理及 32 个股份经济合作社档案整理工作；27 个村股份经济合作社完成银行开户；32 个村启用合作社账簿。前期工作中，产权制度改革工作领导小组多次召开专题会议，对改革环节、步骤及程

序进行深入研判，对工作中的问题及时进行纠正，弥补不足。在前期试点村先行试点的基础上，将改革成效突出、程序规范、档案齐全的村作为样板，通过召开研讨会和经验交流会等形式，自上而下、自下而上地反复协作沟通，找准上级政策与实际情况的最佳结合点，进一步积累工作经验，提高工作标准，使之成为改革精品村。通过精品村的典型示范带动，将好的经验做法复制推广到各村，促进高新区产权制度改革标准的整体提升。在"回头看"活动中，在市经管办和档案局的指导下，集中全部精力，对 6 年间的全部改革资料进行拉网式排查，经过梳理、排序和归纳，先后历经数十次整改，对百余处不规范内容进行规范，对不恰当的做法进行调整，达到程序规范、资料齐全、装订美观、保存完好的标准。发挥村股份经济合作社优势，开展三资清理活动，壮大集体经济，完善合作社管理制度，巩固发展农村产权制度改革成果。

【图说王西改革开放四十年展】 为庆祝改革开放四十周年，进一步增强党员和村民的幸福感、获得感，营造浓厚的欢庆氛围，高新区王西村在新时代文明实践站举办庆祝改革开放四十周年图片展，集中回顾展示改革开放以来农村面貌发展变化。图片展从村史更替、

高新区王西村举办庆祝改革开放四十周年图片展

党建引领、乔迁新居、经济发展、文化惠民等八个方面，用136张照片生动形象地展示改革开放40年来村民生活从温饱到小康，逐步富裕起来的历史变化。用自行车执照、土地承包通知单、借粮条等老物件，让村民重拾记忆。

（尹静）

【记住乡愁】　①蒋庄村。位于王瓜店街道东北2公里，泰（安）湖（屯）铁路的南侧。全村873户、8个居民组、3030人，原耕地2805亩，村庄面积560亩，现有耕地1000亩，居民楼50栋。据清光绪十七年（1891）《肥城县志·方域》载："榆城乡·云山社·蒋庄"。据碑文记载：明洪武年间（1368—1398）蒋氏自山西省洪洞县迁此建村，以姓氏命名蒋庄至今。1958年人民公社时称蒋庄大队，1983年改称蒋庄村。

2005年开始新农村建设，社区规划面积500亩，2008年来，按照制定的旧村改造总体规划，进行旧村改造。社区总体规划建设面积41万平方米，总建筑面积29.49万平方米，居住面积24.93万平方米，居住3600户，居民12000人。至2018年，已建成社区居民楼50栋，建筑面积12万平方米，服务中心面积7500平方米，文体广场面积7500平方米，老年活动中心600平方米，景观大

道长600米，宽50米。入住居民1500余户。坚持高标准规划、高水平建设、高效能管理，社区内幼儿园、小学、卫生室、老年公寓、景观大道、运动场地、社区服务中区、商贸服务一应俱全；水、电、暖、天然气、电话、有线电视、宽带网络等配套齐全；硬化、绿化、亮化、美化、净化"五化并举"。

②穆庄村。位于王瓜店街道北部，原在太湖铁路以北，紧靠肥矿集团下属大封矿及其下属企业，区域面积5.6平方公里，其中可耕地面积1650亩，旧村腾空土地1100亩。下设14个村民小组。总户数1350户，人口4100人。

始建于北宋末年，北宋靖康二年（1127）由穆氏在此建村，称作穆庄。淳熙十一年（1184）王氏由临淄迁徙穆庄定居。洪武年间（1368—1398）楚氏、武氏等陆续迁至穆庄。

蒋庄社区新貌

穆庄旧村景

穆庄社区前永安路

抗战时期属肥城第五区，1938年10月与大阳合建穆庄党小组；1945年成立穆庄村公所；1950年3月至1956年12月改称穆庄乡并设立党支部；1956年1月第五区改称王瓜店区时属王瓜店区；1958年属王瓜店人民公社；1968年属王瓜店人民公社革命委员会；1980年12月属王瓜店公社管理委员会；1984年1月属王瓜店区公所；1985年11月王瓜店撤区设镇，称王瓜店镇穆庄村，设穆庄村委会。

2009年，穆庄村整体搬迁至泰湖铁路以南，位于街道驻地以北2公里，东临蒋庄社区，南邻矿工佳园，西邻朱庄社区，北邻泰湖铁路。穆庄新村由北京普华永筑设计院规划设计，总规划面积450亩，总建筑面积30万平方米，绿地占有率41%。于2009年7月8日开工建设，建设居民楼60栋，1456户村民迁入新居。拆除旧宅1295户，腾空旧村土地1100亩，复垦造地新增耕地面积230亩，流转工业项目用地800亩。社区建有高标准的小学、幼儿园、卫生服务站、便民市场、老年人日间照料中心、社区服务中心、文明一条街和万平文化广场。高标准实施社区绿化、硬化、美化和亮化工程，实现"七通"。实施全天候卫生保洁和垃圾统管统运，打造干净、整洁、舒心的生活居住环境。

社区以南北向的主路为中心轴线，形成小区内部的主景观带，聚集人气，促进商气，创造出适宜人居的空间环境，形成学有所教、病有所医、老有所养、困有所助的新型社区。

③冉庄村。位于王瓜店街道西南3.6公里，东与新镇村毗邻，南靠凤凰山，西与聂庄村接壤，北与新胜麒麟村相连。至2018年，全村总户数1035户、3160人，下设14个生产组。全村实有土地3475亩，山地面积462亩，河滩面积164亩，人均占有耕地1亩。

据清光绪三十四年（1908）《肥城县乡土志·古迹》载："冉子故里在城（今老城）西南

冉庄旧村貌

冉庄新村貌

二十五里冉家庄。有明知县王惟精书'冉子故里碑'。"此碑设在老城通往屯头的冉庄村南边大道以北。据《冉氏族谱》民国四年（1915）载，宋代以前冉氏后裔在肥邑西南的冉马庄（即现演马庄）居住，宋末元初因避战乱，迁于孔子晒书城凤凰山后建立冉家庄。冉庄村南为丘陵，村北为平原，形成南高北低地形。

2007年开始建设冉庄社区，位于老村以北，设计社区占地约120亩，居民楼30幢，安置居民1035户。至2017年，已建成居民楼13幢，安置居民358户。2018年初，将冉庄社区命名为"冉庄新村"。开通暖气、天然气，新建通往新城的红旗路和国防路主要干道等基础设施。成立物业公司，村内环境达到绿化、美化、亮化、硬化。已建成高标准幼儿园1处。2018年5月，开展棚户区改造，共拆迁200余户，已安置150户，按照"54321"的模式建设冉庄新村，即环境实现硬化、绿化、亮化、美化、净

化"五化"，水电气暖"四通"，电视电话网络"三通"，保障六十岁以上老人入住老年公寓、保证幼儿入托"二保"，争取从小学到高中的教育模式在冉庄新村推行。

④王东村。旧村东西长1.5公里，南北约1公里，原统称王瓜店村。该村建村历史悠久，始建于明洪武初年（1368），原名众家村，御史村。清初年间，因陈氏新种黄瓜负盛名，故泛称黄瓜店，后演变为王瓜店村。1955年11月成立高级农业合作社，高级社设管理委员会。1958年成立人民公社，公社为民兵营，村设民兵连，后民兵连改称生产大队（下设生产小队）。1959年农业合作化后，为方便管理，将村分为两个村，基本以村内"十字路"为界，东半部至庄西南角属"王东村"，西半部包括前后赵庄属"王西村"。1983年撤社建区（镇），王东大队改称为王东村。

2003年开始建设居民小区，筹建居民楼。至2009年，王东财苑小区共建商居楼、居民楼、

老年公寓38栋，南大门、东大门相继落成。小区内路面基本达到硬化、绿化和美化，并安装路灯，修建休闲娱乐健身广场，安装健身器材。成立德盛物业公司，三纵四横公路贯穿全境，新型的现代化城中村初步形成。

⑤王西村。位于王瓜店街道中部，北靠泰（安）湖（屯）铁路，南至康王河，东邻王东村，西邻金槐、朱庄接壤。辖区总面积2.8平方公里，耕地面积为1238亩。该村土地肥沃，水源充足，地势平坦，气候宜人，省道泰临、肥梁公路横穿全境，建有三纵三横的沥青水泥公路，为王瓜店街道政治、经济、交通文化中心。

王西村历史久远，始建于明洪武初年（1368），原名众家村，御史村。清初年间，因陈氏新种黄瓜负盛名，故泛称黄瓜店，后演变为王瓜店村。1955年农业合作化时期全村划为英勇、前进两个农业生产合作社，王西为英勇社。1958年9月人民公社化后，英勇社改为

王东社区

王东社区办公大楼

王西旧村貌

王西村商业街

王西大队，1984年4月王西大队改称为王西村。至2016年，全村共8个村民小组，1110户，总人口3159人（不包括辖内非农业人口）。

2003年春，开始实施旧村改造工程，改善村民居住环境。至2016年末，建成沿街商业楼10栋，居民楼70栋，分A、B、C、D四个小区，安置居民1100户。在新村功能建设上，主要按照"54321"的模式推进，即环境实现硬化、绿化、亮化、美化、净化"五化"；水、电、气、暖"四通"；电视、电话、网络实现"三通"；保障60岁以上老人入住公寓，保障老年人基本生活实现"两保"；保证将新村建设成为一处泰安市级和谐平安小区，且专门成立拥有10名保洁员的康居物业管理公司。随着农村经济的发展壮大，人民生活得到提高，全村98%以上农户达到小康生活水平。

湖屯镇

【概况】 2018年，全镇总面积85.3平方公里，辖48个行政村（居）。全镇总户数3.02万户，总人口8.23万人，其中农业人口4.85万人。耕地面积4400公顷，山林面积846公顷。

全年实现生产总值94.8亿元，比上年增长8%。全社会固定资产投资完成19.25亿元，公共财政预算收入1亿元，公共财政预算支出9600万元。社会消费品零售总额7000万元，进出口总额1060.7万美元。全年引进落地项目8个，实际到位资金4.35亿元。

全年实现农业总产值87.75亿元，增长12%。成立农业专业合作社64家。农作物总播种面积2142公顷，其中粮食播种面积3600公顷。粮食总产量2.5万吨。生猪（牛、羊）存栏3.2万头，出栏3.9万头；家禽存栏117.4万只，出栏264.7万只。肉类产量876.9万吨，禽蛋类产量2000吨，水产品产量2000吨。全年新增造林面积200公顷，林木绿化率90%。全镇拥有农业机械8700台（套），农机总动力11.2万千瓦。

全镇拥有工业企业214家，其中规模以上工业企业18家，实现增加值3.5亿元，实现主营业务收入5.1亿元，实现利润0.6亿元，实现利税0.7亿元。

新修（改造、硬化）公路32公里。A级以上旅游景区1家，全年接待旅游人数3万人次，实现旅游总收入10万元。

有普通初中1所，在校生909人。小学5所，在校生1787人。幼儿园10所，在园幼儿1.5万人。有农家书屋48个，农村文化大院48个，文体广场54个，文艺宣传（表演）队53个，新建公共健身工程1个。广播、电视人口综合覆盖率分别达到85%和75%。医疗卫生机构39所，其中医院（卫生院）1个、社区卫生服务中心38个。各类卫生机构有床位40张，卫生技术人员142人。全年参加县级及以上体育比赛获奖牌1枚。

养老保险参保人数24084人，参保率90%。新型农村合作医疗参合人数47695人。农村最低生活保障人数 390 人，敬老院 1 个。

年内，被省卫健委评为省级卫生村镇，被省文明委评为省级文明村镇，被泰安市农业局评为农业标准化生产基地，被肥城市委、市政府评为 2017 年度全市信访工作先进单位，被肥城市委、市政府评为肥城市党建工作先进单位，被泰安市第三次农业普查领导小组授予泰安市第三次农业普查先进单位。

【"竹绿矿区"行动】　年内，湖屯镇在"绿满湖屯"工作中把建设"竹林小镇"作为重点工作来抓。按照"面上扩展、带上延伸、点上突破"的工作思路，引导工商资本介入，抓好核心栽植区，布局好分散栽植区，加强宣传发动，形成"村村栽竹子，处处见竹子"的浓厚氛围，以竹子修复生态，以竹子绿化环境，培育竹海新景观，加快推进矿区塌陷地环境综合治理。按照"竹绿矿区""一镇两片三线"的总体规划，确定"一区五边"的种植规划布局。截至年末，在"一区"范围内，已调整落实土地 820 亩，并引导工商资本介入。流转小王庄土地 150 亩，打造精品竹园，在"五边"范围内，已确定栽植面积 600 亩，全镇 13 个村已全面铺开竹子种植。

【违法建设治理】　年内，强力推进拆违工作，成立联合执法组，明确整治目的，制定多项举措，对违法建设治理工作的开展情况和存在问题进行研究分析。在此基础上，坚持违建巡查工作制度，实施动态巡查监控，严格执行第一时间发现、第一时间制止、第一时间报告、第一时间处理、第一时间拆除"五个一"制度，做到零容忍、不手软，始终保持对违法违章建设的高压态势。治理违法建设行动开展以来，集中拆除一批社会影响大、群众反映强烈的违法建设，形成严厉打击违法建设行为的强大攻势。对已拆除的违法建筑，及时跟进，加强跟踪管控，建立长效机制，坚决遏制新增违法建设，防止死灰复燃。

【农机化新技术推广】　围绕农业增效、农村发展、农民增收的总体目标，挖掘基础优势，注重装备引领，加大科技创新和技术推广力度，实施水肥一体化技术，不断提高农业生产机械化水平，壮大农业产业规模，推进农机化转型升级，推动农业生产现代化、普及化。在矿区塌陷后的旧村址上建设张店村果树标准化示范园区，通过流转土地 1200 余亩，栽植国内外优良苹果树 10 余种，依托现代农业技术，打造高标准现代化农业发展先行区。截至年末，园区购买各类农机具 20 余台套，新建容积为 5500 立方米的蓄水池 1 个，购置、安装以色列耐特菲姆滴灌水肥一体化系统 1 套，灌溉周期缩短为 21 个小时，比常规灌溉节约用水 70%、节肥 80%，年可省工 3000 个，苹果改良增产 80 万元，年总效益可达 200 万元。

【现代农业产业发展】　落户湖屯镇的华盛光伏农业产业园为集园区运营、创客孵化、产业链实体投资为一体，将光伏与农业、光伏与创客相结合的综合体平台，

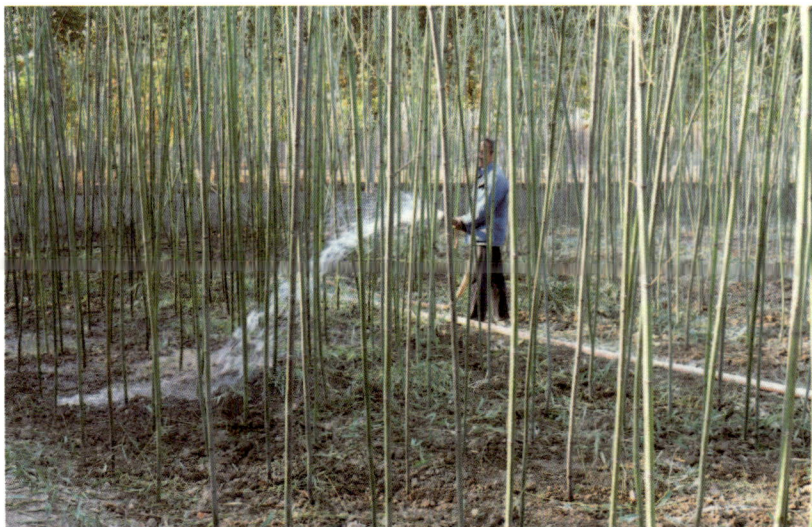

湖屯镇"竹绿矿区"生态修复（范玲玲　摄）

由青岛昌盛日电太阳能科技有限公司投资 7.2 亿元建设，一期二期已成功并网发电并实现高效运营，三期已开工建设。湖屯镇抢抓乡村振兴战略，依托华盛光伏农业产业园等农业龙头企业，做强做大农业产业品牌，打造现代农业田园综合体产业链。截至年末，已孵化出 5 个大规模现代农业企业，实现一二三产有机融合，拉动周边经济，带动居民就业，走工业强镇、产业富民、要素优化、创新融合发展之路。

【农村"三资"清理】 10 月 19 日，湖屯镇结合扫黑除恶专项斗争召开加快农村"三资"清理集中行动专题会议。会上下发《关于在扫黑除恶专项斗争中加快农村"三资"清理集中行动的通知》，成立以党委书记为组长的工作领导小组和"三资"清理重点村专班，动真碰硬，要求把加强村级党组织建设、整顿软弱涣散党组织、提升组织力作为巩固清理行动的治本之策，坚持一手抓集中行动，一手强基层党建，确保"双过硬双推进"。同时，对当前"三资"清理重点工作进行安排，派出所、经管站、司法所分别作表态发言，在治安管理、业务指导、法律援助等方面为加快农村"三资"清理集中行动提供坚强后盾。

【新时代文明实践专题培训班暨工作部署推进会】 11 月 22 日，湖屯镇组织召开机关干部、各村（居）支部书记和宣传委员参加的新时代文明实践专题培训班暨工作部署推进会。会议对全镇工作开展情况进行通报，对下一步新时代文明实践工作提出标准要求，从使命任务、阵地建设、队伍组建、制度上墙、活动开展等方面进行集体学习，提高思想认知。会议要求全镇上下要提高工作效率、加大工作进度，结合实际、突出特色开展活动。同时，要整合资源，统筹规划，对照上级要求，解决好宣传群众、教育群众、关心群众、服务群众"最后一公里"的问题。

（宗桂华）

石横镇

【概况】 2018 年，全镇总面积 94.4 平方公里，辖 43 个行政村（居）。总人口 8.5 万人，其中农业人口 5.39 万人。人口自然增长率 6.7‰。耕地面积 3623 公顷，山林面积 651 公顷。

公共财政预算收入 17559 万元，公共财政预算支出 17215 万元。进出口总额 4600 万元。全年引进落地项目 12 个，实际到位资金 34.4 亿元。年末金融机构各项存款余额 49.6 亿元，比上年增长 16%。

拥有农业专业合作社 114 家。农作物总播种面积 3623 公顷，其中粮食播种面积 4066 公顷。粮食总产量 30500 吨，棉花产量 2.6 吨，油料产量 1718 吨，蔬菜产量 99221 吨，园林水果产量 326 吨，水产品产量 2060 吨。生猪（牛、羊）存栏 9418 头，出栏 8617 头；家禽存栏 1.96 万只，出栏 1.74 万只。肉类产量 2627 吨，禽蛋类产量 2418 吨，奶类产量 4.8 吨。全年新增造林面积 100 公顷，林木绿化率 36%。全镇拥有农业机械 1370 台（套），农机总动力 11.98 万千瓦。

全镇拥有工业企业 78 家，其中规模以上工业企业 16 家，实现增加值 45.6 亿元，比上年增长 12%，实现主营业务收入 400 亿元，实现利润 96 亿元，实现利税 21.6 亿元。

新修（改造、硬化）公路 29 公里。公路完成客运量 126 万人次，货运量 260 万吨。完成电信业务总量 1261 万元，邮政业务总量 322 万元。开工建设商住楼 160 套，竣工 160 套。基础设施建设完成投资 2427 万元，村镇建设完成投资 2.2 万元。新建垃圾压缩站 1 个，垃圾无害化处理率 100%，污水集中处理率 80%。全年接待旅游人数 6.1 万人次，实现旅游总收入 620 万元。

全镇有普通初中 1 所，在校生 1434 人。小学 6 所，在校生 2708 人。幼儿园 10 所，在园幼儿 1711 人。取得重要科技成果 16 项，获得县级及以上科学技术奖 8 项，专利申请量 254 件，授权专利 28 件。有农家书屋43个，农村文化大院43个，文体广场45个，文艺宣传（表演）队45个，新建公共健身工程3个。广播、电视人口综合覆盖率均达到100%。医疗卫生机构44所，其中卫生院1个、社区卫生服务中心1个。各类卫生机构有床位340张，卫生技术人员116人。全年参加县级及以上体育比赛获奖牌18枚。

农村居民人均纯收入19760元。养老保险参保人数2.86万人，参保率75%。新型农村合作医疗参合人数5.39万人。农村最低生活保障人数720人。敬老院1个，收养140人。

年内，石横镇获得"全国综合实力千强镇""山东省百亿产业集群镇""山东省档案科学化管理先进单位""泰安市安全生产先进单位""泰安市第二次人口普查先进单位""泰安市经济强镇""肥城市党建工作先进单位""肥城市经济社会发展先进镇街区"等称号，"循环经济产业园升格为山东省化工产业园区"，继续保持"全国文明村镇"称号。

【循环经济园区被山东省批复为省级化工产业园区】 肥城市循环经济园区原为石横镇民营经济产业园区，随着改革发展的不断深入，园区逐步形成以高端化工、装备制造、特种材料三大产业为主导的化工产业园区。石横特钢集团位于园区北侧2公里，为山东省新旧动能转换特种建筑用钢产业基地，全国首家"钢化联合"发展模式，推行化工产业园+石横特钢基地"1+1"发展模式，园区内阿斯德甲酸项目以石横特钢煤气为源头，以甲酸为主导产品，形成甲醇、甲酰胺、甲酸钙等下游化工系列产品，为园区聚发生物、岳洋医药、腾淇生物等企业提供原料，形成以阿斯德甲酸项目为龙头的协同发展的完整产业链。建设"园中园"模式，打造精细化工产业园、腾淇生物医药产业园、昌盛特种材料产业园，构建起"三园归一"融合发展格局。为促进园区又好又快、做大做强以化工产业为主的产业园发展，2018年1月向山东省政府进行申报，2018年6月省政府批复肥城市循环经济园区为省级肥城市化工产业园区，规划面积8.84平方公里，已开发3.12平方公里，属于综合类化工产业园区。2018年，肥城市化工园区注册企业19家，累计完成固定资产投资56.8亿元，完成工业总产值62.5亿元，累计上缴税收2.65亿元。

【石横境内税收超20亿】 2018年，国家税务总局肥城税务局石横分局不断强化税征管理工作，坚持用改革发展的思维和科学的方法指导税征工作，正确处理涵养税源与税征的关系。协同政府加大对企业的服务和招大引强新项目，为企业落地生根搞好系列服务。以税收管理为基础，以信息化建设为依托，加大税源监控力度，夯实征管基础，强化税种管理，挖掘数据库，深化纳税评估，完善档案管理，优化绩效考核，提高税征质量和效率，促进企业的快速高效运转和税收的便捷按时交纳，税收管理工作迈上新台阶，税收额大幅度攀升。截至2018年末，石横镇境内税收达到21.16亿元。

【荣获全国综合实力千强镇称号】 2018年，石横镇把握"稳中求进、进中求好"的总基调，以改革发展为总抓手，致力于四大功能建设，推进工业立镇、经济强镇，加大园区建设，采取综合措施招大引强上项目，坚定不移抓调整，奋力拼搏促民生，促进全镇经济和各项事业的快速稳步发展。年内，先后投资2500万元对兴石街、新南外环和阿斯德路段进行高标准、高质量的拓宽改造升级，实现硬化、绿化、亮化、美化。招商引资到位资金达到34.42亿元，进出口额达到4560万美元，规模企业达到16家，实现增加值45.6亿元，主营业务实现收入400亿元，创利润96亿元，境内税收达到21.16亿元，占全市总额的60%以上。全镇呈现经济繁荣、社会安定、民心思上的良好局面，在全国中小城市科学发展2018指数成果发布的名单中，石横镇入选为全国综合实力千强镇，位次 418 名，比 2017 年上升 209 个位次。

【民丰村镇银行落户石横】 2018 年 6 月，以"服务三农、支持中小企业方向不移、信贷支农力度不减"为宗旨的肥城民丰村镇银行在石横镇驻地落户，开始办理信贷服务业务。自银行设立以来，干部职工牢记服务宗旨，强化管理，优化服务，深入农村第一线调查研究，为乡村振兴经济、农民脱贫奔小康服务，为中小企业发展注入信贷服务。至 2018 年末，肥城民丰村镇银行石横支行储蓄余额达到 2800 余万元，发放支农和企业贷款 2000 余万元，促进全镇经济和社会事业的发展。

【前一村水培韭菜】 石横镇前衡鱼一村为传统的韭菜种植基地，随着科学技术的推广和市场的需求，逐步从陆地韭菜、小弓棚韭菜发展到设施大棚无土水培韭菜。水培韭菜属于生态无公害有机韭菜，为山东农业大学重点研究和推广的一项韭菜种植新技术，种植全过程不使用农药，无土、无肥、无污染，产量高、口感好、绿色安全环保。水培韭菜自 2017 年开始落户石横镇前一村，并取得成功，第一批 10 户农民掌握此项技术，并注册"久久香"牌无公害韭菜，主要销售到周边地区城镇。2018 年，仅此一项为村集体增收 20 万元，水培韭菜已成为该村农民增收致富的重要来源，成为乡村振兴的学习样板。中央电视台"农广天地"节目对前一村水培韭菜种植进行报道。

【记住乡愁】 ①石横二街。位于石横镇驻地，南临石横一村、石横三村，西临石横四村、保安村，北临国电石横电厂，东临石横五村。

石横村为历史古村，据史书记载，始建于周朝，因该村临近一条石沟而得名石沟村至宋朝，金代初年因天降陨石，横卧山阳，为顺应天意而改为石横，有天生石横之说。石横村宋朝、金朝为东平郡辖，元朝归济宁路辖，明清为泰安州辖，民国时为泰安福阳乡辖，新中国成立后归济南、聊城辖。分为东南、西南、东北、西北四个行政村。1958 年成立人民公社，石横东北村改为石横二社，后来社改为大队；1961 年复归泰安市肥城县辖；1984 年 1 月石横二大队改为村委会；1985 年撤区并乡归石横镇辖，石横二村于 1987 年 10 月集体农转非，改为石横二街居民委员会。

石横二街居委会有 673 户、1936 人，均为汉族，主要姓氏有尹、张、李、王、赵、夏、裴等。耕地面积 465 亩，下设 6 个居民小组，有林地 1200 亩，林木蓄积量 2400 立方米。该村经济发展快，个体企业多，居民收入高。有集体企业 5 处，个体企业 38 家，年集体收入 200 余万元。自 2005 年开始旧村改造，至 2018 年末，村总投资达到 6000 余万元，新建居民楼 17 幢、670 户，居住面积达 7.3 万平方米，建起标准化卫生室、文化广场，环境实现硬化、绿化、美化。95% 的户住上居民楼，统一安装暖气、燃气、闭路电视，各项民生事业快速发展，成为石横镇经济强村。先

水培韭菜（于学山 摄影）

石横二村旧貌

石横二街新貌

后被评为泰安市精神文明建设先进单位、肥城市经济强村、石横镇五星级党支部。

②北大留村。老村址位于石横驻地8公里处，北临平阴安城镇官庄村，东邻湖屯镇古庄村，西邻北高余村，南邻南大留村。

北大留村是历史古村，据当地张氏家谱记载：商周时期形成村落，该村因其祖封为留侯，迁徙至此地后为纪念其先祖遂将村名而改为大留村至今，明清时泰安及肥城县安乐乡衡鱼社辖，民国时为平阴县安城乡辖，新中国成立后划归肥城县石横区辖，曾为济南、聊城辖。1958年人民公社化运动，为便于管理，按方位分为北大留社，后改为北大留大队。1961年复归泰安市肥城县辖。1984年设区划乡成立大留乡，为石横区大留乡辖，大队遂即改为行政村至今。1985年11月撤区并镇，北大留又复归石横镇辖。

北大留村有685户、2307人，均为汉族。主要姓氏有李、张、宋、何、王、杨、凌等。分10个村民小组，有耕地面积1900亩、山林400亩、核桃260亩，林木蓄积量2600立方米，鱼塘50亩。该村主要生产小麦、玉米、冬暖大棚菜。该村因矿区塌陷于2005年整体搬迁至石横镇驻地，住上居民楼，有200余户，迁址至北山前新村。注重民生事业的发展，有集体企业1处，年收入60万元，村里建有文化广场1处，医务室1处和老年活动中心。村内道路实现硬化、美化、绿化、

北大留村旧貌

北大留新村

亮化，有保洁员4名及时清运垃圾，配备理事会，组织各类评选活动，助推村风的改变。80岁以上老人领取养老补助，全村经济繁荣、社会安定，成为新农村建设的示范村。2016年被评为山东省卫生村，多次被评为肥城市和石横镇的先进单位。

③西铺村。旧村东邻北大留村，北临平阴安城镇，西邻北高余村。据文献记载，西铺村始建于明洪武年间，为交通要道，各种店铺较多，杨姓迁此后取名为杨家铺，因地处大留村西，人们习惯上叫作"杨家西铺"，后又改为西铺。明清时归安乐乡栾湾社辖，民国时归平阴县安城乡辖，新中国成立后曾归济南、聊城两地。1958年人民公社化运动成立西铺社，后改为生产大队。1984年设区建乡，成立村委会，归石横区大留乡辖，1985年11月撤区并乡归石横镇辖。

2001年，因矿区塌陷全村搬迁，一部分搬迁至镇驻地，一部分搬至北山。新西铺村位于镇驻地，东邻南高余，南邻南大留，西邻石横村。西铺村区域面为2.5平方公里，526户、1908人，均为汉族。主要姓氏有杨、孙、王、臧、林等。有8个村民小组，土地面积1950亩，塌陷地900亩，山林地600亩，林木蓄积量1800立方米。该村主要生产小麦、玉米、核桃、花椒等农作物。有村级工业项目1处，年集体收入达到31.25万元。注重民生事业，全村住上居民楼，实现通水、通电、通天然气、通闭路电视，村内道路实现硬化、绿化、亮化，有文体广场、医务室。先后被评为肥城市、石横镇的先进党支部。

（吕吉功）

桃园镇

【概况】 2018年，全镇总面积100.8平方公里，辖40个行政村（居）。全镇总人口5.6万人，其中农业人口5.08万人。人口自然增长率2.51‰。耕地面积4690公顷，山林面积785公顷。

全年实现生产总值38.7亿元，财政总收入2170万元，其中地方财政收入804万元。农村经济总收入1455.78万元，增长20%；村级集体经济总收入607.4万元，增长17.2%。全社会固定资产投资11.23亿元，公共财政预算收入1366万元，公共财政预算支出1366万元。社会消费品零售总额11.08亿元，进出口总额1.7亿元。全年引进落地项目10个，实际到位资金3.2亿元。

全年实现农业总产值14.01亿元，增长27.1%。成立农业专业合作社4家。农作物总播种面积1.19万公顷，其中粮食播种面积7100公顷。粮食总产量5.23万吨，棉花产量69.48吨，油料产量620吨，蔬菜产量25.3万吨，园林水果产量3.97

西铺村老村貌

西铺村新村貌

万吨。生猪（牛、羊）存栏1.8万头，出栏2.7万头，家禽存栏230万只，出栏980万只，肉类产量1.63万吨，禽蛋类产量1120吨。全年新增造林面积106公顷，林木绿化率21%。全镇拥有农业机械2.96万台（套），农机总动力13.79万千瓦。

全镇拥有工业企业33家，其中规模以上工业企业8家，实现增加值9.6亿元，比上年增长0.3%，实现主营业务收入8.84亿元，实现利润0.72亿元，实现利税0.85亿元。资质三级及以上建筑企业3家。

新修（改造、硬化）公路39.2公里。完成联通业务总量460万元，邮政业务总量465万元。开工建设商住楼526套，竣工262套。基础设施建设完成投资431万元，村镇建设完成投资3771万元。垃圾无害化处理率100%，污水集中处理率100%。A级及以上旅游景区1家，全年接待旅游人数9万人次，实现旅游总收入600万元。

有普通初中1所，在校生1014人。小学7所，在校生1622人。幼儿园8所，在园幼儿614人。专利申请量9件，授权专利3件。有农家书屋40个，农村文化大院40个，文体广场64个，文艺宣传（表演）队48个，新建公共健身工程4个。广播、电视人口综合覆盖率均达到100%。医疗卫生机构30所，其中医院（卫生院）1个，村卫生室29个。各类卫生

机构有床位80张，卫生技术人员63人。全年参加县级及以上体育比赛获奖牌2枚。

农村居民人均可支配收入15232元，人均生活消费支出9709元。养老保险参保人数3.13万人，参保率96%。新型农村合作医疗参合人数4.4万人。农村最低生活保障人数515人，敬老院1个。

2018年，获得山东省"非遗助力脱贫、推动乡村振兴"典型乡镇、泰安市档案工作先进集体、肥城市安全生产先进单位等荣誉称号。

【获评山东省"非遗助力脱贫、推动乡村振兴"典型乡镇】 桃园镇以实施"乡村振兴"战略为契机，打造非遗助力扶贫的桃园模式——"1234模式"。一统领，坚持文化统领，不断延伸吉祥文化、健康文化、平安文化、长寿文化的内涵；二主体，坚持政府和龙头企业跟上，实现两个主体顶层推动；三结合，坚持合作社、农业大户、贫困户三者结合，实现三者合作共赢；四收益，贫困户增加收入提升生活水平，村级合作社实现增加村集体收入，企业利润不断攀升，全镇经济社会不断发展。非遗项目为全镇实施"乡村振兴"战略增添新动能，年内，获评山东省"非遗助力脱贫、推动乡村振兴"典型乡镇。

【宇希食品产业园签约落地】 年内，桃园镇在招商引资过程中，

注重"以商引商""亲缘招商"。宇希食品产业园的签约落地，为市委提出的五支队伍中"在外肥城籍人才"回乡创业的成功案例。产业园计划投资5亿元，占地1000余亩，建成后容纳100余家企业入驻。产业园紧邻肥梁一级路和青兰高速出口，距泰肥一级3.5公里，交通便捷，区位优势明显；聘请知名设计团队进行规划设计，建筑标准一流；邀请齐鲁工业大学食品创新研发中心入驻，科技创新含量高；与上海环保工程成套有限公司合作，建设污水处理厂，周边加油站、水、电、气等设施完善，功能配套齐全。产业园与全国工商联水产协会济南分会合作，吸纳鲁中地区水产、食品加工企业进驻，实现集约化生产、规范化管理、标准化入市。建成投产后，将成为集食品加工、包装、物流、研发、信息交流等功能于一体的绿色、环保、专业的食品产业园。

【顾庄村史馆建成开馆】 2018年9月，顾庄村史馆建成开馆。该村史馆位于顾庄社区沿街楼三楼，总投资8万元，布展面积90平方米。除前言、结束语外，共分村名由来、建置沿革、大事记、历任书记、农耕记忆、生活点滴、时光影记、顾庄名片、未来展望等九大板块。以LED灯箱、图文并茂的形式，全方位展示村庄的发展变迁和深

10月18日，泰安市镇村志编修暨村史馆建设推进会在肥城召开。图为与会人员参观顾庄村史馆

厚的农耕文化。由于展厅面积所限，对传统的农业生产工具和生活用具采取以图片形式有选择地进行展示。"农耕记忆"主要介绍耕地、播种、浇灌、收割、脱粒、储存、加工等环节使用的犁杖、耧车、辘轳、镰刀等的发展演变、构造原理和使用方法；"生活点滴"主要介绍20世纪六七十年代村民在衣食住行玩等方面拥有的顶针、筷子、门枕、二八自行车、火柴枪的基本用途、使用方法及相关寓意等。通过看似构造简单、制作粗陋的生产工具和生活用具，展示出先人的智慧和技能、体现中华文化的博大精深。

（张文芹）

王庄镇

【概况】 2018 年，全镇总面积93.7 平方公里，辖 53 个行政村。总人口 5.54 万人，其中农业人口 5.15 万人。人口自然增长率 2.7‰，耕地面积 5260 公顷，山林面积 800 公顷。

全社会固定资产投资完成24.66 亿元，公共财政预算收入 307 万元，公共财政预算支出 822.24 万元。社会消费品零售总额 21.5 亿元，进出口总额6650 万元。全年引进落地项目12 个，实际到位资金 2.4 亿元。年末金融机构各项存款余额13.6 亿元，比上年增长 4.6%。

拥有农业专业合作社 115家，家庭农场 61 家。农作物播种面积 13605.7 公顷，其中粮食播种面积 6885 公顷。粮食总产量 4.72 万吨，棉花产量401 吨，油料产量 744 吨，蔬菜产量 28.5 万吨，园林水果产量3331 吨。生猪（牛、羊）存栏2.2 万头，出栏 2.9 万头；家禽存栏 66.5 万只，出栏 103.4万只。肉类产量 870 吨，禽蛋

类产量 1225 吨。全年新增造林面积 67 公顷，林木绿化率达到38%。全镇拥有农业机械 4648台（套），农机总动力 15.94万千瓦。

全镇拥有工业企业 28 家，其中规模以上工业企业 13 家，实现增加值 23.5 亿元，比上年增长 13%，实现主营业务收入20.2 亿元，实现利润 2.1 亿元、利税 3.8 亿元。资质三级及以上建筑企业 2 家，实现建筑业增加值 2.3 亿元，比上年增长8%，实现利税 2800 万元。

新修（改造、硬化）公路38 公里，公路完成客运量 12 万人次，货运量 180 万吨。完成电信业务总量 190 万元，邮政业务总量 27 万元。开工建设商住楼 14 栋，竣工 6 栋。基础设施建设完成投资 4800 万元，村镇建设完成投资 2200 万元。垃圾无害化处理率 100%，污水集中处理率 70%。

全镇有普通初中 2 所，在校生 1250 人；小学 7 所，在校生 2134 人；幼儿园 5 所，在园幼儿 1047 人。有农家书屋 53个，农村文化大院 53 个，文体广场 57 个，文艺宣传（表演）队 35 个，新建公共健身工程 7个。广播、电视人口综合覆盖率均达到 100%。医疗卫生机构29 所，其中卫生院 1 处、社区卫生服务中心 28 处。各类卫生机构有床位 60 张，卫生技术人员 144 人。

农村居民人均纯收入 17811

元。养老保险参保人数1.47万人，参保率40%。新型农村合作医疗参合人数3.76万人。农村最低生活保障605户，853人。养老院1处，养老床位120张，收养52人。

年内，先后被山东省爱国卫生运动委员会评为"山东省卫生乡镇"，被泰安市地震局评为"泰安市防震减灾工作先进单位"，被泰安市人民政府安全生产委员会评为"泰安市安全生产月活动先进单位"，被泰安市计划生育协会评为"泰安市计划生育家庭意外伤害保险工作先进单位"，被泰安市扶贫开发领导小组评为"泰安市脱贫攻坚先进集体"，被泰安市档案局评为"泰安市档案宣传工作先进单位"，被肥城市委、市政府评为"党的十九大安保维稳工作先进单位"，被肥城市委、市政府评为"尊师重教先进镇街"。

【农业产品提档升级】　年内，王庄镇在提升农产品标准品质上不断用力，王场大樱桃生产基地在获泰安市首批市级农业标准化生产基地认定的基础上，12月又被评定为山东省农业标准化生产基地。泰安市未来食品有限公司、肥城方兴阳光能源有限公司被评为泰安市农业产业化市级重点龙头企业。农产品"三品一标"认证实现新突破，孝堂峪400亩小米获得有机食品认证，盛强合作社600

亩葡萄、东孔3000亩马铃薯获绿色食品认证。花园韭菜、中于鑫利来有机蔬菜专业合作社马铃薯、西孔芫荽、太平大蒜获山东省农村农业厅第一批无公害农产品认证。同时，改变"两菜一粮"种植结构，向精品、有机方面转变，肥城市绿沃农业科技有限公司致力于现代农业发展，将水肥一体化系统与节水灌溉成套全面引入种植基地；中于村融投资5000万元建设高标准农业产业观光园，一期300亩高标准设施农业建设工程已建成32个冬暖式大棚，种植羊角蜜、辣椒、樱桃、西红柿、甜瓜、黄瓜等，成为周边现代农业示范点。

【重点项目落地投产】　①维创游乐设备制造项目。该项目由山东环维游乐设备有限公司投资建设，项目总投资1.2亿元，占地45亩，改建车间5000平方米，新建50吨行吊车间10000平方米，新上高端设备生产线3条，主要生产各类主题公园游乐设备，包括数字化展厅及4D、5D动漫特效的制作。公司是国内四大游乐设备供应商之一，与深圳华强方特、北京欢乐谷等10家知名文化企业保持合作关系。所生产的仿唐山地震振幅频率平台在上海市中小学教育基地应用，六自由度动感平车先后被西安、郑州等国内26家博物馆采购。公司签约订单8亿元，产品在满

足需求的同时，出口欧洲、东南亚市场。项目以"科技体验+文化创意"引领行业新业态。集主题公园游乐设施产品的研发、设计、生产、销售于一体，具备自主知识产权，拥有悬挂式六自由度平台、球幕的无缝对接技术、新型潜艇式建筑等20余项国家专利，具有产业技术扎实、特色优势明显、创新势头良好、产品附加值较高的特点。项目着力打造国内顶尖游乐设备制作精品基地。年生产各类游乐设备300台（套），产值3亿元，利税4000万元，可安置150人就业。该项目于2018年10月27日正式生产运营，成为王庄的骨干支柱企业。②兴唐食品加工项目。该项目由青岛唐老大食品有限公司投资5000万元建设，占地15亩，新建办公室及附属设施1000平方米，高标准食品加工车间5000平方米，分为泡菜、酸菜四个独立加工车间，新上发酵、清洗、灭菌、包装生产线4条。项目依托王庄镇"两菜一粮"的主产区优势，在邓庄村签约合同基地500亩，保证绿色有机农产品的原材料供应。引进韩国H3C生产线并加以改造，形成基地—加工—销售的完整产业链，为农业提效、农民增收提供坚强保障，产品主要出口日韩，实现出口创汇。项目建成后，年可加工酸菜、泡菜及各种薯类制品2万吨，年可实现销售收入6000万元，利税

1200 万元，可安置 60 人就业。11 月建成投产。

【企业培植】 年内，铺开美达精密管件制造技改扩能项目，由济南玫德集团投资建设，项目总投资 5 亿元，一期投资 1.5 亿元，占地 35 亩，改建 13000 平方米高标准钢架结构车间及 2000 平方米办公室及附属设施，新上 3 条全自动砂模生产线。公司年产衬塑管件、涂塑管件、沟槽涂塑管件等各种精密管件 8 万吨。项目新上生产线全部实现自动化，加工精度高，造型质量和生产能力稳定，生产过程环保、安全、高效。引进的全自动砂模生产线设备，射砂仓密封性高，生产过程无粉尘、无噪音，设备运转可靠性、同步冷却能力、型腔部件耐磨性等方面国内领先，产品主要销往欧美地区。项目建成后，年可实现销售收入 4 亿元，利税 4000 万元，可安置 180 人就业。至年末，厂房主体已完工，3 条生产线已安装完成投入生产。

【教育投入创新高】 年内，把加快教育项目建设作为惠民生抓发展的头等大事，共建成投入使用项目 3 个。分别为演马小学 2 号教学楼及附属工程，教学楼建筑面积 2650 平方米，投资 695 万元；中心小学 2 号综合楼及附属工程，综合楼建筑面积 2477 平方米，投资 510 万元；初级中学 3 号教学楼及

附属工程，教学楼建筑面积 1938 平方米，投资 450 万元。同时，提升中小学、幼儿园办学条件，各类教育优质均衡发展，教育教学质量不断提高，有省级规范化学校 1 处、省级幼儿园 2 处、泰安市规范化学校 6 处、规范化幼儿园 4 处、教学示范校 4 处、AAA 学校 5 处、绿色学校 3 处、肥城市文明学校 6 处，泰安市文明学校 1 处；初级中学荣获泰安市课程改革与教学先进单位，王庄镇连续九年被肥城市委市政府评为教育工作先进街镇。

【卫生院改造升级】 王庄镇卫生院始建于 1956 年，占地面积 5514 平方米，全院共有干部职工 83 人，设有临床、医技和后勤科室等 22 个，大中型医疗设备 30 余台套，开放床位 60 张，下辖 28 处村卫生室，承担着王庄镇 53 个行政村，5 万多人及周边乡镇群众的基本医疗和基

本公共卫生服务。2018 年，王庄镇加大对卫生工作投入和支持力度，累计投资 450 万元进行卫生院整体改造提升。其中投资 200 万元新建 1000 平方米的业务用房，改扩建病房、检验科、药房、手术室，完善护士站、配药室、输液大厅和抢救室，增加床位 30 张，卫生院的承载能力大幅提升。投资 250 万元，购置 16 排螺旋 CT、全自动五分类血液分析仪、血流变检测仪等医疗设备，为临床诊断提供可靠保障。同时，对卫生院内外环境进行全面装修改造，医院的诊疗环境更加温馨舒适，诊疗流程更加完善便捷，全院的医疗卫生服务能力和水平得到进一步提升。

【公路建设】 2018 年，王庄镇委、镇政府借助市级道路"王边公路"大修改造之机，争取将道路由镇驻地向西延伸 6.5 公里，使王边路直接与省道

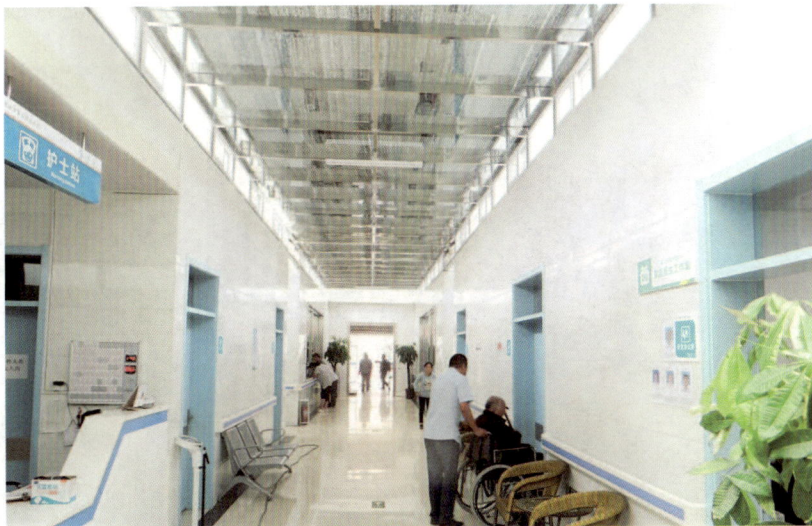

改造提升后的王庄卫生院

S243（肥梁路）贯通。该路段路基宽10米，路面宽7米，总投资900万，于2018年底正式通车，彻底改变王庄境内东西无主干道的历史，为沿线20多个村的群众出行和经济发展提供交通保障。投资400万元对镇驻地道路设施进行改造，重新规划建设绿化隔离带和非机动车道、人行道，埋设地下管网，更新安装太阳能路灯80盏，镇驻地面貌得到改观。投资1600万元修建村级公路网26.7公里，其中投资300万元修建东焦至郭场1.5公里、西焦至桃园固留1.4公里、吴庄至桃园大山洼1.5公里三处断头路，解决原有道路年久失修，出行困难的现状，改善群众生产生活条件。

【记住乡愁】 张场村位于王庄镇驻地东6.5公里，属王庄东部的纯山区，坐落于燕舞山以南、凤凰山以东、王场村以北。据传明朝万历年间（1573—1719），佃户张氏为焦庄大富户焦百万看护场院在此建村，以姓氏命名张场。村庄依山而建，东西长500米、南北宽200米，全村117户、人口249人，耕地473亩，山地200亩，山林面积524亩，栽植樱桃、核桃、肥桃等果树260亩，村内主要有李、王、郭、韩、杨等姓氏。

2018年，为彻底改善群众居住环境，该村进行棚户区改造，确定整村搬迁至镇驻地张庄社区，整村搬迁后可复垦土地85亩，至年底已搬迁48户，复垦土地50亩。

（杨鸿义）

仪阳街道

【概况】 2018年，全处总面积97.4平方公里，辖49个行政村（居）。总人口4.6万人，其中农业人口4.3万人。人口自然增长率0.4%。耕地面积3429公顷，山林面积2392公顷。

全社会固定资产投资完成18.1亿元，公共财政预算收入16112万元，公共财政预算支出16112万元。社会消费品零售总额8.46亿元，进出口总额760万美元。全年引进落地项目15个，实际到位资金8.46亿元。年末金融机构各项存款余额12亿元，比上年增长1.3亿元。

拥有农业专业合作社157家。农作物总播种面积5591.2公顷，其中粮食播种面积4610.1公顷。粮食总产量26968.6吨，棉花产量96.3吨，油料产量990.8吨，蔬菜产量33150.8吨，园林水果产量12235.9吨。生猪（牛、羊）存栏8125头，出栏10835头；家禽存栏73982只，出栏12.7万只。肉类产量777.29吨，禽蛋类产量265.46吨。全年新增造林面积1870公顷，林木绿化率42%。全处拥有农业机械3699台（套），农机总动力5.16万千瓦。

全处拥有工业企业84家，其中规模以上工业企业10家，实现增加值1.8亿元，比上年

张场村旧村貌

张场村新村貌

增长18%，实现主营业务收入6.4亿元，实现利润0.13亿元，实现利税0.32亿元。资质三级及以上建筑企业36家，实现建筑业增加值2.69亿元，比上年增长20%，实现利税0.78亿元。

新修（改造、硬化）公路100公里。公路完成客运量760万人次，货运量220万吨。完成电信业务总量1400万元，邮政业务总量380万元。开工建设商住楼600套，竣工27套。基础设施建设完成投资1.19亿元，村镇建设完成投资2.2亿元。垃圾无害化处理率100%，污水集中处理率100%。A级及以上旅游景区2家，全年接待旅游人数63万人次，实现旅游总收入1.42亿元。

全处有小学4所，在校生1657人。幼儿园4所，在园幼儿382人。取得重要科技成果16项，获得县级及以上科学技术奖15项，专利申请量47件，授权专利18件。有农家书屋53个，农村文化大院49个，文体广场59个，文艺宣传（表演）队52个，新建公共健身工程1个。广播、电视人口综合覆盖率分别达到90%和100%。医疗卫生机构25所，其中医院（卫生院）1个、社区卫生服务中心1个。各类卫生机构有床位180张，卫生技术人员69人。全年参加县级及以上体育比赛获奖牌1枚。

农村居民人均纯收入17647元。养老保险参保人数32076人，参保率98.9%。新型农村合作医疗参合人数36920人。农村最低生活保障人数699人。各类福利院（养老院）1个，福利院床位200张，收养198人。

年内获得山东省文明办省级文明村镇、泰安市关心国防建设十佳单位、泰安市妇女岗位建功先进集体、泰安市农机安全生产工作先进单位等荣誉称号。

【农村公路"户户通"工程】 年内，仪阳街道从群众最关心的道路问题着手，大投入、大整治、大建设，全面掀起农村公路"户户通"热潮，全处农村公路通达深度和覆盖度大幅度提升。利用上级关于农村公路建设的优惠政策，研究出台《关于加强村级公共服务设施建设的实施意见》，明确工作任务和时间节点，将任务层层分解到班子成员、到社区、到村，形成层层抓落实，人人有责任的工作机制。同时组织社区、各村统一签订责任书，将工作进度快慢直接与农村干部绩效考核挂钩，调动农村干部工作积极性。为确保农村公路户户通工程按时间节点有序推进，通过组织观看亮点现场观摩，查看工程进度，召开专题调度会等形式，进一步明确任务目标，严格落实定期督导巡查、通报制度，确保硬化工程如期推进。截至年末，全处新建或改造提升"村村通"路面硬化工程100公里，15个村完成户户通，农村公路"户户通"工程取得显著成效。让百姓方便出行，摆脱雨天泥泞，有效提升群众获得感，满意度。同时，为加快推进新型城镇化建设，融入城市核心区，仪阳街道还重点实施凤山大街、吉山大街南延和兴隆街改造提升工程，全面拉开以路网建设带动发展的序幕。三条道路总长5252米，总投资9800万元，进一步完善"两纵一横"路网，为新型城镇化建设拓宽新空间。

【棚户区改造】 仪阳街道把棚户区改造作为一项重大民生工程来抓，持续用力推进棚户区改造建设，为进一步加强领导，专门成立仪阳街道棚户区改造工作领导小组，由党委书记任组长，并由一名党工委副书记具体靠上抓，研究出台相关政策，制定改造计划和实施方案，抽调骨干人员，分线作战，合力攻坚。通过与市有关部门联系对接，及时掌握了解棚改政策；年初街道及早召开村支部书记、村"两委"干部动员大会，精心部署，进行政策宣传，街道党工委办事处号召包村干部驻村进行广泛宣传发动，通过张贴标语、入户宣传、短信告知、微信平台公告、发放《致棚改村民的一封信》、召开村小组长以上干部会和党员代表会、全体群众大会等多种方式加强棚改政策宣传，帮助群

仪阳街道社区建设

众算好经济账、民生账、长远账，引导村民把握好国家利好政策，并对积极支持和配合棚改工作的村民进行大力宣传。通过采取一系列措施，仪阳街道棚户区改造力度大，效果好，全年共获上级批准的棚改项目18个，享受棚改资金5607万元，享受保障性基础设施配套资金2760万元，涉及20个村，3239户。2018年已有王家南阳村、石坊村、大栲山村、西鲍村、赵庄村、马廊村等13个村建起楼房，2731户百姓搬进新居。

【爱党爱国家爱集体主题教育】 2018年，仪阳街道党工委办事处在全处社区、村、企业、学校集中开展一次群众性"爱党爱国家爱集体，争做身边好人"主题宣讲及送文艺下乡演出学习教育活动。为加强组织领导，确保整体活动顺利开展，专门成立活动领导小组，研究

制定活动的实施方案，明确活动的目标要求、活动方式方法，统筹安排，扎实推进。此次活动采用主题宣讲与文艺演出相结合的方式，宣讲人员用通俗易懂的语言和生动鲜活的故事及事例突出主题教育，凭借文艺演出以贴近专题教育为导向，自编自演一批小品、快板、三句半等节目，让群众对责任意识、大局意识、感恩意识和集体荣誉感有更深刻的理解。在宣讲和巡演活动中穿插有奖问答环节，通过简单但富有深刻意义的问题，将正能量和新风气潜移默化地传递到群众当中，推动活动纵深开展。以新时代农民文明传习中心和"身边好人"荣誉榜为平台，凭借文艺演出和好人评选表彰等方式，整个群众性集中学习教育活动宣讲巡回演出56场，120人被评为身边好人的典型事迹被编辑成书，增强群众对党、对国家、对集体的感恩意识，形成

个人利益服从集体利益、大局利益的良好氛围，为建设美好乡村，打造产业新区、活动新城提供精神支持。

【"爱心联盟"成立】 年内，为倡树扶危济困、乐善好施的慈善理念，仪阳街道成立"爱心联盟"慈善平台。为运作好平台，制定实施方案，成立专门领导小组，召开专题会议，做足前期准备，建立"爱心联盟"的倡议得到企业、机关干部以及社会各界爱心人士的大力支持和高度认可。"爱心联盟"慈善平台作为一个多（联盟会员单位和个人）对一（患者）定向救助平台，以"自愿、契约、奉献、共享、感恩"为原则，由办事处慈善协会负责具体运作。联盟会员单位和个人做出爱心承诺，自觉自愿接受联盟的领导和管理，参与联盟组织的救助活动。采取双向通报制度，让救助对象和救助者了解各自的捐款数额和患者信息及善款使用情况。同时，街道慈善协会为每名被救助人建立独立档案，善款由慈善协会设立专用账号，专人管理、专款专用。自2018年开展活动以来，已经有18家企业为"爱心联盟"累计捐款76.44万元，联盟平台上的个人捐款已有427人。

【泰之源食品有限公司获山东省扶贫龙头企业称号】 山东泰之源食品有限公司"君祥"蜂蜜

始于1931年王兆秀创立的君祥养蜂场，其祖辈自明末清初便从事养蜂，至王兆秀已是第十五代养蜂人。1953年其子王占平成立"君祥养蜂生产合作社"，此后"君祥"蜂蜜历经安临站人民公社养蜂生产队、副食品公司蜂蜜厂等8个阶段，几经兴衰，发展到现代化的山东泰之源食品有限公司。

2018年，公司利用金融扶贫的机遇，抓住市委、市政府"富民农户贷"委托经营的政策机遇，与市扶贫办、农商银行、仪阳街道签订小额信贷"委托经营、保底收益"合作协议。根据公司发展需要，利用"富民农户贷"每个贫困户5万元"免抵押、免担保、基准利率、政府全额贴息"的信贷资金，申请金融扶贫货款1000万用于发展蜂产品项目，带动200户老弱病残、生活极其困难的建档立卡贫困户，与贫困户签订委托经营带动协议，确保每个贫困户得到3500元的保底收益。由贫困户提出申请，村委会统一办理，农商行进行征信审核办理贷款手续，放款后统一转入企业账户，贫困户不参与生产经营管理，不承担任何投资风险，解除贫困户贷款难的问题，解决企业发展资金紧缺的难题，实现政府、企业、银行、贫困群众的"四赢"目的。探索"N＋1"的扶贫模式。

近年间，公司与市畜牧局密切协作，探索实施"政企协作产业扶贫N＋1牵手扶贫行动"，"N"是指公司、村委、养蜂专业合作社、蜂农；"1"指贫困户，连续三年给蜂农提供优质蜂箱、蜂群、蜂王、蜂饲料等，无偿为蜂农提供技术指导，按市场价格优先回收项目村蜂产品，所选的16个村中有12个为地处偏远山区、交通出行不便的省、市级贫困村，通过此项行动帮助59个蜂农发展养蜂业，蜂农对贫困户的蜂箱实行保姆式托管服务，2018年帮扶26个贫困户实现脱贫。打造蜂产业旅游，做活假日经济文章。公司在泰安市级贫困村空杏寺村开发养蜂基地文化展示、花海经济、棚菜种植、工厂旅游体验、蜂产品现场制作的蜂产业旅游，实现集体和群众双增收。2018年，公司荣获"山东省扶贫龙头企业"称号。

【记住乡愁】 王家南阳村原址位于仪阳街道驻地东南方向5公里处，南距泰山植物园200米，北距青兰高速公路150米，东距石坊村1000米，西距张家南阳村50米。

明朝洪武年间，王姓人氏由山西洪洞县迁居该处，始成村落。后赵姓、胡姓、张姓等10个姓氏人家逐步迁此居住。因村庄建在仪阳以南，故以姓氏随同邻村"南阳"取村名"王家南阳"。

清光绪年间（1875—1908），王家南阳村隶属肥城县榆城乡仪阳社。民国十七年（1928）榆城乡划为肥城县第二区，王

王家南阳村旧村

王家南阳村新村

家南阳隶属肥城县第二区南阳镇；1945年划为肥城县第二区仪南小区；1950年改属肥城县第二区三环乡；1955年划为肥城县第二区南阳乡；1958年成立仪阳人民公社，王家南阳与吴家庄组成王家南阳大队，隶属仪阳公社南阳管区；1983年改属仪阳区南阳乡；1985年划为仪阳乡南阳管区；2010年改属仪阳镇南阳管区；2016年为肥城市人民政府仪阳街道办事处南阳管区所辖。

该村村庄面积约20万平方米，呈长方形状，东西长约500米，南北长约1000米。有可耕面积1699亩，其中水浇地面积1200亩、旱田499亩，村民主要种植肥桃、核桃、樱桃等干鲜果、有机菜、小麦、玉米、花生等。全村有416户1520人，其中男性796人，女性734人，姓氏以王、赵、胡、孙、吴、张为主。

2014年4月，该村因新型城镇化规划而确定拆迁。2018年1月，异地搬迁至仪阳驻地新社区。原址进行复垦还田。

（王善玉）

安临站镇

【概况】 2018年，全镇总面积130.93平方公里，辖48个行政村（居）。总人口5.88万人，其中农业人口2.06万人。人口自然增长率4.5%。耕地面积5883公顷，山林面积4134公顷。

全社会固定资产投资完成12.84亿元，公共财政预算收入3478万元，公共财政预算支出3478万元。社会消费品零售总额17.11亿元，进出口总额3500万元。全年引进落地项目9个，实际到位资金7.13亿元。年末金融机构各项存款余额13.1亿元，比上年增长7.5%。

拥有农业专业合作社12家。农作物总播种面积3900公顷，其中粮食播种面积2400公顷。粮食总产量7250吨，油料产量525吨，蔬菜产量7210吨，园林水果产量4500吨，水产品产量260吨。生猪（牛、羊）存栏5.4万头，出栏12万头；家禽存栏54万只，出栏130万只。肉类产量10500吨，禽蛋类产量1400吨。全年新增造林面积500公顷，林木绿化率33%。全镇拥有农业机械556台（套），农机总动力6930万千瓦。

全镇拥有工业企业36家，其中规模以上工业企业13家，实现增加值8.37亿元，比上年增长10%，实现主营业务收入12.33亿元，实现利润7700万元，实现利税1.33亿元。资质三级及以上建筑企业1家，实现建筑业增加值3.98亿元，比上年增长145%，实现利税4950万元。

新修（改造、硬化）公路29.4公里。公路完成客运量650万人次，货运量219万吨。完成电信业务总量58万元，邮政业务总量3650万元。开工建设住宅楼1000套，竣工60套。基础设施建设完成投资400万元，村镇建设完成投资4900万元。新建垃圾压缩站1个，垃圾无害化处理率100%，污水集中处理率40%。A级及以上旅游景区2家，全年接待旅游人数5.6万人次。

全镇有普通初中1所，在校生919人。小学9所，在校生1904人。幼儿园11所，在园幼儿1500人。有农家书屋41个，农村文化大院48个，文体广场81个，文艺宣传（表演）队72个，新建公共健身工程4个。广播、电视人口综合覆盖率分别达到96%和100%。医疗卫生机构28所，其中医院（卫生院）1个、社区卫生服务中心27个。各类卫生机构有床位60张，卫生技术人员69人。全年参加县级及以上体育比赛获奖牌2枚。

农村居民人均纯收入16674元。养老保险参保人数3.87万人，参保率93%。新型农村合作医疗参合人数4.94万人。农村最低生活保障人数1160人。各类福利院（养老院）26个，福利院床位390张，收养58人。

2018年，安临站镇获得全国两会安保维稳工作先进集体、省级文明单位、全省安全生产工作先进单位、全省残疾人工作先进单位、全省基层文化建设先进单位、全省教育宣传工作先进单位、泰安市文明单位、泰安市"安全生产月"活动先进单位、泰安市价格信息工作先进单位、泰安市关心下一代工作先进单位、泰安市档案工作先进集体、泰安市免疫规划工作先进集体、泰安市计划生育家庭意外险先进集体、泰安市信访工作先进单位、泰安市第三次农业普查市级先进集体、肥城市安全生产工作先进集体等荣誉称号。

【精准扶贫】 ①连心桥扶贫。镇扶贫工作开发领导小组根据2017年政策调整后的贫困户重新制定结对帮扶计划,实行镇领导干部带头包保贫困户、机关干部帮扶的政策,领导带头,党员示范,上下齐心,结对帮扶。根据调整后的帮扶责任表,重新印制400余份扶贫"连心牌",内容包括驻村党委书记、第一书记、社区书记、支部书记、包村干部的个人照片、职务及联系方式,由帮扶责任人张贴在贫困户家中墙上,便于贫困户群众了解帮扶责任人的单位、联系电话等。"连心牌"成为安临站镇扶贫脱贫工作的工作作风体现,成为加强帮扶责任人和贫困户沟通的一座"连心桥"。②爱心扶贫。结合精准扶贫活动,宣传发动,各村计生协会积极响应,在开展宣传活动的同时,发动全村会员为本村计生贫困户捐款,捐款用于为计生贫困人员办理一份计划生育家庭意外伤害保险,以提高计生家庭抵御风险的能力,做好计生领域的精准扶贫。③包保扶贫。以问题为导向,第一时间召开扶贫问题破解推进会,以强有力的措施和过硬的工作作风保障脱贫攻坚问题整改推进。实行领导干部包保遍访,每名领导干部包保至少3个村,对全镇48个村进行"拉网式"走访,确保每一户不漏走访,确保每一个贫困户、每一个项目都不出现问题;包户干部齐上阵,从贫困户最关心的小事入手,针对存在的问题,边查边改,建立台账,聚焦"两不愁三保障"、精准识别、饮水安全、危房改造、因病返贫、贫困户收入等重点,做好问题整改工作,持续提升群众满意度。④"五真"工作法扶贫。为进一步提高脱贫质量,巩固脱贫成效,提高群众满意度,打赢脱贫攻坚战,全镇各级秉持"四心"工作理念和"准实长稳"工作要求,坚决扛起脱贫攻坚政治责任,在脱贫攻坚领域开展好"用真心、想真法、下真力、解真难、见真效"的"五真"工作法,坚决打赢脱贫攻坚战。用初心认识脱贫攻坚的意义,带着真心和贫困户交流;主动干、真干,在帮扶过程中解决贫困户真困难、真难点;严把标准,真情倾注,着力提升群众满意度,确保工作实效。

【山东西陆机动装备综合试验场项目开工建设】 山东西陆机动装备综合试验场项目由中咨公司引荐引进,先后通过中陆防务研究院、泰安特种车等单位专家的反复考察论证,2018年在安临站镇西陆房村开工建设。机动装备综合试验场项目符合国家产业发展方向,为实施新旧动能转换的重要示范引领项目。项目主要承担车辆及其零配件出厂试验和研发试验任务,以及部分重型越野车辆的部分

山东西陆汽车试验场项目签约仪式

鉴定定型试验。项目建成后，将成为山东省唯一一家汽车综合试验场，吸引一批汽车制造、车辆零部件及车辆维修保养企业落户肥城，对于提升改进安临站乃至整个肥城的产业布局均具有重要意义。项目投产后，预计每年产值约2亿元，新增就业200人，带动多家汽车整车厂、汽车零配件厂商落地，在肥城形成产业集群。

【全力打造绿水青山】 围绕"绿满肥城"的目标要求，立足山区实际，发挥区域优势，挖掘发展潜力，坚持以生态建设发展林业，推进绿色惠民，科学规划，合理布局，多措并举，全力打造绿水青山。①东虎村绿色生态廊道建设。东虎村位于安临站镇西北部，属纯山区，建设中的青兰高速从村北穿过。东虎村两委干部团结一心，扎实工作，抓紧抓早、求真务实、务求实效，干部分头入户做群众工作，邀请林业专业技术人员设计规划，发展以核桃为主的经济林和绿化苗木，科学种植，全程监督，努力做好青兰高速两侧的绿化工作，实现美化美观、增收增效的目标。②下庄村三边绿化工作。下庄村位于安临站镇西南部，地处孙牛路、王边路交界处，村两委干部紧紧抓住自身优势，经过多次开会研究，把王边路两侧的绿化作为首要任务来抓，提前谋划、加快施工、强化督导，

统一购置苗木、统一栽植、统一管理，绿化道路1.2公里，林带宽度每侧30米。③大董村经济林生产。大董村位于安临站镇西部，地处纯山区。大董村依托本村山林面积大这一优势，发展以核桃、樱桃为主的经济林，取得明显的经济效益。村两委邀请林业、水利等部门的专家实地考察，科学规划，聘请专业栽植队伍，统一技术标准，统一栽植，统一管理，在村北连片发展樱桃种植1000亩。

【公路网化工程】 2018年，安临站镇公路网化工程总里程29.4公里，涉及28个村。自公路网化工程开工以来，镇党委、政府加强组织领导，积极筹措资金，定期召开调度会，梳理盘点剩余工程量，细化分解任务目标，完善工作方案；强化工作措施，定质量标准、定责任人、定完成时限，全力推进公路网化工程进度。把村级公路网化建设与改善农村人居环境结合起来，着力提升公共服务水平，更好地服务于农村经济社会发展，让更多的老百姓得到实惠。

【山东鲁岳化工有限公司工会工作"三突出"】 山东鲁岳化工有限公司工会始终把学习贯彻省总工会"三个工程""三个十条"重要决策部署作为重要工作来抓，系统谋划、整体推

进。发挥工会组织在安全生产中"群众监督、积极参与"的作用，履行维权职能。以职代会为载体，及时反映职工心声，调动职工的积极性和创造性。弘扬"工匠精神"，提高生产技能。培育劳动精神、劳模精神，大力宣传无私奉献、创先争优、精益求精的"专业工匠"和"桃都工匠"精神。近年间，公司成立劳模创新工作室、技术研发中心等机构，开展技术创新劳动竞赛，创新活动取得丰硕成果。2018年，按照省总工会的要求，以"担当作为、干事创业"专题调研为契机，贯彻调研组的工作精神，做到工会工作"三突出"，即突出在宣传引导上加大力度，让职工群众知晓参与；突出在职工之家建设和参与乡村振兴战略取得突破，着眼于广大职工群众共同关心的现实问题，让工会工作深入到各个层面；突出在技能竞赛和工匠培树上做大做深，真正让担当作为、干事创业成为干部职工自觉行动，展现工会磅礴力量，激发新时代工会工作的活力。

【记住乡愁】 南虎门村原址位于安临站镇驻地西北约4000米处，安桃路横穿村庄。整个村庄三面环山，为典型的纯山区村。

明朝，吴氏从东平迁此建村，因地处虎门山的南山峪中，曾取名南峪，后以虎门山及所

南虎门村旧村

南虎门村新村

处方位取名南虎门。南虎古槐，栽植于南虎村中安桃路中间，树高10米，树围3.5米，树冠占地亩许，盛夏时节花簇满树。据村内老人讲，此树栽植于明朝洪武年间，距今已有600年的历史。

南虎门村原有130户，人口291人，住宅185处，其中闲置基地56户，建筑面积70亩，村庄占地面积93亩，耕地面积422亩，山林面积1200亩。该村常年外出务工人员120人，占全村人口的41%。村民主要以种植核桃经济林为主要产业。

2018年，按照城乡挂钩试点的要求，镇党委专门成立搬迁工作领导小组，走访入户摸底，实地丈量测算，立足实际定方案。4月12日，南虎门村启动棚改房屋拆除工作。2019年2月28日，南虎村村民入住楼房。

（王启联　赵信宏　师彤华）

孙伯镇

【概况】　2018年，全镇总面积70.89平方公里，辖17个行政村（居）。总人口3.01万人，其中农业人口2.21万人。人口自然增长率2.26‰。耕地面积3208公顷，山林面积1067公顷。

全社会固定资产投资完成2.3亿元，公共财政预算收入1399万元，公共财政预算支出6996万元。社会消费品零售总额1.73亿元，进出口总额700万元。全年引进落地项目6个，实际到位资金2.4亿元。

拥有农业专业合作社47家。农作物总播种面积4920.9公顷，其中粮食播种面积4326.6公顷。粮食总产量26548吨，棉花产量125吨，油料产量350吨，蔬菜产量960万吨，园林水果产量380吨。生猪（牛、羊）存栏20万头，出栏35万

头；家禽存栏40万只，出栏53万只。肉类产量600吨，禽蛋类产量9000吨，奶类产量10吨。全年新增造林面积130公顷，林木绿化率38%。全镇拥有农业机械9750台（套），农机总动力2.91万千瓦。

全镇拥有工业企业15家，其中规模以上工业企业4家，实现增加值1.3亿元，比上年增长20%，实现主营业务收入4.3亿元，实现利润0.5亿元，实现利税0.2亿元。资质三级及以上建筑企业1家，实现建筑业增加值50亿元，比上年增长15%，实现利税15000万元。

新修（改造、硬化）公路38公里。公路完成客运量16万人次，货运量3450万吨。完成电信业务总量80万元，邮政业务总量98万元。基础设施建设完成投资1200万元，村镇建设完成投资5760万元。垃圾无害化处理率95%，污水集中处理率60%。A级及以上旅游景区2家，

463

全年接待旅游人数 12 万人次，实现旅游总收入 300 万元。

全镇有普通初中 1 所，在校生 643 人。小学 1 所，在校生 1224 人。幼儿园 5 所，在园幼儿 551 人。有农家书屋 18 个，农村文化大院 17 个，文体广场 34 个，文艺宣传（表演）队 18 个。广播、电视人口综合覆盖率均达到 100%。医疗卫生机构 18 所，其中医院（卫生院）1 个、社区卫生服务中心 17 个。各类卫生机构有床位 40 张，卫生技术人员 37 人。全年参加县级及以上体育比赛获奖牌 7 枚。

农村居民人均纯收入 15703 元。养老保险参保人数 1.56 万人，参保率 52.1%。新型农村合作医疗参合人数 2.24 万人。农村最低生活保障人数 502 人。各类福利院（养老院）11 个，福利院床位 160 张，收养 120 人。

年内，孙伯镇先后荣获"山东省第五批美丽宜居小镇""泰安市美丽乡镇""泰安市创业型乡镇"称号。五埠村和峪山村被评为"国家传统村落"，五埠村被评为"山东省美丽村居建设省级试点村庄"和"山东省乡村旅游后备箱工程示范基地"。

【棚户区改造】　贯彻落实市委、市政府决策部署，紧抓乡村振兴战略有利机遇，开展棚户区改造民生工程，顺应民心民意，多措并举，扎实推进，不断将

莲花峪新村社区棚改施工（张汶宁　摄）

棚户区改造工作推向新局面。2018 年，孙伯镇理清思路办法，夯实工作责任，召开各类会议，动员广大干部群众统一共识，抽调 12 名机关党员干部，与重点村两委成员，组成 4 个工作专班，做到责任落实到位，走访摸底到位，并下发明白纸，制定实施方案和追责办法，明确奖惩机制，强化责任担当，坚持月通报制度，定期组织开展项目观摩，确保棚改项目有序推进。年内，完成莲花峪社区 400 户群众搬迁，确定刘庄、五埠、北栾和孙西等村为棚改重点村，计划开工建设房屋 527 套，安置群众 723 户，实现土地复垦 500 亩，新建社区公共基础设施功能完善，衣食起居便利，彻底解决群众出行、用水、用电、用气等问题。

【路网构建】　2018 年，为解决部分道路年久失修、凹凸不平的问题，给群众提供方便的出行条件，确定公路网格化项目 24.3 公里，乡道建设项目 13.7 公里，总投资 3000 余万元，项目新修及改建共涉及 9 个村、11 条村级主要道路。构筑起孙伯镇便捷通畅的公路网络，解决农民出行困难，促进乡村旅游，繁荣农村经济。

【五埠岭伙大门景区休闲食品系列旅游商品获金奖】　2018 年，孙伯镇举好发展全域旅游的大旗，在五埠岭伙大门景区依托"后备箱工程"，以特色旅游商品为抓手，与本地特色物产、文化相结合，在加快景区发展的同时增加旅游收入。年内，在由山东省发展旅游委员会主办，山东省旅游商品开发服务中心、山东省旅游行业协会旅游商品与装备分会联合承办的第十六届山东省旅游商品创新设计大赛系列活动中，经过专

家层层把关评审，五埠岭伙大门景区休闲食品系列旅游商品在众多作品中脱颖而出，荣获"乡村旅游后备箱工程示范基地"创新产品和包装设计参赛主题金奖。

【五埠村和峪山村被评为"国家传统村落"】 在住房和城乡建设部等部门公布的第五批中国传统村落名录的村落名单上，孙伯镇五埠村、峪山村被命名为"国家传统村落"。

五埠村位于孙伯镇西北部，三面环山，历史上曾属泰安、东平两州所辖，有"一路分两州"之说。村落依山而建，村中的建筑主要是北方传统石砌民居。以石为村，农户院落错落有致，与地形地貌巧妙结合，深巷大院，高层低房浑然一体，仍然保持着600多年前的古代民居风貌，具有北方特色建筑"伙大门"胡同。房屋、院落、街巷和公用设施等，无不体现出北方山村的建筑特点和建筑风格。近年间，五埠村依托泰安四方集团，注册成立泰安五埠岭旅游开发有限公司，投资近3000万元，建设打造农家小院、伙大门、藏兵洞——115师后方医院、精品民宿、两条非物质文化遗产胡同、乡村记忆博物馆、儿童娱乐广场等多处景点，开发五谷杂粮、雕刻饰品等旅游商品，五埠村已形成"寻红色记忆、品美丽乡愁、吃农家饭、住农家屋、享农家乐"

的乡村旅游格局。

峪山村坐落于泰山西麓，汶河之阳，孙伯镇北部，属于典型的鲁中西部山村。境内多山，峪山和大顶山耸立在东、北两个方向，西、南是连贯的小丘陵，海拔略低，形成东北高、西南低、四面环山的小盆地地形，村庄即坐落于盆地的中心。自然风貌属于典型的山村特点，山峦、沟壑、梯田、村落和谐共存。2018年，孙伯镇党委、政府确定全域旅游的工作思路，峪山村古村古落，文化底蕴丰厚，旅游景点挖掘潜力巨大。峪山山峦起伏，悬崖陡壁，有名的山21个，峪山顶高500多米，高山峻岭有奇观，有八大景观。有名的山峪31个，较大的山峪15个，胡关峪、冬爷哭峪均长达2公里，山高深谷。沟深弯曲纵横衔接，有3公里。有地道、主席台、传统建筑、关帝庙、李氏大院等景点，已根据新的旅游规划逐步展开建设。

（徐玉山）

安驾庄镇

【概况】 2018年，全镇总面积134.2平方公里，辖71个行政村（居）。全镇总户数28465户，总人口8.68万人，其中农业人口8.02万人。人口自然增长率4.26‰。耕地面积7095公顷，山林面积1133公顷。

2018年，全镇地方财政收入达到2517万元，完成全年任务的

157.3%；村级集体经营性收入达到1424万元，同比增长10.7%。全社会固定资产投资完成15.5亿元，公共财政预算收入2517万元，公共财政预算支出1.2亿元。招商引资到位资金5.8亿元，完成全年任务的150.6%，外贸进出口完成1306万美元，同比增长37.6%，完成全年任务的118.7%；利用外资完成830万美元，完成全年任务的166%。对上争取到位资金突破1.27亿元，完成全年任务的127%。

全年实现农业总产值5.89亿元，增长9%。成立农业专业合作社76家。发展有机菜1100亩、设施农业560亩。农作物总播种面积1.25万公顷，其中粮食播种面积1.09万公顷。粮食总产量9.11万吨，棉花产量135吨，油料产量507吨，蔬菜产量6.07万吨，园林水果产量2.39万吨。生猪（牛、羊）存栏2.4万头，出栏6.01万头；家禽存栏27.29万只，出栏99万只。肉类产量6132吨，禽蛋类产量916吨，奶类产量1493吨。全年新增造林面积30公顷，林木绿化率27.5%。全镇拥有农业机械2200台（套），农机总动力9.6万千瓦。

全镇拥有工业企业58家，其中规模以上工业企业17家，实现增加值2.4亿元，比上年增长6.3%，实现主营业务收入6.2亿元，实现利润7000万元，实现利税1.1亿元。资质三级及以上建筑企业2家，实现建

筑业增加值35亿元，比上年增长6.4%，实现利税2.6亿元。

新修（改造、硬化）公路120公里。基础设施建设完成投资2400万元，村镇建设完成投资7200万元。垃圾无害化处理率100%，污水集中处理率100%。A级及以上旅游景区1家，全年接待旅游人数4.2万人次，实现旅游总收入120万元。

有普通初中2所，在校生1376人。小学9所，在校生2572人。幼儿园7所，在园幼儿1444人。有农家书屋54个，村综合文化服务中心71个，文体广场106个，文艺宣传（表演）队82个，新建公共健身工程2个。广播、电视人口综合覆盖率均达到100%。医疗卫生机构48所，其中医院（卫生院）1个、村级卫生室47个。各类卫生机构有床位90张，卫生技术人员180人。全年参加县级及以上体育比赛获奖牌6枚。

农村居民人均纯收入17290元。养老保险参保人数48738人，参保率96%。新型农村合作医疗参合人数7.05万人。农村最低生活保障人数2182人。各类福利院（养老院）1个，福利院床位100张，收养46人。

年内，获评山东省特色产业镇、山东省"非遗助力脱贫、推动乡村振兴"典型乡镇、泰安市民族宗教事业先进单位、泰安市水利建设先进单位、泰安市农业工作先进单位。代表中国农科院迎接国际粮农组织观摩现场会。

12月，马埠红色博物馆建成开馆

迎接农业农村部农机化司观摩调研、泰安市林业现场会。

【成功创评省级特色产业镇】 2018年，安驾庄镇把培植壮大建安产业作为推动新旧动能转换的重中之重，以实施新旧动能转换工程为总抓手，立足企业发展实际，突出企业市场主体，增强发展内在动力，激发递进培植活力。设立专项奖补资金，鼓励显通、四方两大建安龙头企业深耕市场、资质升级、拓展领域；"安庄建安"集体商标已收到国家工商总局商标司成功注册的受理通知；两大建安企业生产总值突破百亿元，企业盈利能力和税收贡献能力进一步增强。年内，凭借建安产业提质发展，安驾庄镇成功评创为省级特色产业镇，成为全市唯一一个获此殊荣的镇街。

【马埠红色文化博物馆建成开馆】 马埠红色文化博物馆位于马埠村西，2018年7月开工建设，2018年12月建成开馆。该项目总占地面积3000平方米，建筑面积1370平方米，总投资260万元。红色博物馆共陈设红色纪念物品2000余件，按历史沿革共划分8个展区对外展出。项目建成后将与早期建成的马埠民俗馆、马埠奇石馆形成聚集效应，发挥泰东路、济微路便利的交通优势，与泰安市旅游公司合作，吸引周边县市区游客到马埠村观赏奇石、体验民俗、感受红色文化，打造"民俗—奇石—红色文化"为一体的乡村旅游景点。

【代表中国农科院迎接国际粮农组织观摩现场会】 坚持"培精品、扩规模、创品牌、活机制"，推动农业发展增产提质。"前寨子"大樱桃地理标志证明商标完成申报。流转土地5000亩，发展有机菜1100亩、设施农业560亩。对接省农科院，

7月20日，参加国际粮农组织观摩现场会的国内外农业专家到安驾庄镇参观考察

完成花生带状轮作种植试验。完成200亩钙果育苗温室大棚及1200亩钙果幼苗扦插基地建设。鼓励支部领办、创办合作社，建成农机合作社5家，新建粮食烘干基地3家，新上粮食仓储、深加工项目2个，新培育紫糯玉米、黑花生、富硒面粉、富硒面条等特色产业加工合作社6家，申报泰安市级龙头企业4家，对安丰农业、钙果等6类农产品进行"三品一标"认证。加大农业招商引资力度，完成农业招商项目上报16个，认定资金4435万元。2018年，安驾庄镇代表中国农科院迎接国际粮农组织观摩现场会。迎接泰安市林业现场会、农业农村部农机化司观摩调研。

【蔡颜子村地龙农机合作社荣获中国农机行业农机化杰出服务奖】 蔡颜子村位于安驾庄镇东南部，全村120户、486人，耕地面积914亩。2013年村集体领办成立肥城市地龙农机专业合作社。合作社成立以来，通过创新发展模式、改善经营方式，探索出"村社联建、三产融合"的乡村振兴发展路子。先后投资260万元，建设900平方米库房和100平方米维修车间。购进各类农机具200余台套，实现春耕、夏收、秋种环节农机化。2018年，与省农科院合作建设优质小麦博士科研工作站，引进5个小麦优质品种，推广小麦宽幅播种等先进种植管理技术。与世界500强企业益海嘉里达成合作意向，辐射带动周边大户种植优质小麦10000余亩，亩均增收200元。截至2018年末，合作社已拥有社员1100人、固定资产1380万元。村集体通过服务合作社、年终分红等方式年增收100多万元，群众通过将土地、资金、劳动力折股入社，每户每年增收5000余元。合作社被授予"全国农机示范社"，2018年荣获中国农机行业农机化杰出服务奖。

【精准招商引资】 探索招商引资新路子，加大精准招商力度。2018年，整合土地、资源、市场等信息，开展"点对点"招商24次；用好能人资源，搜集招商信息21条，全部靠上对接。大润发时代购物广场、文锋不锈钢制品、三泰拉挤型材项目二期等6个续建项目全部竣工投产；农兴食品、新麦城食品机械、嘉源服饰等9个新建项目完成建设，并进行试生产；总投资20多亿元的泰西温泉小镇项目已经签约；跟踪推进温泉康养文旅小镇、大云禅寺旅游综合开发、钙果深加工等12个在谈项目，确保尽快签约落地；加快利泰生物科技、新型建材产业园等10个在建项目的建设进度，确保早日竣工投产。2018年，到位资金完成5.8亿元，完成全年任务的150.6%，外贸进出口完成1306万美元，同比增长37.6%，完成全年任务的118.7%；利用外资完成830万美元，完成全年任务的166%。对上争取再创新高，到位资金突破1.27亿元，批复确认各类项目56个。

（梁华）

边院镇

【概况】 2018年，全镇总面积111.2平方公里，辖81个行政村（居）。总人口8.3万人，其中农业人口7.83万人。人口自然增长率-1.2%。耕地面积6794公顷，山林面积1133.9公顷。

全社会固定资产投资完成13亿元，公共财政预算收入19422万元，公共财政预算支出24704万元。社会消费品零售总额16.17亿元，进出口总额13.13亿元。全年引进落地项目28个，实际到位资金10.2亿元。年末金融机构各项存款余额20亿元。

拥有农业专业合作社154家。农作物总播种面积11354公顷，其中粮食播种面积8312公顷。粮食总产量75000吨，棉花产量67吨，油料产量403吨，蔬菜产量16.26万吨，园林水果产量4022吨。生猪（牛、羊）存栏2400头，出栏6700头；家禽存栏76万只，出栏204万只。肉类产量3200吨，禽蛋类产量3558吨，奶类产量3.35万吨。全年新增造林面积100公顷，林木绿化率30%。全镇拥有农业机械2308台（套），农机总动力7.93万千瓦。

全镇拥有工业企业82家，其中规模以上工业企业8家，实现增加值5.4亿元，比上年增长4.6%，实现主营业务收入

17亿元，实现利润2亿元，实现利税4.9亿元。资质三级及以上建筑企业1家，实现建筑业增加值6亿元，比上年增长5.3%，实现利税1.5亿元。

新修（改造、硬化）公路63公里。公路完成客运量108万人次，货运量5400万吨。完成电信业务总量544万元，邮政业务总量620万元。开工建设商住楼3套，竣工3套。基础设施建设完成投资800万元，村镇建设完成投资14600万元。新建垃圾压缩站1个，垃圾无害化处理率77%，污水集中处理率78%。A级及以上旅游景区1家，全年接待旅游人数200万人次，实现旅游总收入30万元。

全镇有普通初中2所，在校生1708人。小学10所，在校生3182人。幼儿园15所，在园幼儿1211人。专利申请量2件，授权专利2件。有农家书屋80个，农村文化大院80个，文体广场111个，文艺宣传（表演）队45个，新建公共健身工程5个。广播、电视人口综合覆盖率均达到100%。医疗卫生机构56所，其中医院（卫生院）1个、社区卫生服务中心55个。各类卫生机构有床位400张，卫生技术人员266人。全年参加县级及以上体育比赛获奖牌2枚。

农村居民人均纯收入18831元。养老保险参保人数4.3万人，参保率95%。新型农村合作医疗参合人数6.9万人。农村

最低生活保障人数1890人。各类福利院（养老院）2个，福利院床位180张，收养92人。

年内，先后被评为山东省农业旅游示范点、全国中小城市经济发展委员会"国家千强镇"、泰安市计划生育家庭意外伤害保险工作先进单位、泰安市信访工作先进单位、泰安市档案工作先进单位、泰安市离退休干部"红旗党支部"、泰安市第五次农业普查先进集体奖、肥城市脱贫攻坚先进单位、肥城市基层公共文化建设先进镇街、肥城市财政工作先进单位、肥城市妇女儿童工作先进集体、肥城市"尊师重教"先进镇街等荣誉称号，通过国家卫生乡镇技术评估。

【招商引资】 2018年，按照全市"一核四区"规划布局，调整工作思路，围绕经开区经济职能，成立招商引资领导小组，明确具体责任人，落实责任担子。创新招商方式，通过以商招商，引进葛洲坝盐穴储能、华材高织密石膏等项目；通过购买居间服务与深圳华盈集团签订代理招商协议，推动新动能项目落地；依托金融机构信息渠道、风控辨识、金融保障等优势，开展金融招商。结合省、市政策，立足开发区实际，科学制定招商引资工作计划，激发招商新活力。外出招商100余次，累计对接项目56个，先后完成葛洲坝盐穴储能、

胜利化工厂区（孙昭 摄）

港华盐穴储气 2 个过 10 亿元项目。洽谈推进济海特种设备检测、万吨脱水蔬菜加工等 6 个过亿元项目签约工作和山东好邦食品、守中膨胀节、汽车配件产业园等 26 个重点项目。把握对上争取政策依据、项目依托"两条主线"，围绕经开区、农高核心区"两区建设"和工业、农业发展"两大重点"，盯靠山水林田湖草，加强跟踪官庄搬迁棚户区改造建设，教育大班额贷款、强村固基公共维护等项目，高频次对接发改、财政、商务、农业等重点部门，全年争取项目 127 个，到位资金 1.35 亿元。

【产业转型】 2018 年，把优化结构，提升质量，增加效益作为工作的核心重点，着力推进经济增长。①骨干企业。全区规模以上企业达到 28 家，亿元以上企业 6 家，中小型企业 482 家，工业总产值达到 15 亿元。胜利化工年产 80 万吨干燥盐、山东百事益年产 3000 吨食品高效抗氧化剂等 7 个重点项目建成投产，九安节能建材、肥城海晶盐化年产 30 万吨干燥盐项目具备试生产能力。光明岩盐年产 100 万吨六效真空制盐项目、山东巨能杆塔年产 5 万套智能杆塔项目、肥城胜利化工水处理项目正在加快建设。葛洲坝盐穴储能项目、济海特种设备检测项目、肥城天和食品 6000 吨脱水有机蔬菜加工出口项目纳入开工前手续办理。山东亚科获批国家级科技型中小企业，山东肥城精制盐厂获批山东省节能生产先进企业。新增"四上"企业 3 家，创建泰安市级以上"专精特新"企业 4 家，完成个转企 18 家，建成亚科院士工作站，引进中科院院士 1 名，各类高层次创新创业人员 7 名。②现代农业。投资 600 万元，提升万亩有机蔬菜示范园规模，加快争创泰安市级现代农业示范园区。打造省级标准化基地 4 处，新建市级有机农业功能园 2 处，完成个转企 8 家，新增"三品一标"认证 14 件。狠抓农业龙头企业发展，山东龙大万吨有机蔬菜出口深加工项目竣工投产，带动发展有机蔬菜基地 3000 亩，引进进口蔬菜种植机械设备，实现全程机械化作业，联想锦利源二期有机肥项目顺利推进。发挥干鲜果特色产业优势，建设 10 公里环山路林果带，大力发展旅游、观光骑行体验、休闲采摘等新生态。加大农业基础投入，改善农业生产条件，完成土地整治以及北部风情区道路等 4 个项目片区建设，整理高标准农田 2.2 万亩。③三产融合。新增中国农业银行网点 1 家，区内金融机构达 5 家，发放贷款 7 亿元，带动新增个体工商户、私营企业等各类市场主体 288 家，推动全民创业、城区繁荣。产业富民效应凸显，全区居民完成区内储蓄存款 4 亿元，累计 21 亿元，增幅、总量、人均购买力均位居全市前列。

【协同发展】 2018 年，坚持规划引领，按照国家级经开区标准，铺开概念性规划、小城市建设、乡村振兴等规划编制，全力打造南部新城。①精心实施"建"。加大棚改力度，驻

469

地村720户棚改顺利进行。完成潮汶路、边东路绿化工程，城镇框架进一步拉大，顺利通过全国卫生镇技术评估，坚持全域打造，梯次提升，大海子、北村等5个村被评为省卫生村，南庄村、济河堂村被评为市级美丽乡村示范村，美丽乡村标准化覆盖率达80%。完成省环保厅对韩庄头、高庄村两个农村生活污水处理设施的验收。全区地埋式垃圾桶池总量达182处，移动式垃圾桶箱达2921个，垃圾压缩站运转正常。②精准发力"改"。坚守生态底线，坚持绿色发展。以省环保督察和中央环保督察"回头看"为契机，对澳亚牧厂、宏成建材等彻底治理，从源头上解决污染问题，累计拆除淘汰10吨燃煤锅炉43台套，依法取缔清理16家"散乱污"企业，关停养殖场18处。开展泰东路、边东路集中清理行动，拆除私搭乱建、店外经营358处、1万余平方米。硬化路面2.5万平方米，粉刷墙壁、路沿石4万平方米。③精心操作"管"。以督促中节能、七兵堂工作为重点，统筹城建环卫一体化，实现全区环境卫生全面托管，环卫设施建设水平不断提高。对马堂村、张山头村等5个村庄的饮用水井进行保护，开展"大棚房"专项清理整治工作。实施"清河行动回头看"，完成镇级、村级河长、湖长的设置工作。严厉打击非法洗砂，清理取缔9处，拆除设备10台，下达行政处罚9件。做好秸秆禁烧、"三清两禁"等工作。

【民生事业】　①脱贫攻坚。严格落实脱贫攻坚"五位一体"帮扶机制，聚焦"两不愁、三保障"，精准分类施策，用好用活"五张网"。发放心怡科技助学、奖学金100万元，共奖励资助贫困大学生176名。筛选202户特困群体，办理金融扶贫贷款1010万元，户均增收1600元。抓好社会保障工作，78.9%贫困户纳入低保户，五保救助发放资金427万元。整合412万元扶贫资金，投入胜利化工扶贫项目，实现分红61.87万元，带动贫困户514户、906人，人均增收700元，各项扶贫政策得到全面落实。②社会事业。建成以政策服务中心为龙头，农村社区党群服务中心为支撑的"6+1"便民服务体系，实施全程代办，一次办好。高标准完成过村小学建设，推进朱官小学合校并点，铺开过中学综合楼、操场建设，改善办学条件，义务教育群众满意度99.75%，居全市前列。实施农村卫生室标准化提升工程，看病就医群众综合满意度97%，位居全市第三。推进新时代文明实践分中心和80个村级新时代文明实践站建设，开展各类志愿活动150余场次。③民生保障。完成新增就业421人，再就业251人，扶持创业45人，扶持创业带动就业210人，小额担保贷款260万元。新建幸福院4处，争取社会各类资源帮扶，累计捐款170多万元，帮扶大学生260余人，争取残疾人康复用品200多套，救助困难群众1100人次。落实地力支持保护补贴面积6.37万亩，发放补款796万元。④平安建设。深化社会综合治理，持续提升农村"天网工程"，推进警灯闪烁和一村一警务助理，定期到村巡逻，开展防诈骗教育等活动，提升群众居住安全感。强化信访矛盾化解调处，明确包保领导、社区、村三级责任，帮助化解矛盾65件，消除信访隐患132件。开展扫黑除恶专项行动，全面提升人民群众的安全感、满意度。严格落实安全生产党政同责制度，调整完善安全成员单位，签订安全生产责任书220余份，检查生产经营单位110余家次，排查隐患300余条，均已整改完毕。

【基础设施建设】　2018年，投资15万元，完成金线河段3.2公里污水管网建设，完善驻地污水管网系统。投资20万元，完成过村小学绿化，栽植绿化苗木25000余株，绿化覆盖面积55万平方米。投资4万元，为边院中学安装路灯8盏。投资240万元，完成泰东路综合整治路面硬化工程。投资24万元，完成潮汶路、王边路、边东路、泰东路绿化补植。投资20万元，完成外环道路清障，路肩上土绿化，栽植行道树721棵，投资101.59万元，进行全镇危房改造，完成66户。投资902.17万元，对全镇各村进行改厕，实现农村卫生厕所全覆盖。

【学校建设】 2018年，边院镇过村小学建设完成并投入使用。该项目由山东省建筑规划设计院规划设计，2016年11月开工，建设教学楼、实验楼、综合楼各一栋，建设面积为8705.02平方米，总投资1550.12万元，其中主体工程1171.85万元，附属工程378.27万元，建成后服务过村社区16个行政村的小学教育教学，学校办学规模为20个教学班，能容纳学生900人，成为边院镇校舍标准最高的学校。过村中学建设综合楼、食堂、餐厅各1栋，总建筑面积6816平方米，项目总投资835.87万元。为提升办学水平，教育均衡发展，改善师生工作学习环境，提供必备的办学条件，发挥社会效益。

【边院特产】 ①边院西兰花。边院镇地处北温带亚湿润气候区，年平均日照2607小时，四季分明，雨热同季，边院西兰花一年两茬，3月中上旬定植后60天左右采收，8月底定植后10月开始采收，边院西兰花球形高圆或近圆，球面圆整，花球紧实，蕾粒中细、均匀、色绿，花茎无空心，花球无枯黄蕾、无开散蕾粒，入口微甜，茎脆蕾糯，有清香味。边院镇西兰花种植面积不断扩大，除有规模化种植的大户，许多散户也开始种植，按有机或出口的标准进行管理，产品销往全国或经龙头企业加工出口，销路有保障，经济效益可观，为当地的经济发展做出贡献。②边院岩盐。边院岩盐盐粒形态大，微量元素碘含量多，矿床规模大、层数多、埋藏浅、品位高、盐质好，为优质大型盐类矿床之一。据测定每百克含氯化钠多于65克，水分少于1.5克，碘多于3毫克。边院镇地质肥沃，境内岩盐、石膏、花岗石等矿产资源丰富，品位高、易开采。并先后被评为国家重点镇、国家生态镇、山东省绿化模范镇，占地7平方公里的肥城（边院）现代盐化工园区为肥城"两带五区九园"规划布局中的重点园区，为岩盐的开采创造得天独厚的自然条件。

（王娟）

汶阳镇

【概况】 2018年，全镇总面积79.5平方公里，辖53个行政村。总户数2.7万户，总人口7.77万人，农村常住人口7.17万人，户籍人口中从事一产的人员8440人、二产的10248人、三产的15373人。全镇耕地面积4361公顷。

财政总收入5744万元，其中地方财政收入5744万元。招商引资到位资金5.1亿元；对上争取到位资金1.19亿元；外贸进出口达到3567万美元；全镇企业税收7794万元，增长46%；实现镇级财政收入3578万元，扣除河砂因素，增长47%。

成立农业专业合作社19家。农作物总播种面积6444.7公顷，其中粮食播种面积4671.3公顷。粮食总产量44260吨，油料产量134吨，蔬菜产量77104吨，园林水果产量122吨。生猪（牛、羊）14592头，出栏43778头；家禽存栏21万只，出栏71万只。肉类产量1110吨，禽蛋类产量3216吨，奶类产量2975吨。全镇拥有农业机械972台，农机总动力55229千瓦。

全镇有普通初中1所，在校生1897人。小学3所，在校生2703人。幼儿园5所，在校幼儿1398人。有农家书屋53个，农村文化大院53个，文体广场84个，文艺宣传（表演）队58个，新建公共健身工程8个。医疗卫生机构1所，其中医院（卫生院）1个，卫生床位100张，卫生技术人员84人。全年参加县级及以上体育比赛获奖牌51枚。

养老保险参保人数40516

人，参保率90%。新型农村合作医疗参合人数58055人。农村最低生活保障人数1494人。各类福利院（养老院）1个，福利院床位床位100张，收养51人。

年内，先后获得"山东省乡村振兴示范镇""山东省卫生先进单位""泰安市乡村组织振兴示范镇""泰安市2012—2017年度史志工作先进集体""泰安市第三次农业普查先进集体""肥城市政务信息工作先进单位""肥城市党的十九大安保维稳工作先进集体"等荣誉称号，再次跨入"全国综合实力千强镇"行列。

【传统产业转型发展】 年内，推动全镇骨干企业持续技改扩能、转型升级，新建成1家省级"专精特新"企业、1家泰安市级"专精特新"企业、4家泰安市科技型中小企业。瑞泰公司被认定为国家高新技术企业、

改革开放40年创新力企业、省中小企业"隐形冠军"企业，瑞泰及图被认定为国家驰名商标。华显公司机电设备和石油化工总承包一级资质审批、鲁龙公司智能化改造均取得较大进展。LNG调峰储备库、弘海智能冷库等10个项目顺利签约，安安全铝家居、东枫园林等10个项目建成投产。

【农业产业提质增效】 依托全市汶阳田农高区建设，狠抓农业龙头企业的引进培育。新增1家省级、1家泰安市级农业龙头企业，8家新型经营主体转型企业。通过土地流转、引进工商资本，建成山农大酥梨、汶阳蜜桃、优质旱稻等7个现代农业特色产业园。完成"三品一标"6件，申报泰安酥梨、汶阳烙画等5个国家地理标志证明商标。注册"齐鲁汶阳田""汶阳好人家""汶阳福"等区域品牌。

【浊前村旱稻种植成功】 围绕市场需求，增加农民收入，浊前村调整优化种植格局，探索种植新品种——旱稻，并取得成功。年内，种植旱稻300亩，得益于"汶阳田"得天独厚的优势，旱稻平均亩产达1200多斤，每亩收入在2000元左右，为种植玉米、大豆等旱粮作物的2.5倍。旱稻对水的依赖性小，耐旱高产，种旱稻类似于种小麦，直接播种即可，收割也如同小麦，相比种植玉米省时省力，在田间管理上也比种植玉米更加方便。稻叶可用于编制大棚草帘，稻草为优良牧草，不仅可实现创收，也可减轻秸秆禁烧压力。

【安安全铝家居落户汶阳】 2018年9月16日，山东安安家居有限公司开业盛典暨佛山安安全铝家居山东生产基地启动仪式在汶阳镇举行，副市长赵兴广及汶阳镇主要负责同志出席启动仪式。安安家居有限公司的成功投产是汶阳镇坚持以商招商，不断优化服务的重要成果，山东安安家居有限公司为一家集专业研发、设计、生产、销售、服务为一体的现代全铝家居定制服务供应商，拥有占地面积70000平方米的全铝家居成品生产基地以及大型的仓储物流和研发中心，为山东颇具规模、工艺领先的全铝家居创业孵化生产基地。该项目基地主要经营、生产涵盖家

东枫园林

居建材行业的橱柜、衣柜、卫浴、门窗、背景墙、五金、厨房电器、家居用品等门类的产品。

【"绿满汶阳"工作】 贯彻落实"绿满汶阳"要求，增加村集体和农民收入，进一步提升镇村绿化水平，统筹谋划全镇道路林网建设，抓住植树的大好时机，开展绿化活动，在全镇范围内迅速掀起春季绿化工作高潮。年内，全镇共覆路肩19.8万平方米，挖穴20万余个，新植补植绿化苗木共16万余株，53个村全面铺开挖穴栽植工作，确保"绿满汶阳"工作取得实效。

【西徐村首届国粹文化艺术节】 4月29日，西徐村首届国粹文化艺术节在西徐村文化广场开幕。在开幕式上，泰安石灰官庄社区与汶阳镇西徐社区签约文化共建友好单位；北戴河村与西徐村签约两地文化共建友好单位，为两地文化的共同发展创造条件。来自各地的京剧演员依次表演《贵妃醉酒》《红娘》《白帝城》等精彩戏曲片段。此次国粹文化节邀请全国各地的京剧票友和书法爱好者前来参加，旨在进一步宣传汶阳镇美丽乡村建设成果，弘扬国粹艺术，带动汶阳镇的乡村旅游发展，多角度、多方位展示汶阳的独特魅力。

（于贞）

【汶阳特产】 ①泰安酥梨。酥梨含有较多糖类物质和多种维生素，营养丰富，为果中佳品，除鲜食外，还可加工成梨酒、梨膏梨糖和罐头等，深受消费者喜爱。泰安酥梨果期在9—10月，此时昼夜温差较大，白天气温较高，可加速营养物质吸收，使其蛋白质含量大于0.2克/100克。晚上温度骤降，将吸收到的营养物质转化成糖分累积果内，使泰安酥梨果肉甘甜清脆。近年间，肥城市大力发展现代农业，坚持把林业作为富民强市的产业，种植的泰安酥梨因表面光洁、个大丰满、多汁酥脆而远销各地。②康孟庄豆腐皮。汶阳镇为农业生产大镇，以种植业为主。主要经济作物有小麦、玉米、高粱、大豆等。境内年均气温在12.9℃左右，光照时间2607小时，种植的农作物产量高、品质优。随着农作物产量升高，境内开始对经济作物进行生产加工，康孟庄豆腐皮即采用当地优质大豆加工而来。境内属于第四浅水层，含水厚度15～25米之间，单井涌量50～190立方米/小时，水中含有丰富的钙离子、钾离子、镁离子等矿物质，加工出的豆腐皮营养丰富、豆味纯正。康孟庄豆腐皮因品质优良，成为市场上紧俏豆腐皮货源之一。③汶阳大麻。汶阳大麻为汶阳镇著名特色产品之一，早在600余年前明朝时就已有种植。汶

阳镇属于温带大陆季风气候，境内≥0℃的积温为4924℃，≥10℃的年积温在4510℃左右，高温时间较长，使汶阳大麻能加速吸收土壤内的氮磷钾元素，促进汶阳大麻体内纤维细胞分裂，使其体内纤维质地洁白、纤维长、拉力强、皮质柔韧。汶阳人民在长期种植大麻中积累成熟的种植、收割、加工等经验，总结出"清明种、夏至收、九十天管理不丢松"的种植技巧。因汶阳镇农民种植经验丰富，使汶阳大麻种植面积越来越大、产量越来越高、品质越来越优。④汶阳香附。香附，为莎草科植物莎草的干燥根茎。据《本草纲目》记载：香附之气平而不寒，香而能窜，其味多辛能散，微苦能降，微甘能和。香附为中草药中的重要药材，而汶阳香附为香附中的佼佼者。汶阳香附因历史悠久，茎块肥大，瓤色洁白，质优味厚等特点，被较多医家所重视。《本草纲目》中载："香附子虽广布全国各地，唯汶香附最佳。"香附属于根茎植物，对于土壤要求较高，汶阳镇位于泰山脚下，汶河之畔，土壤为洪积物、洪积冲击物上发育的黄土，具有土质疏松、土层深厚的特点。土壤孔隙度较大，利于根部呼吸，加速根茎膨大，利于块茎向下生长，使汶阳香附个头较大，直径较长，因此汶阳香附在香附中享有较高的威望。⑤汶阳烙画。烙画，古

汶阳烙画

称"火针刺绣"，现称烫画、火笔画，是用火烧热烙铁在物体上熨出烙痕的一种画法，为全国极其珍贵的稀有画种。据史料记载，烙画源于西汉、盛于东汉，后由于连年灾荒战乱，曾一度失传。至清光绪年间，经老艺人们重新发掘，得以重见天日。汶阳烙画是用火笔在桃木上进行烙刻。因汶阳镇地处平原，属于大汶河盆地的一部分，地势相对平坦，海拔在72.8～84.3米，在阳光的照射下，桃木生长粗细较为均匀，且疤痕较少，为汶阳烙画提供良好的原材料。境内土壤多为黄土，所含碳元素较多，该元素被桃树吸收后，将碳元素累积到桃木体内。用此桃木烙刻汶阳烙画时，能够保证作品稳定性，不易被氧化，收藏价值较高。汶阳烙画创作在把握火候、力度的同时，注重"意在笔先、落笔成形"，不仅烙有人物、花草、鸟兽、山水和风景，许多还配有诗词歌赋，再加上疏密有致的各种装饰花纹，题材十分丰富。汶阳烙画在2016年被评为泰安市第六批市级非物质文化遗产代表性作品，因其历史悠久，工艺精湛，深受艺术家喜爱。

（于贞）

FEICHENG
YEARBOOK
2019

- 先模人物
- 凡人善举

人物

人物

先模人物

山东省劳动模范

王同伟 男，汉族，1966年11月出生，日照市莒县人，中共党员，中专学历，1982年12月参加工作。现任山东泰山轮胎有限公司二车间主任。

搞好结合谋事干事，做敬业爱岗的"践行人"。王同伟紧密联系实际，结合车间负责的轮胎压出、压延和硫化工序特点，实施"五结合"工作法，即与创建党员先锋岗相结合；与管理技术创新相结合；与班组劳动竞赛相结合；与"查保促"安全生产相结合；与倡导文明奉献社会相结合。善于培养和发现员工的闪光点，弘扬正气传递正能量，也善于用榜样激励员工，倡树典型，对在各生产岗位涌现的技术能手、优秀员工、革新能手，均以多种形式进行表彰奖励。车间、班组各项指标不断攀升，各项工作结出硕果，车间当年被评为先进单位。2015—2017年车间涌现出工人先锋号班组4个，个人12人，命名首席技术主手18人。公司级创新成果48项，获肥城市创新成果一等奖1项，泰安市级创新成果三等奖1项。组织员工提出合理化建议115条，创新效益达110万元，实现安全生产事故为零。

钻研攻关成绩斐然，做革新创造的"带头人"。坚持深入现场，靠在一线，解决生产和设备运行过程中遇到的许多技术问题，带领维修人员开展大量的技术革新工作。他研发的电加热橡胶板和电气控制系统，通过对温度和时间的精确控制，彻底解决轮胎曲面不能局部硫化的难题，在公司巨型轮胎修补工作中得到广泛应用，仅此一项为公司节约资金30余万元。指导维修人员完成4台双梁行车PLC控制的电气改造工作，使电气元件减少50%，行车故障率降低80%以上。设计安装的绕线式异步电动机保护电路，属国内行业首创，研究成果在2008年第11期《轮胎工业》杂志《轮胎硫化工序设备及工装的改进》一文中发表。对工程胎生产使用的三台IS125/80-200型清水泵进行变频改造，应用闭环自动调节控制技术来实现系统的有效控制。仅此一项，每年可为公司节约电费8万余元。2014年由他设计制作的工程轮胎胎胚扎眼机投入使用，不仅大大降低工人劳动强度，提高生产效率，还使刺孔的周向间距与径向间距均匀，提高产品质量。改进胎面复合压出。对车间原有47种胎面生产进行组合，使压出、成型、硫化等工序的工作效率提高30%以上，解决花纹重皮的质量缺陷，每年减少质量损失20万元以上。由他设计制作的新型轮胎胎胚自动擦胎机投入使用，不但降低工人劳动强度，还彻底解决轮胎胎侧裂口的技术难题，每年减少三包损失300余万元。该项发明被授予国家专利。该同志年平均开展技术革新16项，创造价值120多万元，在公司的创新工作中名列前茅。

关爱帮扶扎根一线，做车间员工的"贴心人"。作为一名职工代表，从生产一线操作工到车间主任，几十年如一日，关心企业体贴员工。每天早上提前一个多小时到生产现场，了解工艺、设备和生产运行情况，同时也了解职工想什么，盼什么，需要什么。把车间实行的工资二次分配办法改为一次分配，增加工资分配透明度，更加体现公平公正，调动员工积极性，使生产效率提高 20%。

先后获得"山东省创新能手""泰安市技术能手""泰安市创新能手""泰安市首席技师""肥城市有突出贡献技师""肥城十大金牌工人""肥城市劳动模范""肥城市首席技师"等荣誉称号。2018 年，被评为"山东省劳动模范"。

李云岱　男，汉族，1957 年 11 月出生，泰安市东平县人，中共党员，大学学历，1976 年 7 月参加工作。现任兴润建设集团有限公司任高级管理人员，兼任山东省安装协会副会长、中国施工企业管理协会常务理事等职务。

深化改革，更新观念，两个效益显著增长。作为企业的高管人员，李云岱紧握时代发展的脉搏，坚持面向市场，解放思想，开拓创新。特别是 2005 年企业改制以来，在管理中积极引导公司坚持以市场为导向，依托在全国重点大、中城市设立的驻外分公司的"窗口"作用，承建一大批工业、民用建筑、装饰装修、市政、路桥工程及电力、化工、煤炭、冶金、交通等行业的设备安装与调试业务，累创优良工程 1200 余项，创优率年均达 95% 以上、安全文明工地达标率

100%。施工区域跨北京、新疆、广东、贵州、福建等 28 个省市、自治区，在全国设立分公司 45 个，年外出施工产值达 60 亿元。积极应对市场竞争，审时度势，提请董事会积极"走出去"与国际接轨，于 2004 年进军阿联酋市场。2007 年，公司承接阿尔及利亚 12 万平方米的监狱工程，另筹备阿尔及利亚 15 万平方米的住宅工程；参与投标的南美巴哈马 27 万平方米赌城项目已入围；俄罗斯远东火力发电、科威特化工设备安装工程已达成合作意向。近年间，先后承接阿联酋棕榈岛别墅工程和印度尼西亚、越南、印度等国的煤气发生装置工程，并向日本、韩国、加拿大、新加坡等国派遣各类研修生和建筑劳务 2000 余人次。在取得较好的经济效益后，不忘回报社会，响应市里开展的各类公益活动，为遭受自然灾害的地区进行捐助。

理顺优化经营机制，提高企业整体素质和竞争力。2005 年，公司改制成立山东兴润建设有限公司。他在董事会领导下，着手建立现代企业制度，对公司各类人才展开全面培养和培训，为公司建立人才梯队培养机制，为企业可持续发展做出突出贡献。公司已相继通过 ISO9001 质量、ISO14001 环境、OHSAS18001 职业健康安全管理体系等一系列认证。公司在构筑现代企业制度上立足创

新，全面建立合同制度、质量管理制度、安全责任制度、法人治理结构、组织结构、项目管理制度等一系列制度。向董事会建议实施积极的人才政策，面向社会广纳贤才，引进大中专毕业生充实到公司各个岗位，为公司发展注入新鲜血液和活力。近三年间 30 余名有学历有作为的年轻骨干走上中层以上领导岗位，逐步培养适合企业快速发展的人才梯队。

营造良好的企业文化，创企业品牌，增强企业凝聚力和向心力。李云岱在对企业 50 多年发展进行科学分析、吸收借鉴同行业兴衰成败的基础上，本着创造自身特色，体现与时俱进时代精神的原则，确定具有"兴润"特色的独有企业文化，做出建设企业品牌的重大战略规划，把企业品牌建设工程纳入公司发展的日程，把品牌经营的理念灌输到每一个员工心中。坚持以人为本、科学发展、依法制企、改革开放，调动一切积极因素，形成促进和谐人人有责，和谐社会、和谐企业人人共享的良好局面。

继续深化改革，多元化经营，做大做强主产业。推动集团公司以市场需求为导向，适时调整企业内部产业模块设置，集中优势资源向安置房、棚改、地铁、环保治污、教育、卫生等领域项目进军，先后在东北三省、河北、内蒙古、宁夏、新疆等地成功开辟新市场，打

造企业新的市场支点。

先后被中国建筑业协会授予"高级职业经理人"，被中国施工企业管理协会授予"中国工程建设优秀高级职业经理人"称号，荣获"泰安市劳动模范""泰安市企业文化建设十佳个人""振兴泰安劳动奖章""肥城市劳动模范"等荣誉称号。2018年，被评为"山东省劳动模范"。

杨仁庚　男，汉族，1953年2月出生，肥城市人，中共党员，大专学历，1970年7月参加工作。现任王瓜店大丰粮食种植专业合作社理事长、村党支部书记。

发展土地流转、促进规模化经营。杨仁庚在经营承包土地期间，探索整合土地资源的有效途径。以标准化作业促进规范经营，对玉米、小麦等优势产品采取"统一耕种、统一管理、统一施肥、统一收获"的方法，促进农户之间的土地连片种植。通过土地租赁促进规模经营，顺应土地流转的新趋势，组织动员农民以土地租赁形式耕种农民土地，引导土地合理有序的集中流转，从而形成大面积的规范化种植模式。通过土地托管促进规模种植经营，针对村里外出务工人员土地无人管理的实际情况，鼓励他们将土地长期托管，使发展劳务产业和规模种植互为拉动、互利双赢。

土地流转粮食种植方面为农业解后顾之忧。2010年9月，合作社与东大封村村民签订10年的土地流转经营合同，当年租地500余亩，每年支付每亩流转土地租金600元，农民不用种地，每年也有每亩600元的收入，使村民不耽误上班挣钱，也不用再牵挂地里的农活，每年都能领到土地流转费。

依靠科学种田、粮食增收效益显著。杨仁庚经常到市农业局请教农机专家讲授科学种田方法，在农业局专家的指导下，采用先进的农业技术，对小麦进行统一精种，统一采用小麦测土配方施肥，并在自己流转承包的土地上，实施有史以来第一次免耕播种技术，采用此新技术播种，每亩节省化肥40斤、机械作业费20元，还特别省工省时，播种后对小麦实行统一管理，包括病虫草害的重点防治，冬前浇好越冬水，搞好划锄保墒，及时参加农业局举办的小麦高产技术培训班，增长知识，小麦产量经实打测收达到亩产617公斤。小麦收获后，杨仁庚采纳肥城市农业局技术专家的意见，改玉米套种夏玉米贴茬直播技术，秋后玉米实打达到亩产621公斤。2013年1月获得全国农机合作示范社荣誉称号。

先后被评为"山东省优秀人大代表""山东省优秀农村思想政治工作者"、泰安市"农业劳动模范"、泰安市"致富状元"、泰安市"十大优秀党支部书记"、泰安"文明市民"。2018年被评为"山东省劳动模范"。

贾衍强　男，汉族，1969年5月出生，泰安市岱岳区人，中共党员，初中学历，现为山东众成饲料科技有限公司锅炉房工人兼老贾学堂校长。

2003年底贾衍强进入原泰安老公司，2005年9月因公司搬迁到肥城，从装卸工到车间工人到小料工，2009年成为一名普通的锅炉工，他一直以党员的标准要求自己，三次拒绝煤商的贿赂；2013年公司提出要做全国最高端的蛋小鸡开口饲料，倡导岗位创业，贾衍强开始打造"行业"第一锅炉房，与公司高端产品相匹配。他下定决心要颠覆大家对锅炉房的认知，也能像办公楼上的人一样穿白衬衣上班。他先从卫生开始做起，用钢丝球、洗衣粉把锅炉房的角角落落打扫干净，80平方米的锅炉工作间变得墙壁白净，玻璃铮亮，实现了穿着白衬衣上班的梦想，彻底颠覆传统锅炉房烟熏火燎、墙壁昏暗、黑水煤污遍地的形象。

为解决锅炉房的煤烟与粉尘，他与设备服务部共同协商，买来 10 块白铁皮让维修人员帮忙做烟气罩和 5 米多的烟筒，彻底将煤烟排出室外，房顶安装七个换气风机，花小钱办大事。为不用来回上下爬就可以直接看到的煤斗里的煤，经过反复思考，他利用汽车的反光镜的原理，实现坐在椅子上就可以看到煤的内存量，节省时间的同时提高安全性；为做到上煤时不上过且煤不会被洒落，他把仓库里遗忘一年多的小电机进行改装，加上两个行程开关，安装成用电控制的上煤机，能很精准地把煤倒在煤斗里，一点也撒不出来并且自动断电停下来。这三个创新点彻底帮助他解决工作中的困难，使工作更顺畅。同年他还申请一种上煤机控制装置、一种锅炉除尘装置、一种蒸汽锅炉储煤斗内储煤量观察装置 3 项实用新型专利。

2014 年，牵头制定的节煤降耗机制，一年为公司节约用煤 45 吨。他的事迹先后被《山东工人日报》《职工天地》《大众日报》等刊物报道。在 2015 年肥城市"七·一"建党节党员大会上，作为唯一一名来自企业的优秀党员做事迹报告。以老贾学堂校长的身份，牵头成立新生活委员会以及"老贾办真事"爱心基金，以新生活引领者的身份带领全体员工迈向新生活，为全员树立良好的典范。

先后被评为"泰安好人""肥城市十大金牌工人""肥城市优秀工会积极分子""肥城市优秀共产党员""桃都工匠"，被推荐为山东省第十三届人大代表。2018 年，被评为"山东省劳动模范"。

贾爱云 女，汉族，1962 年 5 月出生，肥城市湖屯镇人，中共党员，大专学历，1979 年 9 月参加工作。现任湖屯镇前兴隆村党支部书记、村主任、合作社理事长。

发展生态农业，促进经济发展，依托土地资源优势，抢抓滕头花卉园林公司在前兴隆村落地的机遇，做活"土地规模经营"文章，成立肥城汇隆农产品专业合作社，注册资金 200 万元，业务范围主要有组织劳务培训输出、农产品种植销售、技术信息服务、生产资料购销等。合作社成立以来，将群众的 1700 亩土地流转出来，并将经过土地整理增加的 300 亩地一并流转给滕头园林公司经营，贾爱云带领两委一班人，发起汇隆农产品合作社，加大村民的技术培训，使每名村民都能够熟练掌握花卉管理技术，每年对花卉公司输出技术工 200 余人，每人每月收取公司管理费 50 元，年增收 12 万元，提供肥料水电机械等服务年增收 19 万元，流转土地每年每亩提取 30 元服务费，年增收 6 万元。同时，发挥地处矿区的优势，围绕矿区生产及运输等搞好服务，每年增收 20 余万元。

生态环境有序推进，争创市级示范社区，抢抓政策机遇，做活经营村庄的文章，主要利用国家开展城乡建设用地增减挂钩试点的政策机遇，节约土地 298 亩，利用旧村土地引进农业生态园解决农民增收，同时集体增收 3270 万元。24 栋居民楼从开工建设到群众入住仅用 13 个月，10 天时间完成 7000 余间旧房拆除，20 天时间完成选楼入住，40 天时间完成旧村复垦。通过旧村搬迁，复垦土地 500 亩，村集体土地不减反增，拓展村集体发展的空间，为村集体经济发展壮大积累一笔宝贵财富。

贾爱云注重推进村民精神文化建设，新村建成后投资 200 万元建起占地 1000 平方米的文体广场，配备健身器材 120 套，完善篮球场、乒乓球台及其他健身设施，配套设施一应俱全，达到五化七通标准。设置"四德榜"，通过张贴社会主义核心价值观评选"四德"人物及"优秀共产党员""优秀保洁员"等，讲述村民身边的"明星"故事，倡导人人向上，提高村民精神文明素质。村里成立中青年舞蹈队伍和老年舞蹈队伍，在市镇组织的广场舞舞蹈比赛中均取得优异成绩；春节、元宵节等节日，由村民自导自演开展文体汇演活动。

先后获得"山东省乡村文明之星""山东省三八红旗手标兵""山东省优秀女村官""泰安市劳动模范""泰安市优秀党务工作者""泰安市优秀村委会主任"等荣誉称号。2018年，被评为"山东省劳动模范"。

梁栋　男，汉族，1980年4月出生，肥城市人，中共党员，大学学历，2003年12月参加工作。现任肥城市中医医院针灸科主任、主治医师。

梁栋大学毕业后分配至肥城市中医医院，一直从事临床一线工作，具有较高的临床业务能力与临床科研能力，特别是在针灸治疗疼痛性疾病、神经系统疾病领域成绩突出，并以精湛的医术、崇高的医德、高尚的人品赢得广大患者的交口称赞。扎实学习业务知识，多次参加国家及省内外学术会议，主动到天津医科大学附属第二医院疼痛治疗中心进修学习，并在省市级学术会议上做主题发言。

求真务实，工作成绩突出。多年从事临床一线工作，具有较高临床能力，多次承担科室疑难病例的诊治，指导下级医师临床诊疗，近年在针灸治疗疼痛类疾病及神经系统疾病领域成绩突出，为众多患者解除痛苦。无论严冬酷暑、刮风下雨，每天坚持早来晚走，认真查看每位病人，掌握病情第一手资料，制定合理的治疗方案，并用娴熟的针灸手法为患者解除病痛。曾代表肥城卫生系统参加泰安市中医药知识技能大赛并取得针灸专业第一名的好成绩，后又代表泰安市卫生系统参加"扁鹊杯"山东省中医药知识技能大赛并获得针灸组优秀奖。近五年间主持多个科研课题，先后荣获肥城市科技进步奖二等奖3项、三等奖1项，承担肥城市中医医院新技术项目1项，山东中医药高等专科学校科研项目（基于红外热像技术对痰湿质人群全身热像分布规律的研究）1项，主编、副主编著作3部，他发明的《降压袖套》《新型穿刺针》获国家实用新型专利。

作风扎实，工作效果显著。在他的带领下，针灸科先后被评为国家中医药管理局针灸康复理疗特色专科、山东省十三五中医重点专科建设单位、泰安市中医重点专科。梁栋现担任中国中西医结合学会疼痛学专家委员会委员、中国针灸学会会员、世界中医药学会联合会痧疗罐疗专业委员会理事、山东省针灸学会实验针灸学专业委员会委员、山东省针灸学会疼痛与神经运动性疾病专业委员会委员、山东针灸学会针灸推拿技术基层推广工作委员会委员、山东省老年医学研究会第一届神经损伤与修复专业委员会委员、山东中医药学会疼痛专业委员会委员、山东中医药学会整脊专业委员会委员、泰安市中西医结合康复专业委员会委员、泰安市养生保健康复协会委员。

先后荣获"山东中医药高等专科学校教学优秀教师""振兴泰安劳动奖章""肥城市优秀共产党员""肥城市劳动模范""肥城市职工十大金牌工人""肥城市专业技术拔尖人才"等荣誉称号。2018年被评为"山东省先进工作者"。

齐鲁工匠

程银贵　男，1970年9月出生，大专文化，现任肥城市正港木业工艺品厂总工艺师、工匠创新工作室主任、泰安市技师工作站站长。兼任中国旅游商品与装备协会常务理事、泰安市旅游商品与装备行业分会会长、肥城市桃木雕刻协会会长、肥城市政协常委。高级工程师，精细木工二级技师。

程银贵热爱党、热爱祖国，爱岗敬业、开拓创新。经上百次实验，成功研发出二十大系列三千余种桃木工艺品。传授技术，带动肥城成为中国桃木雕刻之乡。捐资 100 余万元助贫、助残、助教，荣获"市文明之星""肥城好人"称号。他熟练掌握木制工艺品设计、雕刻技术，有绝技高招，曾在中央电视台财经频道及全国大赛现场表演绝技。首创丝翎檀雕技法，评为全国桃木旅游商品创新设计大赛最佳雕刻技法创新奖。创新桃木檀木结合、桃木泰山玉结合制作工艺，多次在全国旅游商品创新大赛中获奖。

注重创新创造，拥有国家专利 10 项。其中 1 项实用新型专利、9 项外观设计专利。坚持创新发展，先后在全国、省市荣获 150 余项大奖，2008—2018 年连续十一届蝉联全国桃木旅游商品创新设计大赛金奖。并荣获中国旅游商品大赛金奖、中国国际旅游商品博览会"最佳必购商品奖"、中国十强旅游商品、中国特色旅游商品大赛金奖、到山东最想购买的 100 种特色旅游商品、中国品牌旅游商品、山东名牌称号。同时创新改进桃木制作工艺生产流程，在全行业推广，提高效率 40%，增收 2.8 亿元，取得良好效益。

发挥领军作用，现场传艺、以师带徒、办培训班等方式，培养学员 1200 余人，帮带起桃木制品生产销售企业五百余家，从业人员 4.5 万人，年创产值 14 亿元，肥城成为全国规模最大、创新能力最强的桃木旅游商品生产销售集散地。制作桃木加工技术讲座，通过电视、电脑网络将桃木制作技术推向全市、全省。牵头举办全市桃木雕刻技艺大赛，推动桃木雕刻行业做大做强。

先后荣获"山东省民间手工艺制作大师""齐鲁文化之星""山东省首席技师""山东省科普带头人"、山东十大最具创新与影响力艺术大师、"齐鲁工匠"提名奖、"泰山英才领军人才""泰安市文化产业年度人物""泰山工匠""振兴泰安劳动奖章"等荣誉，被授予全国桃木行业特殊贡献奖。2018 年，被评为"齐鲁工匠"。

肥城市道德模范

肖秀敏　女，康泰养老院院长。

2007 年，她自费创办肥城市首个民办养老院。养老院住有 30 多位老人，多数生活不能自理。为了能随时照顾老人，应对突发状况，她把家搬到养老院，24 小时与老人生活在一起。每天她早早起床，做饭、喂饭、梳头、洗衣服、整理被褥……

一些老人因上了年纪，头脑不清楚，容易犯糊涂，骂人、"闹事"经常发生，她总是耐心安抚、宽慰。10 余年间，肖秀敏先后照顾老人 400 余位，陪伴 200 多位老人走完最后一程，为他们擦身子、穿寿衣，老人的家属们都非常满意。

曾荣获"中国好人""泰安市首届十大孝子"等荣誉称号，被推荐为山东省第十三届妇女代表大会代表，泰安市第十七届人大代表。2019 年，被评为"肥城市道德模范"。

韩彩霞　女，湖屯镇东湖东村村民。

2010 年的一场车祸，使韩彩霞失去了丈夫，年迈的公婆陷入丧子的悲痛中。为撑起残缺的家，她做出一个让所有人都没有想到的决定，带着公婆出嫁。后经别人介绍，与于淑兵结婚，共同承担起照顾年迈公婆的责任。她对待公婆像亲生父母一样，成为村里的公认的好媳妇。2015 年，公公得癌症，为让公公康复，每天无论多忙多累，她都扶公公在院子里练习走路。病重时，每天给公公喂水喂饭，洗洗涮涮，从不厌烦。随着年龄增大，婆婆的腿长骨刺行动不便。韩彩霞每天都把饭菜盛好端给婆婆。为更好地照顾公婆，丈夫不再到远方打工，而是在家附近打打零工，一同照顾与他毫无血缘关系的老人。

曾荣获"泰安市十佳最美计生幸福家庭"等荣誉称号。2019年，被评为"肥城市道德模范"。

张志银　男，肥城市总工会退休干部。

因患脑梗塞留下左半身活动不便的后遗症。受中国优秀传统文化的影响，2013年开始潜心于孝道文化的收藏和研究。拖着病痛的身体，拄着拐杖，在老伴陪护下走南闯北，用尽全部积蓄搜集整理孝文化作品450余件。他带着作品进社区、进乡村、进学校开展展示交流，将孝道文化送到千家万户。

曾荣获全国"弘孝榜样人物""山东好人"等荣誉称号。2019年，被评为"肥城市道德模范"。

宋慧东　女，经开区派出所辅警。

坚持无偿献血20年。2014年，她加入肥城市爱心公益协会，积极参加各种志愿活动，服务时长达1600多小时。2017年以来，参加活动260次，帮助2000余人。2018年，她在官庄村倡导

建立爱心书屋；5月发起"墙上拉面"项目，让偏远乡村孤寡老人及困境儿童吃上美味拉面。2015年开始帮扶跟着常年患病的叔叔婶婶生活的北仇村孤儿小张，与性格内向不愿与人沟通的孩子成为无话不谈的好朋友。为帮助更多孩子，她义务当起校园法制宣传员，开展青少年安全防范宣传。为葛庄村孤寡老人翟志明筹措资金盖起爱心小屋，定期看望陪伴老人。工作上，为更好服务群众，她创新设计"户口办理指南卡片"，主动"预约服务"，受到群众一致好评。

曾荣获"山东好人""肥城市最美志愿者"等荣誉称号。2019年，被评为"肥城市道德模范"。

张圣勇　男，致公党员，鼎盛财源购物广场董事长。

2007年，经张圣勇倡导并个人捐资3万元，成立仪阳乡慈善协会并任会长。2008年汶川大地震发生后，他心系灾区，个人捐款1.2万元，并发动身边朋友和同事捐款捐物8000多元。2008年7月，捐资30万元建起仪兴希望小学。2010年，垫资320万元，让利20万元筹建仪阳中心幼儿园。2018年年初，出资10余万和办事处共同建成首个社区

（盛源社区）服务中心，建设占地1000余平方米的老年健身文体广场，安装健身器材20余种。2018年，出资成立肥城市慈爱公益协会，并担任会长。多年间，每年春节到仪阳敬老院为老人送去祝福和慰问金，累计为28名贫困学生家庭送去慰问金5万余元。

曾荣获"肥城市劳动模范"、第十一届"肥城市十佳孝星"等荣誉称号。2019年，被评为"肥城市道德模范"。

邢玮　男，边院镇南仇村人，心怡科技股份有限公司创始人、董事长。

他创办的心怡科技股份有限公司，已发展成为国内最大的第三方电商物流供应链企业，阿里巴巴集团旗下天猫商超核心仓储管理服务提供商，天猫国际跨境运营主体，相关业务遍布世界各地。多年间，邢玮虽身在异乡，却心系故土，情系家乡，一直默默关注、支持肥城的发展。为促进农村教育事业发展，他设立"怡心怡情"乡村教育基金，对家乡教育事业发展进行爱心资助。自2017年开始，计划三年内，每年向边院镇教育事业捐赠100万元，已连续捐赠2年，为边院镇繁荣教育事业、建设教育强镇贡献力量。

曾荣获 2015 年"广东十大经济风云人物"等荣誉称号。2019 年，被评为"肥城市道德模范"。

辛卫　男，孙家小庄社区居民。

几年前因车祸导致右腿残疾，无法从事重体力劳动，在新合作购物广场做保洁员，支撑一家四口的生活。2017 年 11 月 21 日，辛卫在打扫责任区时，突然发现一个钱包，里面有现金 1 万元。想到失主一定很着急，四处询问没有找到失主，只好把钱交给公司，通过媒体，最终找到失主。失主主动拿出钱来表示感谢，辛卫坚持不要，并说这是自己应该做的。平时的辛卫更是邻里同事眼里的热心人。他不仅把自己的责任区打扫得干干净净，还经常帮同事清扫，谁家水管坏了、马桶堵了，他都义务修理。结婚多年，从没和妻子吵过架、红过脸。他还常常教育孩子，要做一个对社会有益的人。

曾荣获"山东好人"荣誉称号。2019 年，被评为"肥城市道德模范"。

曹正磊　男，潮泉镇上寨村人，经营小饭馆。

2013 年被确诊为尿毒症，父亲为其捐出一颗肾，但高昂的费用难倒一家人。亲朋邻里伸出援助之手，社会各界为其捐款，帮他完成肾移植手术。亲朋好友表示治病要紧、钱不用偿还，但他依旧将借款一一记录，承诺偿还，还在手术前写下遗书：倘若自己不幸离世，将由女儿偿还全部欠款。手术成功后，为兑现承诺，他不惧艰辛继续经营饭馆，妻子远渡日本打工，直到 2018 年债务所剩不多，才回来团聚。曹正磊的重生离不开好心人的帮助，他也正在努力帮助更多的人。

2019 年，被评为"肥城市道德模范"。

朱仁和　男，生前为市经信局退休干部。把自己的一生献给国家，去世后遗体无偿捐献。

1951 年，年仅 18 岁的朱仁和参加抗美援朝战争，双耳被炮声震聋，几乎丧失听力。转业分配到肥城县委宣传部，祖籍潍坊的朱仁和坚决服从安排，在肥城一待就是 50 多年。直到 1995 年退休，他还是科长职位、科员级别。但他从未抱怨过，经常说"钱够花就好，活着得知足。"2016 年，朱仁和患下咽癌，治疗期间，没有向单位提一点要求，他不想给单位同事添麻烦。他说服女儿、女婿，签署遗体捐献登记表，要为国家做最后一点贡献，2017 年 8 月 24 日，朱仁和去世，简单告别后，遗体被送至泰山医学院用于科学研究。

曾荣获"中国好人"等荣誉称号。2019 年，被评为"肥城市道德模范"。

李文全　男，市公共汽车公司 1 路公交线驾驶员。

部队转业后，一直在公共汽车公司工作，22 年间，他精心做好出车前、营运中、收车后的"三检"例保工作，获得公司"公交节油王"称号。他年年出满勤，安全行车 130 多万公里，没有发生过一次行车责任事故。他驾驶的 1 路车单趟运行 48 分钟，沿途经过 40 个站点，每天运行 6 个来回，总运行近 200 公里，一天下来非常劳累，但他始终保持一腔热情。工作中，他乐于助人，热心周到，扶老人上车，叮嘱孩子下车注意安全，保持拾金不昧的高尚品格。为提升服务质量，他每天坚持做好保洁，行车途中，文明提醒，用心服务，争取使每一位乘客满意，在他的努力下，2009 年公交 1 路线荣获"山东省工人先锋号"荣誉称号。

曾在五十一基地政治部荣立三等功3次，荣获"红旗车"驾驶员、优秀共产党员等荣誉称号。2019年，被评为"肥城市道德模范"。

王军　男，市第二高级中学教师。

2018年9月9日下午，王军在龙山河北辛社区段散步时，突然听到有人喊："孩子溺水了！快救人啊！"王军毫不迟疑跳入水中，全力向孩子们落水的地方游去，一个孩子只露着头，另一个孩子毫无踪影。他先救起露头的孩子上岸，然后三次下到4米左右的深水区搜救另一个孩子，在他拼尽体力毫不放弃的坚持下，终于将第二个落水少年成功救起。平时，王军是一个热心、细心、有爱心的人，团结同事，爱生如子，为肥城二中优秀骨干教师。邻里之间有什么事他都尽力去帮忙，得到邻里们的一致好评。

曾荣获"山东好人""肥城市优秀教师"等荣誉称号。2019年，被评为"肥城市道德模范"。

车克旺　男，桃园镇南北王村人，退伍军人。

1974年应征入伍，1979

年参加中越自卫反击战，曾被中央军委和广州军区授予三等功两次。2016年11月23日中午，车克旺看见邻居车光胜家中浓烟滚滚，拔腿跑去救火。刚一进门，就被屋内大烟火推了出来，头发烧焦了，衣服着了火，脸上被烧得起了泡，他顾不上这些，再次冲入屋中。车光胜妻子于茂兰被烟火困住、呛晕，车克旺在墙角处摸到于茂兰，用尽全力将她救出。车克旺的妻子王秀芝喊来群众和消防队员一起将火扑灭，避免了一场大的火灾伤亡事故。后来车光胜拿钱致谢，被车克旺婉言谢绝，他说："都是庄里庄乡的，不能见死不救！"

曾获得"山东好人"荣誉称号。2019年，被评为"肥城市道德模范"。

肥城市首届"桃都工匠"

曹书峰　山东泰西水泥有限公司车间主任、技师

贾衍强　山东众成饲料科技有限公司锅炉工

郭庆振　山东鲁龙集团有限公司设备部长、高级技师

冯殿军　山东云宇集团机械集团有限公司副经理、高级技师

刘　震　肥城金塔机械有限公司工人、高级技师

李　强　国网肥城市供电公司供电所副所长、助理工程师

刘　卫　兴润建设集团有限公司工人

李邦佐　山东泰山轮胎有限公司车间副主任、高级技师

张明本　泰安九洲金城机械有限公司技师站组长、工程师

王振清　肥城东升纸业有限公司技术研发中心主任、工程师

凡人善举

中国好人

王乐川　男，1997年4月出生，中共党员，肥城市新城

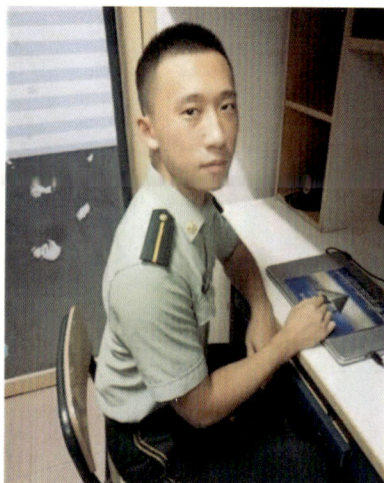

街道居民，现为中国人民警察大学大四学生。

2017年8月11日晚，一位小伙在肥城市龙山河带状公园河畔勇救一名落水女子，未留下姓名便悄然离开，经全城寻人才找到救人者王乐川。王乐川的事迹经报道引起强烈反响，广大市民纷纷为他点赞，称他为"无名英雄"。2018年1月，被评为"中国好人"。

山东好人

辛卫 男，1971年12月出生，新城街道孙家小庄社区居民。

几年前，辛卫因车祸导致右腿残疾，无法从事重体力劳动，在新合作购物广场做保洁员。2017年11月21日，他在打扫责任区时，突然发现一个钱包，里面有1万元现金。想到失主一定很着急，四处询问没有找到失主，只好把钱交给公司，通过媒体，最终找到失主。失主主动拿出钱来表示感谢，辛卫坚持不要，并说这是自己应该做的。2018年，被评为"山东好人"。

尹承岩 男，1955年6月

出生，高新区蒋庄村原党支部书记。

尹承岩是蒋庄社区退休党支部书记，母亲已有104岁的高龄，而他也年逾古稀，个头不高、身形并不强壮的他用自己的行动书写着一个温暖的"孝"字，给了自己的母亲一个最温暖安稳的晚年，用真情无私的付出在社区内外赢得良好的口碑。2018年，被评为"山东好人"。

车克旺 王秀芝 车克旺，男，1953年3月出生，桃园镇南北王村村民。王秀芝，女，1953年3月出生，桃园镇南北王村村民。

2016年11月23日中午，车克旺和妻子王秀芝从田间干活回家准备吃饭时，看到邻居

家起火，为救人不顾个人安危进入火场，救出人后，他不顾自己烧烂的衣服、烧焦的头发、脸上灼起的水泡，继续协助消防员扑火。2018年，被评为"山东好人"。

燕强 男，1973年8月出生，高新区曹杭村党支部委员。

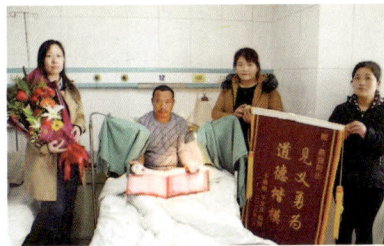

2018年3月11日，一名村民失足落井，燕强毫不犹豫抓起绳子跳入15米深井，因下落速度快，多年劳作长满老茧的双手被麻绳割破，鲜血浸透绳子，忍着疼痛的他顾不得井水刺骨，奋力滑到落井者身边，将绳子系在落井村民腰间，在大家的努力下，村民终于获救，但燕强的手部受到重创入院治疗。2018年，被评为"山东好人"。

张志银 男，1952年3月出生，肥城市桃乡艺术馆馆长。

受中国优秀传统文化的影响，2013年张志银开始孝道文

化的收藏和研究。为收藏孝道文化书画艺术作品，他挂着拐杖，拖着病残的身体，在老伴陪护下走南闯北，用尽全部积蓄搜集整理孝文化作品450余件。他带着这些作品进社区、进乡村、进学校开展展示交流，将孝道文化送到千家万户。2018年，被评为"山东好人"。

宋慧东　女，1968年8月出生，经开区派出所辅警。

宋慧东热心公益事业，20年无偿献血。为帮助更多的人，2014年，她加入肥城市爱心公益协会。5年间，她积极参加各类志愿活动，服务时长达1600多小时，参加活动260次，帮助2000余人，组织开展"爱心书屋""墙上的拉面"等志愿服务项目。2018年，被评为"山东好人"。

王军　男，1976年12月出

生，市第二高级中学教师。

2018年9月9日下午，王军在龙山河北辛社区段散步时，突然听到有人喊："孩子溺水了！快救人啊！"王军毫不迟疑跳入水中，全力向孩子们落水的地方游去，一个孩子只露着头，另一个孩子毫无踪影。他先救起露头的孩子上岸，然后三次下到4米左右的深水区搜救另一个孩子，在他拼尽体力毫不放弃的坚持下，终于将第二个落水少年成功救起。2018年，被评为"山东好人"。

吕良　男，1982年12月出生，保力豪搏击健身俱乐部馆长兼总教练。

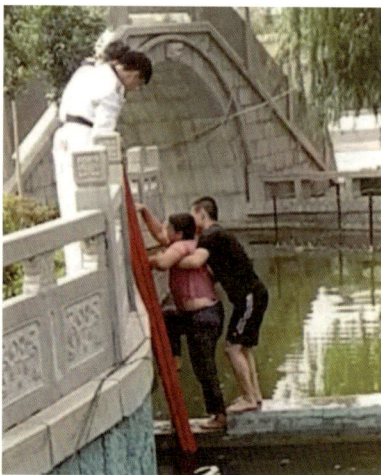

6月7日下午3时左右，在肥城市春秋古镇西侧一处景观河河段，80后青年吕良纵身一跃，跳进浑浊的水中，奋力救起一位落水的老人，赢得市民

的夸赞。2018年，被评为"山东好人"。

孙绪民　男，1967年4月出生，新城街道孙家小庄社区党总支书记、主任。

孙绪民的老母亲因糖尿病并发症导致腿部疾病，没法下楼。医生建议要多晒太阳。就这样，孙绪民雷打不动，坚持每天中午下班后背着母亲下楼晒晒太阳、活动筋骨，这一背就是两个多月，母亲的腿病也因此恢复得很快。平日里孙绪民不管工作有多忙，都不忘到父母的住处帮做家务，及时询问二老的情况。孙绪民对家中老人的照料无微不至，在邻里间成为美谈。在孙绪民积极倡导下，社区投资100多万元建起2000多平方米的老年人日间照料中心。2018年，被评为"山东好人"。

肥城年鉴

FEICHENG
YEARBOOK

FEICHENG
YEARBOOK
2019

附　录

附　录

执政思考

带着感情学习　带着使命担当
努力把"四个扎实"转化为肥城大地的生动实践
中共肥城市委书记　常绪扩

习近平总书记视察山东的重要讲话，为我们的工作点燃了指向明灯，教给了具体方法，激发了强大动力。通过认真学习习近平总书记重要讲话精神，用心感受总书记的殷殷嘱托和谆谆教诲，肥城上下备受鼓舞、无比振奋，决心聚焦发力总书记提出的"四个扎实"重大部署，坚持"实事求是地想、实事求是地谋、实事求是地干"的工作理念，结合市情实际，完善思路举措，落细落深落实，推动各项工作再上新台阶，真正把讲话精神转化为加快构筑"党建新高地、法治新高地、市场新高地"的生动实践和显著成效。

一、深刻把握高质量发展的根本要求，加快推进新旧动能转换。自觉践行新发展理念，开拓发展新境界，培育发展新动能，增创发展新优势。一是咬定青山不放松，持续强化"四大动能"。企业培植突出精准服务。树牢市场和法治两种意识，持续抓好"三强企业"集中培植和重点企业梯次培育，力争全年新增"四上"企业40家、规模以上工业企业10家、小微企业1600家，逐步形成多个龙头企业拉动、一批骨干企业支撑、专精特新成长型企业齐头并进的发展格局。招商引资注重效益优先。坚持"引真项目、干实项目"工作导向，集中力量招引具有成长性、前沿性的好项目，落地建设货真价实、没有水分的真项目。围绕锂电产业、高端化工、现代物流等优势产业梳

理招商目录，锁定目标企业，开展专题招商。抢抓央企、国企县域布局的重大机遇，用好在外肥城人才和企业两大招商主力，争取更多重大产业项目落户肥城，确保全年引进过亿元项目55个以上，到位资金增长10%以上。对上争取坚持持续发力。紧跟产业发展新指向、各级扶持新方向、政策制定新动向，梳理确定项目对接点，争取更多政策、资金和项目"榜上有名""花落肥城"。继续盯紧独立工矿区、新旧动能转换、保税物流园区、泰聊铁路等重大政策和项目，完善前期手续，全力对接争取，确保全年到位资金突破20亿元。新型城镇化做到提速提质。统筹编制各镇街总体规划，以棚户区改造为切入点和动力源，稳步推进镇街驻地开发建设，打造要素集聚力、产业支撑力和人口承载力强，特色鲜明的小城镇。紧紧抓住政策红利延期三年的重大机遇，按照"能改尽改、能快则快"的原则，"镇街驻地村优先、'两委'班子强的村先行"，全力推进棚户区改造，争取2020年达到4万套。二是一锤接着一锤敲，高位打造"一核四区"。把"一核四区"作为肥城优化产业布局、加速产城融合的战略之举，推进新旧动能转换、实现高质量发展的载体平台。城市核心区，加快推进一级路绕城，采取"拧螺丝"的方式，对全市社区逐步逐个理顺服务体制、完善配套设施，开展"剔骨式"拆违，实施精细化管理，打造精品化形象，全面提升城市功能品位。新旧动能转换先行区，按照"地企同心、产城融合、转型升级、振兴矿区"的方针，加快以高新区为核心、采煤塌陷区为主体的北部城区建设进度，力推传统产业转型、现代产业集聚。借助瑞福锂业、石横特钢和肥矿集团物流仓储需求优势，建设好泰山（肥城）保税物流中心，打造对外开放桥头堡。培植壮大锂电产业，实施3万

吨锂盐、1万吨氢氧化锂等重点项目，不断延伸产业链条，打造"200亿级"园区。省级经济开发区，完善工作机构和运行机制，加快区镇合一，培植壮大高端制盐、精细化工、特种材料等主导产业。用好省级化工园区挂牌落户重大机遇，市政府统一把关入园企业，以高标准、严要求的项目填充机制倒逼化工产业转型升级，打造全国知名的高端化工产业基地。汶阳田农高区，挖掘阐释、传承保护好汶阳田农耕文化，打造以有机菜、干鲜果品、高端苗木、优质高产粮及深加工为主的沿汶河特色农业产业带和生态观光保护带，培育打造"汶阳田"区域公用品牌。加强与省农科院、山农大合作，引进科研机构、建立产业基地，争创省级农业高新区。世上桃源旅游经济开发区，按照一个个景区打造的理念，采取市场化的手段一年一年抓，不冒进、不盲目，年内争创AAAA级景区1家，培育好"7450"农旅养特色小镇、左传文化园等市场主体，着力打造省会济南休闲旅游目的地、泰安全域旅游重要节点。三是提纲挈领抓重点，大力强化要素驱动。用好创新第一动力。强化科技创新，更加突出企业主体地位，加强高新区科技孵化器等创新平台建设，力争年内新增泰安市级以上创新平台40个以上。强化落实创新，坚持"创造性落实也是创新"的理念，用创新的思路、改革的办法解决发展中出现的新情况、新问题。用好人才第一资源。积极推动企业与大专院校、职业技术学院对接联姻，吸引更多的蓝领人才、高级技工，大力培植"蜂王式"企业，以企业吸引人才，使人才融入企业。落实好招才引智的各项政策，确保全年引进高层次人才120名以上，创新团队7个以上。用好金融第一活水。强化政银企共同体意识，引导金融行社降低融资门槛、打开放贷"闸门"，切实回归支持实体经济的本位。加大直接融资力度，确定3～4家企业主攻新三板，推进泰鹏环保主板上市。同时，稳妥处置风险存量、坚决遏制风险增量，守住不发生系统性金融风险的底线，维护良好的金融生态。

二、探索实践具有肥城特色的科学路径，深入实施乡村振兴战略。习总书记对山东实施乡村振兴战略寄予希望和重托，肥城将以高度的责任意识、强烈的使命担当，努力走出一条具有地方特色的乡村振兴之路。一是推动农业现代化。高举有机农业发展大旗，以规模化、有机化、功能化、品牌化、融合化为方向，做强做优特色农业，实施肥城桃保护提升工程，调优"两菜一粮"品种结构，大力发展有机菜、有机茶、有机粮。依靠但不依赖外来资本，培植做大一批市场主体，鼓励引导合作社、家庭农场企业化转型，规划创建田园综合体，发展休闲农业，强化农业产业招商，引进创新型农业龙头企业，推进一二三产融合。二是打造美丽新样板。坚持抓两头、带中间，前端抓示范村引领，中间抓巩固村提升，后端抓贫困村转化，年内创建5个省级和26个市级美丽乡村示范村，推进69个扶贫重点村建设美丽乡村，标准化覆盖率达到65%以上。支持潮泉镇创建省级美丽乡村示范镇，打造全省乡村振兴样板镇。实施农村人居环境整治三年行动，持续开展"三清三禁"环境集中整治、农村"七改"工程、"四好农村路"建设，年内完成村级公路网化工程，实现改厕全覆盖。三是强村富民促增收。深化新一轮高水平村居集体经济壮大行动，重点盯住经营性收入10万元以下的村，完善"理促调帮"措施，激活"十大动能"，精准策划增收项目，力争年内收入过10万元的村达到90%以上。积极探索实施宅基地"三权分置"改革，扎实推进全国农村集体产权制度改革试点，全面加强新型职业农民培训，带动村民致富，推进乡村发展。

三、牢固树立"以人民为中心"的思想，全力保障改善民生福祉。坚持尽力而为、量力而行，着力解决群众最关心最直接最现实的利益问题，不断提升人民群众幸福感、获得感。一是全面提升公共服务水平。实施"百企联百校"工程，加快"全面改薄"和"大班额"治理工作，规划建设好学校，切实解决入园入学难问题，推动教育优质均衡发展。树牢"卫计为民而计"的理念，深化医药卫生体制改革，探索医疗服务共同体运行机制，推进基层医疗卫生机构标准化建设，加快打造"健康肥城"。实施就业优先战略，建设城乡统一的人力资源市场，开展创业型城市创建、创业培训、创业助推"三大行动"，确保城镇登记失业率控制在3.5%以内。大力发展社会福利和慈善事业，建成残疾人康复中心，推动公办养老机构改革，大力发展"医养结合"型养老机构，加快完善养老服务体系。二是坚决打赢脱贫攻坚战。按照"准实长稳"总体要求，秉持忠心、满怀爱心、常存戒心、保持恒心，把"脱贫质量"贯穿全过程，确保年内基本完成脱贫攻坚任务。强化产业带动，统筹整合财政专项资金，发挥规模效应，提高扶贫资金和项目的质量效益。巩固特困群体救助"五张网"，不断提升特困群体救助实效。按照"三个严惩不贷"标准，持续开展扶贫领域作风专项治理。三是着力加强生态环境保护修复。以中央环保督察反馈问题整改攻坚为抓手，严格落实"四减四增"要求，深入实施"蓝天、碧水、绿地"工程，全面铺开采煤塌陷地治理、工矿废弃地修复、破损山体植被恢复，保护好肥城的金山银山、绿水青山。统筹抓好河流引水规划和水利设施建设，最大限度拦蓄地表水、用好外来水、补充地下水。深入开展"桃乡增绿"行动，加快推进"绿满肥城"。实施最严格的生态环境保护制度，建立完善网格化环境监管机制，推行企业生态信用等级评价，坚决制止和惩处破坏生态环境行为。

四、严格按照"三过硬一富有"的标准，着力锻造忠诚担当的干部队伍。 下大决心、用真功夫，培育"政治过硬、业务过硬、作风过硬、富有活力"的党政干部队伍，为推动发展奠定稳固基石。一是旗帜鲜明讲政治。教育引导广大党员干部树牢"四个意识"，坚定"四个自信"，做到"四个服从"，在思想上行动上坚决维护习近平总书记在党中央和全党的核心地位，坚决维护党中央权威和集中统一领导，认真执行党的政治路线，严格遵守党的政治纪律和政治规矩，在任何时候、任何情况下都绝对忠于核心、坚定拥护核心、时刻紧跟核心、坚决捍卫核心。二是激励实干勇担当。大力弘扬"开放、包容、务实、敢当"的新时期肥城精神，"自力更生、开拓进取、奋勇争先"的工作精神和"爱国、诚信、正直、奋进"的君子文化，持续提升党员领导干部学习力、谋断力、执行力，全力打造一支"政治过硬、业务过硬、作风过硬、富有活力"的党政干部队伍。认真研究落实中央、省市关于激励干部担当作为干事创业的具体措施，倡树实干实绩用人导向，让敢担当善作为的干部有舞台、受褒奖。三是持之以恒强作风。严格落实"履职尽责、快准追责"闭环式责任追究机制，加大不适宜担任现职干部调整力度，让为官不为、懒政怠政、不敢担当的干部到待岗培训中心"回炉再造"。下一步，将市直部门分为服务"四大动能"重点部门、一般服务经济部门、民生部门、综合协调部门四大类，深入开展"点穴式"纠风，纠慢治乱、正风肃纪。坚决落实全面从严治党政治责任，定期开展常规巡察和专项巡察，运用好监督执纪"四种形态"，加快构筑"党建新高地、法治新高地、市场新高地"，为新时代现代化强省建设作出更大贡献。（刊载于《山东通讯》2018年第17期）

牢固树立"四心"理念　坚决打赢脱贫攻坚

中共肥城市委书记　常绪扩

脱贫攻坚是重大政治任务和第一民生工程，事关全面建成小康社会，事关顺利实现第一个百年奋斗目标，事关巩固党的执政基础。近年来，肥城市坚持以习近平新时代中国特色社会主义思想为指引，认真贯彻落实习近平总书记扶贫开发重要战略思想，始终秉持忠心、满怀爱心、常存戒心、保持恒心，全力以赴推进脱贫攻坚，切实做到脱真贫、真脱贫。去年脱贫13287人，31个省级贫困村、32个市级贫困村如期摘帽，为打赢脱贫攻坚这场硬仗奠定了坚实基础。

1. 秉持忠心，扛起责任抓脱贫。 脱贫攻坚既是民生问题，也是发展问题，更是政治问题。打好打赢脱贫攻坚战是坚决维护习近平总书记核心地位和党中央权威的具体行动，也是检验"四个意识"强不强的"试金石"。抓好脱贫攻坚就是讲政治，就是与党中央保持高度一致。肥城市逐级签订"军令状"，全面落实党政"一把手"负总责的脱贫攻坚责任制；扎实开展"大学习、大调研、大改进"工作，着力解决扶贫干部中存在的口头喊得紧、手头抓得松，上热下冷、消极厌战，畏难发愁、招数乏力等问题，使全市上下始终保持政治上的清醒坚定，切实肩负起脱贫攻坚的政治责任，以精准的举措，超常的力度，把上级关于脱贫攻坚的各项决策部署都落地落细落实，确保脱贫攻坚一步一个脚印、扎扎实实地向前推进。

2. 满怀爱心，带着感情抓脱贫。党的十九大提出以人民为中心的发展理念，并把为人民谋幸福作为党的初心和使命，充分彰显了把人民放在心中最高位置的价值追求。只有打赢脱贫攻坚战，让贫困群众过上幸福生活，建成高水平小康社会才名副其实。肥城市坚持把老弱病残等特殊贫困群体作为脱贫攻坚的重中之重，创新织就"五张救助关爱网"。一是贫困未成年人"救助网"。积极落实贫困家庭学生减免救助，争取中国泛海集团救助政策，对93名新入校的建档立卡大学生每人救助5000元。发挥"桃都青少年牵手基金"作用，募集资金62万元，满足了340名贫困孩子的微心愿。实施"有爱·有家"孤儿助养、"与你有约"艺术体验等特色项目，累计帮扶孤儿、留守儿童等贫困弱势青少年310余人。二是有劳动能力贫困人口"就业网"。拓清底子、摸清意向，搞好岗位开发、技能培训等就业服务，为605名有意愿的贫困户安排了就业岗位、获得了稳定收入。充分发挥扶贫车间吸纳就业作用，发动83家企业提供4317个扶贫就业岗位，供贫困户自主选择。对已认定的9家扶贫车间进行统一命名、悬挂标识，按照每人每年1000元的标准落实奖补政策。三是因病因残贫困人员"帮扶网"。将41名建档立卡贫困尿毒症患者的

透析费用由100元/次降为35元/次，人均年减负4980元。对917名贫困残疾人，分类制定帮扶政策，每人每月增加生活、护理补贴60元。对423名重性精神病贫困群众实行"住院救治＋门诊服药救治＋日间照料＋居家监护"的救助模式。对患重病无力支付医药费用的贫困户，给予3000元到5000元的临时性救助。四是病患贫困人口"医保网"。推出疾病医疗商业补充保险，将贫困住院人员的个人负担费用控制在10%以内，全年理赔2726件、602万元。出台健康扶贫减免费用管理办法，凡建档立卡扶贫对象到定点医疗机构就诊住院，均实行"八免六减"政策，累计为贫困户减免各种医疗费用33万元。五是贫困老年人"保障网"。开展孝德建设系列活动，鼓励民营企业等社会力量与贫困老人、鳏寡孤独老人"认亲结对"，定期走访慰问。采取子女赡养与镇街补贴相结合的办法，建立养老孝心基金，完善集中供养和分散供养政策，实现建档立卡贫困人口老有所养。截至目前，"五张救助网"已累计帮扶各类贫困人口1.2万人，实现了建档立卡贫困人口特殊群体全覆盖。

3. 常存戒心，干干净净抓脱贫。脱贫攻坚面对的都是贫困人、经手的都是救命钱，一旦出现作风和腐败问题，伤害的是群众的感情，损害的是党的形象。肥城市持续开展扶贫领域腐败和作风问题专项治理，坚持无禁区、全覆盖、零容忍，用整治保障实效，以追责倒逼履责。一是加强教育引导，强化底线思维。定期开展主题学习日、扶贫先进事迹报告会、廉政教育图文展等活动，组织扶贫干部对上级扶贫政策、各地扶贫领域正面典型和反面案例等内容进行集中学习探讨，全方位、多方式的教育灌输和警示，强化"扶贫是敏感领域"的理念，锻造扶贫干部求真务实、艰苦奋斗、清廉自守的优良作风，确保扶贫政策一点一滴都不打折，扶贫资金一分一厘都不乱花，纪律底线一丝一毫都不触碰。二是筑牢制度防线，强化整改落实。坚持从制度上从紧从严、扎牢篱笆，完善《扶贫开发工作考核评价办

法》，设定指标、严格考核，将考核结果作为评先树优、年度考核等次评定、干部选拔任用的重要依据。不定期召开脱贫攻坚问题整改工作推进会，以PPT、暗访视频等形式直指问题、亮短揭丑；会议现场随机提问发问，让工作进展慢、存在问题多的镇街党委书记大会发言、红脸冒汗、知耻奋进。三是严格监督执纪，强化追责问责。纪委、审计、巡察等部门联合行动，跟踪介入扶贫领域，严肃查处侵害群众利益问题，坚决做到"三个严惩不贷"：应当纳入的有一户纳入不进来严惩不贷，扶贫资金挪用一分严惩不贷，有一个不该享受扶贫政策而享受了的严惩不贷。落实调整不适宜担任现职干部、待岗培训管理办法，对在扶贫工作中不作为、慢作为和乱作为的党员干部，该调整的调整，该免职的免职，督促各级各部门、企业负责人，驻村"第一书记"等扶贫责任主体履职尽责。先后对17起侵害群众利益问题线索进行了查办，问责23人。

4. **保持恒心，始终如一抓脱贫**。脱贫攻坚，如果没有啃下"硬骨头"的恒心和毅力，很难做到精准滴灌，真脱贫、脱真贫。面对贫困村均已摘帽，脱贫攻坚任务基本完成的新形势，肥城市始终保持打赢脱贫攻坚战的恒心与定力，充满气，鼓足劲，不懈怠。一是健全扶贫长效机制。持续巩固已脱贫人口和省市级贫困村"这一基本面"，着重抓好5个重点镇和69个重点村、1659名缓退贫困户"这一重点领域"，把好精准识别退出关，坚持全年敞口、随时纳入，新增因病因灾等突发因素致贫人员18名，并对退出的22578名贫困户做到资金、力量、措施不减，搭建起了"攻坚—巩固—提升"梯次推进的脱贫攻坚长效机制。二是坚持精准分类施策。抓好资金整合，统筹62项涉农资金，确保50%用于贫困村；抓好金融扶贫，创新"富民农户贷"，构建"财政增效、农担增信、银行增贷、企业增利、农户增收"财金互动扶贫新机制，全年发放小额扶贫信贷9000万元；抓好产业扶贫，采取入股、委托经营等模式，与规模大、效益好的企业挂靠对

接，对2014年以来建成的268个扶贫产业项目开展绩效评价，确保项目长期发挥效益；抓好行业扶贫，聚合53个成员单位政策"红利"，对照标准，通力协作；抓好社会扶贫，创新社会扶贫资源筹集、使用、监管机制，巩固和深化大扶贫格局，通过多措并举，推进脱贫攻坚行动持续深入开展。三是激发群众内生动力。注重把扶贫工作同扶志、扶智相结合，培养贫困群众自力更生、脱贫致富的意识和发展生产、务工经商的技能，引导、支持贫困群众用自己的辛勤劳动实现脱贫致富，不断激发人民群众脱贫攻坚的内生动力。最具代表性的就是贫困户宫燕，她患有先天性成骨不全症，是一碰就碎的"瓷娃娃"，通过整合市工会、妇联、镇街电商服务中心等帮扶力量，帮助她树立了生活的信心，学会了精湛的针织手艺，掌握了电子商务技能，创办了自己的工艺作坊，不仅摆脱了贫困，还吸纳了6名贫困残疾人务工。全市像这样扶志、扶智相结合脱贫的达到1200户，通过补足精神之钙，变要我脱贫为我要脱贫，走上了自尊自信、自强自立的可持续发展之路。（刊载于《山东通讯》2018年第7期）

坚持实事求是　持续聚焦聚力
奋力开创高质量发展新局面
中共肥城市委书记　常绪扩

泰安市委常委"大学习、大调研、大改进"务虚会提出了研究处理好"五个方面关系"的总体要求，明确了抓好"五大重点工作"的具体任务，是推动县域经济社会高质量发展的指导和遵循，为做好当前和今后一个时期的工作指明了方向。肥城市将牢固树立"实事求是地想、实事求是地谋、实事求是地干"的工作理念，大力弘扬"开放、包容、务实、敢当"的新时期肥城精神，坚持市第十四次党代会确定的"一二三四五"的工作思路不动摇，努力提升GDP质量、财政收入质量、生态环境质量、群众生活质量，推动高质量发展，决胜高水平小康，为泰安实现"位次前

移、走在前列"作出新的更大贡献。

一、加快动能转换，打造经济增长新引擎。把加快新旧动能转换作为统领经济发展的重大工程，以"四新"促"四化"，拓展发展新空间，增创发展新优势。一是全面强化"四大动能"。在企业培植上，组织开展"规模企业上台阶、小微企业上规模"行动，推动各类企业梯次培育，"三强"企业强而更强，年内纳税过亿元企业突破10家。在招商引资上，立足新旧动能转换，着眼产业转型升级，优化招商机制、明确招商方向、灵活招商方式，以项目促发展，年内招商引资到位资金增长10%以上。在对上争取上，紧盯独立工矿区、新旧动能转换、主体功能区划定、泰聊铁路等重大政策和项目，年内取得重大突破，争取到位资金20亿元以上。在新型城镇化上，抢抓政策机遇，全力推进棚户区改造，能改尽改、能快则快，年内开工项目61个、14180套。二是强力打造"一核四区"。城市核心区，加快推进泰肥一级路西延、济微路东移、肥梁路改造，早日实现一级路绕城，重点培育高端服务业和新兴产业。新旧动能转换先行区，高水平规划建设综合物流园区，老城锂电新材料绿色环保产业园打造"500亿级"园区，资源循环利用基地争创国家级基地。省级经济开发区，以石横化工产业园区和边院现代盐化工园区为主体，建立完善工作机构和运行机制，培植壮大盐化工、高端化工、特种材料等主导产业。汶阳田农业高新技术产业开发区，高举有机农业大旗，坚持龙头企业带动，强化产学研合作，突出一二三产融合，积极争创省级农高区，打造"汶阳田"区域公用品牌，构筑现代农业创新创业高地。世上桃源旅游经济开发区，大力弘扬以"爱国、诚信、正直、奋进"为内涵的君子文化，精心培育世上桃源景区，打造省会济南休闲旅游目的地、泰安全域旅游重要节点。三是深化改革"激增动力"。深化"放管服"改革，深入开展削权减证、流程再造、精准监管、体制创新、规范用权"五大行动"，全面推行行政审批一窗受理、一网办理和

建设项目区域化评估评审。深化金融体制改革，鼓励金融行社创新金融产品、扩大信贷投放，强化风险管控，引导企业上市，年内"新三板"挂牌企业突破10家。深化农业农村改革，扎实推进全国农村集体产权制度改革试点，加强股份经济合作社规范化建设，探索农企合作新模式，促进集体资产保值增值。

二、注重城乡融合，丰富城镇建设新内涵。抓住用好省级新型城镇化试点和中等城市试点机遇，走好城乡统筹、融合并进的新型城镇化之路。一是建设精品城市。强化"城市会客厅"意识，把规划和管理作为重中之重，用好法治化、市场化的办法，推动精明增长，管出精品城市。以创建全国文明城市为统领，实施路畅、灯亮、河清、园绿、治违"五大工程"，深化城市社区管理改革，全面提升城市治理的法治化、精细化、常态化水平。二是推动乡村振兴。以党的建设为统领，以美丽乡村建设为总抓手，以新型城镇化为动力源，以棚户区改造为切入点，建立健全市级主导、镇街主责、村居主体的责任体系，坚持统筹规划、镇街驻地村优先、"两委"班子强的村先行，强化产业发展、农民增收、环境优化、文明提升、脱贫攻坚等重点工作，走好符合肥城实际、具有地方特色、务实高效管用的乡村振兴之路。深入实施"六大专项行动"，年内规模以上农业龙头企业达到186家，美丽乡村覆盖率达到65%，农村居民人均可支配收入达到17800元。三是加强生态保护。以中央环保督察反馈问题整改攻坚为抓手，严格落实"四减四增"要求，深入实施"蓝天、碧水、绿地"工程，稳步推进山水林田湖草生态保护修复工程试点，保护好长远发展的绿水青山。同时，搞好河流引水规划和水利设施建设，构建"五横四纵"水系格局，充分引用黄河水、大汶河水，最大限度拦蓄地表水、用好外来水、补充地下水。

三、突出共建共享，实现民生福祉新提升。牢固树立以人民为中心的发展理念，不与民争利、不与村争利、不与镇街争利、不与企业争

利，让发展成果更多惠及百姓。一是坚决打赢脱贫攻坚战。按照"准实长稳"总体要求，秉持忠心、满怀爱心、常存戒心、保持恒心，强化精准识别、产业带动、分类指导，聚焦实效、整改问题、规范提升，把"脱贫质量"贯穿全过程，确保决战之年决战决胜。二是加快富民增收步伐。实施就业优先战略，建立城乡统一的人力资源市场，开展创业型城市（镇街、社区）创建、创业培训、创业助推"三大行动"，推进转移就业、灵活就业、自主创业和返乡创业。三是持续提升公共服务水平。推进教育均衡发展，实施"百企联百校"工程，完成全面改薄和大班额工程建设项目收尾。坚持"卫计为民而计"，深化医药卫生体制改革，推进基本公共卫生服务均等化。加强社会保障和救助体系建设，扩大覆盖、提高标准，稳步提升保障水平和统筹层次。

四、坚持党建引领，夯实改革发展新保障。 始终把抓好党建作为最大政绩，突出主责主业，深入实施党建"基石工程"，全力打造"党建新高地"。一是锻造忠诚政治本色。牢牢抓住思想建党这个关键，把党的十九大精神纳入"两学一做"学习教育常态化制度化的重要内容，高质量推进"不忘初心、牢记使命"主题教育。二是锤炼过硬干部队伍。突出政治标准和好干部标准，倡树实干实绩用人导向，打造一支政治过硬、业务过硬、作风过硬、富有活力的党政干部队伍。深入开展"点穴式"纠风，推行"履职尽责、快准追责"闭环式责任追究机制。三是打造坚强战斗堡垒。以创建过硬支部为抓手，以提升组织力为重点，努力把农村、城市社区、机关、"两新"组织等基层党组织建成坚强战斗堡垒，集中培树批"桃都先锋"红旗党支部。四是营造风清气正环境。抓紧抓实全面从严治党"两个责任"，把落实管党治党责任情况作为市委巡察和监督执纪的重点，健全主体责任约谈制度，落实廉政谈话制度，推动全面从严治党向基层延伸，全力营造干部清正、政府清廉、政治清明的良好生态。

（刊载于《泰安工作》2018年第9期）

调研报告

充分发挥人大代表作用　推动经济社会高质量发展
——全市"叩问初心、强化使命"主题调研报告
市人大常委会主任、党组书记　赵燕军

按照市委"大学习、大调研、大改进"工作会议精神和"叩问初心、强化使命"主题调研部署，以"实事求是地想、实事求是地谋、实事求是地干"的理念为指导，立足人大职能，近期，带领常委会有关委室负责同志，先后深入部分镇街、社区（村）和企业实地调研，围绕如何更好地发挥人大代表作用、促进经济社会高质量发展作了初步的探讨和思考。

一、人大代表是推动肥城经济社会高质量发展的重要力量

（一）从所处的地位和权力看，人大代表是推动经济社会高质量发展的重要力量。宪法和代表法规定，中华人民共和国的一切权力属于人民，全国人民代表大会和地方各级人民代表大会代表，代表人民的利益和意志，依照宪法和法律赋予的职权，参加行使国家权力。作为国家权力机关组成人员，人大代表既是政治生活的直接参与者，又是经济社会发展的重要推动者。

（二）从对经济社会的贡献看，人大代表是推动经济社会高质量发展的重要力量。我市现有各级人大代表1183名，其中全国人大代表1名、山东省人大代表5名、泰安市人大代表70名、肥城市人大代表315名、各镇人大代表784名。这些代表分布在全市各行各业、不同领域，绝大多数是奋战在工业、农业、服务业等战线的精英骨干，其中不乏优秀企业家。据统计，在我市2018年度25家"三强"企业主要负责人中，各级人大代表21名，占比84%；在2017年对地方财政贡献前百名企业主要负责人中，各级人大代

表 39 名，占比 39%。由此可以看出，人大代表在全市经济社会发展中起着举足轻重的作用。换言之，人大代表也只有从各自工作的性质、特点出发，找准服务经济工作的切入点、社会事业的结合点，为促进地方经济社会发展献计出力，才能在社会上有地位、有影响、有威信。

（三）从履职尽责的实践看，人大代表是推动经济社会高质量发展的重要力量。人大代表依法提出议案、建议、批评和意见，是履行职责、行使权力的重要途径和形式。近年来，我市各级代表以"人民选我当代表、我当代表为人民"的朴素情怀，不忘初心、牢记使命、依法履职、积极作为，开展调查研究，提出议案建议，乐为人民鼓与呼，当好民意传声筒，在社会各界和广大干部群众中引起了良好反响。全国和省市人代会期间，我市人大代表每人每年都有一件以上议案或建议提出，数量质量都稳居各县市区前列；每年我市人代会和年中走访联系代表时，代表所提议案建议数量都在 100 件以上。这些议案建议提得准，可操作性强，对全市经济发展、社会稳定、民生改善、文化繁荣起到了积极推进作用。实践充分证明，人大代表在我市经济社会发展进程中扮演了重要"角色"，承担了重要任务，发挥了不可替代的重要作用。

二、人大代表要做助力新旧动能转换、经济社会发展的带头人、推动者

市委把推动新旧动能转换作为加快发展的强引擎、经济工作的总抓手，作出了强化"四大动能"、打造"一核四区"的重大部署，为全市经济社会发展描绘了蓝图，提供了指引。作为人大代表，肩负着助推新旧动能转换、社会事业发展的重要使命，必须尽职尽责、奋勇争先。

（一）人大代表要在"淘汰落后产能，扩大优质增量供给"方面走在前。淘汰落后产能是转变经济发展方式、调整经济结构、提高经济增长质量和效益的重大举措，是加快节能减排、优化生态环境的迫切需要。全国人大代表、石横特钢集团董事长张武宗带领集团淘汰落后设备和工艺，消减落后炼钢、炼铁、焦化产能 200 多万吨，关停落后生产线 10 余条，建成了世界及国内领先的生产线和循环发电系统，配备了环保设施，焦、铁、钢的产能利用率均提高到 99% ~ 100%。泰安市人大代表、索力得焊材公司董事长柴月华，对能耗高、效率低的设备全部淘汰，新上自动化、智能化焊丝生产设备，重点生产科技含量高、附加值高的新产品，新产品率达 60% 以上，企业综合竞争力和盈利能力显著增强。相关领域的人大代表要以他们为榜样，在淘汰落后产能、扩大优质增量供给上下功夫，促使产能由数量型向质量型、扩张型向效益型转变，推动企业高效、循环、可持续发展。

（二）人大代表要在"改造提升传统产业、培育壮大新兴产业"方面走在前。提升传统产业，培育新兴产业，是新旧动能转换的主抓手和着力点。相关领域人大代表既要立足传统产业抓技改、抓产品结构调整，又要着眼新兴产业建链、补链、强链。泰安瑞泰纤维素有限公司是一家传统化工企业，在肥城市人大代表、公司董事长马殿民的引领下，启动数字化、智能化工厂建设，调整产品结构，优化工艺流程，产品向高附加值、精细化方向发展。泰安市人大代表、鲁岳化工集团董事长刘培宝果断转型走精细化工之路，投资 3 亿元建设聚发生物科技，从二氯乙烷的生产设备改造到烯丙基胺的生产工艺流程创新，产业链不断延长，效益也将大幅提升。泰安市人大代表霍永德，作为中节能（肥城）生物质能热电有限公司总经理，创新培育动物无害化处理新产业，利用垃圾项目产生的电力和余汽，对收集畜禽进行资源化处理，避免了二次污染，实现了对副产品的综合利用。

（三）人大代表要在"发挥品牌优势，做大做强建筑业"方面走在前。肥城素有中国"建安之乡"美誉。建筑安装业一直是我市的品牌产业，也是重要的支柱产业。山东军辉建设集团是一家具有多项施工资质的综合性建筑企业，肥城市人大代表李军英，作为企业领头人，不断拓展施工领域，在多地设立分公司，工程遍布国内除港澳台外的所有省份，并开拓了国际市场，2017年，集团签订施工合同突破100亿元，实现产值49亿元、地方税收8800万元；今年1—4月份，实现税收1.3亿元。泰安市人大代表、山东益通安装有限公司董事长雷印智强硬件、提资质、建队伍，借力"中国500强企业"承接规模大、技术含量高的多项工程，施工队遍布28个省、市、自治区，经济效益连年保持高幅增长。建筑业界的人大代表要学习他们的品牌意识和开拓精神，提升企业实力，拓展施工领域，力争在国内、国际市场闯出新天地。

（四）人大代表要在"提升科技创新力，培育科技型企业"方面走在前。科技创新是加快新旧动能转换的原动力和硬支撑，也是企业界人大代表面临的重要任务。肥城市人大代表、金塔机械有限公司董事长张继生重视科技创新，加强产学研合作，带动了蒸发技术在酒精生产废水废糟深加工处理中的应用，节能环保技术在食品、医药、糠醛等行业的应用，每年可为公司带来销售收入5000万元以上。泰安市人大代表、瑞泰达机械有限公司董事长徐玉新在公司设立技术科研小组，与吉林大学、山东建筑大学长期合作，开展半挂汽车悬挂系统的性能研究和技术创新，并推出新一代智能抹灰机，获10项专利，公司被授予国家级科技型中小企业、省级"一企一技术"研发中心等称号。相关领域的人大代表要进一步推进产学研深度融合，实施好科技创新工程，构建政府、企业、高校协同发力的创新格局，以科技创新引领产业转型升级、推动企业高质效发展。

（五）人大代表要在"厚植高端人才、推进人才强企"方面走在前。新旧动能转换，人才资源是重要保障。作为企业家，只有多渠道、多方位引进高层次人才，才能推动人才兴企、人才强企。泰安市人大代表、农大肥业公司董事长马学文近年来累计投入研发经费1.98亿元，申报筹建了5个国家级、5个省级科研平台，加之配套的人才待遇和硬件建设，为公司招才引智创造了有利条件，共引进博士4名、硕士78名、本科

生282名、其他科研人员175名。泰安市人大代表、山东一滕新材料股份有限公司总经理滕鲲盘活人才资源，坚持校企强强联合，建立了褚君浩"院士工作站"，成立了研发创新团队。企业界人大代表也要像他们一样，聚天下英才而用之，以开放包容的环境、尊重知识的氛围、人性化的服务以及合适的待遇，引进创新创业人才，打造企业人才集聚地。

（六）人大代表要在"当好乡村振兴带头人，推动'三农'问题解决"方面走在前。实施乡村振兴战略是新时代"三农"工作的总抓手，是加快新旧动能转换的基本路径。泰安市人大代表、湖屯镇前兴隆村党支部书记贾爱云带领村民实施了整村搬迁，复垦土地500亩，建设了光伏农业产业园，促进了村集体和村民"双增收"。泰安市人大代表、安临站镇站北头村党支部书记李勇抢抓棚改机遇，带领村"两委"一班人，发扬"勇担当、能吃苦、肯奉献"的精神，挨家挨户做工作，妥善推进旧房拆除、村民安置和新楼建设，计划安置居民2677户。身为社区、村支部书记的人大代表，要以他们为标杆，当好乡村振兴的"领头雁""三农"工作的带头人，争做"懂市场、善管理、会技术、有威信"的企业家型支书，选对发展路子，找准特色产业，培育支撑村级发展和群众增收的好项目，竭尽所能为群众办实事解难事。

（七）人大代表要在"促进社会事业发展，保障改善民生"方面走在前。社会事业是最大的民生。人大代表要在自己的岗位上尽其责、献其智、竭其力，持续关注、支持和推动社会事业发展。肥城市人大代表、市人民医院理事长、党委书记、院长刘光西上任之后大胆改革，规范学科建设，对普外等传统专科进行了细化、延伸，推动产科、儿科等专科的整合与合作，努力向强学科、大综合的目标迈进；积极推进薪酬制度改革，加强内部审计和财务预算，增强了医院发展动力，促进了医院高效运转。肥城市人大代表、市中医医院院长张斌带领全院职工深挖中医

药潜力，推出的膏方养生节等特色项目备受患者青睐，进一步提升了全社会对中医药的认同感。肥城市人大代表、泰西中学教师赵红梅在化学课堂中探索创立了"情境引路、问题解决、自主探究"的师生互动教学法，提高了课堂教学效率。泰安市人大代表、泰安鼎盛财源购物广场有限公司董事长张圣勇心系慈善、奉献真爱，为建设仪兴希望小学捐资 30 万元，常年资助近 20 名优秀贫困学生；为地震灾区和藏区贫困学校捐钱捐物；经常走访慰问街道贫困家庭、困难党员和敬老院老人。以上慈行善举，弘扬了道德新风尚，传播了社会正能量。

人大代表是人大工作的主体，其作用发挥得如何，直接关系到人大法定职权的行使效能、人民当家作主的实现程度。市人大常委会将始终坚持和尊重代表主体地位，加强代表工作，更好地支持代表担当作为、高效履职，推进全市经济社会高质量发展。要加强人大代表培训，组织人大代表学习习近平新时代中国特色社会主义思想和党的十九大精神，强化政治意识，坚定政治方向，增强做好人大代表工作的责任感和使命感；学习市委书记常绪扩同志在市第十四次党代会、市委十四届历次全体会议上的重要讲话精神，牢牢坚持"实事求是地想、实事求是地谋、实事求是地干"的工作理念和"一二三四五"的工作思路不动摇，忠诚履职，务实担当，汇聚起决胜高水平小康社会的智慧和力量；学习宪法、法律和人大业务知识，不断提高依法履职的能力和水平。引导人大代表围绕市委中心、全市大局谋划思路、开展工作，吸收借鉴同领域、同行业优秀代表的经验做法，在强化企业培植、招商引资、对上争取、新型城镇化"四大动能"，棚户区改造，治理违法建设，社区管理改革，北部城区建设，脱贫攻坚等方面聚焦用力，发挥带头作用，形成示范效应，为全力打好新旧动能转换主动仗、持续推动全市经济社会高质量发展、加快构筑"党建新高地、法治新高地、市场新高地"作出更大贡献。

市委、市政府主要文件选目

【市委主要文件存目】

肥发〔2018〕1 号　中共肥城市委　肥城市人民政府《2018 年度经济社会发展考核意见》

肥发〔2018〕2 号　中共肥城市委　肥城市人民政府《关于实施乡村振兴战略的意见（2018—2020 年）》

肥发〔2018〕3 号　中共肥城市委《关于印发中共肥城市委常委会贯彻落实中央八项规定精神实施细则的通知》

肥发〔2018〕4 号　中共肥城市委《关于深入学习宣传贯彻实施宪法的通知》

肥发〔2018〕5 号　中共肥城市委　肥城市人民政府《关于印发〈肥城市扫黑除恶专项斗争实施方案〉的通知》

肥发〔2018〕6 号　中共肥城市委《关于命名表扬肥城市党建工作先进单位和先进基层党组织、优秀党组织书记、优秀共产党员的决定》

肥发〔2018〕7 号　中共肥城市委　肥城市人民政府《关于印发〈肥城市贯彻落实中央环境保护督察组督察反馈意见整改落实实施方案〉的通知》

肥发〔2018〕8 号　中共肥城市委《关于深入学习贯彻习近平总书记视察山东重要讲话精神的意见》

肥发〔2018〕9 号　中共肥城市委《关于推进基层党组织标准化规范化建设的实施意见》

肥发〔2018〕10 号　中共肥城市委《关于做好中央巡视组巡视山东省反馈意见整改落实工作的通知》

肥发〔2018〕11 号　中共肥城市委《关于进一步加强市委常委会自身建设的意见》

肥发〔2018〕12 号　中共肥城市委《关于印发〈中国共产党肥城市委员会工作工作规则〉的通知》

肥发〔2018〕13 号　中共肥城市委　肥城市人民政府《印发〈关于中央扫黑除恶第五督导组通报问题的整改方案〉的通知》

肥发〔2018〕14号　中共肥城市委　肥城市人民政府《印发〈关于激励干部担当工作为干事创业若干规定（试行）〉的通知》

肥发〔2018〕15号　中共肥城市委　肥城市人民政府《关于深入推进安全生产领域改革发展的实施意见》

肥发〔2018〕16号　中共肥城市委《关于印发刘天海同志在省委第二巡视组对肥城市巡视工作动员会议上的讲话提纲、高尚山同志表态讲话和常绪扩同志表态发言的通知》

肥发〔2018〕17号　中共肥城市委《印发〈肥城市关于推动监察工作向镇（街区）延伸的实施方案的〉通知》

肥发〔2018〕18号　中共肥城市委　肥城市人民政府《关于打赢脱贫攻坚战三年行动的实施意见》

肥发〔2018〕19号　中共肥城市委　肥城市人民政府《关于推进新旧动能转换重大工程的实施意见》

肥发〔2018〕20号　中共肥城市委　肥城市人民政府《印发〈关于做好人才引领新旧动能转换工作助推新时期肥城发展的政策措施〉的通知》

【市政府主要文件存目】

肥政发〔2018〕1号　肥城市人民政府《关于开展第三次土地调查的通知》

肥政发〔2018〕2号　肥城市人民政府《关于落实公平竞争审查制度的意见》

肥政发〔2018〕3号　肥城市人民政府《关于进一步深化预算管理制度改革的实施意见》

肥政发〔2018〕4号　肥城市人民政府《关于印发肥城市盐业体制改革实施方案和肥城市食盐监督体制改革方案的通知》

肥政发〔2018〕5号　肥城市人民政府《关于印发〈肥城市推进相对集中行政许可权改革组建市行政审批服务局实施方案〉的通知》

肥政发〔2018〕6号　肥城市人民政府《关于进一步优化营商环境的实施意见》

肥政发〔2018〕7号　肥城市人民政府《关

于公布肥城市第六批非物质文化遗产代表性项目名录的通知》

主要媒体报道索引

新华社

肥城"准实长稳"聚力脱贫攻坚显实效（新华社《要情动态》）

肥城多点发力助推乡村振兴（新华社《要情动态》）

大众日报

肥城农业释放改革红利　老把式捧上"金饭碗"　（2018/1/1县域）

肥城脱贫紧盯"准实长稳"（2018/1/25县域）

小人物演绎大情怀　肥城好故事上了市民"热搜榜"　（2018/2/7县域）

肥城金融扶贫活力尽显　（2018/2/9县域）

肥城"准实长稳"聚力脱贫攻坚　小康路上不让一个人掉队　（2018/3/6县域）

肥城市第十七届桃花节昨日开幕（2018/3/26二版）

乡村振兴从哪里作为切入点？肥城：重锤突破看棚改　（2018/5/13县域）

肥城：一张股权证　变出"活钱"来（2018/5/25泰安）

肥城：农业龙头舞动"汶阳田"品牌（2018/6/1泰安）

前兴隆村"三级跳"　空壳村产业蝶变记（2018/6/6头版）

中国肥城第十一届金秋品桃节启动（2018/8/24十三版）

肥城冠军企业集聚　领跑产业发展（2018/10/19泰安）

肥城以生态理念引领高质量发展

（2018/10/12 泰安）

泰安日报

浓浓乡情凝人心 引凤还巢添动力"在外肥城人才"汇聚发展动力 （2018/1/17 头版）

肥城 76 个贫困村全部"摘帽"

（2018/1/26 二版）

肥城文明"六福"送来新"年味"

（2018/2/23 二版）

肥城 43 个重点项目集中开工

（2018/2/28 二版）

肥城精准招商蓄力新旧动能转换

（2018/3/7 头版）

肥城奋进新时代 （2018/3/27 头版）

肥城主攻企业培植 加快动能转换

（2018/4/2 头版）

肥城市委书记常绪扩：强抓"一核四区"主攻"四大动能" 争当新旧动能转换先行军

（2018/4/4 头版）

李忠信墓表石碑在肥城现世

（2018/4/12 七版）

肥城：从严从实推进 夯实谋事之基

（2018/4/14 头版）

全国桃文化旅游商品联盟落户肥城

（2018/4/18 二版）

肥城新一轮文明创建起步暖人心

（2018/4/19 二版）

肥城优势产业释放新旧动能转换活力

（2018/4/23 头版）

生态立村 文化同行 肥城乡村振兴注入绿色文明活力 （2018/4/25 二版）

肥城谱写新时代乡村振兴新篇章

（2018/5/3 头版）

肥城被国务院点名表扬 奖励 1000 亩建设用地计划指标 （2018/5/9 头版）

肥城上榜中国城市全面小康指数百强

（2018/5/10 二版）

肥城棚改"安居"更"宜居"

（2018/5/21 头版）

农业龙头舞动"汶阳田"品牌 打造肥城乡村振兴火车头 （2018/5/27 头版）

肥城仁庄稼汉用大数据开了家"粮食银行"

（2018/6/2 头版）

肥城把文明创建培训班办到张家港

（2018/6/5 二版）

肥城市湖屯镇前兴隆村 一产变三产"兴隆"更兴隆 （2018/6/9 头版）

肥城引强培新带来动能转换活力

（2018/6/19 二版）

肥城文明创建步入全域精细化时代

（2018/7/2 二版）

肥城答好生态环保新考卷

（2018/7/11 头版）

肥城新型职业农民成了乡村振兴带头人

（2018/7/13 头版）

肥城党建引领让社区治理更暖心

（2018/8/6 二版）

经典咏流传 歌美一座城 肥城唱出文化自信与温度 （2018/8/28 头版）

肥城列入全国新时代文明实践中心试点

（2018/10/1 二版）

肥城文艺花开新时代

（2018/10/10 头版）

肥城市新时代文明实践中心揭牌成立

（2018/10/29 二版）

肥城文明快递在路上 （2018/11/9 二版）

肥城招商引资强力拉动新旧动能转换

（2018/11/19 头版）

肥城新时代文明实践在行动

（2018/11/27 头版）

肥城高质量项目助推高质量发展

（2018/12/7 头版）

肥城新旧动能转换"全面起势"

（2018/12/21 头版）

肥城摄影名家

王瑞红　女，1961年12月出生，中国摄影家协会会员。自2007年开始拍摄，拍摄大量的肥城本地风光和民俗照片，多幅照片无偿给市委、市府及有关部门用于宣传肥城等使用。所拍照片曾多次在国内期刊和大型图片网站被选为优秀作品，2008年9月残奥会上拍摄的《刀锋战士》被车坛影协八周年庆作为体育作品参展。2012年6月参加省摄协举办的"古贝春"杯摄影赛，所拍摄的作品《我是党员我光荣》获二等奖。2013年1月山东省《人文天下》杂志封二全版刊登《桃花》《雾色牛山》《述说》3幅摄影作品。2013年10期《摄影之友》刊登获优秀奖的摄影作品《鱼樵问答》。2010年4月参与肥城摄协的筹备和成立，担任摄协首届副主席兼秘书长。2013年1月担任肥城文联主席职务，曾多次带领摄影人围绕市委、市府的中心工作开展拍摄，拍摄"肥城十大道德模范""孝老敬老标兵""非物质文化传人"等等。

《野桃花》

孙 洪 男，1963年8月出生。中国摄影著作权协会会员，山东省摄影家协会会员，泰安市摄影家协会会员，肥城市摄影家协会会员，任肥城市摄影家协会副主席，2016年以来主持肥城市摄影家协会工作。

爱好摄影20余年，主要从事风光摄影、纪实摄影以及动植物花卉摄影。多次获省市县级摄影大赛及摄影展览优秀奖、入选奖，2018年荣获泰安市摄影家协会"德艺双馨摄影家"称号。

《大国工匠》

王伟摄影作品

王　伟　中共党员，山东省摄影家协会会员。

自20世纪80年代接触相机就开始喜欢上摄影，2000年之后潜心学习研究，作品主题主要包括自然风景、城市风光到人文纪实。多年间，拍摄大量肥城境内风景纪实，记载城乡新风貌，新变迁。参加各级影赛并多次获奖，1件作品获山东省摄影家协会铜质收藏，1件作品获中国摄影家协会联谊活动二等奖。市县两级影赛多次获奖。

刘家山　男，市文联主任科员，中国第二届十大博客得主，中华泰山网络文化传播奖得主，泰安市摄影家协会会员。擅长纪实、人物、风光摄影，多次参加省市等摄影比赛、摄影展。2018年摄影作品《佛桃的对话》被国际期刊《生物世界》登载。2018年参加全省环保摄影大赛获得二等奖，作品《水街白云飘》被省环保局结集出版。

《桃都秋色斑斓》

孙晓健　男，1962 年 12 月出生，汉族，山东肥城人，肥城市市场监督管理局干部，山东省摄影家协会会员，山东省广告摄影协会理事，泰安市摄影家协会会员，肥城市摄影家协会副主席，泰安市 2015 年度"德艺双馨"摄影工作者，泰安市 2016 年度十大优秀摄影师，泰安市 2017 年度优秀摄影师。

近年间多项作品获奖，2014 年《康王河冬韵》荣获"汶水如画——大汶河自然风光、历史文化暨综合开发成就摄影展"优秀奖。2015 年《桃花烂漫的季节》获"桃都国际城杯"摄影三等奖。2016 年《扳大船》获"盛世花千树杯"美丽东平摄影人赛一等奖。《扎坊粉皮》《桃木雕刻》在第六届全国地理标志商标摄影大赛中分别获二等奖、三等奖。2017 年《我的爱对你说》荣获鲁南制药

《爱像一首歌》

舒尔佳杯"享受快乐健康生活"全国摄影大赛优秀奖；《爱像一首歌》在"十笏园杯"山东省第十二届摄影艺术展中荣获记录类优秀作品奖；《童趣》获得第 26 届全国摄影艺术展入围奖，《肥城桃木雕刻》《泰安大白菜》

荣获第七届全国地理标志商标摄影大赛三等奖。2018 年《扳大船》荣获"天贶神韵美丽中国"中国国际旅游航拍大赛天贶奖地面摄影优秀奖，同时入选"改革开放 40 周年"泰安摄影大展。

《桃花天》

　　路玉国　国家二级摄影师，山东省摄影家协会会员，肥城市摄影家协会副主席，曾服役空军部队13年。从事摄影工作30余年，先后在《空军报》《中国化工报》《中国环境报》《大众日报》《山东工人报》《山东统一战线》《泰安日报》《肥城市报》等报刊杂志上发表摄影作品百余幅。其中《协奏曲》获山东省"五一文化奖"摄影类作品一等奖，《笑容》获泰安市"庆国庆"职工摄影展一等奖。2017年被评为泰安市"德艺双馨"摄影工作者。

王克俭　新浪网签约摄影师，泰安市青年十佳摄影师。从事摄影工作20余年，始终秉承勤勤恳恳、兢兢业业的敬业精神，扎扎实实、精益求精的工作作风。为摄影艺术不辞辛苦、执着追求，经常跋山涉水、走街穿巷，深入工地、登上高楼，拍摄大量宝贵资料，作品生动形象地记载城市的发展变化和历史沿革。其摄影作品多次在全市"摄影展览"上获奖。

《桃花源的笑声》

　　李加财　1971年8月出生，安临站镇贺庄村人，山东摄影家协会会员，山东旅游摄影家协会会员，泰安市摄影家协会会员，肥城市摄影协会会员，中国邮政集团公司泰安市分公司员工。于1993年在工作中接触《大众摄影》杂志开始学习摄影，主要爱好风光、花卉、人文等摄影，部分作品参加展览，在各大摄影、旅游网站积极宣传肥城的风光与发展。

《千年青檀》

王健生 现任肥城摄影家协会副主席。1987年毕业于泰山学院美术学院国画系，1994任职《肥城市报》摄影记者，1999年成功举办庆祝国庆50周年新闻摄影个人作品展。20余年间摄影作品获全国省市一等奖二奖三等奖30余次。其中拍摄的《抗战老战士为荒山变花果山十年吃住不下山》组照获得全国新闻类组照一等奖，在全市引起强烈反响。2000年任泰安摄影家协会理事，加入山东省摄影家协会。2004年后任职肥城广播电视台记者，爱好广泛，深入研习书画诗词歌赋，不断提高自己的文化艺术水平，参加泰安摄影艺术研修班学习，参与组织肥城摄影家协会活动，多次组织拍摄家乡美摄影活动，举办的美好老城摄影书画作品展受到广泛关注及推广。带领摄影爱好者学习专业知识，努力提升团队能力为肥城摄影事业做贡献。

《回到家乡》

张　博　1974年10月出生，桃园镇前鲁村人。山东省摄影家协会会员，泰安市摄影家协会会员，肥城市摄影家协会副秘书长，泰西宾馆职工。

自幼喜欢摄影，因幼时家境条件所限，直到1995年参加工作后才得以有条件自学摄影，涉猎广泛，作品包括风光、人像、静物、美食等，摄影作品质感华丽、灵动大气，色彩与光线调配技巧高超。常年坚持拍摄肥城的山水风光，其作品多次在国家级摄影类期刊刊登。2003年《冬日絮语》获得佳能杯国际摄影大赛三等奖，2004年拍摄桃花作品《桃花盛开的地方——山东肥城》被中国邮政总公司采用，制作成个性化邮票，全国发行。2009年，《国家人文地理》第四期刊载由其拍摄的"肥族人后裔的肥桃世界"桃花专题。近几年间，拍摄的肥城风光、桃花、以及肥桃作品，多次在中央电视台出现，为宣传肥城做出贡献。

《汶水飞歌》

戴　巍　男，1969年2月出生，中共党员，毕业于山东青干院，大专文化，任职于肥城广播电视台。山东摄影家会员，泰安摄影家会员，肥城摄影家协会副秘书长。学习摄影10余年，擅长风光、纪实摄影。作品《独处寒雪》在山东省人民政府新闻网、省摄影家协会主办的孔子故乡，中国山东网络摄影大赛中获二等奖。《仙境中的泰山天街》获月赛人气奖。《香山秋图》在山东省摄影家协会、省旅游协会主办的诗画香山摄影大赛中获优秀奖。《看·香山大美》《暮色香山醉》获入围奖。《温暖的微笑》在肥城市文联、老龄委主办的书画摄影大赛中获三等奖。

《桃都西区》

《寒风凛冽春意浓》

王纪银 男，1961 年 6 月出生，中共党员，大学文化，高级农经师，任职于肥城市农业农村局。山东省摄影家协会会员，山东图片库签约摄影师，泰安市摄影家协会会员，肥城市摄影家协会会员。

年青时开始对摄影感兴趣，2012 年开始系统学习摄影。2016 年 4 月，北京摄影函授学院山东函授站第 26 期专科毕业。多年间，以家乡为创作基地，立足拍好家乡，宣传家乡。2016 年 5 月，作品《望西海》入展中国摄影家协会主办的第五届中国黄山国际摄影大展。2017 年 12 月，作品《桃花源》获中国摄影报走进国家历史文化名城泰安三等奖。2018 年 7 月，作品《寒风凛冽春意浓》获山东省人民政府新闻办公室、山东省互联网信息办公室、山东省摄影家协会等联合举办的第九届"孔子故乡·中国山东"网络摄影大赛二季度一等奖、年度优秀奖；另获得省级奖励 5 项，市县级奖励 30 余项。

丁　伟　任职于国家税务总局肥城市税务局。中国数码摄影家协会终身会员，山东省摄影家协会会员，泰安市摄影家协会会员，肥城市摄影家协会会员，山东图片库签约摄影师。擅长风光、人文、纪实摄影，从事摄影10余年间，摄影理念从注重片子的构图和光影效果，发展到注重感情和境界的投入，通过自己的视角和情感，去捕捉最生动的画面。

《报春》

《秋韵》

　　梁战利　男，1960年10月出生。山东省摄影家协会会员、泰安市摄影家协会会员、肥城市摄影家协会会员，肥城桃源旅行社总经理。因职业关系喜欢摄影10余年，擅长风光、人像、人文摄影。秉持用镜头纪录祖国的壮丽山河、家乡的美，用镜头捕捉新时代人们的精彩瞬间的理念，曾经在《中国旅游报》《山东旅游》杂志等省级刊物发表摄影作品。

王利群 男，毕业于山东省中医药学校。山东省肥城市人民医院康复科主任，主任医师。山东省摄影家协会会员，泰安市青年摄影家协会副秘书长，《摄影之家》风光版版主，肥城市摄影家协会会员。学习摄影 6 年，2014 毕业于中国纽约摄影学院。2018 年北京摄影函授学院学员。擅长风光及纪实摄影，曾获得全国卫生系统 2018 中国年味摄影大赛三等奖，大众摄影走进历史文化名城泰安摄影二等奖。

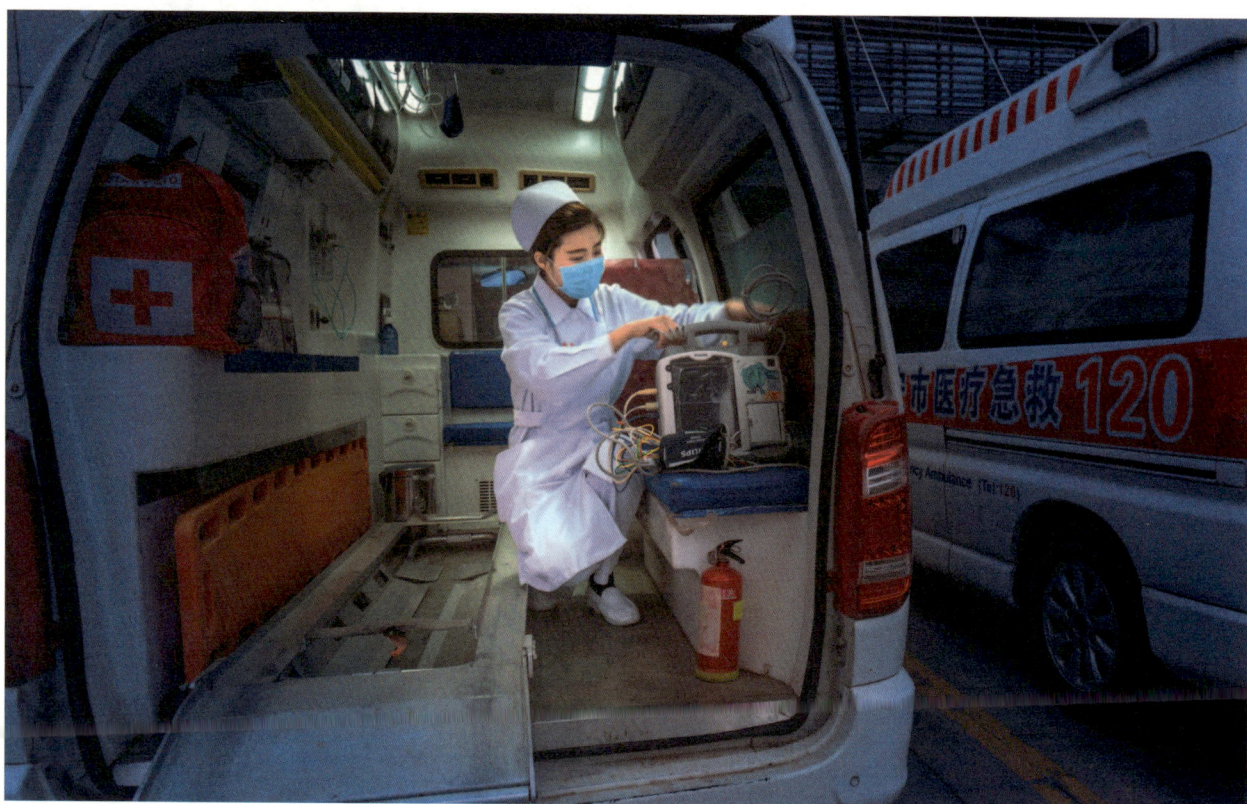

《今晚我夜班》

董 敏 男，国家二级摄影师，先后在北京、济南等摄影专业学校进行系统的理论、实操学习。中国人像学会会员、中国摄影著作权协会会员、山东省摄影家协会会员、泰安市摄影家协会会员、肥城市摄影家协会会员、肥城矿区摄影协会副会长兼副秘书长，肥城市老年大学摄影班讲师。擅长人像、风光、人文以及4D摄影，摄影后期功底深厚。作品《韶华永驻——Glorious youth forever》《回眸那柔情——Tenderness of glancing back》入选第四届塞尔维亚DPW三地摄影巡回展；获得省煤炭系统，泰安、肥城等摄影协会组织的摄影大赛各类奖项。

董敏摄影作品

胡金华　1960年7月出生，1979年在济宁商校照相馆进行系统学习后进入肥城县照相馆工作。在肥城县照相馆17年的辛勤工作中，不断钻研，提高摄影技术，加强自身业务能力。1996年因企业改制，胡金华用5000元启动资金创办金华影楼并担任总经理。肥城市金华影楼为肥城第一家以彩扩、摄影、证件照拍摄为主要经营范围的专业性影楼，为肥城摄影市场从照相馆改变为专业影楼的开拓者。2008年，开设以写真、高端婚纱摄影业务为主、实行一对一服务的玛雅摄影。2010年，为细化摄影市场、更好的服务少年儿童客户，开设芭比娃娃儿童店。开设的4家摄影专营店多次获得"中国形象设计摄影艺术百强影楼""山东省摄影行业知名企业""最佳专业影楼金像奖""最佳摄影化妆创意奖""卓越经理人成就奖"等荣誉，胡金华被评为"肥城市民营企业巾帼能手"。

《花枝招展》

《生死救援》

武 健 肥城市公安局交警大队民警。2015年开始爱好摄影，每天带着相机，拍工作纪实，拍自然风光，拍社会人文，记录快速发展的新时代，宣扬正能量，记录家乡美。

2018年12月，工作纪实《生死救援》入选第八届"尼康杯"全国公安民警摄影大展；《城市之光》获得肥城市书画摄影大赛三等奖。

《肥城年鉴（2019）》优秀供稿单位

（排名不分先后）

市委办公室	市公安局
市人大机关	市司法局
市政协机关	市委宣传部
市总工会	市文化和旅游局
市政府办公室	市旅游局发展中心
市发改局	市教育和体育局
市统计局	市卫生健康局
市金融服务中心	市文联
市工信局	市农业农村局
石横特钢厂	市经管办
市公路事业发展中心	高新区
市商务局	新城街道
市税务局	老城街道
市市场监管局	桃园镇
市住建局	石横镇
市建管局	仪阳街道
市房管局	安驾庄镇
市委政法委	

索 引

说明：

　　本索引为综合性主题索引，标示正文部分的内容。索引标目按汉语拼音字母顺序，标目后数字为页码。

主题索引

D

H

J

Q

R

S

T

W

桃木避邪文化和长寿文化推动了肥城桃木雕刻工艺的创新和发展，其内容不再局限于辟邪驱妖保平安，而是赋予了吉祥、喜庆、祈福、祝寿等全新内涵。2011 年肥城被命名为"中国桃文化之乡""中国桃木雕刻之乡"。

五 众多关于肥桃的轶闻趣事和民间传说，也早已转化为肥城人的精神动力和心灵慰藉。近现代许多文坛巨擘竞相濡墨寄怀，他们关于肥桃的小说、散文、诗歌等，构成一部绚烂多彩的"肥桃文学史"。